一生学べる仕事力大全

藤尾秀昭 監

致知出版社

新しい自分が
見たいのだ
──仕事する

河井寛次郎詞句・書

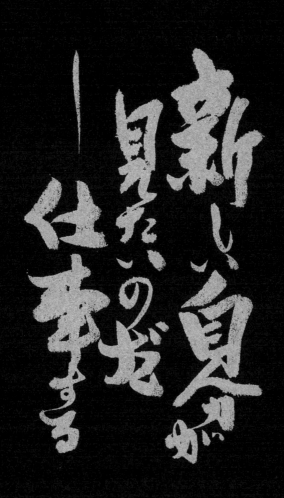

一生学べる仕事力大全　目次

第1章

信念を持つ

第2章

心を高める

第3章 挑戦する

第4章

道をつくる

第5章 逆境を越える

第6章 人を育てる

第7章

学び続ける

※本書は月刊『致知』のインタビューや対談記事を再構成したもので、本文中の内容および社名・肩書・略歴等はいずれも掲載当時のものです（掲載号は巻末に記載）。

※掲載にあたり、一部、加筆・修正等を行った箇所がございます。

※本書の中には、今日的な観点からすると、一部、不適切と思われる表現もありますが、登場者の息遣いや話の趣旨を損なうことがないよう、そのまま収載しました。

ブックデザイン／秦 浩司

扉の書／河井寛次郎（河井寛次郎記念館提供）

写真／赤松富仁、井上和博、上田和則、
上野隆文、岡崎豪、北村泰弘、
小嶋三樹、小原孝博、坂本泰士、
齊藤文護、菅野勝男、豊福邦晃、
元木みゆき、山下一夫、山下武、
吉田三郎

時事（P78、176、289、370、374、375、382、388、429、
442、550、554、600、604、608、639、649、660、718、723）
朝日新聞社（P389、395、468、470、474、486、491、
493、592、594、595、602、605、609、616、636、637、643、
645、646、656、678、680）
毎日新聞社（P474）
スポーツニッポン新聞社（P634、634、640）

第1章

信念を持つ

信念とは、信じ念じる力である。信じ念じる力が、道のないところに道をつくり、人を偉大な高みに押し上げていく。一業を成した人たちは皆、等しくこの力を宿している。仕事力を成す第一の要諦を、各界のプロフェッショナルに学ぶ。

利他の心こそ繁栄への道

稲盛和夫
京セラ名誉会長
Inamori Kazuo

稲盛和夫氏。日本を代表する経営者として、その名を知らない人はいまい。京セラやKDDIを創業し、それぞれ1・5兆円、4・9兆円を超える大企業に育て上げ、倒産したJALの会長に就任すると、僅か2年8か月で再上場へと導いた。功績はそれだけに留まらない。中小企業経営者の勉強会「盛和塾」の塾長を務め、1万2千人以上の経営者から師と仰がれている他、日本発の国際賞「京都賞」を創設し、人類社会に多大な貢献をもたらした人物の顕彰を続けている。稲盛氏の多岐にわたる活動に通底しているもの。それは「利他の心」である。〝新・経営の神様〟の呼び声高い稲盛氏が語り明かした「人生と経営」、そして「繁栄への道」――。

「京都賞」を創設した理由

――稲盛名誉会長が創業された京セラは今年（二〇一八年）で五十九周年、それから国際的な顕彰事業「京都賞」は今年で第三十四回を迎えますね。

私は昭和三十四年、二十七歳の時に京セラを設立しまして、それ以来誰にも負けない努力を積み重ねると同時に、神様の導き、助けもあって、会社を発展させていくことができました。

設立二十五周年、ちょうど四半世紀が経過した昭和五十九年に、二百億円の私財を投じて稲盛財団を創設し、翌年から京都賞を開催するようになりました。当初は、「素晴らしい」と称賛してくださる方もいれば、「若いくせに生意気だ」「売名行為じゃないか」と非難する方もいたように思います。

――京都賞を創設されたのは稲盛名誉会長

利他：他人に利益となるように図ること。自分のことよりも他人の幸福を願うこと。

稲盛財団：1984年設立。創設者・稲盛氏の理念に基づき、科学や文明の発展、また人類の精神的深化・高揚に向けての創造的な活動に対する顕彰、助成および社会啓発活動などを通じて、国際相互理解の増進に努め、人類の平和と繁栄に積極的に貢献することを事業目的としている。

が五十二歳の時ですけど、こういう素晴らしい賞を五十二歳でよく思いつかれて実行されたなと改めて深い感慨《かんがい》を抱いています。

そもそも京都賞を始めることになった動機というのは、当時東京理科大学の教授を務めておられた伴五紀《ばんいつき》先生との出逢いに端を発します。

――伴五紀先生といえば、生涯に二千件を超える特許を取得され、「日本のエジソン」や「発明王」と称された方ですね。

そのような高名な先生から、「伴記念賞というのをつくったんだけど、稲盛さんにその賞を差し上げたい」と言っていただきました。あれは確か昭和五十六年だったでしょうか。

私は記念品を受け取った時に、嬉しいと感じる半面、自分に対して恥ずかしさを覚えました。というのも、伴先生は特許のロイヤリティーや著書の印税から得られる限られた収入をもとに、伴記念賞を設けられたんです。自ら身を削るようにして、研究開発に打ち込む人を顕彰されていることにいたく感心すると共に、会社経営を通じて利益を出している私こそが賞を差し上げる側に回らなければならない。そう込み上げてくるものがありまして、世界のノーベル賞に匹敵するような日本発の賞をつくれればと思いました。

ノーベル財団がどういう考え方でやっているのかをいろいろ調べたんですけど、その時にノーベル賞に詳しい京都大学の矢野《やの》暢《とおる》先生に相談をしましたら、「稲盛さん、それはぜひやってください」とお墨付きをいただきまして、矢野先生と一緒にノーベル財団に何回かお伺いして、いろいろ説明を受けたことがあります。

そういうことがきっかけで京都賞を創設したのですが、その根底には利他の心といいますか、思いやりの心といいますか、皆に善かれかしという気持ちがあるんです。

――利他の心が根底に。

かねてより「人のため世のために尽くすことが、人間としての最高の行為である」というのが私の人生観でありまして、今日まで私を育《はぐく》んでくれた社会のためにご恩返しをしたい。

また、その頃は、人知れず努力を払い、人類の科学・文明・精神的深化の面で著しく貢献した人を顕彰する賞が少なかった。

伴五紀：［1916～2003］栃木県生まれ。東京理科大学教授。セコー技研設立。写真用ストロボ、カーステレオなど2000件以上の特許を持つ日本の特許王。

矢野暢：［1936～1999］熊本県生まれ。京都大学教授。社会科学者として国際的に高い評価を受けた。

「京都賞」授賞式の様子（平成22年／iPS細胞研究所所長・山中伸弥氏　写真提供＝公益財団法人 稲盛財団）

そのような方々を讃《たた》えることで、人類社会の発展に少しでも貢献したい。そのような思いから始めました。

毎年、「先端技術」「基礎科学」「思想・芸術」の三つの部門から受賞者を選出し、六月に発表、十一月に授賞式や関連行事を行っています。受賞者にはそれぞれディプロマ（臨済宗妙心寺派管長が揮毫《きごう》した賞状）、京都賞メダル（20K）、賞金五千万円が贈られるのですが、今年から賞金額を倍増することに決めました。

――ああ、一億円ですか。

既に私も齢《よわい》八十六を数えるまで年を重ねてきました。おかげさまで京都賞も来年、一つの節目である三十五年を迎えます。日本人の持つ美徳の一つである利他の心を顕彰事業に体現させたい。そういう思いを込めた京都賞が今後さらに光を増し、文明や科学、思想、芸術の発展に大いなる貢献をしてこられた受賞者の方々が世界に向けてさらに燦然《さんぜん》と輝き続けることを願って、このたび賞金額を一億円に増額することにし

ました。

京都賞受賞者の共通点

――京都賞を受賞された方が後にノーベル賞に選ばれることも何回かございましたね。

ありました。それは選考委員の先生方が大変立派なんです。私がつくった京都賞の理念の中に、「京都賞を受賞される資格者は、謙虚にして人一倍の努力を払い、道を究める努力をし、己を知り、そのため偉大なものに対し敬虔《けいけん》なる心を持ち合わせる人でなければなりません」という一文がありますが、全世界の優秀な人を緻密《ちみつ》に調査し、この理念に照らしながら選考していただいた結果、ノーベル賞にも繋《つな》がっていったと思いますので、選考委員の先生方には心から感謝しています。

――文楽の初代吉田玉男さんや染織家の志村ふくみさんなど、京都賞授賞式での記念講演を私も拝聴してきましたが、一道をひたむきに歩んでこられた人の言葉は万人の心に響くものがあります。

そうですね。専門分野は違えども、一つの道を一所懸命究めてきた人は、誰とでも対等に話ができますし、素晴らしい人間性をお持ちですから、そういう点で、本当に人生の師として尊敬申し上げる方ばかりです。

――これまで百五名もの錚々《そうそう》たる方々を表彰してこられたわけですけど、受賞者に共通する点は何かございますか?

皆さん一様におっしゃるのは、画期的な発明や発見に至るプロセスにおいて、人知れず努力を重ねているさなか、あるいはふと休息を取っている時や寝ている夢の中で、まるで神様の啓示の如《ごと》く、創造的な閃《ひらめ》きを与えられる瞬間があるということです。

ひたむきに自分の専門分野の研究に打ち込んでおられる方というのは、時と場合によっては、暗中模索だったり、行く先に迷われたりするかもしれません。しかし、京都賞を受賞される皆さんはそういうことがあっても、まっしぐらに進んでおられる。一所懸命研究をやっておられる。

この宇宙には知恵の蔵《くら》、真理の蔵というものがあって、純粋な情熱を傾けて一心不乱に取り組むその真摯《しんし》な努力に対して、神様は知恵の蔵の扉を開き、一筋の光明が差すように、困難や障害を克服するヒントを授けてくれるのではないかと思います。

――稲盛名誉会長もまた、仕事を通じて知恵の蔵の扉を開いてこられましたね。

私自身も技術者として、経営者として、長くものづくりに携わってきましたが、偉大な存在を実感し、敬虔な思いを新たにすることが少なくありませんでした。

必死になって研究に打ち込む中で、自分でも気がつかないうちに知恵の蔵に蓄えら

初代吉田玉男：［1919～2006］人形浄瑠璃の人形遣い。大阪府生まれ。吉田玉次郎に入門、昭和9年初舞台。のち初代吉田栄三に学び、師譲りの品格ある芸風と理詰めの演技で高く評価された。52年人間国宝。

志村ふくみ：［1924～］染織家。滋賀県生まれ。植物染料による紬織を作り、日本伝統工芸展などで活躍。平成2年紬織で人間国宝。

れた叡知《えいち》の一端に触れ、画期的な新材料や新製品の開発に成功し、事業を発展させ、充実した人生を歩んでこられたと感じています。

もし松風工業を辞めていたら

――稲盛名誉会長の人生と経営の原点を探っていきますと、やはり松風《しょうふう》工業に入社されたことが大きかったと思うのですが、いかがでしょうか？

そのとおりです。私の半生を振り返ってみますと、幼い頃に結核を患ったり、中学受験に二度失敗したりと、決して恵まれた、順風満帆な人生ではありませんでした。

私は大学時代、よく勉強していたので、成績は比較的よかったんです。けれども、当時は就職難で、就職先をいっぱい探したものの、書類選考で外れるとか面接で落とされるとか、大企業は全部採用してくれませんでした。

そういう中で拾ってくれる会社が京都にございましたので、昭和三十年、地元の鹿

京都の松風工業に入社した頃（昭和30年）

児島大学を卒業して、松風工業という碍子《がいし》を製造する会社に入ったんです。

しかし、そこも決して華やかな会社ではなく、毎月のように給料は一週間ほど遅配する、いまにも潰《つぶ》れそうな赤字会社でした。ですから、最初のうちは大変不満を持っていました。

特に思い出しますと、当時は寮で自炊をしていましたので、近所の八百屋さんに毎日買い物に行っていたのですが、ある時、八百屋のおかみさんが「あなた最近よく見えるけれども、どこに勤めてるの？」と言うので、「いや、そこの松風工業に勤めています」と答えたら、「ええ！　どっから来たの？」とさらに聞くので、「鹿児島から来た」と。そうしたら、「あんなボロ会社に、よう遠いところから来たね」と言われて、酷《ひど》いことを言うおかみさんだなと思いました。

碍子：電線とその支持物との間を絶縁するために用いる器具。

——それほど評判の悪い会社だったと。

寮の近くに小川が流れておりまして、寂しさや虚しさもあり、毎晩のように小川のほとりに佇《たたず》んでは、童謡なんかを歌って自分を慰めていたことをいまでも覚えています。

新入社員は五人いたのですが、一人辞め、二人辞め、入社した年の秋には、九州天草の出身で京都大学を卒業した人間と私の二人だけになりました。彼と「もう辞めたい」「いっそのこと、自衛隊の幹部候補生学校に入り直そうか」と話して、実際に試験を受けましたら合格したんです。

入隊手続きをするために戸籍抄本《しょうほん》が必要だったので、実家から送ってもらうようにお願いしたのですが、一向に届きません。結局、期限切れとなり、同期の彼は自衛隊に行って、私だけが残ることになりました。

——お兄さんが反対されて、戸籍抄本を送ってくれなかったとか。

そうです。二つ上の長兄が、「大学の先生のおかげで就職難の時代にようやく入れてもらった会社なのに、何のご恩返しもしないで半年で辞めるとは何事か」と。

——二十代半ばの若さでよくそのような立派なことが言えたなと、お兄さんの見識の高さに驚かされます。

人間としての生き方というものについて、確かに見識があったと思います。兄は旧制中学までしか出ていないんですが、国鉄に勤めながら私を大学まで出してくれました。大変苦労人で、それだけに弟思いでもありました。

私が簡単に「辞めたい」と言ったことに対して反対してくれた。その兄がいたからこそ、今日の私があると思っています。

一念発起し、研究漬けの日々

自衛隊に行くのを諦《あきら》めてからは右顧左眄《うこさべん》することなく、また自分の逆境を悲観することなく、たった一度しかない貴重な人生をとにかく必死に生きていこうと思い直し、私は配属された研究室で、何とか松風工業を再建するために努力しました。

——挫折から一念発起された。

それまでは碍子などの重電用のセラミックをつくっておりましたけれども、これからの時代はテレビをはじめとする家電用の

旧制中学：１９４７年に学校教育法が施行される前の日本で男子に対して中等教育を行っていた学校。学校教育法施行により高等学校に移行。

国鉄：日本国有鉄道、現・ＪＲ。１９８７年、国鉄分割民営化に伴い、ＪＲグループ各社及び関係法人に事業を承継。

セラミックの需要が増えていくと予想し、新しい高周波の絶縁材料を開発しようと。文献などはあまりなかったものの、アメリカの学会誌だとかを取り寄せて読みながら、独学で一所懸命、研究に没頭していったんです。

　すると、徐々に仕事が楽しくなって、寮に帰るのも面倒になり、自炊道具を研究室に持ち込んで、毎日いつ寝ていつ起きたか分からないくらい、研究漬けの生活を送るようになりました。

　その甲斐《かい》あって、新しいファインセラミックスの開発に成功して、入社から一年半後には松下電子工業さんが製造するテレビのブラウン管の部品に使われることになりました。やがて研究室は特磁課として独立し、会社の中で唯一黒字が出る部門になったんです。

――以前に『致知』のインタビューで、「仕事を好きになったこと、会社を好きになったこと、そのことによって今日の自分がある」とおっしゃっていました。

　最初は嫌な会社だと思っていましたし、セラミックに関して門外漢《もんがいかん》で素地があったわけでもありません。けれども、自分は素晴らしい会社で素晴らしい仕事をしているんだと、無理にでも思うようにし、脇目も振らず必死に研究に邁進《まいしん》したことで、仕事を好きになり、会社を好きになっていきました。それが一般的には不可能と思えるようなことをできるようになったベースだと思います。

　いまの若い人たちの中に、自分が望んでいる道を選ぶことができなかった人がいたとしても、いまある目の前の仕事に脇目も振らず、全身全霊を懸けることによって、必ずや新しい世界が展開していくことを理解してほしいですね。

　ですから、不平不満を漏らさず、いま自分がやらなければならない仕事に一所懸命打ち込んでいただきたい。それが人生を輝かしいものにしていく唯一の方法と言っても過言ではありません。

人間として何が正しいか

――特磁課だけは黒字を出していたものの、松風工業の社風は旧態依然としていたそうですね。

ダラダラと仕事をし、残業代を稼ぐというのが常態化していました。そんなことをしたのでは、会社はますます悪くなっていく。特磁課もそういう風潮がありましたので、部下に「残業はするな。残業したらコストが高くなってしまう。コストを安く抑えることによって利益が出る。だから、残業は許さない」と言いました。

管理職でもない、入社して一～二年の男がそういうことを言うもんですから、労働組合の幹部連中が「けしからん。よし、あいつを懲《こ》らしめてやろう」と。ある日、寮の部屋に数人が押しかけてきて、乱闘のようになったんです。

――ああ、そんなことがあったのですか。

それで私は顔面に怪我をしました。翌日、その連中は「もう懲らしめたんで、きょうは会社には来ないだろう」と言っておったのに、私が包帯を巻いて会社に行ったもんですから、皆びっくりしていました。

そのうちに、今度は組合の幹部連中が皆を巻き込んで、人民裁判を起こしました。碍子を梱包《こんぽう》する木の箱があるんですが、それを積み上げ、その上に私を乗せ、下のほうから激しく追及するという格好です。その時に、私はこう言いました。

「私は決して会社の回し者ではありません。卑怯《ひきょう》な振る舞いをして残業代をもらうようなことはすべきではないと言っているんです。私みたいな男がおってはいかんと言うのなら、いますぐにでも私は辞めます。ただし、そうなればこの会社は潰れ、皆さんは路頭に迷うことになるでしょう。私は決して間違っているとは思いません。皆さんの考えこそ正すべきです」

――全組合員を前に普通の若手社員が言える言葉ではありませんね。

そういう点では、勇気があったのでしょうね。

――その頃から既に経営者としての考えをお持ちだった。

経営者というよりは、人間として何が正しいか、その正しい道を追求していく正義感が非常に強かったので、そういう仕打ちに遭いながらもめげず怯《ひる》まず立ち向かっていきました。

京セラ創業のドラマ

――京セラを創業されたのが昭和三十四年の四月一日、来年でちょうど六十周年を迎えます。

早いものですね。私が松風工業を辞めて、京セラを設立することになったのは、それまで何かと面倒を見ていただいておりました上司の青山さんが新社長と馬が合わず、閑職に追いやられ、代わりにセラミックについて何もご存じない方が新しく技術部長に着任したことが一つの引き金でした。

ちょうどその頃、私がファインセラミックスを開発していることを知った日立製作所から、セラミック真空管をつくりたいという依頼を受けていました。私は本当に喜び勇んで試作を始めたんですが、なかなか難しい形状の製品でして、四苦八苦しておったんです。

その時に、新任の技術部長から、「それは君では無理だよ。うちには京都大学を出た優秀な技術屋がいくらでもいるんだから、君は手を引け」と言われて、大変プライドを傷つけられたもんですから、「どうぞそうしてください。私はきょう限りで辞めますから」と間髪《かんはつ》を容《い》れずに言い放ちました。

そうしたら、その技術部長は大変びっくりされて、皆が入れ代わり立ち代わり、「何も辞める必要なんかない」と言って、社長自ら晩御飯を食べに連れて行ってくれたりしたこともあったくらい、一所懸命慰留されました。けれども、信頼も尊敬も置けない上司の下ではどうしても頑張る気にはなれませんでした。


――それで松風工業を辞める決心を固められた。


私のことを大変可愛がってくださっていた青山さんが、京都大学の同級生である西枝さんと交川《まじかわ》さんのもとに私を連れて行って、「優秀な稲盛君が会社を辞めたいと言っているんだけれども、もったいないので、お金を出して会社をつくってくれないか」と頼んでくださったんです。

最初は、「青山君、何を言ってる。こんな二十六歳の子に事業を成功させることができるわけない」と相手にしてくれなかったものの、私も「いや、こうしてこうやればうまくいきますよ」って、確か三回くらい説明に伺ったと思います。そのうち私の熱心さにほだされて、「じゃあお金を出してあげよう」ということになりました。

西枝さんに至っては出資金以外にも、自宅を担保にして一千万円も借り入れしてくださったんです。

——それほど若き稲盛青年のことを見込まれていたのですね。

本当に感謝しても感謝しきれない大恩です。ちょうど昨日も西枝さんの息子さんが、自宅で採れた柿をいっぱい持ってきてくれましたけど、いまだに家族ぐるみの親交が続いています。

——創業時に血判状を交わされたそうですが、まさにドラマですね。

血気盛んな年頃でしたから。ある晩、松風工業を辞めて私についてきてくれる七人の同志と寮の六畳間に集まり、一升瓶を真ん中に置いて、車座になりましてね。皆の結束を固めるために、順番に剃刀《かみそり》で小指の先を切って、血判を捺《お》しました。そのような経緯で、会社を立ち上げたんです。

経営理念に込めた思い

——私が改めて感銘を覚えるのは、「全従業員の物心両面の幸福を追求すると同時に、人類、社会の進歩発展に貢献する」という経営理念です。よく二十代でこれだけ完璧な経営理念を考えられたなと。

そうですね。よう言うたもんですね（笑）。

——この頃から既に、利他の心の萌芽《ほうが》が表れていますね。

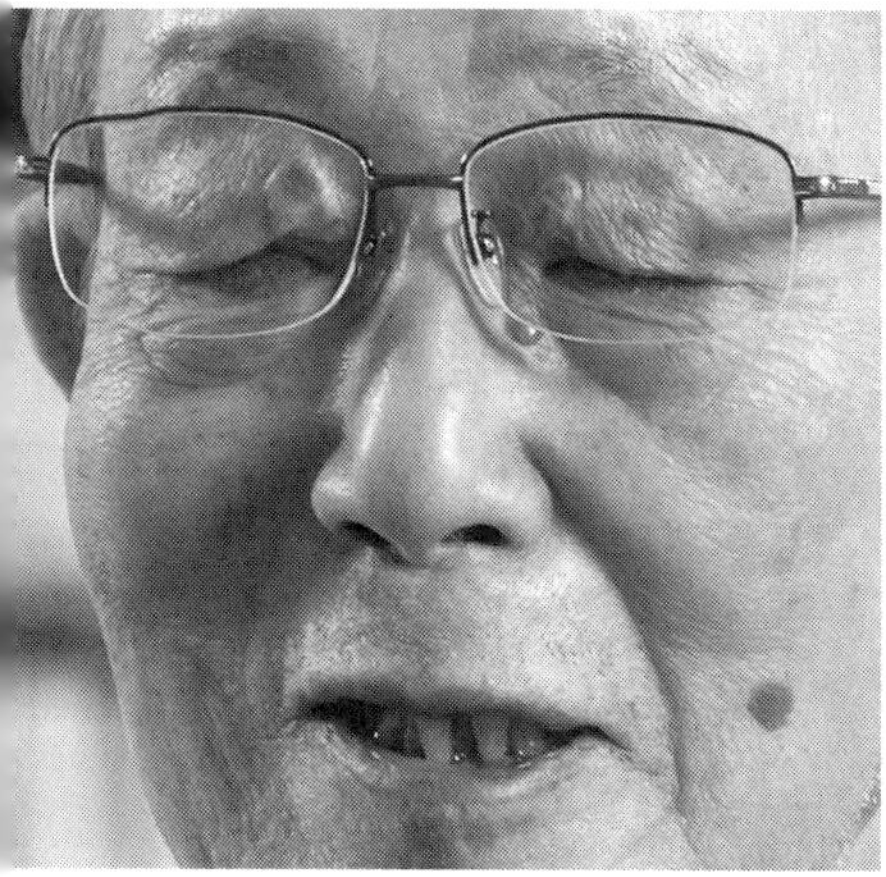

この経営理念は会社を設立して三年目につくったんですけど、七～八名の若い高卒の従業員たちが突然やって来て、「給料を上げてくれ」とか「賞与を保証してくれないと安心して働けない」ということで、団体交渉みたいなことがありました。私は「いまは会社もできたばかりで何にもしてやれないけれども、俺を信じてついてきてくれ。きっと会社を立派にして、皆さんの待遇もよくしてあげるから」と説得し、命懸けで仕事をしました。

私の才能と努力と技術でもって、京セラをつくっていったわけですから、ともすると天狗になって自分のために経営していたかもしれません。けれども、そういう従業員に出会ったために、「全従業員の物心両面の幸福を追求すると同時に、人類、社会の進歩発展に貢献する」という経営理念を思いつき、それに基づいて会社経営をしていこうと思ったんです。

——物と心の両方だと。この視点はどういうところから生まれたのでしょうか？

私は若い頃から宗教的なことに大変関心を持っていまして、谷口雅春さんの『生命の實相《じっそう》』をはじめ、宗教の本をたくさん読んだりしていました。なので、物だけじゃ

団体交渉：労働者側が団結して、多人数で使用者側と労働条件などについて話し合うこと。

なくて、心が非常に大事、心のあり方によって人生は変わっていくと思っていたんですね。

――稲盛哲学の根本に「思念は現実化する」というのがございます。

心に描いたものは必ず具体化していく、心に描いたとおりの人生が出現していくと思っていまして、卑《いや》しい心を持っていると、卑しい人生になる。反対に、美しい心を持っていると、美しい人生になる。だから、自分の心を蔑《ないがし》ろにしてはならない。

私はジェームズ・アレンの『「原因」と「結果」の法則』の言葉が好きで、よくそれを引用して講演などで紹介しているんです。

「人間の心は庭のようなものです。（中略）もしあなたが自分の庭に、美しい草花の種

谷口雅春：［1893〜1985］宗教家。兵庫県生まれ。「生長の家」創始者・初代総裁。

ジェームズ・アレン：［1864〜1912］イギリスの作家。自己啓発書を多数出版。デール・カーネギー、アール・ナイチンゲールなどに影響を与えた。

盛和塾25周年記念の全国大会で講演をする稲盛氏（平成20年）

を蒔《ま》かなかったなら、そこにはやがて雑草の種が無数に舞い落ち、雑草のみが生い茂ることになります。すぐれた園芸家は、庭を耕し、雑草を取り除き、美しい草花の種を蒔き、それを育みつづけます。同様に、私たちも、もしすばらしい人生を生きたいのなら、自分の心の庭を掘り起こし、そこから不純な誤った思いを一掃し、そのあとに清らかな正しい思いを植えつけ、それを育みつづけなくてはなりません」

よりよい人生を生きていくためには、心を綺麗《きれい》にして善きことを思い描くことが非常に大事だと、八十六歳になった現在でもつくづくそう思っています。

働くことの大切さ

――いまから七年前、京セラの伊藤謙介相談役を取材させていただいた時に、「東京オリンピックが開催されていることを知らなかった」と聞いて驚いたのですが、稲盛名誉会長もご存じなかったですか？

いや、知らなかったことはありません。

知っておったと思いますけれども、関心はありませんでした。それくらい仕事に燃え、懸命に働いていたのでしょうね。

その頃、私は「まず工場を構えた地元の西《にし》ノ《の》京原町《きょうはらまち》一になろう。次は中京区《なかぎょうく》一、その次は京都一、そして日本一、さらには世界一だ。我われは世界一の企業になろうではないか」と壮大な夢を語って、それこそ「狂《きょう》」がつくほど凄《すさ》まじい勢いで働いていました。

毎日夜十時、十一時まで仕事をしていたのですが、ラーメンの屋台のチャルメラが聞こえてくると、皆で食べに行って、そこからまたもうひと頑張りする。工場に何日も泊まり込んで仕事をしていたものです。まさに寝ても覚めても、仕事に没頭していました。

——働くことの大切さをよく社員さんに語られたそうですね。

働くということは、生きていく糧を得るためのものだというのが一般的ですけれども、そうではなくて、自分の人間性を高めていくためになくてはならないものです。一所懸命働くことによって、自分自身の心を高め、自分の人生を精神的に豊かなものにしていく。同時に、収入も得られますから、物質的な生活も豊かになっていく。ですから、働くということは大変大事なことだと思っています。

人は得てして、恵まれた環境にあっても、与えられた仕事をつまらないと感じ、不平不満を口にしがちです。近年、若者の離職率が増加しているのもそういう理由なのでしょう。

しかし、それで運命が好転するはずはありません。与えられた仕事を天職と思い、その仕事を好きになるよう努力していくうちに不平不満は消え、仕事も順調に進むようになっていく。そして、物心共に豊かな素晴らしい人生を送ることができるのです。

「盛和塾」で訴えかけていること

——昭和六十三年に発足した若手経営者の勉強会「盛和塾《せいわじゅく》」、これはお世話になった京都へのご恩返しとして始められたのですよね。

盛和塾の前身に当たる盛友塾を始めたのは昭和五十八年のことです。京都の若手経営者たちが生きた経営学を学ぶ勉強会を開催してほしいと申し入れてきました。私が今日まで会社を発展させることができたのは、周囲の先輩経営者の方々から教えを受けたおかげであり、それを今度は若い世代に伝えていくことがご恩返しになると思って、ボランティアで始めることにしました。

最初は二十五名でスタートしましたが、次第に参加者が増えていきました。昭和六十三年に盛和塾と改め、三十年経った現在は一万二千名を超える会員が集まって、国内五十六塾、海外四十一塾という規模に広がっています。

盛和塾：1983年に稲盛氏が京都の若き経営者たちから「いかに経営すべきかを教えてほしい」と依頼されたことを機に始まった会。その後、全国各地に拡大し、36年の活動を経て、2019年末の閉塾時には、国内56塾、海外48塾、塾生数は約1万5000名にまで及んだ。

――古《いにしえ》の聖人は心のあり方を人々に説いていますが、稲盛名誉会長は心のあり方と同時に会社を繁栄させる道も中小企業の若い経営者に示してこられました。まさに無量の陰徳を積み重ねてこられた人生だと思います。

中小企業の経営者の方々というのは、だいたい利発でリーダーシップがあって、「自分が偉くなってお金持ちになりたい」という動機で会社をつくっている人が多いんです。

私はそういう方々に、「皆さんが本当に幸せに豊かに生きていきたいと思うなら、まず従業員を幸せにしていかなければなりません」。つまり、「他の人をよくしてあげようという心がなければ、自分自身も決して幸せに豊かにはなっていきません」と、利他の心というものを訴えていきました。

その結果、「いままであらぬ方向を見ていた社員たちが皆、心を一つにして、ついてきてくれるようになりました」とか「盛和塾で利他の心を教わったことで、会社が甦《よみがえ》ってきて、うまくいくようになりました」と言って、喜んでいただいていますので、非常によかったなと思っています。

盛和塾は利他の心をベースにした経営者の方々が集まっておられますので、和気《わき》藹々《あいあい》として私自身にとっても非常に楽しい会です。

「動機善なりや、私心なかりしか」

――第二電電（現・KDDI）を創業される時も、「動機善なりや、私心なかりしか」ということを絶えず問い掛けられたと。

第二電電を立ち上げようと思ったのは、日本の電気通信の自由化があって、当時NTTが独占しておった事業に乗り出すことができるようになったからです。いままで高かった電話料金を安くしてあげることが、世のため人のためになると信じたものですから、電気通信事業に参入しようと。

ただし、すぐに参入の意思表示をしたわけではありません。毎晩寝る前に、「動機善なりや、私心なかりしか」と自問自答し、そういうことを半年くらい続けた時に、「動機は善だ。私心は一点の曇りもない」「日本国民のためにやるべきだ」と確信して、参入を公表すると共に、昭和五十九年に第二電電を設立しました。

——一番不利な条件の中から出発されました。

考えてみますと、無謀な挑戦であったことは事実で、同時に国鉄や道路公団も通信事業に乗り出してこられました。彼らは新幹線の側溝に、あるいは高速道路沿いに光ファイバーを引けば、簡単に長距離通信はできるわけです。ですから、我われも当時の国鉄総裁のところに行って、「光ファイバーを一本引くのも二本引くのも一緒だから、ぜひ私どもの光ファイバーも引かせていただきたい」とお願いしました。けれども、それはけんもほろろに断られました。

しようがありませんから、大阪から東京まで山の峰々に大きなパラボラアンテナを建てて、それを無線で繋ぐという方法を取りました。いま考えてみても、鉄骨を重機で山のてっぺんまで引き上げて、そこに大きなパラボラアンテナをつくるというのはお金もかかりますし、非常に大変なことでしたが、よくやったなと思いますね。

JAL再建の鍵は意識改革

JALの記者会見で植木義晴社長（右）を見守る稲盛氏

——「動機善なりや、私心なかりしか」という意味では、JALの再建もよく引き受けられましたね。

平成二十二年にJALが倒産した時、「会社更生法に基づく会社再建のために会長を引き受けてくれ」と政府から頼まれました。私自身、航空業界のことは何も知りませんでしたし、多くの方から「あんな巨大な組織の立て直しは絶対に無理だ」「晩節を汚すことになる」と言われました。

しかし、倒産したJALを救うことには、三つの大義があることに思い至ったんです。

——三つの大義ですか。

一つは、残された三万二千人の従業員の雇用を守れる。二つ目は、日本経済全体への悪影響を食い止めることができる。そして三つ目は、ANAとの正しい競争環境を維持して、国民の利便性を図る。

何度も申し上げているとおり、世のため人のために尽くすことが人間として大切だと思っていますので、勝算があるわけではないけれども、必死に頑張ってみようと思ってお引き受けしました。結果として、二千億円に迫る利益を出す会社へと生まれ変わり、再上場を果たすことができたわけです。

――JAL会長就任二年目の年、盛和塾での講演を聴かせていただいて、私は二つの言葉に感動しました。一つは「JALを社員の意識の高さにおいて世界一にする」。やはり社員の意識を変えることが改革の第一歩だったのでしょうか。

そのとおりです。着任してみますと、JALは役所と同じでした。東大をはじめ優秀な一流大学を出た幹部十名くらいで構成される企画部というところがありまして、そこがすべての経営方針を決めて、あらゆる指示が出されていく。

その連中は現場経験のない人間ばかりだったもんですから、私は企画部を廃止して、現場で働いたことのある人たちを幹部に引き上げました。その典型がパイロット出身の植木（義晴）君を社長に抜擢《ばってき》したことです。

そういう中で、私は従業員の皆さんに一所懸命いろいろな話をしました。特に、JALは倒産後も便の運航を止めることなく、更生に入りましたから、倒産したことを実感できていなかったり、潰れても誰かが何とかしてくれるという意識の従業員が多かったんです。

ですから、「私はたまたまお世話にきたけれども、皆さんが目覚めて立ち上がり、自分たちで会社を立て直そうとしなければ誰もできませんよ」と、再建の主役は自分自身であるという当事者意識を植えつけていきました。

――もう一つ感動したのは、当時七十九歳の稲盛名誉会長が「私はいまも、ど真剣の毎日を生きている」とおっしゃったことです。

あの頃は毎日夜九時、十時まで食事を取らずに仕事をして、終わった後に近くのコンビニに行って、おにぎりを二つ買ってホテルの部屋で食べるというのが普通でしたね。

また、会議の場も真剣勝負でした。幹部から個別の案件について提案を受ける時、私は資料の中身はもちろんのこと、その人間の心意気もよく見ていました。気迫や情熱のない者に対しては、最初の数分で「もう帰りなさい。君の話には魂がこもっていない。私と刺し違えるつもりで来なさい」と突き返すこともありました。

――それから航空アライアンスに関して、一時はスカイチームに移籍する方針に決まったにもかかわらず、稲盛名誉会長が難色を示されてワンワールドに留まったと。この決断にも感動しました。

JALは以前からワンワールドアライアンスに加盟していましたが、倒産後、世界最大手であるアメリカのデルタ航空と業務提携し、スカイチームへの移籍を行うことで、運賃の共通化や運航ダイヤの調整による効率化を図り、収益の拡大を目指そうとしていました。

しかし、いままでお世話になってきたのに、条件がいいからといって急に変節する

ようなことは、人間の取るべき道ではありません。そういう利害損得でもって考えるのではなく、人間として正しいことを追求する。その一点でした。

人生で一番大事なもの

――最後の質問です。今日まで八十六年間歩んでこられて、人生で一番大事なものは何だと感じられていますか？

やっぱり人生で一番大事なものというのは、一つは、どんな環境にあろうとも真面目に一所懸命生きること。

私が京セラや第二電電をつくり、JALを再建し、素晴らしいことをやったと多くの方々から称賛していただきますが、ただ一つだけ自分を褒めるとすれば、どんな逆境であろうと不平不満を言わず、慢心をせず、いま目の前に与えられた仕事、それが些細《ささい》な仕事であっても、全身全霊を打ち込んで、真剣に一所懸命努力を続けたことです。全生命を懸ける努力、世界中の誰にも負けない努力をしていけば、必ず時間と共に大発展を遂げていくものと信じて疑いません。

それともう一つは、人間は常に「自分がよくなりたい」という思いを本能として持っていますけれども、やはり利他の心、皆を幸せにしてあげたいということを強く自分に意識して、それを心の中に描いて生きていくことです。

いくら知性を駆使し、策を弄《ろう》しても、自分だけよければいいという低次元の思いがベースにあるのなら、神様の助けはおろか、周囲の協力も得られず、様々な障害に遭遇し、挫折してしまうでしょう。「他に善かれかし」と願う邪心のない美しい思いにこそ、周囲はもとより神様も味方し、成功へと導かれるのです。

私はこの二つを特に心掛けて生きてきました。盛和塾のモットーは「心を高める経営を伸ばす」ですが、私自身がこれからも心を高め続ける一生でありたいと思っています。

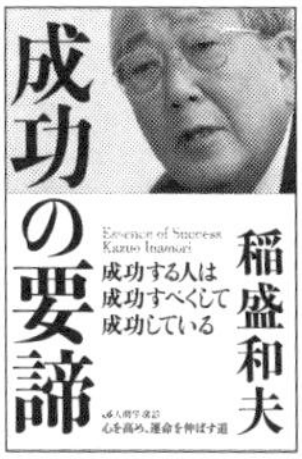

『成功の要諦』
稲盛和夫・著／致知出版社
55歳から81歳までに行った6度の名講演を採録。運命発展の要諦を説き明かす。

『「成功」と「失敗」の法則』
稲盛和夫・著／致知出版社
なぜ成功する人と、失敗する人がいるのか。稲盛哲学のエッセンスを凝縮したベストセラー。

稲盛和夫（いなもり・かずお）
昭和7年鹿児島県生まれ。鹿児島大学工学部卒業。34年京都セラミック（現・京セラ）を設立。社長、会長を経て、平成9年より名誉会長。昭和59年には第二電電（現・KDDI）を設立、会長に就任、平成13年より最高顧問。22年には日本航空会長に就任し、27年より名誉顧問。昭和59年に稲盛財団を設立し、「京都賞」を創設。毎年、人類社会の進歩発展に功績のあった方々を顕彰している。

トヨタのものづくりと人づくり

張 富士夫
トヨタ自動車相談役
Cho Fujio

日本を代表するグローバル企業として世界を牽引してきたトヨタ。張富士夫氏は「トヨタ生産方式」の生みの親である大野耐一氏の薫陶を受け、現場主義の教えを実践してきた。同社の躍進を支える、ものづくりと人づくりの要諦とは何か——。

本項は、『致知』創刊四十周年記念式典（二〇一八年）の講演録である。

ものづくりには技術の部分と人が頑張る部分とがある

『致知』創刊四十周年、本当におめでとうございます。

『致知』は二十年くらい前に、アメリカから帰ってきてから購読するようになりました。その一年前に、仕事でご縁をいただいていた若い友人から一年間贈っていただいて、あぁこんなにいい雑誌があるのかと感動しまして、贈呈が終わった時からずっと毎月読ませていただいています。

『致知』を読むと、こういう考え方があるのか、こんなに頑張っている人がいるのか、と様々な感動をいただきます。こういう学びのことを人間学といわれておりますけれども、とにかく勉強になることが大変多いものですから、いまも大切に、毎月毎月読ませていただいております。

本日、会場にいらっしゃる皆様方も大半は『致知』の愛読者でいらっしゃるでしょうから、人の生き方というものに大変ご関心がおありのことと思います。私はもともと事務屋でございましたけれども、製造現場に配属になってそこで随分鍛えられましたし、その後アメリカで工場の運営に携《たずさ》わってきたものですから、どうしてもものづくりの話になってしまうんですけれども、ものづくりも大きく分けて、技術の部分と人間が頑張る部分とがございます。きょう

お見えになっている皆様は、どちらかというと人間が製造現場でどういうふうに頑張って、どんなものをつくってきたかということのほうにご興味がおありだと思いますので、そちらのほうに焦点を絞ってお話し申し上げたいと存じます。どうぞ最後までよろしくお願いいたします。

信じて貫けば最後には認められる

私どもトヨタ自動車という会社は、無駄をいかに減らしていくかということを追求して一つの大きな組織に成長してまいりました。その考えのもとに、先輩方が何のモデルもないところから苦労してつくり上げたのがトヨタ生産方式でございます。

トヨタ生産方式は、当初は多くの非難、批判をいただいておりましたが、徐々に世の中に広まってゆき、欧米でも有名になり、ぜひ勉強したい、教えてほしいと、海外からたくさんの人が訪ねてこられるまでになりました。

実際に現場で成果が上がるまでには時間がかかりましたけれども、自分たちが本物と信じる道をひたすら貫いてゆけば、最終的には広く認められるものであるということを、私は多くの先輩の背中を通じて学ばせていただきました。

トヨタが自動車の生産を始めた頃は、フォード方式という生産法が世界を席巻《せっけん》しておりました。私は事務屋でしたから知りませんでしたけれども、同世代の技術屋たちも皆大学でフォード方式を教わっており、自動車の製造は少量ではダメだと。品種を絞り、機械で自動化して大量につくってこそ生産性が上がるんだという話を盛んにしておりました。

私も最初はそんなものかなと思っておりましたけれども、トヨタ生産方式をつくり上げた大野耐一《たいいち》の下に配属になった時にその話をしましたら、ボロクソにこき下ろされてしまいました（笑）。そして、様々な種類の車を知恵を絞っていかに効率的につくるかが大事だという考え方を、現場で徹底

トヨタ生産方式：トヨタ自動車が自動車の製造を通じて確立した生産管理の理念・方式。「ジャスト・イン・タイム」や「自働化」などにより製造工程の無駄を排除する。

フォード方式：1910年代に創業者ヘンリー・フォードがフォード自動車会社で実行した経営合理化のための大量生産方式の型。機械部品の規格化とコンベヤーによる移動組立法を結合し、飛躍的な生産能率の向上と原価の引き下げを実現した。

大野耐一：［1912～1990］中国大連生まれ。昭和7年豊田紡織入社。18年トヨタ自動車工業（現・トヨタ自動車）に移り、50年副社長。トヨタ生産方式の生みの親として知られる。

的に叩き込まれました。

このトヨタ独自のものづくりの考え方は、先ほども申し上げましたように、当初は多くの批判に晒《さら》され、高い評価をいただくまでには紆余曲折《うよきょくせつ》があったのです。

自動車はどのような手順でつくられるのか

きょうは、トヨタ自動車の足跡を辿《たど》り、私がその中でどのように育てられたかということをお話しさせていただきますが、本題に入る前に、自動車がどのような手順でつくられるのかを簡単にご紹介しておきたいと思います。

自動車というのは非常にたくさんの部品を使っておりますから、工程もたくさんございます。メインの流れを申しますと、まずプレスといって、鉄板をかたどり、ドアとかフェンダー、ルーフ、ボンネットといった部品をつくる工程がございます。次にボディのアウター（外側）とインナー（内側）をつくり、それをくっつける溶接という工程がございます。そしてでき上がったものを塗装工場に入れて黒だとか白だとかの色を塗る。これが一つの大きな流れでございます。

　その一方で、エンジンをつくる流れもございます。鍛造《たんぞう》とか鋳物《いもの》で鉄の塊《かたまり》をつくりまして、それを機械工程へ持ってきて、穴を開けたり、表面を削ったりして、シリンダーとかブロックとかヘッドをつくります。それを機械組み付けというところでエンジンに組み立てます。また、プラスチックを成形してバンパーなどをつくる流れもございます。

　そうしてつくったボディやエンジン、それから外注メーカーさんでつくっていただいたタイヤだとかガラスだとかシートだとか、そうしたいろんな部品を全部集めて工場で組み立て、自動車につくり上げて世界中のお客様へお届けする。これが自動車製造の大きな流れでございます。

日本人の頭と手で日本人の乗用車をつくる

それでは、ここからトヨタ自動車の歴史を辿ってみたいと思います。

　トヨタ自動車が創立されたのは一九三七年ですが、この頃にはフォードやGM、クライスラーといったアメリカのビッグ3をはじめ、欧米の先進自動車メーカーが既にたくさんの車をつくっておりました。欧米の車が世界中を走っている中で、私どもトヨタ自動車を含む日本の自動車工業はスタートしたのです。

　その八年後、一九四五年に終戦を迎えますと、今度はお金がない厳しい時代を、ずっと苦労に苦労を重ね、少しずつ、少しずつ性能を向上させてお客様に買っていただけるようになってまいりました。

　一九五〇年には大変大きな労働争議がございまして、会社は深刻な経営危機に陥りました。その結果、二千百五十人もの従業員を解雇することになり、創業者の豊田喜一郎は責任を取って社長を辞任しました。喜一郎はその二年後に亡くなりましたから、後の会社の発展を見ることもなく、創業の苦労ばかりして人生を終えたわけです。

　日本人の頭と手で、日本人の乗用車をつくりたい。それがトヨタ自動車を創業した喜一郎の夢でした。その遺志を皆で受け継ぎ、一九五五年には初代クラウンを発表いたしました。この車はいまでも当社の主力製品として販売を続けておりますが、そこに至るまでには先輩たちの並々ならぬ苦労がございました。

　私は一九六〇年にトヨタ自動車へ入社し、

GM：ゼネラルモーターズの略称。米国の自動車会社。1908年、W＝C＝デュラントが設立。キャデラック、シボレー、ビュイック、オペルなどのブランドを持ち、「世界最大の会社」とも呼ばれたが、2009年6月に連邦破産法の適用を申請し、経営破綻。米国政府が株式の61パーセントを保有する新会社として再生。2010年11月に株式を再上場した。

クライスラー：米国の自動車会社。1925年、W＝P＝クライスラーが設立。クライスラー、ジープ、ダッジなどのブランドを持ち、世界の自動車産業を主導したが、世界金融危機の影響を受け、2009年4月に連邦破産法の適用を申請し、経営破綻。政府の支援、およびフィアット社との提携により、同年6月に新会社として再生した。

豊田喜一郎：［1894〜1952］豊田自動織機創業者・豊田佐吉の長男。トヨタ自動車工業創設者。

八六年にはアメリカへ赴任しました。景気がよくなっていくのに伴って日本の自動車産業も成長し、海外へ輸出できるまでになりましたけれども、八〇年代に入ってアメリカとの間に貿易摩擦が起こり、日米首脳による交渉の結果、日本のメーカーはアメリカに工場をつくることになったわけです。

ジャスト・イン・タイムのものづくりを掲げて

創業者の豊田喜一郎は、豊田佐吉の長男です。ご存じの方も多いかと思いますけれども、佐吉は自動織機《しょっき》の発明者で、私も中学校の教科書に「日本の発明王」と紹介されていたのを覚えております。

喜一郎は織機の優れた技術者だったそうですが、佐吉翁が喜一郎を連れて欧米を視察した時に、行く先々でたくさんの自動車が走っているのを見て、「これからは自動車の時代だ。私は自動織機でお国に尽くしてきたが、おまえは自動車でお国のために尽くせ」と言ったそうです。

そうして佐吉翁が投じた資本をもとに喜一郎は試作工場をつくり、まずはアメリカのGMやフォードの車を分解し、もう一度つくり直してみるところから始めたと聞いております。

私もつい先日、久しぶりに視察してまいりましたが、その工場は現在も愛知県の刈《かり》谷《や》市に残っております。決して大きな工場ではございませんが、欧米の自動車メーカーの物真似ではなく、日本人の腕と頭で自動車をつくるんだという思いを、喜一郎はその創業の地で育《はぐく》んだわけでございます。

その喜一郎が提唱したのが、ジャスト・イン・タイムのものづくりでございます。どこで学んだのかは不明ですが、自動車はジャスト・イン・タイムでつくることが一番大事だということを、直属の部下に盛んに言っていたそうです。当時は誰もそれが理解できず、いろいろトライしましたが上手くいきませんでした。けれどもそのジャスト・イン・タイムという言葉は、喜一郎が亡くなった後も生き続け、これを何とか実現しようとたくさんの先輩方が奮闘し、最後にやり遂げたのが、後で詳しくご紹介します大野耐一という人でした。

「三年でアメリカに追いつけ」

先輩から伺った話ですが、喜一郎は終戦の翌日に製造の関係者を集めまして、「三年でアメリカに追いつけ」という社長指示を出したそうです。そうしなければ、日本の自動車産業は成り立たないというのです。

戦争中は、国から軍需用のトラックなどの発注をたくさんいただいて経営が成り立っていました。けれども戦争が終わればそれが途絶え、その上、欧米からたくさんの自動車が輸入されるだろうから、何としても生産性を上げ、競争力をつけなければ潰《つぶ》れてしまう。そういう切羽詰《せっぱつ》まった状況

ジャスト・イン・タイム：必要なものを、必要なだけ、必要なときに生産、または運搬する仕組みとその概念。

豊田佐吉：［1867〜1930］発明家・実業家。遠江国（静岡県）生まれ。日本で最初の木製動力織機を発明、のち豊田式織機を設立。日本の近代織物工業の発展に貢献し、トヨタ自動車の基礎を築いた。

の中で、喜一郎は生き残りに懸ける強い意志を従業員の前で示したのです。

とは申しましても、欧米のメーカーが立派な機械を使って高速でどんどん品質のよい自動車をつくっているのに対して、自分たちにはよい機械も、それを買うお金もない。そもそもどうすれば生産性が上がるかという知識も技術もない。

そういうないない尽くしの中で、主だった幹部たちが現場へ出て行き、毎日毎日観察を続けたところ、多くの無駄があることに気づきました。生産性を上げるためにお金をかけられないなら、無駄を一つずつなくしていくことで生産性を上げていくしかないという考えに辿り着いたわけです。

そのような発想は、当時世界のどこにもありませんでした。最初は外の人からはもちろん、一緒に働く現場の人からも理解を得られず、そんな馬鹿な、いったい何をやろうとしているんだと反発を受けたそうです。しかし、他にやりようがなかったために、先輩たちはこれに取り組んでいったわけでございます。

生産性十倍のアメリカへの挑戦

そこからトヨタ生産方式をつくり上げた中心人物が、大野耐一でした。事務屋から製造現場へ配属になった私に、トヨタ流のものづくりを叩き込んでくれた、いわば私の師匠に当たる人です。

大野は、学校を出て豊田紡織《ぼうしょく》で数年仕事をした後、トヨタ自動車へ移ってまいりました。当時、繊維の生産性はドイツと日本が三対一でドイツが日本の三倍。アメリカはドイツのさらに三倍だったので、アメリカと日本の生産性は九対一、向こうが日本の九倍よかったといいます。

自動車の場合は、ビッグ3がさらにレベルの高い会社だったから、アメリカと日本の生産性は概《おおむ》ね十対一。つまり喜一郎からの社長指示は、日本の十倍の生産性を誇る相手に三年で追いつけ、という意味だと大野は受け止めたそうです。

ちなみにその五年後、トヨタは年間生産台数を一万一千台まで伸ばしていました。しかし同じ年にGMは三百万台、フォードは百五十万台、クライスラーは百十万台と、依然として大きな差があり、これを縮めていくことは並大抵のことではありませんでした。

いまでもそうですけれども、生産性を上げるためには、フォード方式のようにたくさんの量をつくるというのが前提でございます。量が少ないと、そう簡単にはできないのです。

つくる量が多いと一つの工程を繰り返し高速でこなすことができ、そうすると一台の機械でたくさんつくることができます。ところがつくる量が少ないと、高い機械を買っても全然ペイしません。

そこで大野たちは、複数の工程を一人でこなすことで生産性を高めていこうと考えました。高価な機械を買ってぐるぐる回すのとは、全然違う方向を目指したわけです。日本と大きな差がある欧米の先進メーカーに追いつくというのは、本当に難しいことだったと思いますけれども、他に手がなかったために、無駄を省いて原価を下げていくという独自の道を、二十年、三十年、ひたすら歩んでまいったのです。

世界を席巻していたフォード方式

フォード方式を確立したのは、フォードを創業したフォード一世でした。

フォード一世：ヘンリー・フォード［1863〜1947］米国の実業家。1903年フォード自動車会社を創設。T型フォード車の大量生産によって車の大衆化を実現。自動車王といわれる。

フォード一世は自動車製造の生産性を上げるために、様々な機械を開発しました。有名なベルトコンベヤーを発明したのもフォード一世でした。それまでは、一つの工程でつくっては次の工程まで人が運んでいたのですが、ベルトコンベヤーというものができたおかげで、流れ作業でどんどん量産していけるようになりました。

フォード方式で高速大量生産が可能になったことで、生産性は飛躍的に高まり、自動車の価格は大幅に下がりました。そうするとさらにたくさん売れますから、生産台数もまた増える。こういうよい循環をフォードはつくり出していたわけです。まさに当時の世界をリードする素晴らしい生産モデルであり、フォード方式こそは工業の理想的な姿として皆の憧《あこが》れの的になっておりました。

フォード一世が開発して世界を席巻したT型フォードについて少し調べてみました。

T型フォードは一九〇八年に八百ドルで発売されましたが、四年後の一九一二年には六百ドル、その十年後の一九二二年には二百九十ドルになりました。それほどまでに生産性が上がり、値段が安くなったわけです。

フォードは、T型フォードの値段を下げる一方で従業員の給料をどんどん上げていったので、従業員も次々とT型フォードを買いました。自動車というのは本来高価なものであり、労働者にはなかなか手が出ないものでしたが、フォードが生産性を向上させて安く売ったことで、多くの人がその恩恵を受けるようになりました。その結果、T型フォードは千五百五十万台も生産され、フォード自身がものすごく儲《もう》かったわけです。

「どこで儲けに差がつくか考えてみろ」

トヨタは、そのような中で無駄を省いて効率を上げることに挑戦したわけですから、周囲からなかなか理解を得られなかったのです。

大野やその部下たちは「あの大野一派」とか、ジャスト・イン・タイムをカンバン（看板）と称していたことから、「カンバン一味」などと呼ばれ、白い目で見られておりました。新聞や雑誌にも、トヨタが変なことを始めた。この会社は早晩《そうばん》潰れるだろうと盛んに書き立てられ、何を言っているんだと憤《いきどお》りながら読んだこともございますけれども、私どもはこれしかないと思い定めて、無駄を省くことに徹底して取り組んでいったわけです。

私は、製造の現場でこのようなことをよく言われておりました。「張よ、タイヤ屋さんはトヨタだから特別に安く売りましょうとは言ってくれないだろう。鉄板もガラスも同じだ。どこの自動車メーカーも同じ値段で部品を購入している。だとしたら、どこで儲けに差がつくのか、考えてみろ」というわけです。

その答えは、つくり方でした。使う部品の値段はどこも一緒。だから競争相手と差をつけるならつくり方だ、と盛んに言われました。そのつくり方というのが、無駄のないつくり方だったのです。

トヨタが削減してきた現場の無駄

私が弟子入りした頃、大野は既に二十年にもわたって無駄のないつくり方を追求してきた大ベテランで、私は現場へ出る度に、「この無駄が見えんのか」と叱《しか》られたものです。

最初に言われたのも、「いいか張、現場には仕事と無駄の二つしかないと思え」ということでした。

組み立ての現場へ行くと、ネジを締める時にビビビッという音がします。大野はそこで私に目をつむるように言い、「いま聞こえる音が仕事だ。音のしないところは全部無駄だ」と言うのです。これはちょっと極端な例ですけど、私はそのようにして、現場でのものの見方を大野から教わってまいりました。

無駄にもいろいろありますが、トヨタでは手待ち、二度（三度）手間、やり直し、不良、運搬、つくり過ぎの無駄を徹底して削減してまいりました。

手待ちというのは、仕事がない状態を言います。例えば、材料を機械にセットしたら刃物がダーッと動き出します。その間は手を出せないのでただ見ていると、それはもう仕事ではなく、手待ちの無駄になっているというわけです。

あるいは、部品の加工が一回で済まずに、もう一回同じことをやるのは二度手間になります。

また、部品を適当な場所に仮置きして、

後でまた移動することもあります。最初からちゃんと置き場を決めておかないので、やり直しの無駄が生じてしまうのです。

それから、不良を出してしまうと、別のもので充当しなくてはなりませんから、これも無駄。

さらに運搬の無駄というのもございます。フォークリフトなどが何も載せずに工場内をグルグル移動していると、「流しのタクシーじゃないんだぞ」と叱られるわけです。運搬の詰め所をきちっと定めておいて、信号が出たらすぐに部品を載せて持って行き、空箱を持って帰る。そうやって運搬の無駄を省けば余剰《よじょう》な人員も明らかになるのです。

そのように、無駄の削減については先輩からうるさく言われたものですが、中でもトヨタのものづくりの一番の特徴は、最後に挙げたつくり過ぎの無駄を省いていくところにあるでしょう。つくり過ぎの無駄を省くことが、ジャスト・イン・タイムのものづくりの鍵を握っているのです。

一般に製造現場では、次の工程に渡すものを少しずつつくり溜《た》めておこうとするものです。現場のリーダーの多くは、何があっても後工程を止めないことが職人の使命だと思い込み、作業が滞《とどこお》っても後の工程に影響が及ばないように、自分の工程で在庫をつくっておきたがるのです。

しかし大野は、つくり過ぎは絶対にやってはいかんと言って、その在庫を全部取っ払ってしまいました。そうして新たにつくり過ぎができないルールを設け、それによって余りが生じた人員を他へ回す。そんなふうなことで、無駄の削減をとことん追求していったわけでございます。

「家へ帰ったら奥さんの仕事を見てみろ」

大野からはまた、「仕事というのは工程を進める動きであって、それ以外は全部無駄」とも教えられました。

大野は私にそういう見方を身につけさせるために、「家へ帰ったら奥さんの仕事を見てみろ」とよく言いました。奥さんは、コンロに鍋をかけながら横で野菜を切り、さらに洗い物までする。鍋はここ、包丁はこことといつも決まったところに置いて、クルクル効率的に動いている。それがどうして会社でできないのか。奥さんの台所での仕事ぶりのほうがずっと効率がいいじゃないかというわけです。

当初はそういう話を旋盤工《せんばんこう》にもして、旋盤の機械が動いている間に、こっちへ来てフライス盤を動かすように指示を出したこともあったそうですが、「俺は旋盤工だ」と反発を受けたそうです。

そこで大野は、後に私の直属の上司になった鈴村喜久雄を入社してすぐ組長に抜《ばっ》擢《てき》し、フライス盤の仕事を覚えるよう指示しました。鈴村はフライス盤の職人の動きを毎日後ろから見て覚え、定時に職人たちが上がった後に自分でやってみたそうです。最初はなかなか上手くいかずに、不良を

旋盤：工作物を主軸に回転させ、往復台上にある刃物を前後左右に動かし、工作物を軸対象状に切削する工作機械。

フライス盤：金属を切削する刃物であるフライスを定位置で回転させ、送られてくる工作物を切削する工作機械。

出しては防火用水の中に沈めて隠しておいたそうですが（笑）、毎日やるうちに上手くできるようになり、旋盤の職人たちにフライス盤の使い方を指導しました。そうして一人の職人が複数の仕事をくるくる回せるようになり、それを標準化していったわけです。

一定のペースでものをつくる

こうした改革は、組み立て工場でも行われました。

組み立て工場では当初、月末集中生産が普通でした。前半は部品があまりでき上がってこないため、月の真ん中辺りからペースが上がり、月末に向けて一気に集中して必要な数をつくっていくために、どうしても生産量が月末に偏《かたよ》ってしまうのでした。

大野たちはそうした偏りをなくし、ひと月分を一定のペースでつくろうと考えました。そのためには一日にどれだけつくればよいか。それも夕方に一所懸命間に合わせるのではなく、朝から晩まで同じペースでつくるためには一個何分何秒でつくればよいかを計算し、それをタクトと呼ぶことにしました。そのタクト通りに標準作業を組み、そのペースに合わせて必要な機械の台数と人員を割り出していったのです。このタクトをきちっとつくることが、いまでもトヨタの非常に大きな特徴になっております。

結果として、例えば数年前の現場の標準作業表を見ますと、昔は十人がかりでやっていた仕事を、一人でクルクル回せるようになっています。作業表には「タクトタイム一分五十五秒」というふうに、作業に要する時間も明記してあります。

いまでは当たり前になっていますが、こうした極めて生産性の高い体制をつくり上げるために、一つひとつ現場を口説きながら無駄を省いてきたのです。

「なぜ?」を五回繰り返せ

現場では、まず疑問を持てとも教わりました。そのために、「なぜ?」を五回繰り返す訓練を徹底的にさせられました。

大野も鈴村も、何かトラブルが発生して報告に行くと、決して「あぁ、そうか」では済ませてくれないんですね。「昨日は予定の台数をつくることができませんでした」と言うと「なぜだ?」。「この機械が故障したからです」「なぜだ?」。「油漏れがしたらしいです」「なぜだ?」。そのへんからもう分からなくなって口ごもっていると「馬鹿もん!」と雷が落ちるんです(笑)。

仕方がないから今度は故障した機械の所へ行って、「なぜ油が漏れたんだ?」「なぜボルトが緩んだんだ?」と、「なぜ?」を五回、六回と繰り返すうちに、「そうか、ここがまずかったのか」と真因に辿り着く。そこで手を打つと、二度と同じトラブルは起きないわけです。

一番まずいのは、ボルトが緩んでいるのを見つけた時に、ただ締め直しただけで済ませてしまうことです。「なぜだ?」と追及して真因を解消していないと、後でまた緩んで油漏れを繰り返してしまい、大目玉を食らうわけです。

若い頃に大野や鈴村からうるさく言われ続けたおかげで、最低五回は「なぜ?」を繰り返すのが私の癖《くせ》になってしまいました。これは仕事に限らず、例えばお腹が痛い時に「なぜ?」を繰り返して、健康のことをいろいろ考えるようにもなりました。社長に就任した時も従業員に、各々の職場で「なぜ?」を繰り返して真因を突き止めることの重要性をお話ししました。

こうした素晴らしい手法を我がものとすることができたのも、大野や鈴村のおかげです。

「口で喧嘩するな。結果で示せ」

こうして現場の無駄を取り払い、いろんなことを一つひとつ直していって最終的につくり上げたのがトヨタ生産方式です。

このトヨタ生産方式には二つの柱がございまして、一つはジャスト・イン・タイムのものづくり。もう一つは、問題があったらラインを止める「自働化」でございます。

ジャスト・イン・タイムのものづくりというのは、先ほど申し上げたとおり喜一郎が最初に言い始めたわけですが、大野はそれをどうすれば実現できるかを一所懸命に考えました。結論から申し上げますと、運搬を従来のやり方とは逆にして、後ろの工程から前の工程へものを取りに行くようにしたのです。

先ほどの例えで申し上げれば、家庭の主婦は自分の家の冷蔵庫に合わせてものを買うだろうと。けれどもいまのうちの現場は、冷蔵庫の大きさは無視して、前の工程でつくったものを台車にうまく載る分だけ載せてドーンと届けるから、受け取った側では足らなくなったり余ったりしてしまう。本当に必要な数だけ届けなければならないのに、受け渡しの数が上手く噛《か》み合っていなかったのです。

そこで工場内の運搬では、すべて後工程が前工程へ必要な分だけ取りに行くことにして、ジャスト・イン・タイムの仕組みをつくりました。

もう一つの柱である、問題があったらラインを止める自働化も、生産性を高めていく上で非常に有効でした。

ただ、自働化についてはいまだに否定的な意見を持つ識者もたくさんいらっしゃいます。三百人が働いているコンベヤーラインで、一箇所で何らかの不都合が生じますと、作業員全員にストップボタンを渡してありますから、すぐにラインが止まってしまいます。たった一人のために、残りの二百九十九人が皆遊んでしまう。こんな馬鹿なやり方があるかというわけです。

実際に現場を見ていない方から否定的な意見を言われるのは辛《つら》いものですが、鈴村にはそういうことがある度に、「口で喧嘩《けんか》するな。結果で示せ」と言われました。結果さえきちっと出せば皆納得するからと、大野も鈴村も決して無理解な識者と議論するようなことはありませんでした。

「口で喧嘩するな。結果で示せ」。本当に素晴らしい言葉だと思っております。

トヨタ生産方式の理論化に取り組む

この辺りで、トヨタ自動車の歩みをおさらいしておきたいと思います。

一九三七年に創業して、翌三八年に初めて自動車の生産に成功しました。そして終戦を迎えた四五年の年間生産台数が三千台です。これが一九五〇年には一万一千台となり、以後ずっと増えてまいりましたけれども、大野たちが本社の機械工場で一所懸命にトヨタ生産方式の仕組みをつくり上げていったのが、一九四五年から六八年でした。

それを今度は組み立て工場に展開していったわけですが、これはもう桁《けた》違いに大きな工場なわけです。数百人の機械工場でつくった仕組みを、一箇所で八千人くらい働いている組み立て工場に広げていくために、きちっと組織化をして部署もつくりました。私はその時期に現場に放り込まれて、何も知らないところから一つひとつ教わってきたわけでございます。

そして一九七三年には、このトヨタ生産方式を初めて理論化することになりました。それまでは大野とその部下たちにしか十分理解できていませんでしたけれども、会社の仕事というのはもちろん製造だけではなく、いろんな部門と関わり合って成り立っています。この生産方式を全社で共有するためにも理論化は必須であり、その時に私は鈴村から「おまえは事務屋で口が上手いからやれ」と命じられたのです（笑）。

いまとなってはよい思い出ですが、それからしばらくは現場で何度も書き直しを命じられながら、夜自宅に帰っては一所懸命に理論化に取り組みました。そうしてでき上がったものに、大野が「トヨタ生産方式」と命名したのです。

トヨタは二番目に立ち上げた元町工場でクラウンをつくり、高岡工場でカローラをつくり、堤工場でセリカやカリーナをつくっております。何千人単位で従業員が働く大きな組み立て工場がいくつもございますけれども、トヨタ生産方式の理論化に伴い、これらの工場への適用も進んでいきました。

温かい人間関係で結ばれた従業員

ここからは、私がトヨタ自動車の現場で学んだことの中から、特に印象に残っているものをご紹介させていただきます。

私が事務屋から現場へ配属になり、最初は何を教わるのかと思っていたところ、上司の鈴村は「教育と訓練は違うぞ」と申しました。教育というのは知らないことを教えることであり、訓練は知っていることを繰り返し繰り返し実行してそれを身につけることだというのです。そして、事務所で知識を身につけることにはほとんど時間をかけないで、最初から現場に連れて行かれ、圧倒的に多くの時間を割いて訓練を施されました。指導を受ける生徒としては非常に分かりやすく、鈴村の言うことは実に的を射ているなぁと実感したものです。

先ほど「なぜ？」を五回繰り返す訓練についてお話ししましたが、現場ではもう一つ、「見たか？」という言葉も教わりました。何かある度に「見たか？」と問われる。実際にものを見ないでアイデアを出したり、批評したりすると厳しく叱られるので、「見たか？」という言葉を自分に投げかけながら意見を言う習慣が養われました。

失敗から学ぶことの大切さも教わりました。現場では失敗をしても怒られることは全《まった》くありませんでした。「おまえが最初から成功するなんて、誰も思っていないから、思い切ってやれ。ただし、失敗した時には必ず原因をチェックしろ。そしてまずいところはすぐ直せ」というわけです。そういう姿勢で取り組むと、現場の仕事は随分忙しくなるものです。

いまでも印象に残っていますが、現場に配属になって間もない頃に、四日連続で叱られたことがございました。

「これを直せ」と言われて、皆で集まって、ああだ、こうだとやっているうちに朝が来ました。「やったか？」と聞かれて「どうやって直すか案を練っていました」と答えると、「何時間かかっているんだ！」と雷を落とされました。うるさい上司が帰った後に何とか直したのですが、翌朝「結果はどうだ？」と聞かれて「たぶん順調に動いていると思います」と答えると、「見とらんのか！」とまた怒られる。今度は皆でちゃんとチェックをして、翌朝「順調に動いています」と報告したら「横もやったか？」。似たような工程が横にあるのですが、そこまでは言われていませんでしたから確認しておらず、「馬鹿者！」とまた雷を落とされました。こっちが上手くいったら、どうして隣もすぐに試さないんだというわけです。

そういう厳しい上司でしたが、こっちも厚かましいもので、四日連続で叱られた後で仲間と一緒に夜にお宅を訪問し、「いつになったら褒《ほ》めてくれるのですか？」と問い詰めました。すると上司から、「俺は犬や猫を仕込む時には褒めてやるが、おまえたちも同じようにされたいならいくらでも褒めてやろう」と返され、大笑いになりました（笑）。

現場ではいつも鬼のような顔をしたおっ

かない上司でしたが、仕事を離れると実に人間味のある人生の先輩でした。トヨタという会社の従業員は、そういう温かい人間関係で強く結びついていたのです。

本当に理解するためには経験することが大事

改善というのは、まず改善を実行し、それをチェックして、また問題があれば「なぜだ？　なぜだ？」と真因を突き詰めていきます。これをグルグル回していくから、改善というのは一回で終わりじゃない。特に大事なのが、結果のチェックだぞと教えられました。

確かにその通りで、ある現場でよかれと思って無駄を取ることに取り組んでも、それをやることでよその工程にどれだけ喜ばれる結果をもたらしているか、あるいは逆に迷惑をかけていないか、きちっとチェックをするようにということは、本当にうるさく言われたものです。

また、現場に出ろ、無駄を見つけろとい

うことは常に言われておりましたけれども、同時に、無駄を見つけたら思い切って直せ、いいと思ったらすぐやれということもうるさいくらいに言われました。「こうやったほうがいいと思います」とアイデアを提案すると、「いいと思ったらすぐにやれ」「まだやっとらんのか」。やったら今度は「自分がやったものの結果を見ろ」「まずいと思ったら直さなければいかん」。

現場でそういう訓練を繰り返し受けるうちに、気がついたらカイゼン（改善）に夢中で取り組んでおりました。非常に上手い育てられ方をしたと思いますし、本当に理解するためには経験することが大事だということも、身を以《もっ》て勉強させてもらいました。これについては、以前読んだ本でアインシュタインも同じことを言っていることを知り、大変意を強くした次第です。

大野や鈴村も「百聞は一見に如《し》かず、百見は一行に如かず」と、同様のことを申しておりました。前半は一般によく言われることですが、私どもはさらに踏み込んで、百回見るよりも一回やってみろと言ってきたわけです。

「『分かりました』と自分で言うな」ともよく言われました。現場で行動を見ていたら、こいつはまだ分かっとらんなということがよくある。分かったかどうかは、おまえのやったことを見て、わしが判断すると言うわけです。

「わしの言う通りにやるな。もっとよいことを考えよ」というのも印象に残っている教えです。大野からはしばしば「なぜこんな無駄なことをしている。もっとこうすればいいじゃないか」と叱責《しっせき》を受けることがありました。すぐに皆で集まって直すのですが、翌朝それを見た大野から「なぜわしの言う通りにやったんだ」とまた叱られる。

最初はなぜ叱られるのかが分からなくて鈴村に相談すると、「おやじ（大野）は自分が言ったのよりもっといいものを求めているんだ。言われた通りにやるだけではダメだ」と諭《さと》され、納得したのです。

人間性尊重の社員指導

トヨタの現場が特に大事にしてまいりましたのが、人間性を尊重する指導でした。

大野はよく、人間と他の動物との違いは考える能力を持っていることだと申しておりました。だから人間性を尊重するには、働く人に考える余地を与えること。常に頭を働かせていろんなことに取り組めるように、大野はうるさいくらいに働く人に知恵を求めました。人を育てようと思ったら、考えさせなければならないというわけです。

大野に言わせれば、脳味噌《のうみそ》にはヒダがあって、知恵の虫というのがそのヒダの間に隠れているそうです。そして知恵の虫は困ると出てくるからと言って、我われに無理難題をポンポン吹っかけてくるわけです。皆どうしようかと悩みながらも一所懸命に知恵を絞り出して、それなりに解決していくわけですが、「人間の知恵は無限だ。どこまであるかしれんなぁ」と大野はよく申しておりました。

また大野は、皆がアイデアを出せるように、現場は誰が見ても分かるようにしておけとも申しておりました。「目で見る管理」という言葉を用いておりましたけれども、これを実行するのはなかなか至難の業《わざ》で、一所懸命やっても「まだ不十分だ」とよく叱られました。「隣の工場から来た人が見ても、この現場の問題がパッと分かるようにしておきなさい」と、目で見る管理についてうるさく言われました。

大野はさらに、「わしは欲しい結果だけを言う。やり方は自分で考えろ」とも申しました。そう言われた部下は、具体的なやり方を自分で考えなければなりません。そうやって部下から知恵を引っ張り出そうとしたわけです。

多少乱暴な例かもしれませんが、五人で仕事をしている部署に無駄が多ければ、「三人でやるように」と言い残して帰ってしまうようなこともありました。残された三人は、どうすればできるかと一緒に知恵を絞り、何とか仕事が回るようになるわけです。

そんなふうに皆で知恵を出すというのはとても大事なことで、人間性尊重という言葉は、トヨタ生産方式を進める上でとても重要な鍵であります。

アメリカへの進出で心掛けたこと

こうした様々な努力の甲斐《かい》もございまして、一九八〇年代に入ると日本車は大変よく売れるようになりました。しかし輸出が増えたことによって、欧米との間に貿易摩擦が生じてしまいました。

ヨーロッパでは台数をバシッと制限されてしまったのですが、アメリカは自由貿易主義ですからそういうことはせずに、当初は日本側に自主規制を求めてきました。しかし、そのうち向こうの組合の人たちが日本車を壊すようなことも起こり、問題が深刻化して輸出が難しくなってまいりました。

結局、日本の自動車メーカーはアメリカへ行き、アメリカ人と一緒に生産することで解決を図ることになりました。トヨタ自動車も一九八六年にケンタッキーへ進出し、私が社長として赴任することになりました。

そのケンタッキーの土地というのが何しろ広いんです。うちの元町工場が二十数万坪、高岡工場でも四十万坪ですが、ケンタッキーの土地は二百万坪もございます。そこに二年がかりで工場を立ち上げ、一九八八年にアメリカでの一号車を出荷しました。

最初は敷地の半分だけを使っておりましたが、おかげさまで大変よく売れるものですから、七、八年経った頃に残りの半分も使うことになり、いまは年間で五十万台生産する工場になっています。

私がケンタッキーの社長を務めた十年間は自動車の生産以外にもいろいろな仕事がございました。

ビッグ3と良好な関係を築くことも重要でした。トヨタ生産方式の工場では、ビッグ3の工場とはレイアウトから機械から全部違うのだろうと関心を持たれ、ケンタッキー工場をぜひ見せてほしいと視察の要請

を受けました。私どもは彼らから過去にたくさん学んできましたし、彼らと上手く付き合っていくなら求めに応じるべきだと考え、どうぞ、どうぞと視察を受け入れました。本社では、競争相手に工場を見せるとは何事だ、とこれを疑問視する向きもありましたけれども、私はそのことでたとえ社長を降ろされても構わないと肚《はら》を括《くく》っていました。

それから社員教育にも力を注ぎました。日本の会社では社員教育というのは当たり前に行われておりますけれども、アメリカでは仕事の知識は社員が自分の時間とお金を使って身につけるのが一般的です。ところがトヨタに入ると、会社がお金と時間を費やして自分たちを教育してくれる。こんないい会社はないと、現地の社員からものすごく感謝されました。これには私どももびっくりしましたけれども、いま振り返ると大変思い出深いものがございます。

それから、地元を大切にし、現地の方々と融和《ゆうわ》を図ることにも力を注ぎました。これには現地で採用したアメリカ人にアドバイスを求め、黒人グループの皆さんとお付き合いをしたり、日本人の社員の奥さんにも協力をお願いしてボランティア活動に参加していただいたりもしました。

全米で品質ナンバーワンに

そうした活動にも取り組みながら、私どもがつくり上げた生産方式をアメリカの従業員にも一所懸命に説明して共有を図りました。現場の班長には日本で一、二か月研修を受けてもらいましたが、そうするといっぺんに改善のやり方を理解してもらえて、現場に浸透していきました。

アメリカで生産する際に特に意識したのが、品質でした。

これは向こうの販売会社さんから言われたことですけれども、我われの販売店では既に日本から来たカムリを売っている。そこへアメリカ製のカムリが来ると、日本製とアメリカ製を両方並べて売ることになる。日本製の品質については大変評判になっていましたから、そこでもしアメリカ製の品質が悪いという評判が立てば、お客様は日本製ばかりを求めるようになると心配しているわけです。品質だけはくれぐれも頼むぞと、アメリカの販売会社からは随分念を押されました。

そのために私は、当面は台数を追わず、品質不良ゼロを目指そうと考え、従業員への周知を図りました。標準作業を徹底し、問題があればすぐラインを止めるよう指示を出しました。

ところが従業員は、何度言ってもラインを止めないのです。これについては日米のトップの間で大変な激論になりましたけれども、アメリカの製造現場では、コンベヤーのラインを止めたらその場で即刻クビになるのが常識でした。ですから、いくらラインを止めろと言っても絶対に止めないわけです。

そこで私ども日本人の幹部は、朝から晩まで現場に張りつくことにしました。問題が発生すればすかさず「ラインを止めてください」と指示を出し、止めた人の所へパーッと走って行って「サンキュー!」とやる（笑）。これが随分評判になりまして、アメリカでの赴任を終えて帰国してからも、「あのおかげで、アメリカの製造現場にラインを止める習慣が根づいた」と称賛の言葉を随分いただいたものです。

　ちなみに、工場のラインの上には紐《ひも》が張ってあって、それが止めるボタンに直結しています。問題があったらその紐を引くと、キンコーンと鳴って定位置でラインが止まるようになっています。そうすると、私どもの間で日本的に「あんどん（行灯）」と呼んでいる表示板がございまして、そこにどこが止めたかが表示されるので、「何が起きた？」と皆が集まって来て、その場ですぐ直したり、関係部署が持ち帰ってきちっと原因を調べたりします。

　そういうことを一所懸命繰り返して、ラインを止める習慣が根づくにつれて品質はどんどんよくなっていきました。努力の甲斐あって、トヨタのケンタッキー工場は、全米生産者の中で品質ナンバーワンと認められ、JDパワー社から金賞を授与されました。

　これによって現地の従業員の間にも、ラインを止めてもいいんだ、品質というのはこうやって高めていくものなんだという理解がさらに広まり、私どもの考え方に大変熱心に耳を傾けてくれるようになったのです。

世界で認められた日本のカイゼン（改善）

　アメリカでは様々なことを学びましたが、とりわけ日本との対比で印象に残っているのが、改善に取り組む際の発想の違いです。

　アメリカでは真っ先に、どんな設備、機械、道具を使うかという発想をしますが、日本人が考えるのはやり方です。

　もともとよい機械がなかったという事情もあって、手順を変えたり、置き方を変えたり、小さな無駄を一つひとつ一所懸命に取り除いて、それを仕組み化していくのが日本のカイゼン（改善）です。

　ハードを中心に考えるアメリカに対して、やり方を考えるカイゼン（改善）は非常に日本的でございます。それだけに、これがアメリカで受け入れられたことは非常にありがたいことでした。

　ここまで来るには、失敗もたくさんございました。けれどもその都度勉強を繰り返し、その積み重ねによって私どもトヨタ自動車は今日を築いてまいったのです。

　時間となりましたので、これで私の話を終わらせていただきます。ご清聴ありがとうございました。

張 富士夫（ちょう・ふじお）
昭和12年生まれ。35年東京大学法学部卒業。トヨタ自動車工業（現・トヨタ自動車）入社。63年トヨタ自動車取締役。トヨタモーターマニュファクチュアリングUSA社長。常務、専務、副社長を経て、平成11年トヨタ自動車社長に就任。17年会長。25年名誉会長。29年相談役。

不可能を可能に変える経営哲学

全国2万店舗を超える日本最大のコンビニチェーン「セブン‐イレブン」。100円ショップの先駆けであり、業界トップの規模を誇る「ザ・ダイソー」。それぞれの小売店をゼロから創り上げてきた経営者、それが鈴木敏文氏と矢野博丈氏である。猛反発を受けながらも、既存の常識や慣習を打破してきた鈴木氏と、夜逃げ1回・転職9回・火事1回というどん底から這い上がってきた矢野氏が語り合う「無から有を築いてきた挑戦の軌跡」「不可能を可能に変える経営哲学」とは――。

矢野博丈
大創産業会長
Yano Hirotake

鈴木敏文
セブン&アイ・ホールディングス
名誉顧問
Suzuki Toshifumi

中央大学の先輩と後輩

矢野　鈴木会長、お忙しいところありがとうございます。僕みたいな身分の違う格下の者と対談していただいて。僕はずっと鈴木会長と呼んできましたから、そのほうが落ち着くので、きょうも会長とお呼びしていいですか?

鈴木　いま（二〇一八年）は名誉顧問という肩書になっているけど、まぁなんでもいいですよ（笑）。ところで、矢野さんとは古い付き合いだから忘れちゃったけど、どういう出逢いだったんだろう?

矢野　いまから十五年くらい前に、流通ジャーナリストの緒方知行先生から鈴木会長のことを聞きよったんです。

鈴木　ああ、そうか。

矢野　緒方先生は商業界の取締役編集局長を務めた後、独立されたんですよね。小売業をハード面ではなく心で捉《とら》える方で、鈴木会長のことについて書いた本をたくさん

商業界：かつて日本の小売・流通などに関する書籍を刊行していた出版社。

出されましたね。

鈴木　そう。彼とは若い時から親しくしていましてね。私の仕事に興味を持って、いろいろ取材してくれた。じゃあ、そのご縁で矢野さんと知り合ったのかな。

　何しろ矢野さんは人を愉快《ゆかい》にさせる性格ですから、魅力的な人物だなというのが第一印象でした。そうしたら、たまたま中央大学の後輩だと言うのでね。

矢野　同じ大学というのは嬉しいですよ。

　鈴木会長はもう雲の上の存在ですけど、その方が東大出身ではない。これは希望が持てます。

百円ショップ誕生秘話

鈴木　それにしても、百円ショップなんてよく考えたよなぁと感心します。

矢野　僕は何も自慢できることはないんですが、ただ一つだけ言えるのは、人とは違ったジャンルの商売をしたこと。みんなが食料品を集めて食料品店、本を集めて本屋さん、家電を集めて家電屋さんをつくるところ、私は百円というコインでお店をつくった。これは世界で初めてなんですね。他に褒《ほ》められることはありませんけど、そこだけは「どうだ！」と言える。

鈴木　最初に百円ショップって聞いた時は首を傾《かし》げたけど、一度店に入ってみたら、

矢野博丈（やの・ひろたけ）
1943年広島県生まれ。1966年中央大学理工学部卒業。学生結婚した妻の家業を継いだものの、3年足らずで倒産。その後、9回の転職を重ね、1972年雑貨の移動販売を行う矢野商店を夫婦で創業。1977年大創産業設立。1987年「100円SHOPダイソー」1号店が誕生する。1991年初の直営店を香川県高松市にオープン。1999年売上高 1000億円を突破。2000年『企業家倶楽部』主催の「年間優秀企業家賞」を受賞。2018年売上高4548億円で業界シェア56%の業界トップ企業である。2018年3月同会長。

いろんな商品があって実に面白いなと。そのアイデアを思いついたことがすごい。

矢野　アイデアじゃないんですよ。もともとは八十円から二百円くらいまで小間物《こまもの》がいっぱいあって、それに一個一個値段をつける暇がなくなっただけなんです。

　というのも、創業当初は固定の店舗があったわけではなく、トラックに雑貨を積み込み、公民館や空き地で移動販売をしていました。ある時、お昼頃に着いたら、お客さんがたくさん待っておられましてね。トラックから商品を下ろしよったら、お客さんが勝手にそれを開けて、「これなんぼ？」「これなんぼ？」って言われるんですよ。私もいちいち伝票を見る間がないもんで、もう途中から「なんでも百円」って、ついつい言うてしもうたのが始まりなんです。

　よくいろんな方から「先見《せんけん》の明《めい》があったんですね」って言われるんですけど、戦略で始めたんじゃないんです。困って仕方なしに百円にしたのが実際のところです。

鈴木　いまは何店舗になったの？

2000年頃、100円ショップ「ザ・ダイソー」の店内にて

矢野　国内が約三千三百、海外が二十六か国で約二千店舗あります。従業員は二万人、売上高は四千五百億円になっています。

鈴木　普通のセンスじゃできないですよ。やっぱり百円ショップをつくったというのは、ある意味の天才だと思う。

矢野　いや、鈍才なんです、超がつくほど。頭が悪くて能力もない。だから、うちは経営計画をつくったことがないんですよ。そんなものはお客さんが買ってくださってできることなので、経営計画なんかつくる必要ないと。あと、企業理念も社是社訓もありません。

　会社を大きくしたいと思ったことがないんです。儲《もう》けようなんて大それたことは考えない。売れればいいんだと。きょう一日、一所懸命頑張ろう。その一点でしたね。

二十六歳で借金、夜逃げ、転職地獄……

鈴木　そういう思いに至った原点は何だろうか？

矢野　私は学生時代に結婚して、大学を出てすぐ女房の実家へ行ったんですよ。尾道《おのみち》で当時七十坪の魚屋を三つ経営していて、従業員も六十人くらいおる会社でした。義父がやり始めた養殖業を引き継いだんですが、二年半後に七百万円の借金を背負いましてね。このままやっていたら一生浮き上がれんなと思うて、二十六歳の時に、女房と小さな子供を連れて東京へ夜逃げしたんです。

　その後は、もう地獄でしてね。百科事典

の訪問販売をやったんですが、全《まった》く売れなくて、三十人中二十七番。ちり紙交換の仕事とか、いろいろやりましたけど、何をやってもダメで、結局九回も転職しました。義兄が経営するボウリング場を手伝ったものの、そこも倒産してしまったんです。その時にこう思いました。俺は運命の女神《めがみ》に嫌われているんだって。

鈴木　でも、それをずっと乗り越えてやってきたバイタリティーは大したものだ。

矢野　バイタリティーじゃなくて諦《あきら》めですよ。俺の人生、夜逃げで終わったなと。運は最低だから、一所懸命に働いて飯さえ食えれば満足だと。欲がゼロでした。

　それで一九七二年、二十九歳の時に雑貨の移動販売を行う矢野商店を広島で創業し、五年後に大創産業を設立して百円均一の移動販売を始めたんです。あの頃は毎日朝五時から売りに出掛け、帰ってくるのは夜十一時、十二時。もう生きることに精いっぱいでしたね。

鈴木　資金調達はどうしたの？

矢野　僕の親父もきょうだいも医者だったんで、もう兄貴たちのところへ行っては、「五十万円貸してください」「三百万円貸してください」って平身低頭して借りていました。借金を踏み倒して夜逃げした身ですから、本当は一生家族に合わす顔がないんですけど、兄貴たちが貸してくれるんでね。講演でこの話をするといつも涙が出るんで

鈴木敏文（すずき・としふみ）
1932年長野県生まれ。1956年中央大学経済学部卒業後、東京出版販売（現・トーハン）に入社。1963年ヨーカ堂（現・イトーヨーカ堂）に転職。1973年セブン-イレブン・ジャパンを設立し、コンビニエンスストアを全国に広め、日本一の流通グループとして今日まで流通業界を牽引する。2003年イトーヨーカ堂及びセブン-イレブン・ジャパン会長兼CEO就任。同年、勲一等瑞宝章受章、中央大学名誉博士学位授与。2016年5月同名誉顧問。

す。

鈴木　立派なごきょうだいだね。

矢野　この間、『カンブリア宮殿』に兄貴も出演して、「なんで貸したんですか」って司会者が聞いたら、「だって弟って可愛《かわい》いじゃないですか。子供と一緒ですよ」と言うてました。あの頃、兄貴たちに優しくしてもらったことはいまでも感謝しています。

誰も賛成しなかったコンビニ事業

矢野　鈴木会長がコンビニを日本に持ってこられたのも、当時誰も考えない発想でしたよね。

鈴木　私は一九六三年、三十歳の時にヨーカ堂（現・イトーヨーカ堂）に入社したのですが、当時はヨーカドーのような大型スーパーを出店しようとすると、商店街の人たちから非常に反対されました。商店街に出向いてぜひお仲間入りさせていただきたいと挨拶しても、「商店街を潰《つぶ》す気か」って喧嘩腰《けんかごし》に言われるわけですよ。で、いろいろ考えて、商店街がダメになるのは大型店が出店するだけではないと。もちろんその影響もあるんでしょうけど、時代がこれだけ変わっているのに、従来のままでやっている。私のモットーは「変化対応」ですが、その変化対応が全くできていない。

　やっぱり小売店を時代の変化に対応させていかなきゃいけない。共存共栄していくべきだと考えましてね。そんな時、流通先進国であるアメリカの最新事業を学ぶために、何人かの社員で研修に行くことになって、私もその一人として加わりました。ちょうど四十歳の時です。そこでコンビニエンスストアというものを見ましてね。それをヒントにして日本でやろうということになったんです。

矢野　何が決め手でしたか？

鈴木　ショッピングセンターを視察する目的で、サンフランシスコからロサンゼルスまでバスで移動する途中、たまたまトイレ休憩に立ち寄ったのがセブン-イレブンでした。スーパーを小型にしたような店で雑貨や食品がいろいろ並んでいる。ただ、その時は「アメリカにもこんな店があるのか」という程度の印象でしかなかった。

　帰国後しばらくして、アメリカの商業の実態をいろんな面で調べてみたら、日本よりも遥《はる》かに大型店が普及し、競争の激しいアメリカで、セブン-イレブンは四千店舗もチェーン展開していたんです。驚きと共に、これを日本で適応することができれば、大型店と小型店の共存共栄のモデルを示せるはずだという可能性を感じた。そこからすべてが始まったわけです。

矢野　偶然の出逢いを生かされた。

鈴木　けれども、この案には相当反対がありましてね。当時社長だった伊藤雅俊（取材当時はセブン&アイ・ホールディングス名誉会長）をはじめとして、ダイエーの中内功《いさお》さんや西武の堤清二《せいじ》さん、コンサルタントの先生方、誰も賛成しない。日本では絶対無理だと。

　だけど、それらをよく聞くと、過去の経験に基づいた反対論ばかりで、未来の可能性は過去の論理では否定できないだろうと生意気にも思ったんです。で、私があんまりしつこく言うものですから、伊藤社長も「それじゃあ実験的にやってみたら」と応じてくれたのがきっかけです。

矢野　鈴木会長の熱意にほだされたのでしょうね。

アメリカ本社との難交渉を突破した奇策

鈴木　まずはノウハウを取得しないことには始まらないので、アメリカの運営元であるサウスランド社と交渉に当たりましたが、非常に難儀しました。向こうはそもそも日本となんか提携する気がないので、吹っ掛けてくるわけですよ。一年に何百店舗出さなきゃいけないとか。で、最後の最後まで揉《も》めたのがロイヤリティの率です。

向こうは売上高に対して一%のロイヤリティを取ると。カナダでも一%でやっているから、日本だけ例外を認めるわけにはいかないと言う。ただ、私は日本でやった場合にせいぜい二～三%しか利益は上がらないから、ロイヤリティを一%も出すわけにはいかない。〇・五%だと主張する。互いに譲らず、ゴールが見えませんでした。

矢野　その交渉をどうやってまとめていかれたのですか？

鈴木　どんなに巧《たく》みな話術を駆使しても、率をテーマにしている限りは解決できないと考えて、こう提案したんです。

「提携によってあなた方のライセンス収入が大きくなることが本来の目的です。そのためには、我われが健全な経営をし、売上高を伸ばしていく必要があります。たとえロイヤリティの率を低くしても、日本で成功すれば最終的に額は上がっていきます。だから、率を上げるよりも額を上げるという考え方をしてはいかがですか」

そうやって自分たちの利益や言い分を前面に押し出すのではなく、相手の立場で考え、相手のメリットを説くようにしたことで、結局サウスランド社が大きく譲歩し、〇・六%で合意に至りました。

ライセンス収入：著作物や商標の権利を持つ側（ライセンサー）が、その使用を第三者（ライセンシー）に許可することで得る利益。

矢野　相手の立場で考えた提案をしたから説得できたと。

素人集団だったからうまくいった

鈴木　で、ライセンス料を支払って提携したら、分厚い経営マニュアル書が二十七冊あると。これを全部翻訳して読んだんですけど、どうってことないんですよ。要するに清掃の仕方とかレジの打ち方とか、店舗運営の入門書のような内容ばかりで、特別な経営ノウハウは何もない。さて、困ったと。皆の反対を押し切ってスタートした手前、もう引き返すわけにいきませんから、試行錯誤で仕組みづくりを始めたんですね。

当時私はヨーカ堂の人事部長をやっていて、一緒にコンビニ事業を立ち上げる社員を募《つの》ったのですが、一人も希望者がいないんです。しょうがないから新聞の求人広告を出した。そうしたら、自衛隊のパイロットだとか経営コンサルタントだとかパン屋の営業だとか、流通とは全く関係のない人

サウスランド社との調印式に臨む鈴木氏（後列左から２番目）

たちが十人ばかり集まって、一九七三年セブン-イレブン・ジャパンが設立されたんです。

矢野　全員が流通に関しては素人だったのですね。

鈴木　だけど、いま考えてみると、皆が流通のことを何も知らなかったからよかったんです。知っていたら、日本の流通はああだこうだと言ったと思うんですけど、私自身も営業の経験がなく、もともとは取次《とりつぎ》大手の東京出版販売（現・トーハン）にいましたので、既存の流通の常識や商習慣に囚《とら》われず挑戦することができました。

一例を挙げると、当時はどの商品も問屋《とんや》から大ロットで仕入れ、在庫がなくならないと次の仕入れができなかったんです。この問題を解決すべく、皆で問屋を一軒ずつ回って何度も粘り強く交渉し、小ロットの配送という、それまでの業界の常識とは相《あい》容《い》れない画期的な方法を実現しました。

また、当時はメーカーや問屋がそれぞれ独自に配送していたので、一日七十台以上のトラックが納品に来ていたんです。これでは一日中対応に追われてしまう。そこで、担当メーカーが地域別に他社の製品を混載する共同配送というものも生み出しました。

矢野　初めてセブン-イレブンに行った時は、正直言ってこれは難しいだろうなと思いましたけど、どんどん進化されましたよね。

鈴木　一九七四年に東京の豊洲にオープンした一号店は、当初利益が出なくて苦しみましたが、いま話したように当時の常識を一つひとつ覆《くつがえ》して改革していくことで、徐々に軌道に乗り、店舗を増やしていったんです。そうしたらあれだけ無理だと言われていた中内さんも堤さんも、コンビニをお始めになりましたからね。

事業を好転させた真の顧客第一主義

矢野　そういえばダイソーが東京に初めて進出した時は、北千住のヨーカドーの中に店を構えさせてもらったんですよ。

鈴木　ああ、そうなの。

矢野　はい。四トントラックに商品を目一杯積んで、広島から運転してきたんですね。ヨーカドーの社員の方が搬入を手伝ってくださったんですけど、その時、「これいくら？」って聞くんです。「全部百円です」って言うてるのに、それでも「これいくら？」って（笑）。

トーハン：出版社と書店、読者を結ぶ出版流通ネットワークを構築する取次会社。

鈴木　百円ショップという概念がまだなかったからね（笑）。

矢野　お客さんも物珍《ものめずら》しかったんか、いまでも覚えていますけど、初日に百三十万円も売れて、ヨーカドーの店長さんもびっくりされていました。

鈴木　でもさ、百円均一って言っても、中には原価が百円以上する商品もあったわけでしょう？

矢野　いや、ないです。

鈴木　全部百円以下なの？

矢野　はい。百円を超えるものはいけないと。高いものがあっても、三千万個買うから九十七円にしてくださいというやり方で。

鈴木　いまはそうだけど、最初の頃はそんな大量に仕入れられないよね。何が転機になったの？

矢野　そうですね。なので、当初は原価が七十円以下の品物しか仕入れていませんでした。百円均一の移動販売を始めて五年ほど経った頃、小さなスーパーの一画を借りて販売していた時に、あるお客さんが「この前、これ買《こ》うたらすぐ壊れた。安物買いの銭《ぜに》失いやわ」って周りに聞こえるくらい大きな声で言うんです。そのひと言に情けなくなって、「もうこんな商売、辞めちゃおう」と。

　それで在庫をすべて処分するために、セールの目玉商品にしようと思っていた仕入れ値が百円以上する品物も並べました。すると、「えっ、これ百円でいいの」ってお客さんが集まってきて、ものすごい勢いで売れたんです。その光景をたまたま見たスーパーの卸《おろし》業者が、「卸値が百二十円する商品を九十八円にするから売ってほしい」と頼んできましてね。

　そうしたら、その商品がお客さんの人気をまた集めて、今度は他のスーパーから「店舗を安く貸すから出店してほしい」と。どんどん好転していったんです。その時につくづくいいものを売らないかんと痛感しまして、そこから原価が九十八円とか九十九円の商品も取り扱うようにしました。

鈴木　商品そのものがお客さんを喜ばせていったと。

矢野　いい商品が百円で出せるようになると、僕も嬉しかったです。

　最初の頃、名刺に「百円均一販売」って書いていたら、名刺交換する度に「こいつは安物売りじゃ」ってあからさまに嫌な顔をするんですよ。僕はちょっと見栄《みえ》っ張《ば》りなところがあって、「うちはいいものを売る高級な百円ショップです」と詭弁《きべん》を言うておったんですけど、それが結果オーライでしたね。

　儲からなくてもいい。無理してでも、いいものを売ってお客さんに喜んでもらおう。そうやって本当の意味での顧客第一主義に徹すれば、後々よい結果が返ってくるということを教えてもらいました。

「人生は運だ」運をよくする秘訣

鈴木　だけど、売値が百円って決まっているにも拘《かかわ》らず、原価は上がっていく一方でしょう。その中でよくやってきたなぁと。

矢野　おっしゃる通り、原価はどんどん上がっていくんですよね。当時から、いずれ原価が百円を超えて潰れるという確信を持っていました。第二次石油ショックの時に原価が一気に上がって、同業の仲間は皆、辞めたんですよ。「ダイソーも近いうちに潰れるぞ」ってよく言われていました。

　で、とても百円じゃやっていけなくなって、ある日、百二十円均一に値上げしたことがあるんです。ところが、三つくらいしか売れなくて、もう昼から百円に戻しましたけどね（笑）。

鈴木　その状況をどう乗り切っていったの？

矢野　結局は、運です。中国というものすごく低コストの工場地帯ができましたから。しかも、早過ぎもせず遅過ぎもせず、ちょうどいい時機に。

鈴木　なるほど。いくら努力をしても、やっぱり何事も運が向かなかったらどうにもならないからね。

矢野　僕が毎年、新入社員に言うのは「人生は運だ」と。で、運というのは半分は持って生まれてくるけれども、あとの半分は自分でつくるものだと。だから、学校の勉強はいまからせんでもいいけど、人に好かれるにはどうしたらいいかとか、人を喜ばせるにはどうしたらいいか、そういう心の勉強はしないといけんよと言うんです。

鈴木　心に響く話です。

矢野　僕自身、二十代の頃は運命の女神を憎み続けていましたが、ある結婚式に参列した時に、京都のお坊さんがこんな話をしていたんです。「仏縁《ぶつえん》に導かれたお二人だから、きっといい夫婦になられるでしょう。けれども、好むと好まざるとに拘らず、これからお二人には艱難辛苦《かんなんしんく》が押し寄せてきます。それを乗り越えたら、きっといい人生が送れるでしょう。人生にはいろんなことが起こりますけど、無駄は一つもありませんよ」と。

　その言葉を聞いた時は、「何を言うんだ。俺の人生、無駄しかないじゃないか」と思って腹が立ったんですけど、ふと考えて

第二次石油ショック：1978年にOPEC（石油輸出国機構）が段階的な値上げを実施。これに翌年2月のイラン革命、9月に勃発したイラン・イラク戦争の影響が重なり、国際原油価格が3年間で2・7倍に上昇した。

みると、仏さんがこいつは見どころがあると思って、人の何倍も艱難辛苦を与えてくれたんじゃないか。運が悪いと思い続けてきたけど、もしかすると運がいいんじゃないか。そう思うようになってから、少しずつ心のモヤモヤが晴れて、いいことが起きるようになりました。

鈴木　意識が変わったことで現実も好転していったと。

矢野　ようやく食えるようになったなという気がしてきたところで、自宅兼倉庫が火事になってしまったんですが、そのおかげでいつ何が起きるか分からないんだから、百円でもコツコツ貯金しておこうと。だから、銀行の信頼もありましたし、お金を大切にするんで、お金の神様が可愛がってくれたんですよね。五千店舗もできたのは、いろんなアクシデントのおかげであり、「恵まれなかった幸せ」だなと感じます。

五千部の広報誌を十三万部に伸ばす

鈴木　いま矢野さんがアクシデントのおかげと言われたけど、私も全く同感でね。いま振り返ってみても、あらゆることに全部反対されてきた。そこにやりがいを感じて一つひとつ挑戦していったからいまがあると思っています。

何かを提案して反対されると、これはやる価値があるな、成功するなと考えるんです。逆に、皆がいいなと賛成することは誰もが考えることですから、あまりやる価値はないし、成功しない。そういうふうに思い込むようになった。

社長や上司から絶対にダメだと言われたことはやりませんでしたけど、自分で何かやろうと思い、それが間違っていることじゃなかったら、多少の反対があっても上司を説得して、道を開こうと。

矢野　反対されると無理かもしれないと諦めてしまうのが一般人だと思いますけど、そこが鈴木会長の普通でないところですね。

鈴木　割合小さい時から新しいことに挑戦するタイプで、生徒会に入ったり、学生運動をやったり。東販に勤務していた時もそうで、私は二十代後半の頃、『新刊ニュース』という広報誌の編集に携わっていました。版元さんから毎日新刊が出ますよね。それを全部読み、大まかな内容を書いて目録にする仕事に明け暮れていたんです。

無料配布で発行部数は五千部だったんですけど、苦労してつくっているんだからもっと部数を増やしたい。それには、読者がホッとひと息つくものがないと面白くないと感じ、新刊目録のページを減らして人気作家のエッセイを入れ、さらに一冊二十円で販売する改革案を出しました。直属の上司からは反対されたものの、別の部署の上司が取り上げてくれ、最終的に部数を十

版元：出版社。

三万部に伸ばすことができたんです。

矢野　五千部を十三万部にされたとはすごいですね。

鈴木　大手の東販を辞めて、当時まだ五店舗しかなかったヨーカ堂に転職した時も、周り中から反対されました。東販の看板を背負って行くと大作家や著名人に会えるわけですが、逆に自分の小ささを痛感し、仕事のやりがいや自分の存在価値を求めて、知人と会社を興そうと考えました。

そのスポンサーを探していた時、ヨーカ堂の幹部の方と知り合い、うちに来ればやらせてあげるという話だったので、自分でも流通業界には全く向かないと思っていましたけど、そのつもりで入社したんです。

ところが、実際には人材が欲しかっただけで、スポンサーの話は立ち消えになりましてね。でも、反対を押し切って転職した以上、辞めるわけにはいかない。それで目の前の仕事に打ち込んでいたら、段々面白くなってきたわけです。

矢野　鈴木会長はお若い時から、心の持ち方が素晴らしいですよね。

既存の常識を覆す様々な改革

鈴木　セブン-イレブンでも、例えばいまでこそお弁当とかおにぎりは当たり前のように売っていますけど、最初はお弁当とおにぎりをやると言ったら、もう皆反対なんです。お弁当やおにぎりは家でつくるものであって、それをわざわざ店で買う人がいるかと。

でも、家庭ではつくれないおいしさを実現すれば、必ず買ってもらえるようになるという思いで、一九七六年に開発をスタートしました。確かに最初は一日に一店舗で三個か四個しか売れなかった。けれども、「冷《さ》めてもおいしい」を売りにしたおにぎりを開発すると、一気にヒットしました。いまでは年間二十二億個も売れています。

矢野　おでんもダメだと言われませんでしたか？

鈴木　もちろん反対されました。

矢野　あれはスーパーマーケット理論に最も向かない商品ですよね。

鈴木　ええ。だけど、学生時代に新宿や新橋に行くとおでんの屋台がたくさんあって、これは日本人の郷愁《きょうしゅう》だと。こういうものを高品質で提供できれば、絶対に売れるだろうと思ったんです。格好よく言えば、粘り強くやり続けたことが報いられたということですね。

二〇〇一年にアイワイバンク銀行（現・セブン銀行）を設立した時も、二〇〇七年に「セブンプレミアム」というプライベートブランド（PB）を立ち上げた時も全部反対されました。

矢野　以前、鈴木会長に「なんで銀行を出されるんですか？」と聞いた時、「お客様が便利じゃないか」ってひと言おっしゃったんです。それを聞いて、「ああ、間違いなく成功するな」と思いました。

鈴木　銀行でお金を引き出したり預けたりするのに、平日は三時に閉まっちゃうし、土日は休みですしね。それは不便だから手

スーパーマーケット理論：チェーンストア理論。多店舗経営を本部主導で効率的に運営するための手法で、「集中化」および「標準化」を基本的考えとする。

助けるためにやろうと。二十四時間、いつでもどこでも現金を出入金できるサービスを開始しました。

　従来の常識からは、流通業が銀行業に参入して事業が成り立つとは考えられなかったようですが、当初はＡＴＭでの出入金にサービスを特化し、その手数料だけを収益源として通帳は発行しない形を取りました。二〇一〇年から銀行の本業である融資事業にも参入し、いまセブン銀行は会社の収益を支える大きな柱であり、社会インフラの一つとして機能しています。

　ＰＢをつくる時だって、それまでのＰＢは安さを売りにするのが通例でしたが、私は質にこだわり、ナショナルブランドよりいいものをつくろうと。「安くないと売れない」「無理だ」と散々言われましたけど、いいものだったら必ず売れると確信があったんです。

　商品開発に関しては、グループ内のスーパー（イトーヨーカ堂）、デパート（そごう・西武）、コンビニ（セブン-イレブン）の商品部からそれぞれ人を出し、混成チームをつくるように指示をしました。ＰＢ開発のための専門部署をつくると、組織に安住して仕事が硬直的になってしまう。常に人を入れ替え、新鮮な気持ちで開発を続けてきたことで、ヒット商品が次々と生まれました。

　二〇一七年のセブンプレミアムの売上高は前年比十五％増の一兆三千二百億円で、利益向上の大きな要因になっています。

二十世紀の経営者と二十一世紀の経営者

矢野　それと、これはもう十五年以上前の話ですけど、鈴木会長がある時、パンのバイヤーを呼びつけて、「このカレーパン、おいしくもなんともないじゃないか！」とおっしゃった。そのバイヤーが「お言葉を返すようで申し訳ないんですけど、このカレーパン、すごく売れています」と答えた。

　普通の経営者なら「あっそうか。だけど、もうちょっとおいしくしろ」くらいで終わっていたと思うんですよ。ところが、鈴木会長は「おまえはセブン-イレブンを潰す気か」「全部破棄しろ」と激怒されたそうですね。

鈴木　おいしくないものは絶対にお客さんに提供しちゃいけないと言って、六千万円分の商品を全部破棄したこともあります。そういうことは何回もやってきました。

矢野　僕はこの話を緒方先生から聞きましてね。それから二か月半くらい経った頃だったと思いますけど、行ってみるとカレーパンが新発売されていて、「具が大きくなってうんとおいしくなりました」というシールが貼《は》ってありました。

　それまでのカレーパンは吸湿性があって潰れていた。それがプクッと膨《ふく》れたんですよ。「わぁ、さすがだなぁ」と。しばらくして他のスーパーでも膨らんだカレーパンを出すようになり、半年後には日本中のスーパーのカレーパンが変わったんです。

鈴木　例えばテレビＣＭを打つでしょう。あれはお客さんに来店していただくためにやる。ところが、ＣＭを打っておきながら、実際においしくないものを出していたら逆宣伝ですよね。
だから、私はものを考える時に、そんなに先を見通せるわけじゃないですけど、五年〜十年先を見て、そして、常にお客さんの立場で、いま何をすべきかという考え方で決断してきました。

矢野　二十世紀の経営者は効率とか利益を中心にものを考えよったんです。それが正義でした。小売業もそれで伸びてきたわけです。

ところが、二十一世紀は変わったんですね。自分さえ儲かればいいという考え方には共鳴できない。一所懸命とか優しさとか思いやりとか徳を主題に考える経営者じゃないと生き残れんようになっていると思います。鈴木会長はまさにそれを持っていらっしゃる。

鈴木　利益や効率主義ではなく、徳に基づいた経営というのは非常に大事な視点です。

先祖の徳と両親から受けた教え

矢野　もちろん二十世紀でも徳は大事でした。僕のお祖父《じい》さんは地元の村長をしていて、家には勲章がいっぱいありました。昔は国や村に予算がないですから、長老たちが判を押してお金を出し合い、橋や道路、発電所をつくったりしていたんですね。親父も医者としてたくさんの人の命を救ってきました。僕はそういう先祖の徳をいただいているだけだと思います。
それと親父はひょうきんだったんです。診察室でよく冗談を言って人を笑わせる。僕はああいうひょうきんな男にはなりとうないと思っていたら、めちゃくちゃ似てしもうてね（笑）。

鈴木　ああ、親父さんの血を受け継いだんだ（笑）。

矢野　でも、あるお坊さんに「あなたは出世する」と言われました。なんでかと聞いたら、「あなたは和顔施《わがんせ》をしている」と。笑いを施《ほどこ》している。これも徳積みなんだと。

鈴木　私の実家は長野県の古い地主の家系で、矢野さんのお祖父さんと同じように、父親は郷里の町長や農協組合長などの公職を務めていたんです。町内の人のお世話や県の仕事に奔走《ほんそう》していました。

ですから、父親というのは子供から見たら威厳の対象で、躾《しつけ》は母親が中心でしたね。私は八人きょうだいでしたけど、母親が非常に厳しく教育熱心な人でして、「正直であれ」「働かざる者食うべからず」など、そういうことをずっと言い聞かせられて育ちました。

また、母親自身も暇さえあれば本を読んだり、子供の勉強を見たりしていましたが、そういう母親の躾や姿勢がいつの間にか植えつけられて、私の生き方のベースになっているんだと思います。

矢野　僕の親父はいろんな患者さんのところに往診していたんですけど、例えば、風邪をひいている人に限って、夏に薪《まき》を用意していない。布団がなくて筵《むしろ》で寝ている。金があれば酒を飲んで使っちゃうから、滋《じ》養《よう》をつけてやれと言っても卵がない。

そういう患者さんを診ていたことに加え、自分の子供をなんとか一人前にしたいもんだから、「手に職をつけろ」「働け」「勤勉であれ」「悪い友達と付き合うな」っていつも必死で叱ってくれました。

経営者としての心掛け

矢野　これまでのお話を伺って、改めて感じるのは、鈴木会長のことを「孤高の革命児」と言う人もいますけど、それはちょっと違うと思うんですよ。最初は冒険から始まり、日本の流通業界に革命を起こして、いまはもう王道です。

鈴木　繰り返しになりますけど、昔から私のモットーは「変化対応」。変化は当然起こるから、あらゆる変化に対していかに対応するかを考えていくことが大事だと。

変化の激しいこの時代に、過去の成功事例に縋《すが》りついていたら、失敗が多くなる。ですから、過去を捨てろと言いたいですね。

世の中が変化している時、常識という過去の経験の蓄積に囚われることほど恐いものはありません。私がこれまで既存の常識を覆す数々の挑戦を行い、不可能を可能にすることができたのは、常にお客さんの立場で考え、何が本質なのかを見抜いて、物事を単純明快に発想し、やるべきことを一つひとつ解決してきたからでした。

そうすると、世の中の常識のほうが変わっていくんです。だからこそ、自分から一歩踏み出す挑戦が必要だと思います。

私が二〇一八年五月にセブン＆アイ・ホールディングスの会長兼CEOを辞めたのも、この「変化対応」の実践でした。八十歳を過ぎてもうバトンタッチしなきゃいけないと思っていた時でしたから、私の出した人事案が通らなかったことを一つの契機として、自ら退任を決意しました。

矢野　僕はもともと息子に経営を継がせるつもりはなかったんですけど、会社に入れてみたらこれが意外と社内の人望を集めているし、何より僕にはないITに関するノウハウを持っている。十分任せられると判断して、二〇一八年三月に社長を交代しました。僕がこれまで経営者として心掛けてきたのは、一所懸命に働く、人が嫌がってやりたがらないことを率先して行う。それだけです。あと好きな言葉は自己否定。要するに、僕よりも他人のほうが偉いんだから、自分の意見は後回しにして、皆さんの意見に素直に耳を傾けようと。

それから、僕は自分がうまくいくより、お客さんや社員が喜んでくれることのほうが好きなんです。うちはいろんな面白グッズもつくっていますけど、商品が出来上がると真っ先に自分がそれを使って社内を回って歩く。さっきの和顔施じゃないですけど、人が笑ってくれることが楽しい。それだけが僕の取《と》り柄《え》です。

きょうは気韻生動《きいんせいどう》というテーマをいただきました。僕は頭が悪いので、難しいことは分かりませんけどね、やっぱり百円でこんなに素晴らしい商品ができたという時の躍動感。それを買ってくださったお客さんの喜ぶ顔を見る時の嬉しさ。これはもう格別ですね。

鈴木　私は人間の生き方には三つのタイプがあると思っています。一つ目は、「これまでこうだったから」と過去の延長に留まる生き方。二つ目は、将来に向けて明確な目標を立て、そこから逆算して着実に歩んでいく計画的な生き方。

そして三つ目は、遠い将来のことよりも、その時その時に直面する物事に対して、「こうありたい」という一歩先の未来に目を向け、可能性が見えたら、一所懸命に取り組んでいく生き方です。振り返ると、私はその時の状況の中で、出くわした物事に対し、真正面から体当たりして、全力で取り組み、変化対応してきました。

やはり自分がこれだと思ったら、全力を傾倒して挑戦する。その道を強引に突き進む。諦めない――。そういうイキイキとした生命力やバイタリティーがなければ、物事は成し遂げられないと思います。

気韻生動：絵や書等で気品がいきいきと感じられること。

ドラッカーと本田宗一郎
——二人の巨人に学ぶもの

岩倉信弥
多摩美術大学名誉教授
本田技研工業社友
Iwakura Shinya

経営とデザインの関係性

岩倉　柳井さん、お久しぶりです。
柳井　こちらこそ。それにしても岩倉さんとは不思議なご縁ですね。
　五年ほど前（二〇〇五年頃）、うちの会社がコンサルティングを受けている河合太介さんから、「こういう人がいるから会ってみませんか」とお誘いいただいたんですが、聞けば、岩倉さんは本田宗一郎さんとずっと一緒に仕事をされてきた方で、ホンダ車のデザインの歴史はこの人抜きには語れない、と。
　僕は本田さんとは直接お会いしたことはないのですが、自分にとってはアイドルみたいな存在ですし（笑）、ホンダの経営などに関してもすごく興味があったので「ぜひお会いしたい」とお願いしました。
　たぶん我々がいま衣料の業界でやろうとしていることは、戦後、本田さんが世界中に出ていって会社をつくっていかれたのと同じようなものじゃないかと思うんです。
岩倉　まさにそんな感じですね。

自動車修理工から身を起こし、「世界のホンダ」を一代でつくり上げた本田宗一郎。「マネジメントの父」として、戦後のビジネス界に最も影響を与えたとされる経営学者・ドラッカー。ともに人々の幸福を願い、己のいる場とその周囲を照らし続けた二人の巨人に学ぶものは何か。長年、本田氏の薫陶を受けてきた岩倉信弥氏と、カジュアル衣料店「ユニクロ」を展開するファーストリテイリング会長兼社長の柳井正氏に語り合っていただいた。

Yanai Tadashi

柳井 正

ファーストリテイリング
会長兼社長

柳井　岩倉さんにはその後、当社の役員や商品開発のスタッフら約二百名の前で講演もしていただきましたね。非常に参考になるお話で、僕は「きょうの勉強会は数百億円の価値がある」とコメントした記憶があります（笑）。

岩倉　いやいや、恐縮です。

柳井　経営とデザイン、マネジメントとクリエイティブ、論理と感性といった二つのもののバランスが、経営には非常に大事です。でもその二つを岩倉さんのように理解している方は、経営者でもあまりいないし、デザインをする人ならほぼ皆無ですよね。それらは相反するもののようですが、どちらも不可欠なものだと思うんです。

岩倉　柳井さんが尊敬されているドラッカーも、「科学と芸術が一体になっていなければ経営はできない」と述べていますよね。

柳井　ええ、そうですよね。

岩倉　本田さんは車のデザインを見て「おぉ、これは性能がいいだろう」という言い方をよくされました。パッと見たら、あ、これはいい考え方でできたものなんだということが分かると。そういうことを大衆やユーザーは看破するんだとおっしゃっていました。

ですから「見た目」がいかに大事かということですよね。僕はデザイナーで、性能の部分をつくっているわけじゃないですから、おかしなことを言うなぁと当時は思っていたんですが（笑）、もう姿形に表れているという意味でしょう。

柳井 それは衣料の業界でもやはり同じで、どこからが内面で、どこからが外面ということはあまり分からないですよね。デザインにはその人間が持っている想いとか、いろんなことが総合されて表れてくるのであって、突然デザインが出てくることはないと思います。
本田さんはご自分で車をつくられていたので、そういうことを体得されていたんじゃないかな。

岩倉 ご本人はデザインの学校を出たわけでも、当時は絵を描いておられたわけでもない。ですから、考え方がそのまま形になっていくということなんでしょう。僕のものづくり人生も「形は心」という一言に集約されるように思います。

想ったらなれる　想わないとなれない

柳井 岩倉さんがデザインを担当された初代のシビックは、僕が二十代前半の頃に出た車ですが、言うなればあの頃が、ホンダの青春時代のような時期ですよね。

岩倉 そうですね。振り返ると、僕が大学生だった一九六〇年代の初め頃、自動車といえば、トヨタ、日産、いすゞが御三家で、車の仕事をやりたい人はその三つのうちのどこかへ行くという時代でした。

ホンダはまだオートバイだけをつくっていた頃で、英国のマン島TTレース（モーターサイクル競技）で優勝したと報道されたんですが、僕はバイクをデザインしたいなんて気持ちはありませんでした。

ところが就職活動の時期に、ホンダから車が出るぞという噂《うわさ》が立って、ある雑誌にS500というスポーツカーと本田さんの写真がドーンと載ったんです。その時の衝撃というか、感動というのかね。とにかくもう飛び上がるほどの驚きで、その瞬間、ここしかないと決めたのを覚えています。

ただ入社してみると、会社自体はものすごく燃えている雰囲気だったんですが「自動車はどこでつくってるの？」という感じで、目にするのは軽トラックばかり（笑）。

柳井 あぁ、ありましたねぇ。

岩倉 だからエラい会社に入っちゃったなというのが最初の印象で、本田さんには入社三日目ぐらいからもう怒られてましたね（笑）。いま思うと、新入社員と企業のトップが同じ現場で、ものを前にして、ああだこうだ言い合うのは普通の会社じゃめったにないことですよね。

で、言われているのはものすごく簡単なことなんですよ。例えば、僕のスケッチやモデルを見て「世界初か？」とか「世界一か？」とか。こちらはそんなものをつくっているわけじゃないから「はい」とも「いいえ」とも答えられない。

そのうちに「そうだろう⁉」と聞かれて「はい」と（笑）。そうすると、せにゃいかんわけですよね、世界一に。どうしたらできるんだろうと考えながら、また叱られて、叱られてという毎日でした。

柳井　本田さんはやはり「世界」を常に意識しておられたのですね。

岩倉　はい。それでちょうど僕の入社した一九六四年、F1に初参戦して「今度は車で世界一になる」と言うんです。オートバイでは確かに実績はある。でも自動車はメルセデス・ベンツやポルシェ、フェラーリなんかが競い合っている世界です。いくら何でも、そんなことができるはずがないだろうと思っていたら、次の年のメキシコGP（グランプリ）で本当に世界一になるんです。

柳井　あぁ、宣言どおりに。

岩倉　そういう中にいますからね。「想ったらなれる」あるいは「想わないとなれない」と。じゃあ僕はどう想えばいいのか。自分はデザイナーだから世界一のデザイナーになろうと想おう。そして、そのためにはどうすればいいかと考え続けました。

本田さんからはしょっちゅう「真似《まね》すんな」「やりもせんに」と叱られました。屁理《へり》屈《くつ》を言ったり「できない」と漏《も》らしたりすると、ものすごく叱られるんですよ。こっちは大学を出ている分、それなりに理屈も分かってまして「まぁそうは言ってもできないよね」と皆で話し合って結局やらないわけです。でも本田さんに怒られてやってみるとできるんですよね。思えば本田さんが叱った時、正面から向き合って結果を出さなかった人はいませんでした。要はこちらの本気を問われていたんです。

よい経営は古今東西普遍のもの

岩倉　柳井さんはドラッカーの影響を随分と受けておられるそうですね。

柳井　はい。ドラッカーは僕の経営の先生であるとともに、我々の進むべき道や企業

P.F.ドラッカー（Peter Ferdinand Drucker）［1909〜2005］
オーストリア・ウィーン生まれ。1931年フランクフルト大学で法学博士号取得。1946年『企業とは何か』を著し、ベストセラーとなる。1950年ニューヨーク大学大学院教授就任。1954年『現代の経営』を著し、マネジメント研究を不動のものとする。1971年クレアモント大学大学院教授就任。『現代の経営』『断絶の時代』『マネジメント』『見えざる革命』などの著書を通じて社会の将来像を示し、「企業の社会的責任」「知識労働者」「民営化」などの新しい概念を次々と打ち出し、ビジネス界や経営者に大きな影響を与えた。（写真：AFP＝時事）

のあるべき本質的な姿を示してくれる羅針《らしん》盤《ばん》のような存在です。

彼の本を最初に読んだのは大学時代で、日本の経営者の間ではドラッカーの本を読むのがブームのようになっていました。なんでも、経営学の第一人者で、読むとすごく役立つといわれていたので読んでみたんですが、その時は全然ピンと来ないんですよ。

考えてみたら当然なんです。こちらに経営の実体験がありませんから。それなのに、文字の上だけで読もうとしていたので、当たり前のことが当たり前のように書いてある、という程度の印象でした。

それで二十三歳で父の紳士服店を継いで、一九八四年、三十五歳の時に「ユニクロ」の一号店を出したんですが、規模を拡大していく前後にどんどん人が入ってきますよね。その時に、うわぁ、これは責任がすごく増えるなということと、店を増やすためにできた借金で大変なことになったと思いました。そんな時、改めてドラッカーの本を読み返してみると、彼の言ってることがはっきり分かったんです。

というのは、ドラッカーは経営学だけじゃなく、人間や組織、会社や歴史といったさまざまなことに通じていたので、人が仕事をする意味とか、会社とはどうあるべきかといったことをよく理解されていたんですね。で、実際に事業をやっていく中で、あぁ、僕がボヤッと考えていたのはこういうことだったんだなと気づいていきました。

岩倉　ユニクロは、当初から全国展開を考えておられたのですか。

柳井　いや、零細企業を経営していると、現実から判断していまのようになれるとは思いませんよね。でも当時から、そういうふうにできたらいいなという「想い」みたいなものがあったんですよ。

そういう中で、先ほど岩倉さんが言われたとおりだなと思ったんですが、本当にそ

本田宗一郎（ほんだ・そういちろう）［1906〜1991］
静岡県生まれ。大正11年高等小学校を卒業し、東京・湯島の自動車修理工場東京アート商会に徒弟奉公して、自動車の修理技術を身につける。昭和21年静岡県浜松市に本田技術研究所を創設。23年同社を本田技研工業と改め、オートバイのエンジンと車体の一貫生産を開始、30年国内生産1位となる。38年軽トラックと小型スポーツカーを発表、48年低公害エンジン「CVCC」搭載の「シビック」を発売、大当たりして会社の基盤固めに成功する。34年から同社オートバイによる国際レースに参加、39年からは自動車レースの最高峰フォーミュラ1（F1）にも参加。48年に最高顧問。

うなりたいと真剣に想えば、可能性が少しでもあることだったら、できるんじゃないかと考えたほうがいい、と。

もちろん現実は非常に厳しいですよ。明日潰《つぶ》れるかも分からないし、今シーズン失敗したらどうしようかという、そんな毎日だったんですが、最終的には世界一になりたいなという想いはありました。たぶん僕自身にそういう想いがあったから、いまのようにできたんじゃないかというふうに思います。

岩倉　経営に対する考え方などにも変化がありましたか。

柳井　やっぱり、自分の立ち位置みたいなものが変わりますから、昔と比べてより多くのものが見えたりはするんですが、でも僕はこういう考えを持っているんです。

いい経営というのは、古今東西、あらゆる会社で変わらないと。詰まるところ経営とは、人間がどう仕事をして、集団でどういう成果をあげていくか。そして、人間が生きる原理原則の集大成のようなものが経営学だと思うので、会社の規模の大小にもあんまり関係がないというふうに考えています。

オープン当日、お客様で賑わう広島市内のユニクロ1号店（1984年6月2日）

仕事の原理原則も普遍的である

岩倉　大変共感しますね。僕がドラッカーの本を読んだのも、一九七〇年代中盤のことでした。

僕が三十代の頃、チーフデザイナーとしてかかわったシビックは、本田さんが社長を退かれた後、二代目社長が率いてつくられた最初の商品なんですが、その前につくった車が大失敗で、四輪事業から撤退かという噂も出たほどでした。

そういう状況の中、ホンダは集団合議制、つまり皆で一緒に考えてものをつくっていくという「プロジェクト制」を敷いたんですね。これは自動車業界で初めての試みだったと思うんですが、そうやってシビックはできたんですよ。

若い世代に驚くほどの支持を得て、世界中にも受け入れられ、さぁ、次のステップアップした車をつくるぞということになりました。本田さんはリタイアはしても、夢のある人ですから、研究所には顔を出して「こういう車をつくるべきだ」と語られる。でもその期待に我々はなかなか応えられず、いろいろお叱りを受ける毎日でした。

僕らがつくろうとしていたのは、自分たちの生活からはかけ離れた、いわゆる高級車で、そのお客様の気持ちが分からないわけです。お金持ちであったり、高齢者であったり。要は自分がお客様の気持ちになれない。

さまざまな検討を重ねて制作を始めることになったアコードという車は、プロジェクト制に加えて、ＳＥＤシステムを採り入れたんです。これもホンダが初めて敷いたシステムで、営業・生産・開発の三者が最初からチームをつくって商品づくりをする、そういうことを試みた開発システムでした。

柳井　画期的な手法でしたね。

岩倉　営業の人たちが来る。生産の人たちも来る。それまでは研究所の中で「こんな商品をつくったら売れるに違いない」と話し合っていたところへ、いろんな考えを持った人が集まってくるわけです。それで営業は営業なりの、生産は生産なりの視点

岩倉信弥（いわくら・しんや）

昭和14年和歌山県生まれ。39年多摩美術大学卒業後、本田技研工業入社。大ヒット車シビックやアコードのデザインをはじめ、日本カーオブザイヤー大賞、日本発明協会通産大臣賞、グッドデザイン大賞、イタリアピアモンテデザイン大賞など受賞歴多数。その他の代表作にアコード、オデッセイなど。デザイン室の技術統括、本田技術研究所専務、本田技研工業常務などを歴任。平成11年同社退職後、多摩美術大学教授就任。16年立命館大学経営学博士。22年より多摩美術大学名誉教授。

からこうすれば売れると話している。それを聞いていて、自分たちが性能主義、技術主義でやっていたことは本当によかったのかと疑念が生じました。

　お客様が大事なんだということは話には聞いていたけれど、直接会う機会もなかった。それがお客様の存在が身近になって、その満足がどうしたら得られるのかと考えたり、いろいろな本を読んだりする中で、本田さんや、それを支えた藤沢武夫さんがされてきたことがどういうことだったのかを、手を動かしながら、それこそ血みどろになって仕事をしている中で確かめていったということでしょうね。

　僕がドラッカーの本を初めて読んだ時は、なんだ、これは本田さんや藤沢さんが経営の現場で実際にされてきたことじゃないかと思いました。そういう意味じゃ、本当に経営をしている方も、その理論をつくり上げている方も、根本は同じではないかと。柳井さんが「よい経営は普遍的だ」と言われたように、三十代だった当時の私も、六、七十代の経営者や哲学を考える人も、年齢や職業、立場を問わず、働くことの本質は同じだという気がするんです。

本田宗一郎の教えは日本企業の教え

柳井　僕は本田さんの教えは、日本企業そのものの教えにも通じるんじゃないかと思うんです。要するに、全員で経営をやらせていく。社員も経営者も、全部横一線。本田さんはずっと町工場のおやじであり続けた人だと思うんです。そして自分の会社の社員に対して「こういうことをやっていこう」と宣言して、そのとおりにやった。非常にシンプルなことなんですが、僕は日本の企業はもう一回、そういったところに立ち返らないといけないと感じています。

　そういう創業の心とか、企業はどうあるべきかといったことを、全社員が理解して、全社員が実行していく。ＳＥＤシステムにせよ、プロジェクト制にせよ、全員で知恵を出し合って、全員で経営していくということですよね。

　ドラッカーの場合は、会社や組織、人間とはどういったもので、どうあるべきかといった基本的な部分を全部、経営学という体系にしたんじゃないかと思うんです。だから、たぶん本田さんがやってきたことや考えてきたことと、ドラッカーが考えていたことはあんまり違わないのかもしれません。

岩倉　同感ですね。

柳井　戦後の日本がそうだったように新興国でいま成長している企業も、やっぱり同じような経営をしているんじゃないかと僕は思いますね。日本企業の人はそういったすごくいい先輩がいて、どんなことを述べていたかを思い出さないといけない時期に来ているから、ドラッカーの本も本田さんの本もすごく売れているんだと思います。

　それから、本田さんもドラッカーも、大衆とか現実といったものに関して、すごく理解があったと思うんです。いくら理想を

藤沢武夫：［1910〜1988］東京都出身。実業家。昭和14年日本機工研究所を設立。24年本田技研工業に出資し、常務として入る。副社長を経て48年最高顧問。販売・経理部門を担当し、本田宗一郎とともに「世界のホンダ」を築いた。

持っていても、そこに対しての理解がないと、理想が理想にはならない。それはもう自分の独り善がりにしかすぎない、といったことを教えてもらった気がしますね。

岩倉　僕も本田さんから、現場・現物・現実の「三現主義」とよく言われました。とにかく、理論だけでは事は運ばないんだと。

実際に現場で、ちゃんと現実を知った上で、物と格闘しながらやるんだぞ、という教えなんですが、何のためにそうやるのかといえば、そこでつくられたものが、お客様の喜びに繋《つな》がるからなんですよね。でもその喜びがなかなか分からない。だから自分が本当にお客様のつもりになって、お客様の立場で考える。そういう習慣をつけることを教わりました。

企業の目的は顧客の創造である

柳井　ドラッカーは企業経営の本質というものを、こんな言葉で表現しています。「企業の目的として有効な定義は一つしかない。すなわち、顧客の創造である」。

ビジネスをやるというのは、結局そういうことですよね。お客様がいない限り、ビジネスは成立しない、という当たり前のこと。

近頃、会社は誰のものかということが論じられ、株主のものとか、社員のものとかよく言われるんですが、「お客様のもの」ですよね。お客様に奉仕する集団が会社であり、それをいかにうまく経営して収益を上げるかという競争をしている。ドラッカーはそういう、会社というものの本質を見抜いたんじゃないですか。

岩倉　あぁ、そうかもしれません。

柳井　でもほとんどの場合、表面的なことにばかりとらわれていて、会社は何のためにあって、そこで仕事をする人は何をしないといけないのかを掴《つか》まずに仕事をしている人や、会社自体が存在する。

僕はたぶん、本田さんは「大衆の心」を知っていたと思うんです。創業経営者は皆そうだと思うんですが、大衆の心を知らないと事業はできないですよね。だから僕の中で本田さんは、典型的な日本の社長というイメージがあるんです。

岩倉　ホンダの社員も代々「ずっと偉大なる中小企業でいよう」と言い合っていますしね。

先ほど本田さんを「中小企業のおやじ」と言われましたが、そうやって皆の顔が見える、それこそ風邪をひいているだとか、どういうことを考えてるのかといったことが分かる範囲で夢をつくっていく。そんな感じのマネジメントで、お客様の気持ちをどうすれば具体的なものに落とし込めるかを毎日考える姿勢がすごかったですね。

ドラッカーも「考える」ということの大切さを繰り返し述べていますが、僕は本田さんから、とことん考えて考えて、考え抜くことの必要性を教わりました。そしてこの考え抜く姿勢は、やがて会社の中でシステム化され、我々はそれを「缶詰」「山ごもり」「カミナリ」と呼んでいました。

柳井　ほぉ。何ですか、それは。

岩倉「缶詰」は一グループ約十人が部屋に閉じ込められ、普段の仕事や外界の情報から完全に遮断《しゃだん》されます。よいアイデアが出てくるまで出してもらえず、家に帰ることも許されない。その空間でとことん考え抜く。最長で一か月に及んだこともありましたよ。

「山ごもり」は温泉に行ってこいと言われ、喜び勇んで出掛けると、その安宿にあるのは紙と鉛筆だけ（笑）。仕事に必要なものが何でも揃《そろ》っている研究所を離れ、立ち位置を変えることで、新たな考えを生み出そうという試みです。

最後の「カミナリ」は、目標を引き上げて頭を切り替えさせる方法ですが、私たちの頃は本田さんそのものでした（笑）。本田さんが毎日怒るのを「カミナリ、カミナリ」と我々は言ってたんですが、怖いから皆逃げるわけです。

ただ、なぜ怖いのかと考えてみると、カミナリが上にあるからなんですよね。ジャンボ機でそのカミナリより上に行けば、怖くも何ともない。

結局、本田さんが怒るのは、経営者として考えているからなんです。こうしなきゃお客様は喜ばないという発想だから、考え方が哲学的になる。一方、こちらはデザイナーとしての視点だけで考えている。つまり「シンキングレベル」が違うわけです。

だから自分のシンキングレベルを上げるしかないんだと。カミナリの怖さを克服するために、体を逃がさず、心で勝っていこうと考えたんです。そうやって本田さんに

柳井 正（やない・ただし）
昭和24年山口県生まれ。早稲田大学卒。46年早稲田大学卒業後、ジャスコ入社。47年ジャスコ退社後、父親の経営する小郡商事に入社。59年カジュアルウエアの小売店「ユニクロ」第１号店を出店。同年社長就任。平成３年ファーストリテイリングに社名変更。11年東証１部上場。14年代表取締役会長兼最高経営責任者に就任。いったん社長を退くも17年再び社長復帰。

なったつもりで、本田さんと同じ視点で考えると、急に怖くなくなったという経験がありますね。

　そう考えてみると、僕がすごいなと思った仲間たちは、その時は年が若くて、立場も低いんですけど、常に経営者的視点を持って物事を考え、後に社長になったり、役員になったりしていましたね。

会社は社員が「自営業」をする場所

柳井　うちの会社でも同じことが言えますね。僕が考える一番いい会社とは、末端の社員でも自分がトップの経営者だと思っている会社。自分が全部のことを決められるし、この会社を支えている、あるいはコントロールしていると思える社員がたくさんいる会社です。
　それが、大会社になってくると、会社に使われるようになるんですね。自分が会社を使うんじゃなく、会社に使われる。そして自分が下っ端だと思った瞬間にダメになる。
　我々の会社でいえば、部長級や課長級がそうなんですが、自分の立ち位置にとらわれ過ぎ。それぞれの人が自分の立ち位置で物事を考えるから、ごく限られた範囲内でしか物事が見えない。そして全部見えていなくて失敗している。ですから一度、自分もトップの経営者だと思って、上からいまの仕事を見直したら、すごく良くなるように思います。
　結局、サラリーマン意識じゃダメなんですよ。自分は会社という場所に、「自営業」をするために来ている。自分は給料を貰《もら》っている立場だとかじゃなしに、自分が会社を食わせてる、というふうに思わないといけないと思います。
岩倉　本田さんも同じ姿勢でしたね。「自分はここからここまでの仕事をすればいい」と考えているサラリーマン根性を持った人間を容赦《ようしゃ》なく叱りました。会社で働いている者は、全員がその商品に対して全責任を持っている。役員も平社員も関係ないと。
　僕が二、三十代の頃は会社にいたほうがおもしろいですから、駐車場の車の中で寝て、朝早くにそこから出勤してくるという生活でした。家に帰る時間がもったいなかった（笑）。
柳井　そこまで働いたんですね。
岩倉　それも、僕一人だけじゃなく、何人かの仲間たちがそんなことをしてましたよ。そんなふうに社員に夢を持たせたり、おもしろいなと思える場をつくる、そういうことがマネジメントの基本なんじゃないですかね。きっと柳井さんもいま、同じようなことをしておられると思うんですけど。
柳井　いや、皆、燃えてくれてるのはいいんだけど、疲労困憊《こんぱい》してるんじゃないかな（笑）。でも仕事がおもしろいと思うためには、自分がそこに本当に懸けないと、絶対にそうは思えない。中途半端な気持ちでやっていたら、おもしろくも何ともないですよね。
岩倉　えぇ。やっぱり、夢中になれるっていうことなんでしょう。

自分の強みは何かを問え

岩倉　ドラッカーの本を読んでいておもしろいと思うのは、個人から家族、企業、社会、国へと規模はどんどん大きくなったとしても、その原点は「人」にあるという主張が貫かれていることです。その人間が自分自身の人生をデザインしたり、マネジメントしたりする。

そういう観点に立ってみると、企業も社会も国も、本当にもう個人の人間形成と同じようなプロセスを辿《たど》っていく。そのことをドラッカーはきっと理解しておられたんじゃないかと思うんですよね。

柳井　そのとおりだと思います。本田さんもドラッカーも、やっぱり「個人」ですよね。一人の個人がいかに幸せに一生を過ごすか。その人生の中で、会社というものを扱って、よい社会をどう実現していくか。ですからドラッカーは、企業のみならず、社会や国、逆に最小単位となる個人まで、本質は何かということを一貫して見据えていたということでしょう。

本田さんも同じように、個人主義者ですよね。だから日本の代表的な社長でありながら、考え方のバックボーンはグローバルに通用するものがあったんじゃないかと。そこが一般的な中小企業の経営者との違いじゃないでしょうか。

岩倉　本田さんはよくグローバルな人だとか、国際的な人だという見方を皆さんからされるんですが、僕たちが接していた本田さんは、すごく日本的なんですね。

柳井さんは今後ますます世界へ出ていかれるにあたり、二〇一二年から社内の公用語を英語にすると言われていますよね。すると皆は「日本をどうするんだ」と騒ぐんですが、でも柳井さんは日本人であり、日本に生まれ、日本語で物事を考える。ただそのコミュニケーションのツールとして、英語を使われるだけだと思うんです。

柳井　そのとおりです。表面的な部分だけにとらわれると見えてこないと思うんですよ。我々は今後、世界中で事業を展開していこうと考えている。その時には当然、世界中の人たちとコミュニケーションをしなければなりません。

でもその時に外国人が日本語を完全に理解できるかといえば難しいと思うんです。するとビジネスでの公用語は何かといえば、やっぱり英語しかないんですよ。それを、日本を捨て西洋の国に支配されるように捉えてしまうこと自体、非常に狭い考え方だと思うんです。

我々は日本の企業で、日本のDNAを持っていて、思考や文化の基準はあくまでも日本なんですよ。結局、我々が世界に出ていった国で最終的に聞かれるのは「どこ出身で、どういう人間で、どういう企業か」ということです。すると我々の強みも弱みも、日本出身であるという一点にしかない。

ドラッカーは「あらゆる者が、強みによって報酬を手にする。弱みによってではない。最初に問うべきは、我々の強みは何かである」と述べています。

人間でも企業でもそうだと思うんですが、弱い点よりも、強い点をより強くすることが大切で、その強いところを生かしていく。世界で評価されるのは、やっぱり強い点ですよね。だから我々の強み、あるいは日本や日本企業の強みはどこにあって、どうしたら世界中の人々に理解してもらえるかを、日本人や日本の企業は考えなくてはいけないと思うんです。

岩倉　同感ですね。少し話が飛びますが、柳井さんを見ていて思い起こされるのは、空海《くうかい》の生き方です。空海が自分の生まれた讃岐《さぬき》から出家《しゅっけ》、つまり家という温かい場所から出る。その次に目論《もくろ》んだのは「出国家」で、今度は自分のいる国を出ようとした。そうやって、いまいる所を出ることによって、外から自分のいる場所を見ることができなければ、井の中の蛙《かわず》になってしまうと思うんです。

ホンダ流大学改革

柳井　岩倉さんもホンダを退職後に多摩美大の学校改革をされていますよね。これはどんなきっかけからだったんですか？

岩倉　もともとは、教育なんてものについてはまったくの門外漢だったんですがね（笑）。

　そもそもホンダの役員になると、「燃え尽きろ」と言われます。その取締役を十年近く務めましたから、大学からお誘いをいただいた時も「もう火がつきません」とお断りをしたんです。すると「あなたの卒業した学科は、少子化と就職難の影響で、ひと昔前は四十倍あった入学試験の倍率が、半分以下になっています。このままいったら危ないんです」と言われた。

　それは僕のせいではないと思いましたが、「危ない」と聞くと、ムラムラッときましてね（笑）。ホンダに長年いたせいか、危機感に自然と体が反応してしまうんです。

　企業が商品をつくる時は「お客様は誰か」と決めるところからスタートします。大学の人にヒヤリングをしてみると「学生こそが大事なお客様」という答えが大半でした。「では商品は？」と尋ねると「大学のカリキュラムや充実した施設です」と言うんです。

　納得しかねた私は、先生たちを集めた場でこう述べました。「大学にとっての〝お客様〟とは、卒業生を受け入れてくださる企業や社会、また生徒を送り込んでくださる高校や予備校です。そして大学にとっての〝商品〟とは、学生たちです」。

　そしたら皆にびっくりされちゃったんですね（笑）。学生が商品とは不遜《ふそん》な言い方だと。最初のうちは全然理解してもらえなかったんですが、お客様には不良品を出さないように、売ってよかった、買ってよかったと喜んでもらわなくてはならない。

　そして「いい材料を仕入れて、付加価値をつけて高く売る」という方針を立てて、学科長に就任した僕自らが予備校回りをし、大学のＰＲをするところから始めました。講義のカリキュラムも改めるなどさまざまな手を尽くし、「受験者数、または倍率を五年で倍増する」という目標を計画どおりに完遂することができたんです。

柳井　ホンダで学ばれたことが、そのまま生かされたわけですね。

岩倉　はい。いま私立の大学は定員割れでどんどん潰れていったりしています。そういう大学から指導に来てくれと頼まれるんですが、当事者に「その気」がないとね。学生が減りレベルも落ちてきて、ただ

「困った困った」と騒いでいるだけ。

まずはそういった「現象」を注視する、あるいはそのための原因を探る。そして普遍的な原理を自分で見つけ出すという習慣が、教育の現場ではないんじゃないのかと感じ、僕ならばこうするということを多摩美では実践した。要するに、教育の現場をデザインしてみようと。そしてその考え方のすべては、本田さんや藤沢さんや、ホンダの先輩方から薫陶《くんとう》を受けて刷り込まれてきたものでした。

柳井　僕が本田さんから学んだのは「全員経営」と「世界一」。世界一になろうと想わない限り、絶対になれないということ。そしてもう一つは「挑戦」です。

それまではオートバイをつくって世界一になり、今度は四輪へなんて、普通考えないですよね。それもGMやフェラーリ、日本でもトヨタという巨人がいる中でですよ。でもそれに挑戦していく。しかもアメリカで工場をつくる。経営者として常識的に考えたら、こいつは頭がおかしいのか、と思われるようなことを実行した。

一方ドラッカーは「自分の強みをより強くせよ」ということとともに「企業の目的は、それぞれの企業の外にある」と述べています。

その企業の商品を使っている人よりも、使っていない人のほうが多い、我々でいえば、自分たちの店に来てもらっている人よりも、来ていない人のほうが多いという、これはすごい現実だと思うんです。

だったら、あらゆる人を自分の店の顧客にする。そのためにはどうすればいいかを考えて実行する。その範囲が広ければ広いほど、世界一になれる可能性は高まっていく。

我々は世界中の服装に合うような、いわば「部品」としての服をつくりたいと考えています。その時に、やはり日本人ならではの品質への拘《こだわ》りや、すごく丁寧な売り方をするといったこと。

そういう、日本人にとっての強みを生かすことが一番重要だと思うんです。

全員経営とグローバル・ワン

岩倉　ドラッカーは組織のあるべき姿についてさまざまな言及をしていますが、組織というのは本来、何かをやるために必要なものです。だからそのためにはどんなふうに組織があればいいのかを、常に考えていなければならない。したがってホンダでも、組織のつくり方を随分と変えてきました。

どの企業でもそうでしょうが、品質向上やコスト削減は、トップから指示を出す「縦軸」でやると一番やりやすいんですよね。

ヨーロッパ初のグローバル旗艦店として2007年11月に出店したロンドンの「311オックスフォードストリート店」

でもそれを金科玉条《きんかぎょくじょう》のようにしていると、マンネリ化してきて危なくなっている企業もたくさんあります。

その商品に魅力があるとか、会社で働いていること自体がおもしろいというのは、プロジェクト制とか、ＳＥＤシステムといった「横軸」のやり方なんですね。

僕はその縦軸と横軸とが、時代を見ながら九十度ずつゴロゴロと回転していくことが大切だと考えています。そしてそれができるのはトップマネジメントしかないんですよ。その会社がおもしろいなとか、いつまでもあってもらいたいと社会から思ってもらえるような会社にしたいなら、絶えず組織を動かしていかないといけません。

柳井　それはとても大事なことですね。我々の会社がモットーとしているのは「全員経営」と「グローバル・ワン」です。世界中で一番いい方法で経営をしていく、と。

世界に出ていくと、中国はこうだとか、フランスはこれが特長だ、米国はそうじゃないとか、もう言われたい放題です。でもそういうことを全部度外視して、世界中で一番いい方法で我々はやっていこう。それもたった一つの方法でやっていこうと。

いままでの企業は、外国へ出たら、それぞれのローカルに合わせたやり方でいこうという姿勢でした。でも我々は、グローバル時代における初めてのグローバル企業になりたいと思っているんです。

我々が目指すのは、世界中で通用する商品であり、人材であり、組織であり、やり方。中国で売る商品もアメリカで売る商品も全部一緒。たぶん本田さんもドラッカーも、最終的には全員経営で、グローバル・ワンを目指してたんじゃないかと僕は思うんです。だからそういうことを我々のビジネスで、ぜひ実現したいなと思います。

松明は自分の手で持て

岩倉　大切なのは、そうなりたいと想う心であり、志ですよね。本田さんと藤沢さんはそれぞれ立派なご本を出しておられますが、藤沢さんは『松明《たいまつ》は自分の手で』と『経営に終わりはない』という題をつけておられます。自分で意志を持って松明をかざし、その場を照らす。そしてそれを継続してやっていくんだと主張されている。

本田さんは『得手《えて》に帆あげて』とか『私の手が語る』とか、いずれにせよ、〝手〟なんですよね。

手というのは技術の世界、松明をかざすのも自分の手でやるわけで、やっぱり自分の手から離れたようなものじゃいけない、ということでしょう。

本田さんもドラッカーも、松明を自分の手から離さずに自分の足元を照らし、周りを照らし、皆を引っ張っていく、そういう「立志照隅《りっししょうぐう》」といえる生き方をしてこられた人なんだろうなと思いますね。

柳井　いいお話です。僕はドラッカーにせよ本田さんにせよ、すごくいい「想い」を持っていたと思うんですよ。そしてその想いに共鳴する人がどんどん増えていった。

特に本田さんは本当に小さな工場の中で、もともとは車なんかつくっていなかったのに「自分はこういうふうにするんだ」という志を立ててそれを皆に宣言し、そのとおりに実行した。そこに「だったら自分も一緒にその夢を追おう」という人が、世界中から集まってきたんじゃないかと思うんです。

「立志照隅」というと、何か古い言葉のようですが、僕は現在のほうがよりこういう世界になってきているんじゃないかと思うんです。

というのは、インターネットでこういうことをしたいと主張したら、世界中の人々がそれを見て、だったらこういう協力をしましょうといった動きにもなるでしょう。

岩倉　言われてみればそうですね。

柳井　うちの会社も、もともとは田舎の商店街にあった零細企業です。でもそういう所でも、そうなりたいと真剣に想えば、世界にも出ていけるし、世界一だって目指せる世の中にいまはなっている。

だからいまの自分の境遇とその夢に隔たりはあったとしても、いつかは実現できると信じるのが大事だと思うし、そのためにはまず自分がそういう世界を実現したいと想うこと。そう想わない限り何にも始まらないんじゃないかと思います。

本田さんやドラッカーは、特に若い人に期待をしていた、若い人の力を信じてたと僕は思うんです。だからいまの若い人にはぜひそういう精神を受け継いでもらいたいですし、僕自身が本田さんやドラッカーの本を読んで、自分なりの解釈をしながら会社をつくってきたように、企業経営をしている人は、そういう教えをぜひ参考にしていただきたいなと思っています。

事業の生き筋を見つけることが経営者の使命

飯田 亮
セコム会長
Iida Makoto

いま一つパッとしない日本経済。その中で32期連続増収増益と好調なのがセコムだ。飯田氏は日本で初めてセキュリティー産業を確立。その後、ベンチャーの雄として、不撓不屈の精神で事業を切り開いてきた。人生にデッドロックはないという飯田氏に事業の生き筋のポイントを聞く。

三十二期連続増収増益

——セコムの創業は昭和三十七年、飯田さんが二十九歳の時ですね。

ええ。

——以来、三十二期連続（一九九六年）で増収増益を続けられているというのは、並大抵のことではありません。相撲でいえば、連戦連勝。

いや全部は勝てません。しかし、ぼくはよくいうんですが、「ヤ」はあってもいいが、黒星はあっちゃいけない。八勝七休みでもいいから、勝ち続けることは大事だと思います。

——その実績はやはりトップである飯田さんが、その都度その都度、常に「生き筋」を見つけてこられたからだと思いますが、きょうはそのあたりのことをじっくりと伺いたいと思います。

大学卒業後はお父さんの経営する酒問屋に勤められていたんですね。

ええ。大学を出て六年間、営業をしていました。ただ上の兄三人も同じように働いていましたのでね。自分が五十、六十になった時にどうなっていくかと考えて、独立したいと思うようになったんです。

——独立にあたって、条件を設定されたとか。

第一は自分の思った通りに仕事ができること。ということは何の手本もないということです。見本があると既成概念が頭の中に入ってしまいますからね。だから、日本で初めての仕事でなければだめだ、と。

第二に、どうせやるなら努力をしたら大きい仕事になるものがいい。そして第三に、酒問屋の売掛金の集金で苦労したので、前金の商売でなくてはだめだ、と。ただ、いわゆる後ろ指をさされるような仕事はいやだなあ、と。

それらの条件を考えた上で最終的に警備会社を始めたのです。

創業の原点

——当時、日本にはセキュリティー事業というのはなかったわけですね。

ええ。だから、すべて自分でやり方を見つけ、自分の生き筋を見つけていかなければならなかった。

すべて白紙からのスタートです。契約書を作るにも用語がなく、用語作りから始めました。

——そういえば、「警備保障」という言葉も飯田さんの造語だそうですね。

最初、電話帳で引きやすいように「夜警社」という名前を考えたんだけど、これじゃカッコ悪い。そのころ、日米の安全保障が問題になっていたので、そうかわれわれは警備をして安全に責任をもつんだから、警備の下に保障をくっつけちゃえ、と。

——いいネーミングです。

言葉は大事だと思います。言葉をおろそかにしちゃいけない。保障とつけたからには、なんとしてもお客さんの安全を守らなければいけないという気概みたいなものが生まれてきましたからね。

その言葉はそのうちに当たり前の言葉になってきて、そういう気概も消えてしまうんだけど、その気概が消えるころにはちゃんと会社の態勢ができているんです。

——創業期に「三か月分前金」という原則を打ち出され、それを貫かれたというのも、常識を超えていますね。

不手際で事故があった時には補償しますから、お金をもらっていないと補償できない。それに資本金が少なかったので、後払いだと契約が増えれば増えるほどお金が不足してしまう、と考えたからです。

初めは行く先々で「そんな厳しい条件では頼めない」と断られ、三か月近くも仕事が取れませんでした。でも、ぼくは「事故があった時に補償できない」と突っぱね、前金制度を貫いた。この制度が後に功を奏し、財務体質を安定させることになるんです。

世の中は妥協の産物みたいなところがあります。ぼくは妥協すること、つまり「客におもねる」ということは、事業をやっていく上で最もマイナスだと思うんです。何事にも妥協しないという不屈の精神は経営者にとって大変重要な要素だと思います。

自分の決めた方法通りにやる。それを言い通せば、必ず実現するんですよ。ただ、途中で変な欲があると、グラッとしますけどね。


――なるほど。

その意味では、ぼくは簡単に売れる方法というものを避けてきたような気がする。

三か月前金制度もそうだけど、当初、契約書は「甲」がぼくで、「乙」がお客さんでした。普通は「甲」が買い手で「乙」が売り手なので、よくお客さんからは、「なんで買い手の俺が乙で売り手のお前が甲なんだ」と。これなども一々説明しなければいけないわけなんだけど、でも説明しなければならないことがたくさんあったほうが、説得力が出てくるんですね。

すぐにもみ手をして、

「いや私どもは、乙でも丙でも丁でも何でもいいですよ。もう好きなように決めてください。料金も後払いでいいんですよ」と。

これじゃ、お客さんは信用しません。

「なんでお前はそんなに頑固なんだ」

とよく言われる。でも、これこれこういう理由で自分は社員の生活を守るためにこういうシステムを導入しているんだと体を張って説明すれば、お客さんはわかってくれるものです。この真摯《しんし》な姿勢がお客さんへの説得力になり、信用を生んでいくんです。

清潔なカルチャーをつくりたい

それとセキュリティーの事業というのは、他の商売とはちょっと違うんですね。いま当社は世界中に二万九千人の社員がいますが、この仕事は他の職業よりも一層、そこで働く社員や経営者に倫理観のようなものが要求されるんです。

――人と人との信頼の上に成り立つ職業ですからね。

そうそう、それしかないんです。だから、自分の人生観というものを形成する上で、このビジネスに出合ったことは非常に幸運だったと思います。

このようなビジネスをやってきたおかげで、いわゆる利益だけを追っかけることもなく、バブルにひっかかることもなかった。三十二期連続の増収増益が達成できたのも、この経営姿勢を貫くことができたからだと思います。

――といいますと……。

ぼくは自分の好きなことしかやらない。それはセキュリティーの事業から端を発したもので、社会の役に立つ事業しかやらないということです。だから、どんなうまい儲け話があっても乗らなかった。考え方は非常にシンプルなんです。

――たった二人でスタートした会社が急に飛躍したのは、いつですか。

マスコミ的にいうと、創業二年目に東京オリンピックの警備を引き受けたことでしょうか。

確かに利益も出て、社名も知られるよう

になり、社員の士気も高まりました。でも、ぼくはあれをやるのはいやだったんですよ。ごく短期間のもので、一回きりの一時的な仕事だったので、終われば余剰人員を抱える心配があったからです。これでは賽《さい》の河原の小石を積むようなものです。

——この仕事を引き受けるにあたっては、オリンピック組織委員会と契約条件でもめたそうですね。

組織委員会は後払いを主張したんです。ぼくは「たとえどんな情勢になろうと、どこで戦争が起きようと、この契約は継続する」という覚書を出してくれるなら後払いでもいいですよ、と一歩譲ったのですが、委員会にそんな確約ができるはずもなく「それはできない」と言う。それなら契約できない、すべて引き揚げる、とぼくはつっぱねたんです。

——なかなか強気ですね。

そういうやりとりの末に委員会側が折れ、ようやく前金でやれるようになったわけですが、まぁ運も良かった。オリンピックが終わるころにはその宣伝効果もあって、余剰人員どころか人手不足になるぐらいの仕事が舞い込んできたのですから。

——順風満帆ですが、そのころ心掛けられたことは。

組織というのはカルチャーというのが一番重要なんです。そのころはカルチャーをつくろうとしていた時期ですから、その意味では信賞必罰は、いまよりもずっとはっきりしていましたね。

たとえばオリンピックの選手村で、靴を脱いで水虫の薬をつけていた社員がいました。そんなことをやっていたら、いざというときに裸足で走って行かなければなりません。それはいわば職場放棄なんです。

懲罰委員会にかけたら、みんなそれはだめだ、と。結局、クビにしました。やはり、組織というのはカルチャーが一番大事ですから。

——なかなか理想の社風というものはできないものですが、飯田さんはどんな社風をつくろうと。

なによりも清潔なカルチャーをつくりたいと思っていました。どこからリベートをもらったとか、上司に付け届けをしてうまく昇進したとか、そういうのが嫌いなんです。だから、すっきりきれいにいこう、と。そういうカルチャーがなかったら、本当のセキュリティーの事業というのはできません。

機械整備の導入

——飛躍の第二の転機はSPアラームシステムの導入ですか。

そうです。オリンピックを契機に、おかげで契約数は倍々で伸びていきました。でも、社員が四、五百人ぐらいになったとき、このままいったらもう大変な社員の数にな

SPアラーム：契約先の企業の建物に侵入や火災をキャッチするセンサーと制御器（コントローラー）を設置。通信回線で管制センターと結び、異常信号が入ると最寄りの緊急対処員が急行する、日本初のオンライン安全システム。

るな、と。このまま常駐警備や巡回警備が増え続ければ社員は二十万人を超える、という計算もありました。

　こんな大勢の社員をきっちり管理して、規律を保ってやらせていくのはとても無理です。いつどこでも同じような品質のセキュリティーを提供していかなければいけないのに、これではとてもできません。

　規律の乱れから社員の不祥事もいろいろ起こり始めており、どうしたらいいかと悩んだ末に思いついたのが、警報装置で異常を知らせる機械警備の導入でした。

――機械は自社で開発されたのですか。

　システムは自分たちでデザインしましたが、当時は社内にエンジニアがいなかったので、芝電気に製作を依頼しました。一年かけて開発し、機械警備システム「SPアラーム」をレンタル方式で売り出したのが昭和四十一年のことです。

――機械警備システムは売れましたか。

　ぼくはこのシステムが次世代の主流になると確信していましたので、それこそ門前市をなすぐらい売れると思っていたんです。ところが、最初の年の契約数はたったの十四件、全然売れませんでした。

　でも、いまから考えると売れなくて良かった。

――どうしてですか。

　売れないから資金繰りももったし、トラブルも少なくうまく対処できたんですね。その間にシステムに改良を加えて性能を高めていったわけですが、このシステムが一躍注目されるようになったのが、三年後の昭和四十四年のことです。連続射殺事件の犯人が「SPアラーム」の警報がきっかけで捕まりましてね、その性能の高さが証明されて、契約件数は一挙に一千件を突破したんです。

しかし、「SPアラーム」が注目されたとはいえ、やはり主流は人間が直接警備する巡回警備であり、その契約数も年々すさまじい勢いで伸びていました。そんななか、私は昭和四十六年に巡回警備からの完全撤退を決意したのです。

役員全員を集め、「これからは巡回警備をやめて機械警備に切り替える」と発表しました。役員は全員反対しましたが、ぼくは断固として譲らず、巡回警備からの撤退を実行していったのです。

――将来のセコムの生き筋を「機械警備」に見つけられたのですね。

その通りです。いまでは機械警備システムの契約数は四十二万五千件、セコムの年商の実に七十三%以上を占めており、いまでもこのときの決断は間違っていなかった

と自負しております。

――機械警備に端を発して、事業もさまざまな分野に広がっていますね。

機械警備の契約が増えるに従い、保有する電話の通信回線も増えていくんですね。

当社は現在、「セキュリティー産業」から安全、教育、医療、健康などのサービスを幅広く提供する「社会システム産業」への脱皮を目指していますが、その発想の原点はこの電話回線をつかった情報ネットワークをいかに活用するかということでした。その意味では、機械警備の導入はわれわれの「生き筋」になったわけで、飛躍の原動力になりました。

目に見えない最大のピンチ

――ここまで来るにはいろいろな試練があったと思いますが、その中でも最もつらかったことは何ですか。

赤字になったり、第二組合ができたり、社員の窃盗事件が連続したりといろいろピンチはあったけれど、本当のピンチは急成長して、組織のまとまりがなくなったときですね。

――いつごろのことですか。

昭和四十二年ごろから四十五年にかけて、三、四年そういう状態が続きました。不平不満が出て、あぁもう空中分解するかな、と。このときがやはり、目に見えない最大のピンチでしたね。

――どのように収拾されたのでしょう。

やはり直接顔を合わせて話し合う以外に収拾の方法はありません。そのころすでに社員は二千名ぐらいになっていましたが、毎晩三十人ほどの社員を集めて、ビールを飲みながら不平不満を聞いたものです。

――社員全員と直接話し合われたのですか。

ええ、まあ若かったからできたのでしょうが、でもやはり毎晩ビールを飲んでいたもんだから、少し体調を崩してしまいましたよ（笑）。

これでやっと組織が固まったのですが、みんな直接ぼくと話しているでしょう。その気安さから、困ったことに今度は社員がぼくの言うことしか聞かなくなってしまったんです。

――なるほど、直接の上司の言うことを聞かなくなった？

そうなんです。中間がみんな抜けてしまって、直接ぼくに相談しに来るようになりましてね。こういうことはぼくにとってはわりと気持ちのいいことなんだけど（笑）、組織としては非常に困ったことでしてね。それを修正するのにやっぱり二、三年かかりました。

――どのようにして修正されたのですか。

直接ぼくに電話がかかってきても、「おれはお前の上司を信任しているんだから、おれの代わりだと思って上司に言え」と毎日言い続けた。極力、自分からは指示を出さないようにしました。

——試練といえば、よくマスコミにも叩かれましたね。

いやぁ、よく叩かれた（笑）。そのときは、もう新聞も雑誌もテレビも見ない。読めば読むほど、見れば見るほど落ち込むわけですから。

——そのときはやはりじっと嵐が過ぎるのを待つわけですか。

いや、いわゆる塹壕《ざんごう》の中に入るなんてことをしては駄目ですね。やはり前に進んでいかなければいけない。前に進む以外に解決方法はないんですよ。それと、一生続くわけじゃないというような割り切りをしませんとね。

デッドロックはない

——「汗の出し惜しみはしない。しかし自分の流した汗の安売りもしない」という飯田語録があるそうですが、他に信条としてこられたことは。

これはもうずいぶん昔に幹部社員に言ったことなんだけど、自分に確固たる理念があり、確固たるノウハウがあってやっていることだったら、デッドロックにぶつかることなどあり得ないんですね。自分の前に立ちはだかっていると思っているものは、たんなる岩にすぎないんです。岩ならはしごをかけたり、ロープを張って登ってしまえばいいんです。

これはどの事業でもいえることですが、前に困難が立ちはだかっていても、それを避けて回り道をするようでは、新しい事業は展開できません。どんな困難があろうとも、妥協せずにまっすぐ突き進んでいかなければならないのです。

——困難があっても、安易な道を選んではいけない、と。

ええ、そうですね。安易な解決方法というのは、もう十中十間違いですから。だから、ぼくは問題を解決しようと思ったら、必ず難しいほうを選びます。

——なるほど。

それと、エネルギーは出し切れ、と言っています。

——ああ、エネルギーは出し切れ。

人間的エネルギーというものは使えば使うほど増殖されるものなんです。ぼく自身、人間的エネルギーは使えば減るし、減った分を補充するには、それなりの時間がかかると思っていた時期もありましたが、そうではない。充電するには時間などかからないし、使えば使うほど、充電されるものなんです。

二ひく一は一という算数のロジックをすべてに当てはめようとするのは間違いです。創業して間もないころは、まだ会社も小

さく、いい人材が集まらなかった。優秀な人間を集めて、いい企業体をつくるのはわけのない話なんだけど、ぼくを始めとする半人足の人間が集まって企業を成長させていくには、人一倍のエネルギーを出していかなければならないから、そういうことを言い続けたわけです。

集中力を拡散させない

――最近は財界活動も控えておられるとか。

自分の好みの問題もあるが、なによりも、いまはやっぱり自分の事業に専心したいというのが正直なところです。それには集中力を拡散させないことが一番重要なんですね。

――それはあらゆる経営者にいえることですね。

ぼくは新しい事業のデザインをしたり、いわゆるセコムの総体的なデザインをするための集中力を欠きたくないんです。

新しくセコムに入って来た人たちに対す

る義理もありますから、セコムの将来をちゃんとしておかなければいけない。そのためのコンセントレーションを欠きたくないというのが、いまの一番の願いですね。

——集中するためにどうされていますか。

自分なりに結論が出るまではだれにも相談しない。自分の中で決めてから相談するのはいいのですが、どうしようかと迷っているときにだれかに相談してしまうと、もうそれでいいやと思ってしまって、集中力が半減してしまうんですね。

——全部一人で徹底的に考えられるのですか。

徹底して一人で考える。思いついた考えを書き留めて、それをファイルしておき、それをまた見返して書き足して事業のデザインをしていく。その間、それがある結論に達するまでは、どうしたらいいだろうかと人には一切相談しない。

うちの幹部などにも、ぼくがこれこれこういうことをやれと指示すると、すぐに部長や次長のところに行って、

「会長からこう言われたけど、どうしようか」

と相談する幹部がいるけど、こういうのは絶対にいかんですね。

——幹部失格ですか。

とてもじゃないが、幹部にはしておけない。

事業は継続していかなければなりません。それには勝ち続けなければならないんです。だれでも一度はまぐれで勝つことはできます。だが、勝ち続けるということは非常に難しいことなんですね。

勝つということは、相手より優れているということであり、凡でなく非凡であるからこそ勝てるのです。非凡は、いわゆる常識の枠内からは決して生まれません。はっきり言えば、勝ち続けるには「狂《きょう》」であることが必要なんです。

——事業を続けるには「狂」でなければならない、と。

まあ、平平凡凡でいいやというのでは事業はできませんね。思い込んだら命懸けというところがないと、事業は続かないと思います。

経営者の使命

今回のテーマ「生き筋を見つける」に即していえば、企業が生き筋をつかむには人材育成とトップのビジョンも大事ですね。

——ああ、人材育成とビジョン。

人材育成の方法は人間千差万別ですから

一言では言えませんけど、まず場を与えることと、それと辛抱じゃないですか。

人間というのは、その特性によって大器晩成もいれば、途中で落ち込んでまた立ち直ってくる者もいる。だから、簡単には駄目だと烙印《らくいん》は押せないものなんです。

何よりも駄目だと烙印を押したら、ぼくはその家族がかわいそうだと思うんですね。会社よりも組織よりも、一番重要なのはそこで働いている人間の人生であり、会社はその次なんです。だから、その人の人生を考えると、簡単には烙印は押せないんですよ。

もっとも、ちゃらんぽらんでどうしようもない者もいる。こういう人は家庭もうまくいくはずがないし、人生もうまくいくはずがない。そういうところがない人は、場を与えてじっくり待つことです。それで伸びてきた者もずいぶんいます。

――いつまで待つかというのも難しいですね。

いや、ずいぶん待ちますなぁ。これもね、自分の身になって考えればいいんですよ。もし、自分がそんな烙印を押されたらたまったもんじゃありませんからね。

――いつからそのような評価をされるようになったのですか。

創業のころからです。というのも最初は人を採用するのが怖かったんです。

ああ、この人たちの生活をみなければいけないと思って、えらく重荷に感じたものです。そういった思いの積み重ねがありますからね、早々とは烙印を押せないんです。

――組織を活性化するのも大事なポイントですね。

新しいことをやれば、会社は活性化してきます。十年一日のごとく同じことをやっていたのでは、やはりぼくは活性化しないと思う。それとビジョンが明確で、先程も言ったように間違ったことをしないことです。お金は儲かっているけど、何かどこかで変なことをやっているというのでは、絶対に活性化しません。

ぼく自身は、事業のプロデューサーでありたい、デザイナーでありたいと思っています。セキュリティーの事業を基本に医療、教育という事業をデザインしながら、セコムのこれからの生き筋を見つけていくことが経営者の使命だと考えています。

飯田 亮（いいだ・まこと）
昭和8年東京都生まれ。31年学習院大学政経学部経済学科卒業後、父の経営する岡永商店に入社。37年に独立して日本で初めての整備保障会社、日本警備保障を設立し社長に就任。51年から代表取締役会長。53年東証1部上場。58年に社名をセコムに変更。

理念とビジョンに基づく行動が奇跡の逆転劇を呼んだ

Tamura Jun

田村 潤
キリンビール元副社長
100年プランニング代表

1995年、45歳の時、田村潤氏はキリンビールで全国最下位クラスだった高知支店の支店長に任命された。負け癖のついた集団をいかにして変革し、シェア首位奪回を成し遂げたのか。鍵を握るのは「理念とビジョンに基づく行動」だという。田村氏が語った奇跡の逆転劇の顛末から、企業発展の秘訣を探る。

企業のアイデンティティーが崩れつつある

――田村さんはキリンビールをV字回復させた経験を生かし、現在（二〇二〇年）は独立して企業向けの講演や塾を手掛けていると伺っています。

日本の企業は規模の大小に拘《かかわ》らず、真面《まじ》目《め》で誠実な人たちが一所懸命に働いているけれども、なかなか成果が出ないことに不安を抱えている。そういうケースが多いように感じます。なぜそうなのかと考えると、かつてのキリンビールもそうだったように、環境変化に振り回され自社のアイデンティティーが分からなくなってしまっているんですね。

では、日本企業のアイデンティティーとは何か。渋沢栄一曰《いわ》く、それは武士道だと。単なる金儲《もう》けのためではなく、利益よりも社会をよくする、人のために尽くすという大義や理念を持っていることです。近年、企業統治改革という名の下で経営が短期志向になり、大義や理念が形骸《けいがい》化され、現場が弱くなってきていると思います。

――企業のアイデンティティーが崩れつつあると。

目先利益を追求するための組織運営から理念を実現するための組織運営に変革することが必要なんです。やることはそんなに変わらないですよ。でも仕事の意味が変わることにより、取り組む社員の姿勢が全《まった》く変わってきます。前者はやらされ感が生まれるだけですが、後者は主体性を持って自分で考えて行動するようになる。

とはいえ、企業はどうしても売り上げ・利益目標からスタートし個人の目標に下ろされます。お客さんのため、地域社会のためという理念は抽象的ですから、それだけだと社員は動けないんですよ。理念を実現するための具体的な目標をつくらないといけません。

——理念を目標に落とし込む。

ここが一番難しい。理念はいろんな会社で唱和されています。ただ、唱和に留《とど》まってしまって、多くの人は理念を実現するために具体的に何をしたらいいかを考えた経験がないんですね。

理念が実現されるとは具体的にどんな状態なのか、そのあるべき姿＝ビジョンを決め、それを実現するための戦略や方法を全員で考え、実行していく。これを続けていくとお客さんが喜び、お客さんと社員との共感のやり取りによって業績も個人の能力も劇的に変化するんです。

営業一年目にして全国一位になった理由

——キリンビール時代にそれをいかに実践されてきたかは後ほど詳しく伺いたいと思いますが、まずは入社の経緯を教えてください。

とりあえず有名な会社から受けていって、ご縁があったのがキリンビールだったというだけで、まあいい加減なものですよ（笑）。私が入社したのは一九七三年で、当時のキリンビールは全国シェア六十％を超え、長らく首位を独走していましたから。

最初の四年間は岡山工場労務課に配属されました。工場内の様々な人事・労務問題を解決し、労働生産性を上げるという仕事です。毎日のように仕事が終わった後、現場の人と飲みに行っていました。その後、本社の労務部門で六年間仕事をしたんですけれども、そこで分かったのは、「現場に本質がある」ということです。

——現場に本質がある。

美辞麗句《びじれいく》や机上《きじょう》論は排し、現場のリアリティを大事にする。同時に、現場の本質をよく見るためには全体観を持っておく必要があるんです。例えば、賃上げを幾らにするかという時も、当然キリンビール全体のことを考えないと適正な金額は出せない。木を見て森を見ずという言葉がありますが、木も森も両方見ることを若い頃に経験できたのは勉強になりました。

三十二歳の時に営業畑に移り、大阪支店でスーパーマーケットや百貨店といった量販店を担当し、一年目にして量販店担当の中で全国一位になったんです。

——営業一年目で全国一位に？

これはそれまでの十年間で学んだ「現場に本質がある」、即《すなわ》ち現場起点で考え実践したことが、一番大きな要因でした。

というのも、当時のキリンの営業は本社の意向を大事にしていたんですよ。俺たちの営業は上から言われたことさえ忠実にやっていればいいんだと。従って関心はすべて上司、本社なんです。ビールにしてもウイスキーにしても上から言われた通りの本数を問屋さん、酒屋さんに「引き取ってください」と言って強引に押し込む。

　その一方、私は現場が大事だと思っていたので、お客さんを見てそこから戦略を組み立てていった。とにかく量販店の人に聞いていましたね。「どういう状態ができればお客さんが買いやすいですか」と。

　上から言われたことを相手に押しつける営業と、顧客視点で考えて相手に聞く営業では、どっちが成績を上げるか明らかですよね。

高知県民の琴線に触れるメッセージを添えた新聞広告がキリンビール高知支店の起死回生の一手となった

　一九八七年にアサヒビールが「スーパードライ」を発売して大ヒットした時、キリンの全国シェアは六十三%から一気に五十%まで下がってしまいました。この時も私のチームだけはキリンの中で唯一、売り上げ・シェア共に上がっていたんです。

決めたことをやり切る「結果のコミュニケーション」

――そんな中、一九九五年に人生最大の転機ともいえる高知支店への異動を命じられますね。

　当時私は四十五歳で、本社の政策立案部門という、いわゆる花形の仕事をしていました。高知支店は全国最下位クラスで「お荷物」とまで言われていましたから、誰がどう見ても左遷《させん》でした（笑）。「田村は終わりだ」って周囲からは言われていましたけど、人事がいかに理不尽なものかは昔人事の仕事に携《たずさ》わっていてよく分かっていたんです。だから、人事で腐《くさ》るのは一番バカバカしいと思っていました。それが幸いでし

たね。

——支店長として赴任《ふにん》した高知支店の状況はいかがでしたか？

成績の悪い支店だから暗い雰囲気なのかと思いきや、意外と明るいんです。その理由はすぐに分かりました。みんな人のせいにしているんですよ。ビール業界では「商品力八割、営業力二割」とよく言われており、本社の指示通りにやって売り上げが上がらないのは本社が悪い。自分のせいじゃない。負けても平気。誰かが何とかしてくれる。そういう典型的な大企業病、負け癖のついた集団になってしまっていました。

スーパードライのヒットに追い打ちをかけるように、高知支店に着任した翌年、キリンがアサヒに対抗しようとして主力商品であるラガービールの味を変えたことで、シェアがものすごい勢いで下がっていきました。中でも、高知県は一番下げ幅が大きかったんです。

——何から着手しましたか？

　まずは料飲店の営業に集中することを方針として決めました。ビールがどこで飲まれているかというと、約七割は一般の家庭で、約三割が飲み屋さんなんですよ。だから、七割の一般家庭が大事なんですけど、これはお客さんが自分で選んで買うじゃないですか。一方、飲み屋さんは営業の努力次第で置いてもらうことができる。高知県には約二千七百店の料飲店があったものの、当時は月三十～五十軒しか回っていない。それで料飲店に絞り込んだんです。
　また、当時の高知支店には決めたことをちゃんとやり切る文化がありませんでした。この文化だけはせめてつくらないと、組織にならないと思い、営業マンが自発的に目標を定め、それを現場のリーダーとの間で合意し、その結果をしっかり検証する「結果のコミュニケーション」を開始しました。

――結果のコミュニケーション。

　上から与えられたノルマではなく、自分で考えて自分で約束した主体的な目標、ということがポイントです。そして、その結果について月ごとにリーダーと営業マンが「なぜ実行できなかったのか」「どうすればよいのか」という問答をお互いに納得するまで徹底して突き詰めていきました。
　やり切る文化を創り上げるまでに一年半くらいかかりましたね。料飲店の訪問数を月二百軒にするという目標を立ててやっていくメンバーが多かったのですが、最初は門前払いを食らったり怒られたりするんですよ。すると意気消沈《いきしょうちん》して回らなくなってしまう。
　それでも私は「約束したのだから、嘘《うそ》をついてはいけない」「目標の訪問数に達していないのなら、家に帰ってはいけない」と本気で叱《しか》り、そうやって粘り強く営業の基本活動を続けることで、料飲店との人間関係が築かれていき、徐々に馴《な》れ合いではないチームワークが生まれていきました。

お客様を幸せにするために
きょう一日の仕事がある

――営業マンたちの意識の変化は成績にも表れていきましたか？

　いや、それでも数字は下がる一方でした。一九九六年に高知県内のシェアでキリンがアサヒに抜かれ、このままではもたないと思いましたね。でも、県内の料飲店を回って、「宴会中にすみません。キリンビールですけど、ちょっと注《つ》がせてください」って挨拶し、「どういう理由でアサヒにしたんですか」「なんで人気のないキリンを飲んでくれているんですか」という感じで毎日聞いているうちに、頭じゃなくて体で分かってきたことがあったんです。
それは、ビールは味よりも情報で飲んでいるということでした。

——情報で飲む？

何となくアサヒが格好いいとか、売れていないビールは飲みたくないとか、そういう情報に左右されて人は飲むビールを選んでいると。じゃあ良い情報をお客さんの心の中に蓄積させていけばいいんだ。それなら営業の力でアサヒの流れをひっくり返すことができるかもしれない。キリンは自分たちを大事にしてくれているというメッセージを伝え、情報を市場の中で連鎖させていこう。その時に気づいたのが、キリンの経営理念だったんです。

——経営理念に注目された。

キリンの社員手帳にはちゃんと「品質本位お客様本位」って書いてあったんですけど、完全に死語になっていました。調べてみると、キリンは売り上げや利益よりもお客さんのために日本一おいしい最高のビールをつくっていくことに挑戦してきた歴史がある、と発見したんです。

ああ、そうか。我われの仕事はアサヒの真似《まね》をすることでもアサヒに勝つことでもなく、「品質本位　お客様本位」という経営理念を武器に、高知の人に喜んでもらう、幸せになってもらうこと。それが実現できればキリンビールは救われるはずだ。こういうことを皆に話したんです。一九九七年の十一月頃でした。

高知の人を幸せにするために、きょう一日の仕事があるんだということを一人ひとりが肚《はら》落ちしたところから、全く違う集団になっていきましたね。

——具体的にどのような取り組みをされたのですか？

キリンビールを飲んで高知の人に幸せになってもらうには、二千七百軒の料飲店すべてにキリンを置いてもらおうと。二千七百店をすべて回って、ただ行くだけじゃ意味がないですから、「来てくれてありがとう」と思ってもらわないといけない。

その時に一つ好評だったのは、穴の開いた小ぶりのビアグラスでした。高知は酒飲みが多く、穴の開いたお猪口《ちょこ》を宴会でよく使うんですよ。置くと日本酒がこぼれてしまうので、その穴を小指で塞《ふさ》いできゅっと飲み、それを相手に渡してまた飲むと。そういう文化があったものですから、小ぶりのビアグラスの底に穴を開け、それを景品にしたキャンペーンをやったところ、「こういうのを待っていた」って喜んでくれたんです。

また、「高知は離婚率が二位に転落したことが話題になるくらい、一番が好きなんです」という女性社員の話をきっかけに調べたら、ラガー大瓶の一人当たりの消費量が高知県は日本一でした。その感謝の思いを伝えるべく、「高知が、いちばん。」というキャッチコピーの新聞広告を出したんです。これも非常に反響が大きかったですね。

——高知県民の心を捉《とら》えた。

ただ消費量は全国一位だったものの、お客さんからは「ラガーの味を元に戻してほしい」「前のほうがおいしかった」と言われ続けていました。私は何度も本社に掛け合い、意見を述べ、最後は社長に直談判《じかだんぱん》し、ようやく一九九八年の一月にラガーの味が元に戻ったんです。そこですかさず、「皆さんの声のおかげでラガーの味を元に戻しました」と言って高知限定キャンペーンを行いました。

　ここから爆発的にキリンの反転が始まり、僅《わず》か三年で県内シェア首位を奪回したんです。高知支店の六年間で掴《つか》んだ「理念とビジョンに基づく行動」のスタイルは、その後四国地区本部長、東海地区本部長、本社営業本部長となった時にそのまま役立ち、二〇〇九年、九年ぶりに全国シェアでトップに返り咲くことへと繋《つな》がりました。

自分のためではなく誰かのために

――田村さんは八方塞《はっぽうふさ》がりの組織をシェアトップへと変革されたわけですが、道をひらく上で大切なことは何だと感じていますか？

本当に成し遂げたい目的を決めるっていうことですね。その目的は大きいほうがいい。なぜかというと、例えば上司に評価してもらおうとか社内で一位になろうとかライバルを抜こうとか、そういう程度だと常に周囲が気になって、振り回されてしまうんです。それよりもっと上の概念ですよね。自分たちは社会のために役に立つ使命があるんだと。

　そういう志を最上位に置くことが大事ですし、志が立つと余計なことで思い悩まなくなり、迷わなくなります。もちろん困難はあるんですよ。でも、精神的にすごく楽になるんです。

――志が立つとぶれなくなると。

　先日、高知支店時代の社員と電話をしていた時、彼女はこう言いました。「私たちは〝不可能を可能にすることが仕事〟だと思っていました」と。感動しましたね。高知県民八十万人を全員幸せにするというのは不可能なんですよ。でも、そこに向かって挑戦していった。実現するまで諦《あきら》めないから、百戦百勝になるわけです。

　人は強く揺るぎない意志を持って決意すると、行動が変わります。そしてそれは、自分のためだけではなく、誰かのためにという思いに至った時、無限大の能力を発揮できるのだと思っています。

田村 潤（たむら・じゅん）
昭和25年東京都生まれ。48年成城大学経済学部卒業後、キリンビール入社。平成7年高知支店長に赴任した後、四国地区本部長、東海地区本部長を経て、19年代表取締役副社長兼営業本部長に就任。21年キリンビールの全国シェア首位奪回を実現した。23年100年プランニング設立。

患者の人生を背負い、命ある限り戦い続ける

Kamiyama Hiroyasu

上山博康

旭川赤十字病院第一脳神経外科部長
脳卒中センター長

脳の血管にできる瘤・脳動脈瘤。放っておけば破裂し、くも膜下出血を起こし、命の危険にさらされるが、手術は困難を極め、一歩間違えれば種々の後遺症が遺残する。脳外科医・上山博康氏のもとには、この難しい手術の依頼が月に数十件も舞い込んでくる。他の病院で見放され、藁にもすがる思いで駆け込んでくる患者を受け止め、敢然と戦いを挑み続ける上山医師の思いを伺った。

医師道は武士道なり

——昨日、一昨日と関東近郊の病院から依頼を受け、地元北海道から脳動脈瘤《りゅう》の手術をしに来られたそうですね。

ええ、頼まれてよそのいろんな病院によく手術に行くんです。昨日群馬で執刀した手術は比較的簡単なものでしたが、一昨日東京でやった手術は午前十時半に始めて、翌朝の四時くらいまでかかりました。

——あぁ、十七時間半も……。それだけ長時間集中して執刀を続けるのは、並大抵のことではありませんね。

心掛けているのは、とにかくすべきことだけに集中することです。外科医はとにかく素早く適切に処理しなければなりませんから、術後の言い訳なんかを考え過ぎて迷いや不安が生まれるとよくない。すべきことを一つひとつこなしながら、どこが山場になるかを読む。問題は山場のセットの仕方なんです。

——脳というのはとても複雑でしょうから、

脳動脈瘤：脳の動脈の壁にできた瘤のこと。動脈硬化・高血圧などが原因。破裂するとくも膜下出血などを引き起こす。

一つひとつの作業が神経をすり減らすような戦いなのでしょうね。

執刀は最大二十八倍の顕微鏡からのぞきながらやります。よくそんなすごいことがやれますねって言われるんですが、もう三十年以上もやっているプロですから、やれないほうがおかしい（笑）。

――よその病院からの依頼も受けられて、ほとんど休む間もないのでは。

お手紙やEメールで月に数十件もの患者さんからの相談が来ます。手術の後、深夜に自宅に戻ってそれらに全部目を通しますし、これから執刀する手術の準備などもしますから、一日の睡眠時間は四時間ですね。

――四時間睡眠でこの過酷な仕事を。

僕は新人の頃から四時間睡眠なんです。もとは仕事も趣味もやりたくて睡眠時間を削ったんですけれども、いまは趣味の時間も仕事に充ててその習慣を続けています。

僕には限界まで挑戦して楽しんでしまうバカなところがあるんです（笑）。一度、人は何時間寝ればいいのか試したことがありましてね。さすがに一週間に十時間は寝なきゃダメだという限界が分かりました（笑）。通常は四時間眠れば十分で、仕事中に眠くなることもありません。

――それで、その十七時間半もかかった手術というのは、先生にとってもかなり手ごわいほうなのでしょうね。

手術の中でも一番手の込んだものでした。脳底動脈という脳幹に行く血管に動脈瘤ができて、二回も破裂してしまったので、普通の方法じゃ助けられないんです。その脳底動脈を再建しなけりゃいけないんですけど、脳に行く血管だから遮断時間に限りがある。だから、遮断に備えてあらかじめ何本かのバイパスを入れ、そこから血液を流しておいて本幹の工事に取りかかるのですが、そのバイパスをつくるのに時間がかかるんです。年に四、五回はそういう手術があります。

――かなり難しそうですね。

僕が考えた方法なので、他にできる人がいないんです。やり方が分かれば他の人にもできるんですが、まだその方法を知らないんですね。とかく医者っていうのは、自分の才能でできるみたいに思いたがるものですけど、本当はそんなことはどうでもいいんです。誰にでもできる工法をつくらないと、医学全体への貢献にはなりません。

誰がやるかを問題にする人は、個人的名声とかお金のほうが大事なんでしょう。特にアメリカなんか、「俺が、俺が」って宣伝しないとお金にならないところだから。

でも、日本で昔、五重塔を造った名人たちは、誰一人名を残してませんよ。五重塔が地震でひっくり返ったなんて話は聞きませんからね。

――確かにおっしゃるとおりです。

そういうプロの根底にあるのは、武士道とか職人魂に通じるような、プライドとかやせ我慢の精神だと思うんです。どんなに大変でも、絶対に倒れないものを造って後世に残そうと。本田宗一郎や松下幸之助のような立派な経営者も、きっとどこかにそういう侍の心を持っていたんじゃないでしょうか。医師道も結局は武士道に通じると私は思っています。

七人の侍になって戦い続ける

――医師にもそういう精神が要ると。

いま医療崩壊がいわれています。院長以下、皆が揃《そろ》って頭を下げる絵なんて、もう見飽きたでしょう。あそこで間違っているのは、まず医療側はあの謝罪を事故直後に病室で行うべきです。うまくいかなかった時にやっぱり真摯《しんし》なる謝罪がその場で行われるべきです。そして、それに対して保障もされるべきです。難しい手術に精いっぱい手を尽くした上での結果なら、医療側が隠蔽《いんぺい》しようとか、責任を回避しようという姿勢がない限り裁判にならないはずです。示談の問題だけでね。病院は保険に入っていますからお金は下りる。それで患者さん側が不満なら、保険会社との裁判になるはずです。

だけど最近は患者さん側に訴訟を持ち掛ける弁護士がいるし、医者は訴えられることを恐れて、やばい手術はやりたがらないんです。

医者の態度に二種類ありましてね。一つは、この手術は後遺症が残る可能性が高い。あんたがそれでもいいというなら、手術してやってもいい。いやならどこへでも行きなさいと。もう一つは非常に優しそうに、これは様子を見ましょうって穏やかに逃げるタイプ。

だけど、脳動脈瘤のように破裂したら死んでしまうものの処置を、そうやって先延ばしされたら、患者さんはどうなるか。もっとでっかくなって、今度は本当に手術不能になりますよ。そうなったらもう死ぬしかない。

だから僕は、医者としてこれは手術すべきだと思ったら絶対に手術します。たとえ後遺症が出て患者さんに恨まれてでも、医者のプライド、医者の武士道に通じる医師道というものがあるなら、あえて汚名を着てでもやります。

――それが医者の道だと。

僕の食堂では、カレーもある、ラーメンもある、どれにするかはあなたが選んでくださいという言い方はしません。あなたという素材を使ってやるベストの料理法は一つだけです。あなたにしてほしいのは、イエスかノーかの判断だけですと。

もちろん、自分が納得しないで手術を受けて麻痺《まひ》が出たら、やっぱり後悔すると思います。だから患者さん自らが納得し、決意して、お願いしますと言わない限り当然手術はできません。でも僕は、患者さんからノーと言われても、手術すべきだと判断したら百回でも千回でも説得します。それが一番正しいという信念があるから。

ある患者さんが嬉しいことを言ってくれました。

「どこの病院へ行っても手術を断られたけど、上山先生だけはやろうと言ってくれた。もし後遺症が出るなら、俺は上山先生の手術でそうなりたい。上山先生の手術で後遺症が残るならしょうがない」

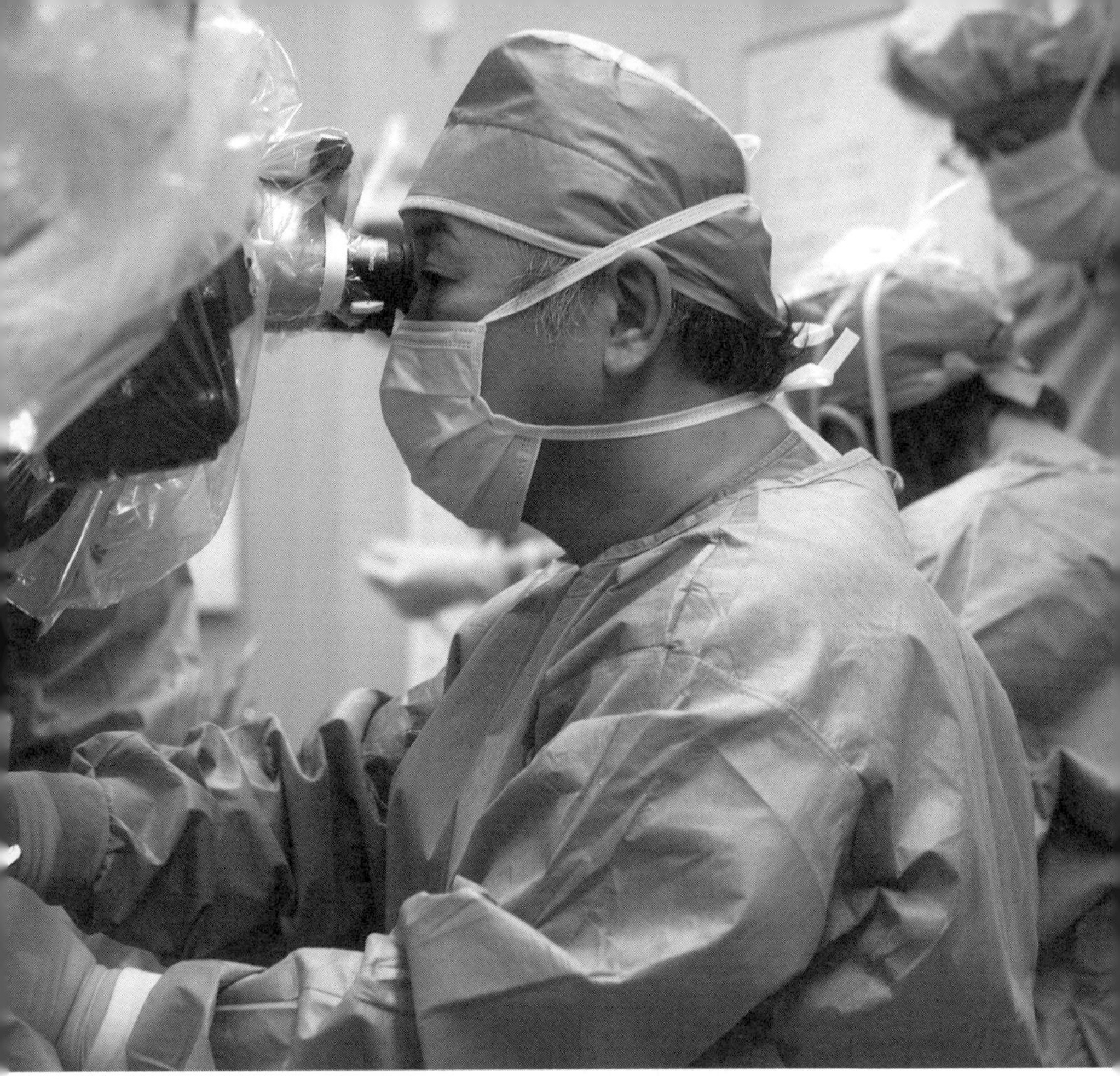

手術は時に夜を徹して行われる。集中力を切らさないよう、すべきことを一つひとつこなしていく

医者冥利《みょうり》に尽きますよ。その患者さんの手術は成功して、いまはピンピンしていますけれどもね。

だから僕は、ドン・キホーテと言われようが、何と言われようが、いまの医療の実態の中で医師道を貫き通したいんです。もともとハードワークなんですが、今年（二〇〇七年）は年頭に「七人の侍でいこう」と新しい目標を掲げました。

——七人の侍?!

村に後から後から盗賊がやってくる。盗賊は病気です。村人は患者さんで、我々はその患者さんに雇われた傭兵《ようへい》です。患者さ

ドン・キホーテ：セルバンテスの長編小説。第一部1605年刊、第二部1615年刊。騎士道物語を読みふけり、自分が騎士であるという妄想にとりつかれたドン・キホーテと従者サンチョ・パンサが旅先で巻き起こす失敗や冒険のなかに、理想と現実との相克などのテーマを織り込んだ、近代文学の先駆的作品。

『七人の侍』：黒沢明監督・脚本による映画の題名。昭和29年（1954）公開。農村を荒らす野武士に立ち向かう浪人と農民たちの戦いを描く。「荒野の七人」（1960年、米国）など、海外でのリメークもされた。

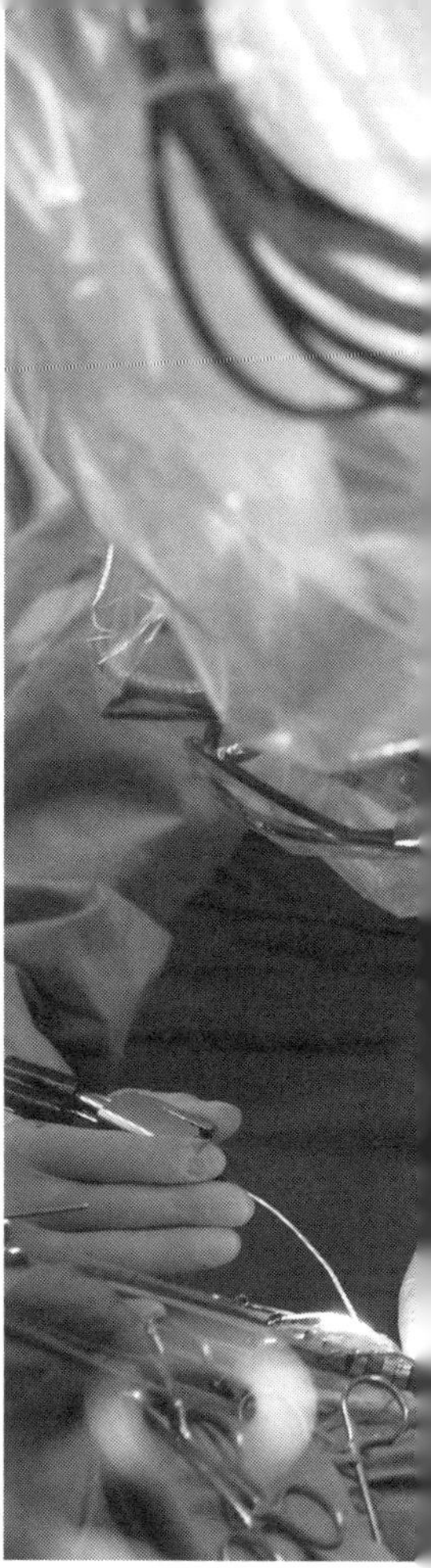

んが盗賊に思うままに蹂躙《じゅうりん》されているのに、医術という武器を持っている我々がなぜ戦わないのか。村人たちを見殺しにして武士道は成り立たない。映画の『七人の侍』では、七人中四人が死ぬでしょう。うちも死ぬまで戦うぞと。

――悲壮な決意ですね。

医師道は終わりのない戦いです。そこで患者さんが一人亡くなるたびに、僕らの中でプライドが一つ死にます。でも、僕らはそれを明日に向かう闘志に変えなきゃいけないんです。

医者としての すべてのプライドを懸けろ

――早くからそうした志の高い医療を目指しておられたのですか。

いや、僕にその戦いを教えてくれたのは、脳外科の第一人者だった秋田県立脳血管研究センターの伊藤善太郎先生なんですが、伊藤先生と会うまでの僕は、実は遊びのプロフェッショナルでね。

そもそも僕は飛行機を造りたかったんです。小さい頃から模型飛行機が好きで飛行機の設計をしたかった。国産旅客機のＹＳ11を造った木村秀政という人がいるでしょう。実はあの人は、僕と同郷で、親戚筋に当たるものだから、高校二年の時に上京して相談に行ったんです。そうしたら、残念ながら日本にはもう飛行機を造る計画がないことを教えられて、夢を断念せざるを得なくなりました。

――それで、どうされましたか。

その頃僕は、手塚治虫の『ブラック・ジャック』や北杜夫《もりお》の『どくとるマンボウ航海記』をよく読んでいて、主人公たちの生き方に憧れていました。どちらの主人公も、医師の仕事をしながら自由に生きていますよね。だから僕も、医師免許を取って食い扶持《ぶち》はキープしながら、趣味を楽しん

木村秀政：［１９０４～１９８６］航空機設計者。青森生まれ。昭和13年（１９３８）設計の航研機が1万1600キロの長距離飛行世界記録を樹立。第二次大戦後、初の国産旅客機ＹＳ11を開発。

『ブラック・ジャック』：漫画家・手塚治虫の代表作の一つ。無免許の天才外科医、ブラック・ジャックが活躍する医学ドラマ。

『どくとるマンボウ航海記』：半年間の船医としての体験をもとに描いた北杜夫の旅行記。

で生きるのもいいかなと思ったんです。

――脳外科を選んだ理由は。

たまたま父親がトイレに置き忘れていた雑誌に、「交通戦争日本」という特集があったんです。日本には脳外科医が少ないために、事故に遭った人が次々と死んでいく、と書いてありました。それで地元北海道大学の医学部に入って脳外科医を目指すことにしたんです。

父親は几帳面《きちょうめん》な人で、トイレに雑誌を忘れてくるようなことは考えられない。だから僕が脳外科医になるのは、やっぱり運命だったんでしょうね。

脳外科医は急患が多く、夜勤が多くて眠れない、3Kの極みみたいなところなんですが、僕は端《はな》からそんなこと分かった上で入りましたから、屁《へ》でもありませんでした。研修時代は大学に住み込んで仕事をこなしていました。

――とても趣味どころではなさそうですね。

いや、医者になり立ての頃、何もできないのに「先生」と言われるのが後ろめたかっただけなんです。だから一刻も早く技術を習得したかった。それで睡眠時間を削って、普通の人以上に仕事をやり、空いた時間で趣味をやったんです。あの頃は人が「えっ、これから⁉」と驚くような時間に遊びに行っていました。

しかし、伊藤先生に出会って、その遊びに使っていた時間も仕事に傾けざるを得なくなりました。

――詳しくお話しください。

北大医学部に着任して六年目に、当時脳外科を統括していらっしゃった都留美都雄先生が体を壊されましてね。その時に難しい動脈瘤の患者さんが入ってきたんです。自分たちでやるしかないと腹を括っていたら、都留先生が「おまえたちじゃ無理だ。善太郎を呼べ」って言ったんです。それが伊藤善太郎先生だったのです。

僕は新人の時から病院に住み込んで必死で練習して、その頃には難しい手術があると、部長から代わりに執刀を頼まれるくらいうまくなっていました。心の中で俺が北大ナンバーワンだと、ちょっと天狗《てんぐ》になっていたんです。

ところが、伊藤先生の手術を見て腰が抜けました。国体で優勝していい気になっていた男が、カール・ルイスを間近に見たようなものでね。自分は井の中の蛙《かわず》だったと思い知らされました。

――レベルが違った。

周りの先輩たちは皆、「きょうの手術は難しいと思っていたら、癒着が少なくて意外と簡単だったね」と言っていましたが、とんでもない。伊藤先生の技がすさまじいので簡単に見えただけで、その奥にあるレベルの違いは桁《けた》外れだった。後で伊藤先生にその話をしたら、「おまえ、相当できるな」と言われました。

それで僕は、このまま北海道にいたら井の中の蛙で終わってしまうと考えて、秋田脳研に移ったのです。それは結局、自分を育ててくれた北大を裏切ることになる。でも僕は、伊藤先生からどうしても学びたかった。都留先生だけが「行ってこい」と背中を押してくれました。だから僕は都留先生にはいまでも感謝しています。

――伊藤先生から学ばれたことは。

たくさんあります。

まず伊藤先生に接していて一番違和感があったのは、患者さんが亡くなると深々と頭を下げて「力及ばず申し訳ございませんでした」と謝るんですよ。

それまで、謝るなんて言葉は僕の辞書にはなかった。重症で手の施しようのない患者さんに対して、「そうやって謝ったら、こっちに落ち度がないのに医療ミスのように取られてしまいませんか」と言ったんです。すると伊藤先生はこうおっしゃったんです。

「それは上山、医者の論理だろう。医者にはダメだと分かっても、患者さんの側には分かるわけない。助けてほしいから来ているんだよ。俺たちに力がないから助けられないんだよ」

衝撃でした。その時の伊藤先生の言葉はいまでも忘れません。

それから、「目線の高さを変えるな」とも言われました。

「患者は人生を懸けて手術台に上るんだ。俺たちは何を懸ける。おまえのプライドを懸けろ。医者としてのすべてのプライドを懸けろ。それしか患者の信頼に応える方法はないんだ」

普段は穏和な伊藤先生が、その時ばかりはゾッとするくらいの気迫でした。

――医者の神髄に迫る教訓ですね。

とにかく病気との戦いにとことん執念を燃やす人でした。ある症例を二人で手掛けてうまくいかないことがありましてね。二週間くらいたって一緒に飯を食っている時に突然、「上山、あれはまずかったよな」って言うんです。不意のことでこっちは何のことか分かりませんでしたが、伊藤先生は頭の中で二週間前の症例を延々と反芻《はんすう》していたんです。

それから数日後のある夜、部長室からわずかに光が漏れているので中をのぞいてみると、伊藤先生がその症例のビデオをじっと観《み》ていたんです。先生の中では、うまくいかなかったあの手術がまだ続いていたわけです。あそこまでの気迫を、当時の僕はとうてい持ち合わせていませんでした。

――医師としての大きな転機となる出逢いでしたね。

いまの僕があるのは、伊藤先生に出逢ったおかげです。だけど、残念ながら僕が秋田へ行ってわずか一年半で伊藤先生は亡くなりました。階段から転倒して、わずか四十四歳であっさり逝《い》ってしまわれたのです。

でもその一年半は、ものすごく濃密な時間でした。僕は朝から晩まで伊藤先生のそばについてあらゆることを吸収しました。だから伊藤先生は、僕にバトンを渡して逝かれたんだ、と勝手に思っているんです。

思い知った師の言葉の重さ

だけど、伊藤先生のバトンを本当の意味で受け取れたのは、その後北大に戻って、ある脳腫瘍《しゅよう》の患者さんの手術を行ってからだと思います。

——といいますと。

伊藤先生が亡くなった後、退官前の都留先生が「戻ってこい」と声を掛けてくださいましてね。再び北大で頑張っているところにその患者さんは来られたのです。それまで何度も開頭手術をしたけど腫瘍が取れない。僕とは妙に気が合いましてね。難しい症例でしたがなんとか助けてあげたかった。それで、腫瘍に通じる内頚《ないけい》動脈からカテーテルを通して特殊な接着剤を入れ、腫瘍を固めて壊死《えし》させる特別な手術を行うことにしたんです。

手術は順調に進み、終盤に差し掛かっていよいよ接着剤を注入する段階に来ました。四ccほど問題なく入りました。そこでやめればよかったんですが、腫瘍が大きかったのでさらに注入したんです。その瞬間、接着剤がよそに流れ込まないよう留めていた二本のクリップが開いたんだと思います。接着剤は全部脳幹に流れていきました。顕微鏡を見て分かりましたよ。あっ、これはダメだって……。

——順調な手術が一転して。

あの時の感覚は生涯忘れません。空気が凍りついたというか、時間が停止して違う次元へ飛んでいったというか。もう手術室にも、自分の個室にも、どこにも行き場がないんです。脳裏には手術前の彼の笑顔が浮かんでいました。

「俺には独り立ちできていない子どもが二人いるから、まだ死にたくないんだ。俺、先生に任せるから、頼むよ」

自分の愚かさが歯がゆくて、悔しくて……そのままご家族のところに行き、土下座して謝りました。奥様は泣いたままでした。ご長男が涙を拭《ふ》きながら言ってくれました。

「……父は先生のことが好きで、先生を信頼して手術を受けると言いました。父の信じた先生が、一所懸命やってこうなったんだから、悔しいけど仕方ありません……」

——お話を伺っているだけでもやりきれない思いがします……。

あの時ですよ、伊藤先生の言葉の重さを本当に理解できたのは。

患者さんは命を懸けて僕たちを信頼する。手術前に遺書を書く人もいますが、患者さんはそのくらいの覚悟で手術台に乗るんです。医者にもそれと同等の覚悟が要るんです。

「先生に任せるから」と言ってくれた彼の悔しさが、僕にはどうしても忘れられません。いまでもあの笑顔が脳裏から離れません。だから僕は手を抜けないんです。

患者と一緒に泣き、そして笑う

北大に戻ってからの十年で、僕は脳血管障害班を大きくしました。全国でも評判になって、卒業生もこぞって脳血管障害班に来るようになりました。そして平成四年にいまの旭川赤十字病院に移りました。

いまはものすごく充実しています。いい仲間もいるし、手術の依頼もすごく多いし、

自分が理想とした医者の道を生きているという実感があります。

――冒頭、月に数十件も患者からの相談が来るとおっしゃっていましたね。

はい。そこには症状だけでなく、その人が歩んできた人生まで綴《つづ》られているものが多く、僕はすべて丹念に目を通します。

――症状以外の部分もちゃんと読まれるのですね。

患者さんは人生を懸けてやって来るのです。その人生を少しでも理解しないと、人間の治療はできないと思っているんですよ。

この前も、四歳の時から十年以上も脳腫瘍で苦しんできた子のご両親が相談に見えました。前の病院から脳の写真を借りてくる時、「へぇ、これを上山先生が？　植物状態になっても知らないよ」と冷たく言い放ったそうです。僕がその写真を見て、「絶対という保証はないけど、きっと取れると思う。だから手術してみましょう」と言った時、ご両親は泣きながら「お願いします」って頭を下げられました。手術は成功し、その子は諦《あきら》めていた高校にも進学して、いま張り切っていますよ。

――どんな医者と出会えるかで、患者の将来が大きく左右されるのですね。

十年以上も苦しんだ本人と、そのご両親への思い入れがどれだけあるかということです。ダメ医者は簡単に言うんです。「現代医学では無理だ」「常識的にできるわけがない」。でも僕のところでは、そう言われた人が元気になって退院していく。必死で助けを求めに来ている患者さんをぞんざいに扱う医者に、僕は「バカヤローッ！」ってゴジラみたいに火を吹きかけてやりたい。

全国の先生には、できっこないなんて簡

単に判断しないで、もっと学んでとことん可能性を追求してほしい。難しいものをやらない、責任を取らされるようなことをしないなんて情けない医療は即刻やめて、患者とともに泣いて笑って、一緒に戦わないでどうするんですか。

　だから僕は、不安な気持ちを抱えてやって来る患者さんと、腹を割ってとことん話します。人を治す医療なんだから、人と向き合わないで何ができますか。分かり合えなかったら、戦えません。もちろんそこで手術のリスクも包み隠さず伝えます。そしてこの症例ならやるべきだと覚悟を決めたら、「きっと大丈夫だからやりましょう」と、僕は患者さんに言い切りますね。

自分が嫌いになるような生き方だけはしない

——失敗への不安はありませんか。

　ありますよ。だけど、患者さんの恐怖に比べたらそんなもん、屁みたいなもんでしょう。そりゃ、いままで築き上げてきたものをすべて失うかもしれない。でもそんな大層なものを築いたわけでもないし、命まで取られることもないでしょう。

　僕はきょうまで、自分なりにかなり頑張ってきたという実感はあります。だからいつ終わってもいいと思うところもあるんです。監督が出てきて「ピッチャー交代」と言われたら、観客に手を振ってマウンドを降りてもいいかな、という気持ちもある。

　だけどその一方で、リリーフが来ないからまだまだ投げ続けるしかないな、と腹を括ってもいるんです。たとえ延長十八回、三十六回まで続いて、腕がちぎれようとも投げ抜きますよ。

——何がそこまでさせるのでしょう。

　亡くなった伊藤先生、都留先生のもとに行った時、「おまえも頑張ったじゃないか」と言われたい。二人があの世からバックアップしてくれているのを、僕は痛いほど感じていますから。その思いになんとか応えて、いずれあっちに行った時、口の悪い二人から「バカはバカなりに頑張ったじゃないか」くらいのことを言われたい。

　それともう一つは、意地でしょう。業《ごう》です。人として、医者としてやらなければならないことなら、逃げることは許されない。逃げることは患者さんが死ぬことです。肉体はいつか限界を迎えますが、心だけは絶対それより先に折れたくない。たとえ刀折れ矢尽きても、歯が残っているなら敵ののど元に食らいつくくらいの気合でやり抜きますよ。

　とにかく手を抜かない。それは、自分が嫌いになるような生き方だけはしないということです。その生き方を貫くこと。これに尽きますね。

——これからも一貫して。

　こう言うとなんだか悲壮感が漂うけど、頑張って手術して治ったら、患者さんが心から感謝してくれる。こんないい商売はないでしょう。晴れて退院の日を迎えた患者さんから、「先生、ありがとうございました」と言われた時の喜び。その場では格好つけて「いやいや、よかったね」なんて言っているけど、一人になったら「よっしゃ！」とガッツポーズですよ（笑）。助からないと言われていた患者さんを助けた時は、なおさらね。単純なものなんです（笑）。

でも医者はそうやって、患者さんと一緒になって喜んだり、悲しんだりできるような人間でありたいですね。医療に頭のよさなんか必要ないんだ。どんなバカでも、何百回も練習すりゃ覚えるって。大事なのは熱い心と体力。患者からしてみれば、冷たく死刑宣告する医者よりも、親身になって一所懸命動いてくれる医者のほうがいいに決まっているでしょう。

——本当にそうです。

だから若い先生には、早く僕の領域まで来て、いまの医療を一緒に立て直してほしい。そして絶望していた患者さんを救って、感謝された時の喜びを味わってほしい。これはお金なんか及びもつかないほど魅力のある麻薬です。喜びの麻薬に浸ってほしいんです。

僕はこれからも命の続く限り戦い続けます。だけど一人にできることは限界がある。後輩を育て、一緒に戦ってくれる仲間をたくさんつくって、もし途中で息絶えても、その後をみんなで戦ってくれれば本望です。

上山博康（かみやま・ひろやす）
昭和23年青森県生まれ。48年北海道大学医学部卒業、同部脳神経外科教室に入局。55年秋田県立脳血管研究センターへ転勤。60年北海道大学医学部へ戻り、同部の助手、講師など経て、平成4年旭川赤十字病院脳神経外科部長に赴任。10年より同院急性期脳卒中センター長を兼務。脳動脈瘤手術で高い評価を得ている。

世界の頂点をいかに掴んだか

今年（２０２３年）３月に開催されたＷＢＣ（ワールド・ベースボール・クラシック）で、３大会ぶり３度目となる世界一に輝いた侍ジャパン。その快挙は日本中に歓喜の渦を巻き起こし、勇気と感動を与えてくれた。チームを率いた名将・栗山監督が予てお会いしたかったという横田南嶺氏と共に、悲願達成までの舞台裏を振り返りつつ、その最大の勝因、今大会を通して得た学び、さらにはいかなる出逢いによって自己を磨いてきたか、指導者としての哲学を縦横に語り合っていただいた。野球と禅——異色の組み合わせながら、そこに通底する人間学講義に興味は尽きない。

臨済宗円覚寺派管長
横田南嶺
Yokota Nanrei

侍ジャパントップチーム前監督
栗山英樹
Kuriyama Hideki

「憧れるのをやめましょう」

栗山　きょうはお会いできることをすごく楽しみにしていました。

横田　暑い中、円覚寺《えんがくじ》までご足労いただき恐縮です。やはりテレビで見た人に会うのは感動ですね。

栗山　とんでもないです。僕のほうこそ、管長のことは『致知』の誌面や円覚寺のYouTubeなどでいつも見ています

横田　それにしても、世界の栗山監督とただのお坊さんですから、究極の「提灯《ちょうちん》に釣《つり》鐘《がね》」対談だなぁと（笑）。きょうは生涯の思い出といいますか、致知出版社とのご縁がなければ到底出逢うことはなかっただろうと思います。

私は野球に関しては全《まった》くの素人なんですけど、対談に備えて栗山監督の本を読んだりＷＢＣの試合映像を見たり、いろいろ勉強しましたら学ぶことが実に多い。

栗山　余計な時間を取らせてしまって、本

円覚寺：鎌倉市山ノ内にある臨済宗円覚寺派の大本山。山号は瑞鹿山。１２８２年北条時宗の開創。開山は無学祖元。

当にすみません。致知出版社から刊行されている管長の本はほとんど読ませていただいて、ぜひ直接お会いして質問したいことがあったものですから、ご無理を聞き入れてくださって、ありがとうございます。

横田　何をおっしゃいますやら。まず忘れないうちにご報告したいことがあるんです。今年の五月に東京の学士会館で「一休フォーラム」が行われましてね。一休禅師研究の第一人者の方に講演をしてもらったのですが、その方が最後にこうおっしゃいました。「皆さん、憧《あこが》れるのをやめましょう。一休に憧れているようでは、一休は超えられません」と。

驚きましたよ。大谷翔平《しょうへい》選手の言葉が、野球と全く縁もゆかりもないような禅の世界にも影響を与えている。これはすごいことだなと思いました。

栗山　いや、そうですか。翔平に伝えさせていただきます（笑）。

横田　「憧れるのをやめましょう。憧れてしまっては超えられないので、僕らはきょうトップになるために来たので。きょう一日だけは彼らへの憧れを捨てて、勝つことだけ考えていきましょう」。これは歴史に残るくらいの名言じゃないかと思いますよ。

栗山　実は、試合前の円陣で誰が話すかというのは予《あらかじ》め決まっていなくて、コーチが急に指名するんです。その中でパッと言ったので、僕らも選手たちも、すごくインパクトがありました。正直、アメリカとの決勝戦の直前練習の時に、そういう空気があったんですよ。誰もが知っているスター選手たちを目の前に「写真撮って」とか。

横田　その空気を察知して、ああいう発言をされたわけですか。

栗山　翔平はどうしても勝ちたがっていましたね。その思いがあの言葉に表れていましたし、チームに与えた影響も大きかったです。

大谷翔平選手に見る「浩然の気」

横田　決勝戦の最後がトラウト選手との直接対決。あの場面をご覧になっている時の監督は、これで抑えてくれると微塵《みじん》も疑い

2023年３月、アメリカとの決勝戦、９回表にクローザーとして登板し、マイク・トラウト選手を空振り三振に仕留めて優勝を決め、雄叫びを上げる大谷翔平選手（写真：AFP＝時事）

がなかったわけですか？

栗山　監督の仕事っていうのは、最悪の状況でも負けないようにすることです。三対二と一点リードで迎えた九回表、翔平をマウンドに上げた時、野手も二人交代して守備固めに入りました。

「もし同点にされていたらどうしたんですか」って、後で周りからも言われたんですけど、僕があそこでほんの一ミリでも同点になるとか負ける可能性を頭に描くと、その通りになってしまうと思ったんですよ。翔平の覚悟も感じていたので、あの采配《さいはい》は絶対にこのイニングで終わらせるというメッセージでもありました。

横田　両者ともメジャーリーグを代表する選手ですから、おそらく技術の差はほとんどないと思うんです。でも、監督もお読みになっている『孟子《もうし》』に、「浩然《こうぜん》の気」という言葉が出てきますね。これは大河が滔々《とうとう》と流れていくような、この上なく強く

『孟子』：孟子が諸侯や門人・来訪者たちと交わした議論や対話を門弟たちが整理した書。四書の一つとして重んじられた。

WBC 表彰式。表彰台で優勝トロフィーを掲げながら喜び合う侍ジャパンのメンバー（写真：AFP＝時事）

大きく真っ直ぐな気のこと。大谷選手の浩然の気が相手バッターを圧倒していったんじゃないかと感じました。

それから、準決勝のメキシコ戦で九回裏に劇的な逆転勝利を呼んだのも、先頭で彼がヒットを打ち、ヘルメットを投げ捨てて全力疾走し、二塁まで到達してベンチに向かって叫びましたよね。あれで気の流れが変わって、こちらに引き寄せたと思うんです。

栗山　普通の選手はああいう追い込まれた状況に直面すると、プラスとマイナスのイメージがどちらも頭の中に浮かぶはずです。ただ、翔平の場合、「もしダメだったら」というマイナス思考が浮かんでいるようには見えない。プラスになるんだって百%信じて行動する。

ちょっと無理かなと思うようなことを僕らが要求すると、彼はすごく嬉しそうな顔をしてやってくれます。要するに、自分ができないと思われることにチャレンジすると、達成できてもできなくても自分のレベルが引き上がる、能力が高まるということを知っているんじゃないでしょうか。

横田　決してマイナスには捉《とら》えないわけですね。

栗山　はい。「ええ？」って否定的な態度を取ることは全くありません。「面白そうですね。行っちゃいますか！」みたいな雰囲気をいつも出しています。

横田　いやぁ反省ですね。私なんか致知出版社からこの対談の依頼が来た時、最初は「できません、できません……」って（笑）。

栗山　気を遣わせてしまって本当にすみませんでした（笑）。

横田　それと、準決勝のメキシコ戦で逆転サヨナラヒットを打った村上宗隆《むねたか》選手、それまで四打数ノーヒットじゃないですか。この時も打てないかもしれないとは微塵も思わないわけですか？

栗山　ノーアウト一、二塁でしたから、もちろん代打を出して送りバントをするという選択肢も並べました。最終的には、この考えがいいのか悪いのか分からないんですけど、もし仮に得点できなかったとしても、僕らもファンの皆さんも、どう負けたら納得するのかっていうことが頭にありました。
　その時に、昨シーズン三冠王を獲得し、ジャパンの四番に指名した村上に懸けようと。彼を最後まで信じ切ることが一番だと思えたので、村上に「おまえが決めろ」というメッセージを込めて打席に送り出しました。まぁ本当によく打ってくれたなと思います。

横田　信じている思いは相手にも伝わるんでしょうね。私としてはあれが一番の感動シーンでした。

仲間を燃え上がらせた 源田壮亮選手の魂

横田　あと、監督にお伺いしたいのは、大会中に右手小指を骨折した源田壮亮《げんだそうすけ》選手ですね。二試合は休ませましたけど、最後までスタメンで起用し続けたのには、どういう背景があったのですか？

栗山　試合中に相手と交錯して小指が完全に逆に曲がってしまい、医師の診断は全治三か月でした。心の底から一緒にやらせてあげたいと思っていたんですけど、ショートという大事なポジションですし、情に流されてはいけないと予《かね》て思っていたので、二日間考え抜いて、本人とも話しました。
　その時、相当痛かったはずなのに、彼は最後まで決して「痛い」とは言わなかったんです。

横田　普通はとてもじゃないけどプレーできないですよね。

栗山　にも拘《かかわ》らず、「できます」と。だから聞いたんです。「僕はファイターズの監督時代の十年間、自分のことよりも人のため、チームのためにすべてを尽くせる選手をつくりたかった。でも、なかなかつくれなかった。源ちゃんはなんでそんなに強いの？」って。

栗山英樹（くりやま・ひでき）
昭和36年東京都生まれ。59年東京学芸大学卒業後、ヤクルトスワローズに入団。平成元年ゴールデン・グラブ賞受賞。翌年現役を引退し野球解説者として活動。16年白鷗大学助教授に就任。24年から北海道日本ハムファイターズ監督を務め、同年チームをリーグ優勝に導き、28年には日本一に導く。同年正力松太郎賞などを受賞。令和3年侍ジャパントップチーム監督に就任。5年3月第5回WBC優勝、3大会ぶり3度目の世界一に導く。同年5月監督退任。

そうしたら、源ちゃんがグワーッと号泣して、「監督、僕は今回、自分が出て日本のためになろうと思いました。いままで日本代表に選ばれても、なかなか試合に出られなかったので、今回は僕で勝つんだと思って、ここに来ました。この想い、遂げさせてください！」と言ったんです。その目は本当に信頼するに値するというか、並々ならぬ本気度を感じました。

横田　感情に振り回されてしまうと監督として判断を間違うこともあるでしょうけど、単なる情ではなく、本人の内側から湧いてくる強い熱意を感じ取ったわけですね。

栗山　大会中はずっと取材カメラが入っていて、その映像を中心に『憧れを超えた侍たち 世界一への記録』という映画ができたんですね。僕もそれを初めて観た時に、選手たちがベンチ裏の通路からグラウンドに行く場面のところで、「源ちゃん、どこまでメンタル強いねん」「俺だったら無理や」みたいな会話をしていました。

　彼の魂が仲間に伝わっていることが分かって、「ああ、間違っていなかった」と思いましたね。今回優勝できた一つの大きな要因は、源ちゃんの魂だと感じています。

横田　私も映画を観たんですよ。感動しました。まさに「侍ジャパン」という名の通り、武士の精神が生きていることを実感しました。

歴代最強ドリームチーム誕生の舞台裏

横田　こうして振り返って改めて思うのは、よくあれだけの豪華メンバーを集められたなと。

栗山　ちょっと偉そうではあるんですけど、日本中を巻き込みたいっていう思いが僕の中にものすごくあって、そのためにどうしたらいいのかを考えた時に、ダルビッシュ有《ゆう》や大谷翔平や鈴木誠也などメジャーリーグで活躍している選手も含めて、みんなが夢を持てるチームにしたいなと。それで昨年の夏にアメリカへ行き、一人ひとりに真心を直接伝えたんです。

　正直言うと、その時はあまり手応えがなかったというか、所属チームの事情で簡単にはいかないなという印象でした。ただ、今回僕は「信じる」ってどういうことかなと自問して、そこから最終選考の時期までの半年近く、本人たちに一切連絡を取らなかったんですよ。普通は途中で「どう？」って聞きたくなりますよね。僕自身、結構すぐに手を打ちたくなるタイプなんですけど、真心を信じるのであれば、一切連絡しないって心に決めてずっと待ち続けた。人を信じて待つこと。今回それがすごく勉強になりました。

横田　選手を信じて待つ。

栗山　それからメンバー選考に関してもう一つこだわったことがあります。いまの時代、スポーツがグローバル化して、世界を繋《つな》ぐと言われていますけど、野球はまだまだ盛んな地域が限られている。そこでラグビー日本代表にヒントを得て、日本代表の中に外国籍の選手を入れることによって、国籍が違っても同じ仲間なんだという感覚を、野球を通して子供たちに伝えるべきだと思ったんです。

横田　ヌートバー選手は一躍人気者になり

ましたね。日本名の達治にちなんで「たっちゃん」と呼ばれていることにも感動しました。

栗山　お母さんが日本人とはいえ、アメリカで育ってアメリカでプレーしている選手が日本のチームに入るのがいいか悪いか、正直すごく迷いました。でも、最終的には本人の素質や能力、そして人柄を見た時に、絶対に日本代表に必要だと思って招集したんです。

　選手たちが日本の野球のため、日本の子供たちのためを思って、大変な中でも出場してくれたことが、今大会の感動のすべてだったなと感じています。僕は真心を伝えただけで、本当に何もやっていないので、ありがたかったです。

横田南嶺（よこた・なんれい）
昭和39年和歌山県新宮市生まれ。62年筑波大学卒業。在学中に出家得度し、卒業と同時に京都建仁寺僧堂で修行。平成2年円覚寺僧堂で修行。11年円覚寺僧堂師家。22年臨済宗円覚寺派管長に就任。29年12月花園大学総長に就任。

侍ジャパンが勝ち切った要因

横田　チームづくりにおいて監督が大切にされたことは何ですか？

栗山　強い組織というのは、全員が自分の都合よりもチームの都合を優先し、全員がチームの目標を自分の目標だと捉えていることだと思っています。

　そういうことを伝えるために、今回は長くミーティングをする時間がなかったものですから、三十人の選手全員に手紙を書きました。僕はあまり字がうまくないんですけど、墨筆で。それを代表合宿がスタートする日に、各人の部屋に置かせてもらったんです。

横田　ああ、手紙を墨筆で。しかも三十人に。

栗山　真心ってそういうものでしか伝わらないような気がしたものですから。

横田　それは恐れ入りました。

栗山　手紙に書いたことは、あなたは日本代表チームの一員なのではなく、あなたが日本代表チーム。要するに、自分のチームだと思ってほしいと。会社でもサラリーマン意識で勤めているのか、自分がオーナー経営者だと思って働いているのかでは感覚が全く違いますよね。全員に「このチームは俺のチームだ」と思ってやってほしかったんです。

そのため、普通はキャプテンを一人指名するわけですが、今回は全員がキャプテンだと。正直言って僕が相手できるような選手たちじゃなくて、本当にトップクラスが揃《そろ》っていたので、一人にプレッシャーをかけるよりも、そのほうが勝ちやすいと判断したんです。そうしたら、初日の練習が終わった後、ダルビッシュが僕の部屋に来て、「監督、全員キャプテンOKです。あれ、いいですね。しっかりやります」みたいなことを言ってくれました。

横田　それでキャプテンを置かなかったのですね。ベンチにいる控え選手も含め、チームの一体感が画面からも伝わってきました。

栗山　野球の試合は九人しか出場できません。例えば、ベンチに座っている選手がふんぞり返るようにして傍観しているチームなのか、それとも前のめりになって声を出しながら、いつ出番が来てもいいように準備しているチームなのか。要するに、他人事にするチームはやっぱり勝ち切らないと思うんですよ。僕はそれをファイターズの監督をしていた時に実感したので、「自分のチーム」「全員がキャプテン」なんだと伝えました。

今回はそれを見事に発揮してくれましたね。先ほど話した準決勝で村上が決勝打を放った場面も、代走で出場した一塁ランナーの周東《しゅうとう》（佑京《うきょう》）は、村上が打った瞬間にスタートを切り、驚異的な速さでホームに帰ってきたんですよ。

僕としては打った瞬間に打球が外野を抜けるかどうか分からなかったんですが、試合後に周りのスタッフからこう聞きました。「監督、周東はちゃんと準備していました」と。周東曰《いわ》く、「試合に出場する機会は少ないながらも、全員のバッティング練習をちゃんと見ていました。村上は確かに調子悪かったけど、左中間の打球だけは伸びていたんですよ。だからあの瞬間、抜けると確信しました」と。

横田　一人ひとりが勝つために自分の役割、チームへの貢献に徹していた。素晴らしいですね。

栗山　その日の試合前、翔平が周東に「きょうは必ずおまえの足で勝利が決まる。だから、準備してくれ、頼むな」と言っていたらしいんですよ。そういうふうに勝負の瞬間への準備を全員がしてくれていた。監督の指示を待つのではなく、信頼関係の中で自らが責任を取ろうとし、勝つために仕事をしてくれていた。それが結果的に勝ち切った要因だと思います。

いかに野球の神様に応援してもらえるか

横田　その準決勝で忘れ難い場面の一つが、メキシコの盗塁が一度はセーフと判定されながら、栗山監督の抗議でビデオ検証となり、アウトに覆《くつがえ》ったところです。あれで気の流れが変わって、直後の七回裏に吉田正尚《まさたか》選手が起死回生の同点スリーランホームランを打ちましたよね。

栗山　おっしゃる通り、あそこが起点になって試合の展開が変わりました。僕が常々大事にしているのは、少しでも何か

思ったんだったら、できる限りの行動を起こしておかないと、神様が許してくれないということです。

野球の監督を長くやっていると、どうやっても勝てないと思う時があるんですね。おまえたちの努力の仕方、生きざまは認められないって神様に言われている感じ。どう手を打っても動かない。ところが、うまくいく時って何をやってもうまくいくんです。僕がやっているのではなくて、神様がやっている。できることはすべてやり尽くさないと、勝利の女神はこっちを振り向いてくれないと思います。

ああいう際どい判定の場面で、抗議しても判定が変わらないことも当然あって、そうすると変な間ができてしまうだけなので決断が難しい。絶対に変わらないと思って抗議しないケースもあるんですけど、あの時は誰かが背中をポンと押してくれたんです。そうやって上から行けって言ってくれる時があって、だから僕がやっていないって言うのはそういう感覚があるからなんです。

横田 栗山監督の本を読んで感動したことの一つは、「野球は無私道《むしどう》」という言葉です。私心を去ることによって、いま言われたような大いなる意思と一つになっていくんでしょうね。こうなってくると、我われの仏道修行と同じです。

栗山 ですから、管長の本を一所懸命読んで勉強させていただいています。野球って運の要素も強いんです。打ち損なった打球が間に落ちて点が入るとか。運をいかに味方につけるかというのが一つのテーマで、それには結局生きざましかないなと。周囲のために尽くして生きている人には神様や天が応援してくれる。

横田 「不平等を覚えるのが野球の使命だ」ということも書かれてあって、深く納得しました。監督には申し訳ないけど、私はこれまで野球に対してあまり好感を持っていなかったんですね。芯《しん》に当たった打球でも捕られたらアウトだし、逆にろくな当たりでもないのにヒットになる。これは納得がいかなかった。しかし、ここで不平等を知るんですよね。

栗山　同じような努力をしても、片やスター選手になるし片やベンチにも入れない。世の中ってそういうものじゃないですか。世の中に出ると理不尽なことはいっぱいあって、それを我慢して次に進んでいく力を、野球を通して覚えていくことが大事だと思います。

不運だなで終わるんじゃなくて、不運にも意味があると。そうすると、自分が前に進みやすくなる。例えば、「ああ、きょうは朝ちゃんと挨拶できていなくて、相手に嫌な思いをさせちゃったな」とか、客観的に自分の言動を省みて何か気づいてくれたらいいなと思っているんです。

先師との邂逅仏縁に導かれて

栗山　僕も管長にお聞きしたいことがあります。まず、在家《ざいけ》の生まれながら非常に若くして仏教の世界にすべてを懸ける決意をされているじゃないですか。これはどういう経緯だったのでしょうか？

横田　それはまさしく、出逢いでしょうね。優れた人とそれぞれよい時期に出逢ったということです。

まず初めが目黒絶海《めぐろぜっかい》老師。私がこの人に巡り合ったのは、小学五年でありました。初めて禅寺に坐禅をしに行った時、もう五十年近く前の出来事ながら、いまも鮮明に覚えているのが、「きょうお集まりの皆様はみんな仏様です」と、そう言って合掌して拝むんですね。

最初は意味がよく分からなかったんですよ。まだとても仏になるような坐禅ではないので、なぜそんなことを言われるのだろうかと疑問を抱いていました。それから何十年と坐禅をやってきて、修行僧の指導をする立場になり、ある時、「ああ、これが禅の究極だ」と。
我われは仏心とか仏性とか言いますけど、もっと平たく言えば、その人の持っている無限の可能性や素晴らしさ。それをこちらが手を合わせて拝む、つまり信じる。先ほど監督が信じて待つという表現を使われましたが、こちらが何かをしてあげようと思うよりも、相手がよい方向に芽を出していくことを信じて拝む。その心で一人ひとりに接していく。
一番大事なことを最初の出逢いで教えていただいていたんだなと、何十年経って気がつきました。

栗山　小学五年の時に坐禅を組みに行かれたのはどういう理由で？

横田　これは話すと長いので簡潔に申し上げると、二歳の時に祖父との別れを体験したことが大本にあります。「人間は死ぬ」ということを幼い頃から考えるようになり、その後も小学生の時に同級生を白血病で亡くし、死とはなんであるかという問題を解決せずには何をやっても意味がないのではないか。そう思って、図書館で哲学や宗教の書物を読んだり、教会のミサに行ったりお寺の法話を聞きに行ったりしました。でも、何か違う。納得がいかない。そんな中、目黒絶海老師と出逢った時に、どこか惹《ひ》かれるものがあったんです。
それで、禅宗を勉強していくうちに、中学生の時に松原泰道《まつばらたいどう》先生とご縁をいただきました。ラジオで松原先生のお話に感動し、手紙を出したんです。和歌山の田舎の中学生が書いた手紙にちゃんと返事をくれて、時間を取って会ってくれて、その人格に触れて、いろいろなお話を聴かせてもらって、この道は間違いない、自分のすべてをそこに捧《ささ》げてもいいと思えたんです。松原先生との出逢いが私の人生を決めました。

栗山　そういう方に出逢えるのは幸せなことですね。

横田　それから中学生の時、円覚寺の管長だった朝比奈宗源《あさひなそうげん》老師の書物に感銘を受け、高校生の時には山田無文《むもん》老師という昭和を代表する名僧にお会いすることができましてね。それでいま私は、朝比奈老師のお寺で管長を務め、山田老師が長く学長をやっておられた花園大学で総長を務めている。
まあ、人生っていうのは目に見えない糸で全部繋がっているのではないかと、この頃つくづく実感しているところです。

十歳の時から禅だけを考えて生きる

栗山　いやぁ管長は仏様に遣わされた方なんですね。いまお話を伺っていて、そう感じました。大谷翔平と一緒です。僕は翔平のことを野球の神様がこの時代に遣わせてくれたと思っているんですよ。管長も仏様がこの時代に遣わせた方としか思えません。

横田　いやいや。でも私の場合は、とにかく居《い》た堪《たま》れない思いであれこれ探し求め、「禅だ！」と思ったのが十歳の時です。以来、禅をやるためにすべてのことを考えてきました。

栗山　十歳の時から？

松原泰道：［1907～2009］僧。東京都生まれ。龍源寺住職を経て、南無の会会長として教化活動を続けた。

横田　はい。禅の世界で生きるためには、書道もお茶も習っておかなきゃいけない、坐禅を組まないといけない、漢文を勉強しておかなきゃいけない。禅の書物はこの頃から暗唱し始めました。一方、数学は必要ない。買い物する時の簡単な足し算引き算ができれば、一生困ることはないだろう。それ以上の労力を費やすことは無駄であるから、その分、禅の経典を覚えたほうがいいと。そういうふうに考えて生きてきたんです。

栗山　はぁ、それはすごい話ですね。感動しました。

横田　いえいえ、ただの変わり者です（笑）。ですから、四十五歳で管長になった時、「早い」「若い」と周りから言われましたけど、みんな準備が足らないように感じます。私は十歳から三十五年準備をしてきただけです。

栗山　僕は父親が少年野球チームの監督をやっていて、兄が先に野球を始めていた影響で、小学校二年生の時にはチームのユニフォームを着ていました。すぐに不貞腐《ふてくさ》れるタイプだったので、父親が「野球をやって我慢を覚えなさい」と。

それで野球に夢中になり、僕も十歳の頃から将来はプロ野球選手になりたかったですけど、すべて野球のために、目標から逆算して生活できたのかというと、誘惑に引っ張られることもたくさんありました。管長にはそういう経験はなかったんですか？

横田　小学生の頃、親に言われてやったのが剣道でした。中学まで続けて県の代表くらいになりましたけど、これが禅にも通じるんです。なおのこと禅に魅力を感じて剣道にも打ち込んでいました。

それから中学や高校時代は授業を受ける際、椅子《いす》に普通に座っても役に立たない。長時間足を組んでも痺《しび》れないように慣らさなければいけませんから、椅子の上では正座をするか坐禅を組むか、どちらかを必ずしていました。

栗山　いやぁ、突き抜ける方の感覚はやっぱりすごいですね。誰かにやれって言われたわけではなく、自分で決めている。

横田　はい、そうです。

栗山　これは野球選手みんなに聞かせたいです。

横田　でも、四十五歳で管長になるまでは、全く誰にも評価されませんでした。ただひたすら静かなところで坐禅をして、人前で話をする機会もありませんし、だいたい人と話すことが苦手でした。

栗山　そうなんですか。なかなか想像がつきません。

横田　私は男四人兄弟の次男で、一番上は準大手の建設会社に勤め、三番目は地元の信用金庫で三十代にして支店長になり、四番目が実家の鉄工所を継いでいるんですけど、修行時代は母親から「みんな立派にやっているのに、あなただけが心配だ」とよく言われていました。ところが、管長になった途端に逆転しまして、この頃は自慢にしてくれています（笑）。

私の感覚としては、いまも修行がずっと続いていると思っているんです。若い時は坐禅をすることに関しては、もう誰にも負けないくらいやり尽くしたと、こう自負しています。管長になってからは新しい形の修行として、自分の苦手な分野でも働いていかなければ意味がない。それで、嫌で仕方なかった講演を引き受けるようになったんです。致知出版社とのご縁も今年ちょうど十年です。取材や講演など致知出版社の仕事も多く、半ば社員化していますけど(笑)。

　この頃は、苦手だった講演も慣れてきたものですから、次の苦手なことに挑戦しないと申し訳ないなという気持ちになっています。そうすると、何か新しい仕事が与えられるんじゃないかと。とにかくずっと修行をしていくということは全然変わりません。

人間学の書物に傾倒していった機縁

横田　栗山監督は大の読書家として知られていますが、人間学に通ずる本との出逢いはどういうきっかけだったんですか？

栗山　僕は物心ついた時からずっと野球をやってきて、大学生の時にプロテストを受け、ヤクルトに入団したものの、大した活躍もできずに三十歳で現役引退しました。ですから、とにかく勉強しないと全く相手にされないような存在だったんです。

　野球解説者やキャスターをやらせてもらっていましたけど、何を学んだらいいのか試行錯誤する中でいろんな本に触れていきました。人間学を勉強しなければ何も生まれないというのを決定的に感じたのは、ファイターズの監督になってからですね。二〇一二年、五十歳の時です。監督になって人を育てなきゃいけないと思った時に、人間学の本がすごく心に沁《し》み入るようになりました。

　ある本を読んでいて、そこに別の本の引用とか紹介が出てくると、それを全部買っちゃう。いわゆる本サーフィンをするんですよ。そうして森信三先生であるとか稲盛和夫さん、もちろん管長もそうですし、いろんな方の本と出逢うことができました。『致知』もファイターズファンの愛読者の方が贈呈してくださったのを機に、購読するようになったんです。

横田　本との出逢いが栗山監督の人格を高めてくれたのですね。

栗山　ある時、森信三先生の『修身教授録』を読んでいたら、「人間は十二、三歳から十七、八歳辺へかけては、自分の生涯の方向を定めるために、偉人の伝記を読むに最適な時期」「立志の時期であり、当《まさ》に生涯の志を立てるべき時期」という言葉が目に留まりました。

　それを参考にして、ファイターズの新人選手全員に、僕の愛読書である『小さな人生論』(藤尾秀昭著・弊社刊)を渡し、表紙の裏に人生の約束や将来の夢を書いてくださいと。次にご両親と高校や大学の監督に書いてもらって、最後に僕も書かせても

森信三：［1896～1992］哲学者。愛知県生まれ。大正15年京都大学哲学科卒業。昭和14年旧満州の建国大学教授、28年神戸大学教授。「国民教育の師父」と謳われ、86歳まで全国を講演、行脚した。

『修身教授録』：森信三氏が、大阪天王寺師範学校（現・大阪教育大学）本科で行った講義をまとめた『修身教授録』（全5巻、昭和14年刊）の中から、昭和12～14年までの講義を改めて編集し、平成元年に致知出版社より復刊したもの。

らう。これを毎年やっていました。

このような形で僕が学ばせてもらった人間学の教えを選手たちにも残してあげたいと思ったんです。

横田　経営評論家の井原隆一さんの影響も大きかったと書かれていました。

栗山　井原さんは古典の造詣《ぞうけい》が非常に深く、『致知』でもかつて連載していたそうですが、僕が古典の世界に傾倒するようになったのは井原さんのおかげに他なりません。直接お会いすることはできなかったんですけど、もう僕にとっては大恩師ですね。『論語』や『孫子《そんし》』など井原さんの古典講義が五十時間くらい収録されているCDを、監督時代の十年間、行き帰りの車の中で毎日聴いていました。

横田　ああ、十年間、毎日。それは生半可じゃないですね

栗山　ほとんど内容を暗記していて、井原さんのCDを僕以上に聴いた人はいないという自負があります。人間としての生き方や考え方について、井原さんから学んだことは本当に多いですね。

井原隆一：［1910〜2009］経営者。埼玉県生まれ。14歳で埼玉銀行（現りそな銀行）に入行。独学で法律・経済・経営・宗教・哲学・歴史を修め、最年少で課長抜擢。筆頭専務にまで上りつめた。数々の企業を甦らせたことでも知られる。

「ここを離れない」修行時代の最大の転機

栗山　先ほど、四十五歳で管長になるまで三十五年の修行期間があったというお話がありましたけど、管長が修行時代に心懸けていたことをぜひ教えてください。

横田　大学を卒業して僧堂に入ったばかりの頃は、禅っていうのは物事に囚《とら》われず一か所に留まることなく、「行雲流水《こううんりゅうすい》」、雲が行くが如《ごと》く水が流れる如く修行していけばよい、という生き方に憧れていましてね。京都をはじめいろんなところに行って、その一つが鎌倉だったんです。ですから、当初は長くいるつもりはなかった。

でも、その時にある禅僧の逸話と出逢って、自分の考えを百八十度変えることになったわけです。

栗山　どんな話ですか？

横田　昔の中国に、法遠《ほうおん》というお坊さんがいて、師匠に弟子入りを願い出た。師匠は

簡単に入門を許さず、玄関でいきなり水をぶっかける。それでも法遠は残って入門を許された。

ある日、師匠が外出した折、法遠は蔵に入り、普段は食べられないご馳走《ちそう》を皆に振る舞った。ところが、予定より早く師匠が戻ってきた。師匠は激怒し、法遠を寺から追い出した上、ご馳走した分を町で托鉢《たくはつ》して返済せよと要求する。法遠は悪天候の日も厭《いと》わず托鉢を続け、お金を返した。

すると師匠は「おまえが托鉢している間、野宿していたのは寺の土地だから家賃を払え」と迫った。法遠はめげずにその言葉に従い、また黙々と托鉢を続けた。その様子をじっと見ていた師匠は弟子を集めて、自分の後継者が決まったと宣言し、法遠を皆に紹介した。

栗山　いやぁ凄《すさ》まじい話ですね。

横田　確かに行雲流水でこだわらずに旅をしていく生き方も、それは一つあるんだろうと思います。でも、この話に心から感動したんですね。それで考えを改め、円覚寺に来たからにはどんな理不尽に遭おうとも

「ここを離れない」と決意しました。何があってもここを見限らない、踏み止まる。そうやって先代の管長にお傍《そば》でお仕えしてきました。

いくら師匠でも長くお傍にいますと、裏の裏まで性格が分かってしまう。そうすると、師匠の批判をし出すような場合がよくあるんですが、こういう人はもう伸びません。その中からいかに自分が学ぶべきところを見出すかが修行だと思うんです。

栗山　完璧《かんぺき》な人間など、この世にいませんからね。

横田　はい。ただ、誤解されては困るのは、師匠を妄信してしまうのもまた違うんですよ。ちゃんと是と非を見分けながら、非を批判するのではなくして、それをひっくるめて受け容《い》れた上で、長所を見ていく。

栗山　よく分かります。特に憧れの方にお会いした時に、ずっと接していくと、当然人には誰しも長所と短所があって、短所を批判し出すと、そこで成長が止まってしまう感覚があります。

横田　それは会社も同じだと思います。自分が目指して入った会社でも、何年かするといろいろ見えてくるんですよね。それを理由にして辞めてしまうのは簡単なんですけど、ものすごく勿体《もったい》ないですし、本人の成長を止めてしまうことになるでしょうね。

リーダーとして大切な心懸けと自戒

栗山　僕は若い頃から、自分で決めたことだけはやろうと心懸けてきました。限りなく練習ができる中でも、自分にだけは嘘《うそ》をつかないようにと思ってやってきたつもりですけど、本当の意味でストイックになり始めたのは、やっぱり監督になってからかもしれません。というのも、監督の判断で選手の人生を壊してしまう可能性もあるからです。

横田　監督として心懸けていることは何かありますか?

栗山　僕は選手として実績があるわけでも威厳を持っているわけでもないので、どんな選手やスタッフとも対等に垣根なく話し合うようにしています。また、人に言う前にまず自分でやろう。自分が実践していることだけを選手に伝えよう。そういうことはベンチの黒板に書いて戒めていました。

選手にも言うんですけど、監督の仕事は二つあると思っています。一つは決める係。要するに、偉いわけじゃない。小学校の時の生き物係とか給食係とか掃除係と一緒で、最後に決める係。その決めるという役割を全《まっと》うできるような準備をしなければいけない。

もう一つは、人が一番やりたがらない嫌なことを率先してやる。例えば、この間のWBCで言うと、広島の栗林《くりばやし》良吏《りょうじ》というピッチャーが怪我《けが》をした。源ちゃんと同じく本人は「大丈夫です」とアピールしていたんですけど、彼の場合は腰を痛めていましたし、治って登板できたとしても決勝戦だったんですよ。十四日も実戦から離れていきなり決勝の厳しい舞台で投げたら壊れると思ったので、離脱してもらうことに決めたんです。

その連絡を所属球団にするんですけど、

これはものすごく神経を遣うんですね。だから、コーチやスタッフに「連絡しといて」って指示することは簡単にできるんですけど、そういう面倒くさい嫌な仕事はあえて僕が直接やりました。

横田　いまの監督のお話とも関連しますが、私が人を指導する立場としていつも心懸けているのは、学生時代の師匠である小池心叟《こいけしんそう》老師に教えてもらった言葉なんです。それは「猫馬鹿坊主《ねこばかぼうず》に火吹《ひふ》き竹《だけ》」と覚えておけ、というものです。

栗山　どういう意味ですか？

横田　これは、囲炉裏《いろり》を囲んで座ると必ず上座《かみざ》と下座《しもざ》がある。いつも上座に座るのは、何も分からない猫か馬鹿。あるいは火を熾《おこ》すための竹を置いておく。要するに、坊さんが上座に座るというのは偉くなったからではない。人からは猫や馬鹿や火吹き竹と同じに見られていると思え。こういう教えでございましてね。

　残念ながら管長という立場になると、どこへ行っても上座なんですね。そのたびに「猫馬鹿坊主に火吹き竹」と唱えて自戒の心だけは忘れないようにしています。

　また、禅宗のお坊さんって結構難しい顔をしている人が多いんですよ。私はそれが嫌でね、なるだけ明るい笑顔で生きようと思っています。批判されることもあるんですが、明るい笑顔が未来を拓《ひら》く。これを信条としています。

一流と二流の差
令和の時代の育成法

横田　いまはどの世界でも厳しく指導をすることが難しい時代になりました。私の師匠が常々言っておりましたのは、「修行僧というのは麦を踏むのと一緒だ。踏めば踏みつけるほど強くなる」。この信念でしたから、もう完膚《かんぷ》なきまでに相手を否定するんですね。

栗山　師匠からどんなふうに指導を受けるんですか？

横田　「もう一回、一からやり直せ」とか「そんなことじゃ、いままで何やってきたか分かんないな」とかですね。全否定されてそこからまた修行を繰り返していく。

　でも、このやり方はもうダメです。踏んだら何も出てきません。いまはいかにして芽を育てるか、時には添え木をしながら、丁寧に育てていかないといけない。

　ですから、よく若い修行僧たちに伝えているのは、『論語』のこの一節です。「之《これ》を知る者は之を好む者に如《し》かず。之を好む者は之を楽しむ者に如かず」。監督も著書の中で引用しておられましたね。とにかくいまやっていることを楽しむ。その楽しさをどう教えられるかということにいま私は努力しているところなんです。

栗山　修行＝苦痛ではなく、修行＝楽しいという価値観を育《はぐく》む。

横田　修行する人たちが減ってきている中で、坐禅にしても強制的に座らせるのは一番簡単なんですが、それだと単なる我慢大会になって、坐禅嫌いになってしまう。

お寺の跡取りに生まれて、いずれは継ぐと分かっているにも拘らず、修行道場に来るまで坐禅をしたことがないっていう人もいます。「君はいままで何をしてたのだね」とこう言いたいんですけど、グッと呑《の》み込んで、無理矢理に足を組ますのではなくて、どうやったら股《こ》関節をほぐすことができるか、苦痛なく座ることができるか、ヨガの先生に習ったりして体の骨格や筋肉について勉強しましてね。それがまた結構楽しいんです。

　まず自分が楽しむことが大事だと思っていますし、いまはやっぱり楽しむということから教えていかないと、若い人たちがついてこられないと感じています。

栗山　確かに楽しかったらいくらでも練習できますからね。翔平を見ていると、彼はたぶん努力している感覚はゼロなんです。こんなバッティングできたらみんな喜んでくれるだろうな、こんなボール投げられたらみんな驚くだろうな、自分も嬉しいな。それが楽しくてずっとやっている。自然に練習量が誰よりも多くなっている。

　若い選手たちの多くは「できるか、できないか」という考え方をします。できないからやらない。いまできなくても、やってみたらできるかもしれないという発想がない。できないことをできるようになるから嬉しいんですけどね。

　一流になる選手は「できるか、できないか」ではなく、「やるか、やらないか」というふうに考えています。仮にやってみてできなくても、そこに挑戦していけば自分のレベルが高まるんです。

　その差は何かというと、最終的には自分の中でスイッチが入っているか。いろいろな人からヒントはもらうんですけど、最後は誰も教えられないと思います。自分で考えて自分で決めて自分でやって自分でうまくなった。自分でしかスイッチは押せないんですよ。

横田　私も伸びていくか否かの差は「何を願うか」だと思います。お寺の後を継ぐことができればいいという人は、それ以上の人物には残念ながらなりません。でも、世の中で苦しんでいる人たちに少しでもよい教えを伝えたいとか、この願いが大きければ大きいほど伸びしろも増していくと思います。

　加えて、青山俊董《あおやましゅんどう》老師がおっしゃっていましたけど、一段式ロケットではダメなんだと。願いというのは、最初に一度起こせばいいっていうものじゃない。ある程度まで進んだら、もう一度ロケットを噴射するように願いを起こして、また起こして、また起こして……、その連続なんだと。私もその通りだと思います。絶えず繰り返し、積み重ねていくしかないですよ。

王貞治さんへの二つの質問

栗山　僕はWBCで「89」という背番号をつけさせてもらいました。これは第一回大会の監督を務められた王貞治《おうさだはる》さんがつけていた番号なんです。これまで歴代の代表監

青山俊董：［1933〜］尼僧。愛知県生まれ。5歳の時、長野県の曹洞宗無量寺に入門。昭和51年より愛知専門尼僧堂堂頭。平成21年曹洞宗の僧階「大教師」に尼僧として初めて就任。

督は全員違う背番号をつけていましたが、僕にとって神様のような存在である王さんの番号、しかも「野球」の「89」なので、この原点の背番号をぜひ使わせてもらいたいと。王さんに連絡させてもらったら快諾してくださったんです。

それで大会に臨むに当たって、スポーツ界の名将と呼ばれる方に十名くらい順次お会いしてお話を伺ったんですが、最後に訪ねていったのが王さんでした。

横田 ああ、そうだったんですか。

栗山 その時、「思う通りにやりなさい」と励ましてくださったんですけど、王さんの言葉で感動したことが二つありました。

一つは、ダイエーの監督に就任した初年、不振続きでファンが暴徒化し、監督や選手の乗るバスに生卵をぶつける事件が起きました。その時に、王さんは怒るんじゃなくて、「これを見ろ。プロは勝たなきゃいけないんだ」って諭したと伝え聞いていたんですけど、それが本当か確かめたくて質問したんです。すると、王さんは首を縦に振って、「文句を言いたいくらい真剣に応援してくれる人たちがいないと、我われプロ野球は成り立たないんだ。そういう人たちに喜んでもらうために野球をやるんだ。それを忘れちゃいけない」と。

もう一つ聞いたのは、「もしもう一回人生があるとしたら、王選手になりたいか、王監督になりたいか、どっちですか」。八百六十八本もホームランを打っているので、僕は選手って答えると思っていました。そうしたら、「いや、ホームランを打つのもいいけどね、監督はたくさんの選手のためになれるんだよ」とおっしゃったんです。

僕はこの二つの言葉がすごく響いて、プロとして監督として責任をしっかり果たさなきゃと思いましたね。

横田 素晴らしいお話です。これもまさに出逢いの妙味《みょうみ》ですね。

私は栗山監督より三つ若くて、来年ようやく還暦を迎えるんですけど、振り返ると、我が人生よき出逢いに恵まれたなと。

少年時代にきょうお話しした老師方との出逢いがあり、管長という立場になってからも、致知出版社のご縁で五木寛之さんのような大作家の先生と対談本を出させてもらったり、それから鍵山秀三郎先生、村上和雄先生、渡部昇一先生、鈴木秀子先生など、世の中にこういう素晴らしい方がいるんだなという方とお目にかかったり。

自分自身は空っぽなんですけど、本当によき出逢いに恵まれ、その蓄積で他人様《ひと》の前でお話をさせてもらって、喜んでもらって、もうこんな有り難いことはない。いつ棺桶《かんおけ》の蓋《ふた》が閉まっても、我が人生後悔なし。そう思っています。

栗山 僕も本当に同感で、野球の下手だった人間が未《いま》だに野球をやれているのは、出逢いしかなかったなと思います。WBCの監督に選ばれたことも、日本代表が世界一

村上和雄：［1936〜2021］分子生物学者。奈良県生まれ。昭和53年筑波大学教授。平成11年筑波大学名誉教授。筑波大学を定年退官したのちに参加したイネゲノム解読の国家プロジェクトで、遺伝子の完全解読を世界に先駆けて成功させた。

鈴木秀子：［1932〜］文学博士。聖心会シスター。東京大学大学院人文科学研究科博士課程修了。聖心女子大学教授を経て、国際文学療法学会会長、日本にエニアグラムを紹介。

を獲得できたことも、いろんな人との出逢い、ご縁が実っていった結果に他なりません。

僕がすごくラッキーだったのはダメな選手だったので、どんな人に会っても、僕よりもうまく見えるんですよ。だから、上から目線で人に会うことはほとんどなかったです。とにかくもう教えてくださいって感じで誰とでも会っていたのが、もしかすると「こいつを何とかしてやろう」と思ってくださったのかもしれません。

横田　きょう対談をしてつくづく思いましたのは、栗山監督が実に謙虚で素直でいらっしゃるということです。謙虚・素直こそ縁を生かし、出逢いを真の出逢いにするための要訣《ようけつ》なのでしょうね。

栗山　謙虚にならなきゃいけない、素直にならなきゃいけないという気負いもなくて、自然にそういう姿勢で人と接することができた。それしかできなかったんですけど、いま振り返ってみるとそれがプラスになったのかなと感じます。

きょうは管長とお会いできて、本当によかったです。すごく勉強になりました。

横田　こちらこそ世界一の監督と巡り合って、楽しい学びの時間をいただきありがとうございました。

すぐやる、必ずやる、出来るまでやる

Nagamori Shigenobu
永守重信
日本電産社長

いま、日本で一番元気な企業の、一番積極的な経営者として注目を集めている日本電産社長・永守重信氏。「人の二倍働いて成功しないことはない」という母の口癖を見事に実践し、「すぐやる、必ずやる、出来るまでやる」を信条に、創業から26年で3千億円企業に成長させた辣腕経営者にその経営哲学を伺った。

二十六年間変わらない信念

――昭和四十八（一九七三）年に小型モーターメーカーとして創業されてから、間もなく創業二十六年を迎えられますね。

今年（一九九九年）の七月で二十六年です。

――西暦二〇一〇年までにグループ売上高一兆円、総従業員十万人という目標を掲げておられるということですが、現在の売り上げと従業員数はどのくらいですか。

売り上げはグループで約三千億円ですね。従業員数は三万五千人。経常利益は二百億円くらいでしょう。いまのままの手法ではあと十年で一兆円はきついです。しかしどんどん規制緩和が進み、また新しい法律も出来てきますからね、そうしたら買収がもっと容易になってくる。そうすれば二〇一〇年が二〇〇八年になるという可能性も出てきます。

――創業以来一貫して「年中無休、一日十六時間勤務」のハードワークを貫き通しておられるとか。

おかげさまで増収増益を続けていますから、成長の秘密は何かとよく聞かれますが、私の答えは創業以来変わりません。ハードワークですね。しかしこうやって働いてばかりおって、それで何が楽しいんですかとも言われますよ。

――言われますか。

　みんな言いますね。うちの家内も言います。「あなた、何が楽しみで生きてきたんやろ」って。まあ話してもわかりませんからね。

――創業時こそ猛烈に働く経営者は多いですが、二十六年たっても同じ姿勢を貫くというのは難しいですね。

　自分で言うのも何ですが、うちの会社の素晴らしいところは、この二十六年間、何一つ信念を変えていないということです。普通変わるんですよ、儲かってくると遊んだりしてね。しかしうちは私だけでなく、社員も変わっていません。

　ですからバブルのときは困りましたね。人を採用したくてもうちのようなハードワークの会社へはなかなか人が来ませんでした。みんな楽なほうへ行ってしまう。しかし採用基準を変えるようなことは一切しませんでした。つまり質を落とさなかった。バブルのときに質を落として余計に採ったところは、いまどこも余剰人員を抱えて困っていますよ。

――当時は世の中の流れに迎合する経営者も多かったですね。

　株式投資をしたり、土地を買った人が多かったですね。しかし私は一切そういうことには手を出しませんでした。その当時のうちの従業員数は千人ぐらいでしたが、三人でやっている不動産会社のほうが利益が多かったんです。そんなことはおかしい、どう考えてもおかしいと考えてました。

　しかしバブルが結構長く続きましたから、実は自分の考えが間違っているのではないかとだいぶ悩みましたよ。

　だけどね、結果的にはその信念をずうっと通してきました。汗水垂らして働いている人が儲からないで、あぶく銭の人が儲かるなんていうのは、絶対におかしいと思いましたから。

――永守社長の勤勉哲学の原点にあるのはなんでしょう。

　世の中は一所懸命働いてうまくいかないというような不公平なものではないと思います。確かに過去はいろいろ規制があったり、系列取引があったりして、いいものを作ってもなかなか売れない時代もありました。しかし最近は規制も系列も徐々になくなりつつありますからね、チャンスが来ていますよ。

人の二倍働いて成功しないことはない

　勤勉哲学の原点といいますと、最近九十四歳で亡くなった母親の影響が一番大きいです。母は私が子供のころから「人の二倍働いて成功しないことはない。倍働け」と言い続けた人でした。

　母親自身、人の二倍働いて財をなした人です。親父は私が中学二年生のときに亡くなり、半分が自作、半分が小作でしたから、当時は貧しい家庭でした。しかし母がこれではいかんということで、朝はだれよりも早く起きて働き、夜もだれよりも遅くまで働いて田畑を次々と買っていったんです。
　母の葬式に来てくれた人たちは実家を見て、「なんだあんた、貧しい貧しいって、どこが貧しい。えらい立派な家じゃないか」と言いましたけどね。母が人の二倍も三倍も働いて築き上げたものなんです。

――勤勉な方だったんですね。

　母が亡くなる前、うっかり昼間なんかに見舞いに行くと叱られました。「なんでこんな時間に来るんだ、見舞いに来るなら朝の六時とか夜の九時に来い」というわけです。そして「私はもうじき死ぬ。おまえは海外によく行くけど、海外にいるときにもし私が死んでも仕事放ったらかして帰ってきたらあかん」と、そんなこと言うんですよ。

――気丈なお母さんですね。

　それはもう。絶対に楽して儲けたらあかん、ものづくりをやらなあかんと言われ続けました。
　自分の人生観や仕事観は、そんな母親の影響が大きいということがわかっていますから、社員もあぶく銭の家庭で育った子供は採りません。子供のころの家庭環境の影響は大きいですから。

――そういう勤勉なお母さんの姿勢を見ながら学んでいって成長され、起業を志されたのはいつごろですか。

　小学校三年生のときです。

――小学生のときですか。

　そう、昭和二十八年です。日本がまだ貧しいときですね。それでもクラスに一人二人ものすごい大金持ちの子がいましてね。僕らははな垂れ小僧で、ろくなものも食わずに暮らしていたときに、ちゃんと詰め襟を着て、スイス製の時計をはめて、ソックスと革靴を履いていた子がいたわけです。
　その子の家に遊びに行きますと立派な家で、その当時でもうドイツ製の機関車のおもちゃなんかがありましてね。それで三時になると女中さんが「おやつの時間です」と言って、坊ちゃんだけにおやつを持ってくる。なんかおいしそうなものを食べているので「おまえ、それ何食っとるんや」と聞くと「おまえ知らんのか、これはチーズケーキというものや」と言う。「ほう、ちょっとくれ」と言ったら端っこをちょこっとくれた。おいしかったですね。僕らがチーズケーキを食べたのはそれから十年後くらいですからね。

――チーズケーキなんてまだだれも知らない時代ですね。

　そう、それで夕方になったら「もう帰りなさい」と女中さんに言われて、勝手口から帰ろうとすると、今度はジューという音がしている。大きな赤いものを焼いているから「何だ何だ」と言うと、「おまえこれも知らんのか。これはステーキというもんや」と言う。これも端の脂のほうを少しだけ切ってもらった。一遍に食べないで持って帰りましたけどね、おいしかったですねえ。
　こんな金持ちの家は、一体何をしているんだと思って聞いたら、お父さんは社長だという。社長になるとこんなおいしいものを食べられるのかと思った。いまでも残ってますけど、四年生のときの作文に、将来は社長になると書いた。それからはずっと社長になろうと決めていました。

――なるほど。

モーターを選んだのは、小学校四年のときの理科の時間にモーターを作って褒められたことがきっかけなんです。当時は先生の贔屓《ひいき》がひどい時代でね、先生の家に何か持っていく金持ちの家の子は大事にされて、何も持っていかない家の子は「はぁい」と手を挙げても絶対当ててもらえなかった。貧乏な家の息子が勉強ができてもね、その先生は言いましたよ。「おまえなんか勉強できてもなんになるんや」と。

その先生が一回だけ褒めてくれたのが、そのモーターを作ったときだったんです。それで技術者になろうと思ったわけです。社長になってモーターを作ろうと。まあ、社長というものが具体的にわかってきたのは高校に入ってからでしょうね。高校生のときは塾の経営をやりました。

――高校生で経営者になったんですか。

小学生と中学生を自宅に集めて、黒板や机は自分で作ってやりました。スパルタ教育でしたからね、希望の学校へ全部合格させたので大盛況でした。高校生なのに収入が当時の大卒の初任給の月一万円ぐらいあった。それを貯《た》めた蓄えと奨学資金をもらって、東京にある職業訓練大学校（現・職業能力開発総合大学校）に進学しました。そこで見城尚志先生という、いまはモーターの世界的権威者に出会いました。

世の中というのは自分の思う道にどんどんはまっていくもんだと思います。全寮制の大学でしたが、その寮で知り合った二人の仲間と、サラリーマン時代に同じ所に下宿していた後輩の計三人と共に会社を興したんですからね。

見城尚志：［1940～］工学者、精密小型モーター開発のエンジニア。静岡県生まれ。東北大学工学部修士課程を経てTEAC入社。職業能力開発大学校教授、日本電産㈱モーター基礎研究所所長などを歴任。

現状で最大の努力をすれば道は開ける

中学、高校のとき、結構成績が良かったですから、家にお金があったら京大でもどこでも入れたと思います。それなのに学資がかからないからということで職業訓練大学校に行かなければいけないというのは不幸といえば不幸かもしれない。しかしもし京大に入って大企業に勤めたり、公務員なんかになっていたら、今日はなかったわけです。

だからいつも社員に、何か不幸なことが起きたら、それを不幸と思ったらいけないと言っています。不幸なことが起こったら、それで人生がいいように変わると思いなさい。悪いほうに変わると思うからいかんのだと言うんです。現状に悲観するということが一番いけない。

――いつも一番いい方向になっているんだというふうに考えろ、ということですか。

そう、いまのところで最大の努力をすれ

ば、必ず道は開けてくると思うのです。いまの世の中、大変な時代だとみんな言います。いろいろな経営者に会いますと、出てくる言葉は、「死にたい、逃げたい、辞めたい」ですよ。

経営が苦しいから死にたいけど死ぬのは怖い。逃げたいけど家族親戚がいる。辞めたいけどだれも代わりにやってくれない。この三つです。なんであんたそんなに元気があるんだと言われます。

しかしね、そんなことを思ったらいけないんですよ。そんなことを思っている社長の下で働いている従業員はね、哀れなものじゃないですか。死ぬ気になるくらいなら、なんでもできるんじゃないかと思うんですがね。この大不況でみんな疲れ切っているんですね。

――現状に対してどう臨んでいくか、ということでしょうか。

悲観的に考えればとことんまで悲観的になります。だが十年ぐらい前に比べたらうんといい世の中になったと思いますよ。

さっきも言いましたけど、規制緩和がどんどん進む、系列取引がなくなっていく。

いまから二十年前に有名メーカーへものを売り込みに行っても、全部系列取引があって入れませんでした。それが幸いに系列取引がなくなってきて、安くていいものだったら買ってあげますよ、持ってきなさい、というふうに変わりました。本当に頑張る人にとってはいい世の中じゃないですか。人もいっぱい余っていますから、昔のように人手不足ということもない。マーケットは自由に広がっています。

すべての出会いが運命を決めていく

――話を元に戻しますが、大学を卒業されてからはどうされましたか。

見城先生の紹介でティアックに入りました。元々いずれ独立する気ですから、元手として最低限二千万円貯めたら辞めようと

写真＝時事通信フォト

思っていました。ですから残業手当だけで生活をして、基本給と賞与は全部貯金しました。計算すると、三十五歳で二千万円貯まるとわかりましたから、三十五歳で独立しようと決めました。実際には、ティアックの自社株を買った後に会社が上場したりしたもので、二十八歳で二千万円貯まりました。

——予定より随分早まりましたね。

これも一つの出会いですね。職業訓練大学に入ったおかげで見城先生に出会い、見城先生の紹介でティアックに入ったおかげでその会社が発展して株が上がる。すべての出会いが運命を決めていくわけです。

——なるほど。二十八歳で日本電産を創業されたころの御苦労というとどういうことですか。

創業から五年間は一にも二にも金の苦労です。担保もありませんでしたから銀行が

ティアック：日本の音響機器メーカー。昭和28年創業。

金を貸してくれませんでした。日本電産がぐーんと成長できたのは、創業からちょうど十年目に日本合同ファイナンス（現・ジャフコ）というベンチャーキャピタルができてお金を出してくれたからです。

——それまではやりたいこともできなかったということですか。

できませんでしたね。資金的には本当に苦労しました。

——冒頭に、二十六年間信念を変えずにやってこられたと言われましたが、経営理念というものは創業時に既に作られたのですか。

昭和四十八年七月二十三日に会社をつくったんですが、二十二日の晩に創業時のメンバーの四人で決起大会を行い、そのときに経営理念を発表しました。「情熱・熱意・執念」「知的ハードワーキング」「すぐやる、必ずやる、出来るまでやる」の三つです。それを持って銀行へ行ったら大笑いされましたけどね。

それから経営三原則というものも作りました。①「同族企業にしない」②「下請けをやらない」③「インターナショナルな会社になる」の三つを掲げました。まだ仕事もないのに下請けをやらないなんて掲げたものですから、そのときにせせら笑った銀行の支店長がいましたよ。しかし僕は負けず嫌いですから、手を挙げても絶対に指してくれなかった小学校の先生とか、この支店長とかに、「よーし、いまに見ておけ」と思うわけです。

日本電産を創業して間もない頃（前列左が永守氏）

プロの経営者の三つの条件

——虐《しいた》げられると発奮するタイプなんですね。

創業経営者というのは僕だけでなく、基本的にみんな負けず嫌いですよ。それと共通しているのはよく言えば個性が強いというか、大企業の組織の中では絶対に勤まらないでしょうね。

アメリカはそういう個性の強い人を認めますが、日本はそういう人を排除しますから、ベンチャーが出てこないんです。結局日本の社会は、プロの経営者が出てくるような土壌がないんですね。

プロの経営者というのは、だいたい二十代の後半から三十四、五歳までに会社経営の訓練をする必要があるんです。決断力なんていうものは若いときからやらないと出来ない。係長から課長になり、部長になり、次に重役といわれても、そのときにはもう五十歳を越えているわけです。そんな人に経営をやれと言っても、二千人の人の管理は出来ても五人の会社の経営は出来ないんですよ。

要するに、日本のシステムそのものが、プロの経営者を育てにくい環境になっているんです。

——永守社長が考えられるプロの経営者の条件というのはどういうことですか。

まず最初に、絶対的に必要なことは、自分の信念というか、自分の考えをどんな状況でもはっきり述べられること。二つ目は嫌なことから逃げないこと。三つ目は健康、これはもう絶対です。経営者ほどハードワークな仕事はありませんからね。昼も夜中もないですから、自分の体をいたわるようなことをしていたらとても勤まりません。

これは創業間もないころのことですが、出張先のアメリカで体調を崩して病院に運ばれたことがあります。現地のドクターから「調子はどうだ」と聞かれて、力のない声で「ノット・ファイン」と答えたんです。するとそのドクターは「経営者がそんな弱気では会社は心もとない。いつも『ファイン』と答えなさい」とアドバイスをしてくれました。

ドクターの言う通り「ファイン、ファイン」と口の中で繰り返していると、不思議なことに力が湧いてきました。「病は気から」とはよく言ったものです。人を動かす立場にある経営者が、たとえわずかでも後ろ向きの考えをしたり、消極的な態度や姿勢を見せたとき、下の者はそれを敏感に感じ取りますからね、健康というのは大事なことです。経営者は常に気力が充実していなければいけない。

能力の差は五倍　意識の差は百倍

——年中無休ということですが、一日のサイクルはどういうふうな日課ですか。

だいたい朝は五時五十分に起きます。そしてすぐにシャワーを浴びて、六時から十五分間ビジネスニュースを見ます。それから食事をして、服を着て、六時四十分に迎えの車が来ます。朝早いですからラッシュアワーにかからないので六時五十五分には会社に着きます。もう二十分遅いと会社まで四、五十分かかりますよ。

世の中、何故ラッシュアワーが起こるかというと、九割の人が普通のことをしているからです。わずか十分か十五分普通より早く行動することで、全然違う世界があるんです。ところが人間ほとんどが一緒のことをするんですね。

——それがわかるか、わからないかの差であると。

そうです。だからうちの社員にはよそよりも十分早く来いと言います。その十分を早く来られる人間は世の中の十パーセントなんですね。それが意識の差なんです。

人間の能力の差なんていうのは、最大五倍くらいしかないですよ。知能とか知識とか経験とかはね。しかし意識の差は百倍あると私は言うんです。それさえ頭に入れておけば、どんな人間でも成功できる。

——ああ、能力の差は五倍だが、意識の差

は百倍だと。

　ええ。東京に出張したときのことです。取引先の担当者に、繁盛しているというラーメン屋に連れていってもらったことがあります。

　外観はごく普通のラーメン屋でしたが、私たちが店の前に立った途端、中にいた若い店員がぱーっと入り口まで走ってきてドアを開け、「いらっしゃいませ」と大きな声で挨拶をするんです。そして席まで誘導してくれて、私たちがラーメンを注文すると、大きな声で調理場にオーダーを伝えてから、人なつっこい顔で「お客さんは関西から来られたのですか」なんて話しかけてくる。私たちと話している間も入り口に気を配って、客が店の前に立つと飛んでいく。ラーメンはごく普通で、味で繁盛しているというわけではないんですね。

　つまり、他店と同程度の料金で五倍おいしいラーメンを作ったり、五分の一のスピードでラーメンを出すことはまず不可能です。しかし店員の意識を変えることによって、お客の気分を百倍よくすることはそれほど難しいことではない。この店が繁盛しているのは、ズバリ店員の意識の高さ、すなわち経営者の意識の高さなんです。おそらくこのラーメン屋の経営者は、ラーメンの味にこだわる以上に店員の意識改革にこだわっているのだと思います。

　私の人材に対する考え方もこれとまったく同じです。能力の高い人を採用するというよりも、人並みの能力を持つ人材を採用して、彼らの意識を高めることに全力を傾注します。

――社員の意識改革が成長、成功の要因であると。

　そうです。人より一歩だけ進歩しなさいと言います。一歩だけで全然違う世界を経験できる。性能でも、ベストを追求してはいかんと言うんです。ベストを追求すると、ものすごいコストと時間がかかります。ちょっとでいいんです。競争相手よりちょっとだけ早い、ちょっとだけいい、ちょっとだけ安い、それで十分だと。それで世界一になれる。ちょっと一歩。だから十分早くする。それでいいんですよ。それを三十分も一時間も早くしようと思うから続かないんです。

――そのちょっとの差を追求してこられて今日があるということでしょうか。

　成功の秘訣なんてないんです。だれでも出来るほんの一歩。しかしだれでも出来るけれど、九割の人がやっていない。一割しかやっていないんです。いま、企業の中で勝ち組というのは一割でね、負け組九割。十社のうち一社。そんなふうに考えたら東大へ入るよりうんと楽です。

　会社の社員の意識が一番出てくるのは出勤時間と職場の整理整頓《せいとん》です。それに電話の応対とかね。私はそれを六Sと言っているんですが、整理、整頓、清潔、清掃、躾《しつけ》、作法。これがすべてです。

――その六つをきちっと押さえておけばいいと。

　電話の応対はむちゃくちゃ、社員は遅刻、工場は汚い、それで収益が上がった会社が

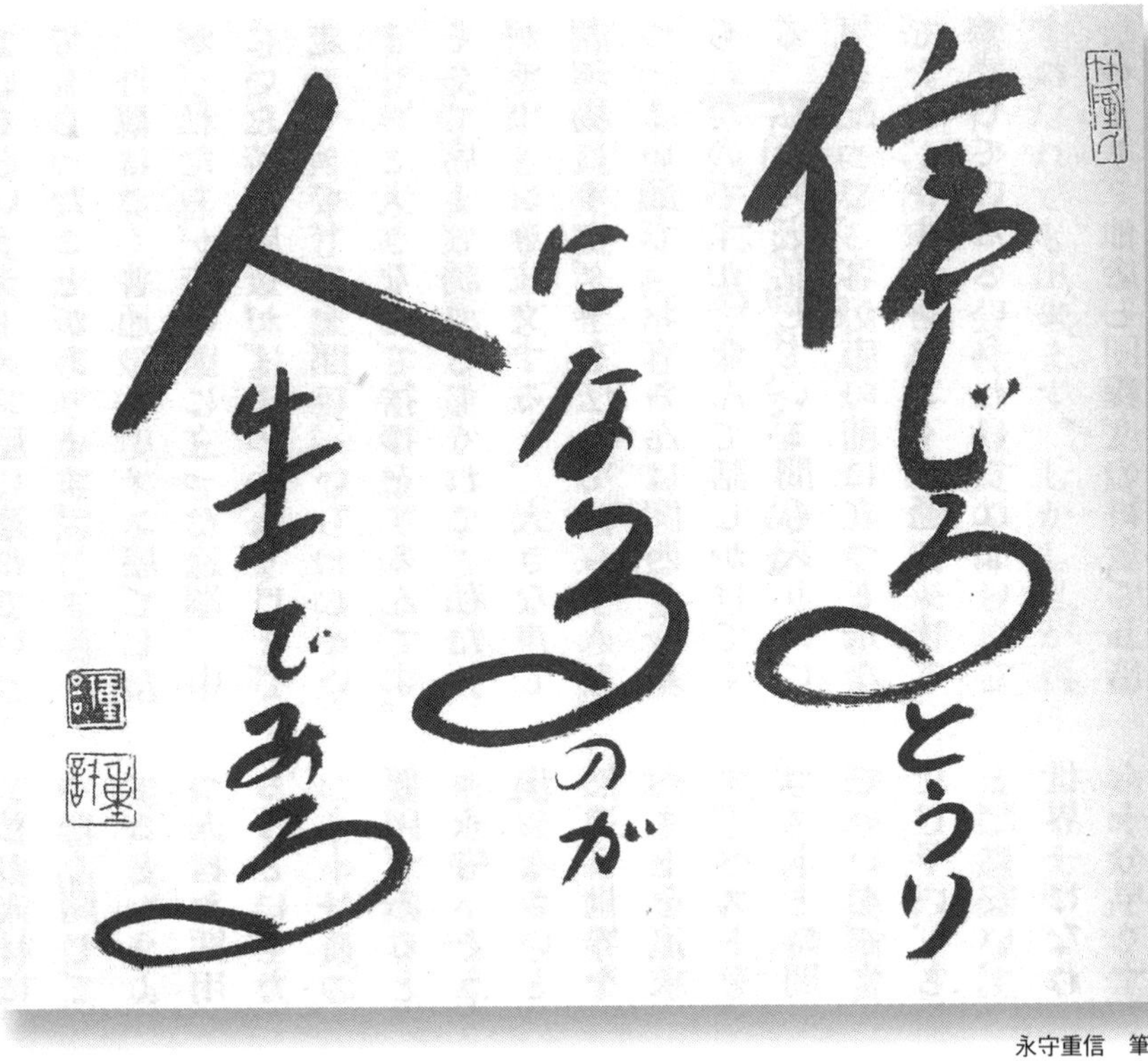

永守重信　筆

あったら教えてもらいたいですよ。

——だれもが出来ることですね。

全部出来ることです。博士号とれとか、文化勲章とれ、ノーベル賞とれって言われたら出来ませんけどね、職場をきれいに掃除する、人に会ったらおはようございますと言う、そんなものだれでも出来ます。しかし私が再建に行っている会社の社員のほとんどが最初は出来ません。それが出来てくるようになると収益が上がってきます。

信じる通りになるのが人生である

——永守社長がゼロからここまで会社を成長発展させることが出来たのは、なぜだとお考えですか。

まあ信じる通りになるのが人生であるということですね。僕はこの言葉を自分で色紙に書いて、目のつくところに置いています。自分でこうなりたいと思っていることもなれないのに、思わないことが実現するわけは絶対にないですから。だから信じる通りになるのが人生ということですね。しかし世の中の人はみんな信じない。頭のいい人ほど先が見えるから信じませんね。できるわけがないと思ってしまう。だからむしろ鈍才のほうが教育しやすいですね。

——素直、ということでしょうか。

創業間もないころの日本電産は、私の家の一室で図面を引き、桂川の堤のそばにあった三十坪ほどの染め物工場の一階を借りて、旋盤とボール盤、プレス機を一台ずつ入れて仕事を始めたんです。どこへ行っても仕事はもらえず、やっと受注できた仕事といえば過酷な注文がつくためにほかのメーカーのどこもやらないような仕事ばかり。技術者みんなに言うと絶対無理だと言う。

そういうときはみんなを立たせて、いまから出来る出来ると百回言おうというわけです。「出来ます。出来ます。出来ます……」。「どうや」と。「いや出来ません」。今度は千回言う。そうすると不思議なことにだんだん出来る気分になってくるんです。

そういう気分になったところで一気に始める。すると、客先の要求する性能に及ばないまでもかなりレベルの高い製品が仕上がる。こうやって日本電産の技術力が蓄積されていったんです。このときに「とても無理だ」、「不可能だ」とあきらめていたら、日本電産はとっくに倒産していたと思います。

社員によく言うんです。「物事を実現するか否かは、まずそれをやろうとした人が〝出来る〟と信じることから始まる。自ら〝出来る〟と信じたときにその仕事の半分は完了している」とね。

永守重信（ながもり・しげのぶ）

昭和19年京都府生まれ。職業訓練大学校（現・職業能力開発総合大学校）電気科卒業。48年7月、28歳で日本電産を設立。63年、創業15年にして大阪証券取引所二部並びに京都証券取引所に上場。積極的なM&Aを進め、平成9年3月に日産自動車系列のトーソク、10年2月に富士通系列のコパルなどこの十数年で16社を傘下にする一方、同年10月には東芝と芝浦製作所との合弁で芝浦電産を設立するなど業容を拡大。さらに同年9月には東京証券取引所一部上場および、大阪証券取引所一部に昇格を果たした。

※日本電産株式会社は、2023年4月1日に「ニデック株式会社」に社名を変更し、現在はニデック株式会社代表取締役会長 最高経営責任者。

第2章

心を高める

一人の人間の中にはいろいろな心の動きがある。そして人は、その心の状態に合わせた人生を生きる。畏るべきことである。と同時に、心は工夫と努力により、鍛え、磨き高めていくこともできる。そこにこそ、人の人たる所以がある。

体験的「飴と鞭」論

ヒルティに学んだ心術が支えとなった

渡部昇一
上智大学教授
Watanabe Shoichi

「知的生活」「自分の時代」を提唱する渡部昇一氏の勉強法、生き方は、そのまま自分自身に飴と鞭を課し、自己を練磨していった人の個人史といえないだろうか。

エリートと非エリート

——渡部さんは、よく「自分の時代」ということをいわれていますね。自分が主役である人生を送れ、と。

ええ。

——あれは結局、情報に翻弄《ほんろう》されることなく、自分のための自分、つまり、自己を確立する生き方をせよ、ということですね。

そうです。

まぁ、ぼく自身、時代とか周囲に迎合することなくね、心の中の一番中心部の深い淵《ふち》のようなところが、静かに、騒がない、そういう中心部を持った個人生活を送りたいと思うわけです。それが理想の生き方だと考えています。

——しかし、そういう生き方をするには相当な訓練が必要だと思います。つまり、自分自身に〝飴《あめ》と鞭《むち》〟を駆使し、自己を磨いていかないと、自分の時代も確立できないのではないか、と。

飴と鞭というのは、言葉として、ぼくにはピンときませんけれども（笑）。

——言葉はともかく、渡部さんの生き方というのは、まさに自己自身に飴と鞭を課して自分を成長させてきた生き方じゃないかという気がしますが（笑）。その辺の生活技術みたいなものをぜひ、お聞きしたいと思います。

飴と鞭論になるのかどうか知りませんが、まず、ぼく自身の体験をお話ししますとね、こういうことがある。つまり、ぼくのつきあっている人には、天下の秀才といわれる人がいっぱい、いる。名門校から東大に行って、現在も相当のポストにいる人たちです。

こういう人たちは、一般的に、たいへん人柄がいいんですね。それと、人生に対してそれほど悩まなかったんじゃないかと思う。ちゃんとルートに乗ってるから、そう努力しなくても、相当のところまでいくわけですから。

ところが、ぼくなんかもそうだが、大部分の人間は、そんなにうまい具合にいってないんですね。

そこでエリートコースの人たちが考えなくてもいいいようなことで、いろいろ悩んだり、努力したりする。そういうことが、逆に、後年のぼくの人生にプラスしたということはありますね。

転校するか残るか

――その辺を具体的に。

まぁ、ぼくなんかは一応、大学も出たし、その意味ではぼくより苦労している人はいっぱいいるでしょうが、多少、参考になると思うのは、ぼくは大学に入って、非常に深刻に悩んだんですね。

というのは、ぼくが入った頃の上智大学というのは、ランキングでいえば、三流が四流の大学ですよ。東大、京大を超一流とすると五流の大学でした。

これが若いぼくにはたいへんなショックだったわけです。ぼくは田舎は田舎なりの一流コースを歩いておったんです。小学校も、中学もいわゆる名門校でしたから。だから、それまでは学校の優劣なんてのは、全然意識しなかった。それがポンと東京へ出てね、担当の先生が上智はいい大学だ、いやしくない唯一の学校だというんで、そ

こへ入ったわけです。
　それで入ってみてわかったのは、まず自分の周囲の人の多くが、他の大学、それもぼくなんかが絶対に行きたくもないような学校を落ちてきているわけです。
　要するに、受験界では五流の大学なんですね。まるで、無名のね。その大学へ行っているのは頭が悪いんじゃないかとみられるような大学です。実際、それは京都あたりの仏教の学校ですが、と何度も聞かれた。
　これは、やはり、若い頃はショックでした。転校するか残るか、人生とはなにか。そういうことを初めて考え始めました。
　それまでは、ぼくの悩みというのは大学に行くときに金があるだろうか、という心配だったが、大学に入って初めて、人生に直面した気がした。人生のランキングというかね、そういうものをみた思いがしましたね。

――初めての挫折体験ですか。

　えぇ。ところが、そういう五流の大学でありながらね、授業はというと、これは息つく間もないくらいに、しごかれる。こんな学校に入って、つまらんじゃないか、俺の実力は発揮できないんじゃないか、というようなことはない。ついていけないくらい、高いんです。

ヒルティに学んだ心術

　それで、結局、ぼくは上智をやめなかった。その辺が、ぼくは他の人と違った。どこに行くかより、なにになりたいかというのが先にありましたからね。ぼくは田舎の恩師をみて、ああいうふうな英語の先生になりたいと思っていましたから。
　その意味では上智はいいんです。当時は外人の教授なんて、貴重品です。外人が一人もいない学校がいっぱいあった。当時は円の価値が非常に低いですからね。何倍もの高い給料を払わなきゃ、こない。それが上智は外人が多く、しかも単なる外人教師ではなく、たいへん、学識のある人とか、向こうの大学の総長をやった人とか、そういう人が誠心誠意、教えているわけです。で、ぼくはここにいようと思ったわけです。

――なるほど。

　ただ、そうスンナリと決心したわけじゃない。ぼくは高校までは優等生で総代もやったわけだし、一流の大学だって入れないわけじゃない。それなのに自分は四流か五流の大学にいる。そういうことを考え始めると眠れなくなったり……。かといって、学校の日々は軽蔑すべきかというと、これは文句のつけようがない。それで、結局いいんじゃないかという悟りに達したわけです。
　しかし、ひょっとしたら、もっといい学校に行けるかもしれないという感情を持ちながら、四年間いるというのは、なかなかの心術を要することは事実です。

――心術ですか。

　そう。心の術です。まぁ、結局、青年時

ヒルティ：カール・ヒルティ［1833〜1909］スイスの法学者、哲学者。『幸福論』『眠られぬ夜のために』など、宗教的、倫理的著作を多く残した。

代に悩んだおかげでね、ヒルティとか人生論を読んで、それを心の支えとしましたね。

――特に、どういう影響を受けられた？

　ヒルティから学んだ最大のことは、幸福というのは結局、心の中なんだということですね。もっといい大学へ行けたかもしれないといってバタバタしてもしようがない。あせりの気持ちをなだめなだめ、しかも希望は捨てず、というふうにたんたんともっていく術を、ヒルティから学んだんだな。

――それが心術ですか。

　そうです。しかし、こういうことは、学問に限らず、いろんなことでもいえると思います。

　これは三菱総研の牧野さんがいったのかな。戦前は一流企業というと、炭鉱でね。炭鉱関係の人が入ってくると、バーでも炭鉱節になっちゃうくらいだった。金払いがいいからみんな、あわしちゃうんです。その頃、自動車なんかに行く人は炭鉱に行きたくても行けなかった人がほとんどですよ。

　でもね、自動車に行って、つまんないな、炭鉱に行きたかったなと、ぶつぶついってたら、やはりだめですね。自動車に行っても、いましかるべくところにいる人は、そこでいろんな苦労をして、もっといいとこに行ってる人間もいるが、俺はここでやるんだというような気持ち、悟りを開くというような高級なものじゃないが、もっと日常的なところで自分を調和するというか、馴らすような努力をしてきたんだと思いますね。

　その人たちも、ある時点では、大学の成績がよくて官庁に行った人とか、ボーナスをがっぽり取れるような同級生を羨んだと思います。

エピクテートスの哲学

　これと似たような話を堺屋太一さんもしてましたね。

　その人は炭鉱、それも常磐炭鉱に入るのが希望だったが入れなくて、トヨタに行った。しかし、どうしても常磐炭鉱に入りたいという思いを断ち切れず、翌年、また受け直して入ったんですね。ところが、周知の通り、炭鉱は閉山になってしまった。で、彼はいま、東北の某県の自動車販売会社の取締役をやっているといいます。その人が初めから自動車に行ってたら、地方の販売会社なんかじゃなくて、本社の重役になっていたかもしれない。

　しかしそのとき、炭鉱がつぶれるというのは、天下の趨勢《すうせい》であって、そこまで読め

三菱総研の牧野さん：牧野昇［1921〜2007］。技術評論家。栃木県出身。昭和45年三菱総合研究所の設立に参画し、59年会長。技術予測、産業政策の論評で知られた。

エピクテートス：［55頃〜135頃］古代ギリシア・ストア派の哲学者。ネロ帝の家臣の奴隷で、解放された後、ローマで哲学教師となった。マルクス・アウレリウスらに影響を与えた。

堺屋太一：［1935〜2019］作家、経済評論家。大阪府生まれ。通産省に入り、大阪万博や沖縄海洋博などの企画に参加。在職中に作家としてデビューし、『団塊の世代』がベストセラーに。同省を退官後は本格的に執筆活動を開始。経済企画庁長官、安倍晋三内閣の内閣官房参与などを歴任した。

というのは無理です。
　ただ、そのとき、はやらないとこに行ってもね、そこでなんとか自分の心の勉強をして、自分を鍛えているうちに、案外、はやらないとこに日が当たるという可能性は、きわめて高いんじゃないかと思います。仮に高くなくても、そういう日の当たらないとこには人材が少ないはずだから、一所懸命にやってれば必ず目につきますよ。

――問題は、自分の置かれた環境の中でどうやるか、どう自分自身を育てあげていくかということなんでしょうが、渡部さんの場合はどうやられましたか。

　それはね、ヒルティの中にあるんだな。ヒルティがエピクテートスを訳しているんです。エピクテートスは有名なストイックな哲学者です。そのエピクテートスを訳したヒルティの前書きがいいんだ。
　ヒルティというのは非常に熱心なキリスト教信者なんですが、彼はその文章の中で、キリスト教の教えは非常に高い教えだから、本当にわかるためにはある程度、人生の苦難をなめたりしなきゃならん。だからこれからという若い人が宗教的な悟りを開いちゃうのは考えもんだといっている。本当の人生の困難に遭ったときに、昔、どこかでこんな教えを読んだことがあったというんで、かえってね、宗教に感激する心がなくなることもある。それで、むしろ、青年には自分はエピクテートスのような生き方を教えたいといって、わざわざ、訳しているわけです。

自分の意志の範囲にあるか

――それはおもしろいですね。で、エピクテートスの哲学というのは？
　一種の〝悟り〟の哲学です。どういうことかというと、自分の置かれた環境の中で、自分の意志で自由にならない範囲をしっかりと見極めるということです。自分の意志の範囲にあるかどうか。そこにすべてが、かかっているということです。

ただ、それがはっきりとわからないとだめです。

はっきりわかると、自分の意志の範囲の中にあるものは、自分が考えて最善の手を打つ。打ちたくなければ打たなくてもいいが、すべては自分の意志の範囲にないもの、これは諦《あきら》める。こういうものに対しては、絶対に心を動かさないということです。

――なるほど。

外界のもの、地震とか天災とかは自分の意志の範囲にない。友人や世の中の人が自分をどう思うかも、自分の自由にはならない。こういう自由にならないものに、自由にならないといって、腹を立て、心の平静を失うのは愚かだということです。こういうものに対しては絶対に自分の心を騒がせない。

例えば、ぼくが三十年前に上智大学を一流大学と思ってもらいたい、やってることはいいんだからといったって他の人は認めないものはどうしようもない。これは意志の範囲にはないんです。

ところが、教えられていることはついていくのが苦しいくらい高級なものをびしびしやっている。すると、これを十分に消化するために毎朝、五時に起きて朝めしまで二時間勉強することから始めようというのは、それをやるかどうかはまったく、これは自分の意志の範囲です。

意志の範囲にあることはいいわけをしないで、自分でやる。で、意志の範囲にないことは問題にもしない。心を動かさない。まぁ、こういうのが、ヒルティから学んだことの一つでしょうね。

――意志の範囲にないことは求めないわけですか。

そう。これ以上は自分ではしようがないと思ったことは諦めるか、そういうものは求めない。

ただ、実際はそう、簡単にはいかんですよ。しかし、繰り返し繰り返し、やっているうちに、だんだんできるようになると思います。ぼく自身は、十八歳のときから大学院を出るまでの寮生活の六年間、ことあるごとにそれを反復してきましたね。

――ことあるごとに?

そうです。なんどもやっているうちに、できるようになります。諦めるというのは、明らめるなんです。明らかにするという意味です。俺がスイスに生まれていたらと思っても始まらんし、アメリカの大学を出ていたらと思っても始まらんのです。始まらんことを思っても始まらんのです。始まらんことはしようがない。ただ、ぼくは始まらんことでも本当に始まらんかどうかは、これ、考えるわけです。で、あぁこれはどう考えてもぼくの範囲にないと思うと、そう深刻にならんですな。

願望が骨の髄で燃えているか

それからもう一つ、大事なことがある。これはヒルティではなくて他のものから学んだことですが、自分が本当になりたいもの、やりたいものがふつふつとね、自分の脊髄《せきずい》の中で燃えているような感じがするときは、その可能性がその人にあるんだという、自然といってもいいし、神といってもいいが、そのおすみつきであるということです。

逆に、本当に心から、そう思わなくなったときはその可能性もないんだということです。

いまは時代が違ったからピンと来ないかもしれないが、昭和二十年代に外国に行って外国の大学で勉強できるということは、瓦礫《がれき》の日本においては、これは天国へ行くようなもんだった。その時代にぼくは、熱烈に外国へ行きたいと思っていた。ぼくは一銭の金もないし、可能性からいえば、まったくゼロです。が、しかし寝ても覚めても外国で勉強したい気持ちはとれない。男一匹、外国語に身をゆだねたわけだからその本場に行かないという手はないと思い込んでいたし、外国への思いがふつふつと燃えていた。で、結局、ぼくは大学院を出てドイツとイギリスに留学することができたわけです。

しかし振り返ってみても、当時の状況でぼくが留学できる可能性など全然なかった。

だから、客観的可能性はなくてもね、骨の髄で、煮えくり返っているような願望があるときは、これは可能性があると思っていい。

――骨の髄でふつふつと燃える願望ですか。

そう、そんなとき、天の一角から可能性が降ってくるというようなことがある。

　しかし、その降ってきているのも、その脊髄で燃えているような感じがないと、チャンスとはみえない。そういうことはあるんじゃないかと思う。

　だから、一つは意志の範囲にあるものとないものを見定めて、あるもので最善を尽くす、ないものは諦める。それから願望が本物であるときは天が可能性としてお前にあるんだといい続けているんだという信念を持つ。この二つが大事だと思いますね。

――その二つが自分の時代を確立する生活技術だ、と。

　そういってもいいですね。それと留学の話といえば、ぼくが大学の二、三年の頃にアメリカ留学生の話があったんです。成績がいいからぼくはいけるんじゃないかと期待していた。しかし選ばれたのは自分より成績の悪い人でね。お前など資格がないといわれたような気がして絶望的な気持ちになった。しかし、そんなとき、ぼくはある言葉を唱えることで、心の支えとしてきた。

――どんな言葉ですか。

　聖書の中にある「最後まで耐え忍ぶ者はついに救われる」という言葉と漢文で覚えた「志ある者は事ついに成る」という言葉をお経のように唱えるんです。これはいまでも、そうしています。

安心立命のための百点主義

――お話を伺っていますと、やはり渡部さんは、非常に上手に自分自身に「飴と鞭」を与えてきたという気がします。

　そういう表現が適切かどうかはわかりませんがね（笑）。

――毎朝、五時から七時まで勉強するというのは一種の鞭でしょう。

　まぁ、これはさっきもいいましたが、ぼくは大学に入って初めて自分の大学が四、五流と悟った。ただ、ぼくは英語力では東大の連中と比べて負けるとは思われない。もし今後、差がつくとすれば勉強量です。だから、これ以上はやれないというところまで俺はやり続けるぞという決心をしたわけです。それでなおかつ、一流大学に入った人のほうが優れているのなら、これは諦めるしかない。そう思って勉強しました。

　それと、とにかくぼくは金がなかったですからね。一年のときはそれでもよかったんですが、おやじが職をなくしちゃって、二年生以降は授業料を免除してもらわなくてはどうにもならんのですよ。そのためにも必ず一番になろうと思った。

　しかし、一番になるためには同級生が成績が悪くないと困るんだ。すると気にしまいと思っても、他の連中のことが気になる。自分よりできるのがいると嫉妬したり……。で、自己嫌悪になっちゃった。同級生がいいと喜べないとは、何たることだ、と自分ながらいやになっちゃってね、それをやめようと思った。それでどうしたかというと、

安心立命：天命を知って心を安らかにし、物事に動じないこと。

とにかく、全部百点をとろうと志した。全部百点とれれば、文句はないわけです。必ず一番なわけです。他の人がどうこうしようと、それは関係ない。

――なるほど。

そうすると、完全にわからなくてはならない。だから少しでもわからないことは先生に聞いたり、調べたりする、学校の講義のレベル以上のことも調べたりする。とにかく、先生の教えるものは完全にマスターしようと思った。

これは、はたからみると、単なる点取虫ですよ。しかし、ぼくの心の中ではね、百点主義によってのみ、同級生のほうがいい成績とっても気にしないでおられる。つまり、安心立命の唯一の方法なんです。

その甲斐《かい》あって成績はずいぶんよかったですね。最後の頃になると、平均点で一番のぼくと二番の人が十何点、違ってきた。二十科目ほどあるから、トータルで二百点くらいの差です。

まぁ、その意味では百点主義は非常にハッピーな方法だった。できる友人を敵視しないですみましたしね。

意識的に「休日」を設けよ

――ひとつのことを長くやり続ける秘訣とはなんでしょう。

結局、意志力です。意志を使えば使うほど強くなります。

でね、続け難くなったらね、つらいから二、三日休もうかと、あらかじめ、ちゃんと認めて休んだらいいですね。毎日五時に起きるのが三か月も続いた。つらい。ちょっとこの辺で休みたいな。と思ったら意識的にここから三日間は朝寝するぞ、と自分に宣言する。そういうのをもうけてもいいと思う。

しかし、ここで大事なのは三日後には必ず、また始めることです。一回やめたとたんに、二度と戻らない人がいる。これではだめです。何度も戻らなくては。そうすると、そのうち、それがだんだん、自分のライフスタイルになっていく。

それから、ひとつのことをやり続けるのに、小さな時間を生かすことも考えよ、といいたいですね。

ぼく自身の話をすると、四十代になって、ものすごく肩がこるようになった。それに心臓が痛くなったりね。でこれはいかんと思って、毎朝、五分から十分ほどヨガもどきの体操を始めたら、そのうち、肩凝りはウソのように消えたのみならず、ここ数年、風邪一つひかない。

――小さな時間でも、意志によって大きなパワーを引き出せる、と。

その通りです。時間の話をしたついでにいえば、ぼくは時間というのを大きい時間と小さい時間に分けています。小さい時間でできることは、いまの体操とか、単語を勉強するとか、週刊誌を読むとかです。こういうのは長い時間があると、逆にできない。三時間単語を読む。三時間週刊誌を読むなんてのはバカな話ですよ。小さい五分とか十分をそういうものに充てればいいんです。

逆にものを書くとか、まとまったことをやる場合には、やはりエンドレスにしておくことです。例えば夜の十時から書き始めるでしょう。それで、まぁ、朝の五時までやって八時間、誰にも邪魔されない時間があるわけです。疲れて途中でコーヒー飲んでもいいし、参考書をめくっているうちに、それを多少読みふけったりする時間がある。そういうエンドレスの時間を持つと、意外に長い原稿もまとまる。これをやらないで小刻みの時間で原稿を書こうというのは、書ける人もいるだろうが、ぼくはとらないです。

五分、十分をどう使うか

――小刻みの時間はもっと別に生かし得るとお考えなわけですね。

そうです。例えば、今日みたいに出かけてくるときにも、一応時間の配分を考える。三十分くらい座れる電車の中では原書の小説を読むわけです。小説は机に向かって読むのは惜しい。しかし、おもしろいし、勉強になるし、読んで栄養になるから、これを読むのはそういう時間に充てる。

それからこれは古英語の詩集です。これは立っているときとか、二十分も座れない短時間のときにね、これを五行でも六行でも読む。まぁ、カバンの中に、いろいろな仕掛けを持っているわけです。

そういう五分、十分の蓄積がね、けっこう大きな実りをもたらすのです。

――最後に自己啓発の方法を。

それは結局、何になりたいかですね。先にじんじんといったが、どんな人をみて、じんじんするか、ということです。ぼくは高校時代、自分の恩師のうちをお訪ねしたら、老先生は和漢洋の本に囲まれて読書生活をしている。ぼくはあぁ、こういう老人になって年を取りたいと思った。これは英語の先生になればできることです。それで、ぼくは英語の先生になるということから、一度も思いが去ったことがない。もちろん、その先生の家に行った学生はたくさんいるわけですが、現実に英語の先生になったのは、ぼくだけです。ということは、要するに、ぼくはその方向に向いていたんだな。だから、その先生を見ただけで、脊髄の中で、いままで感じたことのないじんじんがきたわけです。

だから、いろんな人をみて、どんな人にじーんとくるものがあるか、ですね。あぁ、あぁなりたいな、あぁなるとハッピーだろうなという、それを見つけることが一番でしょうね。それがあればこそ、努力にも磨きがかかるんですから。

渡部昇一（わたなべ・しょういち）
昭和5年山形県生まれ。上智大学大学院修士課程修了。ドイツ・ミュンスター大学、イギリス・オックスフォード大学留学。Dr.phil.（1958）。昭和35年上智大学教授。

怒涛の人生、かく乗り越えん

尾車浩一
尾車部屋親方
Oguruma Koichi

昨年（2012年）、地方の巡業先で転倒による首の強打によって四肢麻痺となり、首から下がまったく動かなくなった尾車浩一さん。手術、苦闘のリハビリの末、現在は杖一本で歩行できるまでに回復した。専門医も「奇跡」と驚く回復をなし得た尾車さんに、怒涛の人生を乗り越えてきた「心の持ち方」についてお話しいただくため、7月、熱戦の繰り広げられる名古屋場所をお訪ねした。

ああ、これはえらいことになった

――十年前にもご登場いただきましたが、大変お元気な印象が強かっただけに、昨年、脊髄損傷《せきずいそんしょう》で四肢麻痺《ししまひ》になられたという報道を聞いて大変驚きました。

私、昨年の二月に相撲協会内の巡業部長に就任したんです。平成六年から巡業部に籍を置き、自分なりに改革する点がいっぱいあるなと思ってきました。三月の本場所を終え、部長として初めて四月に巡業を迎えました。

スタートの四月一日は伊勢でした。神宮に集まった全力士の前で巡業の責任者として私なりの決意を述べました。相撲界は不祥事やらいろいろあったと。だからお客さんは本当に相撲界が変わったのか、変わっていないのか、ちゃんと見ている。俺も精いっぱい頑張るから、みんな一緒についてきてくれ。とにかく真剣な取り組みを見せようと。

奈良を経て、四月三日と四日は福井県小《お》浜《ばま》で二日間の興行でした。市内の体育会に養生用のブルーシートを張って、そこに土俵を設置して開催したのです。

そして二日目の出来事でした。きょうも巡業がうまくいってほしい。そんな思いで会場内を歩いて視察していたんです。ふと、土俵のほうが気になったんですね。ひょいっと、土俵のほうを見ながら前方を確認せずに歩いていたのが災いしました。足がブルーシートのつなぎ目に引っかかって、バターンと。どんなふうに倒れたのか自分では覚えていないけれども、転倒して、気づいたら床に仰向けになっていました。

　ああ、転んでしまった。立ち上がろう、と思っても、体に力が入らないんですよ。あれ？　動かないと。周囲の人たちに上体を起こしてもらいながら、手足に「動け、動け」と指令を出したけれども、残念ながらピクリともしなかった。「あぁ、これはえらいことになったな」と思いました。

――その時、既に起こった事の重大さに気づいていらしたのですね。

　これは後から分かることですが、この時、私は首を強打して脊髄を損傷してしまったんです。

　四肢麻痺状態で動かない体を救急車に乗せられて、小浜市内の病院へ。そうして検査、検査が続いて、ＭＲＩの狭い箱の中に入れられた時、涙が出てきました。どういう涙と言ったらいいのかな……。情けないのか、悲しいのか、よく分からないけれど、天井を見ながら涙がポロポロと出てきたことは覚えています。

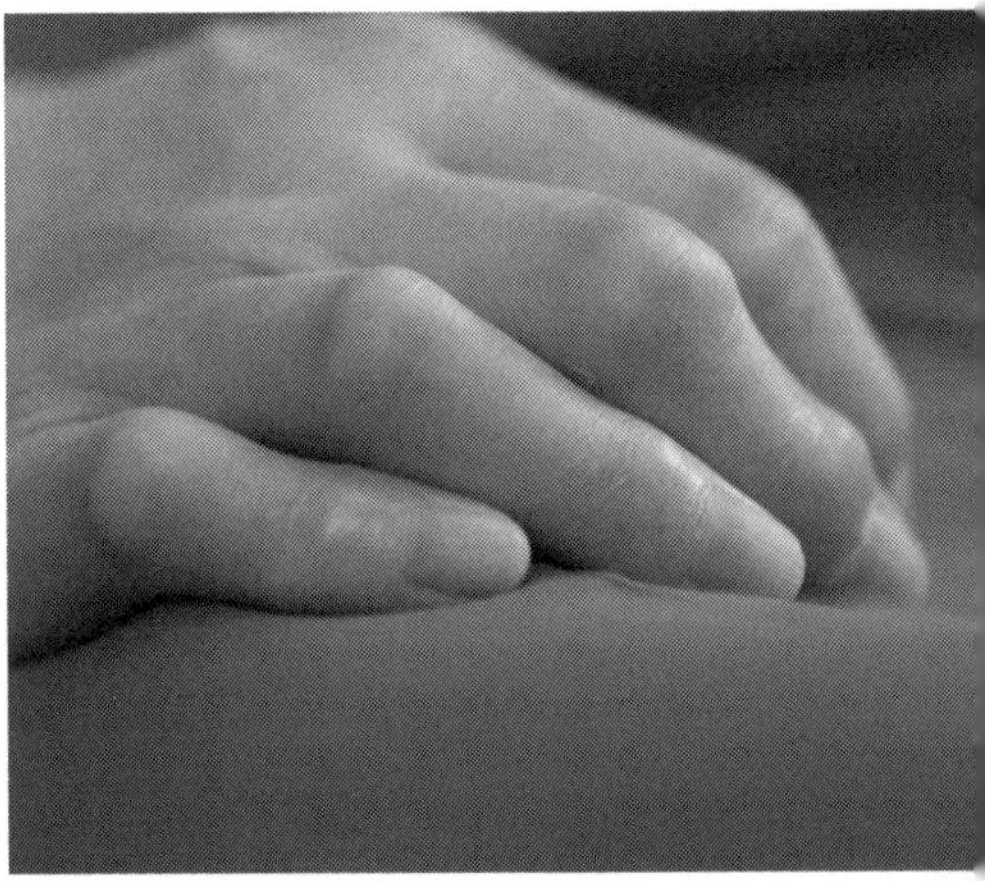

　翌朝、ヘリの手配がつかず、民間の救急車でストレッチャーに寝たまま東京の慶應病院へと向かいました。駆けつけた女房と、小浜の病院の先生が同乗してくれていましたが、聞けば到着まで八時間もかかったといいます。その間、私は「なんで自分がこんなことに」という情けない思いと、ただただ女房に「すまない」という、それだけでしたね。

怪我ばかりの人生だった

――思えば、親方は現役時代も怪我には随分苦しめられましたね。

　そうなんです。昭和五十二年、十九歳の時に入幕して、その一年はすべての場所を勝ち越し。翌五十三年には史上四番目の速さで関脇に昇進しました。ところが五十四年の初場所で左膝を痛め、幕下三十枚目まで落ちたんです。

　そこで一年休場し、戻った年には四場所連続で勝ち越して、「今場所、好成績を収めれば大関」と言われた場所で、またしても左膝を怪我してしまいました。前回よりも重傷で、靭帯《じんたい》と半月板が千切《ちぎ》れるほどの大怪我でした。手術を受け、復帰してから初優勝、後に大関にまで昇進しましたが、怪我には泣かされてきました。

ここぞという時に怪我をする。今回もそうです。巡業部長になり、長年お世話になってきた相撲界に少しでも恩返ししたいと思った矢先のことでした。なんで俺は怪我ばかりの人生なのかなと思いましたよね、最初は。

ただ、怪我の一生といっても、現役時代の場合は「痛かった」んですよ。痛いのは「ちくしょう」と言って、我慢すれば動かすこともできるじゃないですか。

でも、今回は動かない。首から下はぴくりともしませんでしたから。正直、根性だとか我慢だとか言っても、一体何に我慢するのか。動かないことを我慢すればいいのか？　現役の時は「もう一回やってやる、もう一回やってやる」と頑張ってきたけれど、今回ばかりは「やれる」という根拠が自分の中に何もなかったんです。

――そんな不安な状況でも手術に踏み切られましたね。

先生からは、このまま何もしなければ一生現状のままだろうと。ただ、手術をしても回復には個人差があるから保証はできない、という説明がありました。

そうなれば、どっちにしても手術するしかないわけですよ。相撲と一緒で、稽古をやっても勝てるかどうか分からないけれども、やらなければ勝てない。それだけは分かっている。そうしたら、やるっきゃないわけで。それで「お願いします」と言ったんです。

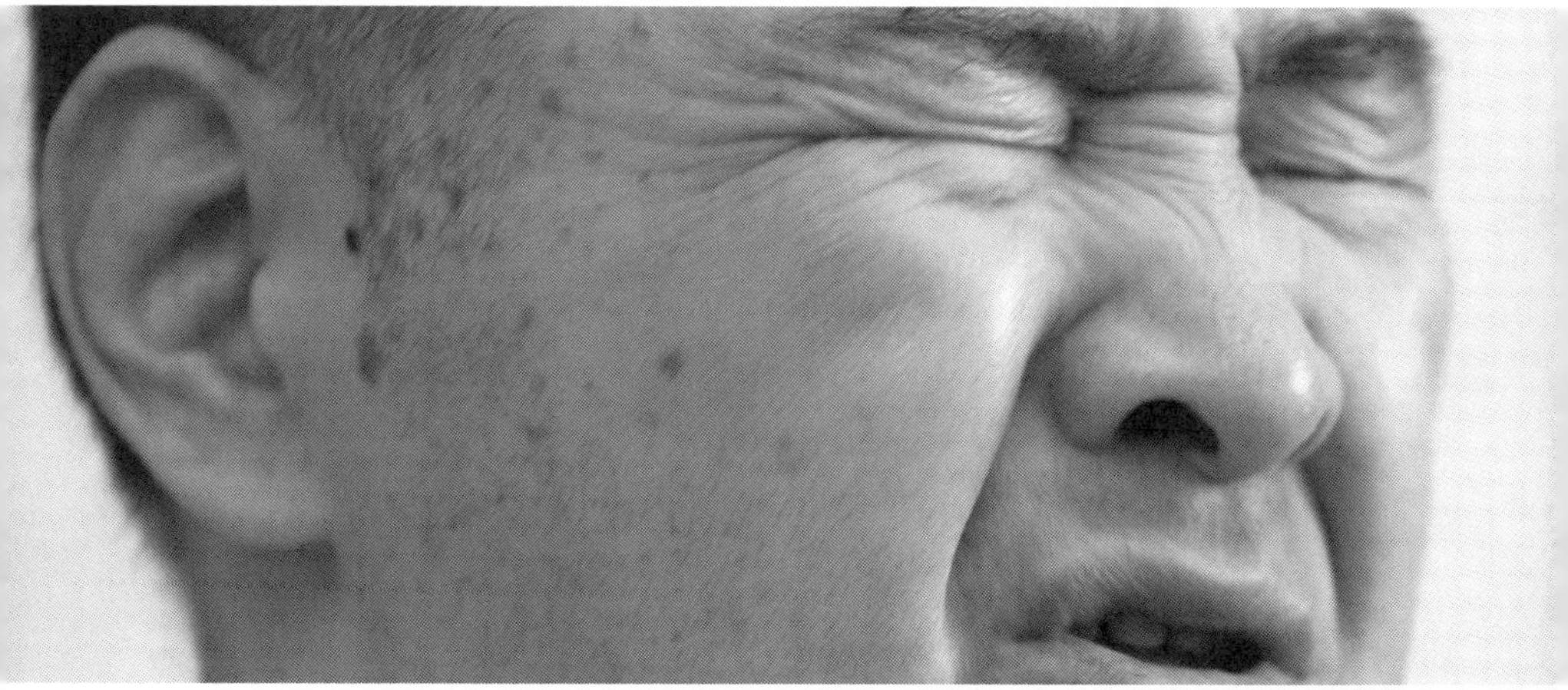

――具体的には、どのような手術だったのですか。

脊髄は大切な神経がいっぱい通っている場所なんですね。簡単にいうと、その神経を守っているカバーが、転倒して強打したことによって、神経の束を押し潰してしまっていると。その潰れた部分を広げる手術を行いました。

術後、ほんの少し、ピク、ピクと動くようになって、リハビリも少しずつ始めました。だけどやっぱりまだまだ先は見えない。回復はどうなるか分からないという段階の時、看護師さんがこんな話をしてくれたんですよ。

「中山さん（本名）と同じ怪我を負って退院した人の中にはカレーライスを自分の手で最後まで食べた人もいますから、頑張りましょうね」

裏を返してよく考えれば、俺はカレーライスすら一人で食べることが難しいような大怪我をしたんだと。そんな大変なことなんだと思うと、看護師さんが親身になって励ましてくれている分、この言葉は重く響きましたね。

絶対に希望は捨てない捨てちゃダメだ

ただ、本当に看護師さんたちには毎日感謝していました。汚い話ですが、下の世話も看護師さんたちにやってもらっていたわけですからね。こういう仕事に就いてくれる人がいなければ、俺みたいな怪我をした人間はどうなるんだろうと思いました。

だけど、やっぱり下の世話は堪《こた》えましたねぇ……。そういうこともあって、あまり食事をとらなくなりました。排泄《はいせつ》の世話になるのも嫌だし、そもそも食べる気力も湧いてこないんですよ。動いていないから筋力も落ちて、二十五キロも痩せました。

——確かに、以前とは別人のようにお痩せになりました。

入院して一か月くらい経った頃かな、それまで体を拭いてもらっていたのが、風呂に入ることになったんです。風呂場に連れて行かれて、裸にされて、鏡にストレッチャーに寝ている自分が映った時、まるでマグロの解体ショーで身が抉《えぐ》り取られた後みたいだった。足はしわくちゃで、俺はどうなったんだろうと思って、声を出して泣きましたね。

看護師さんに「中山さんだけではないですよ。皆さん、泣かれますから、ここで泣いてください」なんて言われて、これはもの凄《すご》い闘いだと思いました。

——出口の見えない闘いですね。

でも、そんなある日、弟子たちが皆で見舞いに来てくれた時がありました。私を頼って部屋に来てくれたのに盾になってやれない自分が情けなくて、やっぱりここでも泣いたんです。

そして、やっぱりこの子たちを守ってやらなければいけない。少なくとも生きていてやらなければ、預けてくださった親御さんたちにも申し訳が立たない。また、家族にもつらい思いをさせているけれど、もう一度家庭に笑いを取り戻させないといけない。だから、弟子と家族、そのために絶対に頑張ろうと思うようになりました。

先生から「神経は一日一ミリ伸びていくから、最初は効果が見えなくても絶対に希望は捨てちゃダメだ、いや、捨てないでください」と言っていただいたことも支えになりました。

自分に残された最後の指導法

——そこから本腰を入れてリハビリに取り組まれたのですね。

ＯＴ（作業療法士）、ＰＴ（理学療法士）と呼ばれる人たちが病室に来てくれてボールを握ったり、足を曲げたり伸ばしたりのところからのスタートです。

　また、車イスに乗り移る練習では、ずっと横になっていた人間が縦になると血圧がぐっと下がって「起立性低血圧」という貧血状態になるんです。だからベッドから起き上がり、車イスに乗って一分ですぐ戻る、次は二分と、その繰り返し。

――一進一退ですね。

　はい。慶應病院には二か月入院して、その後、千葉のリハビリ専門のセンターに移りました。そこは学校の時間割みたいに表がくるんですよ。午前中は手と肩、午後は下半身ですよ、と。

　センターには脊損の人だけでなく、脳梗《こう》塞《そく》の後遺症の方やお年を召して歩行困難になった方など、様々な症状の方がいました。そうすると、「きょうは調子が悪い」とか「やりたくない」という人が出てきて、リハビリの先生の時間が急に空く時がある。その時は「俺にやらせて」と言って、人の時間もいただいてリハビリしました。

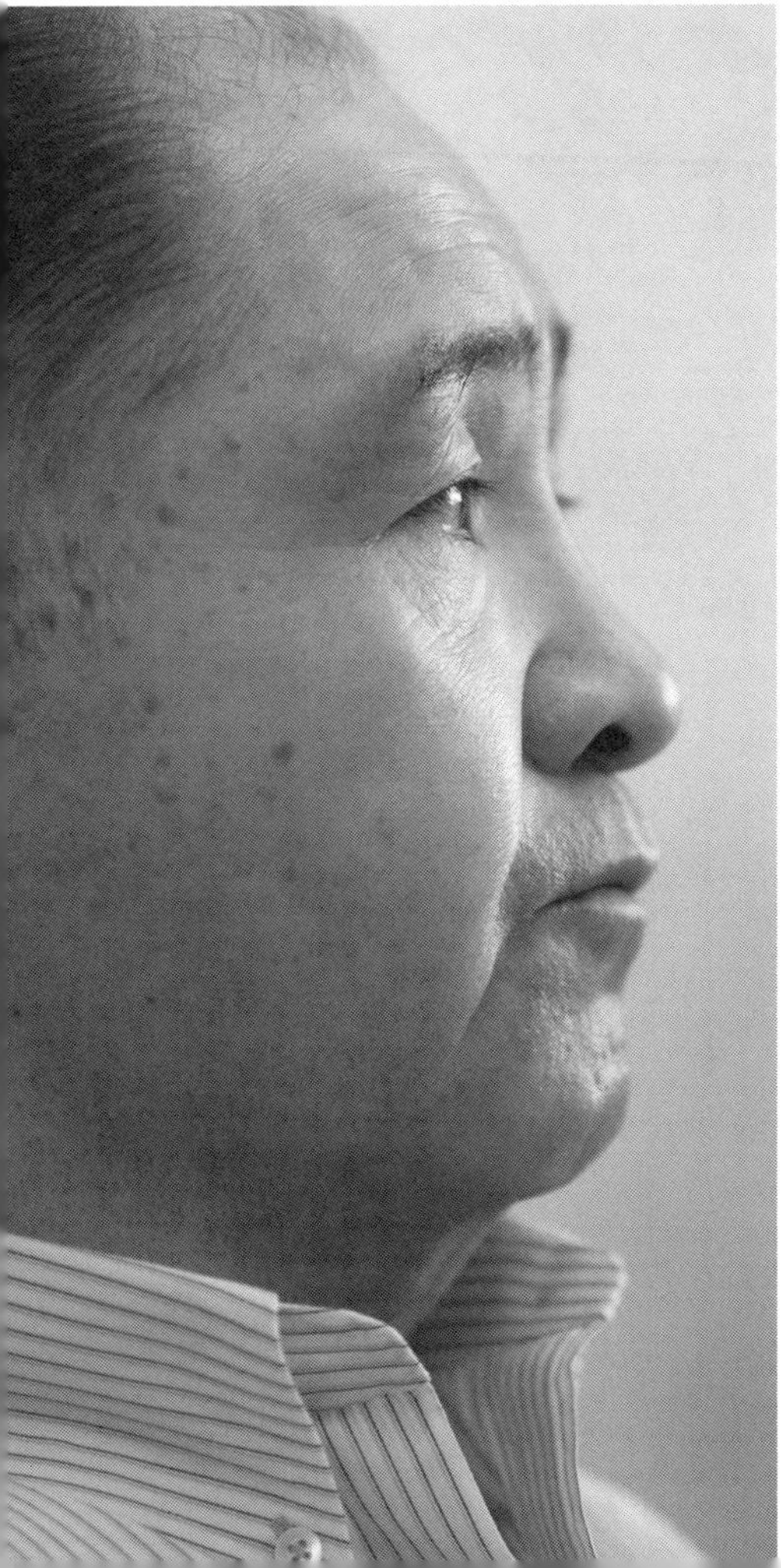

　また、一人の時間は車イスや杖を突いての歩行の自主練をやりましたね。とにかく弟子の元に、家族の元に帰りたい一心でした。

――現役時代同様、人の倍以上の努力をされたのですね。そちらのセンターにはどのくらいいらっしゃったのですか。

　半年間です。だから時系列で言うと、四月に受傷して、二か月間慶應病院にいて、半年間リハビリセンターにいて、十一月に戻りました。そしてその翌々日に九州場所に向かいました。

――え、翌々日に？　周囲には反対されたでしょう。

　「無謀だ」「絶対に無理だ」と言われました。いまにして思えば確かに無謀もいいところなんですよ。でも、自分の中では、土俵に育てられたんだから、土俵を見たら何か変わるんじゃないかなという思いがありました。子供たちについてきてもらって九州場所に行きましたが、本場所の土俵を見た時の思いは、なんとも言えないですね。帰ってきたというか、帰ってこられたというか。

車イスを持っていったんですけど、あえて杖で歩いたんですよ。やっぱり土俵の前では、弱みを見せたくないんですね。土俵を前に「痛い、痛い」と足を引き摺《ず》っていたら、その足を狙われるだけの世界じゃないですか、相撲って。そうやってずっと生きてきたから、車イスに乗っているところは絶対に見せたくなかった。

——苦しくても、つらくても、土俵の前では見せないと。

はい。それと、やはり弟子に「頑張れ、頑張れ」と言ってきましたからね。ほとんど私が現役を辞めてから生まれた子ばかりで、「俺は怪我をして、幕下三十枚目まで落ちても頑張ったぞ」なんて言っても通じないんですよ。

だから私に残された最後の指導法は、格好いい、悪いは別として、この怪我から逃げずに闘う後ろ姿を見せて、何かを感じてもらう。それだと思っているんですよ。

1981年9月、大相撲秋場所千秋楽で撮影に応じる三賞受賞力士。写真右端が、初優勝を果たし、技能賞を受賞した琴風＝現・尾車氏

相撲に学んだ心の持ち方

——現在はどの程度まで体の機能は回復されたのでしょうか。

見てのとおり、体の筋肉がまだありません。お尻なんかゴツゴツ骨が当たるので、こういう分厚いクッションがないとダメです。

また、低いソファは無理ですが、五十センチ以上くらいの高さからは自分で立ち上がれるようになりました。車イスには一切乗らないで、杖で歩いて移動できます。

手足はまだ重いですし、痺《しび》れもありますが、怪我をした当初握力が右ゼロ、左4だったのが、いま右15、左20くらいになりました。グラスも持てますし、障碍《しょうがい》のある人のために工夫された箸《はし》なら最後まで自分で食事ができます。また、相撲協会でも巡業部長の任のまま仕事をさせていただいています。ただ、女房やいろんな方の手助けがないと、どこにも行けないことは確かです。

——先ほどの看護師さんのお話からすると、そこまで回復するのは奇跡的なことではないですか。

うん、いま家に来ていただいているリハビリの先生は「長く脊損の患者さんを見てきたけれども、こんな重度の怪我で立っている人を見たのは私は初めてだ」と言っています。
　自分は怪我の一生だと言いましたが、こうして取材を受けて、それを見て、障碍のある方やあるいは人生に悩んだり挫《くじ》けたりしている人が少しでも元気になっていただけるなら、意味のあることだと思っています。
　また、私も自分をさらけ出すことによって、「もっと頑張らんといかん」と力をもらっていますから、切磋琢磨《せっさたくま》させてもらっています。だから、胸を張って、足を引き摺っている。胸を張って杖を突いている。そういう気持ちでいます。恥ずかしいなんて思わないぞと思っています。

――奇跡の回復に多くの人が勇気をもらいますね。

　自分も正直、弱気になった時、iPadで「脊髄損傷」なんて検索してみると、こういう症状になる、という事例がいっぱい出てきました。確かにそれは嘘《うそ》ではないですよ。だけど私は「俺が歩けないと誰が決めたんだ」と思ってきました。例外は絶対にある。あるから例外なんだと。
　私は師匠から「〝心技体〟は心も技も体も優れていることじゃない。順番なんだ」と教わりました。要するに、心が一番、技が二番、体が三番。技や体がすぐれていても、心がダメなやつは相撲がダメだ。少し怪我があっても、心がしっかりしていれば勝てると、よく力説されました。

――心がしっかりしていれば勝てると。

　飯《めし》を食い過ぎても胃に穴は開かないけれど、飯も食ってないのに悩んでいると胃に穴が開く。だから、くだらないことを考えている暇があったら稽古せい、といつも師匠から言われてきました。
　私も怪我をして泣きました。悩みました。だけど、最後は「やるしかない」と。力士をやっていたおかげで、歩みを止めず、闘いの土俵に上がるしかない、という答えを自分で持っていたんですね。

一生休むなと決められた人生

――そういう意味では、奇跡的な回復も心の持ち方次第ということですね。

　だから、心に負けると自分に負けるということかな。一番怖いのは怪我ではないし病気でもない。他人でもない。自分自身です。
　ただ、私も人間ですから、最初から「やってやろう」なんて思っていないわけです。凡人ですから、「終わったな」「無理だな」「もうダメだ」と思うこともあった。

　そこで何かのために頑張るというものを常に持っている人でないとダメだと思います。今回私は弟子のために稽古場に戻らなければならない、もう一度家族に笑いを取り戻させたいと。そして願わくば、お世話になった相撲界にご恩返しするために、もう一度働きたいということが大きな目的でした。

――自分以外の何かのために。

　はい。自分のためにやることは、しょせん甘いです。自分は楽を選びたいもの。嫌ですよ、苦しいこと、つらいことは。

　稽古中もそうです。親方に「ほら、琴風（現役時代の四股名《しこな》）、四股を二百回踏め」と言われると、二百回踏んだ後に、「おふくろのためにもう二十回」「俺の出世を待っているおばあちゃんのためにもう二十回」と、そうやって四股を踏んできたんですよ。それがプロの世界、競争の世界です。

　だから弟子たちにも言うんです。稽古が終わった後、礼儀として親方である私に「どうもごっつあんでした」と挨拶に来る。

その時、「ここまではおまえがやったんじゃないよ。親方が言うからやったんでしょ。ここまではやらされたんだ。ここからおまえが誰のために頑張るかだよ」と。

一日十回余計に四股を踏む。一年で三千六百五十回です。この三千六百五十回を大晦日一日で取り戻せませんよ。この少しの差が人との差になるんです。

でも、これは自分のためだったらやれていなかったと思います。

――相撲と怪我、どちらも心の持ち方のベースは一緒なのですね。

はい。だから私はいま、五十六歳になってもう一度土俵に上がっているような心境です。おかげさんでこの怪我は一日でも怠けると元に戻るというか、三日も寝ていたら歩けなくなる。

以前は弟子を育て、ある程度相撲界にご恩返しができた後は、女房とのんびり過ごしたいなと思っていましたが、こうなった以上、「一生休むな」と決められた人生なんだろうなと思っています。

だからこそ、「私は死ぬまで一度も怪我や病気がなく、いい人生だった」と言って亡くなっていく人、もちろんそれは最高ですが、怪我をしてしまった以上、そういう方々にも負けないくらい、いい人生にしたいと思っています。

現役時代、サインを求められると「稽古に泣いて土俵に笑う」と書いていました。怪我をして休場した時は、「この日のことを笑って話せる日が来るまでは絶対に泣かないぞ、辞めないぞ」と思ってリハビリをしてきました。今回も一緒です。この怪我によって私も、弟子も、家族も、一度は笑いを失いました。だけどもう一度心からの笑顔を、笑いを取り戻したい。最後には絶対に笑ってやる。

「怪我に泣いて、最後に笑う」

いまはそんな気持ちでいます。

尾車浩一（おぐるま・こういち）

本名・中山浩一。昭和32年三重県生まれ。14歳で佐渡ケ嶽部屋に入門、46年初土俵。52年初場所入幕。53年初場所史上4番目の若さで関脇になる。左膝の故障で一時は幕下三十枚目まで転落したが、関脇に返り咲き、その後も怪我に悩まされながらも56年秋場所初優勝。大関に昇進。60年引退。主な成績は幕内優勝2回、三賞受賞6回で大鵬と並ぶ史上6位の幕内連続勝ち越し25場所の記録がある。62年尾車部屋を創設。

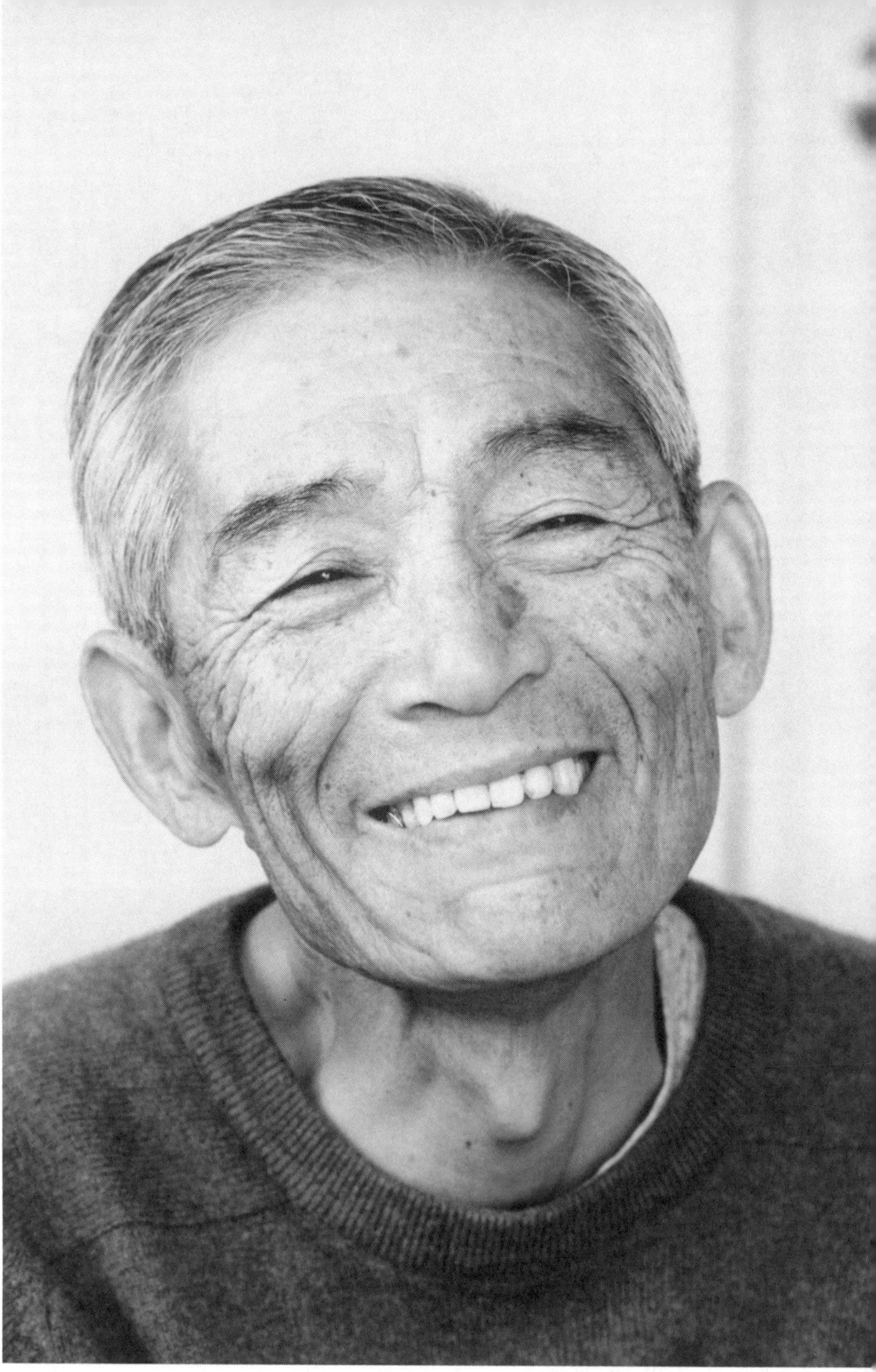

ひたすら芸を高め深める　そこに碁の真髄がある

藤沢秀行
囲碁九段・名誉棋聖

Fujisawa Hideyuki

酒、そして競輪。破天荒で自由奔放に見える名誉棋聖・藤沢秀行九段の内面には、囲碁一筋に懸ける情熱が赤々と燃えている。そこに68歳にしてなおもトップクラスとして第一線で碁を打ち続ける秘密があるようだ。飄々として素朴な風貌の陰にある生きざまの根源を伺った。

碁を呼吸して育つ

——藤沢先生、おいくつになられました？

六十八歳になりました。数え年なら七十です。

——碁を打たれたのは、幼いころからと伺いました。すると、もう六十年以上、碁を打たれているわけですね。

そうなりますね。日本棋院の院生になってプロの道を歩み始めたのは九歳の時ですが、五歳ごろから打っていたようです。

——碁はどなたから教わったのですか。

囲碁とはこういうもので、こう打つんだ、といったことはだれからも教わった記憶がないんです。父が碁が好きでしてね。父が打つのをそばで見ていて、自然に覚えたのではないでしょうか。気がついたら打っていた、という感じですね。

——そういえば、お父さまがなかなかの剛の者だったと伺いましたが（笑）。

確かに剛の者でしたね。父は安政三（一八五六）年の生まれで清水次郎長を知っているというんです。それで、私がいま六十八歳。計算すれば、私は父が何歳の時の子かわかるでしょう。しかも私が最後ではなくて弟や妹がいるんだから、剛の者には違いありません（笑）。
母とは四十六も年が違っていて、異母兄弟を含めると、子供は全部で十九人だそうです。実際はもっといたのかもしれないが、そんなもの、確かめようがありませんよ（笑）。

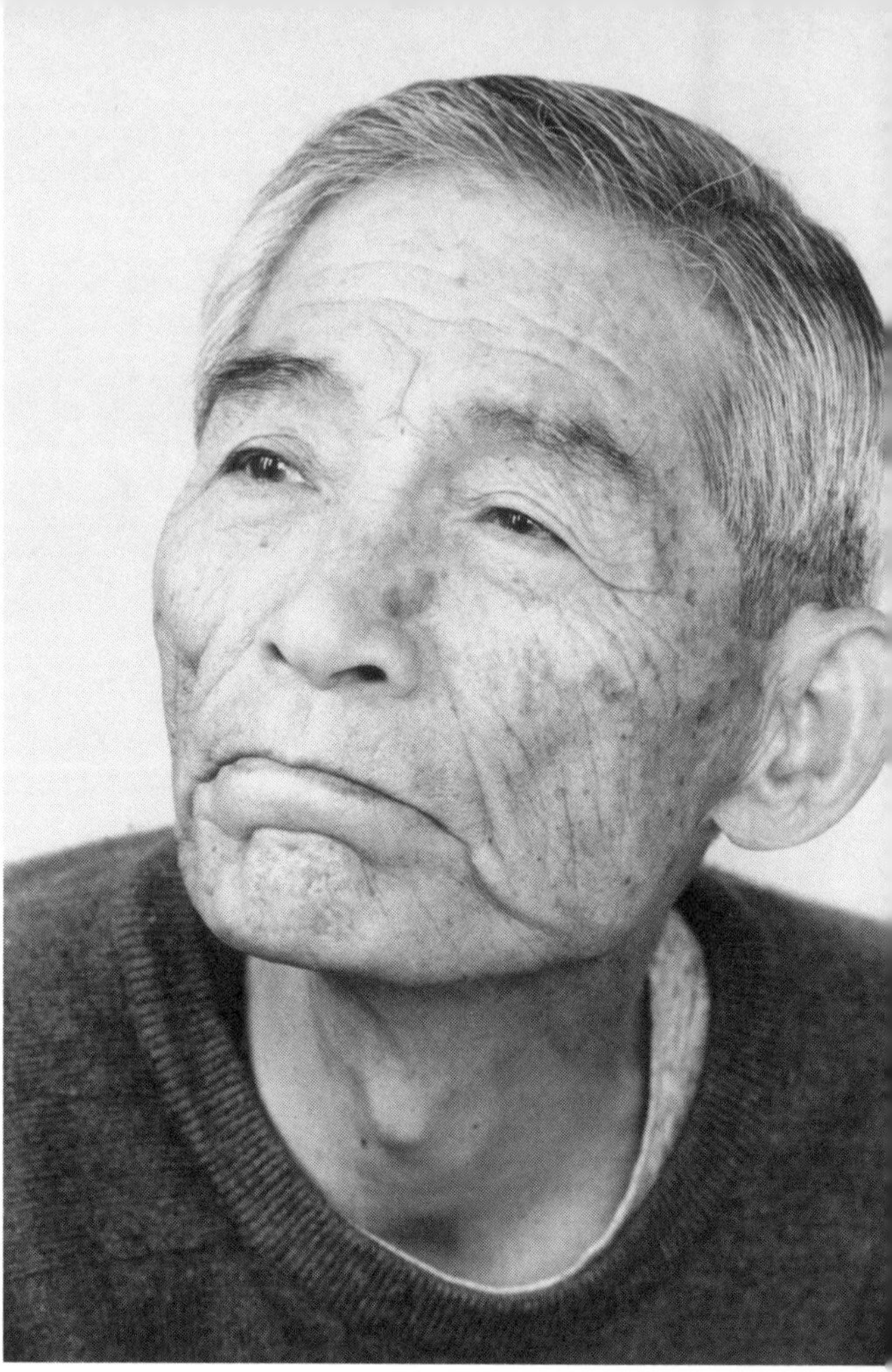

商売の才があったのでしょうね。横浜で製糸業をやったり、生糸《きいと》相場に手を出したりして、なかなかの羽振りだったようです。私が物心ついたころは仕事から手を引き、好きなことをやっていました。

——その好きなことというのが碁だったわけですね。

明治三十四年に初段になっています。当時はいまのようなアマとプロとの区別が明確ではなくて、そのころの初段ですから、まぁ、いまでいえば県代表ぐらいの力はあったのでしょう。賭《か》け碁に熱中して、あちこち泊まり歩いて家に帰らない。
それで母は私を父におんぶさせて家を出す。それでも父は私を隣室に寝かせておいて、泣くのも構わず碁を打っていたといいます（笑）。

——藤沢先生は碁を空気のように呼吸してお育ちになったわけですね。

そういえますね。

——それから六十年以上、碁一筋。

運命ですね。しかし、いい運命です。私自身も碁が好きで、その碁で一生を過ごすことができるのですから、いうことはありません。

碁に専心すればいい

――しかも、藤沢先生はただ長く碁を打ってきたというだけではない。いまでも棋士のトップクラスにいて、第一線で碁を打っていらっしゃる。そこがすごい。

そうですね。この間も小林光一さんと名人順位戦の五番勝負を戦って、三対二で勝ちましたからね。われながらよくやっていると思います。

――将棋の世界では、若い天才が出てきて二十代の前半ぐらいに爆発的に強くなることが多いようです。その点、碁は違うのでしょうか。

碁と将棋の質の違いというのはあるようですね。碁は曲線的であるのに対して、将棋は直線的で、それだけに覚えが早い面がある、ということはいえるのではないでしょうか。若手が次々と出てくるのも、そのあたりに理由がありそうです。

しかし、碁の世界でも若くて強くなるケースがしばしばありますよ。ただ、私はそうではなかった。むしろ、何歳ごろにグーンと伸びて、何歳で頂点に達して、何歳になると衰えていくというふうに決めつけたり、思い込んだりするのが間違いではないでしょうか。

人にはそれぞれのタイプや生き方がある。私は自分で強くなったな、と実感できたのは五十歳になってからです。

明治時代に秀栄という名人がいましたが、この人は晩年が最も強かったといいます。もう年だからそろそろおしまいだ、などと考えたら、それこそおしまいになってしまう。

――それにしても、長い間トップクラスにいるというのは容易なことではありません。まして、五十代、六十代になっても第一線というのは、想像を絶します。何かコツがあるのですか。

コツとか要領とかいった、都合のいいものはないのじゃありませんか。平凡なようだけど、結局は努力。日常の努力だけですね。というと、私はいつもまじめに棋譜と向かい合い、日々研鑽《けんさん》に励んできたように聞こえますが。

――そういえば、藤沢先生の酒と競輪は有名ですね（笑）。

ええ、その通りです。酒は飲みだすとやめられなくなる。お金を握ると競輪場に行きたくなる。そんな具合でしたからね。いまでも競輪はやめられない。現にこうしてインタビューを受けていても、明日のレースが気になってしようがない（笑）。ただね、これだけはいえる。

それは酒を飲んでいても頭から碁が離れたことはなかったということです。いつも碁のことだけを考えて六十八歳になった、ということです。

――それほどまでに藤沢先生を引きつけた碁の魅力、おもしろさとはなんですか。

それは、私にもわからない、としか答えようがないなぁ。ただ、こういうことがありました。随分昔の話です。あれは昭和十八年ごろでしたね。

私は満州、いまの中国東北部に行って、一年間ほど過ごしたことがあるんです。そのころは三段になっていて、向こうにいる日本人に碁の指導をするのが仕事でした。月に二、三百円になるというのに引かれて行ったんです。

それである朝、新京の市街を散歩をしていたら、臨済宗妙心寺派のお寺があった。何気なく入っていくとお坊さんがいて、その人といろいろ話をした。

そのお坊さんは川野宗寛という老師で、青二才の私などそんなに気安く話せない偉い人だったようですが、こんなことをいわれました。

「どんな職業でもいい。碁打ちは碁打ちに専心すればいい。何かを悟るというより、自分の仕事に精を出すことが、すなわち悟りへの道であり、仏の道である」

――悟ろうなどとしないで、自分の仕事に専心する。そうすればおのずと悟りは開けるものだということですね。

私は、ヘボもいいところなんだけど、一応書をやるんです。何を書くかというと、あの老師に伺った話に通じるような言葉を自然に選んでいる。例えば「萬法帰一《ばんぽうきいつ》」などですね。

私でも迷ったり悩んだりすることがある。そんなときに浮かんでくるのは、あの老師のお話、つまり「萬法帰一」なんです。碁打ちは碁のことだけを考え、碁を一所懸命に打てばいいんだ、とすっきりした気持ちになれる。

「萬法帰一」。書は故・柳田泰雲氏に指導を受ける

――「萬法帰一」ですか。書はどなたかについて学ばれたのですか。

いまは故人になられた書家の柳田泰雲先生が碁が好きで、棋院に出入りされていたものだから、その関係で書くようになったんです。でも、先生がいくら立派でもヘボはヘボですよ。

それでも柳田先生が私の書を「高僧中の名筆のようである」などとおだてるものだから、「私の書で個展が開けるだろうか」と聞いたら、開けるという。それで調子に乗って四年前に松坂屋で個展を開いてしまったんです。

その個展に「萬法帰一」と書いた二曲屏風《びょうぶ》を出品したら、書道批評家の田宮文平さんに大変お褒めをいただいて、恐縮しました。

酒と棋聖戦

――お酒は随分飲まれたようですね。

飲みました。毎日ウイスキーならボトル一本、日本酒なら一升。これが普通のときで、飲むとなったら際限がなくなっていた。いつも酔っ払っている状態だった時期もあります。

――すると、対局のときもですか。

事実だから隠しても仕方がありません。酔った状態で盤に向かったことも何回かあります。ところが、盤に向かうと、どんなに酔っていても不思議に碁に集中できるんです。それで飲んでも自分は碁が打てると思い込んだのがいけなかったのかもしれない。

――藤沢先生は第一期から第六期まで、連続六回棋聖を独占されたという記録をお持ちです。その間も酒を飲み続けられたわけですか。

棋聖戦が創設されたのは昭和五十一年で、この賞金が千七百万円、それに七番勝負の対局料五百万円が加わる。当時としては破天荒の賞金だったし、私は借金を背負っているから大いに張り切らざるを得ません(笑)。

最高棋士決定戦を勝ち抜いて棋聖戦の七番勝負に臨めるわけだが、こういうときはやはり酒はセーブしました。そういうメリハリはつけていましたよ。棋聖戦の七番勝負の間は完全に酒を断ちました。

第一期のときは古希を控えられた橋本宇太郎先生が相手だったが、これに四勝一敗で勝ち、棋聖を獲得することができた。もっとも、その反動で棋聖戦が終わると飲み続け、おかげで、その直後に出たテレビ対局で放送時間一時間を残して負けてしまうという事件を起こしてしまいましたけどね(笑)。

――酒を控えた効果が出たわけですね。

それはわかりませんね。棋聖の第二期の対戦相手は、当時日の出の勢いだった加藤正夫君だったが、このときは対戦一か月前から断酒して備えた。すると、一種の禁断症状が出てね。いろいろな幻覚が襲ってきて、夜も眠れない。碁そのものも大変だったが、断酒の禁断症状で苦しんだことのほうが鮮明に記憶に残っているぐらいです。

棋聖第三期の相手は石田芳夫君だった。前のときで懲りていたから、今度は二か月前から禁酒した。確かに体調はいい。しかし、迷いが出た。なんというか、自分の考える碁がしっくりこないんですね。

それで迷いを吹っ切るために石田君の過去数年の打碁の棋譜を取り寄せ、二百局石を並べて研究をしました。

　このようにそのときそのときで自分なりに工夫を凝らして棋聖戦の防衛を重ねたんですよ。

――対局の前に酒を断ち、二百局石を研究される。そのへんに先生の強さの秘訣がある。

　酒を断ったことがよかったのかもしれない。そうでないかもしれない。そのあたりは自分でもよくはわかりません。たとえ酒を飲み続けたとしても勝ったかもしれないし、勝てなかったかもしれないしね。

　ただ、こういうことはいえると思います。努力して常日ごろの自分の何かを変えてみる。そういうことが緊張感をつくり、集中力を増すことにつながっていく。

　そういうことはあるような気がしますね。何かを成し遂げようとするとき、自分の何かを変えてみると、気持ちが改まって集中力が増すということはあるんじゃないでしょうか。これは試みてみる価値があると思います。僕の場合はそれが酒だったんじゃないかな。

――しかし藤沢先生は、それで酒を完全にやめるとか控えるとかいうふうにはなりませんでしたね。大きな対局が終わると、かえって飲み続けの状態になったと伺っています。

　そこでパッと断てるようなら、これはもう、掛け値なしの偉人なのかもしれません。だけど、私は凡人だからね。好きなものはしようがない。やめられないんだ。

　でも、運命の神様はよく見ていてくださるね。それでも酒がやめられないなら、飲みたくとも飲めないようにしてやろうとお考えになったのでしょう。本当に飲めない状態になってしまった。

がんとの闘い

――それはどういうことですか。

　あれは昭和五十八年、第七期棋聖戦の時だった。そのときの相手はめきめき売り出してきた趙治勲君だった。そして三連勝のあと四連敗でとうとう私は負け、六期保ち続けた棋聖の座を明け渡すことになってしまった。

　この七番勝負の間、どうも体の調子が悪いとは感じていたんです。そうしたら、棋聖戦の二十日後に大量に吐血してしまった。胃潰瘍《いかいよう》だったんだが、がんも発見された。

――がんですか。

　もう二か月ほど遅れたら、投了だったらしいね。癌研《がんけん》で手術したのだけど、執刀した太田先生というのが名医でね。胃四平方センチほど残して、とにかく助かりました。

　それで一か月ほどで退院すると、早速対局を再開したんです。太田先生はあきれたそうですがね。

――それで酒をやめられたわけですか。

　いや、やめなかったね（笑）。胃が四平方センチしかなくなったから、量は減ったが、飲むことは飲み続けました。ただ、このがん体験で痛切に感じたことがあるんです。それは私から碁を取ったら何も残らないということ。ただ無性に碁が打ちたかったんです。自分にとって碁とは何かがあのときわかったといえるでしょうね。

それで昭和六十一年には久し振りに名人戦リーグに復帰して、またその翌年にがんが再発したんです。

――また胃がんですか。

いや、胃は四平方センチしかないから、がんのほうが遠慮したんでしょう。今度はのどのこぶが膨らんで、リンパがんです。今度は放射線照射療法をやることになった。あのつらさは経験した者でなければわかりませんね。

数か月は寝たきりで、味覚はなくなる、流動食しかのどを通らないという状態で往生しました。でも、その間も対局は休みませんでした。

――休まなかったんですか。

本当に碁が打てなくなるかもしれないと思うと、休んではいられないんだ。幸いがんは消えたけれど、今度こそ本当に酒が飲めない体になってしまいました。

この体験は貴重でしたね。神様か仏様か知らないが、あれは私に碁が自分にとってなんであるかを教えてくれたんだと思いますね。「お前は碁なしでは生きられない人間なんだぞ」「碁を打てない体になってもいいのか」と教えてくださったのだと思います。そして「そんなに碁が打ちたいなら、ちゃんと打てる体にしてやろう」と、酒が飲めないようにしてくださったのだと思います。これは比喩《ひゆ》などではなく、私の実感です。ありがたいことですよ。

――でも、がんになってそういう感じ方ができるというのは、藤沢先生が碁に打ち込む生き方をしてこられたからではありませんか。何も打ち込むものがなくて、漠然とした生き方をしてきたら、がんになって災難だった、治ってよかった、というだけで終わってしまうと思います。

なるほど、そうかもしれません。そういわれてみると、私の生き方もまんざらではない、ということかな……。

芸を高め深める情熱

――いつまで第一線で碁を打ち続けられるとお考えですか。

そんなことはわかりませんよ。何歳まで伸びて、何歳で衰えていくと決め込むのが間違っているといいましたが、しかし、年齢というのは過酷なもので、無限というわけにはいきません。私ははっきりいって下り坂です。

これは、どんな言葉で慰めてもらっても補えない実感です。私の年齢になれば、言葉ではなく体でそれがわかる。私は衰えてきている、ということはだれよりも私がよく知っています。

だから、これから伸びるとは考えられません。いかにいまの力を維持していくかがいまの課題です。いつまで維持していけるか、そんなことはまるでわからない。だから「一期一会《いちごいちえ》」という言葉がありますが、私はそれと同じ気持ちで、いつもこれが最後の対局だ、と思って打っています。

――これが最後と思って打つようになったのは、やはりがんを患われてからですか。

がんがきっかけというわけではありません。そういう気持ちはもうずうっと以前からありましたね。

――これが最後と思う気持ちが、藤沢先生がトップクラスに居続けるゆえんなのかもしれませんね。

さぁ、それはどうだろう。自分ではわからないなぁ。ただね、これが最後かもしれない、と思う気持ちと同時に、自分の〝芸〟を深めたいと思う気持ちが強くなってきていることは確かですね。

――芸ですか。

碁の芸とは何か、芸のある碁とは何か、と正面から聞かれると、言葉で説明するのは難しいけれど、なんといえばいいのかな。どんな碁を打っても最終的に勝てばいい、という考え方がある。日本の囲碁界にはとくにその風潮が強くて、ほとんどの棋士が碁は勝負に勝つことだ、といっている。

勝つことが強いということなのだ、という考え方ですね。しかし、勝つことだけの碁は底が浅くなり、汚い碁になってしまいます。

私は違うんです。芸のない碁を打って勝っても仕方がない、という考え方です。ひたすら芸を高め、深めていく。

第一手から最後の手まで、しっかりした石の姿を置くことを大切にする。それが結果的に勝ちにつながる。それは私の棋風ですね。

――もう少しわかりやすくいうと、どういうことでしょう。

勝つことで強くなるのか、強くなることで勝つのか。これは同じことだと思うかもしれないが、決して同じではありません。

まず最初に定石が打たれる。定石はその定石から発展して布石を形成し、布石は中盤を、中盤は終局へと発展する。しかし、この展開は常に問題をはらんでいます。

一つの問題を解決することによって、さらに次の問題が提起されてくる。常に解決は進歩を、進歩は問題をはらんでいる。このように変化と人間の頭脳は無限に発展していくのです。

この無限の変化発展に対応する定石を究め尽くすことは、いかなる達人といえども難しい。難しいことではあるが、それでもなお究め尽くし、揺るぎのない石の姿を形成していこうとする。

それが芸ということです。私は何よりもそれを大切にして碁を打つ。これがしっかりできれば、勝ちは結果として出てくるということです。

このことは、厚みと実利というふうにい い換えることもできると思います。厚みとは弱点のない、しっかりした石の姿です。実利は対局者いずれかの領分（地）のことだと思ってください。

厚みを重んずればどうしても実利を失うし、実利を重視すると、厚みを失うことになる。厚みは信用で実利は現金のようなも

のです。いま現金を取るよりも信用を取ったほうが、いまは損なようでも将来は何倍もの利になる、ということですね。

芸を見たい

――藤沢先生は厚みを大切にする棋風である、と。

そうですね。勝った負けたよりも、まず置いた石の姿がどうかというほうに関心が向くんです。どのような石の姿を作るかが芸ということになりますが、勝った負けたはその場限りだが、芸はどこまで深めても奥が見えないし、どこまでも高めたつもりでも、上には上があって際限がない。
この芸を高め深めていく情熱、この年になって情熱などというといくらか照れ臭いが、芸に対する情熱はいまでも燃えています。これがある限り、碁打ちをやめるわけにはいきませんね。

——藤沢先生には師匠はいませんね。

子どものころ、父に連れられて福田正義先生に弟子入りしたことはあります。しかし、すぐに福田先生はドイツに囲碁普及に行かれたので、内弟子の経験はないし、師匠はいないといっていいでしょうね。

——その藤沢先生が秀行軍団を組織したり、いまは秀行塾を定期的に開催されたりして、後進の育成には非常に熱心に取り組まれています。なぜでしょうか。

自分で碁の芸の奥行きを追究するのもいいが、芸は無限です。自分と違った芸を見てみたい。深い芸、高い芸を見せてくれる若手に出会いたい。そういう気持ちがあるからでしょうね。いろいろな才能に出会うのが楽しいのです。

——有望な若手はどういう基準で見分けるのですか。

基準などというものはありませんね。これは長い間碁を打ってきた賜物《たまもの》でしょう。見ればわかります。強いて挙げれば、〝線の太さ〟、〝読みの早さ〟、〝目の輝き〟でしょうか。もっとも、これはと思う素材がきらきらする力を発揮していたと思ったら、なんとなく精彩を失ってしまうといったこともしばしばあります。難しいですね。

——そんなことになるのは、どうしてでしょう。

先生の責任ですよ。一人ひとりに個性がある。例えば、私は先生がいなかったのがよかったのかもしれません。先生がいてあれこれ指導されたら、かえって駄目になった可能性は大いにあります。ところが、適切なアドバイスを与えたほうが伸びる素材もいます。しかし、それは適切なものでなくてはなりません。
植木を見てごらんなさい。上手な庭師の手によって見事な枝ぶりを見せる植木もある。しかし、下手な庭師にかかると、変に剪定《せんてい》され、針金なんかで縛りつけられ、おかしな植木になってしまう。それと同じことですよ。
その意味で、教えるということは教える側が大変勉強になる。だから、私はアマチュアの指導碁でもおろそかにしません。あとで検討して反省する。これが大変に勉強になるんです。

——藤沢先生は今年（一九九四年）から囲碁の通信講座を始められると伺いましたが、それもそういうお気持ちの延長線上に出てきたものですね。

いや、これはちょっと違います。私もそろそろ年貢の納め時が近づいている。しかし、これまで私の碁を愛してくださったファンの方々とのつながりは保ち続けたい。
藤沢秀行の囲碁を少しでも多くの人に語り、伝える場を持ちたいということで、囲碁通信教授秀行塾として始めることにしたんです。

不悟と不識

——お話を伺っていると、藤沢先生は碁の達人であるばかりではない。人生の達人である、との感を深くします。碁とは何か、人生とは何か、藤沢先生のお考えをお聞かせください。

達人などとんでもない。これは言葉のアヤでもなんでもなく、私の実感です。私は以前、色紙を頼まれると、「不悟」と書いていたんです。悟らずというか悟りなしというか、そういう意味です。

この「不悟」には裏話があって、実は色紙を頼まれた時に、「不構」と書こうとしたんだ。本当に強い剣豪は構えることなく相手に向かう。そういう心境を込めて、私も身構えることなく相手に対したいものだ、という気持ちで書こうとしたんだけれど、木偏が立心偏になってしまいました。

それでとっさに悟という字を思いついて書いたんだが、書いてから自分で、本当に悟りには遠いなと感じて、それからはこの「不悟」を書くようにしたんです。これは私の造語かと思っていたら、仏語にあるそうですね。

本当に私なんぞ「不悟」だと思いますよ。

碁に専心すれば悟りの道に至れるかと思ってきました。ところが、どうしてどうして悟りとはそんなものじゃありません。強いていえば、この年になってようやく、悟り得ないことを悟ったというべきでしょうか。

達人など、とてもとてもですよ。

「不識」。『碧巌録』に出てくる達磨大師の言葉

——いまも色紙は「不悟」と書いていらっしゃるんですか。

いや、最近はもっと直截《ちょくせつ》に、「不識」と書いています。

——『碧巌録《へきがんろく》』に達磨《だるま》大師の言葉として「不識」は出てきますね。

私もそれで知ったのです。あれを読んだ時、衝撃を受けました。仏とは、識《し》らず、人間とは、識らず、なんでも不識と答える。このおっさんはすごいおっさんだなと思いました。

——「不識」とは並大抵では吐けない言葉ですね。

その通りです。「不識」とぶっきらぼうに答える。私は最初、すべてを投げ出したときにこういう言葉が出てくるのかな、と思いました。しかし、自分の胸の中で繰り返しているうちに、そうではないことがわかりましたね。

「識らず」は「識りたい」ということの裏返しなのですね。そこには燃えるような情熱がある。

私は碁を六十年以上も打ち続けてきたけれど、わからない。「不識」です。六十八歳まで人間をやってきたけれど、やはり人生は「不識」です。わかったことといえば、「不識」だということがわかった。だが、そこに安住している気にはなれない。わからないからこそ、わかりたい。もう残りは少ないが、この道を行くしかありませんね。

囲碁一筋

――すると、これからも碁一筋で。

もちろんです。私から碁を取ったら、何もありませんからね。

――そういえるものがあるというのは、幸せなことではありませんか。

その通りです。先程、私は下り坂だ、衰えているといいました。

これは理屈ではありません。現実です。とくに二度の大病をしてからは、昼はいいけれど、夕方になってみると、ほおの肉が落ちているのがわかります。体力がなくなっている。すると、読みがおろそかになったり、ヨセの根気が続かなくなったりします。これはどうしようもない肉体的現実ですね。

しかし、私には碁があります。だから、体をいとう気持ちにもなる。意識して、気力をもり立てようという気にもなる。

橋本宇太郎：［1907～1994］囲碁棋士9段。兵庫県生まれ。奔放な棋風で「天才宇太郎」と呼ばれた。平成26年囲碁殿堂入り。

橋本宇太郎先生が私と第一期の棋聖戦を戦われたのは七十歳でした。その橋本先生に名言があるんです。

「四十歳の相手と戦うときは、自分は三十九歳なのだと思うようにしている。二十歳が相手なら、十九歳のつもりで戦う」

もっと碁の深くて高い芸を見たい、という気持ちがある限り、私も橋本先生に見習っていきたいと思いますね。

そのためには、なんといっても日常です。まあ、酒は飲めなくなったけれど、競輪はやる。そのときでも頭から碁は離さないようにする。これだけは心掛けています。

――碁一筋でまっしぐら。あとは思い残すことなし、という感じですね。

いやいや、思い残していることはありますよ。

――なんですか、それは。

借金です（笑）。借金だけはきれいにして死にたいと思っている。

――失礼ですが、まだ借金はたくさんあるのですか。

いや、もうそんなにはありません。しかし、以前から親しんできた借金ですからね。まったくゼロというのは、ちょっと寂しい気がする（笑）。それでちょっと気にかかる程度に残してあるんです（笑）。

藤沢秀行（ふじさわ・ひでゆき）
大正14年神奈川県生まれ。昭和9年日本棋院院生となる。23年青年選手権大会優勝。その後、首相杯、日本棋院第一位、最高位、名人、プロ十傑戦、囲碁選手権戦、王座、天元などのタイトルを獲得。52年から囲碁界最高のタイトル棋聖を6連覇。名誉棋聖の称号を受ける。9段。

天才建築家ガウディの遺志を継ぐ

いまがその時、その時がいま

外尾悦郎
サグラダ・ファミリア
主任彫刻家
Sotoo Etsuro

不世出の建築家アントニオ・ガウディが設計した「サグラダ・ファミリア教会」。着工から130年の歳月を経たいまなお未完のまま工事が続く壮大な聖堂の建設に、日本人として参加してきたのが彫刻家・外尾悦郎氏である。ガウディがこの聖堂に託した思いとは何だったのか。一時帰国中の氏に、ガウディが求めた真の幸福の意味について語っていただいた。

ガウディの遺志を継いで三十余年

——まもなくサグラダ・ファミリア教会の「生誕の門」につける門扉《もんぴ》の制作に着手されるそうですね。

はい。サグラダ・ファミリアは、スペインの建築家アントニオ・ガウディが設計し、一八八二年の着工から百三十年が経《た》ったいま（二〇一二年）も工事が続けられている壮大な建築物です。

私はその事業に一九七八年から彫刻家として携わってきました。そんな中、彼が生前手掛けた「生誕の門」の、正面を飾る十五体の天使像を二〇〇〇年に私が完成させて設置したんですね。

同じ年に門扉のデザインのコンクールがありましたが、生誕の門の最後を飾る彫刻ですから、これを完成させるのは一大使命です。私もアイデアは出しましたが、その案が通るとは思いもしませんでした。というのも現地では著名な彫刻家たちが皆参加したものですから。サグラダ・ファミリアに自分の作品を置くことを望んでいるアーティストは多く、なぜ外尾という外国人ばかりがあの門をやるんだという声も少なくありません。

——あぁ、本国の芸術家は面白く思わないのですね。

ですが、出品された模型をちらっと見せていただいたところ、私の出したアイデアは他の方々とは全《まった》く違うんです。彼らがつくった模型は、マリア像やヨセフ像など通常の教会につける門扉のレリーフ（浮き彫り）が大半でした。

しかし私は、初めからそうではないと。ガウディの門扉に関する資料は全く残っていませんが、私は少なくとも同じモチーフが重なり合うことはないであろうと考えました。全体的な彼の作品を見つめても、繰り返しということをあまりしない人ですから。

ただし残された資料は何もありませんから、答えは出てきません。だから彼を本当に知りたければ、ガウディを見るのではなく、ガウディが見ていた方向を見る。その方法でしか理解はできないと思うんですね。そこからいろいろなアイデアを出していって、表面に植物や昆虫などの装飾を配した門扉の制作に取りかかるところです。

一番大切なのは「観察」すること

――まるで答えのない答えを求めるような、難しい作業ですね。

ご理解いただけるか分かりませんが、見えないけれども本来あるべき答えを見つける、あるべきなのにないものを見つける、と言うのでしょうか。ですから私の本当にやりたい彫刻とは、新しいものを設置した時に、地元の人たちが、あぁ、これはなぜいままでなかったんだろうか、と感じるようなものをつくることなんです。

彫刻は大きくて重いものですし、一度置いてしまうとなかなか退かせられません。だからそこで生活していた人が突然リズムを狂わされたり、邪魔に思うようなものではまずい。新しいけれども、前からあってほしかったと感じてもらえるようなものを必死に探していく。したがっていまのアーティストといわれる人たちと私が全く違うのは、私は創造者ではなく、探究者であるということです。

サグラダ・ファミリア
正式名称はサグラダ・ファミリア贖罪教会。聖母マリアの夫ヨセフを信仰する教会として1882年に着工。翌83年、前任者が辞任したことによりガウディが引き継ぐこととなり、没後その遺志は弟子たちに委ねられた。設計図が残っていないため、ガウディの建築思想を想像する形で建設は進められている。完成すれば170メートルを超す「イエスの塔」など18の塔と3つの門を持つが、完成するのは数十年後とも数百年後ともいわれる。なお、建設資金は信者からの寄付と入場料によって賄われている。

――新たにつくり出すのではなく、見つけ出すということでしょうか。

そのとおりです。

ガウディも「人間は何も創造しない」という言葉を残しています。では我われには何ができるかといえば「発見」しかできないんですね。彼が「私は神の創造に寄与しているだけだ」と述べたように、草木が育ち鳥が空を飛んでゆく。その不可思議な、人間業《わざ》では成し得ないものの美しさ。そうしたものを求めてそれに近いものをつくっていく。

そのためには「観察」が大切で、観察なくして発見はない。だから人間にとって一番大切なのは観察すること、つまり現実から逃避しないこと。その現実に正面から向かっていく勇気が重要だと、ガウディも説いているのだと思います。

アントニオ・ガウディ（Antonio Gaudiy Cornet）
[1852～1926]。
スペインが生んだ世界的な建築家。曲線・曲面の多用と多彩な装飾を特色とする幻想的作風で知られる。住宅カサ・ミラなど作品は多い。代表作のサグラダ・ファミリア（聖家族）教会は1882年に前任者により着工し、翌年からガウディが設計を担当。交通事故によりその生涯を終えた。
（写真＝ullstein bild ／時事通信フォト）

我われは彫刻や建築といったように勝手にジャンルを分けていますが、本来人間というのは、その大本のところ、人間にとっての幸福ですね。そうしたものを求めて、初めていろいろなものを発見できるのではないかと思います。

生きているということは本来命懸けである

――スペインへ移住されてから今年で三十四年目になるそうですね。

はい。私自身の気持ちとしては昔から何も変わっていませんが、ただはっきり言えるのは、三十四年もあそこで仕事ができるとは一度も思わなかったということ。いつもいつも「これが最後の仕事だ」と思って取り組んできました。

――いまだにそうなのですか。

はい。私は長らくサグラダ・ファミリアの職員ではなく、一回一回、契約で仕事をする請負の彫刻家でした。教会を納得させ

る作品ができなければ契約を切られる可能性がある。命懸けという言葉は悲壮感があってあまり好きではありませんが、でも私自身としては常に命懸け。というのも命懸けでなければ面白い仕事はできないからです。

　ただ本来は生きているということ自体、命懸けだと思うんです。戦争の真っただ中で明日の命も知れない人が、いま自分は生きていると感じる。病で余命を宣告された人が、きょうこの瞬間に最も生きていると感じる。つまり、死に近い人ほど生きていることを強く感じるわけで、要は死んでもこの仕事をやり遂げる覚悟があるかどうかだと思うんです。

　この三十四年間、思い返せばいろいろなことがありましたが、私がいつも自分自身に言い聞かせてきた言葉がありましてね。「いまがその時、その時がいま」というんですが、本当にやりたいと思っていることがいつか来るだろう、その瞬間に大事な時が来るだろうと思っていても、いま真剣に目の前のことをやらない人には決して訪れない。

　憧《あこが》れているその瞬間こそ、実はいまであり、だからこそ常に真剣に、命懸けで生きなければいけないと思うんです。

1%の可能性に賭けた

——サグラダ・ファミリアに携わるようになったのはなぜですか？

　大学で彫刻を勉強し、卒業後は非常勤講師をしていたのですが、ある日信号で車を止めると道端に石が山積みにされていたんですね。何気ない御影石《みかげいし》なんですが、その石を見たら急に何か、石に魂を奪われたような気になりまして。

　その奪われた私の魂をなんとか取り返したい。そのためには石の本場に行くしかない、と。そして石をどこかで彫るなりして、これから生きていかれないと思うほどの緊迫感があったんです。

——そんなに強い衝動が。

　それで二十五歳の時に旅費を貯め、三か月間の予定でヨーロッパへ向かったわけです。初めはパリへ、次にドイツへ行こうと考えたのですが、ドイツ人は大きいだろうから、体力勝負をするためにスペインで栄養をつけよう、ついでにサグラダ・ファミリアも見てこようと。単なる一旅行者ですね（笑）。

　ところがサグラダ・ファミリアに行ってみると、突然そこに石の山が現れたんですね。他の旅行者が塔の高さにばかり目を奪

御影石：花崗岩。粗粒で、粒のそろった岩石。

外尾氏の手掛けた15体の天使像に加え、2015年に門扉を設置。これにより、ガウディが造り始めた生誕のファザードが完成した

われている中、私は無造作に積まれた石の山にもう惹《ひ》きつけられてしまった。あぁ、ここだったら奪われた魂を取り返せるんじゃないか、そんな気持ちにさせられる石でした。

――求めていたものがそこにあったのですね。

私はそこで、一つの賭けに出ることにしました。ヨーロッパを回れば、ヨーロッパ全土の文化の重さを知ることができる。一方、ここでは一かけらの石を彫らせてもらうために何か月交渉にかかるかも分からない。

どちらを選ぶべきか。それを決めなければいけない時に、私は九十九％不可能に思えたほうに賭けることにしたんです。九十九％の安定を求めるか、一％の可能性に賭けるか。その判断を間違わなかったというのが、唯一私の賢明だったところだと思います。

――その一％の可能性に賭ける決め手とな

「人は答えを得た時に成長するのではなく、疑問を持つことができた時に成長する」

ったものは何ですか。

サグラダ・ファミリアがあまりに凄《すご》かったからです。それと、全部が石であったということですね。綺麗《きれい》や美しいといった、単純に納得のいくものではない、ダイナミックを超えたようなダイナミックさ。百メートルを超える巨大な建築物にもかかわらず鉄筋が全く使われておらず、ただ石が積まれてあるだけ。その大変な迫力に、ただただ圧倒されたという感じでした。

ガウディの見ていた方向を見る

――それでも、簡単には石を彫らせてもらえませんよね。

ええ。最初に僕が考えたのは、リュックを背負った見ず知らずの人間が来て、俺は凄いんだから雇ってくれと言っても誰も相手にしてくれないだろうということ。だからどこにどう交渉していけばいいかが見つ

駐在員：官吏・商社員などが任務のために派遣された地にとどまること。

かるまでは、自分の顔を見られないよう注意しながら、毎日近くまで足を運んでいました。

知り合った日本の駐在員を介して、なんとかコンタクトを取りましたが、「明日また来てくれ」とか「いま忙しいから」などと言われて、二度も三度も門前払い。

一か月が経った頃やっとアポイントが取れ、主任建築家と会うことができた。そして翌週試験をされ、その後、合格の通知があったんです。旅に出てから二か月余り、私はその間、二十五歳になっていたのですが、非常に不安で何もない、たった一人の誕生日でした。

——徒手空拳からの出発だった。

ええ。そしてその試験が三十四年間、ずっと続いている、ただそれだけのことです。私は勝者敗者というのはあまり好きじゃありませんが、でもその時その時を勝っていくのは大切だと思うんですよ。その時負けてしまったら、次に仕事を続けられないからです。

要するに続けられるというのは、打ち勝っていくということ。満足のいく条件など一度もなかったんですが、その中で相手が満足のいく答えを出していく。それができたから続けてこられたのでしょう。

——どんな条件が出るのですか。

私の場合、建築家からスケールを指定され、例えば「何々という塔につける雨樋《あまどい》だから」とだけ説明を受ける。そうすると雨水が流れるという機能を具備しながらも、新しいシンボルを考え出し、それらをうまく組み合わせなければなりません。

つまりガウディがやっていたのと同じようなことを、彼亡き後に行っているのが私の仕事です。全くゼロの状態から勉強して、一つひとつに自分で納得のいくものを組み立てていく。そしてでき上がったものが他の人に一分《いちぶ》の疑問も抱かせない、納得せざるを得ないものでなければいけないわけです。

ですから先ほども申しましたように、ガウディを見ていたのでは答えは出ない。ガウディが見ている方向を見て、彼のやりたかったことは何だったのかということを、もう毎日、毎時、毎分、毎秒考えている。そのためには彼と同じだけの知識、というのは不可能ですが、それに近い最低限の知識を持ち、ガウディの立っていた所に立つ。それが仕事の基本姿勢ですね。

ガウディの思いに気づける人、気づけない人

——現地へ行かれた当初から、そういう姿勢でいらしたのですか。

いいえ、違いました。最初の十数年間はまだ幾分資料があって、これだという確信はなかったのですが、おそらくこうじゃないかというところまではいけたんですね。

ところがある日全く何の資料もない中で仕事をしなければならなくなった時、もう途方に暮れまして……。これでサグラダ・ファミリアの仕事は終わりだなと思ったんです。あたりはもう真っ暗闇ですよ。陽が差していても雑踏のざわめきにいても、そこは全く孤独な世界で、どこを見ても真っ暗闇。

要するに溺《おぼ》れている状態で、そのままじっとしていると溺れてしまいますから、もうガムシャラに動き回る。そうすると、犬も歩けば棒に当たるじゃないですが、何か細ーい光が見えるんです。迷わずそっちのほうへ行くしかないのですが、行くといままでそこにいたにもかかわらず、気がつかなかった答えがふっと出てくる。もがいてもがいて、どんな小さな事柄からでもそこを詰めていくと一条の光が差し込んでくることがある。そういう危ない橋ばかりでした。

——図面も何もない中からその遺志を読み取るのは至難の業《わざ》ですね。

よくそう言われます。しかし彼は誰も考え出さなかったものを構想しただけでなく、それはどういう方法から出てきたものかを人に伝えようとしていた。図面や模型は焼失していますが、時には彫られた石の中に答えが埋め込まれていることもある。僅《わず》かながらでもそれがあるからできるんですね。

ですから世界の人びとは信用してくれないかもしれませんが、ガウディがいなくても彼が本当に見ている方向を皆が見れば素晴らしいものができてくるはずなんです。

——ガウディが示しているその方向性に、気づける人と気づけない人の差は何ですか。

彼自身も言っていることですが、エゴのある者に芸術はあり得ない。そのエゴを完全に消せるかどうか。ガウディが「芸術とは真実の光の輝き」と述べたように、真実を求めようとしないとその輝きには出合えないということです。

一度も闇の中に入ったことのない人、それは幸せと言えば幸せかもしれない。でもその幸せは、真っ暗闇の中から一条の光を見つけた時の喜びとは比較にならないものです。だから人間にはパッションが必要なんです。その情熱が真っ暗闇の中に自分の身を投げ入れ、それを通り抜けさせる力を与えてくれるのではないでしょうか。

本当の人間の生き方とは何か

これはガウディが生誕の門の「エジプトへの逃避」という彫刻をつくった時のことです。ヨセフとマリアが生まれたばかりのイエスを抱えてロバに乗せるところを表現するために、モデルとなるロバを連れてこなければいけない。彫刻にするのだから立派なロバがいいだろうと、助手はコンクー

ルに出るようなロバを連れてきた。
　でもガウディはそうじゃないと考えた。ふと見ると、貧しそうな砂売りの老婆が、痩《や》せこけたロバを引いて歩いている。それを見て、彼はあれだ、と思った。誰に何を言われなくとも、自分のすべきことを知っている痩せこけたロバ。そういうロバがイエスたちをエジプトへ運んでいったんだ、という確信がガウディにはあって、そのロバをモデルに使わせてほしいと老婆に頼み込んだといわれています。そういうことが私には強く納得できるのです。

――『聖書』や物語の時代背景にも深い理解が求められますね。

　はい。そうやってガウディがどの方向を見ているのか、その本筋のところを理解していないと何をやってもダメだと思います。むしろやらないほうがいい。
　ガウディが本当にどこへ行こうとしているのか。それを知るためにはどんな困難も乗り越えていく。そういう本当に深い部分で皆が理解し合うこと、そうすれば前へ進むことができるんですが、いまの時代は表面的な幸せを幸せだと思い込んでいる人がたくさんいる。
　本当の人間の生き方、本当の進化とは何か。本当に心を震わせるような幸せというものを経験した人が一体どれだけいるだろうか。そういう人たちがいて初めて、若い人たちが求める方向性が見つかると思うんですけどね。

サグラダ・ファミリアに託した思い

――それにしてもガウディはなぜサグラダ・ファミリアのような壮大な聖堂を構想したのでしょうか。

　それはやはり、人間の幸せというものを求めてでしょう。
　彼は貧しい家庭に生まれ、小児リウマチ

を患い生涯その病気と闘った。若くして家族を次つぎに亡くし、仲間に騙《だま》されたり、不条理な嫉妬《しっと》心に苛《さいな》まれたり、三つの戦争を潜り抜けたり。要するに人間の弱さや醜さをいやというほど嘗《な》めてきた彼が、それに打ち勝ち、人間の幸せとは何だろうかと考えながら、その思いをサグラダ・ファミリアに託していったのだと思うんです。

　彼は科学技術の進歩にも大きな関心を寄せていました。人類はこれほど物質的に豊かであっても、あと千年生き続けられるかどうかすらも危うい。そんな中で人間という素晴らしい存在を信じて、その本当の幸せを見つけていくもう一つの道を、彼はサグラダ・ファミリアで示していると思うんです。

――あの聖堂には彼のそういう深い思いが込められているのですね。

　ガウディは、自分が幼い頃に自然から得た喜びや幸せを人に伝えたかったのだろうと思います。

　彼は生前、十年以上の歳月を費やして「逆さ吊《づ》り実験」というものを行いました。人間は引力に抗することができない。しかし複数の紐《ひも》で錘《おもり》を支えた時にできる曲線をそのまま反転させると、自然の力に逆らわない構造体ができ上がるというのです。サグラダ・ファミリアの建築には、この原理が応用されています。

　十三世紀末～十五世紀末に起こったルネサンス以降、ひたすら文明を発展させ続けてきた人間は、いつしか天地自然への畏怖《いふ》をなくしつつあった。しかし人間は偉大であろうとすればするほど卑小なものになってしまう。人間一人ひとりは無力だが、その叡智《えいち》を愛情をもって結集すれば、偉大なことを成すことができる。その証明を彼は試みたのではないでしょうか。

人は苦悩を経て真の幸福に至る

――外尾さんのこれまでの原動力となってきたものは何ですか。

　私が外国の地で仕事をするには、労働許可を得るのにも大変な労力が要るんですね。毎年、長い行例に並んで書類を山のように集め、それをまとめたり、提出しに行ったり。何日もの日数が無駄になるようなことをしながらも、同時に他の人に打ち勝つ作品をつくっていかなければならない。

　でも私は条件が厳しければ厳しいほど逆にいい仕事ができると思っているんです。周りのスタッフにあれこれ注文をつけ、それを叶《かな》えてもらうより、限られたスペースの中、道具も時間もこれだけしかないという条件でやったほうがいい仕事ができる。完璧《かんぺき》な条件はこちらに仕事をさせてくれません。

　仕事をしていく上では「やろう」という気持ちが何よりも大切で、完璧に条件が揃《そろ》っていたら逆にやる気が失《う》せる。たやすくできるんじゃないか、という甘えが出てしまうからです。

　果物の木でも、枝の分かれた所に石を置

ルネサンス：古代文化（ギリシャ、ローマ）を復興させようとする文化運動。14世紀にイタリアで起こり、西欧各地に広がった。

いてやる。そうすると木が苦しむんですが、それによって枝が横に伸びて表面積が広がり、果実も多くなる。大事に大事に育てた木には実があまりなりません。

――自然界もそうですか。

人間界もそうですよ。私は皆さんからよく「外尾はなぜそんなことに気づくんだ？」と聞かれるんですが、ガウディには皆が同じように接しているはずなのに、外尾は電車を待っている時や掃除をしている最中でも、ガウディのことと絡めていろいろなことに気がつく。その理由を知りたい、と。

これは私だけでなくどんな人もそうだと思うのですが、苦悩する人はもう、気づかざるを得ないんですよ。同じ状況にいても、苦悩しない人は何も気づかない。気づく必要がないからです。本当に何かを知っていくためには、苦悩を重ねる必要がある。

人はなぜ自分の命を懸けてまで山に登るのか。自分にできるかできないか分からないことに対する挑戦、自らを奮い立たせる勇気、そして苦しみ。息も絶え絶えになりながら山を登り切り、自分の限界を超えて頂上に達した時の喜び。その喜びがあるから山に登るのだと思う。そうした苦悩の上に立って、当たり前のことを心から幸せに思える人は幸せだと思うんです。

――苦悩を経たからこそ、その幸せに気づくことができるのですね。

当たり前のことを単に当たり前だと言って済ませている人は、まだ子供で未熟です。それを今回の震災（東日本大震災）が教えてくれました。本当に大切なものは、失った時にしか気づかない。それを失う前に気づくのが大人だろうと思うんです。

おそらくガウディもそう思っていたと思うのですが、人間は一人では生きていかれない。社会の中で生活をしている。そういう中で、自分の心の中にいかに人が生きるか、自分の知らないところで人が自分のことを思ってくれているか。そこにこそ、いかなるものにも代え難い大人の幸せというものがあるんじゃないかと思います。

晩年のガウディはサグラダ・ファミリアの建設資金に私財のすべてを投じ、ほとんど無一文になっていました。彼は人類の誰も想像し得なかった壮大な聖堂の構想を描き、それが自分の死後もつくり続けられ、人々の心の中に生き続けることを信じていた。

「私がこの聖堂を完成できないことは、悲しむべきことではない。必ずあとを引き継ぐ者たちが現れ、より壮麗《そうれい》に命を吹き込んでくれる――」

ガウディが晩年に残した言葉ですが、彼が求めた人間の幸福のあり方が、この言葉に集約されているように私は思います。

外尾悦郎（そとお・えつろう）
昭和28年福岡県生まれ。京都市立芸術大学彫刻科卒業。中学校・高校定時制非常勤教師として勤務した後、バルセロナへ。53年以来、サグラダ・ファミリア教会の彫刻に携わり、平成12年に完成させた「生誕の門」が世界遺産に登録される。24年ミケランジェロ賞、日本とスペインとの文化交流の促進の功績により、平成20年度外務大臣表彰受賞など国内外で受賞多数。サン・ジョルディ・カタルーニャ芸術院会員。京都嵯峨芸術大学客員教授。

苦難なくして夢は実現せず

国分秀男
東北福祉大学特任教授
元古川商業高校女子バレーボール部監督
Kokubun Hideo

かつてバレー不毛の地と言われた東北地方。三十余年前、「高校女子バレー日本一」の熱き夢を抱き、宮城県古川市（現・大崎市）に一人の教師がやってきた。国分秀男氏、当時28歳。自分の持てるすべてをバレーに注ぎ、全国に「宮城に古川商業あり、国分秀男あり」とその名を轟かせた名将の生き方に、人生開発の極意を学ぶ。

東京五輪で人生大転換

——国分先生が古川商業（現・古川学園）時代に指導された選手たちが、いま（二〇〇五年）全日本チームで大活躍されていますね。

ええ、現在三名の卒業生が柳本晶一監督のもとで頑張っています。高校女子バレーの監督になった時から、日本一になること、教え子から五輪選手を輩出することが目標でしたが、後者の夢はなかなか実現しませんでした。次の北京五輪でもしかしたら叶《かな》うんじゃないかと期待しています。

——日本一の夢に関しては、約三十年に及ぶ監督生活の中で十二回も全国制覇を成し遂げていらっしゃる。

柳本晶一：［1951〜］バレーボール指導者。大阪府生まれ。2003〜2008年にバレーボール全日本女子代表監督を務めた。

商売をしていた両親が「秀男は大きくなったら松下幸之助さんのようにならないかな」と言っていたから、初めは経営の道で日本一を目指していたんです。慶應に行ったのも、慶應のお坊ちゃんたちと友達になれば会社経営をした時に助けてもらえるんじゃないかという打算があったんです（笑）。

——それがなぜバレーの道へ？

東京五輪です。当時私は大学二年生でし

た。アジアで開催する初めての五輪、しかも終戦から十九年で、決勝は戦勝国のソ連。あのでっかい国の筋骨隆々《きんこつりゅうりゅう》の選手に対して小さな日本の小さな選手たちがどこまでも食らいついていき、最後には勝つのです。涙がどっと流れましたね。

大学四年になって就職も決まりましたが、どうしてもバレーで日本一になりたいという熱い思いが捨てられません。それもただの日本一じゃない。出身地方であり、レベルが低いと言われていた東北のチームで優勝したい。

私は就職を断り、当時神奈川県屈指の強豪校だった京浜女子商業高校（現・白鵬女子高校）を訪ねました。練習を指導していた総監督に「慶應大学　国分秀男」と書いた名刺を差し出し、ずうずうしくも「いつか東北に帰って強いチームを作ろうと思っています。ボール拾いをしながら勉強させてください」とお願いしました。それからは大学が終わると京浜女子へ通い、黙々とボールを拾い続けました。

しかし、それを知りがっくりきたのは母と、早くに死んだ父親の代わりに学費を出してくれた兄です。「バレーの監督にするために浪人させてまで慶應に行かせたんじゃない」と猛反対で、しばらく二人は口をきいてくれませんでした。

あんたには日本一のチームは作れない

――それでも日本一を目指し、チーム作りの勉強を始められたんですね。

卒業後は京浜女子に奉職してさらにチーム作りを学びましたが、幸運だったのは当時の京浜女子には超一流の監督さんたちがしょっちゅう出入りしていたことです。高校バレーのトップクラスはもちろん、モントリオールの金メダルチームを率いた山田重雄先生、ミュンヘンの銀メダル監督の小島孝治先生など錚々《そうそう》たる面々です。

ある時、山田先生が指導されていた実業団の日立チームへ合宿に行き、先生の部屋を拝見する機会がありましたが、その本棚のほとんどが宮本武蔵の本ばかりでした。

早速私も小説『宮本武蔵』を読みましたが、剣一筋に生きる武蔵の姿から「すべてのものを擲《なげう》って取り組めば必ず夢は実現する」と感じましたね。自分は能力があるわけではないし、意志が強いわけでもない。そういう人間が事を成すには、あらゆるものをバレーボールに集中させなければならないと学びました。「一点集中」です。

――人生をバレーボールに徹する覚悟を決められた。

ええ。それから、京浜女子の卓球部は全国一、二を競うほど強かったんですが、その監督をされていた近藤欽司先生との出会いも大きかったですね。現在日本代表を率いる近藤先生とは、いつも練習後に学校の風呂で汗を流した仲でした。

ところが、五年間奉職していよいよ宮城県の古川商業へ転勤するという時のことです。いつものように一緒に風呂に入って、背中を流しながら、「いろいろとお世話にな

東京五輪：1964（昭和39）年に開催された第18回オリンピック競技大会。

りました」と挨拶をすると思いがけない言葉が返ってきました。

――どんな言葉ですか。

「……分《ぶん》ちゃん、あんたには日本一は無理だと思うよ」と、こうおっしゃったんです。「先生、なぜそう思われますか」と伺うと、「分ちゃんは心が温かくて一所懸命だから、きっといい先生にはなる。でもあんたの言葉には夢がない、力がない、迫力がない。東北人は何かっていうと謙虚だ、控えめだと言うが、俺から見たら消極的というもんだ」と。

――それはきつい一言ですね。

いや、あれは近藤先生からの激励の言葉だったと思いますね。別れ際、「頑張れよ」と言えば済むのに、誰もわざわざ傷つけるようなことは言いたくはないですよ。先生はあえて憎まれ役を買って出て、私に足りない部分を教えてくださったのだと思います。

そうか、言葉に力を持たなければならないのかと思いましたから、古川商業に来て新入職員歓迎の宴席で抱負を述べる時、こう宣言したんです。

「私は日本一のバレーボールチームを作るためにこの学校へ来ました」

そうしたら賑《にぎ》やかだった席がシーンと静まり返ってね（笑）。当時の古川商業なんて地区予選も勝ち上がれない程度でしたから、「この若造、何言っているんだ」という雰囲気でした。おかげで私だけ二次会に誘われませんでしたが（笑）、もしもあの宣言をしなかったら、全国大会はおろか県大会で二、三回優勝するのがやっとだったでしょう。「言葉」は「意識」を変え、「意識」は「行動」を変え、「行動」は「結果」を変える。つくづくそう思います。

一秒でも多く選手のそばにいるために

――ところで、どういう経緯で宮城県の古川商業へ行かれたのですか。

古川商業を卒業した知人と中学校の先生が紹介してくれました。地縁も血縁もありませんでしたが、古川が東北地方の中ではバレーが盛んな町だったことに惹《ひ》かれました。

しかし、古川商業自体はバレー部に特に力を入れていたわけではありません。京浜女子の練習をそのまま取り入れましたが、職員からは「厳し過ぎる」と批判が出て、二、三週間目に校長先生から「あまり頑張らないでください」と注意されました。

――生徒さんたちの反応はいかがでしたか？

ここが若さの素晴らしさだと思いますが、最初は「できません」とか言っていても、毎日毎日繰り返しているとできるようになるんです。

意識も同じです。どんなに素晴らしい素質に恵まれても、「どうせダメだ、勝てない」と思ったら絶対に勝てない。「やればできるんだよ、相手も同じ年なんだから負けて当たり前じゃない」と繰り返し繰り返し言い続けました。人間は不思議なもので、繰り返し聞いていると、「私たちだってでき

全国優勝を決めた直後に。中央は卒業後、全日本チームで活躍する大沼綾子選手（4番）と菅山かおる選手（10番）

るかもしれない」と思うようになるんですね。

――どのくらいで意識変革ができましたか？

十か月後くらいには少しは変わり始めたでしょうか。そうして二年目には自宅兼女子バレー部寮を建築しました。以前山田先生に、「女子バレーで強いチームを作る条件として一つだけあげるとすれば何ですか」と質問した時、間髪《かんはつ》を容《い》れず「一秒でも多く選手のそばにいろ」とおっしゃった。その教えを実行したのですが、実績がないから学校から援助が出るわけもなく、信用金庫から借金をしての建築でした。

その甲斐《かい》あって三年目には県大会、東北大会で優勝できましたが、やはり全国大会の壁は厚かった。こちらの選手たちは勝負をする前から「東京は強い、関西は強い」と思い込んでいる。一方、東京や関西のチームは本気で全国優勝を狙っている。当然結果に差が出ます。

——その意識をどう変えられたのでしょう。これまで同様、「やればできる」と言い続けられたのでしょうか。

いや、東北大会まではそれでも勝ち上がれましたが全国は無理でした。やはり「自分たちも勝てるんだ」と体感しなければならない。

ですから、東京や大阪の全国トップクラスのチームへ遠征に行きました。もちろん最初は手も足も出ません。しかし何度も試合をするうち、競《せ》ったり、一セット取ったりする。一回できることは二回できる。二回できることは十回できるんですね。ゼロを千回足してもゼロですが、一を千回足せば千になるのです。

——東京や関西へ出向いて武者修行をされ、実力をつけられたんですね。

はい。あの頃は相当遠征に行きました。

給料もボーナスもほとんどバレーにつぎ込んだうえ、寮の借金もあるし、当時のわが家の生活は火の車。妻や妻の実家には本当に苦労かけました。いまの女性なら即刻離婚でしょう（笑）。

京浜女子商業時代に結婚しましたが、妻も姉妹校で教員をしていて、教職を辞めたくない、身寄りのない古川には行きたくないと言いました。それでも古川についてきてくれた。自分だって他に雇ってくれる学校もない。いまさらしっぽを巻いて逃げ帰るわけにはいきません。「夢を実現しなければ帰れない。日本一にならずに死ねようか」という覚悟を常に持っていました。

日本一は雲の上ではなく 実は足元にあった

——全国大会や遠征で強いチームと対戦されて、日本一になる条件は何だとお感じになられましたか。

自分がまず日本一の監督になることだと思います。

ある時までは、すごいプレー、難しいプレーができるチームが優勝するものだと思っていましたが、それは思い違いでした。

——そのある時までと言うのは？

全国大会の前夜には必ず監督懇親会が開催されるんですね。四十七都道府県の代表チームの監督が一堂に会して、六つか七つのテーブルに分かれて懇談をするのですが、不思議なことに優勝を争う強いチームの監督は奥へ、一回戦で負けるチームの監督は入り口に近い席に座るんです。これは年齢に関係なく、自然とそうなる。不思議なものです。

別に席が決まっているわけじゃない、会費も同じ。人生は一度しかないんだから、この機会を逃してはならないと思い、まだ無名の頃から奥のテーブルについて名監督たちが大会前夜にどんな話をされるのか、ビールをつぎながらじっと耳を傾けました。

——どんな会話でしたか？

それがね、いわゆる普通の話なんですよ。名監督といえどもそんなに高尚な話をしているわけではない。つまり、自分とほとんど同じ人間だと実感したのです。

しかし一方で、小さなこと、そんなことはやろうと思えば誰でもできる、ということに対しては非常に厳しいんだなという印象を持ちました。

例えば、ボールをとる時はコート内で選手同士がぶつからないように大きな声を出すとか、旅館のスリッパは揃《そろ》えて脱ぐとか、誰でもやれる当たり前のことを徹底してやらせる。それはテレビの取材があろうが、何万人の観客が入っていようが、いついかなる時でも確実にやらせるのです。「そうか、すごいプレーができるチームが日本一になるんじゃない。小さなことを確実にできるチームが日本一なんだ」と学びました。鍵山秀三郎氏がおっしゃる「凡事徹底」は日本一達成の秘訣《ひけつ》でもあります。

この二つが分かった時、自分も絶対に日本一になれると確信しました。

——そうして一九七九年、国体で念願の日本一になられました。古川に行かれて七年目のことですね。

嬉しかったねぇ。もう自分の上には誰もいない。この感覚は日本一になった者しか分からないでしょう。これまでの努力が報われた、俺もよくやったと多少有頂天になりました。

ところが、です。ここが私の幸運なところですが、一か月後くらいに司馬遼太郎の『項羽《こうう》と劉邦《りゅうほう》』という本に巡り合いました。貴族出身で能力の高い項羽と、農民出身の劉邦が覇権を争うわけですが、最初は圧倒的に項羽が優勢で、中国領土をほぼ手中に収めながらも、結局は劉邦に敗れてしまう。項羽が自刃《じじん》して物語は終わるのですが、最後の一文はこうでした。

「項羽、時に三十一歳であった」

項羽は一時的にせよ、三十一歳で日本の何十倍も広い中国領土を制覇した。それから四年も遅れてこの狭い日本を一回制覇したくらいで何を自惚《うぬぼ》れているんだと、金槌《かなづち》で頭をカキーンと殴られたような思いがしました。

そして、劉邦の勝因は何かと考えてみると、彼は人間力で優《まさ》っていた。最後の最後に勝敗を分けるのは、能力じゃない。人間力なんだと学んだのもこの時です。

名将はバレーを語らず

——国分先生は他の方や書物から多くを学び、それを見事に生かしていらっしゃいますね。

自分に能力がないからですよ。自分に能力がなければ人から借りる。簡単なことです。

いまから約二十年前、ソウル五輪で史上初めて女子バレーがメダルを失った時、山田先生に「今後どうしたら日本のバレーは世界一に復帰できますか」と伺ったんです。すると「いま日本が世界一なのは経済だ。これからはスポーツの本ばかりではなく、経済界でトップにいる人の本を読んだり話を聞いたりしなければダメだ」とおっしゃられた。

――経済界のリーダーからですか。

ええ。それから経済誌を読むようにしましたが、企業経営というものは自分はもちろん社員やその家族の人生まで背負っている。それこそ一度負けたらもう終わりの生きるか死ぬかの世界です。負けても次の試合がある高校スポーツの比ではありません。

――そこから学んで具体的にチーム作りに生かされたことはありますか。

例えば古川商業は九六年から四年間、連続して春の高校バレーと夏のインターハイの決勝に出続けました。これは高校バレー史上初めてのことですが、その頃、私は毎年チームに名前を付けていたんです。「ドリームガールズ（夢を運ぶ乙女たち）」とか「チェリーガールズ」とかね。これは自動車産業が毎年新車を発表するところからヒントを得ました。

いつもいつも「古川商業」というよりは、毎年愛称を付ければ話題性もあるし、カタカナのほうが子どもたちも親しみを覚え、バレーをやってみようかなと思うかもしれない。私自身、毎年違うチームを指導しているというフレッシュな気持ちになれました。

――バレーと経済。一見、関係がないようですが、参考になることはたくさんあるんですね。

私が知る限り、世界的に名監督といわれる人たちはほとんどバレーの話をしませんでした。山田先生しかり、こちらは男子ですが、ミュヘン五輪で金メダル監督の松平康隆先生もそうです。ロス五輪で中国を金メダルに導いた袁偉民《えんいみん》さんの自伝も読みましたが、バレーにはほとんど触れていない。ダーウィンはこう言ったとか、ベートーベンはこう言ったとか、そういうことばかり書いてあって、歴史や哲学、芸術にも造詣《ぞうけい》が深いことを知りました。

人間の裾野《すその》を広げ、人間力を養成しなければ本当に強いチームは作れないのだと思います。

悔しさ、寂しさが人を美しく磨く

――先ほど九六年から四年連続で全国大会の決勝に出続けたとおっしゃっていましたが、勝ち続けるチームの条件とはなんでしょうか。

やはり組織はリーダーによって決まります。リーダーが自らに厳しく、常に成長し続けることが必要です。

それからチーム作りで大切だと思うのは、生徒にしゃべらせることです。

以前、なぜか絶対に勝てる試合で逆転されたり、どうしてもベスト8以上に進むことができなくなった時期がありました。なぜだ、どうしてだと考えた時、ミーティングでも何でも私ばかりがしゃべっていることに気づきました。

――一方的に話していると。

はい。例えばビデオを見ながら相手チームを分析する時、以前は「相手はここが弱点だからな、ここをこう攻めろ、分かったな」「ハイ！」と一方的に私が指示していました。すると試合で苦しい展開になった時、選手たちがベンチをチラっ、チラっと見るんです。「先生、どうすればいいんですか」と、私の指示を待っているんですね。

全国大会の決勝、準決勝などのレベルの高い試合では、事前に与えておいた作戦は途中で通用しなくなります。その時、それに気づいて新たに指示を出す二人目の監督がコートにいなければ勝てません。

それが分かってからは、日頃から生徒たちに「おまえが監督ならどう戦う？」と質問を投げかけて、答えさせました。そうして互いに考えを述べ合い、コミュニケーションを図る中で総合力を高めていきました。

――なるほど、総合力ですか。

団体競技は最終的には総合力です。監督、選手、そして補欠、そのすべてが揃って初めて日本一になれる。

レギュラーの技術が日本一でも、優勝はできません。補欠が日本一の時、初めて優勝できるんです。チームを支えているのは、レギュラーになれなくとも歯を食いしばって頑張っている裏方の選手たちだと私は思っています。

むしろそういう子たちが、のちの人生で幸せになるケースが多いような気がします。みんな中学時代は地元で華々しく活躍してきた選手です。それが控えに回らなければならないという、悔しさ、寂しさ。しかし、むしろそれが人間を美しくたくましく磨いているのではないでしょうか。

人生を開発するのは
積極的プラス思考

――二〇〇一年の宮城国体を最後に勇退されましたね。まだお若いですが、何が理由だったのでしょうか。

九六年以来、全国大会でベスト４以下に落ちたことがないという驚異的な強さを維持してきましたが、還暦を目前にして、疲労困憊《こんぱい》でした。また、ずっと苦労をかけてきた妻をそろそろ楽にさせてやりたかったんですね。私がバレーをしている限り、彼女は生徒たちの生活の面倒を見なければなりませんから、地元宮城の国体を最後に引退しようと決めました。

――長い監督生活を振り返られ、最も苦しかった時期を挙げるとするといつになりますか？

いやぁ、ずっと苦しいですよ。合計七十七回全国大会に出場して、十二回全国制覇（全国私学大会含む）しました。しかし、それは裏を返せば優勝したのは十二回だけで、あとの六十五回は全部負けたとも言えます。

勝てば勝ったで、好むと好まざるに拘《かかわ》らず敵が増え、いいようもないわびしさや孤独感と戦わなければなりません。

人は成功した部分だけを見て他人を羨《うらや》んだりしますが、その陰には何十倍、何百倍もの苦しみがあるものです。

長い人生、誰もが苦しい場面に遭遇する時があります。しかし、それをどう受け止めるかが大事です。

これまでたくさんの人を見てきましたが、概《おおむ》ね三つのタイプに分かれると思います。一つは苦しくなると「もうダメだ、無理だ」と思う「絶望諦《あきら》め型」。二つ目は「いやだけど、しょうがないからやるか」という「消極的納得型」。そして三つ目は「この苦しみが俺を磨いてくれる。これを乗り越えれば一つ賢くなれる」と考える「積極的プラス思考型」。

結局、歴史に名を残すような偉人や成功者は、三番目の人間からしか生まれません。一、二、三のどのタイプの人間になるかは考え方一つです。お金がかかるわけじゃない、努力がいるわけでもない。時間もかからない。物事の見方をちょっと変えるだけでいい。

――しかし、人はなかなかその考え方を変えることができません。

だから偉人の話を聞き、良書を読むのです。過去に事を成し遂げた人たちがどうやって困難を乗り越えてきたか、それに触れることで考え方を変えることができると思います。

私は辛い時はいつも「俺よりももっと苦しい目に遭って頑張った人がいたじゃないか。あの人ができたんだから、俺だって乗り越えられる」と言い聞かせ、夢に食らいついてきました。

この世で我慢の時なくして夢を実現した人は一人もいません。夢を追うなら、わが身に降りかかるすべてを積極的プラス思考で受け止め、簡単に諦めないこと。それが人生を開発していく基本ではないかと思います。

国分秀男（こくぶん・ひでお）

昭和19年福島県生まれ。慶應義塾大学卒業後、京浜女子商業学校（現・白鵬女子高校）を経て、48年宮城県の古川商業学校（現・古川学園）に奉職。商業科で教鞭を執るかたわら、女子バレーボール部を指導する。県大会以上の優勝は150回。全国大会出場77回、うち全国制覇12回。平成11年には史上5人目の三冠（春、夏、国体）監督となる。8年から11年までは春・夏ともに4年連続決勝進出という高校バレー史上初の快挙を果たす。13年勇退。

逆境もまた「当たりくじ」

どん底から切り拓いた我がビジネス人生

セブン&アイ・フードシステムズ社長
前イトーヨーカ堂中国総代表

塙 昭彦

Hanawa Akihiko

空襲、家族離散、火事、貧困……塙昭彦氏の人生は幼少期から苦難の連続だった。そういう塙氏がいつの頃からか口ずさむようになった言葉「人生、すべて当たりくじ」。ビジネスの世界に飛び込んで様々な逆境を乗り越える上でも、常にこの言葉があった。イトーヨーカ堂の中国での店舗展開という重責を担い、見知らぬ地で見事その実を結んできた塙氏の人生観、仕事観に迫る。

人生、すべて当たりくじ

――セブン&アイ・フードシステムズはまだ新しい会社ですね。

私どもの会社はセブン&アイホールディングスのフード事業会社として一昨年（二〇〇七年）設立されました。デニーズジャパン、ファミール、ヨーク物産の三つを吸収合併し、レストラン、ファストフード、それに社員食堂などのコントラクトフード事業の店舗展開（二〇〇九年二月末現在、計九百五十九店舗）を図っています。

いま、「生活で何を節約しますか」と聞かれて約七割の方が「外食」と答えるような時代です。このように外食産業が大きな曲がり角にある厳しい時代だけに、やはり事業を集約して仕入れ先などを統合し、食という一つのテーマを追求していくべきではないかと。ただ、業績は大変厳しくて、初年度は赤字でした。何とかこれを黒字にしたいと思いまして目下奮闘している最中なんです。

もう一つ、私にはイトーヨーカ堂取締役中国総代表（取材当時）という仕事があります。月に約一週間は店舗がある中国の北京や成都《せいと》に行って現地のイトーヨーカ堂の責任者たちと会議をして、今後の事業展開などを話し合うんです。売り上げは一千億円弱といったところでしょうか。おかげさまでこちらのほうは大変順調に利益が伸び続けております。

――日中両国で経営の陣頭指揮を執っておられるのですね。

セブン&アイ・フードシステムズが設立された後、中国から呼び戻され、二つの重責を担うようになりました。

中国室長の辞令をいただいたのは十三年前の平成八年、メンバーは私一人でした。それまで営業本部長だった私には二万五千人の部下がいたんです。それが突然ゼロ、しかも中国は初めての土地です。周囲からは左遷と見られ、これから一体どうなるのかという思いでしたね。

しかし、一緒に行きたいと名乗り出る仲間が現れて、彼らが必死にやってくれたおかげで今日があると思っています。中国という大地に播《ま》いた種は、花を咲かせて、実を結ぶようになりました。

――試練をバネにして、未開拓の地に事業を定着していかれた。

やはり大事なのは、どのような厳しい環境でも、そこに踏みとどまって頑張ることだと思いますね。逆境や不遇の時、「いやだ、いやだ」と逃げ回ったり自己逃避したり、じっとしてるだけでは何の解決にもなりませんから。そんな時は、自分の心を強くして、闘い、克《か》つ以外にないんです。

人事異動でも何でも世間の誰もが「外れくじ」と思う出来事ってありますね。でも、世間や周囲の人がどうあれ、自分だけは「このくじは当たりだ」と思うことが大事なんです。そのように考えたら、何事があろうと「人生すべて当たりくじ」じゃないですか。

私は子供の頃から、随分と劣悪な環境の中で生きてきましたが、その時、常に自分に言い聞かせてきたのが、この「人生、すべて当たりくじ」という言葉でした。

辛酸をなめた少年時代

――お生まれは東京ですね。

ええ。昭和十七年、豊島区大塚の生まれです。三歳の時に東京大空襲で焼け出されまして、一家四人、山梨の田舎に疎開《そかい》して住まいを転々としました。そこで父が手がけたのが木工所でした。歪《ゆが》んだ鍋《なべ》ぶたや下駄箱くらいしか作れませんでしたが、なにせ物のない時代でしたから、注文が殺到したんですね。

ところが、父は根っからの江戸っ子なわけですよ。近所に困った人がいると、稼いだ金を気前よく貸してしまう。工員たちに賃金を払うこともできずに、いつの間にか借金の山になっていました。家計は火の車でしたから、川で捕ったザリガニを茹《ゆ》でて食べたり、蚕《かいこ》のさなぎを炒《いた》めて食べたり。そうやって飢えをしのぐこともたびたびでした。

父親が借金取りから逃げるようにして家出をしてしまったのは、私が小学校三年生の時でしたね。それで中学一年の姉は、上野で果物屋をしていた伯父の家に養女に出されてしまうんです。二年ほどして、私もまた伯父の家に引き取られたのですが、親と別れて暮らす寂しさは、小学生の子供には耐え難いものでした。

——辛《つら》い時期でしたね。

五年生になった時、行方《ゆくえ》不明の父が私たちきょうだいの前にフッと現れて、一家は再び同じ屋根の下で暮らせるようになりました。父は茨城で映画館の支配人をやっておりましてね。その頃は映画の全盛期で、一時は近県からも人が押し寄せるくらい繁盛していました。両親はその利益をすべて注ぎ込んで、古い映画館を全面改築したのですが、結果的にそれが仇《あだ》となってしまったんです。

——どういうことですか。

私があと何日かで小学校を卒業するという時、映画館に放火され、自宅はおろか近所の二十二軒を焼いてしまいました。自宅にいた母は火が燃え移らないように一所懸命お経を唱え続け、消防署員がどかそうとしても、決してどこうとしなかった。火傷《やけど》を負い、ついに脳梗塞《こうそく》で倒れてしまいました。父親は再び家出をしてしまって、私は中学、高校と半身不随で寝たきりの母とずっと一緒に生活しました。親戚から援助してもらっていましたけれども、それでも足りなくて食パンの耳をしゃぶりながら飢えをしのいだり、新聞配達をしたりしたこともありますね。

いまでも覚えていますが、中学高校時代、通信簿の書き出しの言葉が毎学期決まっていたんです。担任の先生は代わっても「劣悪なる家庭環境の下……」というところだけは一緒でした。

『坊つちゃん』が人生のテーマソング

——お母様と二人、必死に生き抜いていかれた。

母親は小学校も出ていないような人でしたが、私にいつも口にする言葉がありました。その一つが「おまえ、上を向いたら切りがないよ、下を見ても切りがないよ」ということでした。毎日食べる物がないのは、こんなにみじめなことはありません。「最低だ、最低だ」と思ってしまうんですけれども、母は「もっと苦しい人、苦労している人がいるんだよ」と。

もう一つは「〝うっかり〟と〝しっかり〟はたった一字違いだよ。おまえはどっちの道を進むんだい」という言葉です。おそらく、うちを忘れて飛び出したうっかり者の父のことを指していたのでしょうね。その二つを言って寝るのが母の日課だったんです。

——「人生、すべて当たりくじ」という考えの根本には、お母様の教えがあるのです

か。

　そのとおりです。母の言葉に鼓舞《こぶ》されながら、必死で生きていく中で、いつしか自分の中でまとまり、中学の頃から唱えるようになっていたと思います。

　中学一年の春でしたが、朗読コンクールがあって、私は「親譲りの無鉄砲で小供の時から損ばかりしている」で始まる夏目漱石の『坊っちゃん』の冒頭の一節を暗唱しました。自分を勇気づけてくれるこの一節がずっと気に入っていたんですね。

　これはいまなお私の生き方のテーマソングですからスラスラ諳《そら》んじられますよ。

「新築の二階から首を出していたら、同級生の一人が冗談に、いくらいばっても、そこから飛び降りることはできまい。弱虫やーい。とはやしたからである。小使《こづかい》におぶさって帰ってきた時、おやじが大きな目をして、二階ぐらいから飛び降りて腰を抜かすやつがあるかと言ったから、この次は抜かさずに飛んでみせますと答えた」

　これは、学校の二階から飛び降りて腰を抜かした主人公が、父親の言葉で奮起する場面ですね。このフレーズは、どんなことがあろうと、とにかく前のめりに行くんだ、負けてたまるかという私の人生を決定づけました。何があっても当たりだ、当たりだ、自分で外れだと思ってしまったら、人生終わりなんだと。


――その後の人生はどのように展開していくのでしょう。


　中学校卒業前に就職試験を受けることが決まっていたのですが、親戚の援助で高校に進ませてもらいました。高校三年生になって就職を考えていたところ、家出をしていた父が帰ってきて、「今度は絶対に家出をしないから」と借金までして学費を工面してくれた。それで大学に進めたんです。

　そこで初めて父と仲直りをしました。それ以来、父はずっと母の側にいて面倒を見ていましたね。

　私は大学を出ると、小さなジュース製造会社や伯父の果物店に勤務していたのですが、思うところがあってタイのバンコクに行きました。お金がほとんどない中で、アジア商業見本市の日本館建設の現場責任者をしたり、沈没船引き揚げの仕事に携わりながら、何とか糊口《ここう》をしのいだんです。

　言葉が通じない人たちと、どのようにして一緒に仕事をしていくか。目線を同じくし、一緒になって汗を流した体験が、何十年か経《た》って中国に行った時に、大変役立ちました。だから、どんなことがあろうと「当たりくじ」ですね。「当たりくじにしなきゃいけない」と思うと、どんな逆境も楽しくなります。

涸れた井戸からは水は汲めない

――イトーヨーカ堂に入社されたのはおいくつの時ですか。


　昭和四十二年だから二十五歳の時でした。振り出しは青果売り場の従業員だったんです。

　三年後、イトーヨーカ堂労働組合の発起人の一人に推され、設立後には、中央執行副委員長に推されました。だけど、正直に申し上げて、私は労働組合の運動にはあまり積極的ではなかったんですね。なぜかというと、大学の時に学生自治会の会長をやっていたためにまったく就職の面倒を見てもらえなかった。その二の舞いになるのが嫌で、これだけは避けて通ろうと思っていました。

ところが、「何が何でも発起人に」と言われて、断り切れなかったですね。翌年には委員長になって、丸九年、組合の専従になるんです。だが、この経験も私にとってはまた「当たりくじ」でした。

――悪い環境を、よいものに変えていかれたのですね。

組合の専従時代、会社側との闘争に明け暮れることなく、企業は一体どうすれば発展して、何をしたら衰退してしまうかということを原点に返って考えたいと思いました。ひねくれ者だったのでしょうね。単なる成功物語やノウハウでは満足できず、その大本にあるものを知りたかったんです。そして、具体的な企業の事例を勉強する中で、突き当たったのが中国古典の世界でした。

――ああ、組織に必要な原理原則を古典から学ぼうとされた。

ええ。ですから安岡正篤《まさひろ》先生の本などは熱心に読みました。『論語』を紐解《ひもと》き「四十歳からが自分の顔だ。自分の顔を作り上げねばならない」といったことを真剣に考えたりもしましたね。

――しかし、階級闘争の組合活動と、古典の教えとは相容れないのではありませんか。

私には組合活動の大前提があって、それは「涸《か》れた井戸からは水は汲《く》めない」、つまり、会社と組合は表裏一体ということですね。

かつての三井三池争議では「会社は潰《つぶ》れてもヤマ（炭鉱）は残る。ヤマがあるなら、俺たちは生活できるんだ」という主張がありました。しかし、これは間違いだと思いました。利益の分配も労働条件の向上も、会社に利益が出てない以上、あり得ない話ですからね。ですから私は会社やお客様のために精一杯尽くそう、その上で要求すべきは要求しようというスタンスでやってきたんです。

――まずは本分を果たすべきだと。

はい。そのことを組合員にも繰り返し伝えていきました。おそらく私の考え方の根底には、人間として何が大事なのか、という発想が常にあったのだと思います。孔子は人間にとって大事なことを「忠《ちゅう》恕《じょ》」、思いやりと言っていますね。忠も恕も「助ける」という意味です。思いやりは組織を守る上でも大事だし、またそれがリーダーの前提条件なんです。この頃触れた古典の教えには、のちに経営に携わるようになってからも随分と助けられました。

解散寸前のバレーボールチームを日本一に

――組合の専従を離れられたのは？

昭和五十七年には労組のすべての役職を退任して、イトーヨーカ堂に復職しました。

この時、私に与えられた仕事は首都東ゾーンマネジャーでした。それから一か月後、今度は「現職のまま、女子バレーボール部オーナー兼部長兼総監督を命ずる」という辞令を受けたんです。

バレーボール部が解散寸前の状態だとは知っていましたが、合宿所に足を運ぶと、驚きましたね。そこには選手とマネジャー合わせて三人しかいない（笑）。ここから再建をスタートして七年後にはバレーボール女子日本リーグで優勝し、全日本選手権を制するまでのチームに変わっていったんです。

――塙社長ご自身もバレーボールの経験がおありだったのですか。

それがまったくないんですよ。辞令をもらって初めてルールブックを読んで「こういうものか」と思ったくらいですから（笑）。

――それでも日本一にまで導かれたのは驚きです。

バレーボールはど素人《しろうと》でしたが、将来有

望な中学生、高校生に早くから目をつけてスカウトしたり、一流の指導者を招聘《しょうへい》してトレーニングに当たってもらったり、人材や技術の面でもいろいろなことをしながらチームを育てました。

総監督ですから、当然試合にも足を運びます。ルールは分からなくても、ピンチかチャンスかくらいは私にも分かる。負けが濃厚になった時には、タイムを取って選手を集めて、いま何をしたらよいかを話すんです。

私が彼女たちにかける言葉は二言だけでした。一つは「おまえたちしかいないんだ。ここで踏ん張ろう」と。六人で六人制バレーをやっていましたから、実際に交代要員がいなかったんです。

それと、もう一つは「いまが勝負どころだ。サーブボールはセッターに返す。それだけに集中しよう。それ以外は何も考えなくてよい」。そう言って落ち着かせ、気持ちを集中させました。

――心の持ち方がいかに大事かということ

ですね。

　その頃、一緒にバレーで汗を流した選手は、いまも社内にいます。彼女たちは「この時、もし選手が七人いたら負けていた。六人だけだったから優勝できた」とよく言うのですが、私もまったくそのとおりだと思います。

　なぜかと言ったら、東京オリンピックで鬼の大松《だいまつ》と言われた大松博文さん、私どものチームをつくった時の名誉監督で、初練習の日に亡くなったのですが、この方は東京五輪でも六人を全員固定したんですね。十二人の選手のうち七番目から十二番目まではまったく試合には出さなかった。私は直接、大松さんに聞いたことがあります。「もし誰かが怪我をしたらどうするのですか」。そうしたら「五人でやる」と。私たちも、それと同じ発想なんです。

——バレーボールとビジネスは共通項があるとお感じになりますか。

「おまえたちしかいない」「いまが勝負どころだ」。この言葉は仕事が窮地に陥った時にも、よく口にしていました。もう一つ、バレーボールの練習のたびに体育館に掲げていた私の言葉があるんですね。

「永い人生の中で、今は、今しかない。今を精一杯生きた者だけに、素晴らしい栄冠がある」

　いやいややるのも練習なら、一球にすべてをかけるのも練習です。いま目の前に飛んできた一生涯に一球限りのボールに全身全霊でぶつかっていく。一期一会《いちごいちえ》の精神で打ち込むのが非常に大事だという点では、ビジネスもバレーボールも同じだと思います。

大馬鹿者でなくては仕事は成し遂げられない

——ところで、中国での事業は、どのような形で実を結んでいったのでしょうか。

　十三年前にただ一人中国室長の辞令を受けたことは、最初にお話ししたとおりです。一緒に中国に行ってくれる仲間を求めるために、私は五百人くらい集まる営業本部朝礼の場で「いまから募集要項を言う」と言って次のように話を始めました。

「私は利口な人はいらない。馬鹿な人間もいらない。私が求めているのは大馬鹿者だけです」

——大馬鹿者ですか？

　私流の言い方ですが、要は虚仮《こけ》の一念と言われるように、一つのことを愚直に、ひたむきに一所懸命やってくれる人間、中国のスタッフと目線を合わせてともに汗を流してくれる人間のことです。利口な人間は頭で人を使おうとする、馬鹿な人間はただでさえ足手まといなのに、余計に足手まといになってしまう。そのような人とは一緒に働けません。

　結局五十七人から応募がありましてね。

大松博文：［1921～1978］バレーボール指導者。香川県生まれ。昭和16年大日本紡績（現・ユニチカ）入社。28年日紡貝塚バレーボール部監督となり、鬼の大松といわれる厳しい練習で175連勝。全日本女子チームの監督として、37年世界選手権優勝、39年東京五輪優勝。43年参議院議員。

その中から衣料、住居、食品それぞれ三人の部下を選んだんです。その時私は彼らを集めてこう訴えました。「とにかく中国に墓を作るつもりで仕事をしてほしい。二、三年いて能書きだけ並べて帰国して、今度また新しい日本人がやってくる。そんなことだと中国人に信用してもらえない。自分たちと苦労を共にしてくれる。一緒に汗を流してくれる。そういう人を彼らも探しているはずだ。これは当たりくじなんだ」と。

——覚悟を促された。

そして、私を含めて計十人で中国に渡ったんです。中国の商品、仕入れルート、取引先、価格などを調べるのが最初の仕事でした。

皆と一緒に初めて中国の土を踏んだ時、私は「中国に染まれ。ただし染まりすぎるな」と呼びかけました。日本人であることを忘れて中国人になりきらなければ、中国でビジネスを成功させることなど不可能。だから、まずは皆中国人になる努力をしようと。

例えば、中国人は日本食を食べないわけですから、我々も食事は朝昼晩、中華料理でした。それも、あえて中国人しか足を運ばないような大衆食堂を選ぶんです。ところが、時にメニューを見ても何を注文していいか分からないこともあるんですね。食堂にいた中国人と同じものを頼んだら大皿いっぱいの唐辛子が出てきて、あまりの辛さに飛び上がったり、腹痛で苦しんだりしたこともいまになってみればいい思い出ですよ。

やはり人間、すべて失敗から学ぶのだと思います。失敗をどれだけ経験し、何を学ぶか、それが結果的に成功に繋《つな》がるのではないでしょうか。

——馬鹿になりきるとはそういうことなのですね。

失敗というと、中国語の習得には悪戦苦闘しました。「サバイバル中国語研修会」なるものを開催したんですが、研修といっても生ぬるいものではありません。起床は朝五時半。身支度を整えてバスでホテルを出発し、午前七時半から正午まで授業。午後七時までは本業の調査活動。それからホテルに戻って再び研修会に臨むんです。先生からは必ず宿題が出されるので、なかなか大変な毎日でした。ちなみに私はというと一番の劣等生でしたけれども（笑）。

このように毎日が手探りの連続でした。でも何がなんでも中国に素晴らしい店を開店するんだという気概と理想だけは揺るぎませんでしたね。中国に染まろうと努力する中で、いろいろな人脈もできあがって、難航していた中国政府からの会社設立許可も下りました。中国に渡って一年後に成都伊藤洋華堂（春熙《しゅんき》店）、二年後、北京に中国イトーヨーカ堂一号店（十里堡《じゅうりほ》店）をオープンさせることができたんです。

スタッフの意識が変われば業績は上がる

——一号店オープン後、事業は順調に進んだのですか。

いや、これまた悪戦苦闘の連続でしてね。

一号店の売り上げがよかったのは開店して三日間だけでした。近くに中国の大きな百貨店があったこともあり、その後は最悪の数字で予算比の二十八％から三十五％で推移していきました。売り場を変えたり、仕入れルートを変えたり、価格を変えたり、まぁ、いろいろなことを必死に考えて取り組んできましたが、なかなか光は見えてこなかったんです。

　中国の納入業者との取引も一筋縄ではいきませんでした。その頃、イトーヨーカ堂といっても中国ではまったく無名です。パンフレットを持って行ったら「詐欺師ほど立派なパンフレットを作る」と言われて、ゴミ箱にポンですよ。この時「多額の保証金を積めば納入してやる」と言われたのはいまでも忘れられませんね。

——どのようにして、現状を打開していかれましたか。

　私はいつも中国人たちと向き合うのに真剣勝負でした。そういう中で彼らの意識が変わったことがやはり大きな要因ではなか

ったかと思います。

　一から会社を立ち上げましたので、現地からたくさんの社員を中途採用しました。特に現場の責任者となると鬼のように厳しく指導しましたが、末端のスタッフに対しても入社の翌日から礼儀や挨拶《あいさつ》は徹底的に訓練したんです。

——挨拶の訓練を。

　もともと中国は儒教の国ですが、文化大革命以降はその伝統が廃《すた》れてしまっているように感じました。挨拶だけではありません。うちの現地社員ですら店内で鼻をかんだ塵紙《ちりがみ》を平気で通路に捨てているような状態だったんです。これは大変だと思いました。

　それで時には炎天下で一日中、おじぎの練習だけをやったこともあります。「ひどい訓練をする」と言ってその日のうちに多くの人が辞めていきました。聞いてみると「頭を下げなくてもいいから小売業に来た」と言うんです。

　中国は少し前まで配給制度でした。配給

所では、食料などをもらうほうが「ありがとうございます」と頭を下げる。配給する側は放り投げるように物を渡す。彼らにとっては小売業イコール配給所なんですね。そういう意識の中で「ありがとうございます」「いらっしゃいませ」とお客様に挨拶し、お釣りや商品は必ず両手で渡すという当たり前のことを徹底させるのには、随分骨が折れました。

　できないスタッフは現場から外して再訓練しましたから、彼らにとってもかなり厳しいものだったと思います。

――接客マナーの向上でお客様には変化が表れたのですか。

　開店して間もなく一人のお婆《ばあ》さんから手紙が来ました。「気持ちが悪いから挨拶をやめてくれ」と。もちろん聞き流しましたが、三か月ほどしたら、同じお婆さんから手紙が来て「この頃、以前と比べて挨拶が悪くなった」とおっしゃるんです(笑)。

　一度、礼儀というものの素晴らしさを味わったら、「イトーヨーカ堂はよそとは違う。これが本当の小売業の姿なんだ」と思っていただけるのは当然です。そういう意味では成都なり北京なりに、小売業の大変革を起こしたと言っても過言ではないでしょうね。

　開店から一年ほどすると少しずつ売り上げも上昇してきました。実はそういう時に、もう一つ嬉しい出来事があったんです。

――といいますと。

　ある時、『北京晩報』の記者が私を訪ねてきました。その記者が言うのは、「おたくの一号店の中国人の女性店員が一日おきにあるお婆さんの自宅を訪ねて牛乳やパンを届けている。しかも勤務が終わった後、ボランティアで一年近く続けている。そのことをご存じですか」と。私は彼女をよく知っていましたが、その話は聞いたことがなかったので、記者に尋ねると、こういうことでした。

　女性店員はある日、売り場にいたお婆さんが牛乳をいっぱい買い込んでいるのを見て「そんなに買ったら鮮度が落ちますよ」と親切に声を掛けた。お婆さんが高血圧や心臓病の持病を持ちなかなか来店できないことを告げたら、女性店員は「私たちのお店はお客様の要望を満足させるよう頑張っています」と言って、それから毎日、勤務後にお婆さんを訪ね、食料を届けるようになった。感動したお婆さんが『北京晩報』に投書をしたと、こういうことだったんです。

――いいお話ですね。

　まぁ、心底驚きましたね。三十年以上小売業をしている私も、こういう話を聞くのは初めてでした。それで記者に「彼女のやっていることは、私が求めている小売業が最も必要とする精神です。彼女の行為は、人間として本来あるべき素晴らしいものです」と話しました。このことが大きく報じられて、新聞を見た人が次々に地下の食品売り場に押し寄せたんです。一号店の売り上げが飛躍的に伸び始めたのは、この時からです。

　おかげさまで中国のイトーヨーカ堂は北

京、成都を中心に十一店舗と順調に増え続けています。

商売の原則は一人のお客様を大切にすること

――中国での事業を展開する上で根底にあったのは、どういう思いでしたか。

ここまで成し得たのは、お客様に喜んでいただける店舗を必ず築きあげるという初《しょ》一念《いちねん》があったからだと思います。だから、あまりよそ見をしている暇もなかったですね。その初一念をベースとして、商品の仕入れや陳列、接客、会計処理などあらゆる角度から掘り下げて、スタッフをまとめあげていったように思います。

しかし、最後には人ですよ。私はいつも申し上げているのですが、商売の原理原則は、いかに一人のお客様、一つの商品を大事にするかです。たくさんのお客様に一度に網をかけようなんて、そんなことはあり得ない。まず一人に一品で感動を与える。目の前にいるお客様に誠心誠意尽くす。これを愚直に追求していくのも私にとっての初一念です。

――いかに目の前のお客様を大事にするかが大事だと。

私の日本での仕事も一緒です。デニーズにしろファミールにしろ悲しいかな、我々のレストランは十年間、客数がダウンしてきました。それで客単価を上げることで売り上げを支えてきたのですが、私は社長になって、やはりお客様に喜んでいただくことが一番大事ではないかと思ったんです。そこで昨年、思い切って値下げを断行しました。

たちまち新聞に大きく書かれましたよ。「値下げは諸刃《もろは》の剣《つるぎ》だ。これで客足が増えなかったらどうする気だ」と。しかし、昨年秋から五か月連続で客数は前年をクリアしたんですね。これは十数年ぶりのことでした。勝負はここからです。「コーヒーはいかがですか」「デザートは？」と言って客単価を上げる努力をしなくてはならない。

いま来ていただいているお客様に「おいしかった」「また来たい」と思っていただくのが、すべての出発点なんです。毎年客足が遠ざかっているのは、愛想を尽かされている証拠ですよ。広告などに頼らず、目の前のお客様に喜んでいただけることが、レストランが生き残る唯一の道だと考えています。

――なるほど。

スタッフに対しても同じことが言えると思います。部下を動かすには一人ひとりのスタッフと目線を合わせ、説得し納得させ、行動させなくてはいけない。そのためには自分自身がまず信頼される人間でなくてはいけません。特に中国の人たちは「こいつは駄目だ。この人と一緒にいたら幸せになれない」と思ったら、絶対に付いてきませんからね。

中国に店舗を出して十三年になりますが、ありがたいことに創業当時からの現地スタッフが成都にも北京にも約二百人いるんです。私と一緒に中国に行った日本のメンバーは「塙さんが辞表を出すなら、自分も出します」とまで言ってくれます。そういう仲間は私の財産です。この仲間とともに、これからどう事業を展開していくか、一番の楽しみですね。

物事を拓くには挑戦心が必要

——常に「人生、すべて当たりくじ」を信条として様々な試練の中からご自身の人生を拓《ひら》いてこられた塙社長の生き方がよく分かりました。

イトーヨーカ堂に入って、私ほど数奇な人生を歩んできた人は多分いないでしょう。

私は色紙を頼まれると「拓く」という言葉を好んで書くんです。物事を拓くには常に挑戦心を持ち続けなくてはいけません。現状に踏みとどまっている以上、進歩はない。まず自分が常に勉強して変わり続けなくてはならないと思っています。

——これからも挑戦が続きますね。

いま外食産業が厳しい状況の中にあって、この仕事ができる。そう考えるだけで血湧《わ》き肉躍る思いです。まずは来店される目の前の一人ひとりのお客様に満足していただけること。そこに徹していけば必ずや道は拓けると私は確信しています。

よく「嵐の中でも時は過ぎる」といいますね。「朝の来ない夜はない」という言葉もあります。嵐や闇の世界は誰だって不安です。しかし、どんな状況でもいつかは素晴らしい朝が訪れる。それが自然の摂理です。しかし、人間の世界は必ずそうなるとは限りません。逆境の時、試練の時にどのような生き方をしたかで、その後の運命は変わってくるんです。この厳しさもまた「当たりくじ」なのだと思い、果敢にチャレンジしていきます。

塙 昭彦（はなわ・あきひこ）
昭和17年東京都生まれ。39年青山学院大学経済学部卒業。42年イトーヨーカ堂入社。労働組合役員を務めた後、57年首都東ゾーンマネジャーとして復職。同社女子バレーボール部総監督なども兼任し、日本一に導く。営業本部長だった平成8年、中国室長を任じられ、中国での店舗開拓に尽力。

人生の勝負とは自分の才能を発揮すること

林 成之
Hayashi Nariyuki
日本大学大学院総合科学研究科教授

2008年夏の北京オリンピックでは日本競泳陣の活躍が目立ったが、その陰で選手たちに脳の使い方の指導に当たった林成之先生。勝負に勝つ脳の使い方は、そのまま私たちの日常での脳の使い方に通じる。日本の脳外科の第一人者が語る、自分の能力を最大限発揮するための脳の使い方とは——。

相手の長所を打ち砕く

——先の北京オリンピックでは日本競泳チームが大活躍でしたが、先生は脳の使い方の面で選手の指導に当たられたとお聞きしています。

春先に、私の著書の『〈勝負脳〉の鍛え方』を読まれた競泳の監督さんから「今回は厳しい状態でメダルを取れない可能性がある」と連絡をいただきました。

そこで四月に代表選手たちに勝負脳について講義をすることになったのですが、当初、選手たちに自分の話を聞いていただけるか不安でした。当然のことですが、オリンピック代表に選ばれた選手には日本一だというプライドがありますから、水泳を知らない大学の先生が来て何をしゃべるんだと。

だからあえて初回は脳の話ではなく、選手の得意な技術面、つまり「人間の体の構造から、従来の泳ぎ方にはいくつも問題がある」という話から入ったんです。

——日本のトップスイマーたちに、泳ぎ方に問題があると。

そう（笑）。これは勝負脳の基本的な考え方ですが、勝負は相手の弱点より長所を打ち砕いて初めて勝ったといえる。ここでは、選手の得意な技術面に勝負を仕掛けたのです。

この講義では、イチロー選手や競泳で今回八個の金メダルを取ったマイケル・フェルプス選手など、様々なジャンルの超一流アスリートたちには、共通して手足の力を脳の機能と連動して最も効率的に発揮する運動のライフラインがあることを、写真を提示しながら説明しました。

多分ショックだったと思いますよ（笑）。翌日監督から連絡が来て、「選手もコーチも先生の話で持ちきり」だって。

――先生のご専門はスポーツではなく、もともとは脳外科医でいらっしゃいますね。

二年前に大学院に移るまではずっと脳外科専門医・救急指導医として現場に携わってきました。ここから人間の才能をいかに伸ばすかの答えを出すまで長い道のりがありました。

脳の温度だけが四十度以上になる脳内熱貯留《ちょりゅう》現象を発見したきっかけから脳低温療法を開発し、瞳孔《どうこう》が散大《さんだい》して従来回復が不可能とされていた患者でも約四割近くが意識を戻せるようになった時に、ある患者が、瞳孔が開いて反応がなかった時のことを、「先生が私にずっと話し掛けてくれたことを覚えている」と。つまり、意識がなかったとされる時期のことを覚えていると言うんです。

これには驚かされました。しかしよく考えれば、我々は声を掛けたとかつねったとか、そういう外からの刺激に対して反応するかしないかで意識の有無を判断しているけど、人間にはあの人が好きだとか、自分はこうしたいんだとか、外からの刺激を必要としない意識がありますね。それを私は内意識といって、人間の意識は外意識と内意識の二構成になっているのではないかと仮説を立てました。

この内意識について調べるうちに、人間の意識は、気持ち、心、考え、記憶が同時に連動していることに注目し、そこから人間の体や手足の運動神経がどのように連携していくかのメカニズムを導き出したのです。そうしたら人間の才能をいかに引き出すかの答や心技体の発揮方法など、目からウロコが落ちるような答がたくさん出てきました。

心を動かすには自分で判断すること

――詳しくご説明ください。

例えば好きな先生の科目はよく覚えられ、成績もいい点数を取れる。しかし、嫌いな先生の科目は勉強するのも嫌だし、してもいい点数は取れないでしょう？

そういった脳の「考える仕組み」を知っていれば、私たちはもっと自分の能力を発揮でき、成果も出せるのです。

――ぜひその仕組みを教えてください。

基本的に人間の認識は、神経細胞の活動時間からいって三日間で忘れるようにできています。だから忘れることはちっともおかしいことではないのです。

大切なことは、認識した大事なものは考える思考プロセスに持ち込んで、忘れないようにするだけではなく、そこからさらに

マイケル・フェルプス：［1985～］水泳選手。アメリカ出身。オリンピックと世界選手権の金メダリスト。数々の記録を更新し、「水の怪物」の異名を持った。

新しい発想を生み出していくことだと思います。

この思考プロセスを動かすためには、前《ぜん》頭葉《とうよう》で認識したものを、報酬神経群を動かして線条体《せんじょうたい》や脳の深部にあるいくつかの連合機能で考えを生み出すダイナミック・センターコアに情報を伝える必要があります。

そのきっかけをつくるのが「報酬神経群」の働きです。それには自分への報酬、ご褒美がないと人間は考えないことになっています。つまり、これは自分への報酬ですから、自分で考えて、自分で決めないと考える能力が伸びないのです。

例えば野球が楽しい、好きだと興味を持った。もっと上手になりたい、そのために練習や訓練が必要だと自分で考え、「決断」することとです。

――「自分で」ということが、一つの鍵なんですね。

先生が勉強しろと言ったからとか、社長がやれと言ったからというのでは自分の報酬にならず、その先の思考プロセスは最高に動かない。つまり、自分の思考能力を高めていくことはできないのです。言われたことを良く理解し、自分ならもっとこうするというように自分流のアイデアを持ち込んで、自分がやると思わないと思考機能がうまく働きません。

前頭葉で認識したものを、自分でやるという気持ちを持つと、そこから初めて思考プロセスに入り、その後に初めて「心」が生まれてきます。

――それまでは心は関係していないのですか。

そうです。認識したものを判断する前頭葉の機能レベルは気持ちです。見聞きした情報は、脳の深部にあるA10神経群も通過してくるので、そこで、これは「面白い」「好きだ」「覚えよう」……といった気持ちが自然に組み込まれる仕組みになっています。

考えるプロセスが働いて、初めて、もっと凄《すご》い才能を発揮する仕組みにつながる心が育《はぐく》まれます。そうすると脳の働きがもっと高度な次元に入って、心を伴う心技体の能力や理性や独創的な発想が生まれてくるのです。

才能を発揮するためには 空間認知能を鍛えよ

――気持ちより心が動いて初めて心技体を活《い》かせると。

脳に持ち込まれた情報に気持ちが動くのが第一段階。その情報を認識し、それに興味を持って自分からやってやろうと思うことが第二段階、そこから何度も様々な角度から考える仕組みが働くのが第三段階で、ここまで来ると心が動きます。

第二段階に持ち込まれる情報に少しでも狂いがあると、当然のことながら心技体の能力が発揮できなくなります。狂いのない情報を脳に持ち込むためには、優れた空間認知能力を鍛えていることが必要になりま

前頭葉：大脳皮質の中心溝と外側溝によって囲まれた前方部。特に前頭前野は意志・思考・創造など高次精神機能と関連し、個性の座と見なされる。

す。

——空間認知能力とは？

この能力は、運動時のボールの動きや体の動き方のみならず、ものを考える時にも、そこには写真であったり、本の活字であったり、景色であったり、あるいは時間など、様々の形で空間認知能力が必要になります。つまり、空間認知能力を鍛えないと優れた運動能力を発揮できないし、正しい考えができなくなるのです。

例えばサッカーであれば、あのあたりにボールを蹴《け》ればあっちから走ってくる選手に届くだろうとか、後ろを見なくてもパスが出せるとか、全体が見えて流れを把握できる能力です。

どんなスポーツにも絶対に欠かせない能力ですが、ビジネスの世界でもこの空間認知能力が高い人は、おそらく「仕事ができる人」という評価を得ていると思います。

——それはどうやって鍛えたらいいのですか。

ポイントは、「目線と肩甲骨《けんこうこつ》」です。見たものを正確に認識するためには、左右傾かない目線、つまり水平目線で、しかも左右の目の中央から見て、空間認知能力が情報を補正することなく瞬時に正確に判断できることが必要です。これが傾くと、その補正に零コンマ何秒か時間が必要になるので、サッカーであればシュートを失敗したり、スケートであればジャンプで転ぶとか、バッターであればバットの芯《しん》にボールが当たらないということになります。

もう一つ、肩甲骨は腕の動きに対して一つのバランスをとる重しの役割をなしており、同時に、体のバランスを保ちながら手足の力を最高に発揮する運動のライフラインの支点になっているのです。

つまり、左右肩甲骨の水平ラインを意識して腕を動かすとよく肩甲骨も上下に動くので、ピッチャーや水泳選手であれば腕がよく伸び、同時に足の力を最高に動かすことが可能になるのです。

例えば、今回北京で金メダルを八個取ったアメリカのマイケル・フェルプス選手は肩甲骨を大きく前に動かすためにハイエルボーで泳いでいるとか、イチロー選手はボールがバットに当たる瞬間まで左右の肩甲骨を結んだラインを水平に保っていることや、伝説のスキーヤーといわれているステンマルク選手も斜面に対して目線や左右の肩甲骨を結んだ線が水平で、しかも非常にバランスのいい位置に保ちながら運動能力を発揮していることを紹介しました。肩甲骨の重要性は、既に選手の方はよくご存じでした。

一般の人がこの能力を獲得するのに難しいのは、腰が水平でないことが原因です。通常私たちは右利きですから、どうしても右腰が少し後ろになり、目線や左右の肩甲骨を結んだ線がわずかに右に傾くのです。この傾きが、タイムで世界一を競う水泳ではそれが致命的なロスを生むのです。

この空間認知能力を高めるには、歩く時も目線や肩甲骨、腰が傾かないように心掛けて歩く必要があります。ランニングも右回りだけでなく、左回りも取り入れて訓練することが大切なのです。

脳は新しい情報に引っ張られてしまう

――左右バランスの取れた体に鍛えることが、自分を生かす第一条件なんですね。

次に選手の皆さんには、これまでの運動知能を発揮するためには思考知能が必要であり、勝負に勝つために、人間の思考知能を生み出す六つのプロセスに従って一つひとつ戦略を立て、その戦略がどのような効果を生み出すかを紹介しました。その中で、特に効果があったものをいくつか紹介したいと思います。

脳が機能するために最初に大切なことは、自分の弱点を明確にし、競争相手は常に自分を高めてくれる大切なツールと考え、自分に打ち克つことです。人間には自己保存の本能があるので、どうしても自分の欠点や弱点を明らかにして、それを克服することが苦手です。

しかし、それでは世界のトップを争う勝負では勝てません。超一流といわれる選手は、みんな「ライバルがいたから自分はここまで頑張れた」と相手を称《たた》えます。常に、自分の記録に挑戦し自分を高めていくことが、スポーツに限らずあらゆる分野において大切だといえると思います。

――敵対心を燃やすのではなく、その存在をプラスに捉《とら》えると。

プラス思考は大切です。特に意のままに体を動かす心技体の能力を発揮する場合、考えと運動機能の間にある歯止め機構を外す必要があります。

その働きは、性格を前向き思考にするといわれているドーパミン神経群が行っているので、前向き思考でないと心技体の能力は発揮できないのです。

勝負の途中で、「無理かも」とか「もしや……」と後ろ向きの考えがちょっとでも頭に浮かぶと、心技体の機能は止まってしまいます。同時に、脳は新しく入ってきた情報にはすぐに反応するので、レースの途中で否定語や他のことを考えると、そちらのほうに脳が機能し、鍛え抜かれた能力は一瞬のうちに消えてしまうのです。

だから選手の皆さんには「つらい」「苦しい」「無理」といった否定語は練習中においても一切禁止、頭の中に浮かべてもいけない、常に全力投球ですよと言いました。

――しかし、つい、ぽろっと言ってしまいそうですね。

否定語を言わない！　これが一番きついんです。先ほど言ったように、人間には自己保存の本能があるから、自分を守るために「これ以上は無理だ」と自分でブレーキをかけるようになっています。しかし、それをぶち破ってこそ、自分の秘めたる力が出せるというものです。

上がる時は一気に駆け上がる

ところで、今回のオリンピックに出場して自分の記録を更新した競泳選手は全体の

ステンマルク：［1958〜］インゲマル・ステンマルク。アルペンスキー選手。スウェーデン出身。アルペンスキー・ワールドカップで通算86勝、歴代1位の記録をマーク。

何%くらいいると思いますか?

——さあ、三十%くらいですか。

これまでの最高はアテネオリンピックの二十二・五%です。今回は五十一・八%と、もの凄い頑張りを選手は見せました。それには、示唆にとんだ脳科学の逸話があります。

これまでのスポーツ界の常識として、選手は国内選考レースに標準を絞って直前まで厳しい練習を積んできているので、代表に選ばれたら一度ペースを落として、疲れを取って体調を整えてから、オリンピックの本番に向けて尻上がりに調子を上げる。そしてピークを迎えたところで勝負をするのがよいとされてきました。

これに対して、私はそれでは最高の力を発揮できないと異を唱えたのです。脳に一度ペースを落とすという否定語を持ち込むと、脳は自己保存の本能を動かすことになるので、最高のレベルに戻るかどうか難しくなるのです。

「調子を維持するどころか、ここからさらに一気に駆け上がるんです」と。一歩一歩力を伸ばすのではなく、一気に駆け上がるんです。人間の脳はその力を持っているのです……と主張しました。

——なるほど。

この作戦には、実はもう一つ理由があるのです。実力以上の心技体の力を発揮するためには、人間の考える仕組みと運動系の神経機能との間に高速道路のような神経伝達路をつくる必要があります。その方法は、極限の訓練をするしかないのです。

多くの人は極限の訓練によって根性や技を磨くと思っていますが、本当はそうじゃないのです。実力以上の力を発揮する「才能」を磨く方法なのです。

ただし、間違ってほしくないのは「極限の訓練」とは「長時間猛練習すること」ではないのです。

——どう違うのでしょうか。

極限の訓練とは、試合と同じように、一回一回、練習といえども命懸けの気持ちで全部の力を出して泳ぐことです。それによって勝つための時間的ペース配分まで空間認知能力に記録させるのです。

勝負の前になると人間はどうしても不安になります。それを解消するために、選手は自分の得意な練習にはまり込み、オーバーワークな長時間の練習をしてしまうのです。これによって故障したり、疲れが出て本番に力が出せなかったりすることが多いのです。今回、女子マラソン選手にこの問題が発生しました。

短い時間でいいから、練習を練習と思わず命懸けで泳ぐ。決して否定語を使ってはいけないのです。これが極限の訓練です。

後で聞いた話ですが、オリンピック前のアメリカ合宿では、「いままでこんなきつい合宿は初めてだ」と選手たちは言っていたそうです。逆にコーチや監督からは、「一気に駆け上がれ、否定語を使ってはいけない

ドーパミン：脳中枢に存在する神経伝達物質。ホルモンの一種。常時分泌されているわけではなく、何かの行動を起こす時、その動機を与え、学習する際や快感を得て分泌されることもある。

と先生が言ってくれたので、こんな楽な合宿は初めてだ」って（笑）。監督からは「先生、バンバン記録が出ています！」という連絡をいただきました。

ゴールをゴールと思ってはいけない

——では、一気に駆け上がった状態で競泳チームはオリンピック本番を迎えたわけですね。

　ここで上野広治監督は手を抜くことなく、もう一度オリンピック一週間前の韓国済州島での合宿で、「オリンピックで勝つための勝負脳の話」をしてほしいと要請してこられました。

　無論、二つ返事で引き受けました。人間の考え方一つで能力を最高に発揮する脳の仕組みをまとめて紹介したかったためです。

　これまでで印象的だったのは、監督に呼ばれ、春の国内選考会を見に行った時、残り十メートル手前までは体半分世界新記録や日本新記録より前に出ているのに、残り数メートルになると、測ったように遅れ、記録を取り逃がしている光景を目にしたことでした。

　私はすぐ気がつきました。これはみんなゴールをゴールだと思っているなと。

——……？

　禅問答みたいですが（笑）、ゴールをゴールだと思った瞬間、どんなに能力があってもただの選手になってしまいます。要するに、脳では「ゴールだ」と一つの結論に達しているのです。

　それともう一つ、勝負をかけている途中でゴールという新しい考えを脳に持ち込んでいるので、脳は新しい情報に瞬時に反応し、その瞬間、脳と運動系の神経回路をフル稼働させていた「心技体」の能力が回路から外れます。

　その結果、我々がキャッチボールする時、近くへ投げる時はそっと、遠くへ投げる時は強く……と自然に間合いを測るのと同じように空間認知能力が働いて、腕の動きをコントロールします。そしてこの現象が起こるのです。

　つまり残り数メートルはオリンピック選手ではなく、普通の選手になってしまう脳のピットホール（落とし穴）にはまる。

——では、ゴールの時はどうすればよいのでしょうか。

　選手にも「突き指してでも壁の向こう側をゴールだと思うんですか」と質問されましたが（笑）、私は人間の本能を使いましょうと言ったんです。

　人間には「生きたい」「知りたい」「仲間になりたい」という三つの本能があるんですね。この「仲間になりたい」を使うんです。

　かつて「刀は武士の魂」といって、命懸けで戦う時に刀を抜きました。それは刀そのものを魂といったのではなく、自分が刀となって戦うからそう表現したのです。

上野広治：「1959〜」東京都生まれ。1979年日大農山中学・高校の水泳部コーチに就任。2005年に競泳日本代表監督に就任。2000年シドニーオリンピック、2004年アテネオリンピック競泳ヘッドコーチ、北京オリンピック、ロンドンオリンピック競泳監督をはじめ、国際大会のヘッドコーチ、監督、総監督を多数歴任。

同じように、残り十メートルは「マイゾーン」として、水と仲間となり、一体化して泳いでくれと。練習中も、このゾーンは自分が最もカッコよくゴールするために、ゴールの美学を追求しながら泳いでほしいと言ったのです。

勝負で一番大切なもの

——美学を追求することで、「ゴールだ」と思わず、最後まで心技体の能力を発揮できるということですね。

多くの人は「命懸けで頑張ります」と口で言いますが、命懸けで脳が働くシステムを使っていないのです。勝負の最中、前回のアテネオリンピックではこうだった、昨日コーチにこう注意されたなどと考えながら勝負をする。これは作戦を考えながら戦っているので命懸けの戦いにならないのです。

命懸けの戦いとは、過去の実績や栄光を排除し、いま、ここにいる自分の力がすべてと考え、あらゆる才能を駆使して勝負に集中する戦い方をいうのです。これには「素直」でないとできません。

素直でない人、理屈を言う人はあれこれ考え、その情報に引っ張り回されます。素直な人は、過去も未来もない、いまの自分でどう勝負するかに集中できるのです。

——自己の能力を発揮するために大切なのは、素直さであると。

それと同時に、勝負を好きになること、コーチ・監督や仲間を好きになることです。だから選手の皆さんに言ったんです。「皆さんのコーチ・監督は、神様が皆さんに遣わした人たちですよ」と。

——それはスポーツに限ったことではないですね。

もちろんです。今回はスポーツという勝負の世界をクローズアップしてお話ししましたが、私たち一人ひとりの人生の勝負は自分の才能をいかに引き出すかだと思います。

だから、家族も、会社の社長や上司、学校の先生など、みんな神様が遣わしてくれた人だと思って好きになればいいのです。会社がつまらない、上司が嫌いだと言っていたら、本当は能力があっても、自分で自分の才能を閉じてしまうことになる。

ただ、人間ですから、どうしても合わない人や環境もあります。希望じゃない部署に配属になることもある。日常レベルでも、トラブルが起きたり、クレームがあったり、いやなことを言われることもありますね。

その時は「競争相手は自分を高めるツールと思う」、あの考え方で、このひどい環境が、この経験が自分を磨くんだと思えばいいのです。

人間の脳は、海馬回《かいばかい》だとか視床下部《ししょうかぶ》とか、それぞれが自分の機能を果たしながらも、連携をとりながら一つの脳として働いています。逆に一つだけが傑出していても、連携が取れていなければ脳としては働きが悪いわけです。

私たち人間もまた、自分の持ち場で精いっぱい役割を果たし、意見や立場の違いがあってもともに認め合って生きることが、結局は自己を生かす道だと思います。
　そのためにも、脳の仕組みを知らずに勝負に負けたり、自分はダメだと思ってしまったらもったいない。人生の勝負に勝つために、自分自身の能力を最大限に発揮していただきたいと思っています。

海馬回：大脳の海馬周辺に存在する脳回の一つ。海馬と同じく、記憶に関わる部位と考えられている。海馬傍回。
視床下部：体温調整・睡眠・生殖・物質代謝などをつかさどる自律神経系の高次中枢。

林 成之（はやし・なりゆき）
昭和14年富山県生まれ。日本大学医学部、同大学大学院博士課程修了。マイアミ大学医学部、同大学救命救急センターに留学。平成3年日本大学医学部付属板橋病院救命救急センター部長に就任。多くの脳死寸前の患者の生命を救った脳低温療法は、世界にその名を知られる大発見となった。日本大学教授、マイアミ大学教授を経て、18年日本大学大学院総合科学研究科教授。

「人生の大則」の書

『修身教授録』に学ぶもの

松井秀文
アフラック相談役
Matsui Hidefumi

人の生きる原点の書『修身教授録』

北尾　あれはいつでしたか。インターネットで保険の販売をやろうということで、アフラックさんからお話をいただいて。

松井　一九九九年ですね。まだ私が社長の頃で、わざわざ北尾さんに我が社まで来ていただきました。

北尾　結局いろいろあってあの時は一緒に仕事はできませんでしたが、きょうはこうして私の座右の書である『修身教授録』についてお話ができるというので楽しみにしてきました。

松井　私もです。実は今年（二〇〇七年）の初め、ある経済紙から「平成十九年を展望する」というテーマでアンケートの依頼が来て、その中に「座右の書～2007年を展望する上で、参考となる書籍は？」という質問項目がありました。そこで、私はこの『修身教授録』を挙げたんですよ。財政がどう、国家がどうということはもちろん大事ですが、いま日本に一番必要なのは

平成元年の初版以来、途切れることなく静かに売れ続けている本がある。教育者・森信三氏の『修身教授録』。同書は教育界のみならず、経営者や各界のリーダーたちを魅了してきた。ともに同書を座右の書に掲げ、「人生の多くを教えてもらった」と語る松井秀文氏と北尾吉孝氏に、人生の大則の書『修身教授録』から学んだことの数々を語っていただいた。

北尾吉孝

Kitao Yoshitaka

SBIホールディングスCEO

心のあり方に関わる根本的な教えなのではないかと。

北尾　いや、おっしゃるとおりです。

私がこの本を初めて手にしたのは、いまから十数年前、四十歳の頃でした。ある人から薦められて読んだのですが、その時はため息が出ましたね。これだけの内容を森信三先生が師範学校の講義として話されている。

しかもその当時森信三先生は四十歳くらいだったというじゃないですか。びっくりしました。いかに自分が浅学非才であるかを思い知らされた本です。

松井　そうですか、お知り合いの方に薦められて……。

北尾　私は生まれた家が儒者の流れを汲《く》むものですから、子どもの頃から中国古典に親しんできましたが、この『修身教授録』の中には東洋の思想哲学がたくさん入っていて、非常に共感が持てたんです。

と同時に、なんて自分という人間はダメなのかと。

松井　そういう点は私もまったく同じです。

私の場合は五、六年くらい前の社長時代に本屋でたまたまこの「修身」という言葉がぱっと目に入りまして、どんな本かなと思って買ったのが最初でした。北尾さんがおっしゃるとおり、ここに書いてあることは自分はその足元にも及ばないけれど、目を開かされるハッとする教えがたくさんありました。

実は私は長く近江《おうみ》商人について調べているのですが、近江に絡んで中江藤樹についても学びました。この中江藤樹の思想とその近江商人の基本的な考え方、そして、この本の中で森先生がおっしゃっていることには共通していることがたくさんありました。

「売り手よし、買い手よし、世間よし」が近江商人の商人道の基本です。これは、現在でも通じる商い、経営の原点だと私は思っています。同じように『修身教授録』には人の生きる道の原点があると。

ならば、少しでもそれに近づきたいという思いを持って、繰り返し繰り返し読み続けています。

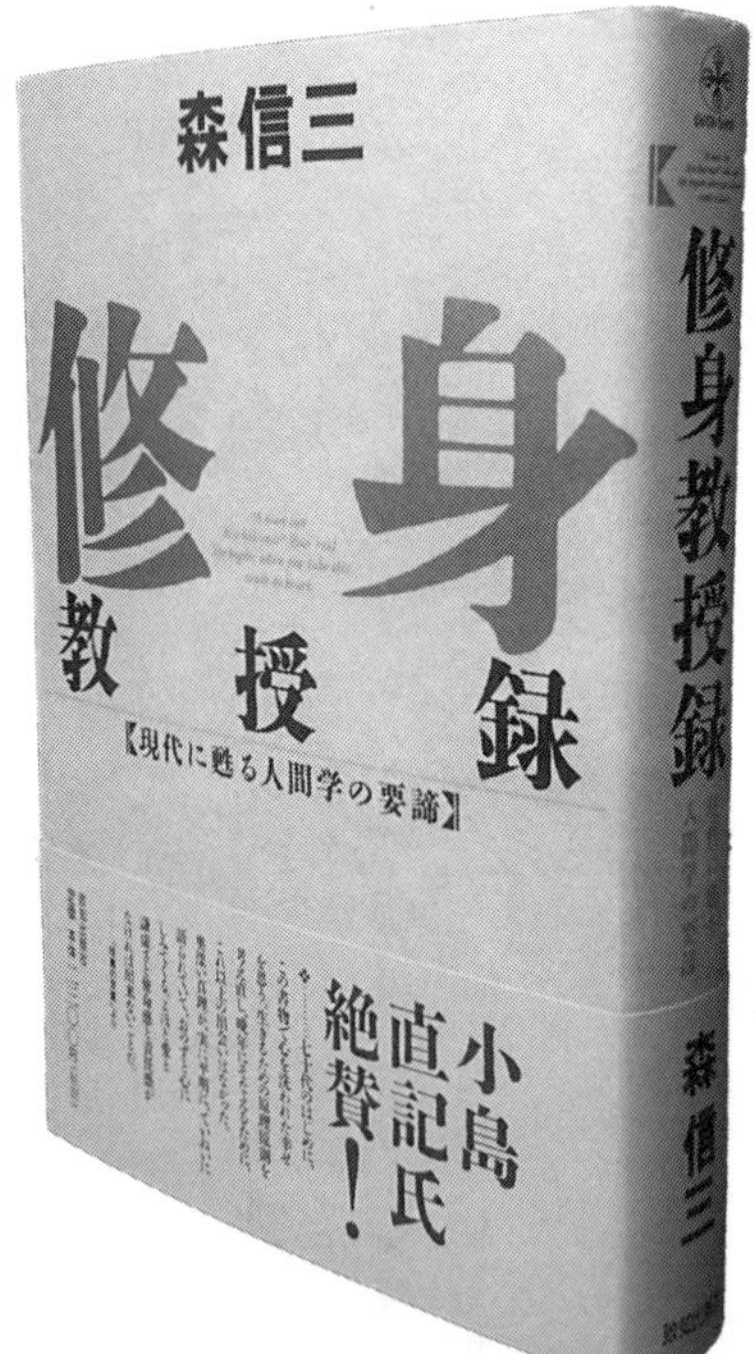

『修身教授録』とは……
不世出の教育者にして哲学者の森信三氏が、大阪天王寺師範学校（現・大阪教育大学）本科で行った講義をまとめた『修身教授録』（全5巻、昭和14年刊）の中から、昭和12～14年までの講義を改めて編集し、復刊したもの。人生を真剣に模索する若者たちのために説いた人生講話79編を収録（平成元年、致知出版社刊）。

遠く及ばないが近づきたい人間・森信三

北尾　先ほども申し上げたとおり、最初に『修身教授録』を手にした時は魂の根幹が強烈に共感を覚えて、実はその日の晩は寝られなかったんですよ。何よりも自分の浅学非才であることが悔しかった。これはまさに「憤」ですよね。『論語』の「尭舜《ぎょうしゅん》何者ぞ」という顔回《がんかい》の気持ちです。

同時に、この人は深いなと。そしてこの森先生の話を当時の天王寺師範の学生たちはどう受け止めたんだろうと思いました。だって師範学校の学生といったらまだ十五、六歳ですよ。僕はこの本の内容を深く理解するには、ある意味で相当なベースが必要だと思う。そんな生易しい本じゃないから。

松井　「人生二度なし」というのがこの本の

天王寺師範：大阪府天王寺師範学校。現在の国立大学法人大阪教育大学。

根本のテーマだと思いますが、確かに人生二度なしと心から感じ取れるようになるのは、そんなに若い年代ではないですね。

北尾　他のことは大概例外があるけれども、「人生二度なし」、これだけは例外はない。人生は二度ないから、どうするのか、いかに生くべきか。そういうことがこの本の中にはいろいろな形で書かれています。

松井　北尾さんがおっしゃるように森先生は四十歳頃にはそういうことを既に悟っていたわけですから、はっきり言って普通の人間ではないですね（笑）。私のような凡人が真似《まね》をしようと思っても真似られませんが、しかしそれに近づきたいと思い、努めることが大切だと思っています。

おそらく学生も同じような思いで先生を見ていたのではないかと思います。それは『修身教授録』の各章の始めと終わりに書いてある学生の感想から感じますね。「セキ一つする者がない」とか、「礼がすむと窓際に行かれて」とか、それこそ学生たちが先生の一挙手一投足、一語一語に集中している様子が伝わってきます。それくらい学生たちが懸命にその姿や言葉に集中していたと

森 信三（もり・のぶぞう）［1896〜1992］
明治29年愛知県生まれ。両親不縁にして3歳の時、森家に養子として入籍。半田小学校高等科を経て名古屋第一師範に入学。小学校教師を経て広島高等師範に入学。在学中、生涯の師・西晋一郎先生に邂逅。のち京都大学哲学科に進み、西田幾多郎先生の講筵に侍る。大学院を経て天王寺師範の専任教諭。44歳の時満州の建国大学教授に赴任。50歳にして敗戦。九死に一生を得て帰国、58歳で神戸大学教育学部教授就任。65歳退官。70歳にして海星女子学院大学教授に迎えられる。77歳長男の急逝を機に独居自炊の生活に入る。86歳脳血栓で倒れ、平成4年逝去。『修身教授録』等、著書多数。

いうことは、真の師だったのだと思います。

北尾　当時修身の授業は五十分間、文部省の教科書は使わず、内容を自分で決めて自分で話す。戦局が激しくなりつつある時代でしたから、何を話したかを記録に残さないと校長に迷惑がかかるので、全員に講義を書き取らせたそうですね。それも一番筆記の遅い人の手を見ながら速度を変えたというのだから、すごいですよね。

　しかしいまにして思えば、初めてこの本を読んだ時、確かに僕は強烈なショックを受けたけれども、まだ理解できていない部分もあったんじゃないかと思います。松井さんがいまから五、六年前に読まれたなら、この本の内容を十分咀嚼《そしゃく》できるだけのご経験や知識をお持ちでしたでしょうが、私は何度か読み返してだんだん分かることも多かった。

　だから天王寺師範の学生も十分に理解していない部分もあったと思います。しかし、森先生は『修身教授録』の中で、伝記は三度読めと言っているところがあるでしょう。一度目は十二、三歳～十七、八歳の立志の時期。二度目はまさしく四十歳前後。そして最後に六十歳くらいでもう一度と。

　『論語』もそうですが、伝記と同じように『修身教授録』も、まっさらな心で読んでも感動する。そして経験、体験、知識が揃《そろ》って初めて分かる味わいもある。だから繰り返し読みたくなるのです。

松井　何しろ百回以上読んだという人もいるそうですからね。

北尾　僕も最初に買ったやつがぼろぼろになってしまったので、いま手元にあるのは二冊目なんです。それでまた、この本は目次がいいんですね。最近は全部を通しで読むよりも、何かの折に目次を開いて、あっと思った章を読んでいます。
　その都度読んで重要だと思ったところに印をしていますが、こうして見ると分かるように赤い線、黒のボールペンの線、黄色い丸とか上にチェックとか、上に折り目をつけたり下につけたり、その時の自分の受け止め方で重要と思う部分が変わってきているんですね。次に読む時は前に印をつけたところを重視して読みますけど、また新たな発見がある。それが楽しいですね。
松井　私の読み方も基本的には同じです。一度通して読むことは絶対必要だと思いますが、それ以後は私も自分が悩んだり考えなければいけない出来事がある時に目次を開いて、ここに答えがありそうだなと思う章を読んでいます。
北尾　読書の仕方とか親友とはいかなる者かとか、それに性欲の話まで書いてある。人生のあらゆる問題に対する答えがこの本には書いてあります。誰が読んでも、いくつになって読んでも素晴らしいものであり続ける、不思議な本ですよ。

心が震えた言葉

松井　この本が素晴らしいのは全体を通して読んでもいい、各章もいい、そして一つひとつの言葉もいいんですね。心に響くものが多くあります。

北尾　ええ、私もたくさんありますが、松井さんならまず何を挙げますか？

松井　私は二度とない人生では「志」が非常に大事だと思っています。この本でも志をテーマにした講話はたくさんありますが、まず最初に挙げたいのはこれです。

「いやしくも人間と生まれて、多少とも生き甲斐《がい》のあるような人生を送るには、自分が天からうけた力の一切を出し尽くして、たとえささやかなりとも、国家社会のために貢献するところがなくてはならぬ」

学校を出てすぐに入ったのが製鉄会社でしたが、実は四年で辞めているんです。やはり大きな会社の歯車の中で充実感、生き甲斐みたいなものを感じられませんでした。その後、外資系損保会社に一年ちょっといて、その時に知人を介し大竹（美喜《よしき》氏、アフラック最高顧問）と知り合い、がん保険を日本で初めて発売するためにアフラックの事業免許取得を手伝ってほしいと声をか

松井秀文（まつい・ひでふみ）
昭和19年東京都生まれ。43年東京大学経済学部卒業後、川崎製鐵に入社。外資系損保会社勤務を経て、48年知人を介して知り合った大竹美喜氏とともにアメリカンファミリー生命保険会社日本支社設立に参画。50年契約部長、56年取締役、平成4年副社長を経て、7年社長、15年から会長。19年7月相談役。

けられました。しかし迷いましてねぇ。

北尾　当時はまだ日本に外資系の保険会社はおろか、がん保険という概念すらない時代だったと聞いています。何か背中を押すきっかけがあったのですか。

松井　当時、六歳のお嬢さんを急性白血病で亡くされた方の手記を読んだのです。小児がんで最も多い白血病は、現在では七割五分くらい治るようになっていますが、昭和四十年代の当時では治癒率はわずか数％でした。それを承知で、「子どもに最良の医療を受けさせたい。その環境を整えることが親の使命だ」と書いておられた。経済的な負担にも触れられていましたが、当時でも月に十五～二十万円の費用がかかったと。他の手記を読みましたら家を売ってでも子どものために尽くすという親御さんもいました。

　ことがんに関しては、病に勝つために病気と闘うことはもちろんですが、もう一つ経済的な基盤がないとできない。がん保険を日本で認可してもらうことによって、もしかしたら自分は人様のお役に立てるのではないか。それがこの世界に入る一つの大きなきっかけになりました。

　当然その時は『修身教授録』とは出合っていませんでしたが、この一文を読んだ時、当時の気持ちと一致して心が震える思いがしました。いまでも非常に大事にしている言葉です。

北尾吉孝（きたお・よしたか）
昭和26年兵庫県生まれ。49年慶應義塾大学経済学部卒業後、同年野村證券入社。53年ケンブリッジ大学経済学部卒業。平成元年ワッサースタイン・ペレラ・インターナショナル社常務取締役、4年野村證券部長を経て、7年孫正義氏の招聘によりソフトバンク入社、常務取締役に就任。平成11年SBIホールディングス代表取締役就任。

北尾　私の場合は、「人生二度なし」もそうですし、「一日が一生の縮図」を挙げます。

　人生は二度ないから時間が大切で、一刹《せつ》那《な》一刹那の積み重ねが一時間になり、一年になってやがて一生になっていく。それは当たり前のことで、言葉としては理解していましたが、やはり父の死にゆく姿を見て真に実感しました。

　父は七十八歳の時に胸部大動脈瘤《りゅう》になって、人の五倍くらい血管が膨れ上がったんです。結局手術もできず、もういつ破裂するか分からないという中で、父は一切取り乱すことなく三年を生きました。

　父は亡くなるまでの三年間で、自分の生命への愛惜《あいせき》、寸陰《すんいん》を惜しむ気持ち、寿命も天命だという一種の諦念《ていねん》、それから森羅万象に生かしてもらっている感謝の気持ち……そういったものを見せてくれました。動脈瘤になってから父は本当に周りの人たちに「ありがとう」とか「ご苦労さん」と言うようになったんですよ。

　だから、そういう言葉の上で理解していた人生普遍の真理が、その時の父の生き様と重なって私の心に鮮明な形となって残りました。『修身教授録』にも「生命の愛惜」という章がありますが、この時期この本を繰り返し読みましたので、森先生のおっしゃっていることが余計に心に残ったんですね。

　いま、僕はいつ死ぬか分からないから時間がもったいないと思って、ゴルフもやらないし、できるだけ睡眠時間を削って仕事に充てています。同時にいま生きていることに対して純粋な喜びと感謝の念がある。それは紛れもなく、父親の姿と『修身教授録』から教わったことです。

わが身に降りかかることは
絶対必然、絶対最善

松井　北尾さんもお分かりになると思いますが、人生には不本意なことがあると思います。しかしそれも時間とともにはっきりしてくることって結構あるんですね。

『修身教授録』の中に「真実というものは、必ずやいつかは現れずにおかぬもの」という言葉がありますね。実はこれも自分の経験に照らし合わせてのことですが、私は一度アフラックをクビになっているんです。

北尾　ああ、そうだったんですか。

松井　昭和四十九年の終わり頃です。事業免許の取得のために東奔西走して、やっと大蔵省（当時）から認可が下りた。さあこれから日本で始めるぞという矢先に、アメリカの本社から通告がきたのです。後になれば誤解やいろいろな行き違いがあったことが分かってくるのですが、その時は結局辞めざるを得ませんでした。

　でも非常にありがたかったのは、私は何も言っていないのに大蔵省の担当者から連絡があり、「正しいことはいつか分かるから、とにかく我慢しなさい」と。それから一緒に免許取得の作業を手伝ってくれていた同僚や部下が、事業開始直前に外から来られた新しい経営陣に「とにかく一度松井に会って話を聞いてくれ」と言ってくれて、話し合いの場を設定してくれたんですね。

　その席で新しい経営陣から「君はこの仕事をしたいのか」と聞かれたので、「それはもちろんしたいです」と。がん保険はこの世の中に必要なものであり、それによって自分は世の中の役に立つのだと心に決めて一所懸命免許取得の仕事をしたのです。これはもうお金とかいう問題じゃない。給料がなくても自分の手掛けた仕事をさせてください、とお願いして戻してもらったんです。

　その後もいろいろありましたが、親しい友人はみんな「正しいことはいつか分かるから我慢しろ」と。それから数年後に向こうから「あれは水に流してくれ」と言ってきたんですね。

　だから人生にはいろいろなマイナスの出来事があるけれども、自分の我欲のためにやっていることではないという信念があれば、いつか正しいことは分かる。そういう意味では、この言葉は私の経験としてすごく大事にしています。

北尾　人生はいい時ばかりじゃない。どちらかというと、思うようにいかないことのほうが九割というのが、我々人間の現実じゃないかと思います。

　その中で森先生は「最善観《さいぜんかん》」ということをおっしゃっていますね。

松井　ええ。最善観というのはいい言葉ですよね。その考え方も言葉の響きもいい。私も大好きな言葉です。

北尾　「わが身に振りかかってくる一切の出来事は、自分にとっては絶対必然であると共に、また実に絶対最善である」と。さらに「慎んでお受けするという気持ちが人間として最善である」と言っています。これは言い方を換えれば、中国古典の「天命」そのものの考え方です。

　僕も大学を卒業してから二十一年間野村證券で働きました。いつかは経営を担うつもりでいましたので、若い頃から「将来、野村の経営の任を背負うことになったらああしよう、こうしよう」と常に考えながら自分を一所懸命鍛えてきました。人の何倍も努力してきたと思うんです。

　ところが、二十一年目に野村に大不祥事が起こり、僕のことを非常にかわいがってくれて、僕もまた敬愛してやまない社長の田淵義久さんが職責を追われることになった。また次の経営体制が敷かれ、僕が尊敬する先輩たちが飛ばされていくのを見ていたら、もう野村は世界に冠たるインベストメント・バンクにはならないと思うようになっていきました。そんな時にソフトバンクの孫正義《そんまさよし》さんから、うちに来てくれないかという話をいただいたのです。

　これはもう天の啓示というのか、何かあるんだろうなと思いました。既に『修身教授録』に出合っていましたから、この「最善観」と、子どもの頃から学んできた中国古典の「天命」という言葉が頭に浮かび、ぴたっとマッチしたんですね。これでいいんだ、これが一番いいんだと思ってソフトバンクに入りましたし、いまでもあの時の選択は最善だったと思っています。

　そしてさらに森先生は本当にいいことをおっしゃると思うのが、『修身教授録』にはない言葉ですが、「人間は一生のうち逢うべ

田淵義久：［1932〜2008］経営者。岡山県生まれ。昭和31年野村証券に入社。52年取締役。大田淵といわれた社長・田淵節也氏に対し、ミニ田淵と呼ばれる。60年社長就任。平成3年相談役に退いた。

き人には必ず逢える。しかも一瞬早すぎず、一瞬遅すぎない時に」と。僕と孫さんとの出会いも、まさしくそのとおりだったと思います。あのタイミングで野村に不祥事が起きていなければ、ソフトバンクに移ることもなかったわけだから。

松井　やはり流れは大事ですよね。私はいま六十歳を超えたところですが、振り返ると人生には一つの流れのようなものがあって、私自身は流れに逆らわず、流されずという思いでやってきました。とにかくいまの流れを受け入れてそこで頑張ってみようと。苦しい時も、それを受け入れ、この試練を乗り越えたら次が開けるという思いで取り組んできました。

北尾　古今東西、やはり世の成功者といわれる人たちは最善観のような考えをベースに持っていますよ。松下幸之助さん流に言えば「素直」ですよね。こういう心掛けが大事だと思います。

子どもたちに置土産をしたい

北尾　『修身教授録』の最後から二つ目が「置土産」という章ですね。この章を読んだ時も、ああ、そうかと気づかされたことがありました。

松井　私も「置土産」は、特にこれからの私自身のテーマだと思っています。

北尾　自分が生きている間のことだけ考えていたらダメなんだと。死んでから後に残るものを考えないといけない。松下幸之助さんは松下政経塾をつくった。京セラの稲盛和夫さんは稲盛財団をつくり京都賞を創設され、いろいろな形で社会に貢献されている。

だから僕もそういうものをつくらないといけないと思いまして、SBI子ども希望財団という財団法人をつくったり、あるいはSBIユニバーシティという人材育成の機関をつくったりしました。「置土産」の教えがそういうことに繋《つな》がっていったのです。

松井　北尾さんが福祉に力を入れておられることは有名ですよね。そのあたりも私と共通点があると思っているのです。先ほど申し上げたように私がこの仕事を始めるきっかけの一つが小児がんでしたし、子どもは国の宝ですから、私の中には「子ども」というテーマがずっとあるんです。

ですから「公益信託アフラックがん遺児奨学基金」という制度をつくって、親をがんで亡くした高校生に奨学金を給付しています。また、子どもさんが難病に罹《かか》った時、その治療のために付き添って上京された親御さんが一泊千円で泊まれる「アフラックペアレンツハウス」を都内に二棟寄贈し、大阪に三棟目の建設を予定しています。そして、昨年の秋から、小児がんの子どもたち、経験者、そして研究者のサポート運動として、ゴールドリボン活動の推進も始めました。小児がんの子どもを持つ親御さんは若いですから、経済的な面でも社会がサポートすることが必要だと思います。会社、社員、代理店とが一丸となってできうる限りのサポート運動を展開しています。

北尾　子どもというのは、本当に弱い存在なんです。両親の愛情、これが唯一の生きる道なんですよ。だから僕は被虐待児という存在を知った時、本来一番愛されると思っている親から虐待を受けるというのは、これ以上の悲劇はないだろうと思いました。子どもは選挙権がないから、高齢者を守るのと比べたら税金のかけ方が全然違う。だから僕は児童養護施設に寄付をして運営を助けるSBI子ども希望財団をつくったんです。

　なぜ〝希望〟とつけたかというと、一度、ある施設の子どもたち五十人くらいをホテルのバイキングに招待したことがあったのですが、後になって届いたお礼状の中にこんな内容のものがあったんです。

「私はこんなにおいしいものを初めて食べました。これからももう食べることはないと思います」

　これは大変ショックでした。自分の未来に対してこんなにも否定的になるのかと。そう思った時、いてもたってもいられない気持ちになって、この子たちに希望を与えないといけないと思いました。

松井　確か北尾さんは個人でも福祉施設をおつくりになっていると聞きましたが。

北尾　ええ。まだ建設中なのですが、慈徳院といって、要するに虐待されると子どもが一時期病的な精神状態になるので、専門の精神科医が治療する施設です。短期間に五十人くらいずつ預かる予定ですが、そういう施設はいま日本に三十くらいしかないんです。

松井　残念ながら、いまは虐待される子どもさんが増えている現実を考えると、非常に大事なことをおやりになっていらっしゃる。

北尾　僕が尊敬している渋沢栄一氏と本多静六氏、この二人がともに埼玉県の出身で、なおかつ安岡正篤先生の記念館も埼玉県にある。だからどうしても施設は埼玉県につくりたかったのです。

　しかし、いまの場所に落ち着くまでには転々としました。そういう屈折した子どもが自分の子どもと同じ学校に行くのは困るとPTAに反対され、次の場所では施設の中に専用の学校もつくりますと言っても、そういう施設ができると地元の土地の値段が下がるっていうんですね。だから福祉というものに関して、総論賛成なんだけど各論反対なのが、いまの日本なのです。

真心が通じた日

松井　北尾さんのような大きな規模ではないですが、私個人の活動に仲間の人々が賛同をしてくれて、千葉県にある養護施設の支援活動や岩手・東京・千葉にある知的障害者の施設の支援活動をしているんです。

　養護施設には非常に優秀でも大学や専門学校に行けない子どもがほとんどで、その進学率は一％くらいしかありません。また、高校を卒業したら彼らは施設を出なければなりません。そうするとまず住む場所から

渋沢栄一：［1840〜1931］実業家。埼玉生まれ。一橋家に仕えて幕臣となり、パリ万国博覧会幕府使節団に加わって渡欧。維新後、大蔵省官吏を経て第一国立銀行を設立。各種の会社の設立に参画し、実業界の指導的役割を果たした。

本多静六：［1866〜1952］林学者。埼玉生まれ。日本最初の林学博士。日比谷公園などを設計し、国立公園の設置に尽力した。帝国森林会会長。など。

確保しなければなりませんし、そのためには働かなければなりません。学費を支払うことはとても無理と考え、最初から進学を諦《あきら》めている子が多いわけです。ですから養護施設の子どもたちでも、向学心のある子どもたちが進学できるよう支援をしたいというのがいまの私の強い思いであり、それが一つの「置土産」に通じるのではないかと思っています。

北尾 そのとおりですよ。実はいま、僕が応援している学生がいるんです。

彼はもともとSBI子ども希望財団が寄付をしている施設にいたのですが、ある日その施設が火事で丸焼けになってしまった。その時彼はまだ高校の学生でしたが、火の中を小さな子どもたちを両脇に抱えて何往復かしたらしいんですね。その勇敢な行為を消防署が表彰すると言ったら、「当たり前のことをしたまでで、表彰されることじゃない」と断ったというんです。

その話を聞いて僕は非常に感激したのですが、さらに感激したのは、彼が非常に優秀で、一流大学への入学試験を受けて通ったというのです。ただ、奨学金だけでは下宿して通うのは難しいので、僕が月々支援しているのですが、僕がそちらのほうに行く機会があるとうちの母親なんかと一緒に食事をしたり、著書を送ったり、という関係を続けてきました。

それが今年の父の日に彼からメールが届きました。これが結構ぐっと来る内容でしてね。

松井 少しご紹介ください。

北尾 彼は小学校入学前に両親が離婚したこともあり、施設に入れられたわけです。施設に預けられた子どもは、一般的に子どもの頃は母親が大好きで、そういう目に遭っても、「お母さんは悪くない、自分が悪いんだ」と思うものなんですが、ある程度の年齢を越えると、今度はそれが憎しみに変わるのです。

彼も自分をこういう施設に預けた母親に憎しみを持っていて、自分には母親はいないと決めて会おうとしなかった。ところが、僕の『何のために働くのか』(致知出版社刊)を読んで、会う気になったというんです。

松井 あの本は私も読ませていただきました。非常に大切なことがたくさん書いてありますね。

北尾 あの中で僕は「あらゆる愛情の基本は親子の情愛であり、それを知らずにどうして妻を、夫を、子どもを愛することができるだろうか」と書きました。自分が母親に対して憎しみを抱いていて、将来結婚した時、果たして奥さんや子どもを本当に愛せるのかと苦悩し、考えに考え抜いた末、結論として会いに行ったと。まだ憎しみは消えないけれども、この人が自分の母親だと認められるまでになったと、書いてありました。

それで、「そういうわけで自分には父親はいないから、ご迷惑かもしれないけど、北尾さんを父親のように思っています」と書いてあったんですよ。

松井 それは嬉しいですね。

北尾 僕は泣きましたよ、このメールを読んで。家内も「あなた、よかったですね。こういうことをやってきて」と言ってくれ

ました。ああ、僕の真心が通じて、彼の心に何かしらの「置土産」ができたのかなと思っています。

難しい出処進退の問題

松井　実は先の株主総会で、持ち株会社のボードメンバーを退き、この七月に五年務めた会長から相談役になりました。五十歳で社長になって以来、やはりずっと頭にあったのは出処《しゅっしょ》進退の問題です。『修身教授録』の「出処進退」の章で、森先生はその人の全人格が判定されるのが出処進退の時だとおっしゃっています。私もどこで退くか、適切な時を自分で決めなければと思っていましたが、実際その時となると迷うことも多く、とても難しい判断でした。社会や時代、企業の流れ、それと照らした自分の力を考えて決めたわけです。

北尾　いや、この出処進退はとても難しい問題です。

松井　「その人の平素の心掛けというものが、出処進退に際して、その人の態度や行動を

決定する」とありますが、最終的には世のため人のためと考えた時、自分の現在の力はどうなのかと、自己を厳しく見極めなければならないという気がいたしました。

北尾　僕は知力・気力・体力、この三つのうち何か一つでも欠けたら組織の長たるべきではないですから、自分でそう感じたら即退くべきだと思っているんです。なかなか自分で判断できない部分ではありますが、それでも自分自身で決めないといけない。

　僕の場合、知力に関しては毎年脳ドックを受けていますが、幸いにしていまのところ問題なしです。もちろん年を取れば記憶力は落ちてきますが、その分判断力でカバーできているうちはいいだろうと思っているんです。

松井　私もかなりしっかりチェックしてきたほうだと思います。脳は当然毎年診ていますし、こういう会社にいますから全身のがん検診もきちんと受けています。

北尾　検診は僕も欠かさず受けています。また、平生の心掛けとしては、夕食をお客さんなんかと一緒に取っても、絶対に二次会には行かないことにしているんです。

松井　それから、土日の夜は野菜ジュースと果物だけにしていると、ご著者に書かれていましたね。

北尾　そう、平日はお客さんと外食が多いから、土日はそうしようと決めたんですよ。ただ来年はもう五十七歳になりますから、ウィークデーも一日だけはジュースと果物だけにしようと思っているんです。

　でも、僕は私利私欲を随分自制しているつもりですが、食欲だけはなかなかダメですな（笑）。

松井　いやぁ、私はやったことがないけど大変だと思いますね（笑）。

北尾　いま申し上げたとおり、僕ももうすぐ還暦という年齢に差し掛かってきて、『修身教授録』の中の〝人生の賞味期限〟という言葉をますます強く実感するようになりました。「ああ、グズグズしていたらいけない」と思っています。

　四十九歳の時に、僕は二つの天命を悟りました。一つはインターネットの爆発的な価格破壊力を使って金融界に革命を起こす。もう一つは自分とともに働いてくれる同志に十分な経済的厚生を与えるとともに、私財は家内を養うに足る幾ばくかを除けば、世のため人のためにすべてを寄付する。『修身教授録』にも「一気呵成《かせい》」という言葉が出てきますが、僕も賞味期限のうちに一気呵成に納得できるところまでやってしまいたい、そして志を同じくする者たちに引き継ぎたいという思いで事業に取り組んできました。賞味期限内に完全燃焼して、退くべき時が来たならば潔く退く。

　でも退くということは、これですべてが終わりではなく、一つの仕事を終え、また新たな仕事が始まるという考え方を僕はしていますね。

松井　私もそう思っています。いまの仕事を退いたからといって、すべて退いてしまうのではなく、その時々にできることは必ずありますからね。

北尾　事業家として収益に追い回されたりということは、知力・体力・気力が欠けたら辞めるにしても、先ほどの福祉の仕事はいまからでも十分できます。

松井　ええ。だからリタイアというのはある意味新しい出発であり、その場その時で社会にお役に立てることはたくさんあると思っています。

天命に出合うためには

北尾　こうして考えてみると、本当にこの『修身教授録』に僕は大きな影響を受け、人生で大切なことをいくつも教わってきたと思います。もちろん中国古典もそうですが、中国人の世界ではなく、日本でそれと同じことを言っている本があるじゃないかと、そういうことが大きかったですね。だけど中国古典を勉強していたから、いろいろな意味で深く味わうことができたと思っています。

　自分がこの本からたくさんのことを教わったからこそ、一人でも多くの人に読んでいただきたいですね。いま、ニートやフリーター、あるいは二〜三年で転職する若者が激増しています。そういう人たちに、働くこと、そして生きることの素晴らしさを伝えたいと思い『何のために働くのか』を上梓《じょうし》しましたが、この『修身教授録』も彼らに多くの示唆を含んでいると思います。

松井　先ほど申し上げたとおり、私は最初に入った会社を数年で辞めた人間ですから、若い人にあまり偉そうなことは言えないのですが（笑）、やはりずっと「これならば」と思える仕事に出合いたいという思いがありました。言い換えれば、二度とない人生だからこそ、自分のすべてを懸けられる何かを探したかったのです。そうしていまの仕事にめぐり合えた。単に働きたくないというのは問題外ですが、若いうちに生きがい、やりがいを求めて迷うことは問題ないし、そのほうが人間は成長すると思っています。

　ただそうは言っても、私は三十歳くらいまでには「これだ」と思えるものを決めないとダメだと思いますね。そして、その後は夢中になって取り組む。実際、三十五歳を過ぎると人間は変わることは難しいと感じています。ですから、それまでに懸命に取り組む仕事とその時間が必要だと思います。

北尾　一所懸命やった結果として転職する。僕もそれは構わないと思いますが、いまの若い人の中には一所懸命やらないでイヤになる人が非常に多いような気がします。そこに僕は警鐘を鳴らしたい。

松井　いま世の中全体が目の前のことがよければいいという傾向が強くなって、いまが楽しければいい、いまお金がもらえればいいという風潮があるような気がします。それは本当の意味で人生が二度ないことを分かっていないのだと思います。残念なことに、私の周りでも「何のために働くの？」と聞くと、やはりお金のため、生活のためという人が圧倒的に多いんですね。

ただ、最初のきっかけはそれでも構わないと思うんですよ。私も学生時代に友人と塾を経営していましたが、最初の動機は完全にお金です（笑）。だけどやっていくうちに、どうしたら子どもたちに応えられるかと真剣に考えるようになりました。そのように最初はお金から入っていってもいいと思いますが、そこから世のため人のためという自分の生きがい、働きがいを見出していくことが大事だと思います。働くからには、精神的な面を含めて充実感が得られるように、自分なりの努力をしていくことが大切です。

北尾　東洋思想ではすべて己に帰着するんですね。「自修」といって、とにかく人間は自己を築くのは自分以外にはいないという言葉があります。いま松井さんは努力とおっしゃったけど、仕事をおもしろくするのも自分、つまらなくするのも自分。親だっていつまでも面倒見てくれるわけではないんですよ。私は若い人に自分以外にはないということを一つお伝えしたい。

そしてもう一つ、「自得」という言葉もあります。いまの自分はどうなのか、本当に自分を分かっているのかと、自分と向き合うことが非常に大切だと思います。

幸いにして僕は幼い頃から中国古典を学んできたから、こういった考えを早くから持っていました。働くとはまさに傍《はた》を楽にして天に仕《つか》えることだし、人は皆天命を持って生まれているから、それを見つけて、全《まっと》うすることが人生だと思ってきました。「天命を見つける」というと、何かの拍子に偶然出合うように勘違いされてしまいそうですが、結局は一所懸命目の前の仕事をやり続けた先に天の啓示があり、天命を悟るのです。

松井　「一時一事」の章の中で「全我を没入して三昧《さんまい》の境」というお話をされています。私はよく社員に言うのですが、仕事を通しての人間的成長は、この「三昧の境地」で仕事に取り組むかどうかだと思います。森先生は「必ずしも得意のことではなくても、一事に没入すれば、そこにおのずから一種の充実した三昧境を味わうことができる」とおっしゃっています。北尾さんが言われるとおり、たとえいまの仕事が得意でなくてもまず没入してみることですね。

私は人生でそういう時期を持たないと、本当のやりがいとか自分の生きている意味を見出すことは難しいのではないかと思います。

北尾　せっかく与えられた一度きりの人生です。最後まで命を燃やし続けて、自ら意義ある一生にしなければなりません。それが森信三先生が『修身教授録』を通して訴えている人生の要諦《ようてい》なのだと思っています。

安岡正篤先生の遺した言葉

政財界のトップに多大な影響を与えた東洋学の泰斗・安岡正篤師。その高弟として、謦咳に直に接した二人が、心に生涯の灯をつけた師の教えについて語り合う。

新井正明
住友生命保険会長
関西師友協会会長
Arai Masaaki

豊田良平
大阪屋證券常勤監査役
関西師友協会副会長
Toyoda Ryohei

心に生涯の灯をつけた「四耐」

新井　安岡先生の言葉というのはわれわれはもう、体の中にしみ込んでしまっているので、さあひと口で言ってみろといわれても難しいのですが、まあ、先生との出会いあたりからでも始めますか（笑）。豊田さんが先生に初めてお会いになったのは、いつ頃のことですか。

豊田　昭和十三年です。

新井　十三年。じゃ私のほうが少し早いわけだな。お目にかかったのは。

豊田　十二年にね、『童心残筆《どうしんざんぴつ》』を読んで感激して、先生にお手紙を差しあげた。

新井　ほう。

豊田　ところが、待てど暮らせど返事が来ない。まあ、一青年の手紙ですから。ただ私は真剣だったんです。

　そうしているうちに先生から待望のご返事が来ました。素晴らしい手紙でしてね。中に例の「四耐《したい》」がありました。

『**童心残筆**』：安岡師三十代不惑にならんとする年に書かれた随筆集。

新井　なるほど。「冷に耐え、苦に耐え、煩《はん》に耐え、閑《かん》に耐える」というのですね。

豊田　それと、ともかく求道は一生のことであるから、一つ大成を祈ると。非常に感激しましたね。とくに、このひと言が私の心に生涯の灯をつけました。しかし正直なところ「四耐」の本当の意味はわかってなかったと思います。

新井　あぁ若いときはね。それは当然でしょうね。

如何に忘れるか、何を忘れるか

豊田　新井会長の場合はいかがですか。

新井　私は父が安岡正篤先生を尊敬してましたから、先生の本を読むように、講義を聞くようにと、ずいぶん奨められましたが、まあ、当時若干、生意気であったし、先生があまり偉すぎたものですから、近づかなかった。

ノモンハン：ノモンハン事件。1939年（昭和14年）5月から同年9月にかけて、満州国とモンゴル人民共和国の間の国境線をめぐって発生した日ソ両軍の国境紛争事件。

『経世瑣言 総編』
安岡正篤・著／致知出版社

ところが、ノモンハンで右脚をなくし、陸軍病院へ入っている間、先生の著書を一所懸命に読みました。その中から、今後どう生きていけばいいかというようなことを徐々にですが、悟ることができた。悟るというと、大げさですけれども……。

それで、退院して会社に戻ったわけですが、兵隊に行く前は九か月しか会社におらなかったから、戻っても仕事ができないのですね。おまけに当然のことだけれども、行動が鈍い。同僚に比べますと、昇給が遅い。ボーナスが少ない。こういう時期が二、三年続きましたかな。

豊田　そういう時期があったのですか。

新井　そういう中で、安岡先生の、『続経《けい》世《せい》瑣《さ》言《げん》』の中にある、「忘の説」という箇所が目にとまったわけです。「どうにもならないことを忘れるのは幸福だ」という諺《ことわざ》がドイツにあるんですけれども、またカーライルが、

「忘却は黒いページで、この上に記憶はその輝く文字を記して、そして読みやすくする。もしそれがことごとく光明であったら、何にも読めはしない」

ということをいっているわけですね。先生はそれを受けて、

「我々の人生を輝く文字で記すためには確かに忘却の黒いページを作るがよい。いかに忘れるか、何を忘れるかの修養は非常に好ましいものである」

こう言われているわけです。

『経世瑣言』：安岡師が昭和9年から昭和19年にかけて書かれたもの。「経世」とは経世済民の経世を意味する。もともと『経世瑣言』には正・続・全など各種ある。

カーライル：［1795〜1881］トーマス・カーライル。イギリス（大英帝国）の歴史家・評論家。代表作に『英雄崇拝論』『フランス革命史』など。

豊田　ああ、そうですか。

新井　これだなと思った。

過去のどうにもならんことを忘れなければならない。召集令状さえこなけりゃよかった。きても即日帰郷になればよかった。戦争にいっても弾に当たらなけりゃよかった……。こういう過ぎてしまったことをいろいろ考えてみたって、実際はどうにもならんわけですね。いくら、言っても元へ返らない。

そうなるとそれを忘れ去って、今日ただいまから将来を切り開いていかなきゃならないという気持ちに到達したわけです。

だけど、ときにはやはり、あのときはあれがなきゃよかったということもあります。ありますが、今から考えると、そういう体になったのは一つの宿命である、と。

安岡先生はよく運命というのは自分で切り開いていけるけれども、宿命というものがあると。私はそういう宿命を負った。そしたら、これからの自分の運命はどう開い

安岡正篤（やすおか・まさひろ）［1898 ～ 1983］
明治31年大阪市生まれ。東京帝国大学法学部政治学科卒業。昭和2年に（財）金鶏学院、次いで日本農士学校を創立、東洋思想の研究と後進の育成に従事。20年8月15日、昭和天皇によるいわゆる「玉音放送」で発せられた「終戦の詔勅」の草案作成者。24年に安岡師の全国師友会を設立。広く国民各層から財界リーダーまで、啓発・教化に努め、その精神的支柱となる。58年逝去。

ていったらいいだろうかということです。だから、安岡先生にはいろいろ教えられたけれど、この教えが、今日まで、一番深く、私の根本にあるわけですね（笑）。

先生がよく話された「牛のけつ」のエピソード

豊田　新井会長のおっしゃった「忘の説」は、亡くなった伊藤肇《はじめ》さんがよく引用されていましたね。同じところに、忘年・忘形の教えもあります。

新井　忘年・忘形ね。忘年会というのは本来、その年を忘れるのではなくて、老いも若きも自分の年を忘れる交わり。忘形というのは、肩書きをなくした、人間と人間との本当の交わり。そういう忘年・忘形の交わりをしなければならない、ということをよくおっしゃった。

豊田　それと、先生がよく話されたことに、「牛のけつ」というのがあります。

　東京の谷中に南隠という偉い禅僧がいて、そこに新進の仏教学者が訪れる。二祖断臂《だんぴ》の物語などを取り上げてとうとうとまくしたてるわけです。

　二祖断臂の物語というのは、慧可《えか》が達磨《だるま》に入門を請うた時、どうしても許してくれないものだから、雪の降る日、腰まで雪が積もるのを物ともせず、達磨の門の前で頑張るわけですね。達磨がその姿を見て、「まだそんなことをしておるのか」と言うと、慧可は「私はいい加減なつもりで教えを請いに来ているのではありません」と言って自分の臂《ひじ》を断ち、それを達磨に差し出した。さすがの達磨も感動して、初めて入門を許したという話です。

新井　うん、私も先生から何回かお聞きして、心に残っている話の一つですよ。

豊田　仏教学者は、この話はおそらく伝説で、おまけに達磨自体実在したかどうかわからない。禅というものは、このように学問的にはあやふやな基盤の上に立った、いい加減なものではないかと、こういうわけですね。学者だからいろいろ研究しているし、新しい学説も持っている。禅僧のほうは、知らない話だから、感心して聞いているわけです。さて帰る段になって、玄関で禅僧が、「あんたは牛のけつじゃなぁ」と言うわけですね。

　学者先生、わけがわからず帰ったが、なんのことかさっぱりわからない。気にかかって一所懸命調べるけれども、どこにも「牛のけつ」ということばが載っていない。ほとほと困り抜いて、また禅師を訪ね、先日、禅師から「あなたは牛のけつだなぁ」と言われましたが、どういう意味かお教え願いたいと言ったら、禅師は呵呵《かか》大笑して、だから学者は困る、牛はなんといって鳴く、モウといって鳴くじゃろ、「けつ」はお尻じゃよ、だからお前さんは「もうの尻、物知りじゃな」と言ったのじゃ、と。これを聞いてその学者はがっかりして帰ったという

伊藤肇：［1926〜1980］評論家。愛知県生まれ。財界研究社「財界」編集長。安岡正篤師の高弟。

慧可：中国禅宗の二祖。正宗普覚大師。

達磨：禅宗の開祖とされている人物。達磨祖師、達磨大師ともいう。

話です。

新井　ええ（笑）。

豊田　これは要するに、単なる物知りじゃいかんということですね。

新井　頭でわかったつもりではいけないということでしょうね。「活学でなきゃ、いかんのだと」

単なる知識ではいけない
見識、胆識まで高めよ

豊田　先生が晩年、繰り返し強調されたのはそれですね。単なる知識ではいけない、それを見識、胆識《たんしき》にまで高めなければいけないよ、と。

『百朝集』
安岡正篤・著／致知出版社

新井　胆識というのは、安岡学の真髄じゃないですか。これは、豊田さんはよく実践してこられた。

豊田　いや、それほどでもないですが、先生は、晩年よく、「豊田君ねぇ、見識だけでは駄目だよ、判断力だけでも駄目だよ、胆識がなければいけないよ」とおっしゃった。胆識というのは、物事をなす場合に、抵抗、障害を乗り越えて、とにかくどうしても実行して、それを必ず達成する。それが胆識です。

新井　胆識というのは先生がおっしゃって、今はずいぶん広がりましたが、それまで、私なんか聞いたこともなかった言葉ですね。

豊田　「胆気」というのは『百朝集《ひゃくちょうしゅう》』の中に出てますね。

新井　そう、出ています。

「時令に順うて以て元氣を養ふ。思慮を少うして以《もっ》て心氣を養ふ。言語を省いて以て神氣を養ふ。肉慾を寡うして以て腎氣を養ふ。嗔怒を戒めて肝氣を養ふ。滋味を薄うして以て胃氣を養ふ。多く史を讀みて以て膽氣を養ふ」

　これは「七養」と題されている。

豊田　私が胆識というのにまず目を開かれたのは、先生がよく話された足利尊氏の人物論からです。中島久万吉《くまきち》という商工大臣が足利尊氏をほめたために職を棒に振りましたね。

新井　昔ね。あれは昭和の初めでしたね。中島久万吉という商工大臣が何かの折に尊氏を偉いと言ったわけです。ところが、これが右翼の反発を買ったのです。当時、尊氏といえば逆臣ですからね。

　結局、商工大臣を棒に振ってしまった。

　しかし安岡先生はその尊氏を研究されて、竺雲《じくうん》とか夢窓国師《むそうこくし》とかが尊氏に関して記録を残しているのですが、それを研究されて、やっぱり尊氏というのは偉い人物である、と。

『百朝集』：安岡正篤師自らが精神の糧としてきた先哲の言葉を百集めた語録集。

足利尊氏：［1305～1358］鎌倉時代後期から南北朝時代の武将。京都生まれ。室町幕府の初代征夷大将軍。足利将軍家の祖。

足利尊氏を高く評価していた安岡先生

豊田　確か先生は楠木正行《まさつら》に加勢して戦死した堀田弥五郎正泰の子孫だとか言われていましたね。

新井　そうです、自分の祖先を滅ぼした尊氏だが、研究するとやはり偉い、と。で、夢窓国師の尊氏評にこういうのがある、と。

「尊氏将軍に古《いにしえ》の常の者が及ばぬことが三つある。第一は如何《いか》なる戦場に臨んでもかって恐怖の色が見えたことがない。それから、人に対して物惜しみということがない。第三に人に対して依怙贔屓《えこひいき》ということのなかった人である」

しかし、この三つぐらいでは将軍として取りたてていうほどのことではない。夢窓国師が伝えるには、その上に、「酣宴爛酔《かんえんらんすい》の余といえども一座の工夫を為さずんば眠りにつかず」というのです。つまりどんなにへべれけになって酔って帰ってきても、必ず一遍坐禅を組み、黙想してからでないと眠らないというんです。これはなかなか出来ないことだと。

安岡先生は足利尊氏が出来たんなら、おれにもやれると言って先生はそれをやって出来た、と。あとの話で、伊藤肇さんはおれも出来るだろうと思ったけれど出来なかったと（笑）。

豊田　さすがですね。

新井　まぁ、先生がこの話をされたとき、先生はやはり、一つの片寄った思想でなくて、公平に人物を見ておられるなぁと思った。そうすると、われわれも人や物を見るときに、考察の三原則じゃないが、幅広く、深く根元にさかのぼって、見なければならないということを思いますものね。

豊田　しかし、この三つのことは深く噛みしめて味わって体につけなければならないですね。

頭領たるものはね、やはり自分の大切なものでも思いきって人に与えていく、物惜しみをしてはいけない、ということですね。

新井　その通りですね。

豊田　それから分けへだてをしない。誰で

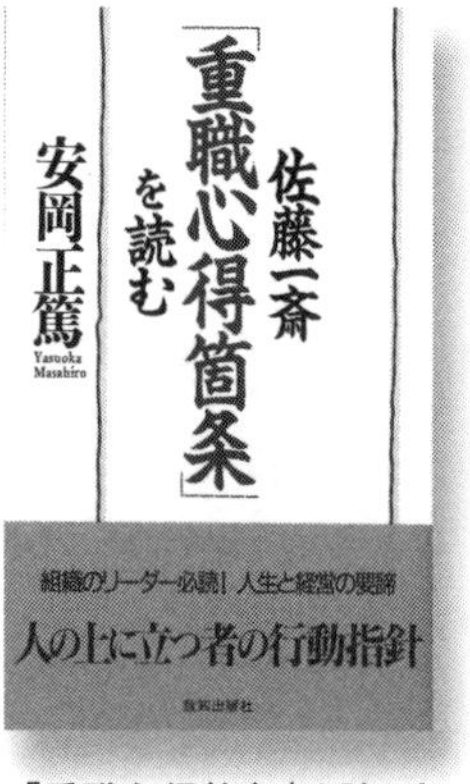

『佐藤一斎「重職心得箇条」を読む』
安岡正篤・著／致知出版社

竺雲：［1383～1471］竺雲等連。足利義教の尊信を得た室町時代の臨済宗の僧。遠江国（静岡県）生まれ。『周易』『史記』『漢書』に精通し、学僧で知られた。

夢窓国師：［1275～1351］夢窓疎石。鎌倉時代末から南北朝時代、室町時代初期にかけての臨済宗の禅僧。伊勢国（三重県）生まれ。五山文学の最盛期をつくった。

楠木正行：南北朝時代の武将。楠木正成の嫡男。「大楠公」と尊称された正成に対して「小楠公」と呼ばれる。

考察の三原則：安岡正篤師が説く教え。「思考の三原則」ともいう。
(1) 目先にとらわれず長い目で見る
(2) 一面的に見ないで多面的・全面的に観察する
(3) 枝葉末節にこだわることなく根本的に考察する

も好みがあるけど、自分の好きな者だけを選ぶということは、水に水をさすような流儀で、塩梅《あんばい》が悪い。塩梅を調和することができない。これは佐藤一斎の『重職心得箇条』の中にもあります。嫌いなものを用いてこそ任用の妙味《みょうみ》があるのですね。

新井　ええ。

豊田　まぁ、常にそういうことが平気で出来るためには、やはりそういう毎日の一座の工夫があったということでしょうね。

それと、私、特に感じ入ったのは戦場に臨んで物怖《ものお》じしない、恐怖の色がないというところです。恐れることが一番いけないということを、安岡先生に教わりました。

禅宗の『修証義』の中に布施《ふせ》について書いていますが、布施の中でも、施無畏《せむい》が最高のお布施なんです。人生には恐れることがないということを説くこと、教えること、これが最高の教えです。なかなか出来ないことですが、なんとかそれに近づこうと思ってます。

多くの人を逆境から救った安岡先生の教え

豊田　ところで、これは直接先生にお聞きしたことはありませんが、要するに人間関係は信が基本で根本でしょう。人事を離れて事はありません。

そうすると、新井会長が実行しておられるように人間関係がうまくいっている人はね、胆識ということを言わないでも、スースーッといける。たとえば、仕事をする場合に、いろいろ競争もあり、抵抗もありますねえ。しかし、あの人の言うことだということになると、抵抗障害が少なくなると

佐藤一斎：［1772〜1859］江戸後期の儒学者。美濃国（岐阜県）生まれ。林家の塾長、昌平坂学問所教授を歴任。門人から渡辺崋山・佐久間象山・中村正直らを出した。著書に「言志録」など。

『重職心得箇条』：佐藤一斎が、重役としてあるべき心構えを聖徳太子の十七条憲法に擬して十七箇条に書き記したもの。

『修証義』：曹洞宗の開祖・道元の著作である『正法眼蔵』から、特に在家への布教を念頭に置き、重要な点を抜粋し全5章31節にまとめたもの。

新井正明（あらい・まさあき）
大正元年、群馬県生まれ。昭和12年、東京帝国大学法学部卒業・同年、住友生命保険入社。常務取締役、専務取締役、社長、会長を歴任。

豊田良平（とよだ・りょうへい）
大正9年大分県生まれ。昭和12年宇佐中学校卒業。昭和13年大阪屋証券（現・コスモファイナンス）入社。56年副社長、58年常勤監査役を歴任。

いうことはある。

新井　信なくんば立たず、というやつですな（笑）。

豊田　話は変わりますが、私は昭和四十二、三年頃、声が出なくなった。まぁ、お酒を飲みますし、たばこが過ぎたせいか、少し疲れておったんでしょうね。あるときそれで声が出なくなった。

　そのときに、安岡先生が「和によりて事を為《な》す」ということを書いてくださって、養生に努めて静座しておりましたら、声が出るようになりました。

新井　ほう、そんなことがありましたか。先生がよく言われていましたが、話すということは、全精力を使うことだから、「眉毛を損ずる」と。

豊田　何回も聞きましたね。それで、あのとき、医者は私には言わなかったが、豊田さんの声が出ないのは危ないのと違うかと。当時、総理の池田勇人《はやと》さんが前ガン症状で声が出なかったでしょう。

新井　人間には順境と逆境とどうしてもありますからね。逆境の時に、身体の変調をきたしてしまうということは多いでしょうな。だから、そういうときに先生が言われる「四耐」ですね。

　私は自分の書斎には「四耐四不《しふ》」を掲げておりますがね。

豊田　ある方があの「四耐」で救われたんです。その人が、「豊田君なぁ、わしはなぁ、これで救われたよ」と言われました。

新井　そうですか。だから、そういう偉い心の師というものを、われわれ授かったわけですね。ご縁でね。有難いことですよ。

豊田　安岡先生の教えで、まあ逆境といいますか、そういうものを脱出したり、救われたという人は実に多いですね。

新井　久保田鉄工の広さんも先生の教えで苦境を脱出して、以後正々堂々と歩むことができたと言っていますしね。

　だから、人生いろいろなことがありますが、逆境のときに、先生の教えというものがいかに大きな力になるかということですね。いわゆる、艱難辛苦《かんなんしんく》のときに、大きな力になる。

人物の第一の条件は気力、活力である

豊田　話は前後しますが、『続経世瑣言』には、私も深い思い出がありましてね。

　私は戦争中、ずっと大陸のほうへ行っておったんですが、最初中国でしてね。黄河のほとりの師団司令部のあった運城という町の日本人の書店で、この一冊の本を見つけました。それから私は北支、中支、南支、仏印、と六千キロの道のりを行軍しましたが、その間、この本をそれこそ何度も何度も、ボロボロになるまで読み返したものです。

新井　あの本は大平さんが亡くなるちょっと前、アメリカへ行くときに持っていってますね。

豊田　昭和十七年に出された本ですね。部数も三千部しか刷っていない。

新井　そうですか、尊い本ですね。

豊田　先生が四十七歳くらいのときの本です。私はあの中の「人物学」の章に大変感銘を受けました。あのときは、先生はご自分の考えを堂々と述べておられますね。うまく言おうとかいうのでなくね。それだけに、実に言葉が生きているっていいますか、私は行軍中、その言葉に勇気を得て気力を養いました。新井会長、気力もね、要するに稽古するもんですね。

新井　そうですね。

豊田　気力というのは私流に解釈するとね、宇宙のエネルギー、すなわち大自然の生命力が、人間に乗り移ったものだと思います。

新井　それは先生が言っていますよね。肥えたとか痩せたとか、背が高い低いとか関係ない。人物の第一条件は気力、活力だ、と。気力、活力がなければ、是も非もない、と。

豊田　そこのところ、なかなかいい文章なので、ちょっと読んでみましょうか。

「それでは人物ということはどういうことをいうのであろうか。……まず看過することのできない根本は何か。それはわれわれの活力であり、気魄《きはく》であります。性命力（これも生の字より性のほうがよろしい。肉体のみでない、霊を持っているという意味で性命という）に富んでいる、つまり神経衰弱的であってはならない、意気地がないというのであってはならない、根本において肉体精神を通じて活潑々《はつはつ》たる、欿々《えんえん》たる迫力を持っている、これが大切です。

　一体、万有一切、光といい、熱といい、あるいは電気といい、磁気といい、すべてはエネルギーの活動であり、変化です。エネルギーが旺盛でなければ森羅万象もない。われわれも根本において性命力が旺盛でなければ、迫力がなければ、活力気魄というものがなければ、善も悪も何もない。是も非もない。活力、気魄を旺盛にする、これが一番大事であります」

新井　で、この元気というのは客気というもんじゃない。客のようにふらりと来て、すぐいなくなるというのでは本当の元気じゃない、と（笑）。

大平さん：大平正芳［1910〜1980］大蔵官僚、政治家。香川県生まれ。位階は正二位。勲等は大勲位。衆議院議員、内閣官房長官、外務大臣、通商産業大臣、大蔵大臣、内閣総理大臣などを歴任。

真の元気は志気。理想精神だ。理想を持った元気でなければいけないと言われてる。

人間修養の秘訣

豊田　人物の第二の条件は理想を持つことだ、と言っておられますね。実際、気魄、活力とかいうものはやはり、理想精神から出てくるんですね。それは私自身、先生から言われた。理想に照らしての現実の反省、批判、取捨選択、それが見識です。

あれもいい、これもいいじゃない。これもいいけど、何を去るかということですよ。それまではいいのだが、それから先はということになったら、つまり実行ということになりますと、抵抗障害がありますねえ。そこに、胆識が出てくる。つまり、見識は胆識でなければなりません。

新井　人物修養の方法についても言及されてますね。

人物学を修める上で見逃せない秘訣は、「第一に人物に学ぶことだ。古今を通じて、すぐれた人物というのを見逃してはいけない。出来るだけすぐれた人物に親炙《しんしゃ》せよ」

と言っておられる。

豊田　それと読書ですね。それもすぐれた書物を読めと。

新井　そう、「出来るだけそういう偉大なる人物の面目を伝え、魂をこめておる文献に接すること」。すぐれた書物とは、そういうすぐれた人物の魂を伝え、面目躍如《やくじょ》とさせておるような書物だ、と。

豊田　この二つ、つまり、「私淑する人物を持ち、愛読書を得なければならぬということが人物学を修める根本的、絶対的条件だ」と言っておられます。

これはね、もう三十年近くも前の話になりますが、汽車の中で先生とお話しする機会がありまして、私はこうお尋ねしたんです。

「第一級の人物に必要なものは何ですか」

「それは人物の機鋒《きほう》を養うことです」

と先生は言われた。機鋒というのは、ある瞬間において大きな展開をする力だというわけです。それを養うためにはどうするかというと、すぐれた人物に会うことだと

「心花　静裏に開く　正篤」（『安岡正篤墨跡集』より）

言う。そして書物、特にすぐれた人物の伝記を読んで、それを活用することだと教えていただきました。

新井　その次に、実践のことについて触れているが、これもなかなかいい文章なので読みましょう。

「その次に人物学に伴う実践、即ち人物修練の根本的条件は、怯《お》めず臆せず、勇敢に、而《しこう》して己を空しうして、あらゆる人生の経験を嘗《な》め尽すことであります。人生の辛苦《しんく》艱難《かんなん》、喜怒哀楽、利害得失、栄枯盛衰《えいこせいすい》、そういう人生の事実、生活を勇敢に体験することです。

その体験の中にその信念を生かして行って、初めて吾々《われわれ》に知行合一《ちこうごういつ》的に自己人物を練ることが出来るのであります」

豊田　これは、大きな考案ですね。これをぜひ実行しなければなりませんね。これは大変なことですね、とくに私はこの部分は自分の血となり肉となるまで読みました。

心に喜神を含んで「四耐」を実践する

豊田　それと『続経世瑣言』で感銘するのは、いわゆる平生の心がけとして「喜神」を含むということを言っておられますねえ。

新井　言っておられます。どんなに苦しいことに遭っても、心のどこか奥のほうに喜びを持ちなさい、人から謗《そし》られても、いやこういうことも自分を反省し磨くことになる、けっこうと思いなさい、と。

豊田　私は、先生が悠々とした風格があったのは、やはり、どんなことがあってもこの喜神を含むといいますかね、そういうことがあったからではないかと、いまも思っているわけです。

新井　これはね、先生が健康の三原則ということで、

　一、心に喜神を持つこと
　一、感謝すること
　一、陰徳を積むこと

というのがあってね。これも、私は一生の教えですね。いま豊田さんが言われたように、耐えるというのは喜神を持っておれば、どんな苦しみがあっても耐えられる、へこたれないし、癪《しゃく》にさわっても怒らない、と。

『百朝集』にあるけれど、怒ったときの息を試験官に入れて、零下二百十七度の液体空

気で冷却させ、それをネズミに注射すると、一遍に死んでしまうというのがあります。だから怒ってはいけない。喜神を持ってなくてはいけないというのがね。

そういうような先生の教えが、私の日々の行動に、何かのときに、出てくる。だから、今日までこうやって生きてこられたんだろうと思う。

それから感謝するということは、靖国神社へいかなくてよかった、と。まぁ足が痛くて毎日大変だが、向こうにいかないでよかったということですね。

陰徳を積むということは、陰ながらいいことをする。それはやはり、心の平静を保つ上でいいことだということで、これは先生の終生の教えとして、心の中に、行動の中に持ち続けています。及ばずながらね（笑）。

豊田　だから「四耐」をそのまま見ると、非常に苦しい感じがする。どんなことがあっても耐えるぞというような、悲愴感とは言わないが、肩ひじ張ったようなものがある。

しかし、それが今、会長が言われた喜神を含む、苦労を喜ぶということになったら、それはたいしたもんです。

たとえば、人に親切にするためには、煩に耐えなければいけないですね。そういうことを、面倒くさがってたら、駄目なんですね。

新井　その通りです。

豊田　すると煩も喜びがある。それから閑。静かなことを喜びなさい、と。おかげで、英気を養えますから。安岡先生は「心花 静裏に開く」とおっしゃっています。静かな境地に身を置き、また静かに一日を生きる。

それで、この間、私、交通事故で一、二か月入院しましたが、あれがもしケガでなかったら、一直線にあの世へいってしまったかもしれません。病気のおかげで修繕が出来る、と。これは有難いことだ、と喜んでおります（笑）。

新井　ええ。

豊田　人生に無駄なしといいますか、もしケガでもしなかったら、あの世へいってたかもわかりません、そう思うと病気というものも有難く思わなければいけない、感謝しなければいけないぞということです。私も「四耐」の解釈を、そういうふうに考えるようになりました。

小成に安んじる人は ターゲットが低い

新井　ところで、豊田さん、はじめに学者の話をされたが、『呻吟語《しんぎんご》』に、

「学者の大病痛はただこれ器度の小なるなり」

というのがありますね。学者の弱点は器量が小さいことだ、と。

そういう意味では安岡先生は器量のある方でね、先生の悪口を言う人の中には、「安岡さんには経済がわからない」という人もおりましたが、先生は一線の政治家とのお

『呻吟語』：中国の古典籍の一つ。著者は明代の哲学者・呂新吾。呂新吾が30年に及ぶ長年にわたって良心の呻きから得た所の修己知人の箴言を書き記し、収録した自己啓発の書。六巻本で、内篇・外篇に分かれ、全17章より成る。

付き合いもありましたし、経済抜きの政治なんてありえないわけですからねえ。確かに学者ではあったけれども、実務もちゃんと知っておられた。そういう人たちと付き合いを持って知識を得ておられたんだと思いますね。

豊田　だから『論語』の解釈を聴いておっても、深いですわね。

新井　結局、学者でもいろいろ幅広く人に接することが大事だということでしょうねぇ。私なんかも、もし安岡先生の教えを受けなかったら、どちらかといえば少し狭く、一つに閉じこもってる人間になっていると思います。

豊田　私は器量、スケールを大きくするにはターゲットをどの辺に置くかだと思いますね。小成に安んずる人はやはりターゲットが低いですね。

呻吟は人生の一つのつぶやきである

新井　この辺で、少し『呻吟語《しんぎんご》』にも触れておきましょう。豊田さんは『呻吟語』をよくお読みになって、関西師友協会でも講演をなさったりしておられるから（笑）。勉強されて相当になりましょう？

豊田　この本を先生から奨められたのが昭和三十一年のことですから、もう三十年近くも前のことになりますが、ここから私は非常に多くの教訓を学びました。もちろん最初は奨められるままに読んだものですから、わかりづらかったんですが、三十二年に一度読み終わって、それから三十八年、四十五年というように何回も何回も読み返しました。

新井　なかなか大部の本ですよね。

豊田　はい。九百三十八頁、千八百四十章といわれております。

新井　一口に真髄といっても難しいでしょうが、あれは自己革新の書ですね。

豊田　著者の呂新吾《りょしんご》という名前そのものが吾れを新たにするということです。これは自己革新をすることです。人を変えようと思えば、まず、自己を変えねばならない。そういう肝心なことを忘れて、他人をどうしようと思っても、うまくいくわけがない。

われわれは毎日、毎日、進化創造しながら年を重ねていくわけですが、どういう職業についても、その環境に応じて自分を変化向上していかなければなりません。

新井　『呻吟語』には有名な、

「深沈厚重なるは、是れ第一等の資質。
磊落《らいらく》豪雄なるは、是れ第二等の資質。
聡明《そうめい》才弁なるは、是れ第三等の資質」

というのがありますね。

豊田　これが『呻吟語』の全巻を貫く言葉ですね。

shingingo
安岡正篤
呻吟語を読む
第一等の人物とは
明末の儒者・呂新吾の著した人間錬磨の書が、
安岡正篤師を通じて蘇える。

『呻吟語を読む』
安岡正篤・著／致知出版社

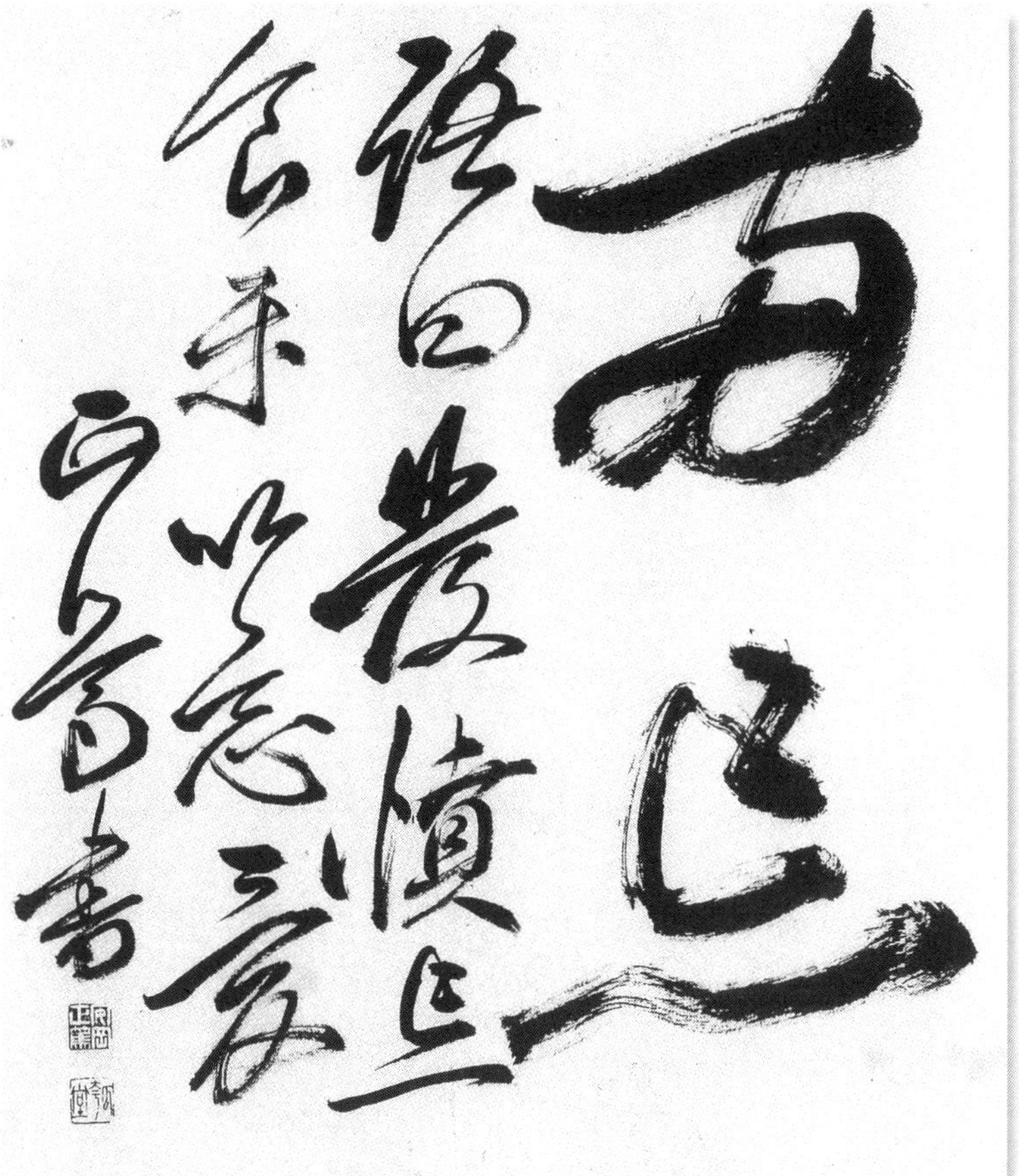

「両忘　語に曰く、憤を發しえ食を忘れ、楽しんで、以て憂いを忘る、と。正篤書」

『呻吟語』というのは呂新吾という人が、深沈厚重になりたいという非常な願望を持っていたわけです。で、そういうものになるためにはどうすればいいか、ということが書いてある。

新井　安岡先生は「呻吟するということは、肚《はら》の底から出てくる良心の呻《うめ》きである。それは人生創造の一つのつぶやきである」。このように言っておられた。

感激性のない人は才能があっても役立たない

新井　話は変わるが、私、忘れられないのは先生はよく『論語』の「四十、五十にして聞こゆることなくんば畏《おそ》るるに足らざるのみ」という話をされましたね。あるとき、先生が「あなたのことを住友の人に聞くがあんまり知らないですなぁ」とおっしゃった（笑）。まだ四十代の頃ですがね。

　結局、先生がおっしゃるのには、あそこにああいう人物がいるっていうことがわかるようにならなきゃいかんということでしょうね。
ところが、私はほとんど外に出ていませんでしたしね、新聞社の人なんかにも全然会わない。だから、住友の偉い人なんかも知らなかった。それで、そういうことをね、先生に言われて、身につまされたことがある（笑）。
豊田　そうでしたか。そのときに同時に先生は、よく「憤を発しては食を忘れ、楽しんではもって憂を忘れ、老のまさに至るを知らず」を話されましたね。
孔子は物に感激しては食うことも忘れ、努力の中に楽しんで憂を忘れ、年をとることを知らない人だと説明されています。
新井　あの〝憤〟をね、感激性と解し、感激性すなわちエネルギーのようなもので、感激のない人はいくら才能があっても燃料のない機械と同じで役に立たないと説明されてたのも先生ならではでしょうね（笑）。
豊田　『続経世瑣言』の中でも、人が早く老いるのは肉体よりも精神にある。日常の雑事、俗務以外に感じなくなって、向上の大事に感激性を持たなくなる――これが一番いけないと言ってます。
新井　だから、そういう感激性を持ち続けるのが若さでしょうね。
豊田　まぁ、感謝、感激、感動がなくなれば早く老いるだろうし、そういう人生は寂しいですね。
新井　私は安岡先生にお目にかかることによって先生からある種の感激をいつも与えられてましたね。そうすると、会社にいても、私は現職でいる間は全従業員にある感激性を与えるような経営者でありたいと思っています。あれは、会ってもさっぱり駄目だということではね。そのときにはあっさり退くべきだ、と。
豊田　人物から発する光。これがなくなったら、駄目ということでしょうね。先生のお話に、伊藤仁斎が歩いていたら、向こうからきた板倉所司代が馬から下りて挨拶した、と。おそらく仁斎には発光体、そうい

昭和50年代の無以会。前列左より2番目新井正明氏、3番目安岡正篤師。後列左より5番目豊田良平氏

伊藤仁斎：［1627～1705］江戸時代前期に活躍した儒学者・思想家。京都堀川に開いた古義堂は、門弟三千余人を有したといわれる。著書に『論語古義』『孟子古義』『童子問』など。

うものがあったと思うんです。

新しいものを生み出すのは辛苦である

豊田　そう言えば、昔、新井会長から仁斎の書をいただきましたね。

新井　ああ、そうでしたね。「勇往向前、一日は一日より新たならんことを欲す」という、あれですね。

豊田　いい言葉ですよね。勇ましく往く。前に向かう。で、一日は一日より新たである。やはり、前向きで、積極的に往かなければなりません、生きてる限り。

新井　その新ですがね、安岡先生から、新という字はこういうことだと解釈を教わったことがある。

新というのは「辛い」って字があるでしょ。その下に木を書く。朝日新聞のシンは「新」ですよ。それは木と辛をくっつける。それでつくりのほうはね、斤ね。つまり斧《おの》で木を切ると辛い。そこに新しいものができるんだから、新しいものはそう簡単にはできないということを先生から教わりました。だから、それは辛苦である、額に汗をたらしてやらないと新しいものはできないんだ、と。

豊田　しかし、われわれの人生を振り返っても言葉というのは、たいへんなエネルギーというか、パワーになるものですね。

新井　そうですな。ただ、先生の講義を聴いてもこちらが感応するかしないかということで違いますからね。ですから、いろんな人がいて、いろいろに先生の本を読んで、講義を聞いて、みな、それぞれに、自分に感じてるんじゃないでしょうか。

豊田　今日は大変いいお話し合いをさせていただいて、有難うございました。改めて安岡先生の偉大さを痛感し、感激しました。これから、先生とのご縁をさらに活かして実践していきたいと思います。

INAMORI INAMORI

はじめにフィロソフィあり

伊藤謙介
京セラ相談役
Ito Kensuke

一代で1兆円企業を築き上げた京セラ・稲盛和夫氏を、創業メンバーの一人として支え続けてきた伊藤謙介氏。不可能を可能にしてきた希有の組織とともに歩んだ体験を交えながら、経営や人生の支柱としてきた考え方について語っていただいた。

スト破りをして仕事を全う

——京セラを一代で一兆円企業に育て上げた稲盛和夫名誉会長を、創業期より支えてこられましたね。

実は、京セラが手掛けてきたセラミックの仕事に携わるとは、最初は夢にも思っていませんでした。遠い親戚が勤めていた京都の老舗《しにせ》碍子《がいし》メーカー・松風《しょうふう》工業に入社し、たまたま上司が稲盛であったことがすべての始まりだったのです。運命というのは求めて得られるものではありませんから、何とも幸せな巡り合わせでした。

——元々は文学を志しておられたと聞き及んでおります。

お恥ずかしい話です（笑）。直木賞作家の藤原審爾《ふじわらしんじ》が親戚筋にあたり、叔父や母が文学を好んでいたことも影響したのかもしれません。生まれ育った岡山県から京都の大学に進学して文学を学びたいと考えていました。しかし実家にそんな余裕はなく、工業高校を卒業後いったん松風工業へ就職し、二年目に同志社大学の二部に入ったのです。いずれ昼間課程の一部に編入しようと考えていました。

——最初は働きながら勉強を。

はい。予《あらかじ》め許しをいただいて、昼間仕事に打ち込んだ後で大学に学び、忙しい時に

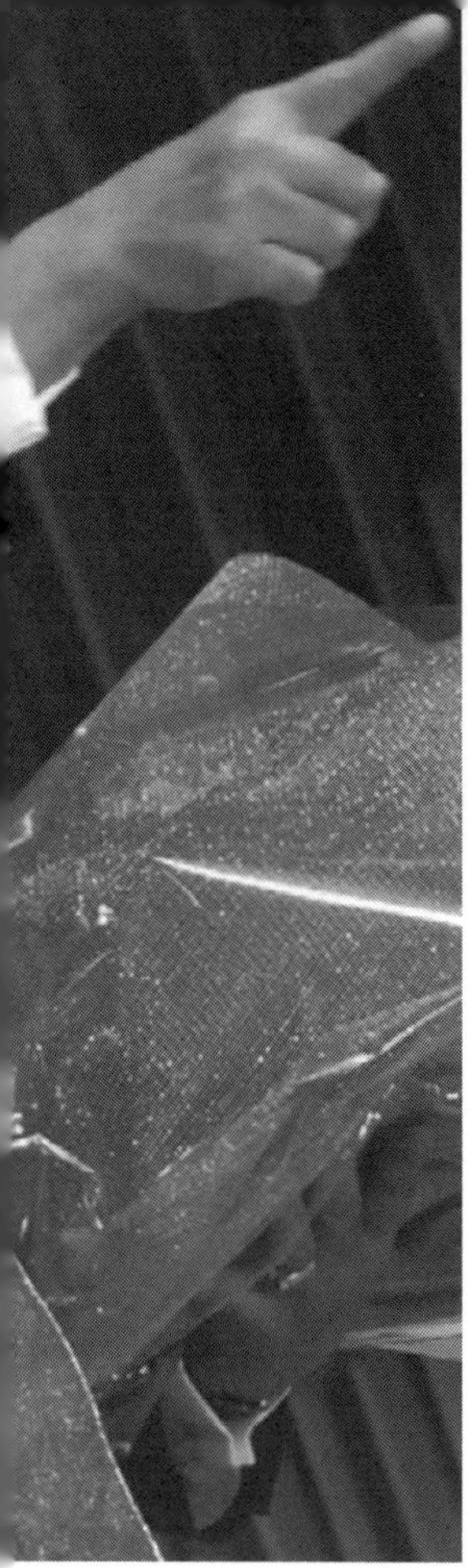

はまた職場に戻って仕事をしていました。いま思い返してみても、いったいいつ寝ていたのだろうという感じでした。ただ、仲間が懸命に仕事をしている現場を途中で抜けるのは忍びないものがありましたね。

――当時の稲盛名誉会長の率いる部署はどんな働きぶりでしたか。

松風工業というのは大赤字の会社で、経営に対する不満から組合がしょっちゅうストをやり、敷地内に赤旗が林立しているような状態でしたが、稲盛の部署だけが懸命に働いていました。新しい事業をやらなければ会社の存続はないという危機感から、稲盛はファインセラミックスという特殊磁器の研究に取り組んで会社を救おうとしていたのです。

――何人ぐらいの部署でしたか。

特磁課という部署で、二、三十人くらいでしょうか。ところがそういう会社ですから、朝会社に行くと、よく労働組合の幹部が門の前に並んでいて、中に入れてくれないのです。しかし稲盛の開発した製品は、松下電器グループからぜひテレビのブラウン管に使いたいということで注文をいただいていたので、スト破りをして仕事を続けました。そういう中で私自身も、だんだん仕事にのめり込んでいくようになったと思います。

――興味のなかった仕事にのめり込んでいかれたのはなぜですか。

稲盛のリーダーシップや人間的魅力に強く惹《ひ》かれたのです。

稲盛は当時まだ二十五歳くらいでしたが、ストを破ってでも商品を納めなければという強い責任感を持って仕事に打ち込んでいました。また組合から激しい吊《つる》し上げを受けた時、会社で利益を上げているのは自分の部署だけで、それを止められたら会社そのものがなくなってしまう、と年長の組合員たちに対して堂々と主張して、仕事を続けることを認めさせました。

そこには、後に京セラフィロソフィとして結実する「お客様第一主義」とか「企業の使命感」といった考え方が既に芽生えていたと私は思うのです。

思い返せば、稲盛はしょっちゅう皆を集めては話をしていました。皆が粗末なパイプ椅子を持って集まると、これからやる仕事に成功したら次はこういう可能性がひらけてくるとか、仕事の意義とはこういうこ

平成21年、京セラ創立50周年記念式典で稲盛名誉会長と

とだとか、人生観、仕事観といった、人間としての生き方の根本に通ずることをその頃から懸命に我々に語りかけていました。

――若い頃から非常に高い意識で仕事をされていたのですね。

役員でもない、二十五歳の一人の青年が、この会社を立派にしなくてはというオーナー意識を持って働いていたことは希有《けう》なことだと思います。

親分肌で夢を与えてくれる稲盛を皆尊敬し、一所懸命働きました。ですから稲盛が「きょうは徹夜で納期を間に合わせよう」と一声上げれば、皆が遮二無二《しゃにむに》頑張ってやり遂げる。全員が何かに取り憑《つ》かれたように夢中で働いていました。

「世界一の企業になろうではないか」

――その後稲盛名誉会長とともに京セラの創業に参画されたのですね。

ええ、松風工業に入社して三年目の時でした。懸命に頑張っても会社の状況は変わらない。稲盛と頭の固い上層部との間に次第に溝が出来ましてね。稲盛からある時、独立して新会社をつくる。一緒にやるかと誘われたのです。

稲盛の生き方、リーダーシップに心酔していた私は、迷いなくついていくことにしました。

その時から私は、会長を退くまで文学への関心を封印して、微力ですが、会社の発展に自分のすべてを投入してきたのです。

あの時、稲盛についていきたいという人は、私も含めて七人いました。計画実行を前に皆で血判状を交わしたことはいまでも鮮明に覚えています。

――血判状を交わされたのですか。

はい。六畳間の真ん中に置いた一升瓶を囲んで車座になり、順番に指先にカミソリを入れて血

昭和34年、京都セラミック創業時記念写真

判を押したのです。非常に気持ちが高まりましたね。全員が一度に退職すると目立つので、日にちをずらして順次会社を去りました。

――皆さんおいくつの頃でしたか。

稲盛が二十七歳で、私は五つ下の二十二歳。他のメンバーも二十代前半で皆血気盛んでした。新たに人を雇い昭和三十四年四月、総勢二十八名で京都セラミック（現・京セラ）を立ち上げたのです。

いまの若い人は給料がよくて潰《つぶ》れない会社を選びますから、あの頃の我々の仕事ぶりを見たら絶対に入らないでしょうね（笑）。

――それほど凄《すさ》まじい働き方を。

我々二十八名がそこで命を懸けて仕事にチャレンジしたのは、やはり稲盛の強烈なリーダーシップがあったからです。人間的魅力というだけでは説明がつかない、情熱とか、闘争心とか、諸々の要素を含んだとてつもない人間的器量のようなもので皆をグイグイ引っ張っていったのです。

当初は松風工業時代からいただいていた松下電器グループの仕事を引き続きやっていたのですが、とにかくみんな何かに駆られるように働いていました。夜の十時頃、屋台のラーメン屋のチャルメラが聞こえてくると「ラーメンが来たで」と言って皆で食べに行き、帰ってきたらもうひと働きする。工場には大きな炉があって、夏は暑くてしかたなかったのですが、冬は温かく、炉の下に横になって仮眠を取っては、何日も泊まり込んで仕事をやったものです。そうした中で、稲盛は我々にいつも世界一になろうと夢を語っていました。

――その頃から世界一を目指して。

そうなんです。

「まず工場を構えた地元西ノ京原町一になろう。次は中京区一。その次は京都一だ。京都一になれば、次は日本一だ。さらには世界一だ。我々は世界一の企業になろうではないか」

と。稲盛の語る壮大な夢に、誰一人疑念を挟む者もなく、よしやろうと燃えました。

稲盛はまた、もしそれがダメだったら皆でラーメン屋でもやろう。これだけの団結力を持って必死にやれば、きっと日本一のラーメン屋になれる。いや、何をやったって日本一になれるはずだと言いました。私もそれは間違いないと思うんです。その後の当社の成長の軌跡が、そのことを証明してくれています。

水面下の充実こそが経営の要諦

――創業期から稲盛名誉会長とともに仕事をしてこられたご体験を踏まえ、経営で大切なことは何だとお考えでしょうか。

会社は、表向きの業績数値だけでは測れない風土、文化、また理念というものが大事です。私はそれを踏まえて常々「ノンタイタニック経営」ということを話しています。

――ノンタイタニック経営とは。

タイタニックというのは映画でも有名な豪華客船で、百年くらい前、航海中に氷山にぶつかり二千名近くもの乗員乗客が亡くなる大惨事となりました。私はこの事件を経営の教訓にするべく、次のように自己流に解釈しています。

氷山というのは八割方水面下に沈んでいるものです。タイタニックの船長は、不意に海上に現れた突起を見て慌てて舵《かじ》を切りました。何とか蹴散《けち》らして進もうとしたのですが、船は真っ二つに大破して沈没しました。あのタイタニックでもびくともしないほど巨大な氷山が水面下に潜んでいたわけです。

同様に経営においても、多くの人は水面

上の突起、つまり目に見えるものしか見ていないのです。

会社も表向きの業績数字だけではなく、水面下に哲学や理念、情熱、思い、夢といったものがあります。その見えない部分を充実させてこそ水面上の突起の部分も充実してくる。それを私はノンタイタニック経営と呼んでいるのです。

——見えない部分こそが大事だと。

はい。京セラが本社を構える京都には素晴らしい企業がたくさんありますが、いずれも創業者や、その哲学や理念をしっかり継承した二代目、三代目が頑張っておられます。いい企業というのは、創業者の哲学や理念が社員の中でしっかりと生きているのです。

当社も稲盛の哲学や理念をまとめた京セラフィロソフィを全社に浸透させることで大きな成長を遂げてきたのです。

——稲盛名誉会長が日本航空を一年で黒字転換させたところにも、フィロソフィの力が見出されます。

私は日本航空についてはよく分かりませんが、ダメな会社というのは結局幹部がダメなのです。社員は一所懸命働いていても、幹部がだらけていたらそれが全体に伝わって、組織全体が弛緩《しかん》してしまうものです。

全従業員の意識の集約したものが会社であり、会社の社格は、創業の哲学をもとにどういう人格の社員をつくり上げているか、つまり人格×社員の総数で表されると私は考えます。

ですから経営者は、立派な幹部、立派な社員をつくり上げていくことが最大の仕事であり、そこに企業内教育の重要性があるのです。

企業は教育に始まり教育に終わる

当社は厳しい会社だとよく言われます。確かに朝礼の際はピシッと真っ直ぐ並ばなければなりません。稲盛は、心が曲がっていたら列も曲がり、製品も曲がるとよく言いました。私どもは、百万個に一個の不良も許されない厳しい仕事をしていますから、朝礼で列も揃《そろ》わない、机の上も整頓できないというのではとても精度の高い仕事はできません。

ある新入社員が「京セラは自衛隊と一緒ではないですか」と言った時、「いや、自衛隊以上だ」と私は答えました。「我々は極めて精度の高い、芸術品以上の製品を大量生産しているのだ。そのためには厳しい規律が必要なのだ」と。

自慢できるのは、工場ではトイレのスリッパがいつも揃っていることです。それは次の人が履きやすくするためであり、バラバラで平気なようではお客様第一を標榜《ひょうぼう》する当社の考えと矛盾するのです。また、次工程にやさしいということは、ものづくりでも基本です。

松下幸之助さんの右腕といわれた高橋荒太郎さんは、商談で訪れた会社で必ずトイレを見たそうです。そしてトイレが汚かったり、スリッパが揃っていない会社からはものを買わなかったそうです。

――そうした規律をどのように浸透させてこられたのですか。

それはもう繰り返し繰り返しです。私どもではいま、たとえば国内グループ全社の課長クラス以上千二百人を対象に幹部教育を行っています。二日間にわたり京セラフィロソフィを徹底的に勉強してもらう研修を週に五十人、ひと月で二百人ずつ実施しています。半年で全員に実施し、それを繰り返しています。それ以外に班長や係長クラスの研修も実施していますから、ほとんどエンドレスで指導をしています。

――大変な力の入れようですね。

企業は教育に始まり教育に終わるというのが私どもの信念です。海外でも日本と同じ教育をやっていますが、最初は違和感があっても繰り返し教育していくうちに浸透

高橋荒太郎：［1903～2003］実業家。香川県生まれ。小学校卒業後、商店勤めをしながら勉強。朝日乾電池に入社し、常務に。昭和11年業務提携先の松下電器（現パナソニック）に移り、専務、副社長を経て会長。松下幸之助の片腕として、フィリップス社との提携、経営管理体制の整備に努めた。

していくものです。中国の従業員が京セラフィロソフィについて書いた論文を読みましたが、日本とまったく変わらないもので、着実に育ってきています。

　そうして根付いた素晴らしいメンタリティの上でなければ、よい技術も生まれません。やはり企業経営においても、目に見えない部分が大事なのです。

「企業業績と経営者の全人格はイコールだ」

　全従業員の意識の集約したものが会社というものであり、それを少しでも高い次元のものとするためには、まずその会社を率いるリーダーの人間性を高めなければなりません。リーダー＝フィロソフィという意識を持たなければならないと思います。

――リーダー＝フィロソフィだと。

　そのことに関連して、社長時代に強く印象に残っていることがあります。

　バブル崩壊による不況の時に、なかなか思うように業績が伸びずに、稲盛に相談に行ったことがありました。そうしたら稲盛に、

「企業業績と経営者の全人格はイコールだ。会社の業績はあなたの全人格のそれ以上でもそれ以下でもない」と諭されました。

――業績イコール経営者の全人格だと。

　厳しい言葉でしたが、改めて己を振り返ってみると、なるほどなぁと納得できました。本当に社員を魅了するような魅力が自分にあったか、自分を尊敬してついてきてくれる社員がどれだけいたか。自分はまだまだだったなぁと。それが業績に影響していたのかもしれません。

　ただ、自分の器量をいかに大きくするかという課題に、これだという解はありません。やはり日々真剣に生きる以外にない。自分の生き方そのものが立派でなければ社員はついてきてくれません。

　指針となったのはやはり京セラフィロソフィでしたが、中でも特に心掛けてきたのが、努力、忍耐、執念、そして闘争心に関わる教えでした。

　そんなものはいらない、企業経営というものはもっと論理的なものだという人もいますが、実際に創業時を体験し、様々な試練の中で経営に邁進《まいしん》してきた私の実感として、やはり経営はそうした心の持ち方に留意せずには成り立たないと思います。

――若い社員の方によく説いておられることはありますか。

　私は稲盛から夢を持たせてもらいましたが、やはり明確な夢や目的意識を持って仕事をすることが大事です。これに関連して、最近よく言っているのは、人間の本質は生と死の狭間《はざま》にこそあるということです。

――生と死の狭間にあると。

　私は二、三年前に糖尿病で二週間ほど入院したことがあるんですが、私のいた病棟は重病でいまにも死にそうな人ばかりでした。しかしわずか五メートルしか離れていない隣の病棟は産婦人科で、新しい命の誕生を喜ぶ声が絶えず聞こえてくる。私はそ

こで、その五メートルがまさに人生を象徴している、人生というのはこの五メートルの狭間にしかないのだと痛感しました。

若い人は漠然と、人生はいつまでも続くと思っているものですが、実はそう長くはありません。きょうやるべきことを明日やりますと言って、それを五回繰り返せばもう一週間が終わります。同様に来週やりますと四回言えば今月が終わり、来月やりますを十二回で一年が終わり、来年やりますと三十回言ったらもう定年。あっという間の人生じゃないかと。お互いにもっと一瞬一瞬を大切に仕事をしようと社員によく話をするんです。


——人生の本質を突いた訓戒です。


そういう考え方に至った経緯がもう一つありましてね。実は社長に就任して半年後、五十七歳の時に心筋梗塞《こうそく》で倒れたんです。

四月の創立記念式典前日の早朝、下腹の辺りに強い痛みを覚えましてね。いつまでも治まらず、立ち上がった時にベッドから転がり落ちて頭を打ち、意識を失いました。

家内が救急車を呼んで病院に運び込まれた

稲盛経営12ヵ条

1. 事業の目的、意義を明確にする
公明正大で大義名分のある高い目的を立てる。

2. 具体的な目標を立てる
立てた目標は常に社員と共有する。

3. 強烈な願望を心に抱く
潜在意識に透徹するほどの強く持続した願望を持つこと。

4. 誰にも負けない努力をする
地味な仕事を一歩一歩堅実に、弛まぬ努力を続ける。

5. 売上を最大限に伸ばし、経費を最小限に抑える
入るを量って、出ずるを制する。利益を追うのではない。利益は後からついてくる。

6. 値決めは経営
値決めはトップの仕事。お客様も喜び、自分も儲かるポイントは一点である。

7. 経営は強い意志で決まる
経営には岩をもうがつ強い意志が必要。

8. 燃える闘魂
経営にはいかなる格闘技にもまさる激しい闘争心が必要。

9. 勇気をもって事に当たる
卑怯な振る舞いがあってはならない。

10. 常に創造的な仕事をする
今日よりは明日、明日よりは明後日と、常に改良改善を絶え間なく続ける。創意工夫を重ねる。

11. 思いやりの心で誠実に
商いには相手がある。相手を含めて、ハッピーであること。皆が喜ぶこと。

12. 常に明るく前向きに、夢と希望を抱いて素直な心で

成長のベースとなった京セラフィロソフィ。

そのエッセンスともいえる稲盛経営12ヵ条

のですが、心臓が三回も止まったんです。

——危険な状態だったと。

意識がふっと遠のいたら、目の前に桃色の桜満開の並木道が広がって何とも気持ちいいのです。あぁこのままずっとここにいたいなと思ったら、ドンッと電気ショックで現実に引き戻されたのです。

その時に私は、倒れている自分を上から見下ろすという不思議な体験をしました。その体験から私は、魂というものの存在を信じるようになったのです。

——得難い体験をされましたね。

リーダーは語り部たれとよく言っているのですが、社員に一所懸命話をしていると、相手の顔がだんだん紅潮して気力が漲《みなぎ》ってくるのが分かります。あれは自分の魂が社員に転移しているのだと私は思います。魂を相手に伝えることこそがリーダーの最大の役割だと私は思うのです。

井の中の蛙天の深さを知る

若い人ばかりでなく、自身の戒めとしても拳拳服膺《けんけんふくよう》してきた言葉に、「我一心《われいっしん》なり」というものがあります。

——どういう意味ですか。

心を一つに定め、よそ見をするなということです。ある女子プロゴルファーが話していて感銘を受け、心に刻んだ言葉です。

若い頃は隣の芝生が青く見えるものですが、一度思い定めたら、誰がなんと言おうと二心なく貫いていくことが大事です。

これはきょうのテーマである「人生は心一つの置きどころ」という言葉にも繋《つな》がると思います。各々が一つのことをひたすら一所懸命やっていく。そういう心を一つに集約したものが企業であり、企業の業績に結実するとともに、そうやって仕事に打ち込むことは、自分自身のためにもなるのです。

人生は心一つの置きどころ：中村天風の言葉。

その決意を固めるために私は常々「心の中に佐渡島をつくれ」とも言っています。

——心の中に佐渡島をつくれとは。

社長になった頃、仕事で新潟に行った時に佐渡島まで足を伸ばしたのです。流刑の地として有名な佐渡島には、たくさんの人々が流されましたが、能の世阿弥《ぜあみ》も流されていたということをその時初めて知りました。

世阿弥は佐渡島という逃げ場のない場所で何年にもわたり極限の暮らしを余儀なくされました。勝手な想像ですが、世阿弥にとってあの佐渡島での流刑生活があったからこそ、能楽を世界的な文化に高めるほどの思想的な深みを得たのではないかと思うのです。

我々は目標を設定しても、必ずしも思い通りにいくとは限りません。そうなるとエクスキューズ（言い訳）が出てしまいがちですが、それを自分に許してはならない。世阿弥が逃げ場のない佐渡の流刑生活を経て能楽を大成したように、心の中で絶対に後には引かない決意をしなければなりません。それによって自分を高められ、厳しい目標も達成できるのです。

そのためにも、「井の中の蛙《かわず》大海を知らず」という言葉がありますが、これに「されど天の深さを知る」と付け加えなければなりません。

――されど天の深さを知る、と。

大海を知らなくてもいい。自分の持ち場を一所懸命掘り込んでいくことで、すべてに通ずる真理に達することができるのです。西郷南洲《なんしゅう》や大久保利通が、情報のない時代に天下国家のみならず、世界情勢までも知り得たのは、やはり自分のいる場所をとことん深掘りしていったからだと思います。一芸を極めた芸術家が語る言葉に万鈞《ばんきん》の重みがあるように、我々も自分の仕事に打ち込むことで天の深さを知るのです。

私は稲盛のフィロソフィに導かれ、人生は心一つで大きく発展することを身を以て体験してきました。まさに、はじめにフィロソフィありきの人生でした。この体験を今後も語り続け、会社の一層の発展に寄与したいと願っています。

伊藤謙介（いとう・けんすけ）
昭和12年岡山県生まれ。高校卒業後、松風工業入社。34年京都セラミック（現・京セラ）創業に参画。50年取締役。常務、専務、副社長を経て、平成元年社長に就任。11年会長。17年相談役。

松下幸之助の歩いた道

山下俊彦
松下電器産業相談役
Toshihiko Yamashita

松下幸之助氏が亡くなられた。享年94。9歳のときに丁稚奉公に出たのを振り出しに門閥も学歴もなく、その置かれた立場立場に全力投球をしながら、今日の松下グループを築いていった。その足跡はまさに、「明日」を開いていった人生そのものである。「いま」がその松下幸之助氏の歩いた道、そして松下幸之助氏から伝承されたものを、山下俊彦氏が語る。

社長になって偉さがわかった

私が松下電器に入社したのは、昭和十三年です。門真《かどま》地区に本店と工場を建設、個人経営から株式会社を設立して間もないころのことです。社長の幸之助さんは四十三歳でした。

つまり、約五十年、一時期、松下を離れたこともありましたが、私は松下電器で、幸之助さんの下で働いてきたことになります。

しかし、身近に幸之助さんの人格に触れ、実際に指導を仰ぐようになったのはエアコンの事業部長になってからです。もっと厳密にいうなら、エアコン事業部（当時・冷機事業部）のころはまだ、それほど幸之助さんの偉さが、十分にわかっていたとはいえません。やはり、幸之助さんの経営者としての偉さがわかるようになったのは、社長になってからだというのが本当です。

企業の使命は社会への貢献

幸之助さんが松下電器を始めたのは大正七年、二十三歳の時です。

これはもう周知の事実ですが、あの人は九歳のときに、郷里の和歌山を離れ、大阪の火鉢屋に丁稚奉公《でっちぼうこう》に行っています。九歳といえば、小学校四年生ですが、生来、大変、病弱で、小学校も最後の一年は休学していますので実際に学校に行ったのは、二年半です。そして、八人もいた兄弟が次々に早逝し、二十七歳のときには天涯孤独な身の上となっています。ちょっと常識では考えられないくらいの苦労をしているわけです。

体は悪い、親、兄弟はない、学歴はないという、いわば悪条件をすべて背負っているにもかかわらず、これはあとでも触れますが、あの人は自分は苦労したという思いはまったくないのです。自分は人以上に苦労したと思っていない。

この点は、私があの人に仕えて、ほとほと感心したことでした。

そういう条件の中で、幸之助さんは四人くらいで松下電器を始めます。一年目はうまくいかなくて、二年目くらいからうまくいきだすんですが、当時は社員といっても、小学校を出た小僧さんのような人ばかりです。そういう人たちが十人、二十人と増えてくるにつれ、幸之助さんは、人の子供の人生を自分が預かっているという思いを強くしていきます。

といいますのは、当時は全員が住み込みで、朝早くから夜遅くまで働いて、休みも、月に二回くらいしかないのですから、まさに、その子供の人生はその仕事場以外にはないわけです。

そういう環境の中で、幸之助さんは、こういう人たちが一所懸命、自分のために働いてくれるが、自分には彼らに頼られるべき何ものもない。だから、何か力強いものを与えてあげないといけないということを痛切に感じるようになったのです。

企業は社会からの預かりもので、その企業を通じて社会に貢献するのだ、「企業の使命は社会に貢献することにある」というような考え方は、こういう背景から生まれたのです。

だから、わずか従業員が二十八人のときに「歩一会」というのを作っています。歩みを全員が一にして、一歩一歩、着実に進んでいこう、絶えず一緒に歩んでいこうという姿勢を明確に打ち出しています。

大企業ならわかりますが、これはあの当時の中小企業の経営者としては、きわめて珍しいことだと思います。

利益を上げないのは罪悪

それだけに、幸之助さんは、利益というものについて、非常に厳しい考え方を持っていました。常に、いっていたのは、

「企業が社会に役に立つ仕事をすれば、社会から利益という形で還元される。だから、社会に、役立っているかどうかは、利益が上がっているかどうかでみればいい」

ということです。

逆に、利益が上がらないことは罪悪だといいます。

「多くの人を使い、多くの資材を使って利益を上げないような無駄な仕事をして、多くの人の努力を無駄にし、資源を無駄にしているのは罪悪だ」

というわけです。この考えは私自身も徹底して仕込まれましたし、松下電器全体に染み込んでいます。松下精神の一つとして、

しかし、当時は、利益を出すというのは決していいことではない、儲《もう》かるなら、も

っと値段を下げたらいいというような雰囲気がありました。そういう時代の中で、はっきりそういう考え方を打ち出しているところに、あの人の非凡さがあります。

この点については、おもしろい話が残っています。

創業間もないころ、近所に松下と同じようように電気屋を始めた人がいました。結局、その人は会社を駄目にしてしまうのですが、数年後、再会したときにその人が幸之助さんに、「私も一所懸命仕事をしたが、どうも思うようにいかなかった。たまたま少しうまくいきかけると、売った先が金をくれなかったり、頼りにしていた工員が辞めたりして、挫折してしまった。同じように商売を始めた君が、何の支障もなく発展していくのが、不思議だ」

それに対して、幸之助さんはこう答えています。

「君ほど熱心にやっていながら、なお仕事が成功しないのが、私には不思議だ。商売

松下幸之助（まつした・こうのすけ）［1894 〜 1989］
明治27年和歌山県生まれ。家電製品メーカー・パナソニックの創立者。小学校4年で中退、大阪に奉公に出る。1910年大阪電灯の見習い工員となり、関西商工学校夜間部で学ぶ。1918年独立して小さなソケット製造所の松下電気器具製作所を設立。1923年自転車用電池ランプを開発、その後も電気アイロン、ラジオなどを開発して事業を拡張し、1933年大阪の門真に本店、ラジオ工場、乾電池工場を設立。1935年株式会社に改組して松下電器産業（2008年パナソニックに改称）を設立。同社を一代で世界的メーカーに育て上げ、「経営の神様」と称された。

というのは大小の差があってもやっただけは成功するものだと思う。よく世間では商売だから儲けるときもあれば損するときもある、得したり損したりしているうちに成功していくというが、自分はそうは思わない。絶対に損をしてはいけないのである。商売というのは真剣勝負と一緒だ。首をはねたり、はねられたりするうちに勝つというようなことはあり得ない。活動すれば、それだけの成功が得られなければならないのだ。

もし、それができなかったら、それは環境でも、時宜でも、運でも何でもない。経営の進め方に当を得ないところがあるからだ。それを『商売は時世時節《ときよじせつ》で得もあれば損もある』と考えるところに根本の間違いがある。商売というのは、不景気でもよし、好景気であれば、なおよしと考えなければいけない。商売上手な人は、不景気に際してかえって進展の基礎を固めるものだ」

このエピソードは幸之助さんの企業経営というものに対する厳しい姿勢をよく表していると思います。

「欠点よりも長所を見よ」

「松下は電気製品だけでなく、人も創っている」といわれます。私は幸之助さんに身近に接してきて思うのは、あの人は本当に「人を大事にした」ということです。

人を大事にするというのは、猫かわいがりをするということではありません。また、会社をよくするために人材を育てるというような功利的なことでもありませんでした。そういうことではなく、もう純粋に、その

時世時節：世の中の情勢。その時代のめぐり合わせ。

人の人生を大事にしてあげるということです。

とにかく、人のいうことをよく聞く人でした。普通、ああいう組織の頂点にある人が、人の話をよく聞くということは難しいものです。偉い人ほど忙しいということもあるでしょうが、人の話を聞きません。必ず、話の腰を折ります。しかし、幸之助さんは、そうじゃなかった。姿勢を正して、相手の目を見、時に相づちを打ちながら、実によく人の話を聞きました。そして、こちらが真面目に話してますと、反対があっても、反対とはいいませんでした。これは、もう、どんな人に対してもそうです。

だから、あの人に会って話をした人は、あれだけ一所懸命に聞いてもらえたということで、みんな、あの人に心服するわけです。

それから、幸之助さんという人は絶えず、人のいいところを見つけようとしていました。人の長所を見つけようと努力していました。

そのことに関しては、こんな思い出があります。

昔の松下の幹部というのは大変、気性の激しい、癖のある人が多かったのです。上の人に灰皿をぶつけるようなことも平気でやる。

それで、私はある時、幸之助さんに「相談役と、その人の関係はそれでよろしいでしょうが、あんな人の部下になったら、たまったもんじゃない。少しは部下のことも考えてください」といったことがあります。

そのときに、幸之助さんは、「君な、そんな見方したら、いかん。そういうとこもあるやろ。しかし、半面、こういう、いいとこもあるじゃないか。あいつも一所懸命やっとんのやから、こういう、いいところを見てあげんと可哀相や」というわけです。「人間は神様じゃない、欠点もある代わりに、いいとこもあるんだ。互いに、いいとこを見るようにせないかん」といわれたのが、強く印象に残っています。

普通、人の欠点というのは誰でも、わかります。しかし、長所というのは、案外、目につきにくいのです。見る人に力がないと見れない。また、それを探そうとする熱意がないと駄目です。幸之助さんは、人のいいところを一所懸命に探していました。

褒められることで人は育つ

これは、黒柳徹子さんが『窓ぎわのトットちゃん』でいっていますが、黒柳徹子さんは、小学一年生のときに、担任の先生から両親が呼ばれて、休校させられます。「お宅のお嬢さんを預かってたら、お嬢さん一人のために、クラス全体が迷惑する。学校を変わってくれ」といわれるわけです。

それで、トモエ学園に行くわけですが、そのときに、そのトモエ学園の校長先生が、「君は、ほんとはいい子なんだよ」ということをいいます。その後も、会うごとに、「君は、ほんとはいい子なんだよ」といわれ、それが心の支えになったということを書いています。

もし、トモエ学園がなくて、校長先生の言葉がなかったら、自分はやっぱり、悪い子のレッテルを張られて、いい子になるために、どうしたらいいかということもわからないままに、大人になっただろう、ということを書いています。

「君は、ほんとはいい子なんだよ」という校長先生のひと言が、小学一年生の女の子の心にも、感動の火をともし、自信を与えていっているのです。

私は、人を創るというのは、自信を与えるということだと思います。話を聞いてあげるということも、大事なことです。話を聞くというのは、その人の話を認めていることですから、それだけでも、自信が生まれてくる。

それから、いい点を見つけてもらって、褒められる。これも、その人に大きな自信と力を与えていくのです。

しかし、それはお世辞とかおだてというのでは駄目です。ほんとに、自分のいいところを見てもらったというので、人は感動するのですから。その点、幸之助さんという人は、実に人の長所を見、人を褒めるのが上手な人でした。

このことに関しては、私にも忘れられない思い出があります。

私が社長になったばかりのころです。私が全国の営業室長や事業部長を集めて話したことを、相談役の秘書がテープにとっているのです。それを、私は大分経ってから聞きましたが、最初は大変、嫌な気がしました。何か監視されているような、何もそこまでしなくてもいいではないか、という思いがありました。そのとらせたテープを、あの人は寝つきの悪いほうですから、夜に聴いていたそうです。

しかし、それは監視のためにテープをとらせていたのではないのです。褒める材料を探しているわけです。それで、「君な、この間の話はよかったな」と褒めてくれるのです。「君、あんな話をしたら困るじゃないか」といわれたことは一度もありません。これが、私にとっては、大きな自信になったことは事実です。

ついでにいえば、私は相談役にあまり叱られた覚えがありませんが、私より上の世代の人たちは、よく叱られたようです。しかし、あの人は決して、叱りっ放しではありませんでした。叱ったあとも、必ず、トレースしています。普通は叱りっ放しの人が多いですが、あの人は叱ったことを気にして、必ず、その後をトレースしていました。いわば、大きな愛情を持った叱り方でした。だから、どんなに叱られても人はついていったのです。

「大忍」という字を持ってきた

私自身、自分の社長時代を振り返って、自分は少し強引すぎた、相談役はよく辛抱してくれたなということを、いま改めて思っています。

私は社長になってからも一週間に一回は、いろんなことを幸之助さんに相談に行きました。

それはある人から、「報告でなしに相談に行きなさい」ということをいわれていたからです。報告というのは決まってから行くわけです。それで、報告には行っているが相談しないということで、いろんな会社の会長や社長が親子でもうまくいってない例が、たくさんあります。

その人がいうには、「これは本人には報告している。しかし、報告を聞いても喜ばない。相談しなきゃいかん。だから、あなたは報告ではなく相談に行きなさい。もうやることが決定していることでも相談に行くことをしないと、とくに幸之助さんみたいな人はうまくいきませんよ」といわれたのです。

私はこのアドバイスを聞いていて、よかったと思います。これを聞いてなかったら、あんまり細かいとこまで、相談するのもどうか、ということで、遠慮していたと思うのです。しかし、それを聞いて、とにかく、私のほうから、相談に行くことにしました。

社長就任一年後に、三人の副社長に退いてもらいたいということも相談に行きました。当時、四十八あった事業部を産業機械、電化機器、無線機器の三つの総括事業本部に分け、それぞれ担当の副社長が見ていたのです。しかし、本来、事業部の自主性を引き出すための組織として設けられていたのが、屋上屋を重ねることになり、自主性を損ねるようになっていたので、この制度を廃止し、それとともに総括事業本部長であった副社長にも退いてもらいたいと思ったのです。

私は幸之助さんが、それは具合が悪いといったら、その案は引っ込めようと思っていました。その副社長の方々は、相談役と苦楽をともにした人たちですから、それを非常につらい気持ちで聞いていたのではないかと思います。

しかし、あの人は反対しませんでした。「いや、わかった。それで、副社長には誰が話をするのや」といっただけです。私は「私から直接お話しして、お願いします」といって、事実、そうしたのですが、相談役は私のやることに、非常に辛抱されていたのだということが、あとになって、わかりました。

それは、あるとき、「大忍」と自分で書かれた字を、私の部屋に持ってこられ、「君、これをここに掛けとけ」というのです。で、「これは自分の部屋にも同じものを掛けている。これを見て、君が辛抱しとるときは、わしも、これを見て辛抱しとるんやで」というわけです。

私はこのとき、ああ、幸之助さんは私のやることを辛抱してくれていたんだなあということを、改めて感じたことでした。

絶えず、危機意識を持っていた

話は前後しますが、私が社長になったのは、昭和五十二年です。この前年の五十一年の松下電器の売上は一兆三千五百六億円で対前年比は二十三％の伸び、経常利益は八百四十二億円で九十二％の伸び、税引き利益も四百十三億円で二十一％の伸びです。

この数字で見る限り、松下電器は非常に好調に推移しているようにみえます。しかし、幸之助さんは漠然とでしょうが、松下はいま危機であるということを感じておられたようです。

それはあの人独特の勘というか、第一線の販売店の意見を聞いたりして、そういう情報は非常にうまく、つかんでいたからだと思います。あるいは、車で一時間ほど走っている間に、ナショナルのマークを付けたトラックに何台出会ったか、東芝は何台か。そういうところから、ちょっとおかしいのではないかという発想をするのです。

幸之助さんが、私を社長にしたのはそういう危機意識からかどうか、私自身にはわかりませんが、あの人自身が危機意識を持っていたことは事実です。

社長人事の話が出たとき、私は幸之助さんに、「そんな無理な人事をしなくても、私を社長にするなら、常務にして専務にしてというふうに、順序を経てしてください」といったことがあります。そしたら、幸之助さんは、「そんな間《ま》はない」という。じゃ、せめて一年後にしてくれといいますと、「そんなに待てるか」というのです。「君、わからんか。私がこれだけ真剣になっているのがわかってくれへんか」と、そういう、言い方をされました。

つまり、幸之助さんはこの好調な数字の裏に危機を読み取っていたということだろうと思います。

こういう危機意識を持つということは事業をやっていく上で、非常に大事なことだと思います。それもただ、危機だ危機だというのでは意味がない。みんなが納得するような危機意識を持つことが大切です。

危機になったら、誰でもわかります。しかし、それではもう遅いのです。危機になる可能性があるときに、そういうことをわかってもらうように訴えることが何より大事なことです。好調なときに危機だといわれても、誰も納得しない。好調なときに、事前に危機を見つけ、みんなにそれを気付かせ、納得させるような発想に持っていくことがリーダーの務めだろうと思います。

いい企業と悪い企業の差というのは、危機になる前に一所懸命にやるか、その違いです。危機になって一所懸命やらないかん、というのではもう遅い。

幸之助さんは、そういう意味で会社が、いかに好調に推移しているときにも、絶えず、危機意識というのを持ち続けていた人といっていいと思います。

一%の明かりを見つけて努力する

これは前にも少し触れましたが、あの人は大変な苦労をしながら、苦労を苦労と思われない人です。

私は人間には二つのタイプがあると思います。一つは非常に恵まれた環境にあって、われわれから見たら、「何もいうことはない」という人が、案外に、不平を持っていたりすることがあります。そういう人は九十九%が恵まれていて、わずか一%、恵まれていない何かがあって、そこばかり、見ている人です。

幸之助さんなどは、もう九十九%悪いことばかりでも、わずか一%の明かりを見つけて努力するタイプです。そこがあの人の素晴らしいところだと思います。

あるとき、こんなことを私にいったことがあります。

あの人は、トヨタの石田退三《たいぞう》さんと非常に仲が良かったのですが、あるとき、「石田さんは気の毒や。自分は石田さんに比べて

非常に恵まれた環境に育った」というのです。石田さんという人は、トヨタに入るのは遅かったかもしれませんが、病弱で幼少から丁稚奉公に出、兄弟も全部亡くなってしまった幸之助さんに比べると、はるかに順調な人生を送っています。

その石田さんのどこが気の毒で、自分は恵まれたというのかといいますと、「自分は二十三歳から電気業界に入って一筋に来た。石田君は、君な、何歳のときにトヨタに入って初めて自動車をやったんだ、気の毒や」と。そういう見方をする人でした。

どんな状況の中でも、少しでも明るいほうを見せようとする。だから、自分の苦労を苦労とちっとも思っていなかったのです。

これは人の上に立つリーダーにとって、大事な資質だと思います。悪い点にこだわるのではなく、恵まれた点を伸ばしていくということです。この資質がまた、人の欠

石田退三：［1888〜1979］トヨタ自動車工業の三代目社長。1950年頃、倒産の危機にあったトヨタを復活に導き、今日のトヨタの無借金経営の礎を築いた中興の祖。

点ではなく、人の長所を見るという、あの人の特性につながっていったのだと思います。

私は、社長になったときに、「どんな会社にしたいか」といわれて、「働いても疲れが残らない会社にしたい」と答えました。同じ苦しい仕事をしても疲れが残る会社と残らない会社がある。仕事の大変さを理解してくれる上司がいてくれると、あまり、つらくならないものです。その点、幸之助さんは実によく、見てくれました。だから、あの人の下では、いくら厳しくいわれても、部下は働きやすかったのじゃないかと思うのです。

エアコン事業部長時代の思い出

私が不振にあえいでいたエアコン事業部を三、四年で浮上させることができたのも、幸之助さんの側面からの援助があったからです。

エアコン事業というのは、割合に金額が大きいですから、その好調不調が松下全体に及ぼす影響も大きい。ですから、よく、幸之助さんから、電話が掛かってきました。そのときに、幸之助さんはある程度、状況をつかんでいるわけです。それで、幸之助さんが心配しそうなことを、こちらが感じ取って報告すると、「無理せんでもええ」といってくれます。ところが、こちらが現場を知らないで、いいかげんなことをいってると、手厳しく叱られました。

その意味では、人をよく見ていましたし、一所懸命にやっている人には側面からの励ましを忘れない人でした。私が事業部長になったとき、エアコンというのは松下のお荷物商品といわれていました。松下は電気が主ですから、もともと、コンプレッサーのようなものは不得意な分野なのです。

だから、私が事業部長に就任して二年目のときに、『暮しの手帖』の商品テストがあり、松下のルームクーラーがそのテストで最下位になり、むちゃくちゃに叩かれたことがあります。あのころの『暮しの手帖』は大変、影響力が強かっただけに、ナショナルの販売店から、他のメーカーの商品を売らせてくれというような不満が殺到したことがあります。連合協会の会長が、「あんな駄目なものを売れとは何だ。幸之助さんの方針に反するやないか」と、抗議してきたこともありました。

そんなときに、幸之助さんは、「みんな一所懸命やっとるんだから、必ず、よくなる。だから、もうちょっと待ってやってくれ」と、そういう人たちを説得してくれました。

社長がこうして応援してくれるということは、現場の人間にとって、大変、心強いことです。

『暮しの手帖』：1948年創刊の総合生活雑誌。「商品テスト」は、実際の暮らしの中で徹底的に商品を試す試験方法で人気企画となった。

そういうときに、往々にして、それに輪をかけるようなリーダーもいるからです。そうすると、精神的に非常に負担がかかります。その点、幸之助さんは有り難い人でした。

それは幸之助さんは苦労の人だった、苦労の人だっただけに、人の痛みというものが、よくわかった人だった、ということだろうと思います。

いかに感動を与えるか

私はリーダーというのは、いかに感動を与えるかだと思います。

私自身、松下幸之助さんのひと言で大変、感動したことがあります。

それは私が入社して、まだ二、三年のころのことです。私が電球の工場みたいなところで働いていましたら、社長の幸之助さんがやってきて、「山下君、元気でやっているか」というのです。

恐らく、あの人は私の名前を覚えていたのではなく、工場長か誰かに、私の名前を聞いてから、声をかけてくれたのだと思います。しかし、当時の私は、社長が自分の名前を覚えていてくれたということで、ものすごく感激したのを、いまだに覚えています。

こういう感動を与えるということでは、あの人の場合は、社内の人間には限りませんでした。

私は幸之助さんと一緒にマレーシアに行ったことがあります。そのとき、向こうの工場で働いている人たちの代表がマレーシア語で、歓迎の挨拶をする。それを幸之助さんは非常に一所懸命に聞くのです。たった、それだけの触れ合いで、向こうの人たちはすっかり、幸之助さんの信者みたいになってしまいます。「私が話をしているのを、これだけ真剣に聞いてもらえたのは初めてだ」というわけです。だから、言葉で感動させるわけではありません。心は形に表れるといいますが、まさにそうだと思います。

こういうことは、どこの国に行ってもありました。あの人と握手をしたいという人が列をつくるほどです。それだけ、人を大事にするという態度が体に染み込んでいるということでしょう。それが言葉がわからない外国の人たちにもわかるのだと思います。

　そういう点にかけては、私などは幸之助さんの足元にも及ばないと思います。

　私もそうですが、普通の人は忙しいときは、ほとんど人の話を聞かないものです。

　あるとき、私は松下の若い人に「君は褒められたことがあるか」と聞いたことがあります。そうしたら、「この半年、一回も褒められたことがない」というのです。

　また、この私の話を聞いて、自分はどのくらい部下と話をするか、秘書に調べさせた人がいます。するとこの人は、営業の人ですが、よく売って成績を上げている人とはよく話をしている。しかし、あまり、売ってない人とは話が少なくなる。一番ひどいのは一か月に三分しか話してないというのです。

　月に三分しか上司と話ができないというのは、これはもう、その部下の人にとっては、地獄だと思います。それは、自分は上司から全然、認められていないということですから。

　これでは、人を大事にすることにはならないのです。その点、幸之助さんはよく人の話を聞きました。その姿勢に、人は感動したのです。

謙虚な人

　最後に、幸之助さんという人は、あれだけの事業を成功させた人でありながら、大変、謙虚な人でした。

　あの人は、自分の事業が成功したのは八割は運だということをいっています。八割は大きすぎるでしょうが、この世界にはツキというものがあるということをよくいっていました。そして人間にもツキのある人とない人がいる。一所懸命に仕事をする人で人間的にも何も問題がないが、その人が行くと必ず、その仕事が駄目になるというケースがある。だから、重要な仕事をさせるときはツイてる人間でないといかんというわけです。で、「君はツイとる。ツイてるのをわしは見つけたんや」といわれたことがあります。ツイてるかどうかは経験を見たら、わかるというのです。

　この話をある人にしたら、エアコンを成功させたという経歴なども見たのでしょうといいましたから、あれもツキと思われたら、こちらは心外だと笑ったこともあります。

　ともかく、そういう人知を超えたものがあるということを知り、何もかもが全部、自分の力でできたものだというような感じを持たなかった人です。それが、あの人の謙虚さにつながっているのだと思います。

　同じように順調にきている会社でも、そのリーダーが非常に謙虚さのある人と、そうでない人の二つがあります。その二つを比べれば、やはり、謙虚さがあるほうが勝つ、多くの人の支持を得ていくものだと思います。

　松下電器が、ここまでの企業に発展したのも、全部、自分の力ではない、その時代、そのときどきに強い支持者があったからだということを、幸之助さんは終生、忘れなかった人です。自分の事業は運が八十％だというのはそういう意味ではなかったかと思います。

努力、熱意という意味では、これほど、自分の仕事に打ち込んだ人もいないと思います。

哲学を貫いた人生

その意味で、幸之助さんの人生はいまが明日を開いてきた人生です。門閥もなく学歴もなく、丁稚の時代から四人で小さな会社を作ったときも、その場、その場に、全力投球をしながら、さらに新しい人生を切り開いていったのです。

しかも、その全力投球は、単に自分の会社の利益という視点だけに注がれていたのではありません。

昭和二年にアイロンをスタートしたわけですが、当時アイロンは高額商品で、一部の裕福な人しか買えなかったものを、一般の人にも普及させるために量産を始めて、値段を下げた。これはテレビにしてもそうですし、その後のすべての商品についていえることです。

その根底にあったのは、「企業の使命は社会の役に立つこと」という思想だったと思います。

そういう哲学を貫いたのが、あの人の七十年の事業人生でした。

その幸之助さんが座右の銘とされたのが、

「青春とは心の若さである
信念と希望にあふれ　勇気にみちて
日に新たな活動を続けるかぎり
青春は永遠にその人のものである」

という言葉です。アメリカの詩人、ウルマンの『青春』に共鳴され、それを自分の言葉に直されたのです。

青春とは、何か目標を定め、それに打ち込み、挑戦することだと私は思います。その意味で、幸之助さんの人生は、まさに青春そのものだったといっていいと思います。一生が青春、挑戦の人生だったと思います。

山下俊彦（やました・としひこ）
大正8年大阪府生まれ。昭和12年泉尾工業卒業後、13年松下電器産業入社。その後、松下電子工業などに出向し、40年復社。49年取締役、52年社長、61年に相談役に就任。

第3章

挑戦する

ここに登場するのは一様に、人生に果敢に挑んでいった、人生の挑戦者たちである。そんな彼らに共通した一つの資質がある。それは「前向き」ということである。後ろ向きに挑戦して成功した人は一人もいない。運命の女神は、前向きの人にのみ微笑むのである。

我が熱湯経営の歩み

大和ハウス工業会長・CEO
樋口武男
Higuchi Takeo

売上高1兆6000億円、従業員数1万3000人にも及ぶ巨大組織、大和ハウス工業の舵取りをする樋口武男氏。創業者・石橋信夫オーナーと邂逅し、その薫陶を受けた氏は、ぬるま湯に浸り危機に陥りかけていた組織に喝を入れ、見事新たな命を注ぎ込んできた。経営を通じて喜びの種をまき続けてきた樋口氏の、熱湯のたぎるが如く熱きビジネス人生に迫る。

出逢いを生かして切りひらいた道

——ご著書『熱湯経営』を拝読いたしました。まさにタイトルどおり、疾走疾駆のビジネス人生ですね。

読んでいただいた方から「感動しました」「元気をもらいました」と感謝のお電話やお手紙をいろいろいただくのですが、嬉《うれ》しいものですね。

その本にも記しましたが、僕はずっと事業家になりたかったんです。三十歳で独立するつもりでしたが、仕事というのはやればやるほど入ってくる。あまりに忙しいものだから独立を四十歳まで延ばしたんです。ところが四十歳で病気に倒れ、四十一歳でまた病気に倒れて、これは自分で事業はできんな、と自覚したんです。

しかし、若い時からの事業家精神はそのまま生きているし、仕えていた人が一代で一兆円企業をつくった希代の事業家である石橋信夫オーナーだった。その人からもらったエネルギーとかものの考え方が、自分とフィットすることが実に多かったから、勤め人としてやっていくにしても、あの人

石橋信夫：［1921〜2003］：昭和17年前橋陸軍予備士官学校卒業。戦地にて事故による負傷から下半身不随に。奇跡の生還を果たすも、終戦後シベリアに抑留される。帰国後、昭和30年大和ハウス工業を起業、わが国初のプレハブ住宅を開発。また大規模住宅団地開発にいち早く進出し、一代で大和ハウスグループを1兆円企業に育て上げた。

に認められるような人間にならないといかんな、という思いでずっとやってきたんです。

――そういう意味では、石橋オーナーとの出逢《あ》いを見事に生かしてこられたのですね。

まぁ運良くね。一つエピソードを紹介すると、三十六歳で山口支店長に抜擢《ばってき》されて、半年目に石橋オーナーが視察に来られたことがあります。一緒に地元の有力者に挨拶《あいさつ》回りをしたんですが、知事のところで名刺交換をすると、膝頭《ひざがしら》を拝むように深々とお辞儀をされるんです。市長や電電公社の支社長の時もそうやし、窓口の課長、係長に対しても同じように挨拶をされる。これにはそばで見ていて大変感銘を受けました。夜に旅館に戻って、「あれは挨拶というものを私に教えてくださったんですね」と言うと、あの人は「そうや」とは言わないんですね。「気がつくやつもおるし、気がつかんやつもおるけどな」と……。実践の中で僕を試していたわけです。

それから、有力者のところへ挨拶に行く時に、支店長によってはオーナーに便乗して初めて名刺交換するやつもいる、とおっしゃっていました。そういう人間はそこで終いですな。新しいところへ赴任したら、三か月以内に主要な人には全部会っておけ、とオーナーはいつも説いていました。それをやっていなくて理屈ばかりこねている人間は、「あいつは口先だけや」とすぐ分かる。オーナーはそうやって、あらゆる機会を捉《とら》えて社員の力量を試していました。後で振り返ってみると分かるんです。あれもテスト、これもテスト、全部がテストやったんか、と。

生き方の根幹を成す祖母の教え

――事業家の夢を抱きつつ、石橋オーナー率いる大和《だいわ》ハウス工業に入社された経緯をお話しください。

もともと家族の暮らしは楽ではなかったのに、僕も弟も私立の大学や高校に入れてもらっていました。ところがある時、母が自分の着物を質入れする姿を見てしまいましてね。父は懸命に働いているのに、サラリーマンとはこの程度のものなのか、いつか必ず事業家になってやる、と思ったのがビジネス人生の原点です。

それで、経営者修業の道場として中堅の商社に入社したのですが、そこは昇給も賞与も同期社員は仲良く一緒。頑張る動機付けができないところはいやだったので、二年で辞表を提出しました。厳しい修業の場を探していると、「猛烈会社・大和ハウス」の記事が目に留まり、ここだと思って入社させていただいたのです。

――自ら厳しいところを求めて。

中途で入ったので、一日も早く仕事を覚えようと思って、終業後に自分の専門分野以外の仕事の書類を見たり勉強したりしていました。睡眠時間は四時間で、「朝は朝星、夜は夜星。モグラみたいなもんやな」と苦笑いしたものです。

資材の担当を八年務めた後、住宅営業部次長の辞令が出ました。やったこともないのに飛び込み営業の指導をしなければなりません。しかし辞令が出たからにはやるしかない。最初は恥ずかしさや抵抗感もありましたが、それを乗り越えて一日三十五軒、多い日には百軒以上飛び込みをやりました。夏場だと汗まみれになって、ネクタイ一本が一日でパーになりました。

1998年、石橋信夫氏の喜寿のお祝いにて

――仕事に懸ける情熱は人並み外れたものがありますね。

祖母の教えからきているんです。僕が四歳の頃からともかく「嘘とごまかしは絶対にあかん」「人に迷惑をかけることは、あいならん」「闘ったら必ず勝て」と繰り返し言い聞かされましてね。その三つの教えが七十歳を前にしたいまでもベースにあるんです。

――いまなお当時の教えが。

祖母は僕を本当にかわいがってくれて、僕はものすごいお祖母《ばあ》ちゃん子でした。だけど、この三つに反した時はものすごく厳しかった。

四、五歳の頃、おねしょをしたのに知らん顔して遊びに出た時は、納屋の柱に一日荒縄でくくりつけられ、泣き叫ぶ僕に「嘘とごまかしは絶対あかん」と懇々と説教しました。

小学五年生の頃、中学生と喧嘩《けんか》して泣いて帰った時は、竹の棒を握って飛び出してきて、「男が喧嘩して負けて泣くとは何事や。もういっぺん行ってこい！」と尻を叩《たた》かれました。泣く泣く中学生を呼び出したけど、後ろには祖母が竹の棒を持って仁王《におう》立ちです。「前門の虎、後門の狼」というけど、あの時は後ろのほうが怖かった（笑）。夢中で相手の腕に噛みついたらとうとう向こうが泣き出しました。帰り道に「ええか、男の子は闘ったら、必ず勝たなあかんぞ」と繰り返し言い聞かされました。

——体を張って教えを叩き込まれたのですね。

七十歳の時、病の床で「わしは、あと三日で死ぬ」と言い、本当に三日後の夜に亡くなりました。火葬にして骨揚げしようとするとボロボロで、まったく箸《はし》にかからない。さぞ辛《つら》かったろうと思うけど、体のことはおくびにも出さずに逝きました。

祖母のそういう生き方が、僕の人生に大きく影響しているんです。

「長たる者は、決断が一番大事やで」

——その後、立ち上がったばかりの山口支店長に命じられたのですね。

昭和四十九年、三十六歳の時でした。着任するとすぐに七十人の支店員を集めて、「私はきょうから山口支店株式会社の社長として陣頭指揮を執ります」と宣言しました。自分がすべての現場を見る、先頭を切って営業をする、案件は自分の責任で即決する、という決意表明でした。

——肩書だけの支店長ではなく、経営意識をもって臨まれたのですね。

だからとにかく率先垂範で現場に出ていました。自分の席に座っていることはほとんどなく、車の走行距離は年に五万五千キロを超えていました。

支店の士気が下がらないよう、気の緩んだ社員には厳しく接しました。朝礼に遅れてくる者がいると、そのまま追い返したりもしました。営業目標を大幅に狂わせたり、部下指導に抜かりのある管理職も同様でした。

——厳しい指導を貫かれたのですね。

僕は戦国時代の一騎駆けのように、常に合戦場に向かって真っ先に飛び出すことを心掛けていました。ところが、駆けに駆けて後ろを向くと、誰もついてきていないんです。

支店長が率先垂範《そっせんすいはん》しているのに、なぜおまえたちは動かないんだ、と。支店の要である課長には、激しく叱責《しっせき》したこともありました。あの頃は毎晩、寝言で大声で怒鳴り散らしていた、と女房が言います。まぁ鬼と恐れられましたよ。

いま振り返れば、若気のいたりでね。社員に僕の思いを理解させ、やる気を引き出す前に、情熱だけで突き進んでいたんです。だから張り切れば張り切るほど、四面楚歌《そか》になりました。

——それで、どうされましたか。

そんな折に、冒頭で申し上げたように、石橋オーナーが現場視察に来たんです。

一日挨拶回りに随行した後、風呂に誘われましてね。気がつくと、湯船に浸かっているオーナーの背中に向けて、愚痴をありったけぶちまけていました。走っても走っても誰もついてこない。支店長がこんなに孤独なものとは思わなかった、と。オーナーは黙って聞いていましたが、僕の愚痴が終わると、ひと言、こう言ったのです。

「樋口君な、長たる者は、決断が一番大事やで」と。

――決断が一番大事だと。

信念を持って進め。オーナーは僕にそう諭してくださったのだと理解しました。そのひと言で胸がスッキリしましてね。翌日から社員一人ひとりと徹底的に対話を始めました。住宅業界で勝ち進むにはお客様の支持が必要だ。そのためにもサービス力が必要であり、スピード対応が最大のポイントとなる。お互いに本音でじっくり語り続けた結果、社員は僕の思いを理解して頑張り始め、翌年には全国の支店で一番の業績をあげたのです。

――どん底から一転、目覚ましい躍進ぶりですね。

やっぱり社員のハートを掴んでやらないとね。あの時厳しく叱った連中は、後々までずっと僕を頼って相談がありました。憎くて叱っていたら、ボクシングをやっていたやつもおったんだから、やり返されてますよ。理屈が通っていたら人が動くかというと、そんなもんではない。心がないと人は動かないんです。

信頼の連鎖を築き上げる

――山口支店長を二年務めた後、今度は福岡支店長を務めたのですね。

赤字の福岡支店を立て直せと言われたんです。なぜ福岡支店は赤字なのか。僕は、〝信頼の連鎖〟ができていないからだと考えました。

注文には迅速、正確に応じ、クレームにも誠意とスピードをもって応えていく中で、信頼が芽生え、口コミで顧客の輪が広がる。しかし福岡支店ではその連鎖ができていませんでした。もう最初に店に入った時の雰囲気で分かりますよ。まず元気がないし、社員はバラバラです。

――信頼の連鎖をどう築きましたか。

まずは一体感を持たせるために、朝は屋上まで全員階段で昇らせました。僕も若いからバーッと走って昇ります。なかには要領のええやつがエレベーターで昇ってくるから、「こらぁ！」と階段で昇ってこさせる。

それと、元気があるというイメージを内外ともに植え付けるために、明るく活発な女の子を選んで、電話を取ってもらうようにしました。ベルが鳴ったら一回で取る。決して二回は鳴らさない。受話器を取ったら明るく、元気に応対してくれと。三か月たつと「支店長のとこに電話したら、元気になるわ」と言われるようになりました。

――支店の雰囲気が一変した。

ちょっとした動機付けですよ。それは環境づくりです。人は環境によって変わるんです。

加えて、工期の短縮とコストダウンを徹底させたことで、翌年には黒字に転換させることができました。

――支店長時代のリーダーシップには、既に熱湯経営の片鱗《へんりん》がうかがえますね。

一人では組織は動かせません。皆が動いてくれるよう部下の心を変えなければなりません。

それにはやはり自分が動かなければなりません。自分が動かずに、顎でしゃくっとったら、「何や、偉そうに」と反発を食らうだけ。だから率先垂範《そっせんすいはん》が一番大事。そして戦略戦術を明確にすること。ビジョンを打ち出して、なぜ一所懸命にするんかということを分からせなければいかんのです。

「君の宿命や思うてくれ」

——その後、大和団地、大和ハウス工業の社長就任という、最も大きな転機を迎えられるのですね。

石橋オーナーから、大和団地の社長になれと言われた時のことは、いまでも強烈に印象に残っています。

当時の僕は大和ハウス工業の専務を務めていました。ある朝、オーナーに呼ばれて部屋に伺うと、「今度の総会が終わったら、団地の社長をやってくれ」と。

大和ハウス工業のグループ会社だった大和団地は、大規模な宅地開発を手掛けて成長したものの、バブル崩壊のあおりを受けて苦境に陥っていました。

僕がそんな器ではないと固辞すると、みるみるオーナーの形相が変わりましてね。「あの会社は、わしがゼロから立ち上げて上場までさせた会社や。潰《つぶ》すわけにはいかんから君に頼んどるのに、何が不服や！」と、まるで雷鳴のような怒鳴り声でした。続いて諭すように、「わしが、昨日きょうの思いつきで言うてると思うとるのか。わしはずっと君のことを見てきたんや」と静かな口調で言われ、腹をくくりました。部屋を出ようとすると、「樋口君」と呼び止められ、「君の宿命や思うてくれ」と。この殺し文句で僕の大和団地行きが決まりました。

——当時の大和団地の状況はいかがでしたか。

売上高七百十四億円に対して、その約二倍の千四百十八億円の有利子負債を抱え、二期にわたって累積八十六億円の赤字に陥っていました。

ところが社長に就任して三か月後に、この苦境に追い打ちをかけるようなことが起きましてね。大和団地が連帯保証している病院が倒れて、六十八億円の連帯保証が突然降りかかってきたんです。このことはオーナーから聞かされておらず、まさに寝耳に水でした。

すぐオーナーに相談に行くと、「それを解決するのが社長やないか」とカンカンに怒り出しましてね。こっちは必死なのに、理不尽なことを言われて僕も頭に血が上り、「そんな無茶苦茶《むちゃくちゃ》な話がありますか。もう結構です」と怒鳴り返して飛び出しました。

——あぁ、怒って飛び出された？

オーナーが怒っている最中に席を立った社員は、後にも先にも僕だけでしょうね。その晩は床に就いてもまったく眠れませんでした。何度反芻《はんすう》してもオーナーの話は理に外れている。しかし自分の態度も間違っていた。それだけは謝っておこうという結

論になりました。オーナーはいつも九時に出社するので、先に行って待ち構えていようと七時半に役員室に行きました。すると秘書が、「もうお見えになっています」と。

——先に来て待っていた。

やられた、と思いました。オーナーは、「あいつは来る」と読んでいたわけです。やはり勝てんなと。

部屋に入っていったら、書類を読んでいた顔を上げてにらみつける。ここでひるんだらあかん、と思って「昨日は失礼しました」と切り出しました。「昨日は寝ずに考えましたが、オーナーのおっしゃることは納得がいきません。しかし、やれと言われるなら徹底的にやります。しかし、そうなったら大和ハウスも巻き込むことになりますが、よろしいですね」

オーナーはひと言、「うまいことやれよ」と。それで落着ですわ。

——武将と武将が切り結ぶような、真剣勝負のやりとりですね。

必死だっただけです。何の計算もしていませんでした。

父のくれた座右の銘を胸に

しかしその後、六十八億円の始末がつくかどうか、不安と焦りで眠れない日が続きました。するとある日の明け方、亡くなった父が枕元に現れましてね。「バカヤロー！」と怒鳴るんです。「おまえの悩みなんか、この広い宇宙から見れば、塵《ちり》みたいなもんや。石橋オーナーにベストを尽くすと誓ったなら、余計なこと考えんと、ガツンといかんかい」と。

——あぁ、お父上が枕元で。

不思議な体験でしたが、これで心の持ち方がガラリと変わりました。以来僕は「心に宇宙論」と称して、常に心に広大無辺の宇宙を置いてものを見ることを心掛けています。父が贈ってくれた座右の銘ですわ。

――改革に臨む心の構えができたのです

僕は社員にまず、「人減らしは絶対にしない」と宣言しました。赤字が二年も続いて社員のモチベーションが下がっている時に、「まずリストラからや」と言うたら、社員は仕事に熱が入らなくなります。リストラはしないが事業の再構築はする。そして一所懸命やる人にはチャンスを与える、と言って、社員一人ひとりの能力、気概をきちんと見るようにしました。

すると翌年人事課長が「大変です」と飛び込んできました。退職者が百二十人も出たというんです。「うろたえるな。辞めた者はおそらくバブル最盛期に入った人間がほとんどだろう」と言って、人事課長に資料を整理させました。すると推測どおりで、のんびり浸っていたぬるま湯が熱くなったので、慌てて飛び出していったわけです。その間、毎年百人の採用を実施して、辞めた人間とほぼ同数の人間を新たに採用しました。今度の人間は、まるっきり目の光が違う。だから無理矢理クビ切りなどしなくても、組織を生まれ変わらせることはできるのです。

戦闘態勢も整い、攻めに転じました。全国の支店を三倍にして、十年で復配、売上高二千億円、経常利益百億円という目標を掲げ、社員の士気を目標実現に向けて集中させたのです。

――具体的に、どんな手を打ちましたか。

事業としては、大規模団地のデベロッパーから撤退し、マンション事業と木造住宅に力を入れました。どこに何を建てるかは、全部自分が見て、自分で決めました。

それまでの土地購入の稟議《りんぎ》書を見ると、十四個もハンコが押してあり、社長のところに回ってくるのに二週間以上たっていました。だから僕は稟議書づくりは後回しにして自ら現地に飛び、その場で決断したんです。

「スピードは最大のサービスだ」と、石橋オーナーはいつも言っていました。スピードは人、資本の回転を速め、企業発展の原動力になり、顧客にも大きな利益をもたらすのです。

それから、全国の現場を回って社員と話し合いを続けました。社員の本音を引き出そうとするなら、自分が先に胸襟《きょうきん》を開かないとダメです。

そこで例えば、各フロアの階段の踊り場に喫煙コーナーをつくりました。僕が行くとみんな逃げよる（笑）。「こらぁ」と呼び戻して一緒に煙草《たばこ》を吸いながら話していたら、だんだん打ち解けて本音の話をするようになる。それを経営に生かすんです。

大小様々な改革を実行して、大和団地は二年で黒字に転換し、着任から七年後の平成十二年には、売上高が当初の七百十四億円から千四百四十一億円に倍増し、復配を

デベロッパー：大規模に宅地造成を行う企業体。宅地開発業者。都市開発業者。

果たしました。

ぬるま湯を熱湯に

——赤字会社を二年で黒字にし、七年で見事に立て直されたわけですね。

ええ。その時、僕はもう大和団地に骨を埋めるつもりでいました。ところが復配を果たした時にオーナーが、「樋口君、大和ハウス工業の非常勤の役員を兼務しておけや」と言い出したんです。

僕は「兼務なんか何もできへんから結構です」と断ったんですが、「ええから入っておけ」と言われるので役員になり、役員会だけは出ていました。そしたら八月にまた呼ばれて、

「うちに帰ってこいや。合併しよう」

と言われたんです。

——大和ハウス工業と大和団地で合併を。

合併といっても、どちらも上場会社ですから株主総会の承認が要ります。オーナーは「やったらええがな」と。それで十二月に株主総会をやって了承を得て、翌年の四月一日から売上高一兆円、社員数一万二千八百人の巨大企業が誕生しました。あの短期間でよくそこまでこぎ着けたと思います。

その間、大和ハウス工業の全事業所、支店、営業所、工場を回ってこいと言われました。そんなこと言われても、全部で八十か所ぐらいあるし、大和ハウス工業には三十年いたんだからよく分かってますと言うんですが、いや、八年間のブランクは大きいから回ってこいと。それで六十日くらいで全部回ったんです。

——六十日で八十か所もの拠点を。

青森に夜中の十二時に着く予定が、電車が遅れて一時くらいになってね。腰のあたりまで雪に埋まりながら歩いたこともあります。いま振り返っても、よくぞ回ったと思います。だけど無理して回っておいてよかった。社長に就任してからでは、とてもそんな時間は取れませんから。何しろ石橋オーナーからは、「一兆円企業の社長になるということは、君の休みがなくなるということや」と言われていましたからね。

——当時の大和ハウス工業はどんな様子でしたか。

私は社長就任に当たって訓辞を述べました。

「我々が最優先で取り組む課題は受注の拡大です。どんなに良い戦略・戦術も、スピードなくしては十分な成果が得られません」

その後各フロアを回って、管理職が私の訓辞を自分の部署にどう伝えているかを見て歩いたんです。ところがある事業本部では、担当役員が朝礼をしているのに、後ろからはちっとも聞こえない。聞こえないまま黙っている社員もおかしいし、聞こえようが聞こえまいがお構いなしの役員も無責任です。

「こらあっ！」

私は最後尾《さいこうび》から大音声で怒鳴りつけました。「何のための朝礼やっとんのや。こんなことでは意思の伝達なんかできるわけないわっ！」と。

またある部署で、「ここは会社の業績向上

に対してどんな役割をしているんや」と聞くと、幹部も含めて誰一人答えられない。別のフロアに行くと、技術系の二つの部が同じ仕事をしていて、しかもお互いの仕事内容は関知していない。さらに工場では、オリジナルのサッシより、市販のサッシのほうが安くて性能がいい。原価を下げる工夫をすべきなのに、原価を上げる弊害になっている。

社内を覆っている無機質な空気に、息が詰まりそうでした。業務連絡はメールで済ます。社員同士が挨拶をしない。「なぜ」がない。すべて先例がまかり通っている。八年ぶりに見る本社は、まさにぬるま湯状態でした。

――それを熱湯経営に切り換えるため、どんな手を打たれたのですか。

まず役員任期を二年から一年に短縮し、全役員が危機感を持って一年単位で勝負する体制を敷きました。

次はスピードです。この変化の激しい時代に、月一回の取締役会で重要案件を決めるのでは悠長《ゆうちょう》に過ぎる。そこで大阪本社に「役員ミーティングルーム」をつくり、役員同士が絶えずコミュニケーションできるようにしました。時にはここで重要案件も即決します。

また、全国の支店長にオーナー社長のような経営意識を持たせるために、それまでの事業部制を廃止し、支店長の権限を大幅に強化しました。同時に、全体の四分の一に当たる支店長を交代させました。

他にも「社内FA制度」や「支店長公募制」等々、様々な手を打ち、千三百四十億円あった有利子負債を、平成十七年までの四年間にゼロにする計画を就任早々公にしました。それは、合併後すぐに石橋オーナーから、

「樋口君、四年で借金を全部返してくれよ」

と言われていたからです。

オーナーの魂を継承して

しかしその頃、石橋オーナーは既に体の衰えを自覚していました。そして平成十四年、オーナーから耳を疑うようなことを言われたのです。

――石橋オーナーは何と。

「樋口君、大和ハウス工業は創業以来一度も赤字になったことはない。一回くらい赤字にしてもええぞ」と。

負債をすべて算出すると二千百億円。石橋オーナーにどう説得するか苦慮している最中に、訃報《ふほう》が届きました。平成十五年二月でした。

告別式の翌日、僕は本社の相談役の部屋で遺影に向かって語りかけました。

「一発でやらせてください。それが会社のため、社員のため、株主のために最善の方策と決断しました。二度と赤字にはしません。必ずV字回復させます」と。

――特損二千百億円を一括処理するという決断は、なかなかできることではありませんね。

賭けですよ。四月三十日に二千百億円の

特損の一括処理、九百十億円の赤字決算を公表しました。翌日は、ジリジリ下がる株価を固唾《かたず》をのんで見守っていました。これが裏目に出れば会社は崩壊する。しかし株価はあるところで反転し、力強く上昇し始めたのです。我々の決断をマーケットが評価してくれたのです。

平成十六年三月期には連結売上高一兆二千二百四十六億円、経常利益七百二十五億円、純利益三百七十二億円を計上し、V字回復を果たしました。

――石橋オーナーもきっと喜ばれたでしょうね。

オーナーは晩年、体を患ってからは能登の山荘で静養し、僕は毎月経営報告に通いました。ひと通り報告が終わると、「よし、これからわし、言うさかいな」と、オーナーはあらかじめ便せんにびっしり書き込まれた質問事項と意見を滝のように述べ、僕はそれを懸命にメモしました。そのうち車椅子で酸素吸入するようになっても、僕が行くと吸入器を振り払うようにして語られたし、最後の二年は聴覚困難が進んで筆談となったけど、それでも二人だけの役員会は開かれました。

――石橋オーナーは、樋口さんにすべてを伝えようとされたのでしょうね。

オーナーは酸素吸入をしてハァハァ言いながら、「樋口君、創業百周年の時は十兆円企業にしてくれな」と。百周年いうたら二人ともこの世にいません。でも二人とも真剣でした。僕は石橋オーナーとの心の絆《きずな》、心の共鳴を強く感じながら、最後まで夢を語り合ったんです。

必要とされる企業でなければ繁栄は続かない

――組織に喝を入れる熱湯経営を実践する心構えは何でしょうか。

自然体。これでいいのか、という疑問点を、自然体の中で見出すのです。変な先入観があると目は曇る。だけど白紙の状態で見たらよく見えます。なぜ？　なぜ？　を繰り返しておったらマンネリ化はしません。何も難しいことはない。

それと改革というのは一人ではできない。「人」という字のとおりですね。やはり右腕、左腕になる人間がいないと、思い切ったことはできません。

――リーダーの条件はどのようにお考えですか。

僕はリーダーの条件はオーナーの背中から学びましたが、リーダーたる者は公平公正、無私、ロマン、使命感、この四つがないとダメです。それから最後は人間性ですね。やはり裏表のある人はダメです。

――なるほど。

けれども人間やから、完全無欠とはいかない。僕も自分の短所はよう分かっているから、偉そうなことは言えない。だからお互いをうまく補えるように組み合わせて使うことが大事ですな。

だけど、本当のトップになる人間には、人間性が一番大事やと思います。

僕は四十六歳から役員をやらせてもらっているので、あと七年で三十年。ビジネスの世界に入って五十年近く歩かせてもらってきましたが、上に立つ人は「俺が、俺が」になったらダメですね。

人がよい仕事をするには「誰のために」という錦《にしき》の御旗《みはた》みたいなものが必要なんです。少々怒られようが、厳しかろうが、この人のためなら、と思うと頑張ろうという気持ちが出てくる。

僕は第三者の人から「オーナーも喜んでいましたよ」と言われた時が一番嬉しかった。このオーナーに応えていかないといかんと……。

それが人の道です。人の道を外したら、運は遠のいていくと思っています。

――樋口さんのビジネス人生は、ある意味でオーナーに喜びの種をまき続けた人生ですね。

それが会社をよくする道です。

――そしてそれが顧客や社員に喜びを与えることにも繋《つな》がった。

そうですね。共に喜べる。それが本当の発展だと思います。

これからの会社は、多くの人から喜ばれ、必要とされる事業をやらなければいけません。喜ばれ、必要とされる会社でなければ、未来永劫繁栄を続けることはあり得ないと思います。

最後に、僕は自分の体験から「成功する人の十二カ条　失敗する人の十二カ条」というのをつくりましたが、僕が一番大事にし、部下にも口酸っぱく言ってきたのはプラス思考です。いかなる時もプラス思考で行けと。

プラス思考ができない人間はいい知恵は生まれないし、いい人との出逢いもない。

僕は本に「東京の三年間は苦しかった」とサラリと書いていますが、あの時の三年間は本当にいやだった。しかし、あの時の三年間が自分に忍耐ということを植え付けてくれた、と感謝している。それを恨みだけを優先していたら、人生どうなったか。プラス思考に変えたから、苦しい三年間が自分の財産になったんです。

そのことを若い人たちに強調しておきたいですね。

錦の御旗：錦を生地に使用した官軍の旗、御上の意志を示す印として掲げられる旗。

成功する人の12カ条

1. 人間的成長を求め続ける
2. 自信と誇りを持つ
3. 常に明確な目標を指向
4. 他人の幸福に役立ちたい
5. 良い自己訓練を習慣化
6. 失敗も成功につなげる
7. 今ここに100%全力投球
8. 自己投資を続ける
9. 何事も信じ行動する
10. 時間を有効に活用
11. できる方法を考える
12. 可能性に挑戦しつづける

失敗する人の12カ条

1. 現状に甘え逃げる
2. 愚痴っぽく言い訳ばかり
3. 目標が漠然としている
4. 自分が傷つくことは回避
5. 気まぐれで場当たり的
6. 失敗を恐れて何もしない
7. どんどん先延ばしにする
8. 途中で投げ出す
9. 不信感で行動できず
10. 時間を主体的に創らない
11. できない理由が先に出る
12. 不可能だ無理だと考える

樋口武男（ひぐち・たけお）
昭和13年兵庫県生まれ。36年関西学院大学法学部卒業。商社勤務を経て、38年大和ハウス工業入社。山口支店長、福岡支店長、東京支社建設事業部長等を経て、59年取締役。平成5年大和団地社長に就任。13年大和ハウス工業社長に就任。16年同社会長に就任。

この一道に生きる

越智直正
タビオ会長
Ochi Naomasa

〝夢を語る少女〟と〝靴下狂い〟

鳥羽　越智《おち》さん、久しぶりですね。

越智　ほんまに。もう何年ぶりでしょうね。しかし、鳥羽《とりば》さんもますますお元気そうで何よりや。

鳥羽　いやいや、元気そうな格好してるだけです（笑）。越智さんはおいくつになったんですか？

越智　僕は七十八歳になりました。確か鳥羽さんは……。

鳥羽　僕はね、ちょうど八十歳になったんですよ。それにしても何十年前なんだろう、我われ経営者仲間で会ってたのは。もう三十年くらい前になりますかね？

越智　そうですな。異人種交流会って言いよったね。

鳥羽　そう。変わった人間ばっかりっていう意味でね。

越智　全員が自分はまともやと思うてたけど（笑）。

鳥羽　イエローハットの鍵山さんやハウス

ともに20代の若さで徒手空拳から会社を創業し、一代で日本を代表する企業へと育て上げてきた二人の経営者がいる。鳥羽博道氏、80歳。越智直正氏、78歳。30年もの長きにわたって互いに切磋琢磨し、情熱と使命感を武器にあらゆる試練を越えてきた盟友同士が初めて語り合う「我が人生と経営」——。

ドトールコーヒー名誉会長

鳥羽博道

Toriba Hiromichi

オブ ローゼの川原さんなど、十人くらいで毎月一回集まってた。その頃はまだみんな上場してなかったんですが、後に六〜七人が上場しましたね。

越智　みんな若かったたし、夢に燃えてバリバリやりよったもん。

鳥羽　あの頃はエネルギーがあったんですね。

越智　いまでもありますやろ(笑)。やっぱり鳥羽さんは昔から熱量が違う。僕よりも熱量が強かった。それはもう勝てんと思ったよ。鳥羽さんの話に感動して涙を流したことが何回もある。せやけどね、僕は鳥羽さんのことを少女のような人だと思ったの。

商売の話になると、「一杯のコーヒーでお客様にやすらぎと活力を提供するんだ」ってね、夢を語りながら自分の言葉に酔うと

イエローハットの鍵山さん：鍵山秀三郎［1933〜］経営者。東京都生まれ。カー用品販売を行うイエローハット創業者。本書第3章参照。

ハウス オブ ローゼの川原さん：川原暢［1942〜］経営者。大阪府出身。昭和53年東京・青山に自然化粧品と香りの店ハウスオブローゼ1号店を開き独立、57年株式に改組し社長就任。

るわけ。ハワイに農園を買《こ》うた時も……。

鳥羽　楽園をつくるんだ、天国をつくるんだってね。ブーゲンビリアのトンネルをつくって、そこを男女二人で歩けるくらいの大きさにして、トンネルを抜けたら噴水《ふんすい》があって、ハワイの海がザーッと見えるんだという夢を話した。

越智　それを感情込めて言うもんやから、まるで少女みたい。

鳥羽　確かに息子にも「うちの親父は乙女《おとめ》だ」って言われます（笑）。

越智　鳥羽さんがすごいのはその夢を現実にした。

鳥羽　そうですね。常に「夢を見、夢を追い、夢を叶《かな》える」っていうことで、とにかく誰彼《だれかれ》構わず自分の夢を語る。「俺はこうやるんだ」って。そういう言葉は夢を引き寄せるんじゃないかなと思います。

　越智さんも当時から靴下《くつした》への情熱は並大抵じゃなかったですよ。いつも越智さんに会うと、もう全生命を靴下一筋に懸けてる、靴下狂いって感じでした。

越智　事実、そうやったね。仕事以外に趣味も何もあらへん。

鳥羽　それと、越智さんをずっと尊敬しているのは、漢文をよく勉強している。で、いろんな言葉の節々に漢文が出てくるんですね。それを聞く度に、この人には敵《かな》わないなって気持ちがありました。

　ですから、対談の依頼を受けた時も、越智さんには会いたいけど、越智さんの知識にはとても負けるので嫌だなと正直思ったんです。

創業半世紀を振り返って　いま心に抱く思い

鳥羽　越智さんの会社は創業してどれくらいになりますか？

越智　ちょうど今年（二〇一八年）で五十年を迎えました。この間、五十年誌を書いてて思ったのは、わしの人生は神様の計画やったんかなと。大いなる者の計画に引っ張られてきたような気がしてなりまへんのや。

鳥羽　僕もね、やっぱり神様がついてるんじゃないかと思うことが時々ありますね。自分の意に反して物事がうまくいっちゃう。あれ、これは神様の仕業《しわざ》かなと。

越智　たぶん鳥羽さんも運がよかったって言うと思うの。それは説明できんからでしょう。僕もそう。いろんな苦労や失敗もあったけど、全部乗り越えられたっていうのは神様の計画だからじゃないかな。

鳥羽　何だか同じようなことを考えてる（笑）。

　僕が二十四歳でドトールコーヒーを創業した時はお金も後ろ盾もありませんでしたが、昨年五十五周年を迎え、売上高は千二百億円で業界二位、国内の総店舗数は千三百四十六店で業界トップに立っています。なんで自分がここまでやってこられたんだろうかって振り返ってみると、我欲がなかったからだと思うんですね。

越智　ああ、我欲がなかった。

鳥羽　会社を立ち上げる前から、給料をもっと余分にもらいたいと思ったことは一度もないですし、もちろん地位を求めたことも一切ありません。目の前の仕事を真剣にやっていると、自然に物事がうまく展開していく。

地元の高校を三か月で中退し、着の身着のまま上京しましてね。十七歳の時にある飲食店に勤めていたんですけど、半年しか働かなかったにもかかわらず、二十歳の時にその飲食店の社長から手紙が来て、「ブラジルへ来い」と誘われまして、海を渡ったわけです。

移民船で四十二日間かけてブラジルに行き、コーヒー農園で三年間働きました。そうしたら、今度はブラジルに渡る直前に勤めていた日本のコーヒー卸《おろし》会社の社長から電話がかかってきて、「船賃全部出すから帰ってきてくれ」と。

そういう形で、一つひとつの出来事を振り返ると、我欲がなく、見返りを求めず、真剣に無心に没頭してやってきたことが自分を運んでくれたように感じます。

20歳で単身ブラジルへと渡った鳥羽氏

越智 全《まった》く同感です。僕は中国古典の影響から、ただひたすら追い求めたのは正義と理想でしたわ。
鳥羽 正義と理想。
越智 この二つがキーワードやったね。僕が創業した五十年前は、靴下問屋だけで六百九十もありましたんや。それがぼんぼん潰《つぶ》れてしもうて、いまじゃ数えるほどしかない。
鳥羽 中国に押されてね。
越智 そうそう。中国に押される前から量販店にやられてしもうた。斜陽《しゃよう》産業といわれて久しい繊維《せんい》業界の中でも特に靴下業界は淘汰《とうた》が酷《ひど》いんです。安かったらええということで、商品の質がどんどん落ちていったんですけど、そんなことは許さない、わしは商売人の前に男でないといかんと。
中国産の安い製品が市場を席巻《せっけん》していくのに対して、メイド・イン・ジャパンに徹底的にこだわり、お客様の足に優しくフィットし、かつ簡単に破れない強さがある履《は》きやすい靴下を追求し続けてきましたな。お客様がうちの靴下を履いた時に喜んでくれる、これええなって笑顔になることを夢見てつくりましたんや。そういう僕の正義と理想にみんなついてきとるんやと思うな。

それと、卸売りだった当社が三十四年前から小売りを始めたのは、大きな専門店がこぞって量販店と同じような販売形態に転換してしもうたから。それでうちは靴下のため、伝統を残すために、「靴下屋」をはじめとする靴下専門店をやり出したんですわ。

鳥羽　いま何店舗あるんですか？

越智　国内に二百七十六店舗、海外に七店舗ありますね。

鳥羽　幅広く商品を扱っているならまだしも、靴下一筋で店を成り立たせて、しかもＧＩＮＺＡ　ＳＩＸや六本木ヒルズをはじめ、一流どころに出店できるっていうのはすごいことですよ。

越智　もう靴下ばっかり追いかけているようなバカはおらんようになったわ。みんな頭がええもんやから、いろんな事業を手掛けてね。

鳥羽　まさに正義と理想に燃えてこられたわけですね。

「厳しさの中に和気藹々」そんな会社をつくりたい

越智　鳥羽さんはどういう経緯で起業したんですか？

鳥羽　これまた全く欲がなくてね、お金儲

越智直正（おち・なおまさ）
昭和14年愛媛県生まれ。中学卒業と同時に大阪の靴下問屋に丁稚奉公。43年独立、靴下卸売会社ダン（現・タビオ）を創業。丁稚時代から読み始めた中国古典の教えをもとに、モラルある商売の道を追求。靴下業界屈指の企業を築く。平成20年会長。

けがしたかったわけでも、社長になりたかったわけでもありません。先ほどの話の続きですが、二十三歳でブラジルから日本に帰ってきて、もとのコーヒー卸会社で働いていたんですね。その社長がある時、重要な得意先を他社に取られてしまった社員を往復ビンタでぶん殴《なぐ》ったんですよ。それを見た瞬間、「辞めた」って。

これまでいろんな会社に勤めてきたけど、なかなか労使相《あい》協調する会社はない。であるなら、自分がつくる以外にない。そう思って「厳しさの中に和気藹々《わきあいあい》」という言葉をつくったんですね。これが創業の理念なんですよ。

越智　ええ言葉やな。

鳥羽　真剣に働くことでお互いがお互いを認め合い、尊重し合う会社をつくるんだっていうのが僕の考え方でした。

ただ、帰国した時に貯金は全部親父に上げちゃったので、お金は一銭もないんですよ。友達に三十万円を借りて、八畳一間の場所で、二人の仲間とコーヒー豆の輸入・卸の会社を創業しました。

理想はいいですけど、まず技術がないので、品質がよくないわけですよ。そうすると、明日潰れてもおかしくない会社から買ってくれる人はいないってことに気がついたんですね。商品が売れないことの苦しさっていうのは骨の髄《ずい》まで沁《し》みました。

幸いにして僕の姿を見て買ってくれたのが千葉県の人で、そこからだんだん関東の地方都市に広がっていったんです。あの頃は朝一番に車で横浜に配達して、次に千葉まで行って、それから群馬と、一日に三県回るなんてこともありました。いま考えてみれば、売り上げよりガソリン代のほうが高くて全然儲けにならない時もあったと思いますが、とにかく買ってもらったことが嬉しくて、収支計算しないで配達していましたね。

飛躍の原点となった「カフェ　コロラド」誕生秘話

鳥羽　そういう状況から脱していったのは、やっぱり「カフェ　コロラド」を出店してからです。

越智　それはいつ頃？

鳥羽　創業から十年経った昭和四十七年、東京の三軒茶屋に十二坪の店をオープンしました。

製造卸のままだったら二進《にっち》も三進《さっち》も行かなかったでしょう。平均で月に五千円買ってくれれば御《おん》の字でしたから。それがコロラドをつくって、立地選定から店舗設計、社員教育、メニュー開発まで全部考え、フランチャイズ展開に切り替えたところ、一店舗当たり月に三十万円～五十万円の売り上げが出るようになりました。

越智　卸時代の六十倍～百倍。

鳥羽　幸いにして脱サラブームと相俟って、十年間で二百七十店舗になったんです。これは決して先見性があったわけではなく、時代に沿ったことを運よくやれたっていうことですね。

越智　ショップ展開の発想はどこから来たんですか？

鳥羽　実は、ある女性がご主人を亡くして保険金を得たんですね。で、ある経営コン

鳥羽博道（とりば・ひろみち）
昭和12年埼玉県生まれ。29年深谷商業高等学校中退。東京の飲食店勤務、喫茶店店長を経験し、33年ブラジルへ単身渡航。コーヒー農園で3年間働いた後、帰国。37年ドトールコーヒー設立。平成17年会長。18年より名誉会長。

サルタントに相談して、赤坂で喫茶店を始めたんですが、失敗してノイローゼになってしまった。でも、そのコンサルタントは手を差し伸べなかった。それを知った時、この人は生き血を吸う吸血鬼だと思ったんですよ。

人を不幸にするようなことは絶対許されない。人を不幸にしないために自分が手本になる店をつくろう。そう思って始めたのがコロラドだったんですね。ですから、これも欲から出発したことではないんです。結果的に当たっただけ。

それと、どうしてコロラドって名前にしたかというと、これには理由がありましてね。ブラジルに移民として渡った人たちが大変な苦労をしたんです。電気もない、水道もないところへ行って、荒野を切り開き、コーヒー農園をつくった。汚い話だけれども、手の皮が剝《む》けると薬がないから自分の小便を消毒に使って働いてきたんですね。その中で三人の日本人が、自分たちが大変な苦労をしてつくったコーヒーを祖国に送りたい、ぜひ日本人に飲んでもらいたいということで、コロラド輸出入会社をつくったんです。

この話を聞いた時、僕も実際にブラジルに行ってますから、その人たちの苦労や思いが手に取るように分かったんですよ。だから、彼らの遺志を継いでコロラドという名前にしたんですね。

越智　ああ、そうですか。えらい感動的な話ですわ。

過酷な丁稚修業を支えた人生の教科書

鳥羽　越智さんはどうして靴下の道に進まれたんですか？

越智　僕は愛媛県の農家に生まれましたんや。ところが、中学一年の時に悪ふざけをして、親父から「こんなやつは高校に行かす必要はない。丁稚《でっち》に出して性根《しょうね》を叩き直させる！」って叱《しか》られましてね。何とその晩に親父は脳出血で亡くなってしもうた。

　そうしたら、兄貴から「これは親父の遺言だ」と言われまして、僕は中学卒業と同時に、大阪の靴下問屋に丁稚奉公に入ることになったんです。

鳥羽　奉公先ではどんな生活を？

越智　もう想像を遥《はる》かに超える厳しさでしたわ。六畳一間の部屋に六人で住まわされ、寝てる間に先輩に体が当たろうもんなら、脇下をつねられるから、寝返りも打てない。朝は毎日五時五十五分に起床し、深夜まで働き詰めです。

　愛媛と大阪じゃ言葉も風習も違うので、仲間から格好のいじめの対象になり、例えば僕が二階にいても、一階で起こった問題が僕のせいにされ、しごかれる。丁稚に入って一週間でついたあだ名は、「防波堤《ぼうはてい》」やった。

鳥羽　それは酷《ひど》いですね。

越智　上の人間はみんな軍隊出身で、「アホ！」「ボケ！」と罵《ののし》られ、ちょっとでもミスすれば殴られる。でも、そうやって僕を仕込んでくれた大将にはいまも感謝してます。恩人はいっぱいおりますけどね、一人だけに絞《しぼ》れって言われたら、そりゃ大将ですわ。

　あと、僕を救ってくれたのは中国古典。十六歳から十八歳までは『孫子《そんし》』だけ読んでました。

鳥羽　しかし、十六歳で『孫子』を読んだんですか。よく読めましたね。いやぁ僕には難しくて歯が立たない。

越智　朝から晩までしょっちゅうど突かれてたんですよ。そこから何とか脱皮しようと思うて。

鳥羽　どうして『孫子』だったんですか？

越智　丁稚奉公に行く直前、中学校の先生が「おまえは学校の勉強をしてこなかったんだから、大阪へ行ったら中国の古典を勉強しなさい」と言うたんですわ。

　ある日、先輩が夜店に連れて行ってくれまして、近くに古本屋がありましたんや。その時に先生の言葉を思い出したんですわ。で、「中国の古典という本はありませんか？」って聞いたの。ほんなら、椅子《いす》に座ったまま無言で指差してくれた本が『孫子』でした。

鳥羽　一つの運命ですね。

越智　それで買うたんですけど、丁稚が勉強したらえらい目に遭わされるから、仕事の合間や消灯までの僅《わず》かな時間に隠れて、辞書を片手に繰り返し読んでました。

　丁稚の厳しさに心が折れそうになっとっ

『孫子』：中国、戦国時代の兵法書。1巻13編。呉の孫武の著といわれる。成立年代未詳。始計・作戦・軍形・兵勢などに分け兵法を論じる。

た僕にとって、『孫子』は人生唯一の教科書であり応援歌でしたな。三年経つ頃には全文を暗唱し、『論語』『孟子《もうし》』『十八史略《じゅうはちしりゃく》』『史記《しき》』など、他の古典にもどんどんのめり込んでいったんです。

経営者のあり方を学んだ四冊

越智　鳥羽さんはどんな本に影響を受けました？

鳥羽　僕はやっぱり松下幸之助さんの本と、その過程で読んだ山岡荘八の『徳川家康』、司馬遼太郎の『坂の上の雲』、それから日

『孟子』：中国、戦国時代の思想家・孟子の言行や思想を記した書。7編。後漢の趙岐が各編を上下に分けて注を加え、14巻とした。宋代以降経書に数えられ、朱熹の「孟子集注」により四書の一つとして重んじられた。

『十八史略』：中国の史書。2巻。元の曾先之撰。史記から新五代史までの17正史に宋史を加えた18史を取捨選択して編纂した入門書。日本には室町中期に伝来。

『史記』：中国の二十四史の一。黄帝から前漢武帝までの二千数百年にわたる通史。前漢の司馬遷撰。本紀12・表10・書8・世家30・列伝70の全130巻。紀伝体の祖で、注釈書が多数ある

15歳で大阪の靴下問屋に丁稚奉公に入った越智氏

蓮宗、この四つが特にプラスでした。

　松下幸之助は何と言っても水道哲学とたらいの法則。水道水のように、世の中に安くて質の高い家電製品を無尽蔵《むじんぞう》につくり、国民の幸せに寄与しようと考えた。その時を命知《めいち》元年と定め、第一回創業記念式でその使命を訴えかけたら、壇上《だんじょう》に上がって決意を述べる社員が続出したと。

　また、たらいの水を自分のほうに掻くと反対に遠ざかってしまうけど、どうぞどうぞと差し出すと手元に戻ってくる。つまり、お客様のためにやってることは巡り巡って自分の懐《ふところ》に返ってくるんだと。特にこの二つの言葉は非常に勉強になりました。

越智　松下幸之助さんは僕も本を通じてよう教えを乞《こ》うたわ。

鳥羽　徳川家康はやっぱり戦乱の最中に、殺戮《さつりく》のない平和な世の中をつくりたいという正しい目標を持って、旗に「厭離穢土《えんりえど》欣求浄土《ごんぐじょうど》」と書いたわけですね。

　今川義元のもとに幼い頃から人質に取られて、青年になってからも信長や秀吉の下でじーっと耐え忍《しの》んできた。その間に着々と勢力を蓄えていって、最終的に天下を取

山岡荘八：［1907〜1978］小説家。新潟県生まれ。歴史小説を多く遺した。『徳川家康』は全26巻の大部。

今川義元：［1519〜1560］戦国時代の武将。駿河・遠江・三河を支配。京都へ進出の途中、桶狭間で織田信長勢に急襲され敗死。

り、理想どおり泰平の世の中を二百七十年も築いたと。

　徳川家康から教えられたのは、正しい目標を持ってそれに向かって努力する。その過程で思いどおりにならないことがあっても耐え忍び、時至れば物事は成就《じょうじゅ》する。したがって人生は「努力、忍耐、時」の繰り返しなんだと。

越智　「堪忍《かんにん》は無事《ぶじ》長久《ちょうきゅう》の基《もとい》」ですな。どんな辛《つら》いことがあっても耐えて、耐えて、忍んで、忍んで、なお理想に向かって邁進《まいしん》できる人でなければ、物事の達成は不可能やと僕も思う。

鳥羽　『坂の上の雲』に描かれてる児玉源太郎の言葉には、商売の本質を見る思いがします。

　児玉が二〇三高地を落とすため、「十八門の重砲を二十四時間以内に陣地転換せよ」と命令すると、部下は「いや、持ってこれません」と言った。その時、児玉は「持ってこれるとかこれないとか聞いてるんじゃない。とにかく持ってこいと命令してるんだ」って言うんですね。そして何千人もの兵を動員し、二〇三高地の最前線まで運んできた。

　そうしたら今度は部下が「下から重砲を撃ったら味方に犠牲が出ます」と言ったのに対し、「おまえたちは何人の犠牲をつくってきたんだ。いいからやれ」と命令し、結局、この作戦によって二〇三高地に風穴を開け、ついに日露戦争の勝利を収めたわけですね。

　これぞ勝てると思った時には万難《ばんなん》を排《はい》して、何が何でもやり抜くことが大事だということを、身に沁みて感じました。

　それから日蓮宗に「長の一念」「因果倶《いんがぐ》時《じ》」っていう言葉があるんですね。長の一念は文字どおり、長として立つ人間の思いによってすべてが変わってくる。

越智　因果倶時っていうのはどういう意味です？

鳥羽　これは「現在の果を知らんとすれば過去の因をみよ。未来の果を知らんとすれば現在の因をみよ」ってことで、要するに原因と結果は全く一体であると。

　この二つの言葉を色紙に書いて、毎朝会社に来ると一番に見るわけですね。すると、それまでは社員がもたもた働いてることに腹が立って仕方なかったんですけども、それも全部自分の責任だと思えるようになった。同時に、一日一日の積み重ねが自分の将来をつくるんだから、一分一秒も時間を疎《おろそ》かにできないと思いましたね。

突然の独立と偶然の転機

鳥羽　越智さんは丁稚修業を何年続けたんですか？

堪忍は無事長久の基：「東照公御遺訓」として伝わる徳川家康の遺訓の一節。全文は「人の一生は重荷を負て遠き道をゆくが如し　いそぐべからず　不自由を常とおもへば不足なし　こころに望おこらば困窮したる時を思ひ出すべし　堪忍は無事長久の基　いかりは敵とおもへ　勝事ばかり知りてまくる事をしらざれば害其身にいたる　おのれを責て人をせむるな　及ばざるは過たるよりまされり」

児玉源太郎：［1852～1906］軍人。陸軍大将。徳山藩（山口県）出身。陸軍大学校校長として、ドイツの軍制・戦術の移植に努め、台湾総督・陸相・内相などを歴任、日露戦争時は満州軍総参謀長、のち参謀総長。

日蓮宗：仏教の一宗派。鎌倉時代に日蓮が開いた。法華宗。

越智　十年経ったら独立させてもらえる約束やったんですけどね、結局十三年もいました。ある日、大将に「弟が独立するから計画書をつくれ」と命令され、何日もかけて一所懸命つくりましたんや。喫茶店で弟さんに説明することになったんやけど、そこで弟さんが「越智君はあと何年一緒にやってくれるんか？」って聞いてきたから、「あと五年くらいでどうでしょうか」と言うたんです。ほんなら、コーヒーがまだ来てないのに、「ちょっと待っとけ」と言うて、出て行ってしもうた。

こっちはお金持ってないから、喫茶店から出られしまへん（笑）。朝からずっと座ってて、三時頃に大将がものすごい剣幕で店に入って来ましたんや。僕が立ち上がったら、「座れ！」と怒鳴って、「おまえは恩を仇《あだ》で返す気かぁ！」って。

何のことやら全然分からしまへんがな。「大将、どういうことですか」って聞いたら、「おまえの腹は分かっとるんや。五年経ったら、弟の会社を横取りするつもりやろ」って言われたんですわ。

鳥羽　なぜか誤解されてしまった。

越智　いくら説明しようと思っても全く聞いてもらえまへん。それで僕も愕然《がくぜん》として、「大将、そんな話になるんやったら、きょうで辞めさせてもらいます」って言うたんですよ。いきなり独立するお金はないから勤めようと思っとった。ほんなら、大将が「二人の部下はおまえが仕込んだ。おまえに責任があるのは当たり前や」って言うんですわ。

鳥羽　部下二人も連れて行けっていうわけですか。

越智　そう。二人も養うなんてそんな無茶なと思ってたら、二人が「越智さん、何でもするからついていきます」って（笑）。その時、新婚で六畳一間のアパートに住んでたんやけど、仕方なく若い男子を二人連れて帰りましてな。独立する以外に道がなかったんです。

鳥羽　お金はどうやって賄《まかな》ったんですか？

越智　十三万円の貯金を担保に、金融機関から三十三万円借りましたんや。

鳥羽　これまた僕が三十万円で、越智さんは三十三万円。同じようなことをやってる（笑）。

越智　そのお金で小さな家を借りて自宅兼事務所にして、スタートしました。二十八歳の時です。

僕はやっぱり十三年修業してましたんで、商品はよかったんです。せやから、こっちから売りに行かんでも、ほとんど向こうから買いに来てくれたんですわ。「取り引きしてくれ」って。

鳥羽　それは恵まれてましたね。

越智　ただ、こっちの要望どおりに織ってくれる工場がない。これは苦労しましたわ。六十日後に仕上げてほしいって工場に糸を持って行くでしょう。ほんなら、うちのは後回しにされてだいたい半年かかりまんねや。

鳥羽　商品が上がってこない。

越智　秋物の靴下が十二月にでき上がってきたりする。十二月じゃもう売れしまへんがな。文句言うても「糸持って帰り」って一蹴《いっしゅう》される。他に織ってくれる工場がないもんやから、泣き寝入りするしかない。これは地獄でしたな。

鳥羽　何が転機になりました？

越智　その時に、またこれが不思議なんですわ。あるアパレル関係の経営者から「ジャパン・ソックス・アカデミーっていうグループをつくるけど、越智さん参加しませんか」って誘われたんです。

　その経営者は顔が広いもんやからね、そのグループに入ったことで工場がちゃんと織ってくれるようになり、経営も軌道に乗り始めました。

「おまえ、やり手やのう」最大のピンチを救ったひと言

鳥羽　資金繰りの苦労がなくなったのは何年後ですか？

越智　やっぱり独立して五年くらいは借金に借金を重ねて、きりきり舞いしてましたよ。それを返済するのにあと五年くらいかかりましたかな。僕は三十三歳の時に七千万円も借金がありましたんや。もちろん銀行なんか一銭も貸してくれんよ。いろんな経営者のところに行きまして、少しずつ貸してもらったんです。

鳥羽　三十三歳で七千万円の借金というのは大変なことですね。

越智　手形を落とすために毎日必死に走り回りました。もし不渡りを出せばオセロゲームのように、お金を貸してくれてた味方が一斉に敵になってしまう。

　それでついに明後日が期日の手形を落とす目途《めど》が立たず、どうしようもなくなったんですわ。交通事故で死亡した場合に二千七百万円下りる生命保険に加入してましたから、それでせめて三割だけでも払おうかと考えたりもしました。その時、西郷隆盛が戦争に敗れ、城山の洞窟《どうくつ》で別府晋介《べっぷしんすけ》に「晋ドン、もうよか」と言うて首を出した心境がすごく分かったの。わしもこれでもう終わりやってね。

鳥羽　どうやってその状況を切り抜けたんですか？

越智　当時、関西で有名なスーパーを展開していた経営者と縁があって、そのお店の一角を借りて靴下を売らせてもらってたんです。僕が「不渡りが出てしまうので、商品を引き揚げさせてください」って言うたら、「越智君、なんぼくらい借金あるんや」と。「積もり積もって七千万円もありますねん」って答えたら、びっくりされてね。こう言ったんです。「おまえ、やり手やのう。おまえみたいな何もない若造がよう七千万円も借りたもんや」って。

　もしそこで「そんなに借りとるんか」って言われてたらアウトやったけど、「おまえ、やり手やのう」と言われた瞬間、僕は突然やり手の社長になりましたんや。そうしたら、もういないと思ってたのに、お金を借りる相手が次々と頭に浮かんできたんです。

鳥羽　それは面白い（笑）。

越智　このひと言のおかげで僕は不渡りを出さずに済みました。

人生を展開していく大きな鍵

鳥羽　しかし、何でそれだけ七千万円も貸

別府晋介：［1847～1877］薩摩藩士、陸軍軍人。桐野利秋の従弟。西南戦争で西郷隆盛を介錯した後、自決。

してくれたのかね。

越智　善意の人に囲まれとったんですわ。普通は借金を乞いに行くと嫌われるんやけど、みんなが「越智君、しっかり頑張れよ」って。なぜか奥さんも「これしかないけど使うて」って内緒でへそくりを貸してくれたり、「ご飯食べて帰り」って言うてくれたり（笑）。

鳥羽　越智さんの何を見込んだんでしょう？

越智　よう聞かれるけどね、それは僕に貸したんやないと思うの。僕の一所懸命さに貸した。

鳥羽　なるほど、なるほど。それはよく分かりますね。

　というのは僕もコロラドをつくる時に、僅か七百五十万円なんだけれども、お金がないわけですよ。そうしたら、大手総合商社の担当者が、当時まだ三十歳の平社員で決裁権はないわけですよ。にもかかわらず、彼は自ら進んで会社を説得して、私が十二万五千円の手形を六十枚切って持っていったら七百五十万円貸してくれたんです。

　これなんかはまさに僕の思いと一所懸命さに相手が貸したくなったんじゃないかなと思います。

　もう一つはね、当時二十坪くらいの土間コンクリートの事務所で仕事をしていたんですけど、そこへある時、中堅のコーヒー卸会社の社長が来て、「鳥羽君、こんなところで社員を働かせたら社員が気の毒だ」「どこかいい場所ないのか」って言うわけですね。「いや、あるにはあるんですけど」って答えると、「ちょっと見せてみろ」と。

　芝浦に三十坪の木造二階建てがあって、そこを見せたんですよ。すると、「おお、鳥羽君、これいいじゃないか」、「いいけど、お金がないんです」って言ったら、「明日取りに来い」って。それで一千万円借りて、その土地を買ったんですね。この時も貸してほしいって言ってないのに貸してくれた。

越智　やっぱり一所懸命っていうのは人を動かすキーワードやね。

鳥羽　そうでしょうね。一所懸命とか真剣とか本気とか。

越智　鳥羽さんの本に「人間は本気度で決まる」と書いてましたな。

鳥羽　ええ。よくフランチャイズの経営者たちが「努力してるのに商売がうまくいかない」って言うんですけど、その時に僕は「努力にも段位がある」という話をするんです。「あなたはいま自分の精いっぱいの努力をしてると思うかもしれないけど、僕から見たらまだ五段だ。少なくとも八段まで行かないと名人とは言わないように、八段の努力をしないと商売はうまくいきませんよ」って。

　ただ、八段の努力をしてるだけではダメで、人間性が大事なんでしょうね。一所懸命やればこうなるっていう期待や打算があってはいけない。無心でなきゃいけない。

越智　僕らは無我夢中でしたな。無我夢中ほど強いものはない。

鳥羽　それが人生を展開していく大きな鍵になるんだと思います。

リーダーとして心掛けてきたこと

鳥羽　いろいろと話してきましたけど、越

智さんが求めるリーダーの心得って何でしょう？

越智　『孫子』の中に「将とは、智信仁厳《ちしんじんげん》勇《ゆう》なり」って書いてますねん。仕事に対する智謀《ちぼう》を持っとるかどうか。嘘《うそ》をつかない、約束を守れるかどうか。思いやりの心に溢《あふ》れてるかどうか。厳しさがあるかどうか。勇気があるかどうか。これがリーダーの五徳やと。

　もう一つ心掛けてたのは、これも『孫子』の一節で、「卒未《そついま》だ親附《しんぷ》せざるに而《しか》もこれを罰《ばっ》すれば、則《すなわ》ち服《ふく》せず。服せざれば則ち用《もち》い難《がた》きなり。卒已《すで》に親附せるに而も罰行《おこ》なわれざれば、則ち用うべからざるなり」。要するに、部下が自分に心服した時には思いっきり叱れ。しかし、部下が心服してないのに叱ったら離れていく。

鳥羽　それはいい言葉ですね。

　僕は『三国志』を読んで、ただ一つだけ覚えてるのは、「口舌《こうぜつ》を以《もっ》ていたずらに民《たみ》を叱るな。むしろ良風を興《おこ》して風《ふう》に倣《なら》わせよ。風を興すもの師《し》と吏《り》にあり。吏と師にして善風を示さんか、克己《こっき》の範を垂れその下《もと》に懶惰《らんだ》の民と悪風を見ることなけん」という言葉です。

　社員を口で叱ってはいけない。むしろいい環境をつくって、その環境に倣わせなさい。環境をつくる責任は社長と幹部にある。社長と幹部がまず手本を示しなさい。その下に悪い社員ができようはずがないではないか。

　現実には随分と社員を叱りましたけど(笑)、かくあるべしと心に留めてましたね。

　それからもう一つは、「主師親《しゅししん》の三徳」という言葉があるんですね。

越智　主師親の三徳？

鳥羽　主人としての面倒見、師匠としての指導力、親としての厳しさと温かさ。リー

『三国志』：中国の二十四史の一。魏・呉・蜀三国の歴史を記した書。西晋の陳寿の撰。魏志30巻・呉志20巻・蜀志15巻の65巻から成る。

ダーはこの三つの徳を備えてなきゃいけない。
　この言葉をある人から教えてもらったんですが、ちょうどその時、上場を控えていて、大家族主義的な雰囲気で一所懸命商売やってきたにもかかわらず、上場に向かう過程で、どんどん冷たい組織経営に変わってしまうことが僕にとっては非常に辛かった。
　ですから、主師親の三徳という言葉を聞いた時に、「そうか。リーダーがこの三つの精神を持った上で組織経営すればいいんだ」ってものすごく合点して、嬉しさのあまり涙が流れてきたんです。
　それがまた一つ、僕にとって大きな転機になりましたね。

組織の繁栄と衰退を分けるもの

鳥羽　最近うちの幹部社員が鳥羽語録のカレンダーをつくって全店舗に配りたいと言ってきたんです。理由を聞いたら、永続してお客様に支持されるためには創業者の考え方をいかに継承するかが重要だと思うからですと。
　自分ではそんなことを考えたこともなかったんですが、会社が繁栄し続けるには創業者の思いを伝えていくことが大事だということを社員に教わりました。

越智　うちも息子の代になっても、「凡《およ》そ商品は　造って喜び　売って喜び　買って喜ぶようにすべし　造って喜び　売って喜び　買って喜ばざるは　道に叶わず」という創業の理念は引き継いでる。せやけど、会社の名前を変えたり販売形態も通販に力を入れたり、それ以外のところは変えなあかんのですわ。

鳥羽　時代の変化に対応していく。不易流行《ふえきりゅうこう》ですね。

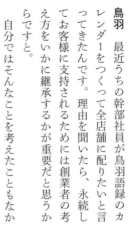

越智さんは倒産していく会社をたくさん見てきたでしょうけど、そういう会社に共通してる点って何かありますか？

越智　民族滅亡の三原則ってありますやろ。理想を失った民族は滅亡する。価値を金銭に求める民族は滅亡する。歴史を忘れた民族は滅亡する。倒産した会社はこの三ちのどれかに当てはまってますわ。

鳥羽　僕の体験をもとに考えると、失敗や危機をエネルギーに変えられるか、これも盛衰を決する大事なことだと思います。

　僕は二十六歳の時、詐欺に引っかかって七百万円騙《だま》し取られたことがあるんですね。最初はものすごく心が荒《すさ》んでやけ酒を呑《の》んだりもしましたが、ある時、こう思ったんです。騙した人間が成功して騙された僕が敗北したら、世に正義がない。何としても成功して世に正義があることを証明しよう。そして、いつか騙した人間に再会したら、「お元気ですか」って言える人間になろう。もし元気がなかったら助けてあげよう。それが本当の勝者だと。

　騙されたことは辛かったけど、その経験が強烈なエネルギーを生んだことは間違いありません。

己の使命に気づき、使命を全うする要諦

鳥羽　僕の場合は「一杯の美味《おい》しいコーヒーを通じて人々にやすらぎと活力を提供することが喫茶業の使命だ」という、十九歳の時に考えたこの言葉が生涯を貫くテーマになりました。

　ですから、会社経営は息子に譲りましたけど、八十歳になったいまも夢に燃えていましてね。コーヒーミュージアムと高級喫茶店と自動倉庫を兼ね備えた世界にないものをつくりたいと。二年半探してようやく土地を買ったところで、これからまた事業を始めるんです。

越智　僕もあと二十年は頑張らないかんと思ってんねん。なぜかと言うたら、靴下業界を何とかせないかんっていうのが使命やから。

鳥羽　一人ひとりが使命に気づくためには何が大事だと？

越智　人間って誰しも天から授かった個性を持ってますやん。その個性を生かした人が使命に気づけるんと違うやろか。それにはやっぱり自分の好きなものを探すことやな。好きでなかったら無理やと思いますわ。

鳥羽　この仕事が好きで仕方ないというのが大前提でしょうね。

越智　楽しくなければ人間は成長しないですし、楽しくなければ仕事じゃないんですよ。せやから、苦しんで仕事をやるのは仕事に対して失礼やと言うの。

鳥羽　好きな道を見つけて、全情熱と全精力を傾けていく。その姿勢は人に教わるべきものではなく、自分で感じ取らなきゃどうにもなりません。自得するしかない。

　越智さんも同じだと思いますが、勝つか、負けるかっていうのは僕にはないんですね。勝つか、死ぬかしかない。負けた時は死ぬ時。でも死ぬほどの勇気はないから、何が何でも勝つ。こういう気概《きがい》で立ち向かっていけば、使命を全《まっと》うすることができると思います。

人生の要諦は心術にあり

料理の哲人が語る我が修業、我が人生

道場六三郎
銀座ろくさん亭主人

Michiba Rokusaburo

和の鉄人とフレンチの鉄人

坂井　道場さんとのこういう正式な対談は初めてのことで、きょうはちょっと緊張しています。何しろ料理界の大御所の方ですから。

道場　何をおっしゃる（笑）。ただ年をとっているというだけですよ。

坂井　道場さんとお親しくさせていただいたのはテレビ番組の『料理の鉄人』がきっかけですね。それ以前の、料理人仲間でやっていたゴルフコンペまで遡《さかのぼ》ると、もう三十年ほど前になりますか。

道場　そうですね。坂井さんは「西洋膳所ジョン・カナヤ麻布」の厨房にいらした時に、センセーショナルな料理で大変評判を呼んでいて、実は僕も二回ほど食べに行ったんですよ。

　フレンチを懐石風にして出すという斬新《ざんしん》なスタイルで、一品一品を少しずつ小皿に盛っていく。盛り付けの美しさについては、あの時分から坂井さんは突出していましたからね。だから僕も凄《すご》く刺激を受けました。

和の鉄人、道場六三郎。フレンチの鉄人、坂井宏行――。かつて「料理の鉄人」として名立たる料理人たちの挑戦を受け、厨房で展開される凄まじいプロの妙技に酔いしれた方も多いことだろう。二人の鉄人たちはそれぞれの修業時代をどのように過ごし、一流となり得たのか。人は人生の順境と逆境をどう受け止めればよいのか。お二人に語り合っていただいた。

坂井宏行

ラ・ロシェル店主

Sakai Hiroyuki

坂井　ええ、本当ですか。いま初めて聞きましたよ。

道場　いや、僕は人を褒めることが少ない人間なんですが、これは本当です（笑）。『料理の鉄人』の中でも、坂井さんがつくっておられるところを真剣に見させてもらいました。

　しかしあの番組に出たことによって、非常にたくさんの人に僕の名前を覚えてもらえたことはよかったと思っています。

坂井　視聴率も一時は凄かったですよね。僕は石鍋裕《ゆたか》シェフの後を受けて二代目フレンチの鉄人になったんですが、最初はあの番組を見ながら、こんなことよくやるなと思っていたんです（笑）。何しろたった一時間の中で四品から五品、それも一品六人前

『料理の鉄人』：1993年から1999年までフジテレビで放送されていた、料理をテーマとした人気バラエティ番組。「鉄人」と呼ばれるレギュラー料理人と挑戦者を対決させるという設定で構成されている。

西洋膳所ジョン・カナヤ麻布：ジョン金谷鮮治氏が開業した1970年代伝説のレストラン。世界に誇るべき日本の高い食文化を、西洋の先進的な料理、インテリア、サービスと調和させることで、多くのセレブリティから愛された。

をつくらないといけませんから、結構ハードですよね。

だから番組から声をかけていただいた時も「そんなのできない、できない」と言ってずっと逃げていたんですが、結果的に出させてもらったことによって本当によい勉強になりました。

ものに動じない木の鶏になれ

道場　あの番組は、伝統的な料理ではなく、創造性に富んだ品を出すというコンセプトがありましたから、それまでになかった料理をどう出せば面白いかということに腐心しましたね。魚を霜降《しもふり》する場合、普通は湯《ゆ》霜《しも》なんだけれども、他に焼霜《やきしも》、蒸霜《むししも》、油霜《あぶらしも》などいろいろな手口があって、その時々でいろいろやってみせた。新しい手口も『鉄人』のおかげで随分とできたんじゃないですか。

坂井　そうですね。他のシェフがつくっているのを見ながら、なるほどそういう手があったか、と新たな発見をしたり。

道場　あぁ、敵さんもよくやるな、と（笑）。ただ、悲しかったのはいろんな業界の人から「あんなやり方は無茶苦茶だ」と随分批判を受けたことです。でもそれは、戦ったことがないから言えるのであってね。僕は恥もかき慣れていますから、しばらくすると何を言われようと平気になってきましたが。

坂井　しかしいずれにせよ負けは絶対に悔しいですから、自分のあらゆるポケットや引き出しを使って、一つの皿を仕上げていかなきゃいけない。皆の意見なんか聞いてる暇はないですよ。料理人としてのプライドもありますし。そういう意味であの番組は、料理界の本当の姿というものを視聴者に見せたんじゃないかと思うんです。

道場　とにかく時間が制限されていますから、機転の利かない奴はダメですね。ある時「お米対決」で、鮑飯《あわびめし》をつくろうと思って新しく出た炊飯器を仕掛けておいたんですが、蓋《ふた》を開けたらスイッチが入っておらず肝心の米がそのままの状態でした。残りはもう十分しかない。

その後、すぐ高圧釜で炊き上げてなんとか勝利しましたが、あそこで頭の中が真っ白になっていたら先へ進めないでしょう。

坂井　失敗したことを次に繋げないとダメなんですよね。

僕も「リンゴ対決」の時だったか、焼きリンゴをつくろうと思って圧力鍋に入れ、十分もしないうちに蓋を開けてみたんですが、既にみんな焦げてるんですよ。

それで、もう一回やってみたんですが、今度は全部溶けてしまって、もう時間に間に合わない。だから全部をミキサーにバーッとかけて、スープをつくったんです。結果的にそれが奏功して勝ったんですが、いつまでも焼きリンゴに固執していたらやはりダメでした。

道場　我われは長年、現場でそういう経験をしてきましたからね。料理人というのは、あっちの鍋に焼き物をかけておきながら、まな板で材料を切り、お客様とも話をする。と同時に、匂いで焼き加減も見る。そうやって五感全部を研ぎ澄ましながら、勘で動く部分が多いですから。

坂井　昔はよく「後ろに目をつけとけ！」と言われましたものね。そうやって全体を把握できないと、いい料理人にはなれないということでしょう。いや、それにしても毎回、凄い緊張感がありました。

道場　あの番組はオープニングで舞台がせり上がってくるでしょう。僕はその時、自分自身に「無心、無心……、何も考えるな」と言い聞かせていた。よく思い出したのは、双葉山《ふたばやま》が七十連勝を逃して敗れた時に電報を打ったとされる「我、いまだ木鶏《もっけい》たりえず」という言葉ですね。生きた鶏ではなく、ものに動じない木の鶏になれ、心を離せ、と。勝ち負けばかりを考えていたら、ちっとも仕事にならないですから。

先輩と親方の靴磨きから始まった

道場　しかしあれからもう二十年近くが経つんですね。

双葉山：双葉山定次［1912〜1968］大相撲第35代横綱。大分県生まれ。相撲の神様と称され、前人未到の69連勝を成し遂げた。

坂井　はい、僕もちょうど七十歳になりました。うちの店を巣立っていった仲間たちが、いまあちこちで活躍してくれていて僕も凄く嬉しいのですが、自分自身はきっと一生、調理場にいるでしょうね。動いているほうが楽だし、元気で働けるうちはそうしたいと思っています。

僕の店（ラ・ロシェル）の山王《さんのう》店がオープンしてまだ一年で、そこがある程度軌道に乗ってくれれば一段落かなと思っているんですが、まだまだ止まるわけにはいきません。

道場　一つの店をきちんと仕上げるまでには最低十年はかかるといわれますからね。僕が七十歳で銀座に「懐食みちば」をオープンした時も、随分人に言われたんですよ。きちっと軌道に乗るまでに十年、道場さん、八十歳になるよって。なんとか十年生き延びたからよかったものの（笑）。

坂井　まだまだ大丈夫ですよ、道場さんは。百までいきます。

木鶏：中国の古典『荘子』（達生篇）に収められている故事に由来する言葉で、木彫りの鶏のように全く動じない最強の闘鶏の状態をさす。

道場　いやいや、それがね、甘いんだよなぁ（笑）。

坂井さんのほうも、この道に入られて随分長くになるでしょう？

坂井　もう五十三年になりますね。

道場　そもそもなぜフランス料理を選ばれたんです？

坂井　僕が料理を始めた最初のきっかけをお話ししますとね。僕が三つの時に親父が戦死してしまい、母が和裁で生計を立てていたんですが、着物や浴衣《ゆかた》を期日までに仕上げなきゃいけないから、家族の食事をつくっている時間がない。そこで僕が山や川に行って山菜や魚を採ってきて、台所で調理をしていたんです。

道場　もともとはお母様を助けるためだったんですね。

坂井　その母が僕にしょっちゅう「手に職をつけろ」と言ってましてね。手に職があれば、どんな時代でも、どこへ行っても生きていけると。そうした母の教えと、家族に料理をつくるという延長線上に料理人という仕事があったから、この世界にもなんの抵抗もなく入りました。
　十六歳の時に鹿児島を出て最初に住み込みで入ったのは、大阪の仕出し屋さんでした。昼の弁当をつくらないといけないため、朝は四時に起き、米とぎや竈《かまど》の準備を手伝った後、自転車で弁当配達に走り回りました。
　そんな中、ある先輩が「おまえ、こんな所にいても料理人にはなれないよ」というアドバイスとともに、ホテル新大阪のレストランを紹介してくださったんです。それがフランス料理の世界に入るきっかけになりました。その時代は「親方の言葉は神の言葉」とされ何をするにも先輩、親方の言うとおり。そうやって先輩や親方の靴磨きをするところから始まりましたね。

三年は石に齧りついてでも我慢しろ

坂井　道場さんはどのように料理の道へ入られたのですか。
道場　僕自身は子供の頃、料理人になろうなんて、まったく思っていなかったんです。ただ、茶道具の漆器《しっき》を扱う家業のため、仕事場では一切埃《ほこり》を立ててはならず、ずっと座ったままで作業をする。僕も朝飯前に三十分以上、学校から帰ってきてまた一時間くらい手伝いをさせられるのですが、もともと人間がチャカチャカしていますから、それがもう嫌で嫌で（笑）。
　それで十五歳になる頃に終戦を迎えたんですが、あの時分は家族を支えるために、統制の敷かれている魚や果物など、金沢の闇市《やみいち》で仕入れては、山中温泉まで運んで売り捌《さば》いていました。魚を求めて、橋立や塩谷にも行きましたし、時化《しけ》が続いた時は遠く氷見《ひみ》まで足を延ばしたこともありました。
　当時は列車に乗り込むのもひと苦労で、ましてや闇の「かつぎ屋」稼業です。駅には警官が待ち構えている。列車がスピードを落とした頃合いを見計らっては飛び降りるという、そんな命懸けの毎日でした。
　そうこうしているうちに、近所の魚屋のオヤジさんが中国で倒れたから、手伝ってほしいと声が掛かります。もともと活発なことが好きだったし、魚屋の威勢のいい姿にも憧れていましたから、魚屋で働くようになり、得意先の旅館や料理屋で仕出しの手伝いもするようになっていきました。
　その頃は自分が料理人になるとは夢にも思わなかったんですが、僕が出入りしていた旅館のチーフに「手に職をつけたほうがいい」と言われ、当時流行《はや》っていた「東京ブギウギ」に誘われて東京へ出たんです。
坂井　おいくつの時ですか。
道場　十九歳の時でした。家を出ていく時、母は「六ちゃん、人にかわいがってもらえや」と言いました。親として一番悲しいのはいじめに遭ったり、人から嫌われたりすることだったんでしょう。一方、親父は「石の上にも三年だ。行ったからには石に齧《かじ》りついてでも我慢しろ。決して音を上げるな」と。

かつぎ屋：敗戦後、闇物資を地方から都市へひそかに運んで売った人のこと。

東京ブギウギ：昭和22年に発表され、ヒットした歌謡曲。「青い山脈」「リンゴの唄」などと並び、戦後の日本を象徴する曲として知られる。

また、両親は浄土真宗の信者でもあり、幼い頃からこんな話をよく聞かせてくれました。
「おまえは自分の境涯《きょうがい》を喜ばなければならない。この世に生まれてきて、目の見えない子や耳の聞こえない子もいる中で、おまえには鼻はついている、耳はついている、五体満足に全部揃《そろ》っている。それを喜ばずに何を喜ぶんだ」。「辛いこと、苦しいことがあっても嘆いてはいけない。逆境に遭ったら、それは神が与えた試練だと思って受け止めなさい」「たとえ逆境の中にいても喜びはある」。そういう言葉の一つひとつが、僕の人生において非常に支えになりましたね。

使われやすい人間になる

坂井　実際に料理の世界に入られてみて、いかがでしたか。

道場　先輩やオヤジさん（親方）から非常にかわいがってもらえて、別段辛いことっ

道場六三郎（みちば・ろくさぶろう）
昭和6年石川県生まれ。25年銀座「くろかべ」で料理人としての第一歩を踏み出す。その後、神戸「六甲花壇」、金沢「白雲楼」と修業を重ね、34年「赤坂常盤家」でチーフとなる。46年銀座「ろくさん亭」を開店。平成12年銀座に「懐食みちば」を開店。17年厚生労働省より卓越技能賞「現代の名工」受賞。19年旭日小綬章受章。

てなかったですね。

僕は調理場でもなんでも、いつもピカピカにしておくのが好きなんです。例えば鍋が煮こぼれしてガスコンロに汚れがつく。時間が経つと落とすのが大変だから、その日のうちに綺麗《きれい》にしてしまう。そういうことを朝の三時、四時頃までかかっても必ずやりました。

それで、オヤジさんが来た時に「お、綺麗やなぁ」と言ってもらえる。その一言が聞きたくて、もうピカピカにしましたよ。だからかわいがってもらえたんですね。

それと、毎日市場から魚が入ってくるんですが、小さい店ですから鯛などは一枚しか回ってこない。でも僕は若い衆が大勢いる中で、その一枚を自分でパッと取って捌きました。そうしないと、他の子に取られてしまいますから。

ただ最初のうちはそういうことを、嫌だなぁと思っていたんです。というのも、「いいものは他人様《ひとさま》に譲りなさい」と親に言われて育ってきましたから。半年ぐらい随分悩んだんですが、でもそんなことばかりをやっていたら、自分は負け犬になってしま

坂井宏行（さかい・ひろゆき）
昭和17年鹿児島県生まれ。17歳でフランス料理の世界に入る。銀座「四季」青山「ココ・パームス」「西洋膳所ジョン・カナヤ麻布」などでシェフを務め、55年独立。「ラ・ロシェル」をオープン、オーナーシェフとなる。平成4年「ラ・ロシェル南青山」をオープン。14年「ラ・ロシェル福岡」をオープン。17年フランス共和国より農事功労章「シュヴァリエ」受勲。

う。だから僕も、まだ青いなりに「仕事は別だ」って思ったんですよ。仕事だけは鬼にならなけりゃダメだ、と。そう思って、パッと気持ちを切り替えたんです。

坂井　厨房でただのお人好しというのでは仕事になりませんからね。

道場　結果的にそういう姿勢が先輩や親方からも認められ、それからはもう、パッパ、パッパと仕事をやるようになりました。

坂井　我われの世界というのは、AとBという人間がいたら、やっぱり要領がよくて、先輩たちにかわいがられる人のほうが仕事を与えてもらえますからね。

だから道場さんがおっしゃったように、先輩たちが仕事をしやすいように調理場を綺麗にしておくとか、魚の鱗《うろこ》を引いておくとか。そういうことを日々重ねていくと、先輩たちにかわいがられるし、あいつは仕事を任せても大丈夫だと思ってもらえ、次の仕事も早く覚えられるようになるんですね。

道場　僕の若い頃には「軍人は要領を本分とすべし」とよく言われたものです。要領、要するに段取りでしょうな。だから要領の悪い奴はダメなんですよ。そうやって先輩に仕事を教えていただくようにすることが第一。

仕事場の人間関係でも一番大事なのは人に好かれることで、もっと言えば「使われやすい人間になれ」ということでしょうね。あれをやれ、これをやれと上の人が言いやすい人間になれば、様々な仕事を経験でき、使われながら引き立ててもらうこともできるんです。

ただし、ダラダラと働いても仕事って覚えられないんですよ。自分でテーマをつくらないと。僕の場合は若い頃から、今年は何と何と何と何とを覚えようと、必ずノートに書くようにしてきました。

坂井　なるほど、一年のテーマを。

道場　そしてそれをなんとか仕上げるよう努力していく。今年は何をする、そして一年が過ぎる。来年は何をする、俺ができないのはなんだ？　と。それを探して、今年はこれとこれだけは覚えようということで、一つずつ自分の課題をこなしてきました。

結局のところ、ものを覚えるというのは、覚えるべきことを自分で探すことから始まるんじゃないですか？　教わろうという気のある者は、自ら盗むようにして学び、吸収していく。人から言われて嫌々やっていたのでは、いつまで経っても成長しませんね。

人よりいかに早く手を動かすか

道場　例えばだし巻きのつくり方なんかを覚えるのでも、いまここに置いてあるようなタオルをだし巻きの形にして空の鍋に入れ、上手に返す練習をする。そんなふうにいろいろなものを使ってよく訓練をしました。

坂井　僕もジャガイモのシャトー剥《む》きというのをやるのに、玉子で練習したりしていましたね。

また当時の僕は、きょう与えられた仕事

シャトー剥き：フランス料理の特殊な剥き方。シャトーとは「城」の意味で、五～六センチくらいのフットボール状に切ったもの。

はきょう中にやってしまう、クリアする、明日に延ばさないということを常に心掛けていました。我われの修業時代は石炭ストーブの時代ですから、朝、火をおこすのに結構時間がかかってしまうんです。だから前の晩に炭を全部掻《か》き出しておき、先輩たちが来られた時に、すぐ仕事ができるような段取りをしておく。

とにかく自分は料理人として生きていくんだという自負の中で、早く仕事を覚えたいという思いがあった。そして五年後にはシェフになるぞ、十年後には店を持つぞというように、自分の目標を五年先、十年先、二十年先と持って、それをクリアするために、きょう何をしなくちゃいけないかをいつも考えていました。要は人よりいかに早く手を動かして早く仕事を覚え、自分の料理を出せるようになれるかということです。

道場さんも言われたように、ライバルはいっぱいいるんですよ。でもそこで自分が頭一つ抜きん出ていかないと、いつまで経っても埒《らち》が明かない。

道場　例えば一つの店に十人が働いていたとする。もしその中で一番になれれば、世間にはそういう店が無数にあるわけだから、本当は何万人という料理人の中での一番か、それに近い実力があるということなんです。逆に言えば、その店でダメな奴はどこの店に行ってもダメだということですね。だからまずその店で一番になることが大事。

坂井　そのとおりですね。

道場　だから僕はいつもこう思っていました。人の二倍は働こう。人が三年かかって覚える仕事を、絶対に一年で身につけようと。キュウリでも三本までなら重ねて切れますが、僕はさらにその上に二本置き、これを刻むにはどうしたらいいかと考えた。

道場氏22歳頃、金沢「白雲楼」の修業時代

坂井氏18歳、新大阪ホテル勤務時代

普通にやっては切れないが、手首のスナップをうまく利かせれば五本一遍にでも切れる。そうやっていろんなことを自分で編み出していきました。そうしなければ、いつまで経っても浮かび上がれないという危機感がありましたから。

坂井　僕もジャガイモ剝きの競争などをよくしたものです。相手が同じ時間で三個剝くなら、自分は十個剝くとか。そうやって人より一歩でも二歩でも余分にやって技術を修得し、次のものを覚えるということの大切さは、どの世界でもまったく同じですよね。

若い頃に仕事漬けの日々を送れ

道場　それから僕は、先輩の料理やオヤジさんの仕事を細かく観察し、ポイントになることや、自分の課題はなんだということを毎晩必ずノートに書くようにしていました。書くことによって頭にも入りますから。

坂井　人間の記憶は曖昧なものですからね。メモを取る習慣は非常に大事だと僕も思います。

道場　概して伸びる人というのは若い時の数年間に仕事漬けの日々を送っているように思います。これはどの世界でも同じだと思いますね。

坂井　そうですね。僕たちが見習いで入った頃は一日十七、八時間、ずっと調理場にいましたからね。でもそれが当たり前で、辛いとかしんどいといった気持ちになったことは一度もない。またそうでなければ、料理の道は続けられないでしょう。

道場　仕事というのは、追われて追われてその中でうまくなっていくものですからね。仕事に追いまくられれば、逆に集中力が湧いてきて、よし、ここで限界に挑戦してやろうという気持ちになります。

　これは各人の性格にもよるかもしれませんが、一気呵成《いっきかせい》に集中してダァーッとやったほうがいい仕事ができるんですよ。ダラダラやったものはダメですね。

　当時はクーラーもない時代ですから、厨房で、火を焚《た》く時は四、五台のコンロを同時につける。仕込みの時なんか、こっちでホウレンソウを茹《ゆ》でる、ゴボウを茹でる、そっちで何々をするといったふうに一挙に鍋をかけて、パッと火を落とすんです。そうしないと館が暑くてたまらないですから。

坂井　火の仕事を早く終わらせてしまうんですね。

道場　日本料理の場合は特にうるさく言わ

れるんですが、そういう中で鍛えられてきたことが大変勉強になりました。

　繰り返すようですが、段取りというのは非常に重要で、冷蔵庫を開けなくても、ひと目で何がどこに入っているかが分かるようにしておけるような人は必ず伸びます。一番ダメなのは、冷蔵庫に頭を突っ込んで冷やしている奴（笑）。

　冷蔵庫の中を例えば六つに区切って、どこに何が入っているかをメモし扉に張っておく。そしてちょっとでも量が少なくなったら小さな容器に移し替え、冷蔵庫をいつも広く使えるように心掛けました。頭で考えるんじゃなく、物を見たら小さく入れ替えるというふうに、身につかなきゃダメですね。身につかなければ本物じゃない。

仕事にも人生にも締め切りがある

坂井　おっしゃるとおりで、整理整頓、在庫管理ができない奴はダメですね。冷蔵庫や容器のキャパは知れているから、いかに整理して入れるか。いかにいつも同じ場所に、同じ物が置いてあるかというのが非常に大事です。そのへんの整理ができない人はやっぱりダメで、僕も結構うるさく言います。

道場　こっちが「おい、あれ出せ」と言ってもいつまで経っても出てこない。バカヤロウ、と言いたくなっちゃう（笑）。

坂井　そうそう。いまやってる状況を判断しながら、あれ持ってこいと言われたら、「はいっ」と言えるようでなきゃ。

　そのためにはどこに何があるかを把握しておくのは大前提、料理をつくる以前の問題ですね。そういうことができる人間は、ちゃんと料理もできるんですよ。

道場　そういうのを、要領がいい、と言うんだね。仕事にも人生にも「締め切り」というものがある。それに間に合わせるためには、時間を無駄にせず、何事もテキパキとこなさないと。この締め切り感覚が鈍い男は何をしてもダメですね。

　人生でもそうですよ。多くの人が忘れているようだけれど、人間は必ず死ぬ。誰の命にも必ず終わりがある。僕の場合はせいぜい頑張ってあと二十年。その間に何をするかが大事なのだと思います。

坂井　道場さんはいろいろな若い人を見てこられたと思いますが、伸びる人とそうでない人の差はなんだと思われますか。

道場　やっぱり「バカ」がつかなきゃダメだと思うんですよ。料理バカとか、野球バカ、将棋バカ、バカ正直とか。とにかくバカがつくぐらいに料理が好きな人間でないとその先へは行くことができない。

　ゴルフでも、いくらいいショットを打っても、最後のパットを入れられない選手がいる。それを入れるためには、陰に物凄い修練や心の強さなど、様々な要素が作用しているんですが、そのすべてが最後のワンパットにかかっているんです。これが決められるか決められないかで、一流、二流が決まってしまうんですね。そのためには急所や勘所《かんどころ》を自分でガチッと持ってやらないといけない。不安があるうちはダメです。

坂井　同感ですね。それに一つ加えさせていただくと、自分がコックコートを着た姿に惚《ほ》れる奴と惚れない奴。自分の姿を鏡に映した時に、おぉ、かっこいいじゃんと惚れることができる。自分が料理人生を生涯背負っていくぞという強い気持ちを持った人は、やっぱりその軸がぶれない。だから惚れたら軸はぶらすなと。この軸がぶれると二流になってしまうんです。

発想の切り替えが大事

坂井　道場さんが銀座で「ろくさん亭」を開かれたのは、確か四十歳の時でしたね。

道場　はい。でも実はその少し前に、それまでコツコツ貯めてきたお金で祖師谷《そしがや》に高級惣菜《そうざい》店を出しているんです。ところが、やれどもやれども利益があがらない。朝五時に起きて弁当を売り歩いたり、いろいろ営業にも行ったんですが、どうにも上手《うま》くいかない。僕が使っていた若い衆は皆、料理屋にいた連中だから、丁寧な仕事はできても、手早くたくさんというのは苦手なんです。それにどうしても食材にこだわってしまう。

　それまでは高級料理店でやっていればなんでもできると思っていましたが、いざ商売をしてみると、そんなもんじゃないんですね。生産性もそうですが、客筋と見込んでいた公団住宅のお客様はちょうど普及し始めていた洗濯機やらテレビの月賦《げっぷ》に追われていて、高級惣菜どころではなかった。いまはデパ地下でお惣菜がよく売れる時代、目の付けどころが五十年ほど早かったんでしょうね。

坂井　あぁ、時代の先をいかれ過ぎていた。

道場　それと三十代の頃、「とんぼ」という店のチーフをしていた時にある経営者から「今度重役になってもらえませんか」という話がありました。僕はその「重役」という言葉の響きが嬉しくて、二つ返事で引き受けてしまった（笑）。

　ついては少しお金の段取りをしてほしいというので、僕は家を担保にして銀行から

料理修業時代の道場氏

五百万円を借りて貸しました。そしたら一年後に店が不渡りを出して、気がついたら一文無しですよ。おまけに貸した相手が高利貸しのお金を借りていたものだからどうしようもない。

でもこれ以上、そこにこだわっていてもしょうがない。では自分にできることは何か。そうだ、僕には自分のお客がいる、とすぐに頭を切り替えて、債権者仲間の一人と店を出すことにしたんです。ゼロどころか、借金からの再スタートでしたが、無我夢中で働きました。いずれにせよ、過ぎたことを悔やんで悶々《もんもん》としているよりは、発想をパッと切り替えることが大事ですね。

絶頂からどん底へ

道場　坂井さんもお店を経営してこられる上では、いろいろとご苦労もあったでしょう。

坂井　僕自身は、苦労という言葉はあまり当たらないんですが、ターニングポイントになったのは、二十二年ほど前に自分の店を移転させる時でした。

それまでは二十五坪ほどのレストランで九年ほどやっていたんですが、ある時、知り合いの社長から突然、「うちのビルの三十二階が空くからそこで店をやる気はないか」というお話をいただいたんです。それまでの店の約十倍、二百三十坪もの広さがありますから、いきなりそんなことを言われてもチンプンカンプンです。

返答に窮していると「じゃあどういう条件なら移れるか、君に条件を出してほしい」と言われたんです。本気でやる気はなかったので、いっそのことと、とんでもない条件を出しました。

保証金なし、家賃は払えるか分からない、内装の希望を聞いてほしい、スポンサーつきは絶対にノー。で、一週間ほどしたらその社長に呼ばれて「その条件でいいからやってほしい」と言われましてね。その時にはもう足が震えましたよ。こちらとしては、絶対にあり得ないと思える条件を出したつもりでしたから。

道場　言った本人が一番驚いてしまった。

坂井　だけどこれはチャンスだと気持ちを切り替えて、「よし、やろう」と本格的に動き出しました。中途半端なことはできないからと、とにかく当時の店を売る段取りをしたんですが、これがまた自分が思っていた条件でタイミングよく売れたんです。

そして移転先のビルの三十二階を一度全部ぶっ壊して、デザインを引き、自分の思うとおりの店を約一年がかりでつくってもらいました。それまでは十人弱のメンバーでしたが、移るとなると五十人はスタッフがいる。

知り合いの伝手《つて》を頼って人集めには苦労しませんでしたが、調理器具や食器も十倍の数が必要なので、店を売ったお金と若干蓄えがあったのを全部吐き出してそれらを揃えました。

そうやって一年ほどかけて華々しくオープンしたんですが、当時はバブルの絶頂期で、こんなにもお客様が入るものか、こんなにも儲かるものか、と驚いたほどでした。

ところがその一年半後にバブルが弾けてしまったんです。それと同時に「あぁ、きょうは一組か」「きょうは予約なしか」と予約の数を気にするようになって……。大きなフロアですから、凄く寂しいんですよ。もうこれで俺の料理人生は終わりかと思いました。

あのビルの三十二階は強化ガラスで窓が開かないんですが、もし窓が開いていたらおそらく僕は飛び降りていましたね。それだけ切羽詰《せっぱ》まった気持ちでした。

レストラン・ブライダルへの挑戦

道場　随分と思い詰められていたのですね……。

坂井　そしてこの状況をなんとか打開するために出たアイデアが、レストラン・ブライダルでした。そうだ、この店で結婚式をやろうと。うちはこれだけ広いフロアがあるし、駅からも近く、眺望《ちょうぼう》もいい、個室だってある。披露宴をきっちりプロデュースすれば絶対いけるという確信があって、本格的にプロジェクトが始まりました。

道場　当時ではまだ珍しかったでしょう。

西洋膳所ジョン・カナヤ麻布、29歳の坂井氏

坂井　そうですね。レストランでのブライダルが、ホテルや結婚式場に勝てないのは「ハード」なんですよ。部屋がない、新郎新婦の控え室がない。化粧室がない。

でも料理だけは絶対負けないという自信がありましたから、それだけは決して手を抜かないで、オンタイムで出せる披露宴の料理を構築していきました。

本当に辛い時期が続いたんですが、だんだんと評判が広まっていってしばらくすると年間二十組や三十組といった式の予約が入るようになったんです。そこでやっと少し息をつけるようになりました。

『料理の鉄人』の出演依頼をいただいたのも、ちょうどそんな頃のことでした。視聴率もどんどん上がっていき、僕の名前も有名になっていきましたが、スタッフにいつも話していたのは「いつか番組は絶対に終わるから、その時に惨《みじ》めな思いはしたくない。だから普段どおりにやってほしい。鉄人のグッズや写真なんかも絶対に置くな」ということでした。

道場　ブームに浮かれるなということです

ね。

坂井　はい。調子のいい時に世間で持ち上げられたり、いろんなことに手を広げたりして、消えていった人をたくさん知っていますから。こういう順境の時こそ気を引き締めなければいけないということは、常々心掛けていました。

治にいて乱を忘れず

道場　順境といえば『易経《えききょう》』にこんな言葉がありますね。「君子は安にして危を忘れず、存にして亡を忘れず、治にいて乱を忘れず」。

　太平の世にあっても、乱世となった場合の準備を忘れない。いつでも万一の時の用意を怠らないことが肝要だと。バブルの時でもそうですよね。調子のいい時でも必ず何かがあるということを、我われはよくよく考えていなければいけない。藤原家隆の、

「花をのみ待つらむ人に山里の雪間の草の春を見せばや」

　という歌にもあるようにね。爛漫《らんまん》の桜も春ですが、小さいふきのとうの花や、山里の解けた雪間から顔をのぞかせている若草にも春を感じることができる。そういう小さなものの中にも、大きくて深い喜びを感ずることが大事だと思うんです。

　だから当たり前のようにまたきょうがある、また明日があるという考えを持つことが怖い。どんな小さなものにも喜びと感謝を持つ心を忘れてはいけないと思います。

坂井　やっぱり潤っている時は、つい浮かれてしまうんですよね。あれも欲しい、これも欲しいというように。でもよいことの後には必ず悪いことがくると想定すると、順調な時ほど心を引き締めていないと落ち込んだ時に本当に大変なことになってしまうと思うんです。

道場　僕は長い人生の中、山谷《やまたに》があって当然だと思うんですよ。景気がいい時もあれば、悪い時もある。店が儲かってしょうがない時もあれば、お客様が全然入らなくて暇な時もある。悪いことに直面した時、人はたいていそのことばかりにとらわれていい時があったことを忘れてしまっているんです。だからそういうことで心を乱してはいけない。死んでいく時にトータルでちょうどプラスマイナスゼロになればいいんじゃないですか。

坂井　そういうふうに考えると、順境や逆境ということにもとらわれずに済みますね。

道場　そうですね。僕はいま八十一歳になりましたが、あまりものに執着するということがないんです。「ろくさん亭の暖簾《のれん》はかけがえのない値打ちものだよ」とよく言われますが、自分の店を残したいという気持ちもさらさらない。

　僕が店を出した頃、銀座にいっぱいあった有名店もいまではほとんどないというご時世ですからね。とにかくものに対する執着心を捨ててしまいたい。だからこの間も、いままでためてきた献立などを全部燃やし

『易経』：中国の周の時代に大成された経典。五経の一。伏義が初めて八卦を作り、孔子が集大成したといわれるが未詳。天文・地理・人事・物象を陰陽変化の原理によって説いた書で、元来、占いに用いられた。

藤原家隆：［1158〜1237］平安・鎌倉時代の歌人。権中納言藤原光隆と太皇太后宮亮藤原実兼の娘の子。『新古今和歌集』選者の一人で、新古今時代の代表的な歌人。

ちゃったんですよ。

坂井　あぁ、見ました、テレビで。凄い勇気だなぁと思いました。

道場　ああいうものがあると、昔のままの仕事をしてしまうんですよ。まぁ、それなら間違いもないんでしょうけどね。だけどせっかく生きているんだから、自分の年が八十なら八十の頭の展開でやればいい。でないと、新しいものができないですよ。

それからね、いろんなところから賞をもらうでしょう。僕はあれも半分ぐらい燃やした（笑）。ああいうものは、いらないんですよね。料理人でもそういう賞を欲しがる奴が結構いるんですが、「バカヤロウ」と僕は言うんです。その賞を持って質屋へ行ってみろ。二束三文の値打ちもないぞ、と。

料理人はおいしい料理をつくってお客様にとにかく喜んでもらうことが第一で、他の余計なことはあまり考えなくていいと思うんです。

そうやって順境にも逆境にもとらわれず、謙虚にじっくりと進んでいく。僕の両親がよく言っていましたが、「人生はきょう一日と覚えたり」で、問題は生きているいまこの時なんですよ。

特別講話

後から来る者たちへのメッセージ

鍵山秀三郎
Kagiyama Hidesaburo
日本を美しくする会相談役

鍵山秀三郎氏——イエローハットの創業者である。自転車一台で始めた商売を、一部上場に至るまで発展させた。また、社員の心の荒みをなくしたいと創業時に始めた掃除の実践は、今日まで50年以上に及び、運動の輪は会社の枠を超え、日本全国のみならず世界にも広がっている。その鍵山氏が自らの人生を振り返り、若い経営リーダーに向けて語った講話は、そのままこれからの時代を担っていく人たちに託す貴重なメッセージになっている。

守られていることには鈍感 意に沿わないことには敏感

私は今年（二〇一五年）八十二歳になります。昭和八年に生まれて東京の靖國《やすくに》神社のすぐ裏に住んでおりましたが、十一歳の時に学童《がくどう》疎開《そかい》で親の元を離れました。さらに岐阜県に疎開をしてそこで農業生活をして、二十歳の時に裸一貫で再び東京へ出てまいりました。

その時に就職した会社で八年間お世話になり、昭和三十六年に二十八歳で独立しました。自転車一台で物を売り歩くところから始め、随分苦労もしましたけれども、おかげさまで平成九年には東証一部への上場を果たすことができました。

そこで、これからは創業の時から続けてきた掃除を世の中に広めてまいりたいと考えて、すぐに社長を退き、いまは掃除にすべてのエネルギーを注ぎ込んでおります。

＊

私はもともと怠惰《たいだ》で、無気力で、ただ遊ぶしか能のない少年でした。そんな私の一大転機となったのが十一歳の時の疎開でした。初めて親の元を離れたことによって、それまで自分がいかに親に世話になってきたか、親というものがいかにありがたいものかということを初めて実感したわけです。もし疎開で親の元を離れることがなかったら、私は怠惰なまま一生を終えていただろうと思うのです。

人間というものは、人から愛されたり、守られたりしていることに対しては極めて鈍感です。逆に、自分の意に沿わないことに対してはとても敏感にできているんですね。幸い私は十一歳にして、親に愛され、守られてきたことに気づいたおかげで真っ当な人生を歩むことができました。まさしく私の人生の一大転機でございました。

成長を求めるなら厳しい道を選ぶこと

山梨県の学童疎開先にて栄養失調になり、視力を失うほど厳しい生活を強いられましたが、私はそこでたくさんのことを学びました。最も大きかったことは、忍耐心が身についたことです。私はその忍耐心だけを持って二十歳で東京に出てきたのです。

昭和35年、7年間勤めた会社を辞め、独立する前に上京した母と

私が就職した会社の労働環境は、いまの時代からはとても考えられないくらいに過酷で、私は入社当初から自分の能力を遙《はる》かに超えるような理不尽なことを次々と命じられました。しかしいま振り返ると、これがよかったのだと思います。人間というものは、楽な環境に身を置いている間は決して成長しません。自分の能力を遙かに超えることを求められる環境に身を置いた時に、初めて人間は成長していくものなのです。

私は学歴も、知識も、技能も、才能もない人間です。何もなかったから辛《つら》いことも我慢しました。もし私に何某《なにがし》かの能力があったら、あそこまで我慢できなかったと思いますが、何もなかったがゆえに、ここでやるしかないと覚悟を決め、決断したのです。

成長のもう一つの条件は、覚悟をして決断をするということです。私はこれまで、失敗したら命がもたないほどの厳しい決断を迫られたこともありますけれども、そうした体験から、人間は覚悟をして決断をした時に飛躍的な成長を遂げることを実感しています。逆に、何の覚悟も決断もしない人は、いつまで経っても成長できないと私は思います。

少し当時のことをご紹介しますと、その会社はいろんなことをやっておりまして、例えば米軍の払い下げ物資を落札してトラックで引き取ってくるという仕事もございました。私は田舎の高校出身で、多少文章

26
26

が読める程度の英語力しかありませんでしたが、社長から指示された入札の基準に従って商品を落札し、税関に税金を払って引き取りに行きました。

私の親のような年齢の人夫さんたちをたくさん乗せて、トラック数台を連ねて引き取りに行くのですが、朝の九時から十一時半までの間に積み終えなければ、閉め出されてしまうので、とにかく時間内に終えるために必死でした。土砂降りの雨の中では荷台はツルツル滑り、二度ほどドラム缶ごと下に落ちたことがあります。もしドラム缶の下敷きになっていたら、きょうこうして皆さんの前には立っていなかったでしょう。

二メートル以上あるような大きなタイヤを倉庫からトラックまで転がして運ばなければならないこともありました。足元が悪く、途中で倒したらとても起こせないので、神経を磨《す》り減らすような思いで運びました。トラックまで運び終えたところで倒してしまったことも一度ありましたが、この時も運よく下敷きにならずに済みました。

他にも過酷な仕事をたくさん命じられ、毎日が本当に命懸けでした。けれどもそのおかげで、能なしで意気地がなく、何もできなかった人間が、僅《わず》か八年の間にいろんなことを身につけられたのです。もし楽な会社に入っていたなら、とてもそういう力を身につけることはできなかったでしょう。自分の能力を遙かに超えることを要求されるような環境に身を置いたおかげで、私は大きな成長を遂げることができたのです。

自分の成長を求めるなら、楽な道を選んではダメです。より困難で厳しい道を自ら選ぶことが大事です。

永久に不可能なことはない

他者から困難を強いられたことも多くありましたが、私は自ら困難な道を選んだことも何度かあります。

独立して十五年経った昭和五十一年に、私は当時五十一億円の年商のうち、約二十九億円を占める会社との取引を停止する決断をしたのです。周囲からは「気でも狂ったのか」「すぐに潰れるぞ」と散々言われましたけれども、私は決断を覆《くつがえ》しませんでした。結果的に、その会社と取引を続けた会社はいま一社も残っていませんが、当社だけは存続しています。大変な決断でしたが、私の判断は間違っていなかったのです。

「背水の陣」という言葉がございますが、私の場合はそれよりもっと厳しい「水中の陣」でした。「背水の陣」は後ろの川に入ればまだ下がれますが、私の場合はもう水の中に入っているので、一歩でも下がれば命がもたない。もう前に進むよりしようがないという状況だったのです。

しかし人間とはすごいもので、そういう後がないところでも本気で覚悟、決断をしてやっていると、それまで見えなかったことがものすごくよく見えるようになるのです。そのおかげで私は次々と大ヒット商品を生み出すことができました。

お客様のたったひと言をヒントに商品をヒットさせたこともあります。

千葉県柏市で近隣のガソリンスタンドに商品を卸していた時、ある店長さんから、

お客様から頼まれた商品が手配できずに困っていると相談を受けました。私がアメリカの田舎町の会社でつくられていることを突き止めてお持ちすると、大変喜ばれました。私は店長さんの喜びようを見て、きっとこの商品を欲しがっている人は他にもたくさんいるはずだと思い、その商品をたくさん輸入して爆発的にヒットさせたのです。

他にも次々とヒット商品を生み出しましたが、その中には同業他社が見落としていた既存の商品に光を当てて大ヒットさせたものもたくさんあります。私にそれができたのは、「水中の陣」とも言うべき厳しい環境に身を置いていたからであって、もし私がぬくぬくと恵まれた環境にいたら、決してそういうものを見出す力は引き出されなかったでしょう。おかげさまで六割もの売り上げを失いながら、それを補って余りあるほど大きな収益を上げる会社に飛躍できたのです。

ですから、もし自分を飛躍、成長させたいと思うならば、厳しい環境に身を投じることです。これは私の体験から自信を持って言えることです。

こういうことを申し上げると、いや、そんなことは不可能だと言われるのですが、しかし、不可能というのはいまできないことを言うのであって、永久に不可能ということではありません。自分の能力が足りなくてできないのであれば、自分の能力を磨いて高める。一人でできないのであれば協力者を求める。そうすれば、現在不可能であっても、必ず可能になると私は考えます。

日々の試練に耐えることは宗教的苦行より価値がある

人から不可能だと言われるような常識外れのことに挑戦しようとすると、必ずいろんな壁が立ちはだかります。

ドイツの哲学者、ショーペンハウエルは、何事かをやり始めて成功するまでには三段階あると言っています。第一段階は笑い者になる、嘲笑《ちょうしょう》される。第二段階は激しい反対、抵抗を受ける。その過程を経て、第三段階にして成功を遂げることができるというのです。

確かに私もそうした経験をたくさんしてまいりました。

創業当初は、十分な労働環境を整えることができませんでした。それでも社員たち

ショーペンハウエル：［1788～1860］ドイツの哲学者。その思想は19世紀末の厭世思想、特にニーチェに多大な影響を及ぼしている。主著に『意志と表象としての世界』。

には、何とか心を荒《すさ》ませずに働いてほしい一心で、せめて身の回りの環境を美しくしようと考えて職場の掃除を始めました。

その活動はたった一人で始めたことであり、誰に命じたものでもないのですが、十年を過ぎた頃から一人、二人と手伝うようになり、やがて会社の枠を超えて全国に広まり、いまでは北京、台湾、ルーマニア、イタリアなど、海外にまで広まっています。

ところが掃除を始めた頃には、「そんなことしかできないのか」と散々馬鹿にされ、嘲笑されました。企業研究で当社を訪れたある有名大学の先生からは「あなたは社長を代わったほうがいいですよ」とまで言われる始末でした。

私は、ショーペンハウエルのような偉大な哲学者でさえ嘲笑や抵抗に遭うのであれば、自分のような凡人がそういう目に遭うのは当たり前だと考え、それに耐えて今日を築いてまいりました。いまは耐えることの大切さを深く実感しておりますし、嘲笑や抵抗に耐えられる忍耐心が自分に備わっていたことを、本当に幸せに思っております。

仏教に、

「忍の徳たること、持戒苦行《じかいくぎょう》も及ぶこと能《あた》わざるところなり」

という教えがあります。持戒苦行というのは、例えば千日回峰行のようなお坊さんの命懸けの厳しい修行のことを言いますが、日々体験するいろんなことを我慢する、耐えるということは、そうした宗教的な苦行も及ばないくらいに尊い修行であるということです。

私は幸いにして、能なしであったがゆえに耐えることができたんですね。これまでいろんな辱《はずかし》めにあってきましたけれども、もし幾らかの才能があったらとても我慢できなかったでしょう。逆に、中途半端な才能なんか持っていなくてよかったと思うくらいです。

創業時には、商品を売りに行ってもまず相手にしてもらえることはありませんでした。名刺も受け取ってくれない。取ってくれたと思うと目の前で破り捨てられる。バケツの水をかけられる。自転車を蹴倒《けたお》され、積んでいた商品がそこら中に散乱してしまったこともあります。

それでも私は耐えました。だから今日こうして健全でおられるわけです。もしあの時に私が腹を立てて行く先々で喧嘩《けんか》をしていれば、きょう皆さんの前に立つことはできなかったでしょう。皆さんも「忍の徳たること、持戒苦行も及ぶこと能わざるところなり」という教えを、ぜひとも心に刻んでいただきたいと思います。

些細なことにも意義と価値を感じて取り組む

私は今朝も五時十五分から八時まで、三時間近く近所の公園の掃除と草刈りをしてまいりました。誰に頼まれたわけでもなく、自分の意思でやっていることです。いまの時期は暑さに加えて、蚊に食われて大変です。別にそれをしたからといって、私には何の得にもなりません。それでもなぜやるのかと申しますと、人間は自分の得にならないことをやらなければ成長できないからです。

残念ながらいまの時代は、自分の得になることなら一所懸命にやるけれども、自分の得にならないことはしないという人が多いですね。それではダメなんです。もちろん自分の得になることも大事ですけれども、それ以外に自分に何ら得にならないことにも励んでいただきたいのです。

中国春秋時代の政治家、晏子が、宮城谷昌光《みやぎたにまさみつ》さんの『晏子《あんし》』という小説に、

「益はなくても意味はある」

と言う場面があります。無益なことは必ずしも無意味ではなく、意味があるというのです。晏子という人は、無益なことにも意味を見出して行動する、そういう生き方を生涯貫いたんですね。

私は晏子ほどの偉人ではありませんが、少しでもその姿勢に倣《なら》って、せめて自分にもできること、こんな年になってもまだできる掃除に、全国を回って取り組んでいるのです。

宮城谷昌光：［1945～］小説家。愛知県生まれ。古代中国を題材とした作品を数多く発表。「夏姫春秋」で直木賞受賞、「重耳」で芸術選奨受賞。

幸い、会社や自治体などたくさんのところで運動の輪が広がり、これまでトイレ掃除をしてきた学校の数も七百校を超えました。

ついこの間も愛知県の定時制の高等学校で終業後に掃除をしてまいりました。定時制ですから掃除ができるのは夜で、掃除を終えてホテルに帰ってきた時にはもう十時を過ぎていました。さすがに体にこたえますけれども、それによって生徒さんたちが必ずいいほうに導かれていくと信じて続けております。

私は草取りをする時、草の根元を持った瞬間に、どのくらいの力を入れ、どう引っ張ったらうまく根が抜けるかということを一回一回しっかり意識しながらやっています。これまで大勢の人の作業を見てきましたが、普通は草取りなど大して価値もないということで無造作にやる人が多いですね。けれども私は、どうすれば綺麗《きれい》に抜けるか、一回一回、一工程一工程に意義と価値を感じながらやっているのです。

ですから、私が草取りをした後はものすごく綺麗ですよ。野菜の束のようにきちんと揃《そろ》えて、根元を人が通るほうに向けて並べてある。皆さん自分が抜いた後と比べてびっくりされます。なぜそこまでやるのかと申しますと、私がただの草取りだと考えていい加減にやったら、本当に何の意義も価値もない仕事をしていることになってしまうからです。

そういう私の目から見ますと、世の中には自分の仕事をただ漫然と、何の意義も価値も感じずにやっている人が何と多いことでしょうか。そうではなしに、他人から見たらどんな些細《ささい》な、取るに足らないことであっても、自分がやるからにはそこにしっかり意義と価値を感じ取ってやっていただきたいのです。

そうしたからといって一日や二日、一年や二年では何も変わらないかもしれません。しかしこれが五年、十年、二十年、三十年と続くと、途轍《とてつ》もなく大きな差になってくるのです。このことは私のこれまでの人生を踏まえて、皆さんに自信を持って言えることです。

その積み重ねは、ちょうど薄い紙を重ねていくようなものです。一枚が二枚、三枚になっても大したことはありませんが、一万枚積み重ねたら大変な厚みになります。

それと同じなんです。

どうか皆さん方も人生に対して遠き慮《おもんぱか》りを持っていただき、薄い紙を重ねるように、些細なことを疎《おろそ》かにしないで積み上げていっていただきたい。そう心から願っております。

日々積み重ねたとおりに人生は創られていく

人生にも仕事にも問題はつきものです。会社も国も世界も、実にたくさんの問題が日々発生しております。

そこで勘違いしやすいのが、あんな問題が起こったから自分はこうなってしまった、というふうに問題のせいにすることです。これは大きな見当違いで、問題が起きたことは問題ではないのです。それにどう対処するか、それによって皆さんの仕事も、人生も変わっていくのです。問題によって人生がダメになるということはありません。すべて対処の仕方です。

もちろん、そこで失敗することもあるでしょうが、失敗することは問題ではありません。私など失敗だらけです。しかし失敗からすべて学んできました。ですから、失敗がすべて次の成功へのエネルギーになったのです。失敗を恐れて何もしないことのほうがよほどいけない。

ミケランジェロは、

「最大の危機は、目標が高すぎて達成できないことではない。目標が低すぎて、その低い目標を達成してしまうことだ」

と述べています。

まさにそのとおりでございまして、皆さん方にはぜひ、自分の手に余るくらいの大きな目標を設定して挑戦していただきたく思います。もちろん目標が大きければ大きいほど、大きな壁が立ちはだかるものです。時には、とても自分には乗り越えられないと思うこともあるかもしれませんが、乗り越える必要はないんです。そういう時には、そこに穴を開けてくぐり抜けていけばいい

ミケランジェロ：［1475〜1564］イタリアの彫刻家・画家・建築家・詩人。レオナルド・ダ・ビンチと並ぶルネサンスの巨匠。彫刻に「ピエタ」「ダビデ」「モーセ」など。

のです。

　イギリスの首相を務めたベンジャミン・ディズレーリは、

「いかなる教育も、逆境から学べるものには敵《かな》わない」

と言っています。では、逆境に遭うことがすべてかといえば、そうではありません。日頃から様々なことを通じて学んでいるからこそ、逆境から学べるのであって、何の備えもない人が逆境に遭うと、そこで潰《つぶ》れてしまいます。

　やはり大事なことは、日々いろんな人や書物から学んで、それを自分の血肉にしていくことだと思います。私にはこれと言った才能はありませんが、本は本当によく読んできました。最近は年を取って読書量は落ちましたけれども、それでも移動中など、少しの空き時間でも有効に使って本を読むようにしています。


ベンジャミン・ディズレーリ：［1804～1881］イギリスの政治家。1868年、1874～1880年に首相。スエズ運河の買収、ロシアの南下政策阻止、インド帝国の樹立などビクトリア朝時代の帝国主義政策を推進した。


鎌倉の円覚寺《えんがくじ》の初代管長をお務めになった今北洪川《いまきたこうせん》ご老師の『禅海一瀾《ぜんかいいちらん》』という本に、

「百萬経典《ひゃくまんきょうてん》　日下之燈《にっかのとう》」

という言葉があります。百万本のお経を読むほど膨大な知識を頭に詰め込んでも、実践しなければ、太陽の下のロウソクの灯と同じで全《まった》く役に立たないということです。

　私はこの言葉にいたく感銘を受けまして、身につけた知識を少しでも実践に移すよう努めております。それは何も大それたことをする必要はありません。毎日身の回りの掃除をきちんとする。その日出会った方やご縁のある方に毎日欠かさずハガキを書く。そうした目の前の小さな実践をコツコツと積み重ねていくことです。

　これは私がハガキを書く時に使ったボールペンの芯です（鞄《かばん》からたくさんの芯を出して見せる）。これまでたくさんのハガキを書いてまいりましたが、この九月中には七万四千枚になるでしょう。

今北洪川：［1816～1892］臨済宗の僧。摂津福島（大阪府）出身。25歳で出家。臨済宗円覚寺派初代管長。居士禅を広めた。

　こうした日常の本当に些細な、他人から見たらどうでもいいようなことであっても、それをコツコツと積み上げていく。これが皆様方の人生を変えていくのです。

　一日一日をどういう心構えで過ごしたか、皆さん方の人生は、その積み重ねのとおりに創り上げられていくことを自覚する。そうした深い慮りを持って、ぜひとも素晴らしい人生を切り開いていただきたいと願っております。

経営者に求められる遠き慮り

——受講生：本日は大変貴重なお話を賜り、ありがとうございます。

　鍵山先生は、売り上げの六割を占める大口顧客との取引をおやめになったそうですが、その決断に至った一番の要因は何でしょうか。また、取引を続けていた他の業者様はなぜ廃業に追い込まれていったのでしょうか。

　取引をやめようと思ったのは、その会社

に商品を納めている同業他社が次々と潰れていたからです。このまま取引を続けても、社員は決して幸せにならないと感じましたし、関係を引きずっていたら、うちもやがて潰れてしまうと思い決断しました。

私が取引をやめた当初、同業他社からは「鍵山さんも随分思い切ったことをしたけれども、これから大変だな」と冷笑されましたが、やがて「実は私もやめたいんだ」と相談を受けるようになりました。「そう思われるなら、おやめになればいいじゃないですか」と申し上げても、それで会社が潰れたら困ると言ってズルズル決断を先延ばしにしている。要するに、社員のことより社長である自分の都合のほうが先になっていて、結局消滅していったわけです。

ですから経営者は、いまの都合ではなく、この仕事を続けていて将来自分の会社がよくなるのかということをしっかり見極めて、勇気を持って決断をすることが大事ですね。

私が心配しておりますのは、いまの日本人の大半は、決して幸せではないのではないかということです。なぜなら、目の前のことが自分に都合よくなることを幸せだと思う風潮があるからです。

けれども幸せというのは、本当は目の前の好都合とは全く関係ないものなんです。

トルストイが、

「努力は幸せになるための手段ではない。努力そのものが幸せを与えてくれるのだ」

と書いていますが、私もそう思います。

ですから経営者は、いまのことだけを考えていてはダメなのです。十年、二十年と遠きを慮《おもんばか》って、この仕事をこのまま続けるべきではないと思ったならば、どんな障害を乗り越えても方向転換をするべきだと思います。実際に私も扱う商品こそ変えていませんが、販売先は何度も大きく変えてきました。

――大口顧客との取引停止のお話しについてもう少し伺いたいのですが、実は私もいま似たような境遇にあります。結構無理なことも要求されていて、このままお付き合いを続けても未来はないと思うのですが、鍵山先生は取引をやめるタイミングをどのようにお決めになったのでしょうか。

私はいつにしようかと逡巡《しゅんじゅん》はしませんでした。即座にやめました。私は、理不尽な相手に対しては厳しいんですよ。たとえお客様だからといって何でも言いなりになることはありません。

別の小さな例をご紹介しますと、ある朝、当社のお店に立ち寄った時に入ってきた車が、まだ駐車場が空いているからといって、ちゃんと線の中に停めずに、斜めに三台分の駐車スペースを塞いで停めてしまったことがありました。私がちゃんと線の中に停めてほしいと、いくらお願いしても聞き入れてくださらないので、最後はお引き取りを願いました。「こんな店、二度と来るか！」と捨て台詞《ぜりふ》を吐いて去っていきましたが、私はそういう人の迷惑も顧みないような自分勝手や理不尽な振る舞いに対しては厳しいんです。

だからといって、立場の弱い人に無理を押しつけるようなことは決してしません。ついこの間も、創業時に私のところに商品を納めていた方が訪ねてこられて、「あの時はたくさん注文をもらって、帰り道には脚が宙に浮いたようでした」と楽しそうに思い出話をしていかれました。私はそういう立場の弱い人には、できる限り温かく接して差し上げてまいりました。それが私の基本的な姿勢です。

いまご質問をいただいたのは、お取引先の問題についてですが、その会社との仕事に喜びがないのであれば、取引をやめる方法を真剣に考えることです。私のようにすぐにやめなくても結構ですから、まずは一刻も早く他でカバーする算段を立てることです。ただやめたいなぁくらいの中途半端な気持ちでは、いつまでもやめることはできませんよ。

よい心の連鎖を起こす

――鍵山先生が人と付き合う上で大事にされていることはございますか。

トルストイ：［1828〜1910］ロシアの小説家・思想家。人間の良心とキリスト教的愛を背景に、人道主義的文学を樹立した。小説に「戦争と平和」「アンナ＝カレーニナ」「復活」など。

私は、極力人様に不快感を与えないようにいつも気をつけています。

例えば、私は出張が多いものですから飛行場や駅によく行きます。そうすると、鞄をぶつけられたり、後ろから靴のかかとを踏まれたりして不愉快になることがよくあるんですね。私はそのように、自分がされて嫌なことは人にしたくありませんし、そういうことをする人がいなくなるような世の中にしていきたいと願っています。

吉野弘という詩人の作品に、自分の持ち物を自分の体の一部だと思わない人が嫌いだと書かれています。持っている鞄を自分の体の一部だと思っていないから、平気で人にぶつけて歩くわけで、吉野さんはそういう人が嫌いだというのです。私もそういうことは嫌いです。人に不快な思いをさせる人が出ない世の中にしたい。それが私の心の底からの願いなんです。

いつも掃除をしに行く公園の入り口付近に、自動販売機があります。その側にある空き缶入れの蓋《ふた》を開けると、缶以外のゴミがたくさん入っているので、私はいつもそれらを全部取り出すんです。

缶以外のゴミが入っていると、回収しに来る人が嫌な気分になりますし、その後の車の運転も荒くなって事故を起こすかもしれません。心の荒みがどんどん連鎖していくわけで、これはとても恐ろしいことです。けれども空き缶だけにしておくと、回収に来た人も気分よく作業ができますし、その後も心穏やかに人に接することができると思うのです。

また、私はタクシーに乗ると少しだけ多めに料金を払います。別にお礼を言ってもらいたくてやるのではなく、後に乗る人が気分よく乗れるようにそうしているんです。私が少し多めに払うと運転手さんも気分がよくなって、次のお客さんへの接客も幾分よくなるかもしれません。荒みと反対の、よい心の連鎖が起こるのです。

——鍵山先生が掃除の運動を始めた原点は何でしょうか。

私の両親が徹底して掃除をする人でした。疎開した時に私たちが住んでいたのは、牛小屋のような粗末な所でしたが、両親はそんなところでも徹底して綺麗にしていましたから、貧しくても惨めではありませんでした。もし、こんな牛小屋みたいな所だからといって汚くしていたら、貧しい上に惨めになっていたと思うのですが、両親のおかげでそういう思いをせずに済みました。ですから、どんな環境であっても綺麗にするというのが、何をもってしてもよくなる元ですね。

お釈迦《しゃか》様が説かれた「掃除の五徳」というのがあります。第一番は、掃除をしている人の身も心も清められる。二番目は掃除をしている人の姿を見ている人の身も心も清められる。三番目は端正の業を終える、つまりすべてのものが整ってくる。四番目は、すべてのものが喜んでいく。

確かにきょうも汗びっしょりになって公園で掃除をしていましたら、公園に来る人が口々に、「いつもありがとうございます」

吉野弘：［1926〜2014］詩人。山形県生まれ。平易な言葉で人間の温かみを描いた叙情詩で知られる。

とお礼を言っていかれました。掃除をすることですべてを喜ばせることができるんです。

そして五番目は、これはまだ経験していませんから分かりませんが、天上、つまり天国で幸せになれると言います。

こういうことをお釈迦様が二千五百年も前におっしゃっているんです。ですから私もそれを信じてやっております。

毎日紙一枚分でも成長していく

——鍵山先生はいつもニコニコと温かな笑顔でいらっしゃって、本当に人格の高い方だなと感銘を受けております。私も先生に倣って笑顔を大切にしているつもりですけれども、嫌なことがあったりすると、どうしても暗い顔になってしまいます。辛い時、苦しい時にも笑顔を保つための心構えを教えてください。

私もこれまでたくさんの困難に遭ってきました。けれども、うちの社員たちは、そのことに全然気づかなかったと言います。私が困難に遭って暗い顔をしていたら、皆が心配しますね。ですから私は、心配事は人に伝えないようにしてきたんです。

社員が交通事故を起こした相手が、ヤクザだったことがあります。そういう時、私は一人で相手の所に行くんです。どうして誰にも言わないんですかと聞かれますが、言ったって心配する人が一人増えるだけです。心配するのは私一人でいいわけで、心配事は人に伝えないということを私は徹底してまいりました。

——鍵山先生は以前、「私の笑顔は外向きで、私は本来、笑顔で接することが苦手で

した」とお書きになっていたのを拝見しました。努力をしてそういう性格を直してこられたそうですが、どのようなお考えをもとにそうした決意をなさったのでしょうか。

世の中には、私はこういう性格だからしようがないと言う人がよくいますね。例えば、ぶっきらぼうで損をしているけれども、自分はこういう性格だから直せないと。

しかし、損をしているのは自分でしょうか。本当に損をしているのは周りですよ。その人に会う度に不愉快な思いをしなければなりませんからね。自分が損をしているというのは勘違いで、本当は我が儘《まま》なだけです。そんな我が儘を通していい人生を築くことはできません。

私は本日こうして皆さんの前で図々しくもお話をさせていただいておりますけれども、もともとは人前で話をすることが苦手なんです。喋《しゃべ》らなくていいなら、一日中でも黙っているほうが楽なんですね。でもそれを押し通すのは我が儘なんです。自分の性格はそうであっても、その性格を克服して変えていくことが大切です。

冒頭にも申し上げたとおり、私はもうじき八十二歳になります。しかしこんな年になっても、八十二のきょうの自分が最低と考えて、そこから毎日紙一枚分でも成長していきたい。きょうよりも明日、明後日と努力を積み重ねていきたいと考えています。人生においては努力を怠ることなく、最後まで成長し続けることが何よりも尊いことだと私は信じています。

『凡事徹底』
鍵山秀三郎・著　致知出版社

鍵山秀三郎（かぎやま・ひでさぶろう）
昭和8年東京都生まれ。27年疎開先の岐阜県立東濃高校卒業。28年デトロイト商会入社。36年ローヤルを創業し社長に就任。平成9年社名をイエローハットに変更。10年同社相談役となり、22年退職。創業以来続けている掃除に多くの人が共鳴し、近年は掃除運動が内外に広がっている。

WIZARDING
WORLD

地球上で最も必死に考えている人のところにアイデアの神様は降りてくる

刀代表取締役CEO
森岡 毅
Morioka Tsuyoshi

2014年春、開業年度以来となる年間来場者数一千万人を突破したテーマパーク「ユニバーサル・スタジオ・ジャパン」。一時期、700万人台に低迷していた集客をV字回復させたのがチーム・マーケティング・オフィサーの森岡毅氏である。これまでの改革の軌跡とそこから摑んだヒットアイデアを生み出す秘訣、プロジェクト運営の要諦について伺った。

開業年度以来の一千万人突破

――この間（二〇一四年）の三月十九日にユニバーサル・スタジオ・ジャパン（以下USJ）は開業年度以来、実に十二年ぶりとなる年間来場者数一千万人を突破されましたね。

二〇〇一年に開業したUSJはその年、世界中のどのテーマパークよりも速いペースで一千万人を突破しました。しかし、その後は八百万人台に停滞し、私が入社した二〇一〇年は七百万人台の前半にまで落ち込んでいたんです。

そこから三年半の間に一・四倍の集客を実現しました。これはテーマパーク業界ではなかなかない伸びなんですね。

ユニバーサル・スタジオ・ジャパン：大阪府大阪市此花区にあるテーマパーク。本家はアメリカの映画産業の中心地ハリウッドにあるユニバーサル・スタジオで、USJはその初めての海外進出として、2001年3月に開業した。

で、いま私の中には二つの思いが交差しているんですけど、一つは理性的な考え方で、三年半前に私が計算上可能だとはじき出した「大きな追加投資なしに一千万人まで引き上げる」、これを実証できたことが感慨深いということ。

もう一つは情緒的な軸で、人として生まれたからにはやっぱり社会に対して前向きな貢献をさせていただきたいと。

我われがやっている仕事は、お客様一人

ひとりの笑顔をつくり、元気にすることですので、以前よりも一・四倍の方を笑顔にさせていただけることが有り難いなと思います。

ただ、その観点からいくと実はできていないことだらけなんです。確かに意識が高い従業員は増えましたし、外部の方からお褒めの言葉もいただくようになりました。でも、我われは毎日数万人のお客様を相手にしているわけで、その方々の最高の満足を一人残らずつくり上げるまでにはまだ程遠い。

――喜びを感じながらも、現状に決して満足はされていないと。

人の笑顔をつくるのはアトラクションやショーといったコンテンツはもちろんあるんですけど、結局は人の力ですよ。現場に出てゲストの接点に立っている人間がどういう高い志のもとに、プロとしてのパフォーマンスを発揮しているか。ここがすべてですよね。

そういう意味では荒野に蒔《ま》いた最初の種がようやく一つ芽を出したかなと。逆に言えば、これからもっともっと伸びるという希望を抱いています。

変革を起こすには嫌われることも辞さない

――そもそもUSJに転職されたいきさつは何だったのですか。

私は新卒でP&Gに入社し、マーケティングの専門家として数々のヘアケア商品のブランドマネジャーを歴任してきました。

きっかけはUSJの代表取締役CEOであるグレン・ガンペルとの出会いです。彼は自分の右腕となるマーケティングのプロを探していて、私の経歴や実績に関する資料を入手して面会を求めてきたんです。彼と会った時に感じたのは、自分が一番学ばなきゃいけないことを見せてくれる人だなと。

P&Gは約十万人の社員がいて、頭のいい人、リーダーシップを発揮できる人が本当にたくさんいるんですけど、たぶん何もない荒野で闘わせたらグレンに勝てる人、一人もいないと思ったんです。ならば、この会社に入ってグレンの長所を吸収しようと。

――トップに惚れ込んで、入社を決意された。

グレンは私のアイデアに対して非常に鋭く重要な質問をどんどん投げてくるんです。最初は考えが及ばなかったリスクにも気がついたり、そういう刺激ある毎日の中で、いままで彼と私が最初から合意したことなんてありません。すべての局面で彼は反対、私はやりたいと。でも、私のアイデアを否定したことは一回もないんです。最後は必ずやらせてくれた。

自分の中で計算できないこと、会社存続のリスクを背負ったことを部下にやらせるこの器の大きさって尋常《じんじょう》じゃない。私がこの会社に来て何とかいまのところ結果を出させていただいているのも、私の力というよりも、私を使ってくれた彼の力だと思っています。

それくらい当時の会社の状況はグレンだ

けがスーパースターで、幹部や社員の意識とはものすごい開きがありました。みんな真面目に一所懸命仕事するんですけど、自分が起点になって何かを変えるってことがない。みんな目をキラキラさせて私の指示を待っているんですよ。

——自ら主体性をもって考えるという社風がなかったのですね。

　そこにいきなり『ドラえもん』に出てくるジャイアンみたいな人間が入ってきたので（笑）、みんな本当に困ったと思います。でも、調整とか議論とか言っている場合じゃないわけですよ。全員を正しいところに引きずってでも連れていかなきゃいけない。みんなに合わせようと思うと変革なんか起こせない。だから嫌われてもいいと思ってとことんやりました。

極端な選択と集中
それ以外に勝つ道なし

——実際にどのような手を打っていかれたのでしょうか。

　なぜここまで集客が低迷してしまったのか、どこに原因があるのか、入社前からその分析を始めました。資料やデータを読み込むことはもちろんですが、私が大切にしたのは自分の足でパーク内を歩くことです。「迷った時は現場に行け。そこに必ず答えがある」と前職時代の上司からよく言われていましたが、この時もやはりいくつかの問題点が見つかったんです。その一つが大人だけのテーマパークという間違ったこだわりでした。

——といいますと？

　エンターテインメントの内容があまりにも大人向けに偏っていたんです。妻と四人の子供を連れてＵＳＪに行ったんですけど、身長制限で乗れるアトラクションが非常に少ない上に、パーク内のＪＡＷＳ《ジョーズ》（サメ）や恐竜が極めて精巧につくられていたので、子供が恐怖のあまり泣き叫んで収拾がつかなくなってしまったんです。

　それを踏まえて辿《たど》り着くビジョンを明確にし、それが実現した時にみんなの待遇がどうなっているかを想像させました。ポジションはいまよりも一つ、二つ上がっていて、ボーナスもちゃんともらえるようになって、と。

　頭の中に具体的な絵を描かせる。これを私はエンビジョンって言っているんですけど、そういうことをやりましたね。どこに向かって歩いているか、それをみんなと共有できれば辛《つら》くても耐えられると思うんです。

——どういうビジョンを打ち出されたのですか。

　三段ロケット構想というもので、一つ目はテーマパーク事業最大のボリュームゾーンにもかかわらず、当時ＵＳＪの弱みだったファミリー層を集客の中心にするために、「ユニバーサル・ワンダーランド」を二〇一二年春までに開業させること。

　二つ目はそこで生み出したキャッシュを使って遠方からも集客できるコンテンツを生み出し、関西依存から脱却すること。その中で私が捻《ひね》り出したのは、世界中に熱烈なファンを持つハリー・ポッターの世界を再現した新エリア「The Wizarding World of Harry Potter」を二〇一四年度内に開業させるというものでした。

三つ目は広くアジアのレジャー・エンターテインメント業界に視野をもって、USJ以外の複数の場所に事業を展開し、会社を大きく飛躍させていくこと。

そのために、USJが持っているほぼすべての経営資源をワンダーランドとハリー・ポッターの二つのロケットに集中させ、それ以外の二〇一一年度、二〇一三年度は低コストのアイデアで乗り切ろうと。極端な選択と集中、それ以外に勝てる道はないと思いました。

おかげさまでワンダーランドの開業によって家族連れの集客は倍増しまして、二〇一二年度は九百七十五万人を記録しました。ハリー・ポッターは今年の七月十五日にオープンする予定です。

ハリーポッター：J・K・ローリング（イギリス）によって著されたファンタジー小説。全7巻の発行部数は世界で5億部を超える。

リーダーはどんな時も言い切る

——しかし、大きな設備投資ができない年度はいかにして切り抜けられたのでしょうか。


二〇一一年度は開業十周年の節目でもありましたので、ここをどう闘うか、その戦略と戦術を詰めることが喫緊《きっきん》の課題だったんです。私はアイデアを生み出すにあたって、まず必要条件を考えて書き出していきました。

「一、十周年だから例年にはない何か特別な体験があるに違いないという消費者の期待をさらに煽《あお》ることができる」「二、大人にも子供にもアピールすることができる十分な広さを持つ」といった感じに。

その上で「ハッピー・サプライズ！」というコンセプトを立てたんです。


——心躍るようなコンセプトです。


次はそれを実現するための戦術、アイデアを詰めていくんですね。ここでも必要条件を書き出しました。

「一、追加のキャピタルが必要ないこと」

「二、コンセプトに沿った驚きがあること」

「三、ターゲット消費者を広くとってゲスト満足と集客のテコになること」

こうした条件を満たすアイデアは何だろうかと。チームのみんなでああでもない、こうでもないと考えながら、トリックアートをパーク中に鏤《ちりば》めたり、仕事をしているように見える従業員が突然演奏やダンスを始めるストリートパフォーマンスを演出したり、お金をかけなくてもお客様に感動と驚きを与えられる様々なアイデアを出していったんです。

こうして十周年の計画は定まり、私は「これならいける」と成功への自信を深めていきました。社員にも絶対に上手くいくと言い続けたんです。


——ああ、絶対に成功するんだと。

もちろん実際にはやってみなければ分からないし、一番自信がなかったのは私自身かもしれません。

だけど、そんな感情は絶対周囲には見せずに「大丈夫。自信を持って進めなさい」と、あえてポジティブな言葉を発するように心掛けていました。やはりどんな時もリーダーは言い切らなければいけないと思います。

絶体絶命のピンチ
イチかバチかの大勝負

実際、二〇一一年三月三日からスタートした十周年イベントは非常に好調な滑り出しでした。

ところが、一週間後の三月十一日にご存じのとおり、東日本大震災が発生したんですね。で、その翌日、地震だから三割くらい減るかなと思っていたらうちのさらに半分のお客様しか入っていなかった。パークの入り口に行ったら誰もおらんのですよ。あちゃーと思ってね。それを見た瞬間、本当に目の前が真っ暗になったんです。

これは地震の直後だから仕方がない。たぶん一週間くらいでほとぼりが冷めるだろうと言い聞かせていました。でも、悪くなる一方なんです。本当に人が来ない。

——そこをいかにして乗り越えられたのでしょうか。

この時、逆境を乗り越えたって後で言うとかっこいいんですけど、現実何を思っていたかというと、「やばい、会社の経営が危機に瀕《ひん》する。生き残らなくちゃいけない」と。そのために何をすればいいかって、その一点でした。

私はパークを歩きながら関西の自粛《じしゅく》ムードを吹き飛ばす策をひたすら考えました。「絶対に何かあるはずだ。それをまだ見つけられていないだけだ」と自分に発破《はっぱ》をかけ、社員を鼓舞し、ようやく捻り出したアイデアが大人一人につき子供一人を無料にする「スマイル・キッズフリー・パス」だったんです。

——お子様の入場をタダに？

これはグレンをはじめ、全役員から反対されました。「十%割引はどう？」「せめて半額で」といった意見がほとんどでしたね。ただ、自粛ムードを一変させるには「無料」というインパクトがどうしても必要だと思ったんです。

一定数を下回れば傷口はさらに拡大しますが、一定数のお客様でパークを埋めることができれば、少なくともいまの出血を止めることができると。

——イチかバチかの賭けですね。

重役会議では経営危機について真面目に議論されましたし、撤退戦の準備も考え始めていたんですよ。

でも、その時に言ったのは、ブレーキを踏んで事故を起こすんじゃなくて、アクセルを踏んで事故を回避しましょうと。このまま何もせずに、血を流しているのを黙って見ていても死ぬだけ、それは一目瞭然《いちもくりょうぜん》でした。このまま闘わずに、全部地震のせいで倒れるのが私には耐えられなかったんです。

2014年4月18日、USJに映画『ハリー・ポッター』のシンボル「ホグワーツ城」が披露され、オープン日が発表された。

――ああ、やむにやまれぬ思いで。

子供をタダにしますって普通に考えたらむちゃくちゃじゃないですか。だけど、私には勝算があった。で、最後はやらせてくれたんですよ。

ゴールデンウィーク前、テレビCMで「スマイル・キッズフリー・パス」を打ち出すと、それまでのガラガラの集客が嘘《うそ》のように、パークに子供を連れたお客様が連日たくさん来てくださり、第一四半期の負けを取り返すことができたんです。これで流れが変わった。

そこからですね、グレンや社員が私のことを信用してくれるようになったのは。結果が出ないと周りは誰もついてきませんからね。

アイデアの神様に好かれるためには?

新しい企画がこの日までに思いつかなかったら会社が倒れる。そういう状況にいつも追い込まれていましたから、私はいつの間にか寝ても覚めてもアイデアを考えるようになっていました。

目を瞑《つぶ》るギリギリまで考えて目を開けた瞬間から考えていると、しまいには目を瞑っている間も考えるようになるんです。夢の中でうなされたことは何度もあります。

ある時は、夜中に息苦しくて目を覚ましたら、口の中から出血していた。寝ている時に自分の舌を思いっ切り噛《か》んでいたんです。

――それだけ追い詰められていた。

本当に必死の毎日でしたね。

ただ、人間って不思議なもので、そうやって追い詰められて重圧がかかると、自分自身も意識していない遺伝子が目を覚まして、とんでもない能力が覚醒したり、アイデアの神様が降りてくることがあるんです。

――アイデアの神様が降りてくる。

二〇一三年度を生き延びるアイデアを考えるため、来る日も来る日もパークをひたすら歩き回っていた時もそうでした。

ある夜、すごく鮮やかな夢を見たんです。それは昼間にパークで見た「ハリウッド・ドリーム・ザ・ライド」というジェットコースターが逆再生されている映像でした。その瞬間、私はバッと跳ね起きて「これだっ!」と心の中で叫びながら、すぐさま枕元にあるノートに書き留めました。

こうして誕生したのが後ろ向きに走るジェットコースター「ハリウッド・ドリーム・ザ・ライド～バックドロップ～」です。これならば大きな投資をせずに、既存のレールを使って開発ができ、なおかつ新たな話題を集めることができると。当初、社内の大反対はあったものの、技術陣の献身的な努力によって二〇一三年春にオープンすることができました。

――結果はいかがでしたか。

連日長蛇の列をなし、三月二十一日には最大九時間四十分待ちという日本におけるアトラクションの待ち時間記録を更新し、二〇一三年度の来場者数一千万人の大きな牽引役となったのです。

ある問題について、地球上で最も必死に

考えている人のところにアイデアの神様は降りてくる。これは私の実感ですね。

個を捨てて公のために生きる

私はマーケターの端くれでマーケティング技術はそれなりに持っているつもりなんですけど、これまで一・四倍の集客を支えたのは小手先のマーケティング技術じゃないと思っているんですよ。三年半の間、何度も壁に直面し、その都度、歯を食いしばり、執念でアイデアを振り絞ってきた、その泥臭い積み重ねです。

で、何が自分をここまで連れてきたのか。それはやっぱり、決断や行動をする時の規範の根っこが「私」に刺さっていないということだと思います。

――私心に囚《とら》われないと。

もし私が個を優先しようと思うと、サラリーマンとして平穏に生きていると思います。会社の方針に逆らったり、グレンと大喧嘩するような行動は取らない。でも、それって誰かがやらなくてはいけない仕事なんですよ。当然バックファイアーを浴びます。いろんな弾が当たるから痛い。

けれども、マーケティング本部のトップという立場に立ったならば、自分自身が当たり障《さわ》りなく生きたいとか、周りから好かれて生きたいとか、もうそんなことはどうでもいい。そこを一回吹っ切れて開き直ったら、人間強くなるんです。もともと日本人が持っている美しい精神性とか武士道って、やっぱり滅私の心ですよ。

個の世界から公の世界に飛べるかどうか。そこを超えたら技術的なことは後々ついてくるんじゃないですかね。手を骨折して、矢も尽き弾も枯れて、足も動かなくなった時に、最後は何が残っているかと言ったら、個を捨てて公のために生きる。これだと思うんです。

――個を捨てて公のために生きる。それは森岡さんの確たる長の一念といえますね。

自分の人生の軸をどこに置くかと考えた時に、私は個人の幸せを最大化させるために頑張りましたっていう人生よりも、周りのために自らを顧みず、情熱をもって働いたという人生のほうがいい。それが私の目指すリーダー像です。

いまでも自我が揺らぎそうになる時はありますけど、最後のところで「この行動は自分の共同体のためになるか」という冷静な問いかけを頭の中に常に置いておくと、闘うべき時に闘えるんです。

個を捨てて公のために生きる。心の底からそう思えたら、世界の見え方が変わって、できることは無限に広がると思います。

森岡 毅（もりおか・つよし）
昭和47年兵庫県生まれ。平成8年神戸大学経営学部卒業後、P&G入社。日本ヴィダルサスーン、北米パンテーンのブランドマネジャー、ウエラジャパン副代表などを経て、22年株式会社ユー・エス・ジェイ入社。24年よりユー・エス・ジェイCMO。

※平成28年にユー・エス・ジェイを退任し、29年、株式会社刀を設立。
（本記事の取材時はユー・エス・ジェイCMO）

実績こそプロの条件
プロフェッショナルとは自分と闘い続けること

宇津木妙子
全日本女子ソフトボール監督
日立&ルネサス高崎女子ソフトボール部総監督
Utsugi Taeko

監督になって分かること

麗華　宇津木さんから日立&ルネサス高崎（旧・日立高崎）の監督を引き継いでもう半年になります。打診をいただいたのは去年（二〇〇二年）の日本リーグの最終戦の前夜でした。リーグが始まる前からこのリーグを最後にユニフォームを脱ぐというお話は伺っていましたが、まさか自分に回ってくるとは……。

宇津木　五年前から日本代表監督と掛け持ちで、高崎はずっと優勝できないでいたでしょう。代表に力を取られるあまり、高崎のチームに全力を注げないでいる自分をいつも感じていました。そんな状態で監督を続けても、会社やチームのみんなに申し訳ないので、監督を麗華に譲り、日本代表に専念することにしました。

麗華　しかし、いまも総監督としてチーム全体を見てくださっているからとても心強いです。

宇津木　自分の経験から言っても、監督としてチームを勝ちに導くことは本当に難し

2000年、シドニー五輪で見事銀メダルを獲得した女子ソフトボールの宇津木ジャパン。チームを率いた宇津木妙子さんの指導ぶりは一躍有名になった。愛弟子であり、昨年（2002年）後継者として日立&ルネサス高崎の監督を譲られた宇津木麗華さんとともに、実績を出すためのプロの条件とは何かについてお話しいただいた。

宇津木麗華

日立&ルネサス高崎女子ソフトボール部監督

Utsugi Reika

い。それを麗華は日本リーグ初采配《さいはい》でチームは五連勝。しかも現役でプレーしながらだからすごいと思うよ。

麗華　これまでも選手兼コーチをやってきましたが、監督とコーチはこんなに違うんだ、と実感しています。まず自分の時間が全然ない。前は宇津木さんが選手を叱っていると、「厳しい人だな」と思っていましたが、いまはその気持ちがよく分かります。逆に、総監督になられてからは少し優しくなられた気がします。

宇津木　おじいちゃんおばあちゃんみたいなもので、チームの全責任は麗華にあるから、私は選手たちを孫のようにかわいがっている感じ（笑）。

でも、いまでも叱るべきところは厳しく叱ります。麗華が言うべきかな、と思うこともあるけど、その時目をつぶったら絶対に良くない。子どものしつけでも、いたずらした時に「ダメ」と言ってパチンと叩くでしょう。その時を逃したら効果がない。取材の人が来ていようがメディアが見ていようが関係ありません。怒る時はしっかり

写真：AFP＝時事

怒ります。

でも見ていると、麗華も同じように怒っているよ。自分と似てきたなと思うこともある。逆に、ここはもうちょっと抑えておいたほうがいいのになっていう時もあるし……（笑）。

麗華　そうかな、似てきたかな（笑）。そう言っていただけるのは光栄ですね。

宇津木　いまはいつも心の中で、「みんな、監督のこと分かってあげてよ、助けてあげてよ」と念じています。

もっともっと強くなりたい

麗華　これだけ長い間指導してもらったら、似てくるのも当然といえば当然ですね。

宇津木　初めて会ったのは、第一回世界ジュニア選手権の時だった。もう二十五年も前になるよね。その時私は日本のジュニアチームのコーチ、麗華は中国ジュニアチームのキャプテンでした。

麗華　実は、私はもっと前に宇津木さんに会っているんです。十四、五歳の頃、日本代表が中国に練習試合に来た時、たまたま観戦していた私は一人の日本人選手に釘付けになりました。日本人はとても体が小さいと聞いていたけど、そのなかでも飛び抜けて小さいのにバッティングも守備もすごくうまい選手がいた。それが宇津木さんでした。自分もああいう選手になりたいと、すごく憧《あこが》れたんです。

だから、世界ジュニアの直前に再会して、「この人があの時の選手……」とびっくりしました。私自身、もっともっとソフトボールがうまくなりたかったから、教えてもらうならいましかないと思い、毎晩宇津木さんの宿舎を訪ねました。

宇津木　あの頃の中国はいまよりずっと厳しかったから、部屋を抜け出して他国の部屋に行くなんてもってのほか。中国の団長さんからは随分叱られたよね。私の部屋にいるんじゃないかと団長さんがドアをノックすると、麗華はポーンと窓から飛び降りて（笑）。

麗華　そうでしたね。

宇津木　怪我するんじゃないかと思ってヒヤヒヤしたよ。

でも、それだけのリスクを冒して毎晩通い詰めてくる姿に心を打たれたんだよね。言葉も分からないのに一所懸命質問してくる。ソフトボールに対する探究心、情熱は、日本の選手にないものを感じました。

それに、素質もずば抜けていたから教えがいもあった。「足の角度はこうしたほうがいい」とか、「バットはこう出したほうがいい」と教えると、次の日にはすぐに打てるようになっていた。

麗華　大会では高い打率をマークして、リーディングヒッターになりました。最高に嬉しかったですね。

宇津木　あの時麗華、トロフィーもらったじゃない。「これは、宇津木さんに教えられ、いただいたものだから、はい」って私に差し出してくれたよね。

麗華　宇津木さんの教え方は本当に分かりやすくて、教えられた通りにやるとどんどん打ててました。あの時から一緒にプレーがしたい、宇津木さんの下でプレーができたらいいなと思うようになったんです。

大変な監督が来た

宇津木　一緒にソフトボールができるようになったのは、それからだいぶたってからだったよね。

　麗華は中国代表のキャプテンを務めるまで成長していたし、来日には中国側もお父さんも大反対だった。それを押し切って単身日本へやってきたけど、まさか日本に帰化してくれるとは……。

　あの時は事の大きさに身震いすると同時に、絶対にこの子を育てるんだという思いが湧き上がってきました。

麗華　国籍がどうとかあまり考えませんでしたね。宇津木さんの下でソフトボールがしたかった。一緒に練習しているみんなと国体や国際試合にも一緒に出たかった。ただそれだけでした。

　私が来日した時、宇津木さんはすでに現役を引退され、日立高崎の監督をされていました。なら自分が活躍して「宇津木」という名前を有名にしようと思い、日本名を「宇津木麗華」にしたんです。

宇津木　確か、麗華が来たのは監督に就任して三年目だったよね。

　私が就任した時はチームはまだ三部リーグの下位だった。選手は十二人しかいなかったけど、みんな良い選手でした。でも勝てなかった。

　私は選手の生活が気になったから、早朝、寮へ行って様子を見ていると、食事を残したり、少し派手な格好で出勤したりしているんだよね。これは根底から変えなければ勝てないと思って、食事は残さず食べるよう徹底させ、玄関の靴がめちゃくちゃだったり、スリッパがバラバラだったりすると「何だよ、これ！」と言って叱りました。

　とにかく、自分だけが生活しているんじゃないと教えるため、自分勝手な行動や周囲に迷惑をかけるような態度を取った時は、厳しく叱りました。

麗華　私は会社での勤務態度も細かく教え

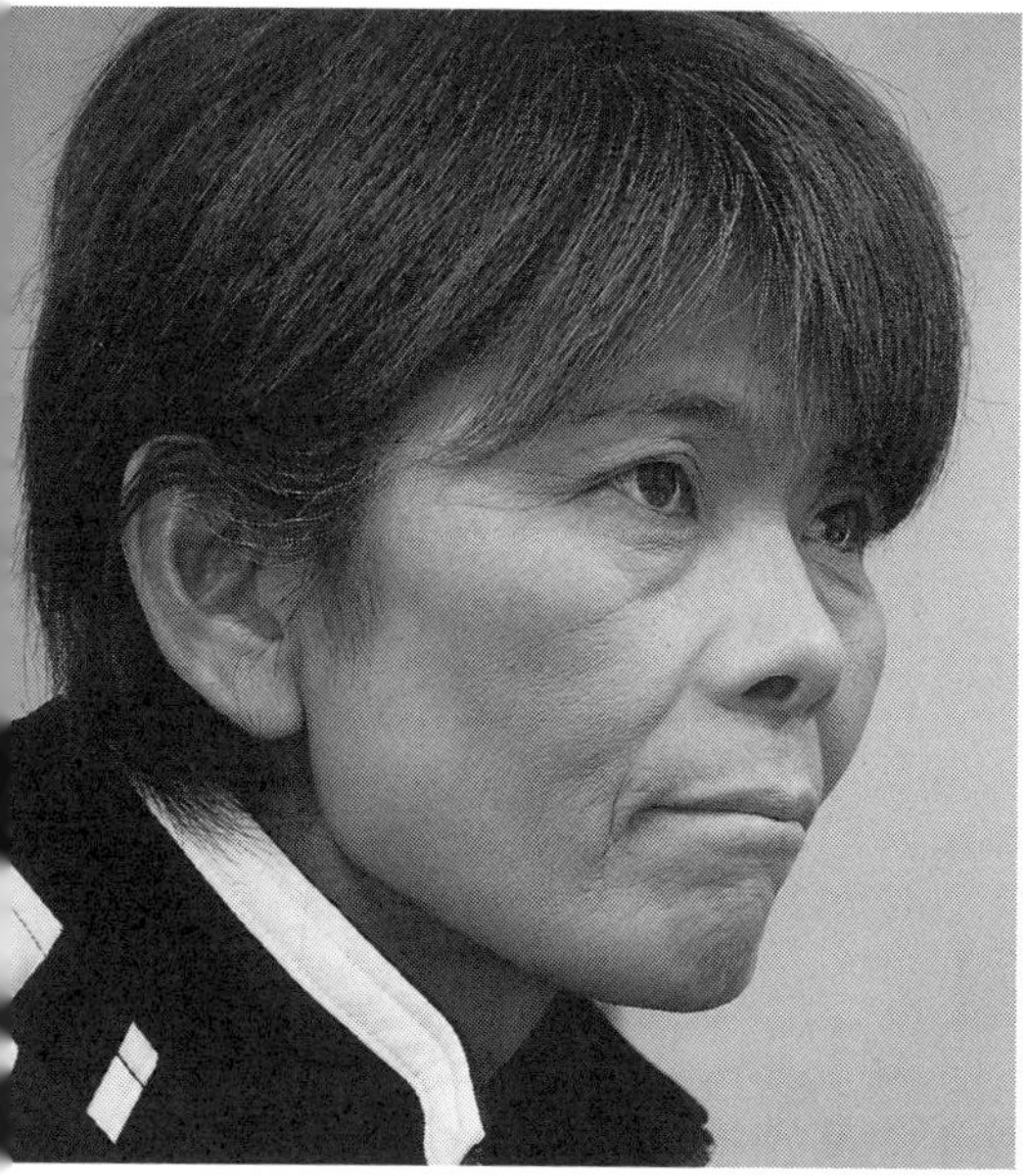

宇津木妙子（うつぎ・たえこ）
昭和28年埼玉県生まれ。中学時代にソフトボールを始め、星野女子高卒業後、ユニチカ垂井ソフトボール部に入る。内野手として日本代表チームでも活躍。引退後、ジュニア日本代表コーチを経て、日立高崎監督就任。3部リーグに所属していた同チームをわずか3年で1部リーグに昇格させ、全日本選手権で5度、日本リーグで4度の優勝に導く。平成9年日本代表監督就任。12年シドニー五輪銀メダル獲得。

てもらいました。

宇津木　企業スポーツは会社の福利で運営しています。業績が悪くなれば当然真っ先に廃部、リストラです。私もそうやって現役時代にユニチカをリストラされ悔しい思いをしたから、企業スポーツは絶対に勝たなければいけない使命があると同時に、会社の人たちに愛されなければならないと思っているんです。

だから、まずは挨拶。朝は「おはようございます！」、帰る時は「お先に失礼します‼」。

午後二時半には練習のために早退するんだから、朝は一番に行って掃除するなど、少しでも職場の役に立つように指導しました。勤務中の私語は厳禁で、服装も化粧も派手なものは禁止。スポーツマンらしく地味でさわやかなものを徹底させました。

職場でも私の目は光っているし、グラウンドではノックを二千本、三千本もざら。ちょっとでも怠慢なプレーをすれば容赦なく叱ったから、選手たちは大変な監督が来たと震え上がっていましたね（笑）。

「意識」が大事

麗華　いまでも宇津木さんの指導は厳しいけど、不思議と辞める選手は少ないですよね。当時もほとんどの選手が辞めずに続けたと聞いています。

宇津木　意識を変えたことが大きかったと思います。

素質は一部の選手と比べても遜色《そんしょく》ないし、練習だって、私が現役時代に日本代表やユニチカでやってきたものと同じか、それ以上のことをやっている。練習ではメキメキ上達しているのに、いざ一部と試合をすると、なぜか十点以上大差をつけられてしまう。

結局、意識の差なんだよね。うちの選手たちは三部根性が染みついていて「一部は強い」と思い込んでいたし、相手は三部になんか負けられないというプライドがある。ソフトボールに「絶対」はありません。何

宇津木麗華（うつぎ・れいか）
中国名・任彦麗（ニン・エンリ）。昭和38年中国北京生まれ。群馬女子短期大学を聴講生として卒業。中国代表チームで活躍、キャプテンを務める。18歳から宇津木妙子氏と交流を続けてきたことから、63年来日、日立高崎入団。平成6年日本に帰化、宇津木麗華に改名。8年、アトランタ五輪代表チーム入りするが、帰化問題から出場を取り消される。12年シドニー五輪では主砲として活躍し、銀メダル獲得に貢献。14年日本リーグでは日立高崎5年ぶり4度目の優勝に貢献。同年12月から監督を兼任。

が起こるか分からないからこそ、最後はプライドや自信という「意識」でゲームが決まってしまうんです。
麗華　それにしても、短期間で随分変わりましたね。
宇津木　あの頃は、とにかく徹底的にミーティングをやったね。月に何度も全体ミーティングをやって、学年別、ポジション別、時には外食に連れて行って、「おまえたちはできる」とか「監督の言う通りにやれば絶対に強くなれる」とか、まるで暗示をかけるように言い続けました。
　そうすると、いままでは千本でヒーヒー言っていたノックも、二千本でもくらいついてくるようになりました。人間、限界に近いほど体を張ると妙に開き直るから、チームの雰囲気は明るくて、だからみんな辞めなかったんだと思います。
麗華　ミーティングは互いの意思を伝えるためには大事ですよね。
宇津木　いまは携帯電話とかメールとかあるけど、互いに顔を見て、私の考えを伝え、選手の思いを理解するためにミーティングはすごく大事。
　そのうち、選手のほうから「監督の顔を見ると勝てる気がする」「これだけ練習をやっているんだから、勝てなきゃ嘘ですよね」という言葉が出始めて、これはいけると感じました。二年目に二部リーグに昇格して、その年麗華が日本へやってきた。そして念願の一部リーグ入りを果たしたんです。

窮地を救うのは普段の練習

麗華　日本に来たばかりの頃、宇津木さんを見ていて「苦しい生き方だな」と思いました。選手に対して「早く寝ろ」とか「夜何時以降は外出禁止」とか「練習の後はストレッチを念入りにやれ」とか、プレー以外のことをたくさん要求する。

　でも、自分自身にはもっと厳しいじゃないですか。朝練は休んだことがないし、トレーニングは欠かさない。いまだに毎朝五時から走っていますよね。体壊さないかな、死んじゃったりしないかなと心配で、もっと自分に優しくしてほしいと思っていました。

　しかし最近、考えを変えました。こんなに執念を持っている人は、私たちが死んでも死なないんじゃないかな（笑）。

　宇津木さんの自分に厳しい生き方を間近で見てきたから、自分も長く現役でいられるんだと思います。若い子に負けないために、自分に負けない。すごくいい勉強になっています。

宇津木　ずっとそうやって努力してきたからね。

　実業団に入った時、私は同じ高校から入団する子の付録だと言われて、試合どころか、練習についていくのもやっとでした。悔しくて悔しくて「いまに見ていろ！」と心で叫びながら、努力だけは人に負けちゃいけないと思って、朝の五時から一人でコツコツ自主練習を重ねてきました。みんなが寝ていようが関係ない。選手になってもキャプテンになっても、それは欠かしたことはありませんでした。それがいまも習慣になっているんです。

　体を動かしていると、選手のことがよく

分かりますよ。きょうは暑くてしんどいなと感じれば、選手はもっとしんどいだろうと分かる。そのしんどいなかでどうやって頑張る力を持たせるか。指導者はそこが大事なんです。率先垂範とはそういうことだと思います。

麗華　いろいろなチームを見ていると、そういう監督は少ないような気がします。

宇津木　「いい年してそこまでしなくても」とか、「別に監督が試合に出るわけじゃないのに」とか、よく言われますよ。でも人は関係ない。自分で決めたことだから。

麗華　そこに信念を感じるんです。宇津木さんはたとえ風邪をひいても絶対に辛そうな素振りを見せず、一度決めたことは絶対にやり通しています。

宇津木　高崎の監督になって十五年以上たつけれども、朝練を休んだことはありません。人間だから当然体調の悪い日もあれば、眠い日だってある。たかが朝練、監督が一日や二日休んだところでそれほど影響はないですよ。でも、たかが朝練でも自分で決めたことを守れない人間が、他の大切なことならキチンとできると言っても誰も信じてはくれません。

「きょうは休んで、明日からまた頑張ろう」という発想では勝ち続けることはできない。すべての結果は一日一日の積み重ねであり、その日その日をどれだけ懸命に生きたかにかかっていると私は思っているんです。

　確かに、試合は選手がするものだけど、最終的には監督の采配ですよ。勝負が懸かった場面での決断は、すごく迷うし、本当に苦しい。弱気な自分と強気の自分の闘いです。その時監督が弱い自分に負けたり、諦《あきら》めたりしたらゲームはそこで終わりです。

　結局苦しい場面で拠《よ》り所になるのは、普段の練習なんだよね。練習は絶対に裏切らない。自分は苦しい練習を乗り越えた、ずっと努力し続けたという自信が、窮地を救ってくれるんだと思います。

信頼から生まれる力

麗華　三年前のシドニー五輪の時も、苦しい場面になるといつも宇津木さんは「練習は裏切らない」「努力した自分を信じろ」と言っていました。選手同士もグランドで、「合宿を思い出そうよ。あれより辛いことなんてない。あれを乗り越えたんだから絶対勝てる」と励まし合っていました。

宇津木　五輪直前の台湾合宿では、精神的にも肉体的にもかなり追い込んだから、みんなソフトボール人生で一番きつかったと言っていたね。

　でも麗華は調子がよくないなかで、合宿も乗り越え、五輪本番では大活躍。三本もホームランを打ってくれた。そこが麗華のすごいところなんだよね。どんなに調子が悪くても、ここぞという時は必ず打つ。

麗華　宇津木さんの信頼に応えたかったんです。五輪の前の年は故障でほとんどプレーできなかったし、選手としてピークを過ぎているのに、なぜ代表に選ばれるのかと周囲から批判されたのを知っています。で

シドニー五輪：２０００年開催。全日本女子ソフトボールは、無敗のまま決勝戦へ進出したものの、当時世界最強だったアメリカに延長戦の末、サヨナラ負け。銀メダルに終わった。

も宇津木さんは私を選んで、スタメン三番で使い続けてくれました。嬉しかったんです。結果を出して、信頼に応えたかったんです。

宇津木　四年前のアトランタ五輪の時、「帰化して三年以内の選手は祖国の承認がなければ出場できない」というオリンピック憲章に引っ掛かって麗華は出場できなかったでしょう。三十三歳という年齢を考えても、最後のオリンピックになるかもしれない。帰化までさせて五輪に連れて行けないなんて、日本代表のコーチとして（当時）、所属チームの監督として、そして親代わりとして本当にやるせなかった。麗華を日本に置いて自分だけアトランタには行けないと思い、コーチを辞退しようかと迷いました。

麗華　あの時はずっと五輪を目指して練習に励んできたのに、目標が泡と消え、どうしていいのか分かりませんでした。初めて「もうソフトボールを辞めてもいいや」と思った。

宇津木　それを乗り越えた麗華だからこそ、シドニーでは絶対期待に応えてくれると思っていたんです。

　まったく逆のケースでは四番の山路典子（太陽誘電所属）のことが言えると思う。現地に入るまでは絶好調で、直前の壮行試合では二本のホームランを含め大活躍でした。ところが、本番ではまったく打てず、全試合通して打率が一割。チームが勝ち続けるほど、打てない四番への風当たりが強くなって、最後には「なぜ山路の四番にこだわるのか」と私の選手起用にまで批判が及んできた。

　でも、私は最後まで四番は彼女に任せたし、その決断はいまでも正しかったと思っています。私たちは結果が見えている世界で生きているわけじゃありません。結果を知り得ぬ身で、自らの信念に基づいて戦っているんです。麗華も山路も、その信念に基づいて選んだ選手だから、最後の最後まで信じ抜いた。それだけのことです。監督が選手を信じれば、選手もその信頼に応えようと必死になる。それが私流のチームのつくり方です。

　相手の監督がゲーム中にいろいろ仕掛けてきたり、コロコロ選手を交代すると、「なんでもっと選手を信じてあげないのかな」と思いますね。

麗華　勝負の懸かった大事な場面で宇津木さんに「一本狙え」と言われると大体ホームランになるんです。

　去年の日本リーグの最終戦でもそうでした。終盤、ランナーが塁にいる。普通なら確実にランナーを送る場面で、「麗華、一本狙え」と言ってくれた。自分に懸けてくれたんだと信頼を感じたんです。絶対に応えようと思って打ったらホームランになりました。

宇津木　そうだったね。その一本で優勝が決まったんだよね。

麗華　自分がホームランを打ちたいと思っている時はダメですね。力んで空回りすることが多いです。

　だから、打てる打てないは自分じゃない

アトランタ五輪：1996年開催。本大会から女子ソフトボールが正式種目となった。4位でメダル獲得を逃す。

2002年10月、釜山アジア大会で金メダルを獲得し、選手たちに胴上げされる宇津木妙子監督

なと思います。「一本狙え」と言われ、こんなに信頼されているんだと感じた時、見えない力が生まれてボールをスタンドまで運んでくれるんだと思います。

宇津木　「狙え」と言って麗華は「狙える」選手だからね。ここで一本欲しいという時にホームランを打てる。ここで決めてくれという場面で決めてくれる。誰もができることじゃないよ。

監督になったら、このゲームをなんとかしたいという時に、本当に信頼できる選手をつくらなければならないと思います。私には麗華がいたし、ほかにも何人かそういう選手がいたから、随分助けられ、勝たせてもらえた。

いま、麗華は自分で打って勝負を決めているでしょう。勝負の懸かった時、信頼できる選手をどうやってつくっていくか。監督としての今後の課題だね。

短所を生かせなければ
指導者とはいえない

麗華　宇津木さんから見て、信頼できる選手とはどういう選手ですか。

宇津木　まず自分を持っていて、こだわりながらも忠実にプレーができる子だね。そしてきちっとした生活が送れることが大事。いまの日本は根性論は嫌われるけど、性根の据わってない子は伸びないし、世界では戦えません。やっぱり自分を知った上で、毎日努力をする選手は伸びると思います。

麗華　よく一流選手のなかに「努力嫌い」「練習嫌い」といわれる人もいるけど、絶対人の見ていないところで努力していますよね。

宇津木　努力も、まずは自分を知ることが大前提だと思います。長所短所を理解して、それを生かし補うための努力が必要だね。

　監督に関して言えば、自分自身はもちろん、選手全員の長所短所を理解してなければならないと思います。そのために私は何度も何度も面談するし、それぞれに日誌をつけさせ交換日記のようなこともする。血液型で占うこともあるし（笑）、親も見ます。女の子は母親によく似るから、親を見れば大体分かります。

麗華　宇津木さんは親の指導もしますよね。

宇津木　挨拶のできない親もいるし、ペコペコしている親もいるし、気の小さい親もいますよ。娘が試合に出ていれば胸を張って応援に来るけど、出なければ来ない。たとえバット引きでもその子がいないとゲームにならないことを、ご両親には理解していただきたい。そういう思いを込めて、お話しすることはあります。

　それはともかく、選手の短所を知って、「ここがおまえの短所だ、直せ」というのでは指導者とはいえないと思います。スポーツでは短所が生きる場面がたくさんある。例えば、麗華はわが道を行くタイプで、自己中心的なところもあるけど、勝負の懸かった場面では「自分が決める」と頑張ってくれる。

麗華　そうですね。自分がやらなければ誰がやるんだ、と思っています。

宇津木　誰だって上に立てば、自分の言うことを聞く子のほうが扱いやすいから楽ですよ。負けん気が強くて生意気なことを言ったり、カーッとなって勝手なことをやる子は扱いにくい。でも、「この子は扱いづらいな、こんなのいたらチームプレーに影響が出る」と思うような選手が、いざという時は力を発揮してくれるんですよね。
　日本代表に選ばれてくる選手は一流どころばかりで、揃いも揃ってみんなわが道を行っている（笑）。その集団を監督として威厳を持ってまとめられるか。そこが手腕の問われるところです。

生活はすべてグランドに出る

麗華　考え方も含めて、私と宇津木さんは生き方が違うなと思うことがあります。私はちょっとだらしないところがあるけど、宇津木さんは本当に几帳面《きちょうめん》。遠征や合宿があると、一週間前からバッグに荷物を詰めています。私は前日の夜十時から用意を始める（笑）。

宇津木　私は練習が終われば洗濯して、お風呂に入って掃除をして、用具の手入れをして明日の準備をして、日誌も書いて、それが終わらなければ寝られないタイプですね。

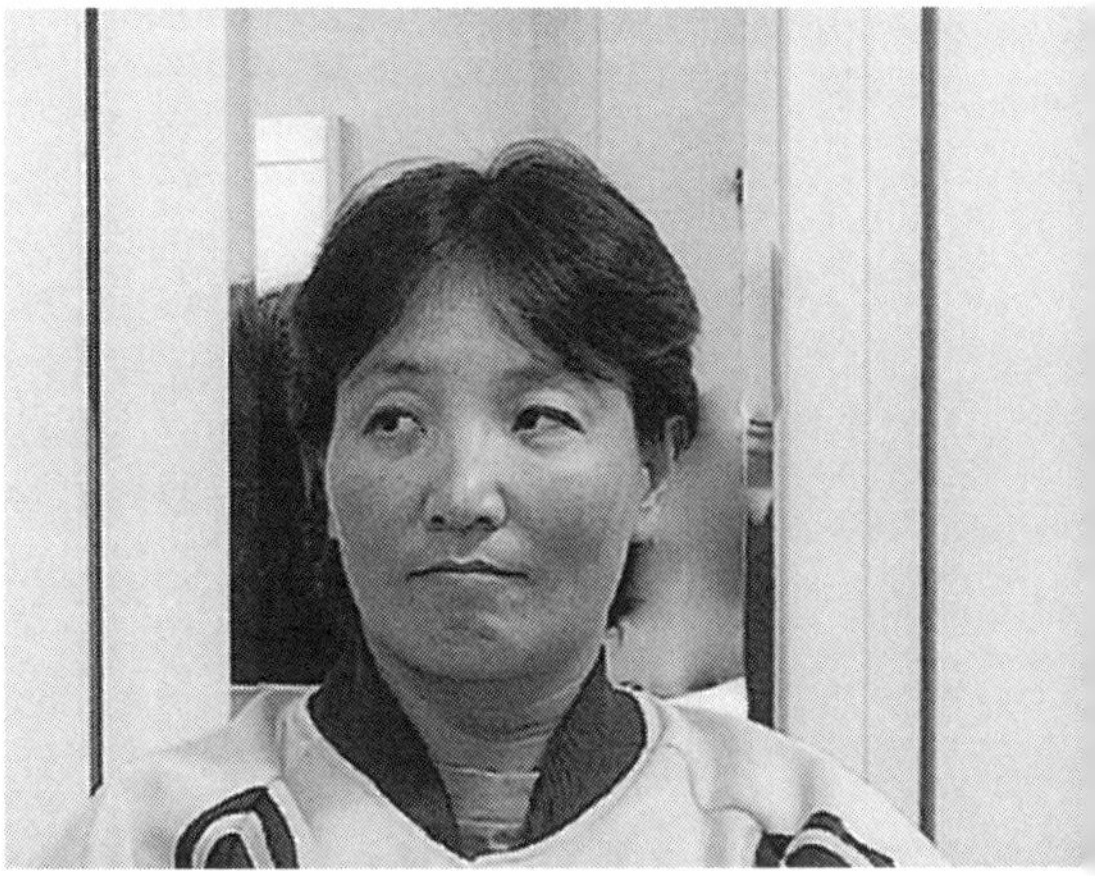

麗華　私は「練習終わった！　洗濯は後でいいやー」って（笑）。

宇津木　どんなに準備に準備を重ねてもまだ不安ですよ。そこまでやっても手落ちがあったり、忘れ物をすることもあるでしょう。そういう時はすごくショックだし、自分がいやになります。
　選手たちにもいつも「忘れ物はするな、遅刻はするな」と念を押してきました。大きな試合になればなるほど心理状態が影響するから、つまらない失敗で少しでも負い目を持つと、せっかくの勝ちを逃しかねない。常に万全の態勢でなければ力を発揮できないんだよね。

麗華　五輪の時、中国チームが一時間遅刻してきました。結局自滅して、その負けが尾を引いて最後まで調子が戻らなかったですね。

宇津木　たとえ練習であっても早めに準備することは大事だと思っています。私は集合時間の三十分前とか一時間前に行って、走ったりストレッチしたりしている。そうやって準備しないと自分が不安なんだよね。
　プレーだって同じだと思います。試合ではいつ何が起こるか分からない。起こり得るすべてを予測して、対応できるように準備しながら戦います。やっぱり普段の生活態度はすべてグラウンドに出るんです。

麗華　そうですね。プレー＝生活ですよね。

宇津木　挨拶だってそうでしょう。キャッチボールと一緒で、「さあ、いくよ」「オーライ」と相手が投げた言葉を受け止めて、また投げ返す。でもいつもいいボールが返ってくるとは限らないし、捕りづらいボールを返してくる人もいる。それを捕ってあげるのがチームであり仲間だと思うんです。「あの子嫌いだから」と知らん顔するんじゃなくて、この人はこう考えて、こういう行動をしているのかなと理解に努めていれば、グランドでも仲間がいまどういう状態で、どういうボールを投げてやればプレーしやすいか考えてあげることができる。それがチームだと思います。

自分を殺せ
「個」を生かせ

麗華 高崎でも日本代表でも、みんながチームの仲間を思い、心を一つに戦ってきました。中国時代はグランドを離れると仲が悪くて、試合の時だけ力を合わせていたけど、日本は違います。チームの和というものをすごく大切にしますよね。

宇津木 「チームの和」とか「チームワーク」というと、選手同士が仲が良いとか、人間関係がうまくいっていると勘違いされることがあるけど、それは本質じゃないと思います。もちろん要素の一つには違いないけど、戦う集団における「チームワーク」とは、「勝利という目的へ向かって一致団結し、そのために自らの能力を最大限に発揮する。場合によってはチームのために自己犠牲を厭《いと》わないこと」だと思っています。

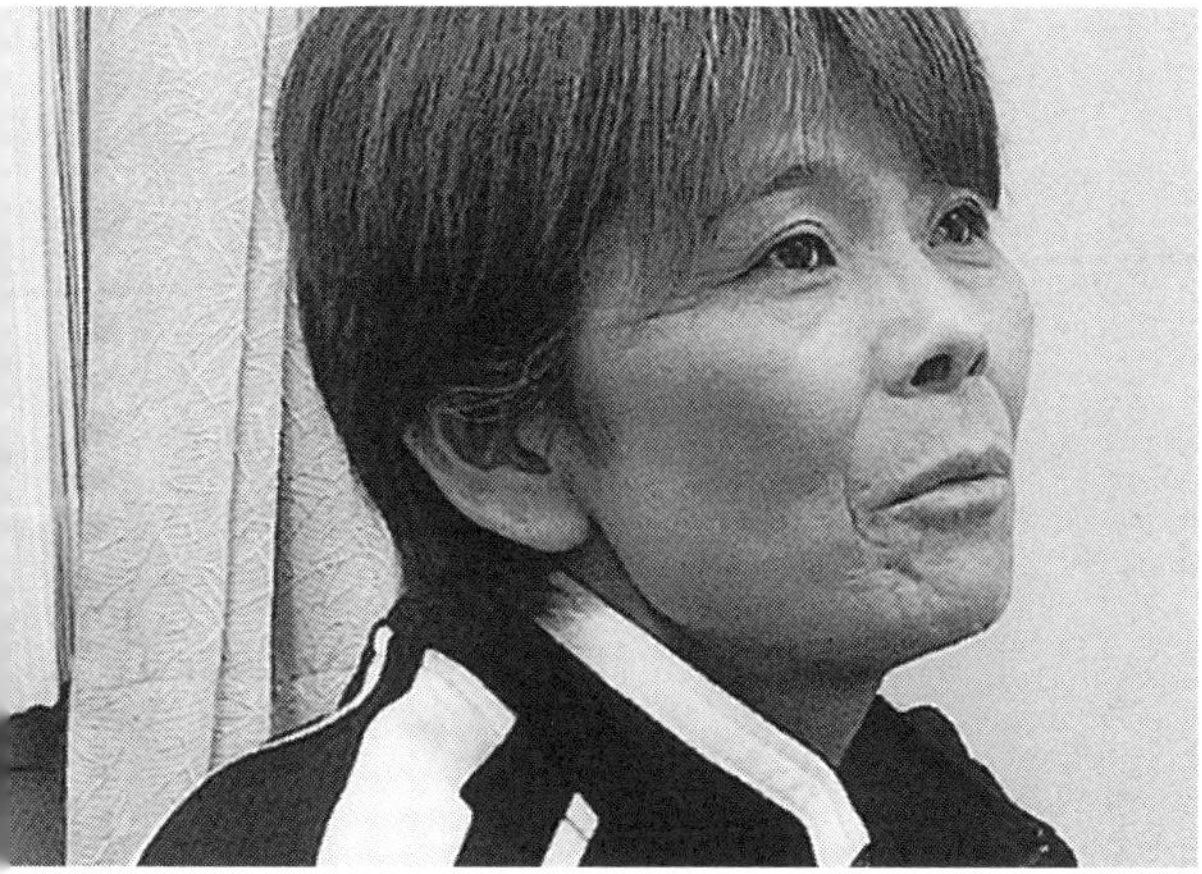

私は、ゲームでも生活のなかでも、チームのために自分を殺せない選手はどんなにプレーがうまくても使わないと決めています。社会生活もソフトボールも一人ではできない。どんな場面でも自分の置かれている状況を考えて行動できる人間でなければ、ゲームでは使えません。誰だって自分が活躍したいと思っているし、ホームランを打ちたいんです。でも、チームのために四球を選んだり、犠打を打てる選手がいなければ勝つことはできません。

麗華 宇津木さんは、自分を殺して勝利に貢献した選手に光を当てることを忘れません。「〇〇の犠打がよかった」「××の走塁があったから勝てた」と、みんなの前で褒めてくれます。

宇津木 それはいつも心掛けています。自分も補欠だった時代があるから、そういう選手の気持ちが分かるんです。

高崎のチームもシドニーの時の日本代表も、自分を殺せる選手の多い「良いチーム」でした。しかし、アテネ五輪で金メダルを目指すには「良いチーム」から「強いチーム」にしなければならない。それにはもっともっと「個」を大切にしなければならないと思っています。

麗華　「個」ですか？

宇津木　そう。矛盾するかもしれないけど、自分さえよければ何してもいい、という考えは大嫌いです。でも、「自分が頑張らなければチームは強くならない」と一人ひとりが自分を鍛えていくことが大事だと思います。その時、一人で頑張るのは辛いけど、チームで切磋琢磨《せっさたくま》すれば頑張れる。

麗華　そうですね。若い子が頑張っている姿を見ると、ウカウカしていたらポジションを取られてしまうと思って、自分はもっと練習しなきゃと思います。

宇津木　その姿が、ベテランの麗華さんがそこまでやるなら、と若手の発奮につながるんだよ。

　私だってそうです。なんで自分はこんなに頑張るのかなと思う時がある。心ないことを言われたり、いやな思いをすることがたくさんある。体もボロボロで、なんでこまでしてソフトボールをやらなきゃいけないのかなと思う時、浮かんでくるのは選手たちの顔なんです。この選手たちのために逃げちゃダメだ。金メダルを目指し、頑張っているこの子たちのためにもっといい指導者にならなければと、自分に鞭《むち》を打っているんです。

人生は自分との闘い

麗華　代表監督になったばかりの頃、宇津木さんへの誹謗《ひぼう》・中傷が出回っていました。随分いやがらせを受けたことも知っています。でも宇津木さんは負けなかった。その強さ、ソフトボールへの執念、勝利への執念には本当に頭が下がります。

　私は中国にいた頃は、自分が打てなかったり点差が開くと、諦めてしまうこともありました。日本に来て、宇津木さんから怒られ、指導され、勝利に対して執念を持つようになったと思います。

　いまは宇津木さんの厳しさは私たちへの期待だし、愛だと分かっています。言っていることは間違いじゃないし、すべては日本のソフトボールのレベルアップのためにやっています。どんなに辛い練習にも負けちゃいけない。私たちが宇津木さんの厳しさから逃げたら、日本のソフトボールがダメになる。だから絶対負けたくない。まず、宇津木さんには負けたくない。そんな思いでやってきました。

　私たちはきつい練習を乗り越え、怪我を抱えながら、生活のすべてを捧《ささ》げてソフトボールをやっています。何のためかといえば、それは勝つためです。

　勝った瞬間のわずか十秒。あのめまいとも似つかない十秒間のために戦っているといってもいい。それは勝った人しか分からない喜びであり、楽しさです。その楽しさを知り、勝つための執念を燃やし続けられる人が本物の「プロ」だと思います。

宇津木　最近よく、「オリンピックを楽しみたい」とか「ゲームを楽しむ」という言葉を耳にするけど、ちょっと違うんじゃない

アテネ五輪：2004年開催。全日本女子ソフトボールは銅メダルに終わったが、宇津木麗華氏は41歳にして主砲として活躍した。

かなと感じます。どうも逃げのニュアンスが含まれている気がする。本気で金メダルを目指し、勝ちにいくなら「楽しみ」より「苦しみ」のほうが断然大きいですよ。それでも勝ちたいから戦いに挑むのです。

麗華　勝った瞬間の十秒間以外はすべて苦しみかもしれませんね。

宇津木　代表監督に就任する時、「全責任を追うから全権を任せてほしい」と協会に言いました。それは裏返せば「責任を取る代わりに、口出しするな」ということになる。そう言った手前、必ず実績を出さなければいけないと自分に言い聞かせて頑張ってきた。その重責、プレッシャーは言葉にできないほど苦しかったし、神経もだいぶすり減った気がします。でも、その苦しさに負けない人がプロじゃないかと私は思うんです。

　苦しさに負けない。それは自分に負けないことだと思います。私のソフトボール人生を振り返れば、まさに自分との闘いでした。悔しい、負けないんだと執念を燃やしていたけど、負けたくない相手は自分でした。人じゃない。弱い自分、くじけそうになる自分に、もう一人の自分が「頑張れ、頑張れ」と言い続けてきた。

　生きるって、最後は自分ですよ。夫もいるし、親もきょうだいも、友人もいる。みんな励ましてくれるし、勇気づけてくれるけど、私にはなれない。踏ん張って、最後に頑張るのは自分なんです。だから生きることは自分との闘いだと思っています。

麗華　アテネ五輪のチームスローガンは「自分に負けない自分作り」ですものね。

宇津木　そう。私はこれまで手本もなく、体当たりでチームをつくってきたから、必ずしも自分のやり方が正しいとは思っていません。だから麗華をはじめ、これから指導者を目指す選手には、私の真似はしなくていいと言いたい。もちろん人から学ぶ部分もたくさんあるけど、麗華には自分を持って宇津木麗華らしい監督になってほしいな。

麗華　少しずつ自分の色を出していきたいと思っています。でも、宇津木さんが大切に守ってきた礼儀とかチームワークとか感謝の心は受け継いでいきたい。

宇津木　勝負の世界は勝たなければ意味がありません。監督は勝つための指導をしなければいけないけど、それ以前に人を指導していることを忘れないでほしいと思います。選手を育てながら自分も育てられていることを分かって、いい指導者になってほしいです。期待しています。

人生はすべて創造
生きがいは創造にあり

ハーバード大学・京都大学教授
広中平祐
Hironaka Heisuke

創造のある人生こそ最高

広中　「人生は創造」というのが与えられたテーマですが、私は常々「創造のある人生こそ最高の人生である」といっているんです。

創造というのは、決して学者や芸術家の専売特許ではなくてね、人間の作業というのは全部、創造じゃないかと思うんです。結婚だって創造だし、生徒を指導することも創造です。母親がわが子のためにセーターを編む、掃除のやり方を工夫する、老人が植木を栽培して育てるのも、まさに日常生活の中での確実な創造だと思います。

黒川　そうですね。

広中　要するに、人は日々の生活の中で小さな創造を積み上げ続けているわけですね。

ただ、私の専門の数学の話をしますとね、ぼくがコロンビア大学で教えていたとき、メキシコから来た出来の悪い生徒がいた。メキシコの大学のレベルが低いのか、とにかくできない。苦労してどうにか博士論文を書かせて学位は取った。しかし、ぼくも

トインビーはすべての人に共通する生きがいとして、①人でも自然でも愛すること　②生活のあらゆる場で知恵を磨くこと　③クリエイティブな仕事をすること——を挙げている。クリエイティブな仕事とは、大それた作品を創るということではない。日常生活の中に、創意と工夫を生かしていくことも、立派な創造である。数学と建築の世界で創造的な偉業を果たしている二人のクリエイターが、創造的に生きる条件を語る。

黒川紀章

建築家

Kurokawa Kishou

責任をもって推薦はできないから、結局南部の名前も聞いたことがないような大学に就職しました。ところがね、それが三年後にすごい仕事をしちゃったんですよ。コロンビアやハーバードの連中が四苦八苦しても解けなかった問題を、簡単な思いつきなんですが、まったく違う発想で見事に解いちゃった。

それで、ぼくはびっくりしてしまったんですが、ああいうのは、スーパー・ノバですね。

黒川　え？

広中　スーパー・ノバ。つまり、新星っていうんですか、無視してたら、あるとき急にばあっと光っちゃうやつがいるんですねえ。

黒川　なるほど。

広中　かと思うと、十四歳で大学に入ってきた秀才がいた。とにかく、頭のいい子でね。ぼくは一度、彼を怒鳴りつけたことがあるんですが、ぼくの講義にやってきて、こちらのミスを全部指摘する。ぼくが問題を解いてみせると、それよりもこういう解き方のほうがいいとかね。それで、黙れ、と怒鳴ったわけです（笑）。そいつが来ると教授が脅えるというほどで、これはすごい数学者になるだろうと思った。ところが、大学の教師にはなったが、あまりパッとしないんですね。課題を与えると見事に解くが、自分独自のものが出てこない。人間のクリエイティビティというのは面白いものです。

二つの「創造」がある

黒川　あの、創造には建築とか文学とか芸術とか、そういう世界の創造がありますね。それから、もう一つ、数学とか科学とか技術、そういう分野における創造がある。

　どちらもクリエイティビティを要求されるという点では同じですが、根本的に違うのは、数学におけるクリエイティビティというのは、客観的に証明できるわけです。

広中　証明しなきゃいけないんです。

黒川　これはまったく誰もいままでやってなかったことだということが証明できるし、みんなが、それがわかるわけです。しかし、ぼくがやっている建築とか、文学というのは、その創造性は客観的に証明できるものじゃないんですね。

　例えば、三島由紀夫の『金閣寺』という作品がある。この作品の評価は人によって、まったく違う。ある人にはその作品の創造性がよく理解できる。その創造性に感動する。しかし、ある人にとってはなにが創造なのか、さっぱりわからない。ぼくなどがやっている創造とはそういうものなんです。

　だから、同じ創造でもね、そういう違いがある。

広中　そうですね。

黒川　で、いままではどちらかというと、人間社会を引っ張ってきたのは、やっぱりロゴス、つまり理性です。それはなぜかというと、世界に普遍するんですね。

　例えば、広中先生がフィールズ賞を取られたときの評価というのは、アメリカとか日本とかフランスとかという文化の違いを超えてね、万人のものとして評価される。で、そういう創造こそね、理性の支配する近代主義の社会では、もっとも正統な創造なんですよ。

　逆にいうと、そういうロゴスを上に置く哲学に導かれた社会がヨーロッパです。そして、それが世界の中心になっていた。

広中　東洋は違うでしょう。

黒川　いや、明治以降はね、日本もやはり、そういう知を上に置いた社会へ向かって突進してきたと思います。

広中　それは近代化のためには必要なわけですね。

黒川　ええ。で、非常に成果をあげた。それがいま揺らいでいるわけですが、ぼくらが創造ということを考えるときに、いつも悩むのはその部分なんですね。つまり、自分の創造性は、場合によっては、他人にとって、まったく創造性がないかもしれない、

フィールズ賞：数学上の業績に対して与えられる国際的な賞。原則として40歳以下の者を対象とし、通常4年ごとに開かれるICM（国際数学者会議）で決定される。第1回は1936年。提案者のトロント大学教授フィールズの名にちなむ。

というね。
広中　なるほど。
黒川　つまり、われわれの創造ってのは客観性を一切、持ち得ませんからね。しかし、そのことが逆に、素晴らしいことだ、といえないでしょうか（笑）。
広中　いや、ぼくもそう思います。数学の世界でも、普遍性のあるものなど、そうできるもんじゃないですよ。小さな仕事はできます。しかし、そんなものはどんどん古くなっていく。毎日、何千っていう論文が書かれていますからね。ある論文が書かれたときは創造性のあったものが、次々と新しく創造的な論文が書かれることによって、最初にあった創造性は意味のないものになってしまう。
そういう意味では、また違った悩みが、やはり、ありますね（笑）。
黒川　なるほど（笑）。

創造性を触発するもの

黒川　話は前後しますが、さっき、広中さんがいわれたメキシコから来た学生の話は、クリエイティビティを触発するものは何かを示すものとして、大変、興味があります。
建築のほうでは地域文化の果たす役割の大きさが重要視されているのですが、建築ばかりでなく、地域文化はそこで暮らす人間の頭脳にとっても重要だと思うんです。そのメキシコの学生はメキシコ文化の中からまるで異質なアメリカ文化の中にやってきたわけですね。周りにいるのはコロンビアやハーバードの洗練されたライフスタイルを備えた連中です。やはりショックを受けただろうと思うんです。
広中　そうですね。周りにいるのは、先ほど黒川先生がおっしゃったロゴスに練られた連中ですから。
黒川　当然、頭脳にいろいろなノイズが入ってくる。最初はショックで茫然自失の状態だったかもしれない。しかし、異質なものとの接触、そこから受ける刺激は、創造にとっては重要なものなんですね。
というのは、こういうことがあるんです。例えば、ギリシャ文化は世界を制覇して、世界中に普及していった。ギリシャ文化の普及につれて、その中心部分は純粋化していきます。それがギリシャ文化の最盛期ですね。ところが、最盛期を迎えると同時に純粋化した中心部分から、ギリシャ文化は滅びていくんです。これはギリシャ文化に限りません。一つの文化は必ず純粋化した中心から滅びていく。
これはどういうことかというと、中心はどうしても異質なものとの接触がなくなる。純粋化すればするほど異質性は遠ざけられる。それがクリエイティビティを失うことになり、衰退に向かってしまうわけです。
異質なものとの接触と刺激、これはクリエイティビティには不可欠なもののようです。そのメキシコの学生もメキシコ文化から異質なアメリカ文化の中にやってきて、頭脳に生じたノイズによってクリエイティビティが喚起された、ということだったのかもしれない。
広中　そうですね。もともとそういう創造性は備えていたのかもしれない。ただ出し方を知らなかった。それが異質なものとの接触によって道がつけられた、ということなのかもしれない。

黒川　ぼくは旅が好きなんです。仕事がらみですが、多いときは一年に三十回くらい出かけます。で、旅をする度にね、何か、すごいショックを受けるんですね。

広中　ああ、それはありますね。

黒川　旅には巡り会いがあるでしょう。旅をしてると、必ず一人ぐらいは変な人に会うわけですよね（笑）。それは評論家であったり、アーチストであったり、演出家だったり、財界人であったりするわけですが、これは奇妙なやつだというのに会う。

そういうときに、非常に脳細胞が刺激されてね、魂がカッと燃えるような経験をするんですね。

だから、創造的であろうとするなら、異質なものと接触し、刺激され、安定しない世界にいるほうがいいようです。

異質なものの役割

広中　それで思い出しましたが、ギリシャもね、文化が伸びていた時期は、ギリシャの人はものすごく放浪しています。ピタゴラスなんかも、あちこち旅して、ある時期はどこにいたのかわからないほどです。

黒川　ああ、そうですか。

広中　それから、数学の元祖といわれるタレス。これもメソポタミアに行ったりエジプトに行ったり、実にあちこち歩いてる。歩いて何をしているかというと、商売をしたり、行った先で勉強して、帰ってきて見せびらかしたり、さらに磨きをかけて向こ

広中平祐（ひろなか・へいすけ）
昭和6年山口県生まれ。京都大学数学科卒。コロンビア大教授を経てハーバード大・京大教授。昭和32年よりアメリカで研究生活を続ける。昭和50年文化勲章受章。学士院会員。

ピタゴラス：［紀元前572頃～前492頃］古代ギリシャの哲学者、数学者、宗教家。サモス島の生まれ。数を万物の本源とした。ピタゴラスの定理を発見。

タレス：［紀元前624頃～前546頃］古代ギリシャの哲学者。イオニアの自然哲学の祖。ミレトスの生まれ。万物の根源を水であると主張。日食を予言し、ピラミッドの高さの測定なども行った。

うにまた出掛けて行って自慢したり、といったことなんですがね（笑）。いずれにしても、よく歩いています。

黒川　なるほど。まあ、当時は、国王自身が植民地をつくって、何年も海外に行ったきりなんていうことがあって、めったに自分の国にいないんですからね。

　結局、異質の文化との接触によって、柔軟でダイナミックな国をつくっていったんでしょうね。

広中　そうでしょうね。

黒川　そして、それが固定したときに必ず創造力が落ちてくる。これは創造性を考える上で、一つのヒントになるんじゃないかとぼくは思います。

広中　それに似たことで、ポアンカレという数学者が、面白いことをいっています。ポアンカレは、「クリエイションというのは、シャンピニオンのようなものだ」といってるんです。シャンピニオンというのは菌根、かびですね。

黒川　ああ、菌根ね。

広中　これはいい条件が与えられると、根だけでどんどん繁殖できるんです。ただ、直径五、六十メートルぐらいになると、老化して死に絶える。

　ところがね、根が広がっていくうちに、石にぶつかったり、木のヤニの刺激を受けたり、木の根にぶつかったり、あるいは突然温度が変わる季節になったりと、いろいろな障害にぶつかるとね、そこで、第二の繁殖手段に出るわけですよ。つまり、キノコになるんです。

黒川　ほほう、それは初めて聞きました。キノコってのはそうですか。

広中　そうらしいですよ。それでキノコになって胞子をばらまいて繁殖していくんです。

黒川　なるほど。

広中　順調に広がってきた菌が障害にぶつかって、悩んだ末の姿が実はキノコなんですね（笑）。

　で、ポアンカレはね、こういうわけです。つまり、あんまりほじくるんじゃなくてね、いい環境を与えて、蓄積をつくってやらなきゃいかん、と。だけど、それだけやってたら駄目だ。どっかで、逆境というか、異質な刺激を与える。そうしないと、キノコはできない、と。

黒川　面白いですね。

広中　ええ。マツタケを人工栽培するにも、いい環境だけを与えてやっては、マツタケはできません。そこに松やにを垂らすとか、障害を与えないと、マツタケにはならない。創造も似たところがありますね。

黒川　もっとも、根が十分張ってない時に逆境にぶつかると、駄目ですね。

広中　つぶれちゃいますからね。

黒川　しかし、いまの話はいい話です。

本質をつかむ嗅覚が大事

広中　創造性を発揮するための条件ということでいえばね、『トムソーヤの冒険』という本を書いた、マーク・トウェインという作家が、「天才は矛盾に満ち満ちている。石

ポアンカレ：［1854〜1912］フランスの数学者・天文学者・物理学者。純粋数学と応用数学のほぼあらゆる領域にわたって優れた業績を残した。

頭だけが論理一貫している」といっています。
黒川　なるほど（笑）。
広中　それから、十九世紀中ごろのアメリカン・ルネッサンスのリーダー格だったエマーソンという人も似たことをいっている。「心の小さい人が論理一貫しているのは、クモが毒を吐いているようなものだ」と。
黒川　それはそのまま、創造性に欠ける官僚制度に当てはまりそうですね（笑）。
広中　そういう意味では、柔軟性というのは必要なわけですね。
　数学は論理性、客観性が命ですが、しかし、論理性だけでは創造性にはつながらないんですね。例えば、ある条件を満たす関数というものを考えて、その関数にはこういう性質がある、と素晴らしい理論をつくったとします。ところがあるとき、ある人がふとそういう条件を満たす関数は存在しないことに気がついたら、その理論は意味のないものになる。
　こういう本質をつかむ勘というか、そういうものが創造性を発揮するには絶対必要ですね。
　日本の偉い数学者に小平邦彦先生という方がいらっしゃるんですが、先生が学生をみていて、論理的にものすごく人より優れていて、論文もたくさんあるのに、意外といい数学者にならない人と、それほど論理的でもないけど、いい数学者になるやつもいる。どうもいい数学者になるには論理よりも嗅覚みたいなものが必要なんじゃないか。臭いをかいで、これはいい臭いがするとかね（笑）。嗅覚のないやつはいくら一所懸命やっても、何も出てこないとおっしゃってます。
黒川　それは経営者でも、どんな職業でもあるんじゃないでしょうかね。
広中　あの、こういう謎々があるんです。コンピュータとかけてなんと解く、と。チンパンジーと解く。その心は、どちらも使い手をイライラさせる（笑）。
　ま、これは笑い話ですが、コンピュータとチンパンジーでは物事にアプローチしていくプロセスがまったく違います。コンピュータはこれは論理に馬鹿正直だからね。カッコや点一つが間違っても、人間ならここにカッコがあるはずなのに間違えたな、点が抜けたな、と判断がつくのに、コンピュータは受け付けない。それでいらいらするわけ（笑）。人間の顔を判別するにも徹底的に論理で押す。鼻の長さ、口の大きさ、唇の厚さ、さらには鼻の下の長さとか、膨大な量の計算をして、顔を判別する。
　京都大学の霊長類研究所ではチンパンジーにどこまで教育できるか、といった研究をやっているんですが、例えば、ある人間の顔を認知したら、このボタンを押す、知らない人間の顔を認知したらこっちのボタンを押す、知らない顔のときは押さない、

マーク・トウェイン：［1835～1910］米国のの著作家、小説家。

エマーソン：［1803～1882］米国の詩人・思想家。ピューリタニズムとドイツ理想主義の流れを汲み、超絶主義を唱える。初期アメリカ哲学の確立者。

小平邦彦：［1915～1997］数学者。東京都生まれ。位相解析学の世界的権威で、「調和積分を応用した代数曲線・代数的多様体の研究」にてフィールズ賞を受賞。

といったように訓練する。それで当てられるとね、エサがもらえる（笑）。

黒川　なるほど（笑）。

広中　それで、面白いのはチンパンジーは瞬間的に判別してボタンを押すんですね。なにを根拠に顔を判別したかとなると、まるでわからない。お手あげです。いわゆる動物的勘とでも呼ぶよりしようがない。なぜ、そう判断したかと問いだすとね、わからないから、イライラする（笑）。

「経験」が創造のもとになる

広中　コンピュータは、部分部分のデータをもとに計算、つまり論理を積み重ねて判断するのに対して、チンパンジーはどうも細かい雑物は振り落として、大づかみに判断してしまうようなんです。つまり認識、判断にいたるプロセスがコンピュータとチンパンジーとではまったく逆なんですね。ですから、創造には論理でアプローチするコンピュータ型ではなく、何もわからないが、総合的に物事をつかみ取るチンパンジー型のアプローチが不可欠になります。

黒川　例えば、人間とは何か、という大テーマがあるとしますね。自然科学がこのテーマにアプローチするには、人間の細胞を調べたりして、科学的に分析し、論理的にわかったことをベースにして、次の判断に進んでいく。これはコンピュータ型ですね。

しかし、それだけでは人間とは何かが、わかるところまでは到達できない。人間の一部がわかるというところまでしかいけないでしょう。そのプロセスとは逆のプロセス、チンパンジー型のプロセスがなくてはなりません。

広中　ええ。

黒川　建築も同じですよ。地震にも倒れない、火災にも強い、ということは建築物には大切なことです。これは工学的にアプローチできる。論理的にわかったことをベースにして次の論理を構築するというふうにして、地震により倒れにくい建築物を造る

黒川紀章（くろかわ・きしょう）
昭和9年愛知県生まれ。京大建築学科を経て、東大大学院博士課程修了。現在、黒川紀章建築都市設計事務所社長、社会工学研究所所長。主な作品は、国立民族学博物館、埼玉県立近代美術館、国立文楽劇場など。

ことができる。
しかし、それは建築の必要条件であって、目的ではない。地震に倒れないために建築物を造るわけはない。建築の目的は、それを使う人間が感動し、快適さ、心地よさを味わうところにあるわけです。これは工学的なプロセスではアプローチできない。やはりチンパンジー的な能力を要求される。
で、それをね、直感というと、ぼくは間違っていると思う。

広中　ああ、そうですか。

黒川　人間にはいろいろなパラメーターがあってね。そのパラメーターが認識、判断の根拠になるものだと思います。ぼくは大胆に、そのパラメーターは、つまりは経験のことだといってしまっていい、という気がしているんです。

広中　ほほう。

黒川　広範な体験ですね。それには遺伝子に組み込まれている経験も入るわけです。それから成長過程での体験。幼いときに眺めた海の色だったり、村のたたずまいだったり、親の言葉や行動だったり、といったものです。実際、ぼくが建築の仕事に取り組むときに、コルビジエや丹下《たんげ》健三《けんぞう》先生の作品を思い浮かべることはありません。それよりは体験した刺激が頭や体の中に入っていて、それに触発されたものが発想となって、パッと出てくるというのがほとんどです。クリエイティビティと経験とは無関係じゃないと思います。

広中　経験というパラメーターが創造のもとになる、ということは確かにありますね。

日本人は創造性のある民族だ

黒川　日本人は創造性のない民族だと、よくいわれますね。日本の建築を見ても、古くは中国や韓国、明治以降はヨーロッパのものを取り入れて折衷《せっちゅう》主義でやってきた。つまり、日本人はいろんなものを組み合わせて、何かを創るのはうまいが、そういうのは本来の創造ではないという批判ですね。日本の自動車やカメラがすごいといっても、自動車の原理、カメラの原理を創造したわけじゃない。原理の組み合わせで小才を発揮しているだけだ、とこう批判する人は多いが、ぼくはそれは間違っていると思います。

広中　ぼくもそう思います。

黒川　現に、広中先生はじめ、大いに創造的な仕事をしている日本人はいっぱいいる。民族として創造性には欠けるわけじゃない。ただ、そのような批判が出るのは、一理あるといえるかもしれません。どうも日本は創造性を発揮しにくい風土である、ということは確かにあると思うんです。

広中　ぼくは大学という狭い社会しか知らないが、こと大学については、創造とは無縁な風土になっていることは確かです。日本の大学は先生や先輩のものを継承していくのが仕事、という場に完全になってしまっているんですね。無関係なところからヒ

コルビジエ：［1887〜1965］スイス生まれのフランスの建築家。機能的合理主義に基づく近代建築理論の代表的指導者にして実践者。

丹下健三：［1913〜2005］建築家。大阪府生まれ。第二次大戦後の日本建築界の代表者の一人。広島平和記念資料館・国立代々木競技場体育館・東京都庁舎などを設計。

ントをつかんできて、思いもかけないものを創造するなどというのは、タブーといってもいいほどです。その点はアメリカのほうが優れています。

黒川　全く、優れています。アメリカの大学の講座は開放されていて、チャンピオンがどんどんそのポストに就くわけですよ。だから、能力があれば、どこの大学でも行ける。

ところが、日本は講座のボスのいうことをちゃんと聞いていなければ、次の教授として指名されない。

広中　そうですね。

黒川　ぼくが日本の大学の教授にならなかったのは、それだからです（笑）。日本では、大学を超えて活動することは学問的でないと思われているフシがある。

大体、日本はコツコツと一つのことをやってる人を尊ぶ習慣があるんですね。で、分野を超えて活動する人間像っていうのは育ってきてませんから、そういう人は足を引っ張られるか、古い秩序の中に入れるか、村八分になる。

その象徴的な現象が、東京大学の中沢新一氏の採用拒否をめぐる事件です。東大が中沢氏を拒否した理由は学問的ではないということです。学問的ではないという根拠の一つとしてあがっていたのが、中沢氏がマスコミに論文を発表しているからというんです。学会という狭い世界でだけ発表したものが学問なんですね。これではクリエイティビティなど望むべくもない。

怨念を返す伝統

広中　ぼくはね、十年前（一九七八年頃）に、日本に帰ってきたころはね、日本の大学も世代の交代を待ったら、よくなると思ってたんです。大学の体制や体質に批判的な助教授や助手がいっぱいいましたからね。ところが、彼らが教授になった現在、どうなったかといえば、彼らが批判していた教授連中と同じになってしまいました。

黒川　それは、日本では怨念《おんねん》を返すっていうような伝統があるんですね。自分が若いときに受けた怨念を、そのまま次の世代に返さなければ収まりがつかない。自分たちが創造性をふさがれて苦い思いをしてきたのに、若い連中にのびのびと創造性を発揮させてたまるか、と（笑）。

広中　あの若い連中が教授になれば変わるだろうと思っていたが、もう、絶望ですねえ。

黒川　いま盛んに国際化ということがいわれていますね。日本が外国に出ていって外国人と接触するのだけが国際化ではない。日本の中に外国人をどんどん入れて、その刺激を受け止めるのも国際化です。建築界も外国人にもっと門戸を開かないと駄目です。

広中　法律が変わって、国立大学も外国人教授を採用できるようになったんです。だが、法律を変えても、風土が変わらなければ駄目ですね。外国人学者で日本の大学に来たいという人はかなりいるんですよ。円高の影響で日本の大学教授の給料もかなりのレベルになりましたからね。だが、うま

中沢新一：［1950〜］宗教人類学者。山梨県生まれ。現代思想界の代表格として活躍。

くいきません。というのは、日本に来たら日本家族のメンバーにならないと、日本では受け入れられないからです。精神を変えなければいけない。これでは来たくともこられませんよ。家族になるというのは、居着かないと駄目なんですね。

ところが、彼らは二年ぐらいすると、帰りたいとなる。外国人は居着かないから駄目だという評価になって、どうしても外国人を採用したがらない。どんどん変わって新しい刺激を持ち込んでくるからいい、という考えは出てこない。

黒川　それは日本の歴史に根ざした深い風土なんですね。日本はいまでこそ経済大国だが、歴史の大半は小国として過ごしてきたわけです。中国、新羅、百済などから文化を取り入れてやってきた。しかし、外国文化を取り入れるのは、日本の文化を発展させるには必要なことなのだが、同時にアイデンティティが不安定になる。その自衛策として、日本はムラ社会を構成して、少なくともムラの中には異質なものは入れない、という風土を形成した。そのムラとは

サムライ社会であったり、職人社会であったり、あるいは各地の村落共同体だったり、というわけです。

異質を嫌うムラ

黒川　そのムラから異質なもの、変わったもの、飛び抜けたものなどは排除して、ムラの中ではみんな同じ、という状態をつくりだして安心感を得る、というのが日本の社会なんですね。遠くから人がやってきますね。すると、ムラの入り口に宿泊所をつくっておいて、そこで丁寧にもてなして、あとは帰ってもらう。ムラの中には入れない。

みんな同じというのがもっとも安心できる状態で、変わったもの、異なったものは困るというのは、日本の歴史的風土なんですね。だから、かつては外国人を異人といったでしょう。奇人、変人などと同列なのです。

広中　そういえば、外人というのも変な言葉ですね。

黒川　変わった才能を発揮するやつを鬼才といいますね。みんなと違った才能を示すやつは、日本では鬼と同様、困った存在なんです。

広中　それはあるなあ。同じであること、異ならないこと、変わっていないことがいいという空気、日本には濃厚ですね。

黒川　そういう歴史的風土が培ったものが、現代でもまだまだ生きているということでしょう。さっき広中先生がおっしゃった、外国人学者を日本の大学が受け入れるには、日本家族のメンバーにならなければ駄目だというのは、まさにそれなんです。大学ムラなんです。狭いグループ・コミュニティをつくって、みんな同じ状態になって安心する。大学ムラに限らず、日本にはいっぱいあるでしょう。株式会社ムラ、お役所ムラ——。

広中　それを払拭《ふっしょく》しないと、日本人は創造性のない民族だ、という批判を返上することはできませんね。しかし、これがむずかしい。このままでは一世代や二世代の世代交代では変わりそうもない。根本的な大手術が必要でしょう。国立大学の民営化などでも本気で考えなければならない。

黒川　そこまでいかないと、クリエイションが生まれる風土にはならないですね。

宣伝することも独創

黒川　この間、ノーベル賞の利根川進さんとシンポジウムで一緒になったんです。その時に、彼が「科学者には独創性が大切だ。その独創性とは研究内容もそうだが、自分の研究がいかに独創的であるかを宣伝する、ショーアップすることも独創のうちだ」というんです。

それで、ぼくは、日本でそんなことをいったら、最悪の人物とみんなから嫌われて、一番最初にリストから外されてしまう、といったんです（笑）。

広中　だから、利根川さんは京都を逃げてよかった（笑）。

利根川進：［1939〜］生物学者。愛知県生まれ。分子生物学・免疫遺伝学を専攻し、免疫T細胞受容体遺伝子の研究で業績をあげる。1987年ノーベル生理学医学賞受賞。

黒川　ほんとです。居たら、つぶされています。

広中　日本人にも独創性の素質は確実にあるんですよ。というのは、いま、DNAの研究でワトソンという人がノーベル賞をもらったでしょう。それに似たようなことをね、日本人で昔、書いてた人がいるんです。

黒川　ほう。

広中　ただ、その人は「かもしれない」くらいに書いていて、これだと宣伝していない。ワトソンなんかは、これだ！　と宣伝するから、みんなびっくりしてね、実験し直す。そんなことを繰り返しているうちに、すごい理論ができて、実験的にも確証の得られるものになったんです。ところが、日本人は、もし間違ったら、それこそ追い出されちゃうからね、「かもしれない」と書くんですね。

だから、利根川さんのいう通りでね、発想はあっても打ち出さなきゃいかんのですよね。

黒川　創造性を宣伝すれば、リスクはあります。しかし、リスクのない創造などはあり得ません。知らせて、批判されて、残ったものが真の創造なのです。その意味では創造というのは戦いだし、挑戦ですよ。

広中　論文を書く。必ずケチをつけられます。しかし、ケチをつけられることで成長するんです。創造の目標が高くなっていくんです。

黒川　それと、創造性というのは、実物を出していかないと評価されないという面がありますね。

公約数、平均に対する勇気

広中　ぼくの経験ですが、ある問題を重要な問題だと思って一生懸命やってたわけです。ところが、フランス人の先生はやめとけ、という。大変に難しい課題だし、仮にできても、役に立たないだろうというんです。

　そしたら、もう一人、ルネ・トンという先生、カタストロフィ理論で有名な先生ですが、こういって励ましてくれたんです。「大体、勇気のない数学者というのは、できそうにないと思ったら、それはできても価値がない、という癖がある」と。だから、ああいうやつの話を聞くな、というわけですよ。

　で、ぼくは何年かして、それを解いたわけですよ。すると、面白いのはね、やめとけといった人が、いい応用を次々と出してくれた。それで、その課題は素晴らしいものになって完成した。やはり、目の前に出てこないと、創造的なものは評価できないということがあるんですね。

　だから、ぼくはクリエイションというのは、相当、勇気のいることだと思います。

黒川　そうですね。誰も信用してない時につくってみせるということですから、かなり異常な執念がないとできませんね。

　それは、建築でもそうです。純粋芸術の場合はね、もう少し楽な面があるんですよ。つまり、ピカソはね、どの人にも同じ感動をと考えなかったと思うんですよ。つまり、ピカソの創造をある人は評価するが、ある人は評価しない。美術はそれでいいわけです。

　だが、建築では、例えば、市役所を建てます。その市役所は市民すべてが評価するものでなければならない。ところが、市民一人ひとりは評価基準が違うわけでしょう。そこで市民全体の平均、最大公約数をとればどうかといえば、これは解決にならない。

広中　そこに、創造性、勇気がいるわけですね。公約数、平均というものは結局、誰にとっても評価できないものになるだけでしょう。

黒川　そうなんです。そのいい例が設計コンクールです。応募作品を審査するのですが、この審査が問題です。絞り込んで作品は三つ残ったとする。審査員は一人ひとり個性的ですから、それ以上は絞り込めない。そこで最後は投票になる。

広中　ああ、そりゃ駄目だ（笑）。

ルネ・トン：［1923〜2002］フランスの数学者。カタストロフィ理論の創始者として知られる。位相幾何学の業績でフィールズ賞受賞。

カタストロフィ理論：1960年代にフランスの数学者R・トムが，現代数学のトポロジーを科学全般に応用しようとして考え出した理論。

黒川　おっしゃるとおりです。独創的なもの、創造的なものは通らない。無難で、まあまあというところに落ち着くのがオチです。そうしてできたものに、最高裁判所、国立劇場、京都の国際会議場などがありますが、とても世界的な名建築といえるものではない。平凡な結果になっている。

広中　ああ、そうでしょうね。

黒川　シドニーに、貝殻を重ねたような、実に創造的なオペラハウスがあります。デンマークのウッドソンという当時二十代の建築家の作品ですが、これはやはり設計コンクールで選ばれたんです。それは、この審査委員長を務めたサリゲンという人が偉かったんですね。

　ウッドソンの作品は、最初の段階で外されていたんです。だが、最終的にあがってきたものが、あまりに無難なものばかりだということに気がついて、サリゲンはもう一度見直そうと提言して、それで拾い上げられたのが、ウッドソンの作品だったんですね。

広中　なるほど。

黒川　もちろん、反対のほうが多かった。しかし、サリゲンは自分が責任を取るということで、踏み切った。案の定、問題は多かったんです。貝殻を積み重ねたような建物ですから、技術的トラブルは続出した。予算は三倍に膨らんだ。だが、サリゲンの個性的な評価があったから、あの名建築は生まれたんです。

広中　そういえば、第一次オイルショックのあと、フォードは大型車でいくか、小型車でいくかで全米規模でアンケートを取った。結果は大型車と出た。それでフォードは大型車の生産設備を整えた。ホンダは小型車しか造れないということで、ま、ある程度のリサーチはしたでしょうが、小型車でいった。そうしたら、シビックがすごく売れたんですね。フォードは再調査した。すると、今度は小型車と出たそうです（笑）。

　最後は大衆が買うんですから、大衆が王者なんですが、平均という考え方は怖いですね。

黒川　一番怖いですね。ところが、いままでの日本の政策というのはほとんど平均主義でやってきたでしょう。教育もそうで、落ちこぼれを少なくし平均的人間をつくる。

広中　しかし、平均主義からは独創は生まれませんね。

生きがいは創造にあり

広中　話が専門的になりましたので、冒頭のテーマに戻りますが、ぼくのおふくろは五十代になって油絵を始めたんです。下手なんだけど、何年か前に個展を開いてやろうという人がいて、開いてもらった。それから、目が少し悪くなったというんで、七十代になってからは、習字を通信教育で始めた。なかなか上達しませんが、町の若い人たちにもやんなさいと勧めて、その人たちの習字を集めて、送る役割をしています。

　若い人はどんどん上手になっていくのに、自分は二級です、それでもね、自分の習字を孫に残してやりたいといってやっていま

ウッドソン：［1875〜1950］米国の黒人歴史家。黒人史の研究・教育・宣伝の普及にその生涯を捧げた。

す。孫に作品を残してやろうと、一生懸命になってやっていることが、われわれ子供にとってうれしいことだし、それが母にとっては、人生最後の創造活動なんですね。
　その程度のクリエイションでも、母はそこに喜びと生きがいを感じています。だから、日常生活における創造の喜びというのは、職業や学歴などに関係なく、いたるところにあるんです。
黒川　まったく同感です。クリエイションというと、すぐ絵がかけるとか焼き物がつくれるとかというふうに考えますが、美術館に行って、自分の好きな絵を見てくることだって、非常に創造的なことだと思うんです。
　つまり、それは感性なんですよね。何かを感じ取る能力、それを持つことがぼくは創造だと思います。
広中　ええ。
黒川　そういう感性を持っている人の中で、作り手になっていく人とクリエイティブな目で鑑賞する側に回る人があるということです。
　ぼくなんかでも、二十歳のころにピカソに感じた感動と、いまでは、もっともっと深い思いでピカソに感動できる。それから、自然現象、夕焼けがきれいとか空が青いとか、一本の植物を見ても、それを深く感動をもって感ずることができる人と、ただ一本の木が生えているとしか認識できない人の差っていうのは、大きいんですね。
広中　それは大きいです。
黒川　で、広中さんのお母さんのように、感性というのは、年をとっても、どんどん研ぎすまされていくことはできますからね。自分でプロのような焼き物は焼けなくても、焼き物を見て歩いて、常に感動して歩ければ、それもまた、ぼくはクリエイションだと思います。
　だから、創造者でなくても、感性さえ高めていけば、創造者と同じように生き生きした人生を送ることができると思います。
広中　そして、そういうものを支える根源は、結局、愛情でしょうね。
黒川　そうですね。愛情というのは自分の思いが、相手に乗り移る能力です。愛情のないところに、創造は生まれませんね。

第4章

道をつくる

道をつくった人は、「道をつくろう」と思った人である。その思いを、強く熱く反復した人である。行ったり来たりする中で道はできる。一回通っただけでは道はできない。そのことを、多くの先人たちの生き方が教えてくれている。

二人の創業経営者が語る

「無」から「有」への出発

櫻田 慧
Sakurada Satoshi
モスフードサービス会長

毎日が苦労だと苦労でなくなる

櫻田　タクシーに乗せてもらっていましてね、ときに不快な思いをすることがあるのですが、その点、青木さんは運転手さんの地位向上・意識改革に、短期間で素晴らしい成果を上げられました。

青木　いやいや、そうじゃないんです。お客さまを大切にし、社員を大切にするといった、ごくごく世の中の常識を実践してきたにすぎません。

櫻田　その思想が最高なのであって、私も同感です。業績を上げるといったことは付いて回るものです。大事なのは思想ですよ。

青木　創業経営者ですから、櫻田さんも同じだと思いますが、よくMKの躍進、今日、MKがあるのは奇蹟だ、といわれ、マスコミにも書かれてきました。確かにゼロからのスタートですから、結果だけ見れば奇蹟的なことかもしれません。しかし、基本に沿って、地道に、そして妥協せずにやってきただけなんです。

櫻田　ほんとにそうですね。では、長幼《ちょうよう》の

MKタクシーの青木定雄氏は、運転手の意識改革に成功し、業界で孤立しながらもタクシーの流れを変えてきた。一方、モスバーガーの櫻田慧氏は、大資本に伍して、独自で、フードサービスのフランチャイズシステムを確立した。「無」から「有」を生み出した二人の異色創業者の足跡は、現代の奇跡といえる。

青木定雄
エムケイ会長
Aoki Sadao

序《じょ》で、口火を切っていただけませんか。

青木　よくマスコミの方から、「いつが一番苦しかったですか」と聞かれましょう。いい格好するわけじゃありませんが、苦労って感じたことはあまりないんです。というより、毎日が苦労だったのですから、それが常識化されてしまったんですね（笑）。

朝、目が覚めたら、会社へ飛んで行きます。それで帰りは十一時、十二時になります。私は子供が五人おるんですね。でも抱いてやったことがない。帰ったら寝てますし、家を出るときも寝ていましょう。それが当たり前だったんですね。

櫻田　私もひところ同じだったのです。創業期は店に出ていましたから、一日三時間睡眠で、立ちっぱなしの仕事をしていました。

青木　ああ、よくわかるなぁ（笑）。私、娘が結婚した年の暮れにね、家内に、「正月ぐらい、家に帰ってこさせたらどうだ」っていったんですよ。そうしましたらね、「お父さん、やっと親の気持ちがわかりましたか」といわれた。考えてみましたら、結婚して二十七年間、家内は、お盆と正月、実家に帰ったことがなかったのです。タクシーは一年間休みなく稼働していますでしょう。それで、病気以外で休みをとったことがない。自然、家内も出掛けられないでいたのです。これにはまいりましたね。

にっこり豊かにお迎えする

櫻田　私の場合は脱サラでしてね、昭和四十七年に知人からの借金を資金に始めました。成増《なります》（東京）の地下の商店街で、まず実験的に店を開いたのです。二・八坪のハンバーガー・ショップでした。最初は、こんな場所でも一日に五～六万の売り上げがあると思ったんですね。ところが、三千円、四千円しか売れません。もう、食べるのが精いっぱいというより、食えないんですよ。

　朝は五時半起床で家を飛び出し、開店準備ののち、六時半にシャッターを開けます。一日中立ちづくめに働き、閉店が十一時。掃除の終わるのが午前一時。それから、レジ分析の作業をします。精も根も尽き果てて、家路につき、寝床に倒れ込んで時計を見ると二時半です。

青木　睡眠の絶対時間が、三時間しかないんですね。そういう生活がどれくらい続いたんですか。

櫻田　半年間、休みなしです。オープン当時、八十四キロあった体重が、六十一キロ

櫻田 慧（さくらだ・さとし）
昭和12年岩手県生まれ。35年日本大学経済学部卒、日興證券入社。40年同社退社、ヒサゴヤ入社。46年同社退社。47年モスフードサービス設立、社長。平成2年会長。

になっていました。そんなある日、疲労が腰にドスーンときましてね、ギックリ腰です。このときが最悪の状態でした。ハッキリいって、自分はもう失敗したんだと思いましたね。
　人間っていうのは不思議なものですね。元気がなくなると、エネルギーがハァーッとなえてしまう。撤退しようと……。友人、知人から五百万円の借金をしていましたが、三十五歳ですから、サラリーマンに戻れば、毎月月給がもらえて楽だし、何とか返すこともできると覚悟を決めて、二日ぐらい横になっていました。
　ところが、要は過労でしたから、体力が戻りましたら、不思議なことに活力が出てくるんですね。もう一回チャレンジしようと、何で売れなかったのか考えてみようと……。

青木　答えが出ましたか。

櫻田　それが簡単なことでしてね、売り込もう、売り込もうと、必死の形相で商売をやっていたんですよ。

青木　顔つきが厳しかった（笑）。

櫻田　ええ。客商売というのは、にっこり豊かにお迎えするもので、それを買っていただこうとして、無理にいらっしゃい、いらっしゃいとやりましたので、逃げられてしまった。こういう単純なことに気がつかなかったんですね。
　私がダウンしたことで、これに気づき、それからはお互いに一週間のうち一日は休みにしないかと、せめて半日は休もうよ、ということにしたんです。このローテーションを組んだことで、皆が助かりました。

真夜中でも気持ちよく起きた

青木　ああ、私にもこんな経験があります。私の事業の手始めは、ガソリンスタンドなんですよ。働いて得た小金を知人のガソリンスタンドに出資していたのですが、そこが倒産しましてね、経営を引き受けることになった。二十八歳でした。若かったですから、ガソリンスタンドの二階に寝泊まりしまして、寝るまでポンプをくんどったわけです。で、私が何でお客さまの信用を得たかといいますと、遅くまでやっていたからじゃないんですね。
　ガソリンというのは、他の商品と違いましてね。ガス欠になったら、もう車は走らんわけです。昔はスタンドも少なかったですし、うちに来てね、ベルを押すわけです。

櫻田　嫌がらずに出てあげた。

青木　ガス欠じゃあ、車が動かんですから、私が寝ていても、起きるまでベルを押し続けます（笑）。そのとき、嫌な顔をせずに起きて、ガソリンを入れて差し上げるわけです。お客さまによっては、タクシーに乗って買いにこられた方もおります。そんなときは、一《いっ》斗《と》缶《かん》に油を入れて、一緒にタクシーに乗っていってあげました。中には困って一一〇番する人もいるんですね。そのうちお巡りさんが、お客さんを連れてくるようになった。これがいい宣伝になりましたね。
　これ、嫌々していたらダメなんです。叩き起こされて眠いことは眠いのですが、気持ちよく起きてさしあげることが大切なんですね。そんなある日、いつもと同じように夜中に起きてガソリンを入れていましたら、名刺をくださって、「明日でもいつでもいいから、一度、会社に来てくれないか」といわれました。名刺を見たら、大会社の社長さんでした。翌日、私が伺ったら、すぐさま資材部長を呼ばれて、「明日からこの店の油を購入するように」と指示してくださったのです。

櫻田　人間の持つ情の機微ですね。もうお若いころから、お客さま本意の姿勢が身に着いておられたんですね。頭で理解していても、なかなかできるものではありません。自然と行動の伴っているところが素晴らしいです。

青木　眠たい時に、一所懸命してさしあげたことに感激してくださって、お得意さまができる。この一社だけで、当時、私の家族が生活していけるだけの利益が上がりました。そうした一つひとつが宣伝になり、お客さまがお客さまを呼んでくださる。ですから、心からにじみ出る笑顔というのは大切ですね。

逆境を逆手に取ってプラスにした

櫻田　同感です。では、スタートは順調だったのですか。

青木　いやいや、やはり痛い目に遭っています（笑）。引き受けたガソリンスタンドの社名が永井石油というのですが、私は名称

青木定雄（あおき・さだお）
昭和3年韓国南海島生まれ。18年来日。26年立命館大学法学部中退。31年永井石油の再建に入る。35年ミナミタクシー設立、会長。38年桂タクシーの経営権譲受。52年両社合併、エムケイ株式会社に社名変更。

を変えなかったのです。知り合いの老経営者から、「青木君、その名前でやったら苦労するで」といわれたのですが、老舗だったこともあって、意に介しませんでした。若気のいたりとでもいいますか、倒産が意味する重みに気づかなかった。銀行にお金を持っていっても、取り引きしてくれないんですよ。

櫻田　わかります、わかります。

青木　しかも、ガソリンスタンドは大手石油会社から、油の供給を受けねばなりませんでしょう。電話で依頼しますとね、「はい、わかりました」という返事です。でも、翌日、待てどもものも来ない。また、電話を入れても同じ返事があるだけです。それで、初めて気づいたんですよ、金銭的に信用がないんだな、と。案の定、現金で支払うからといったら、翌日、持ってきました。

悔しい思いにかられましたが、私は現金商売しかできないということを、逆手に取ることにしました。まず、業者が現金を受け取ってからでないと、絶対、荷を卸させませんでした。これを続けたことで立場が変わりましたし、今度は業者の間で、永井石油は現金商売をしているということが、口コミで広がりました。

櫻田　逆転の発想ですね。

青木　金融で行き詰っている業者が、現金を求めてワァーッと集まってきます。自然、仕入値も安くなりますわね。それで、長いこと現金商売をしとったわけですが、これには一つコツがあるんですよ。持ってきた品物は断ったらいかんということです。金策で来るわけですから、値段で断って折合をつけることはできますけれども、品物を断ってしまっては、人が寄ってこなくなります。

これも口でいうのは簡単なのですが、結構、金策が大変だったのです。いつも現金を用意していなければいけませんでしょう。それで、一年三六五日休みませんでしたし、二十四時間体制も厭《いと》わなかったのです。当時、十円で三角形の大きなパンがありましてね、それと牛乳一本で辛抱した時期もあったんですよ。事業が軌道に乗るまではとね。友人が来ても、いまは現金が必要だからと、食事は同じもので辛抱してくれといっていたものですから、「あいつは狂っている」といわれたこともあります（笑）。

蔑まれた悔しさがバネになった

櫻田　ああ、やはり創業期は、そういった金銭的な苦労をバネにされているんですね、私も無一文といいますか、所持金は二十六万円しかありませんでした。お店を出すには、最低で五百万円は必要だったのです。それで、私の住んでいた家を担保にと、銀行へ融資のお願いにいきました。全部で六行回りましたけれども、どこも貸してはくれません。いまでこそ外食産業という名称がありますが、当時は剣もほろろです。

とりわけ最後の銀行では、こういわれたんですよ。「あんた、もっとまともなお仕事をしたらいかがですか、若いんだから……、水商売でしょ」と。それで大喧嘩したんですよ。

青木　そうしたときの銀行の冷淡さは、味わった者でないとわかりませんでしょうね。

櫻田　で、あまりに失礼な扱いに、若気のいたりとはいえ、貸付担当者の目の前にあった大きなマッチ箱を持ち上げて、「無礼者！」とボーンとぶつけてしまった。そうしましたら、もう銀行中大さわぎ。守衛さんは飛んでくる、支店長代理は飛んでくる……。ゴタゴタの中で支店長室に導かれ、気持ちが落ち着いてから帰されました。

もちろんお金は貸してくれませんよ。「失礼しました」といって出入り口まで行った時に、ふと視線を感じたものですから、後ろを振り返ったのです。そうしましたら、若い女子行員の方々がですね、「あのお客さん、頭が狂っている」といわんばかりに、指を頭のところで回している姿が目に入りました。思わず涙が出てきましたね。

悔しくて、悔しくて、路地裏に駆け込んで二十分ぐらい、一人で男泣きに泣いたものです。ところが不思議なものですね、泣きに泣いた後というのは、グウッとものすごい闘志が燃えてきました。絶対に成功してやる、たとえ地にはいつくばっても成功してやるとね。そして、オレをこれだけバカにした、この銀行の人々を、絶対に土下座させてやろうと、すごい決意が生まれたんです。

青木　私も、そこまでのことはありませんでしたが、お気持ちは実感としてよくわかります。

櫻田　ほんとに不思議なものですよね。この仕事をスタートするときに、銀行との折衝《せっしょう》の嫌な思い出、それからギックリ腰、そういったことが全部、後で考えますと、いい刺激というか、経営の肥やしになって、いい結果につながっています。ですから、苦労といえば苦労ですが、そうした経験が、今日の自分を支えてくれているんだなと思います。

社会常識が通用しない業界

青木　やはり、新しいことを興していく場合は、立ちはだかる壁がバネになりますね。ところで、私、対談をするというので、櫻田さんの本を読ませていただきました。

櫻田　恐縮です。私も資料に目を通させていただいております。

青木　こちらこそ。で、感銘を受けたのですが、私と違って、一つうらやましいな思ったことがありました。

櫻田　どういうことですか。

青木　ご自分の才能、ご自分の行動力といいますか、お客さまに対して、汗を流したら流しただけの評価を受けておられましょう。ところが、タクシーはそうじゃないのです。許認可の業種ですから、普通はお上《かみ》、つまり運輸省に向かって商売をしているといった、特殊な業界なんですね。

お客さまに向かって商売をしていませんから、どうしても大衆から離れていきます。ですから、タクシー経営者というのは、社会からあまり評価されていませんでしょう。資産は多いんですよ。

東京にも日本交通など大手四社がありますす。タクシーをやるためには、ガレージが必要ですから、どこも広い敷地を持っています。多少、地価が下がったとはいえ、どこも大変な資産を持っている。だからといって、商工会議所の一角を占めているかといったら、そんな話は聞いたことがありません。それほどに社会から評価されていないわけです。

櫻田　その根本原因が許認可制度にあると……。

青木　ええ、許認可のために、タクシー経営者も運転手も、目がお客さまに向いていません。それで商売が可能なものですから、サービスが悪いとか乗車拒否といった批判も出てくるわけです。それが、そのまま業界の評価につながっているのです。

一例を挙げれば、すぐ理解できることなんですよ。初めに、櫻田さんは、「お客さまは、にっこり豊かにお迎えするもの」といわれました。ところが同じ客商売のタクシーには、それ以前の「ありがとうございます」という、ごく常識的な挨拶すらなかったのです。お礼をいうということは、ごくごく普通の社会常識です。商売以前の問題だと思いませんか。

櫻田　そうですね。

青木　ところが、うちが挨拶運動を展開しましたらね、もう業界の中で四面楚歌《そか》です。とくに昭和五十一年からは「挨拶をしなければ運賃は頂きません」という運動を開始した時は、業界の猛反発をくらいました。

車内に「『ありがとうございます』『ＭＫの○○です』『どちらまでですか？○○までですね』『ありがとうございました。お忘れものはございませんか』以上を実行しない時は、運賃はいただきません」と掲示したのです。

十年かけて挨拶を徹底

櫻田　そう、そう。マスコミで随分と話題になりました。

青木　しかし、同業者からは目の敵《かたき》です。業界の幹部たちは政治力を使って何とかやめさせようとするものですから、監督官庁に何度も呼び出され、説明せねばならないわと、一時期、私のエネルギーは、ほとんどこの対応に費やされたほどです。

つまり、この事例から二つのことをご理解いただきたいのです。一つは、一般社会の常識とタクシーの常識はまったく逆だということです。私は、一般の社会常識の中に入ろうとしました。すると、同業者は、「要らんことをするな」ということで、業界の中では四面楚歌にならざるを得なかったということです。会合に出席して意見をいっても、全員反対です。私にとっては、業界内では孤立しているが、世の中全体の中では多数派だ、という信念だけが支えでした。

もう一つは社員教育です。いま申しあげましたように、タクシーの運転手は色が染まっているわけです。その人々を採用して、色を抜いて業界の常識から社会の常識へと色を染め直さねばなりません。これは人間の意識改革ですから、並大抵のことではできません。ごく普通の挨拶が自然にできるようになるまで十年はかかりました。

櫻田　それは素晴らしい継続の忍耐ですね。普通は一か月やってダメならば、あきらめます。それを一年や二年じゃなくて、十年間もおやりになった……、すごい信念です。

青木　最初のころ、私は朝六時ごろに出勤していたんですよ。すると夜営業して帰ってきた運転手たちが、ガレージの中で洗車しています。私は、その間を抜けながら、「おはよう、ご苦労さん」といって歩きます。しかし、返事はなく、皆黙々と洗車をしているだけです。

この状態から、洗車ブラシを止めて、私のほうに向き全員「おはようございます」というようになるまでが、十年だったのです。このことから、私がうらやましいといった理由もおわかりいただけるのではないでしょうか。

櫻田　結果的には、お客さまのところへ帰っていくとはいえ、直接には、同業者に対し、運転手さんたちに対して汗を流されていたのですね。私は、お客さまのため、従業員のためという、MKの経営理念、そして、その思想を実現するために社員教育に力を入れておられるという点に共感を覚えていたのですが、お話を伺って正直なところ常人じゃないと驚きました。

フランチャイズは思想の一致が鍵

櫻田　実は、私自身、経営理念というか、経営思想というものをとても大切にしています。私どもの事業は、創業時の困難を乗り越えてからは、割と順調に業績を伸ばしてきました。

というより、大資本の参入が相次ぐファースト・フードの業界の中で、私どものような、独立資本で創業した会社が、生き延びてこられたのは、この経営理念が明確で、その核に社会的な使命感を持ってきたことに負っているのではないかと考えています。

私どもの事業は、業態としてはフランチャイズ・ビジネスです。本家、つまり当社がフランチャイザー、加盟店がフランチャイジーです。で、生き延びた最大の原因は、〝ジー〟の選択をものすごく厳しくしたことです。

青木　場所と資金があれば、簡単に加盟店になれるというわけではないようですね。

櫻田　ええ、私どもの経営思想と、その方の経営思想がピタッと合わなければ、決してOKを出しません。では、私たちの経営思想がそんなに難しいのかといいますと、実は簡単なものなのです。「感謝される仕事をしよう」というものです。どうせ仕事をするならば、「ありがとう」とお客さまから感謝されるような仕事ですね。私が考えるに、タクシーならば、お客さまを安全に、スピーディーに、気持ちよく目的地までお連れするということではないでしょうか。

青木　おっしゃる通りですが、言葉では簡単でも、それが大変に難しいことなのです。

櫻田　そうだと思います。頭では皆理解できるかもしれません。しかし、心から「そうだよな」と共感して燃えることのできる人は、一%いませんでしょう。実際には〇・一%だと私は思っています。実は、そういう人を探すことが大変だったのです。

　外食産業のブームが昭和五十年代初頭からやってきました。そのころ、フランチャイズでやっていた企業は、年間百〜二百店舗は出店していたようです。でも、私どもの場合は、多くても年間に三十店舗しか増えておりません。経営理念を共有できる該当者がおりませんでしたし、よしんばいたにしても、本部にはお店をフォローする態勢ができておりませんでした。

　指導するには、それだけの経営資源が必要です。人、物、金、ノウハウ、いろんなものが必要です。ですから、よく「モスバーガーっていうのは、宗教なんですね」といわれたものですが、決して宗教みたいなものではないんです。これを守り続けたことが、今日、何とか形になった要因です。

青木　よくわかりますよ。ただ、私の場合は選択の余地はなかった。だから、色を染

め直すために、人間教育に膨大な時間がかかったのです。それで、うらやましいと……（笑）。

思想の一致しない企業は挫折した

櫻田　企業というのは、やはり社員全員が同じ使命感の下に、燃える集団でなければ強くなれません。このことは古今東西の歴史を見れば教えてくれていることです。例えば、戦争に勝っている軍団というものは、まずリーダーである将軍を全員が尊敬し、支持しています。そして揺るぎない戦略目標がある。その戦略目標が使命であり、正義なんですね。この燃え盛るべききずながあるから、勝てるんですよ。

逆に負ける集団というのは、利害得失で集まっているとか、あるいは強制されて仕方なく参加しているケースです。戦局が不利になれば、必ず雲散霧消《うんさんむしょう》してしまいます。企業も同じですよね。だから、私は無理しないで、経営思想を理解し、得心してくれる仲間だけを集めようと、そういう組織改革にかけたわけです。この考えは、ますます強まっています。

青木　結果として形になっているところが素晴らしいですね。

櫻田　アメリカでフランチャイズビジネスの栄枯盛衰を見てますと、このことが、よくわかるんです。一時的に急成長した企業の多くは、途中で挫折しています。原因は、拡大を焦ったあまり、容易にフランチャイジーの権利を与えてしまったからなのです。

権利金が入りますから、一時的には儲かりますよ。しかし、思想が同じでないと、必ず挫折していきます。それで、経営の思想が大事なんだなと、ならば、経営理念を共有し合えるような組織をつくりたいと、これに徹したことがよかったんでしょうね。

普通フランチャイズシステムを採っている企業は、加盟店の方々の組合ができること嫌います。いってみれば不平不満団体になりがちだからです。でも、私どもでは率先してつくり、本部と皆さんとが相互検査し合いましょうと、そういう組織体にしています。なぜこれが可能か？　繰り返しになりますが、利害得失の集団ではなく、一つの使命感の下に集まった仲間だからです。つまり、私どもの組織はファミリーなんです。

青木　出光興産《いでみつこうさん》の創業者・出光佐三《さぞう》さんの考え方が、やはり同じですね。よくいわれる「出光の大家族主義」です。この方は偉かったですね。出光の組織に入り、石油だけやっとったら絶対に困らない。

中には石油で儲かって、ほかの仕事に手を出す経営者もいましょう。その事業が失敗して、販売店が危うくなると、出光は人と金を送り込んで、立て直しに入ります。普通は、これで本社の直営店になるわけですけれど、出光は違う。出光佐三の精神は「和」であり、大家族主義ですから、立て直した後は、経営権を返して帰っていく。そこに、販売店の出光に対する信頼があるわけです。私も、随分と見習わせてもらい

出光佐三：［1885～1981］実業家。福岡県生まれ。明治44年門司で石油販売の出光商会を創立。昭和15年出光興産を設立し、社長。敗戦で海外資産を失うが、大型タンカーの建造、製油所の建設などを進め、原油の輸入から精製、販売まで一貫する民族系石油会社を築き上げた。

ました。

櫻田　ああ、青木さんの「社員のため」という発想と同質のものですね。

量より質が経営を制する

青木　ええ。というのも、結局、質の問題に行きつくのです。バブル経済のときには、量だけを追求して、質はあまり問わないという感がありました。でも、やはり最後は、質が市場を制しています。

私が「社員のため」ということも、同じことなんです。タクシー運転手の質の向上ということは、言葉にすれば簡単です。豊かで立派な人間になって、サービスの行き届いた接客をすれば、社会からも評価を受ける。だから「社員のため」なのです。その意味で、精神文化というのは、質を問うところに成り立つのではないでしょうか。

櫻田　企業文化というか、カルチャーはまさしく企業理念から生まれてくるものです。それこそ質ですね。

青木　ただ、繰り返しになりますが、櫻田さんは、人を選別することができた。私はできなかった。だから、運転手の意識改革をするために、膨大な時間と金と情熱を注がねばならなかった。だからうらやましいのです（笑）。

櫻田　なぜ、そういうことに気づかれたのですか。

青木　素人だったからです。初めに高邁《こうまい》な理念があったわけではありません。社会人としてのごく当たり前の常識が、タクシーでは通用しない。その素朴な疑問が始まりです。

私、ガソリンスタンドをやっていましたのでね、タクシーは儲かるぞという話を聞き、まず十台の認可を頂いたのです。これを毎日稼働させるためには、二十四人の運転手が必要でした。陣容を整えてスタートしたら、常識では考えられないようなことが起きたのです。それが、無断欠勤、遅刻、早退。まあ、し放題という感じです。

櫻田　タクシーの場合は、そのまま売り上げに響きますね。

青木　それで私、欠勤も遅刻も早退も認めるから、前もって連絡だけは欲しいとお願いした。わかっていれば、代務がいますのでね。しかし、なんぼ話しても聞いてもらえない。そこで、一か月後に同業者に相談にいったんですよ。そうしましたらね。

「青木君。そんなの直らへんで。タクシー運転手はそれが常識や。二十四人必要なら、三十四、五人採用したらいい。そして、早く来た者から車に乗せなさい。で、乗れなかったやつには、賃金を払わんでもよろしい」

これには驚きましたね。出社してきた運転手に賃金払わんでもいいといったら、日雇いよりも待遇が悪いわけです。

櫻田　そんな経営環境だったのですか。

青木　昭和三十五年ごろというのは、もうなんぼでも運転手がおった時代ですから。そのとき、私は三十一、二です。若いですから、タクシーというのは、市民の足を守る公共性を帯びた仕事だと、夢を持っていました。なのに労務管理は非近代的でしょう。これでは社会性を失うと考えたんですね。それで、社員教育をしようと意欲を燃やしました。でも、直んないんですわ。

質の低下は家庭に原因があった

櫻田　社員教育に執念を燃やしてこられた原点はそこにあるのですね。

青木　ほんとの苦労は、次の段階から始まったのです。困り果てた私は、家庭訪問をしてみたんです。二十四軒の家を全部回りました。それでわかったんですよ、原因は家庭にあるんだと。タクシーは一昼夜動いていますから、昼間寝なければいけない運転手もおります。ところが、皆六帖一間の部屋に、四、五人の家族で住んでいます。熟睡などできっこないんですよ。

　寝過ごしたら出勤しても遅刻、めんどくさくなれば無断欠勤です。タクシーは歩合です。車を走らせないことには金になりません。睡眠不足で出勤すれば、ハンドルを握っていてもイライラしがちです。短時間で売り上げを上げるため乗車拒否をしたくもなりますし、運転も乱暴になります。

櫻田　そういうことなのですか。私も創業時は妻ともども睡眠不足で働いていましたでしょう。つまらないことで喧嘩です。わかってはいるのですが、つい口論が激しくなったものでした。

青木　櫻田さんは、休みのローテーションを組んだことで救われたとおっしゃいましたが、運転手たちも同じでしてね、生活環境を改善せんことには、勤務態度は変わらないことに得心したのです。それで、創業二年目には、アパートを建てました。資金に余裕があったわけではないのですが、急務だと思いましたのでね。

　以後、２ＤＫのマンションを建てたり、睡眠のとれる住まいの確保はいつも頭から離れません。社員教育は、これが確保されなければできないと思ったからです。

　で、昭和四十四年にたまたま四十六戸の一戸建ての家を売り出した不動産屋がおったのです。私はいい機会だと思い、まとめて購入することで割引をさせ、運転手たちに十八年ローンを組み、月々三万四千円を支払えば家が持てるようにしたんです。

櫻田　よくおやりになりましたね。

青木　ところが……(笑)、私は自分でもよくやったと、申し込みが殺到すると思いました。あにはからんや、一人の申込者もおりません。びっくりして調査しましたら、当時の運転手の収入は約七万円だったのです。「持ち家は魅力でも、給料の半分取られて、どないして生活ができますか」、これには参りました。

　正直なところ悩みましたが、仕方ありませんので、家を購入させるために、あの当時の金で五万円一挙に給料を上げたんですよ。

櫻田　ほう、昭和四十年代の半ばですから、思い切った賃上げですね。何か理由があったのですか。

青木　ええ、一つの基準が私の頭にあったのです。自動車の歴史の本を読みますと、昭和十年ごろのタクシーの運転手というのは、ものすごく社会的な地位が高かったのです。飛行機のパイロットのようなイメージですね。それだけに、お客さまへの接客サービスもよかったのだといいます。

　私は、タクシー運転手の質と社会的な地

位の基準を、昭和十年代に引き戻そうと考えたんですね。家も賃上げも別にきれい事でやったわけではありません。待遇と質は、表裏の関係です。教育を徹底するための条件と考えていたのです。

調べましたら、昭和十年代のころは、銀行の支店長クラスの収入に匹敵していたのです。私は思い切って、そこに基準を合わせることにしました。その数字が、五万円の差だったのです。同業者からは、ＭＫは三か月でつぶれるといわれました。この経験は、私にとって一つのエポックでした。なぜなら、高賃金でも会社はつぶれないということがわかったからです。

高賃金にして道が開けた

櫻田　どのようにして乗り越えられたのですか。

青木　高賃金を維持するためには、高能率にしなければ会社は成り立ちません。とりもなおさず、それは私自身が、運転手の能力を開発するために、勉強せねばならん、そして、そのための道を見つけねばならんということだからです。

私は運転手たちの中に入っていくことから始めました。朝五時に起きましてね、家内にポット、やかん、湯飲みを用意させ、会社の休憩室で夜勤明けで帰ってくる運転手たちを待っていたんですわ。私の顔を見て「会長、朝帰りですか」「そうや、皆に悪いから、お茶を沸かして待っとったんや」私がお茶をついであげたら手を震わせて「会長、ほんまに飲んでもいいんですか？」と……(笑)。そんなところから毎日、マンツーマンで話をするようになりました。

櫻田　それが教育ですね。

青木　教育であり、現場の声から経費削減を探っていったのです。このままいったら会社はつぶれる。つぶれたら、あなたたちも職場を失うよと、だからまず経費の節約を考えようやとね、淡々と教育していったのです。同じガソリンでより長い距離を走れないか。タイヤ一本が三万五千キロで消耗しているが、四万～五万キロ走れないか。二年しかもたない車を三年にできないか、と徹底的にチェックしていきました。そうしましたら、経費が月に一人二万円下がったんです。

今度は売り上げを伸ばすにはどうしたらいいかです。「とにかくお客さんが手を上げたら止まってお乗せしなさい。で、お乗せしたら、ちゃんと安全快適に気持ち良く、目的地へ輸送しなさい」ということを徹底させました。するとおもしろいものですね、同業者がＭＫを宣伝してくれた。「近いところなら、ＭＫに声を掛けろ」ってね。うちの運転手たちも腹の中ではおもしろくはなかったでしょうが、黙って笑顔でお客さまをお乗せしていたんです。

櫻田　なるほど、乗る立場からいえば、親切で安心ですわね。

青木　そうでしょう。おもしろいものですね、今度はお客さんのほうがタクシーを選び始めたのです。しかも、かえって遠くへ行かれるお客さんがね、どうせ乗るならと、ＭＫを選ぶわけです。これで売り上げが一

エポック：時代。特に、新しく画期的な時代・時期。新紀元。

人四万円伸びたんですよ。これ全部利益です。経費削減の二万円を足して六万円です。
五万円賃上げして運転手に喜ばれ、お客さまに親切にして喜ばれ、会社も一万円余分に儲かるという結果です。このとき、私は、環境づくりだなとつくづく思ったものです。従業員の意識改革は、口でいうだけではなんぼいってもダメなんですね。待遇や環境が整っていくから、本人も得心できるわけです。

使命感という意識が人を変革する

青木　しかも、やっていることはといえば、きちんと挨拶をしてお客さまに好感を持たれましょう、お客さまに安全・親切というサービスをしましょうという、ごくごく常識的なことにすぎません。モスフードさんの教育も徹底されていると伺っています。

櫻田　ええ、教育には力を入れています。先程申しあげましたように、経営思想の一致が大前提ですのでね、教育がすべてといっても過言ではないくらいです。私どもでは、最初からハウ・ツーは教えません。普通はトレーニング・マニュアルに沿って、すぐハウ・ツーに入っていくわけですが、うちは序章が長いんですよ。
あなたの人生で何をしたいのですか、あなたの働く喜び、生きる喜びってなんですかというところから入りましてね。要は、大事なことは、人間は意識の持ち方次第によってどのようにも変わりますよと。意識が行動を促し、行動の繰り返しがですね、成果を生み出す。で、成果が喜び、自信、誇り、勇気、そしてさらに高く強く大きい向上意識を生み出すんですよ、ということをエピソードを引いて理解していただきます。

青木　その意識改革が難しいですね。私の場合は、タクシーの常識を社会の常識に染め直すということですが、タクシーの運転手というのは社会の評価が低かっただけに、その意識も低かったんです。

櫻田　意識とは何かといって、わからない人も随分といます。それで、わかりやすくするために、乱暴ないい方ですが、私どもでは、「使命感」という意識と「義務感」という意識に分けてみてくださいと申しあげるんです。自分の人生を振り返ってみますと、学校の勉強でも受験でも仕事でも、義務感でやっていることの多いことに気づきます。
で、「義務感はやめませんか」と。「使命感という意識でやれば、ワッーと燃え上がって楽しいですよ、素晴らしい人生になりますよ」、とお話しして共感を得られる方に、パートナーになっていただくわけです。

奇蹟は継続のたまもの

櫻田　ですからトレーニングのための教育費はふんだんに掛けます。初級、中級、上級、それ以外に店長講座など、機会を設けて繰り返し、繰り返しやります。仕事をしていますと、どうしても知らず知らずのうちに基本からずれてきます。そこで軌道修正をするわけです。クラスごとに教材を変えてはいますが、基本は同じでして、詰るところは、その人の自覚をグーンと燃え立たせることにあります。これを繰り返していますと、人材の活性化、組織の活性化につながります。

青木　ほんとにね、教育というのは繰り返しですね。よく、ＭＫはタクシーの流れを変えたとか、ＭＫの奇蹟とかいわれます。しかし、私はアイデアマンでも、特別なことをしてきたわけでもないのです。世の中の常識に照らし合わせて、タクシーの常識を破ってきただけなのです。

櫻田　でも、タクシーの流れを変えてこられたという事実は、結果として奇蹟的なことではないですか。

青木　世の中の常識はこうですよと、継続していい続けてきた結果ですね。それで、私はよく「継続は力なり」というわけです。この信念だけは、曲げませんでした。正しいのはこちらだ、針の穴一本分も間違っていないという信念ですね。

櫻田　私も、「使命感と、絶対成功するという、成功への大決心」という言葉を使いますが、まさしくその信念の下で継続し続けるということでしょうね。その結果、ついて回ってきた業績を見て、奇蹟と思われるのでしょう。

ですから、商売はお金を扱うから、何か汚いものだと思っていらっしゃる方がいるようですが、私は素敵なお客さまがいて、素敵な仲間がいる、そして感動が味わえる素敵な仕事だと考えています。

かくして道なき道を切りひらいてきた

Kasai Yoshiyuki
葛西敬之
JR東海名誉会長

日本の国土面積の約1割ながら、日本の人口とGDPの約6割を抱える地域を結ぶ東海道新幹線は、まさに日本の大動脈輸送にほかならない。その東海道新幹線を中心に鉄道事業を展開するJR東海を、創業時より牽引してきたのが名誉会長・葛西敬之氏である。かつて経営危機に陥った国鉄の分割民営化を現場で推進し、多額の債務を背負ってスタートしたJR東海を今日へと繁栄発展させてきた。その道なき道を切りひらいてきた挑戦の歩みと、リーダーが持つべき姿勢とはいかなるものか。

鉄道一筋に歩み来て五十七年

私は法律と経済を大学で勉強しましたが、人間学というのは一生を懸けて積み重ねていく教養であると思っています。何でも手当たり次第にというと拡散してしまうため、私は政治史、外交史、戦史、伝記を中心に関心を持ってきました。それが企業経営にも大きく役立ったのではないかと感じているところです。

大学を卒業して二十二歳で国鉄（日本国有鉄道）に入社したのは昭和三十八年ですから、五十七年間、鉄道一筋に歩んできました。まさに鉄道屋だと言っていいと思います。国鉄には二十四年間勤めました。そのうち十八年間は養成期間のようなもので、国鉄という一つの枠の中で与えられた使命をいかにできるだけ完璧に果たすか、ということを中心に仕事をしてきました。

ただ、昭和五十五年に国鉄経営は実質的に崩壊しまして、どうにもならない状況になりました。

当時、日本の国の財政も悪化しており、財政を立て直すために税金を上げたいと政府は思ったのですが、国民の反対から増税より行政改革が先決だという話になり、昭和五十六年に第二次臨時行政調査会が発足することになりました。まず国鉄を片づけないことにはその先に進めない。それゆえ、国鉄問題は国家の増税なき財政再建のメーンテーマになったわけです。

たまたま私はその時に養成期間といえる時期を終えました。養成期間における代表的な経験としては、経営計画室という部署で再建計画をつくったのが三年、経理局という部署で予算要求をしたのが三年、そして地方の鉄道管理局の総務部長として労働問題、要員問題をやったのが四年。大抵の人は財務部門か労務部門のどちらかに分かれるのですが、予算と長期計画と労働問題、これらの統制部門をひと通り経験できたことは非常に運がよかったと思います。

昭和五十六年に第二臨調担当の調査役に任命されてからは、何がどうなるか全《まった》く決まっていない、地図のない荒野《こうや》に道をつくっていくような仕事を六年間行い、その先に分割民営化が実現しました。

分割民営化以降の三十三年間は専《もっぱ》らJR東海の創業・発展に携《たずさ》わってまいりました。これも前人《ぜんじん》未踏《みとう》のことが多く、本当にいろんなことを試されることにもなりましたし、試された結果が如実《にょじつ》に表れることにもなりました。

経営で大切なのは人間を掌握《しょうあく》することであり、合理性・正当性を見極めて自分自身や組織の方向を決めることなのですが、その際に法律学とか経済学といった実学はもちろん基礎としては必要であるものの、最後に鍵を握るのは大局観や長期展望です。これは鉄道だけではなく、どこの業界にいても同じような形で必要となる一つの教養であると思います。

教養というのは、こうすれば良いという答えが書いてあるわけではありません。思いつく様々な着想とかアイデアを現実のものにしていくプロセスの中で、血となり肉となり、直感力の根源となるものです。その具体例を交えながら、JR東海創業に当たって一体どのようにものを考え、意思決定をしてきたのか、経営の実践論をお伝えしたいと思います。

国鉄の経営が崩壊した理由

経営が実質的に崩壊した当時の国鉄の状況を説明しますと、政府から毎年七千億円を超える助成金をもらっていました。それにも拘《かかわ》らず、毎年の赤字はおおよそ一兆円に上《のぼ》っていた。この最大の原因は労働生産性が低いことにあり、年収に占める人件費の割合が九十％近く、稼いだお金の九十％近くは賃金に支払われるという状況になっていました。

毎年おおよそ一兆円の赤字を出しながらも、当時は東北新幹線を建設しており、工事費は新規債務で賄《まかな》います。そうすると毎年二兆円ずつ借金が増える。昭和五十六年度末時点で、既に債務の総額は十六兆円を超えていました。借金が利子を生み、利子がまた新しい借金を積み重ねるという、いわゆる借金だるまの状況が続いていたわけです。

これは公共企業体という組織のあり方そのものに大きな欠陥があったことを物語っています。公共企業体というのは国の一部であり、その予算はすべて国会の議決によって決まります。予算の中で重要なのがまず運賃、従業員の賃金。それから雇うべき従業員の総数、設備投資です。

これらの予算が国会の議決を経るということは、当時の最大野党である社会党の合意も得なければなりません。社会党の支持母体である国鉄労働組合の意見に逆らうことが自由民主党もできず、自社慣れ合い態勢で事が進んでいく。このような状況の中では、常に不十分で時期遅れな対策しか打てません。それが国鉄の赤字の原因であったため、一回清算しなければダメだということになりました。

国鉄を清算するということは、もちろん経営形態を変えることを意味しますが、その他に既に蓄積されてしまった膨大《ぼうだい》な過去債務、これは少なからず幾分かは納税者に負担いただかなければならない。そして社会党、国鉄労働組合のわがままを聞いた結果として、現実に膨らんでしまった要員の数を大幅に減らさなければならない。

その際に、何回面倒を見てもまた新たな債務ができたのでは意味がありませんので、国会ではなく企業が自律的に意思決定をする。機動的に行動する。そして結果で責任を取り、赤字になった時には賃金や要員を減らすという態勢にしなくてはいけない。つまり民営化が必要だと考えました。

分割民営化を成し遂げた天の時、地の利、人の和

民営化を前提にすると、全国にまたがる

労働生産性：生産物の産出量を、投入された労働量で割った比率。

公共企業体：国や地方公共団体の出資により公共の利益のために経営される企業体。狭義には三公社（日本国有鉄道・日本専売公社・日本電信電話公社）を指した。

大きな企業体は民営化に馴染《なじ》みません。全国四十二万人の組織、二万キロのレールというのは、企業の統治能力を超えているという意見がありました。それよりも何よりも地域によって物価が違う。あるいは鉄道に乗る旅客の数が違う。従《したが》って一人当たりにかかるコストが違う。それなのに全国一律の運賃で旅客を運び、全国一律の賃金を従業員に支払うことになると、地方では運賃はコストに比べて安く、賃金は物価に比べて高くなるのに対し、都会では運賃はコストに比べて高く、賃金は周辺の企業に比べて安くなる。

　すると競争の激しい東京や大阪や名古屋などで、鉄道の競争力が弱くなり航空機に旅客を取られる。そこで十分な黒字が出せない結果、運賃を上げることによってさらにまた競争力を失うという悪循環が進む。こういう現象を「クリームオフ」と言います。牛乳の中で一番栄養の多い部分が先に抜け落ちてしまうことに由来します。

　このクリームオフを止めるためには地域分割をして、地方ごとの旅客輸送コストを反映した運賃、地方ごとの物価水準を反映した賃金にしなければならない。従って国鉄を清算するためには民営化をし、民営化をするためには地域分割をしなければならないという考え方に当然なるのですが、これは国鉄の中で大反対でした。

「分割なんかとんでもない」「民営化はいいけど分割はダメだ」という意見が非常に強かったのですが、これは全く経営の分かっていない人たちで、民営化して分割しなかったら、そこには地獄があるだけです。

　国鉄改革は中曾根康弘総理大臣、その参謀である瀬島龍三氏、国鉄再建監理委員会の亀井正夫委員長と彼を支えた林淳司氏以下のスタッフ、自由民主党側で終始一貫して誠実に推進してくれた三塚博《みつづかひろし》代議士などの力を背に、杉浦喬也《たかや》国鉄総裁が実行して実現しました。

　まさに天の時、地の利、人の和が相俟《あいま》って事が運んだわけです。

五兆円の債務を背負って　スタートしたJR東海

　分割民営化にかかった期間は六年間で、第二臨調で方針を決めるのが一年、再建監理委員会等で分割案をつくるのが三年、そ

中曾根康弘：［１９１８〜２０１９］政治家。群馬県生まれ。海軍主計少佐として終戦を迎え、昭和22年民主党から衆議院議員初当選。保守合同後は自民党で科学技術庁長官・防衛庁長官・通産大臣などを歴任。57年首相就任。国鉄・電電公社・日本専売公社民営化を実現した。62年退陣。平成15年政界引退。

瀬島龍三：［１９１１〜２００７］陸軍軍人、実業家。富山県生まれ。関東軍参謀（中佐）で終戦を迎え、ソ連軍との停戦交渉にあたる。シベリアに11年間抑留。帰国後、伊藤忠商事入社。昭和47年副社長、53年会長。退職後は中曽根康弘元首相の顧問など多くの職に就任し、「昭和の参謀」と呼ばれた。

亀井正夫：［１９１６〜２００２］経営者。兵庫県出身。昭和14年住友本社入社。21年住友電気工業に転じ、48年社長、57年会長。日経連副会長、関西国際空港会長、日本生産性本部会長を務める。58年国鉄再建監理委員長となり、国鉄の分割・民営化を推進した。

杉浦喬也：［１９２５〜２００８］官僚、経営者。東京出身。昭和26年運輸省に入る。鉄道監督局長などを経て、57年事務次官。退官後の60年国鉄総裁となり、国鉄の分割・民営化を推進。実現後の62年国鉄清算事業団理事長に転じ、平成3年全日本空輸会長に就任。

の案を実行するのが二年という形でした。

ただ、やはり役人がやることには必ず幾つかの歪《ゆが》みが生じます。それは何かというと、自分の役所の権限を強めたいといったような利権意識です。国鉄分割民営化の際には、一部の運輸官僚が新幹線鉄道保有機構という組織をつくりました。

この新幹線保有機構について簡単に説明しますと、東海道新幹線、山陽新幹線、東北新幹線、上越新幹線の車両以外の地上設備はすべて新幹線保有機構が保有し、その設備をJR各社にリースすることによって、リース料で国鉄の債務を返していく。リース料は会社ごとの収益力を反映して配分する。この二つの大義名分をテコにして生まれたのが新幹線保有機構ですが、実際は東京〜新大阪間を結ぶ東海道新幹線という収益力抜群の日本の大動脈輸送の利益処分権を手に入れたいという思惑があったわけです。

リース：動産または不動産の賃貸。一般には長期のものを指す。

国鉄の債務は昭和六十二年四月には二十五・四兆円になっていました。これに加えて、鉄建公団がつくっている上越新幹線や青函トンネル等の建設費の債務が五・二兆円、年金の積立金が四・九兆円、分割民営化に伴う必要経費が一・八兆円、全部合わせて三十七・三兆円ものお金を誰かが背負わなくてはいけない。

新しく発足するJR各社のうち北海道、四国、九州は債務を背負う能力はありませんから、東日本、東海、西日本の三社で十四・二兆円を背負いましょう。残りの二十三・一兆円のうち六・四兆円は国鉄の遊休地と株式を売却し、十六・七兆円は国民の税金で負担していただくというふうに債務を処理することになりました。

三社で背負う十四・二兆円の中で、新幹線保有機構に支払うリース料が八・五兆円。収益力の高い東海道新幹線を持つJR東海は、五・〇二兆円分の負担を背負ってスタートしました。これは、年間の営業収益八千七百億円の六年分に相当する額でした。

新幹線保有機構というのは欠陥制度であり、リース料八・五兆円を三十年かけて返済するという計画なのですが、二年おきに輸送量の実績に従ってリース料の配分を変えることになっていました。

七千百億円のリース料を毎年払うと三十年で八・五兆円を返済できるのですが、その七千百億円をどの会社がどれくらい払うかは二年おきに輸送実績で変えていく。そうすると三十年間は、JR本州三社のそれぞれの債務がいくらあって、財産がいくらあるかという財務内容が確定しない。それでは株式の上場はできません。

ところが、国鉄改革関連法の建前上は、おおよそ十年以内に株式を上場することになっていました。

十年以内に上場することを目指しているにも拘らず、三十年間は財務内容が確定しないから上場できないという、自己矛盾を抱えた制度でした。従って我々はこれを一刻も早く解体させなければならないと考えたわけです。この問題は後で詳しく述べたいと思います。

創業時の三つの戦略オプション

東海道新幹線は日本の大動脈輸送ですから、JRの中で一番経営が楽だと思うのが自然でしょう。しかし実際には前述の通り、年間の営業収益の六年分もの膨大な債務を抱えていた上に、JR東海発足時、東海道新幹線は既に開業から二十三年経っており、土木構造物の老朽化が進んでいました。

また、国鉄時代には東海道新幹線の収益を赤字ローカル線の埋め合わせに充《あ》てざるを得ず、技術革新に投資することができなかった結果、技術が陳腐《ちんぷ》化していました。さらに、各地で空港の整備が加速していたので、航空会社との競争は激しくなる一方だったわけです。

端的に言って、JR東海の経営は大変だ、難しいという声が強くあり、国鉄の中でもJR東海に行っても面白くないという空気が色濃くあったように思います。

そんな中、私はJR東海に行ってくれないかと打診され、喜んで行きますと言ったのですが、その時に戦略のオプション（選択）は大きく分けて三つありました。

一つ目は、五兆円を超える債務がJR東海のアキレス腱《けん》ですから、設備投資は極力抑制し、このリスクをできるだけ早く小さくすることに全力を挙げるという「債務返済優先」。これはリスクミニマムオプションです。

二つ目は、反対に積極的に設備投資をし、国の大動脈輸送としての使命を優先的に強化するという「使命優先」。これはミッションマキシマムオプションです。

三つ目は、その両方をバランスよくやって、どちらに転んでも何とか言い訳ができるようにしておくアカウンタビリティオプション。

私は二番目のオプションを選択することに決めました。東海道新幹線は会社としての大黒柱というだけではなく、日本の国の政治、経済、あるいは様々な機能の健全性を維持する、まさに日本の頭脳から胴体を貫く大動脈です。これがうまく機能している限り、仮に債務の金利が上がって経営が悪化したとしても構わない。最終的には新幹線保有機構という制度欠陥が問題だというところに行き着く。

そうなった場合は、政府と刺し違えて私が経営責任を取って辞めればいい。しかし、大動脈輸送である東海道新幹線を国として捨てるはずがないから、彼らは新幹線保有機構の制度を変えざるを得なくなるだろうと、ある種の捨て身の作戦でした。

結果として、バブル崩壊後は金利がどんどん下がりましたから、我々にとっては非常に好ましい形になったわけです。そうならなくても、東海道新幹線の役割を最大限に果たせる体制を維持することにより、すべてはうまくいくはずだと考えて積極オプションを取りました。

アイデアというのは風発するもの

JR東海の創業時の経営戦略のポイントは何かというと、まずは当然のことながら東海道新幹線が日々安全・安定・正確に運行されるということです。これが一番大事なことで、東海道新幹線は開業以来五十五年間、今日まで一度も乗車中の旅客が死傷する列車事故を起こしたことがなく、完全な安全記録を守ってきています。

　その元にあるのがシステムと予防保全です。踏切のない高速旅客列車専用の複線軌道がある。すべての列車をATCという自動制御装置でコントロールし、絶対に追突も正面衝突もあり得ない。こういうシステムと共に、線路や車両などを定期的に点検し、事前に予防保全することで安全を担保しています。

　しかし、さらなる高速化や高頻度化《こうひんどか》などサービスの飛躍、向上を実現するには、ひと口に言って二十年、さらにもっと新しい技術、例えば超電導リニアのようなインフラそのものを新規に導入しようとすると、技術開発と建設を併せて五十年はかかります。

　このように鉄道を経営する場合は毎日毎日が大事でありながら、一方では二十年、五十年先を展望しなくてはいけない。日々・近未来（二十年後）・未来（五十年

JR東海の社長時代、会見を行う葛西氏

後）という三つの時間軸で同時並行的に戦略を立てて進めていくことが鉄道経営の一つの大きなポイントになるわけです。

　ここからは近未来と未来の戦略として実際に何をやってきたのかをお話ししたいと思います。ただこれらは机の前に座って、「よし、二十年後に向けて何をやるか」と考え、戦略を練っていったわけではありません。

　もちろん東海道新幹線を強くするために何をすべきかは、寝ても覚めても気になっています。そのような中で、人間の頭というのは面白いもので、何かを考えよう、構想しようと思うと、論理に囚《とら》われて硬くなってしまい、却《かえ》ってアイデアが出てきません。体を動かしている時は頭が眠ってしまい、体を動かせない時は却って思考が自由化する。坐禅《ざぜん》や瞑想《めいそう》とはそういうことなのかとも思います。

　従ってこれから述べる施策は、その順番で論理的に組み立てたものではなく、私がＪＲ東海の創業に携わった最初の数年間で、人と話していたり、新幹線で東京・名古屋

間を移動したりしている時などに風発《ふうはつ》してきたものです。

新幹線の高速化と品川駅の建設

第一に、「高速化」があります。これはいつ思いついたのかというと、昭和六十二年十二月、ドイツのデュッセルドルフから北に約二百キロのところにあるエムスランドへ常電導方式のリニアの視察に行った時でした。その帰りにフランスのリヨンに飛んで、TGVに乗ったんです。

TGVは世界一速い列車だと言われていましたが、設備面で立派だという印象は受けませんでした。「TGVが二百七十キロも出しているのに、なぜ東海道新幹線は二百二十キロしか出せないんだ」と同行している技術者に言ったら、「いや、二百七十キロであれば出せますよ」という話になりました。

そこで翌年早々に高速化チームを立ち上げ、周辺の建物への振動を減らすために車両の軽量化を図るなど、二百七十キロを出せる車両の設計を行いました。そして、設計が終わり次第、直ちに発注をかけ、次々と新型車両を投入しました。それでも全車両二百七十キロ走行が可能になったのは平成十五年ですので、トータル約十五年の期間がかかったことになります。

東京〜新大阪間はかつて三時間かかっていましたが、高速化を進めてきた結果、現在は二百八十五キロ走行が可能で、東京〜新大阪間は最速二時間二十二分で結ばれています。

国鉄時代は一時間に「ひかり」六本、「こだま」四本でした。平成十五年にすべての列車が二百七十キロ化されましたが、その前段ですべての列車を十六両編成に統一するなど列車編成の汎用性《はんようせい》を高めてきた結果、同時に「のぞみ」七本、「ひかり」二本、「こだま」三本の七・二・三というダイヤになりました。さらに車両の改良を進めたことで現在は十・二・三ダイヤとなり、一時間に十五本の新幹線が走っています。さらに二〇二〇年三月のダイヤ改正で一時間十七本まで走ることが可能になりますので、そうすると東海道新幹線の輸送能力は限界まで実現し尽くしたといえると思います。

第二に、「東海道新幹線 品川駅の建設」です。国鉄時代も、品川に新幹線が停まると、特に東京の南西部に住む人たちにとってアクセスが良くなることから、建設したい思いはあったのですが、悲しいかな、大赤字の国鉄では建設することができませんでした。

当時、品川駅の周辺には、膨大な在来線用地があり、この在来線用地は一部分を新幹線の駅に転用可能であるため、用地をJR東海で入手してそこに駅をつくろう。将来リニアをつくった時、リニアと東海道新幹線を結節する駅を確保しよう。そういう考えのもと、品川駅建設の計画を発表したのが平成元年です。

航空会社としては羽田空港に行く途中に駅ができ、そこが「のぞみ」の停車駅になれば、航空機の競争力が大きく削《そ》がれる。

TGV：フランスの高速鉄道。

様々な反対はあったものの、政府の決断、世論の強い要求があって、平成十五年に品川駅は開業しました。

一日当たりの乗降人員の推移を見ると、平成十四年度は東京駅が二十・八万人で、品川駅はありませんでした。平成三十年度には東京駅が二十・九万人、品川駅は七・四万人で両駅合わせて七・五万人増加しています。結果として開業から僅《わず》か二年で駅の建設費用を回収するほどの増収効果をもたらしたのです。また、駅の利用客数が増加するにつれ、周辺には大きな街ができあがり、土地の値段も上昇しました。

新幹線保有機構の解体をもたらした秘策

次に、「新幹線保有機構の解体」です。これは先述の通り、制度欠陥を正すという最大の狙いがありました。政府が法律を通してつくった特殊法人ですから、そう簡単になくなるはずはありませんが、実際には四年半で解体させることができました。

二年おきにリース料の配分を変更するということで、平成元年に最初のリース料の見直しがありました。その時、JR西日本がリース料の決め方に関して、どうも自分たちにとって厳し過ぎる。軽減措置を取ってほしいと政府にアピールしました。そこで運輸省は既定のルールとは無関係にJR西日本のリース料を二百億円減らし、そのうち百五十億円はJR東日本が、五十億円はJR東海が負担してくれという話になりました。

我々は既にリース料の約六十%を負担していましたから、この提案をそのまま認めるのはいささか無理があるというのが実感でした。しかし、そこで価格交渉をしても大した効果は見込めませんので、何を考えたかというと、「分かりました。呑《の》みましょう。しかしこのように無原則なリース料の見直しを二度とやられては困るので、一旦《いったん》ここで増やしたら、リース料は二度と変えないことにしましょう」とリース料の固定化を条件にしたのです。

そうするとJR東日本もJR西日本もこれに賛成しました。特にJR西日本は二百億円減額してもらえるなら望外の幸せだと。JR東日本にしてみると、JR東海は既に約六十%もリース料を背負っている。それを固定するというのは愚かな選択だと見たと思います。いずれ東北・上越新幹線の輸送量が増えればJR東日本のリース料が上がり、JR東海のリース料は下がる可能性があるにも拘らず、一番ピークの時に固定しては損するだろうと彼らは思ったでしょう。

しかし、その後の輸送量の状況を見てみると、東北・上越新幹線に比べて東海道新幹線のほうが輸送量は遥《はる》かに伸びていますから、もしあの時に固定せず、なおかつ新幹線保有機構が続いていれば、JR東海のリース料はさらに膨れ上がっていたことになります。

リース料を固定すると債務が固定する。そうすると、もはや新幹線保有機構は要らないわけです。結果として平成二年に解体の方針が決まり、翌年十月に正式に解体されました。これは国鉄分割民営化後の改革

としては、非常に大きかったと思います。

　いま政府は一千兆円の借金を持っています。それでもなお、北海道新幹線延伸《えんしん》や長崎新幹線を求める地方の声、政治家の要望は強い。その中でもし新幹線保有機構が存在していたとすれば、特にＪＲ東海やＪＲ東日本は大きな黒字を出していますから、政府はこれを使って資金を確保し、整備新幹線建設のほうに流用していたでしょう。新幹線保有機構を解体したことは、将来にわたって自律的な経営を確保するために大きな意義があったと思っています。

　これらの結果、何が起こったか。東海道新幹線の運輸収入は、ＪＲ東海発足当初の昭和六十二年度は七千億円余りでした。一方で平成三十年度は一・三兆円弱になっており、八十一％も増えています。ＪＲ東海のキャッシュフローは、昭和六十二年度は七百億円でした。それが新幹線保有機構を解体した直後の平成四年度には、二千二百億円まで増えました。そして平成十五年度、二百七十キロ化と品川駅が開業した頃に三千億円、平成三十年度には五千七百億円になりました。

　ＪＲ東海発足以来、約三十年間の総キャッシュフローは十・一兆円、そのうち三・六兆円は債務の返済に使われました。かつて一番多い時で五・四兆円あった国鉄から引き継いだ債務は、現在一・八兆円まで減っていますから、債務は三分の一になりました。この債務の支払利息についても三千五百億円弱だったものが、いまは五百億円余りですから六分の一になりました。

　収入は八割増え、債務は三分の一になり、支払利息は六分の一になったということの差でもって、ＪＲ東海は土木構造物の長寿命化や脱線・逸脱防止対策、そしてリニアの建設といった様々な設備投資を進めているわけです。

なぜ大借金経営の最中に五十年先を展望できたのか

　では、未来の問題はどうだったのかと言うと、いま建設中の中央新幹線で採用される超電導リニアの開発を考えたのは昭和六十二年、創業当初すぐでした。

　中央新幹線の法律上の書き方は東京都・甲府市・南アルプス中南部・名古屋市・奈

富士山の麓にある山梨リニア実験線で走行試験が行われている ©JR東海

良市を通って大阪市に行くと書いてありますので、これは東海道新幹線とほぼ同じ流動を担うことになります。いずれ東海道新幹線の列車本数をこれ以上増やせなくなり、輸送力が限界を迎えた時に、中央新幹線がその解決策になると認識しました。

ところが、当時は会社ができたばかりで多額の債務を抱えており、いつ上場できるか分からない状況でしたから、中央新幹線を建設するのはあまりにも現実とかけ離れています。まずは超電導リニアの技術開発を我々がやろうということで、昭和六十二年七月にリニア対策本部を立ち上げました。

先ほど述べたように、昭和六十二年十二月、ドイツのエムスランドにある常電導方式のリニアの実験線を視察した際、技術自体は使い物にならないという確信を持ちましたが、実験線の設備自体は立派でした。当時、日本にも宮崎に七キロの実験線がありましたが、これでは短いため将来中央新幹線のルートになるであろう場所に、JR東海が自己資金一千億円で実用線の一部として約二十キロの実験線を建設し、超電導

最高時速603キロを記録した超電導リニア　©JR東海

リニアの技術開発を手掛けるということで、山梨リニア実験線の建設を提起しました。昭和六十三年七月です。

その後、平成九年に実験線での走行試験を開始し、現在は約四十三キロまで実験線が延伸されていますので、中央新幹線の東京〜名古屋間の七分の一は完成していることになります。これまでの走行試験は累計二百八十五万キロに達し、有人走行で最高時速六百三キロまで出したことがあります。

超電導リニアの意義の一つは、まず何と言っても飛躍的な時間短縮です。東京〜名古屋間は最速一時間二十六分が四十分に、東京〜新大阪間は最速二時間二十二分が一時間七分になる。現在でも東京・名古屋・大阪はそれぞれが連担して機能していますが、中央新幹線が完成すれば、東京〜大阪間のあらゆる地域がほぼ一時間以内で結ばれることになります。これは世界に類を見ない大回廊都市ができあがることを意味します。

また、大動脈を二重系化することによって、災害に対する強さが増します。中央新幹線は東京～名古屋間の二百八十五キロのうち、地上区間は僅かに十三・七％で、残りは地下ないし、山岳トンネルです。これは台風や地震に強く、あるいは軍事攻撃にも強い。こういう非常に抗堪性《こうたんせい》が高いという特徴を持っていることは、災害時においても基幹輸送の大動脈を維持する上で、非常に大きな意義があると思います。

一方、東海道新幹線沿線は中央新幹線ができることにより、東京～名古屋～大阪間を直行する人々の大部分がそちらに移りますので、例えば「ひかり」の停車本数を増やす形で浜松・静岡・三島・小田原といった地域の利便性を向上させることができるでしょう。地域全般にわたって経済的な波及《はきゅう》効果が極めて大きいのです。

当面の大借金経営をいかに解決するかに振り回されず、大局観や長期展望を持って五十年後の計画を描くことができたのはなぜか。それは自分中心ではなく、国家のことを考えていたからだと思っています。経営者の中には、自分が任期でない時に何が起こるかについては関心がないという人も多いでしょう。ましてや、自分が生きていない後世のことを考える人はさらに少ないのかもしれません。

ただ、私は幸いにして政治史、外交史、戦史、伝記といった書物を読み込んでいたこともあって、国家の命運を考え、国家百年の計を持つことの大切さを身に沁《し》みて感じていました。ですから、私は自分の任期に何ができるかということを考えたことはなく、JR東海の持つ使命が将来どのようになっていくのか、それを引き継ぐのはどういう形なのか、という思いで仕事をしてきました。その結果が中央新幹線の建設に繋《つな》がったのかもしれません。

リーダーが持たなければならない七つの姿勢

最後に、これまでの体験を通じて私が実感している、リーダーが持たなければならない七つの姿勢について述べたいと思います。

一つは、「外向性」です。中を安んじて外に向かうべきもの。

最近、経営者が「社員と仲良く仕事ができるような環境をつくり、大過なく社長の任期を終えたい」というようなことをよく口にしています。ナンバー2ならそれでよいのですが、リーダーは外に向かっていなければなりません。

日本は島国で海に守られていて、他国からの侵略があまりないこともあり、外と向き合う機会が少ない。従って国内の諍《いさか》いを治めることがリーダーにとって一番大切だと考える傾向が強いようです。

しかし、経営者は会社の代表として常に外を向いているべきであって、もちろん社内のことも大事ですが、社内のことだけにかまけてしまっては、リーダーとはいえないと思うのです。

二つ目は、「自律性」です。何を成すべきか、何が正しいかを自らの判断で決し、自らの意志で行動し、一人で結果責任を取る心構え。

これはこれまでお話ししてきた通りです。国鉄の経営が崩壊した最大の理由は何かと

いうと、自分のことを自分で決められなかったからに他なりません。

三つ目は、「主動性」です。有限の戦力で最大の効果を上げるためには主動が不可欠。主動によって集中・即行が可能になる。

戦いにおいて守っている時というのは、相手がどこから攻めてくるか分からないので、自分の力が百だとすれば、その百の力を三百六十度に分散することになります。そうすると、一つの局面では一以下の力しかない。一方、同じ百の力を持っている人が攻撃する場合には、その百の力を一点に集中して攻撃すれば突破できるわけですから、やはり常に仕掛けたほうが勝つ。それが主動ということです。

主動すると、戦力を集中できると同時に、素早く行動できます。エネルギーはM（質量）×V（速度）の二乗という式で表されますので、速度がライバルの二倍あれば四倍のエネルギーを発揮することができます。どこを攻めるか、何をどうするかを速やかに決めて主動することが大切であり、常に心掛けるべきです。

四つ目は、「明快性」です。何を是・非とし、何をせよ、何をするなと言うのか。

何をやろうとしているのか分からない曖《あい》昧《まい》な言い方をするリーダーが政財界に多くいます。しかし組織に属する人たちから見ると、そんなリーダーにはついていきにくい。何は良い、何は悪い、何をやれ、何をやるな、ということはリーダーがきちっと決めて部下に指示しないと、組織の力を結集することはできないのです。

強固で不動な意志がすべてを決する

五つ目は、「不動性」です。一旦決したら、遅《ち》疑《ぎ》逡《しゅん》巡《じゅん》しない。

いささか硬直的に感じるかもしれません

が、常にグラグラ揺れ、ちょっと状況が変わったからといって、決心が鈍《にぶ》るようなことがあると、勝てる戦いにも負けてしまいます。上が迷えば下はもっと迷ってしまうため、そんな弱々しいリーダーではなく、一旦決めたら決着がつくまでは不動の姿勢で努力することが大事だと思います。

六つ目は、「一体性」です。信じて任せ切り、成功体験を共有する。

私はこれまでたくさんの人と一緒に仕事をしましたが、おそらく百人のリーダーのうち九十九人は自分が言った通りに組織が動き、自分の手足のように部下を使いたいと思っているでしょう。しかしそれでは自分の力以上の成果は出せません。

反対に、大きな方向と戦略を決めたら、「それを実現するための具体的な戦術については君の好きなようにやりなさい。もし失敗したら私が責任を取るから」と言って人に任せることによって、自分の力のみならず、部下の力も含めて成果を高めることができます。

信頼の条件としては、まずリーダーである自分が部下を信じなければ、部下は自分を信じてくれません。また、何かを一緒にやって成し遂げたという成功体験があると部下はついてきます。

最後は、「捨て身性」です。常に捨て身になる必要はないと思いますが、何か大きな問題に取り組む、ここ一番という時には、敢《あ》えてリスクを取り、捨て身にならないといけません。

先述したように、JR東海の戦略オプションとして使命優先を選択する、あるいは新幹線保有機構のリース料を他社よりも多く背負って固定する。これらはまさしく捨て身の決断でした。捨て身の姿勢なくして成功した人や発展した組織はありません。常にリスクはある。そのリスクを敢えて取って無我夢中に打ち込むのです。

『葉隠《はがくれ》』の有名な一節に「武士道は死ぬことと見つけたり」とあります。これは死ぬことが易《やさ》しいというのではなく、死ぬつもりでやれば、結局死なないで成し遂げることができる、ということです。自分の命を懸けてでもやるぞという覚悟があり、そこに正当性や必然性、大義があれば、天の運も呼び込んで難局を乗り越えることができるのだと感じています。

意志あるところ道はひらくという言葉はまさにその通りですが、意志を持って挑戦してもタイミングが合わなくてうまくいかない時も人生にはあるでしょう。

しかしそこで諦めてしまっては、幸運も逃《のが》してしまいます。形勢のいい時も悪い時も、意志を持って努力し続ければ、最後の最後で逆転することは十分にあります。ですから意志がなければ絶対に道はひらけない。「強固で不動な意志」を持ち続ける。それがすべてを決すると思います。

葛西敬之（かさい・よしゆき）
昭和15年生まれ。38年東京大学法学部卒業後、日本国有鉄道入社。44年米国ウィスコンシン大学経済学修士号取得。職員局次長などを歴任し、国鉄分割民営化を推進。62年JR東海発足と同時に取締役総合企画本部長。平成7年社長。16年会長。26年より名誉会長。

わが忍の実践哲学

忍こそ勢いを生む母胎である

川上哲治
巨人軍元監督
Kawakami Tetsuharu

巨人軍の監督としてリーグ優勝、日本シリーズ優勝各11回を数え、不滅のV9（九連覇）を達成した川上哲治元監督にもスランプはあった。苦境に陥ったこともあった。その時に川上元監督は、いかに対処したのか。いかにして常勝への道を切り拓いたのか。

勝ちに徹する

――不滅のV9（日本シリーズ九連覇）を達成し、「野球の神様」あるいは「巨人軍の鬼」といわれたほど野球に徹してこられた川上さんですが、今日はその体験を通して、勝つためには何が必要かということを伺いたいと思います。

　私は何をするにも、それが正しい道かどうかということを常に頭において行動してきたわけです。道に則《のっと》って進むということが私の生き方であり、やり方です。巨人軍の監督だった時には常に勝ち続けることが宿命づけられていたから、勝ちに徹することが私にとっては道に則って進むことでした。

　だから、何が勝利への近道かを考え、勝つためにはこの方法しかないと思えば、誰がなんといおうと、それを実行してきましたね。

不滅のV9：読売ジャイアンツが1965年（昭和40年）から1973年（昭和48年）まで、九年間連続してプロ野球日本シリーズを制覇したこと。その記録は未だに破られていない。

――「石橋を叩いても渡らない」とか「オーソドックスすぎて面白くない」とかいわれましたが。

　それは外の人間が勝手に決めつけとっただけですよ。私はいつもチームの戦力を計算しながら、この戦法の方が勝つ確率は高いだろうと考えて作戦を立てていったわけです。

――今でこそ「管理野球」は当然のようにいわれていますが、管理野球を最初に導入されたのは川上さんですね。

私はね、野球という勝負において、〝勝ち〟に徹したわけですよ。だから個人よりもチームの勝利を優先させたことは事実ですが、当時のマスコミのいう「管理」はかなり批判的な意味でした。しかし、私は自分の考えを選手に押しつけたこともないし、個性を殺したつもりもないですよ。

私が考える「管理」とは、一人一人の個性を十二分に発揮させた上で、集団の目標を達成することなんだ。一人一人の個性が発揮されなければ、集団としての目標を達成することはできない。そのためには、勝つことを自分の手柄にしようとか、自分の名声を上げようとすることが先にたつと駄目なんです。ですから、自分を捨て切っていないと、本当の意味の管理などはできんのですよ。

窮して通ず

――そういう意味で、勝つために自らを賭けた川上さんの足跡は、まさに〝忍の一生〟といえるのではないですか。

そうです。もう一面からみると、〝やる気〟の一生といってもいい。一つ一つのことにのほほんとやっとるだけでは何もできない。死ぬか生きるかという苦労を重ねて、きざにいえば死線を何回も超えていって初めて逞しい人間ができるんですよ。その死線を超えるときに、忍というか、そういう強さが必要なんじゃないですか。

なにがなんでもやってのける、途中であきらめないという不退転の決意、そういうものが大事でしょう。私は育ちが貧乏だっただけにね、やってのけないことにはしようがなかったわけですから、ハングリー精神というのは、子供のころからありました。それが支えにもなったわけです。

――ハングリー精神も、その裏にはまさに忍の心がありますね。

自分はもう駄目だと思って逃げてしまったりあとずさりしたら、それで堕落してしまうわけです。

大事なことは、それをどう受け止めるかという受け取り方、そしてそれをどう実行していくかということなんですからね。逃げちゃ終わりですよ。

――川上さんが監督になって四年目でしたか、奥様がご病気になられて大変な時期もありましたね。

一番苦しかった時期ですね。弱いチームを引き受けて一年目は優勝したんですが、二年目に負けて、三年目は勝ったが、四年目にまた負けたんです。この敗北は本当にしんどかったね。もともと私は監督一年目から評判の悪い男でしたから（笑）、このときもあることないことを随分書かれました。それで家内が心労から直腸潰瘍になってしまったわけです。

――ご家族の方もいろいろと非難の声を受けたそうですね。

ええ。でも、家内の病気というのが、うちの家庭にとっては大きな節目になりましたね。そこで私自身、自分の気持ちのふんぎりといいますか、ともかくやるだけのことをやろう、その代わり一生懸命やろうという気持ちがより一層強くなりました。

それと、家族みんなが「親父、家のことは心配するな、もう野球に賭けてくれ」というような空気が出てきた。病気を境にして一家がまとまったようなもんです。

――ご家族にとっても忍の時期でしたね。

人間、順風満帆《じゅんぷうまんぱん》で来た人生なんて、まったく弱いもんですよ。竹に節のないのと同じですから。やはり竹に節があるように、人生におけるスランプといいますかね、そのスランプを耐え忍んで、そこで力を蓄積しながら大きな力になっていくわけでしょう。

こういうスランプを何回も何回も経験しながらそれを一つ一つ克服していった人が本当に頼りになる。いざというときに頼りになるんじゃないでしょうかね。

――スランプのときに耐えた人間だけが強くなれるわけですね。

そうです。そのスランプのときに力をつけるんです。そこであきらめたら終わりなんですよ。あきらめず、なんとかするんだ、なんとかしようとやってるうちにそこで力がつくんです。だからそこを突破できるんですね。

『易経《えききょう》』の言葉に、

「窮《きゅう》じて変じ、変じて通ず」

という言葉があります。そのあと「通じて久し」と続くんですが、何事においても成功するためには、早く大きな壁に突き当たらないかん。壁に突き当たったら、今度はそこであきらめないで「なんとかしよう」とやってるうちに、パッとそこに通じる道を発見し、あるいはヒントを得ていくんです。

こういうことを経験した人こそ、一芸に秀でる者、百芸に通ずで、立派な仕事のできる人になる、強い人になっていく。

これも忍の別の表現でしょう。

――なるほど。

だから、大事なことは、やはり逃げないことですよ。あきらめないことですよ。〝為せば成る〟でね。

スランプは自ら打開

――「打撃の神様」といわれた川上さんも、大変な努力家でしたね。

私なんか、自分の人生の中でバッティングの技術向上をやらなくてはいけないという時でも、当時は誰も教えてくれる人はいなかったんですから。今のようにコーチも

いなければ、ビデオがあったわけでもない。八ミリや十六ミリ映写機を利用して自分のバッティングフォームを研究しようという知恵もなかった。第一、自分がその気にならなければバッティングなんて一つも勉強できないんですよ。

――今のように無理やり教える体制でもなかったんですね。

昔は練習しなきゃ打てないようではプロではない。プロは練習しなくても打てる、練習しなくてもいいプレーができるという考えがあったんです。だから、誰も教えてくれない。

そこでなんとしても自分の技術を向上させんといかんという意思があるもんだから、人のバッティングフォームをよく見て研究するわけです。そして「なるほど、いい打ち方をしてるな」というものを見たら、それを覚えて自分の下宿に帰ってバットの素振りを何百回となくやって、ね。「こういう感じだったかな、ああいう感じだったかな」と考えながら素振りを繰り返す。そしてあくる日の試合でそれを実行してみるわけです。そしていい形になれば、それで自分のフォームを固めていくことによって技術が向上していくわけですよ。

――そういう見えないところでの修練というのが大切なんですね。

教えてくれないからしようがないというようなことでは駄目ですよ。だから私は三割打っても少しも安心しなかった。これでもまだ駄目だ、まだまだだという気持ちで練習したんです。それでようやく自分の打つポイントで球を空中に止めた感じで打てるようになって、自分の打撃のコツというのが自覚でき、持続されて初めて気持ちが楽になりました。それまではスランプの連続でしたね。むしろ、求めてスランプをやっとるという感じでした。

――打撃開眼ですね。どのくらいの時間がかかりましたか。

私が入団したのが昭和十三年で、翌年リーディングヒッター（首位打者）になり、十六年にもリーディングヒッターになったんだけれども、これは夢中で一生懸命にやっとるうちに首位になれただけで、打撃

がわかってたわけじゃないですから。本当にわかったのは二十五年ですから、途中戦争で三年間抜けてますので、やはり九年ぐらいはかかってますよ。この間は苦労の連続でしたね。

——ああ、九年ですか。

昭和二十五年のある日私は、その頃の自分の打撃不振の迷いをふっ切るために多摩川のグラウンドで連日、自主特訓を重ねていたんです。私は一球一球の手ごたえを確かめながら打っていたんですが、無心に打ち続けていたためにどのくらい時間が経っていたのかわからなかった。その時、ふっとある一球が私の目の前で止まった、いや、止まったように見えたんです。私はその止まった球をバットではじき返しました。打球は確かな手ごたえを残してあっという間に外野のフェンスに達していたんです。

——ほう、球が止まって見える。

何度やってもそれは、同じでした。こうしてやっと、私は打撃のコツというものをつかみました。一度コツをつかんだらあとは大変なプラスですよ。

——自分で体得したわけですからね。

人から借りたもんじゃない。自分で体得したもんですからね。自分でつかんだものはどんなときにでも全部プラスになりますから。監督になってからでも、非常に大きな支えになりましたよ。

——自分でやってきたという自信が大事ですね。

私が監督をやっとるときには、王だとか長島だとか、森、藤田、広岡、金田といった実力のある有名な選手がたくさんおった。こういう大選手たちに「何やっとるか。そんなへっぴり腰であのピッチャーの球が打てるか。こういうふうに引きつけてこう打たなきゃ駄目だ」と叱りとばせる。監督が遠慮しとったんじゃ、チームはまとまりませんよ。自分はそういうことを選手時代に体験しとるんですから、全然遠慮する必要はない。悪いことは悪い、いいことはいいとしてやっていくからチームがまとまっていけるわけです。

ですから、やはり若いときに苦労してバッティングの技術を身につけるために、スランプに次ぐスランプの苦しさに耐えてやってきたということが、大きな財産になっとるんだね。

——忍耐こそが道を拓くわけですね。

結局、そうなりますね。若いうちは大き

な壁にぶち当たったら、これで人生は終わりみたいな気持ちになるもんですが、そんなことないんですよ。必ず突破できる壁であり、そういう壁を何回も突破していけば、しらんうちに自分は鍛えられて大きくなっとるんですよ。いずれにしても人間、死ぬまで努力ですよ。「裸に生まれてきたに何不足」というようにね、いざという時は〝なあに〟という気持ちで度胸よくぶつかっていけば、必ず克服できますよ。何かにとらわれてコソコソ、ケチケチするから失敗するんですよ。

人生を教え込んだV9戦士

——現在、西武の森監督とか日本ハムの高田監督をはじめ、V9を達成された頃、現役で活躍していた選手が、今では監督やコーチで指導者として活躍しておられますね。

私が監督やってた時の選手で後に監督になったのは九人いるんです。王貞治、藤田元司、金田正一、長島茂雄、山内一弘、広岡達朗、森昌彦、高田繁などね。V9のときのレギュラー選手はみな監督かコーチになっていますよ。レギュラーだけじゃなく、一軍半の選手までね。

——その要因は何でしょうか。

本当の野球をやっとったということです よ。野球人である前に社会人であれという基本ができてるわけです。その上に野球がのっかっただけです。ただ打てばいい、ただ勝てばいいということではないんですよ。チームワークという、人間が生まれて死んでいくための人生の生き方、これは野球のチームワークと一緒ですから、それをしっかりとうえこんだ、教えこんだということが、今役に立っているんじゃないですか。

——だから指導できるんですね。

V9巨人を特徴づけた猛練習は、徹するということ、何事にも徹すれば必ず壁は破れるという理念がその基本にあった。選手は選手、監督は監督、それぞれの立場で全力を尽くす。もう打てない、もう勝てない、もう駄目だ、と投げ出したくなったとき、そこであきらめたらスランプは絶対に抜け出せないんです。

大きな組織の中では個人はいかにも小さく感じるかもしれないが、しかし個人が組織の強大なパワーを生み出しているのもまた事実ですよ。一人一人が自分に勝ち、自己を磨けばチームが勝つ。チームや、あるいは組織が伸びれば個人も潤うでしょう。

——たしかに。

私が巨人軍に導入した「チームプレーの精神」の裏付けもそこにあるんです。選手、コーチ、監督、それにフロントはお互いに支えあっている一つの運命共同体です。だから、チームのために犠牲になっていると思われるかもしれないバントをV9の選手たちは喜んでやっていたんだね。

——ホームラン王の王さんでもバントをよくやったそうですね。

チームが勝つためにはどんな選手でも、ここはバントをやらなきゃいかんというときにちゃんとバントをやってのけられるのが大選手なんだよと、野球はこうやって勝つんだよということは教えてありますからね。大事な場面では長島なんか「私、バントしましょうか」と向こうからいってくるんですから。そういうふうに日頃から訓練しとけば何でもないことですよ。

――それがリーダーの使命でもある。

勝つためにやっとるんですから。なにも格好よくみせるためにやってるんじゃないんです。勝たなくちゃ意味ないんだからね。選手をフルに使って、勝つというチームの目的を達成せないかんわけです。

それが最優先であって、そして選手個々の成績を出させていく。これを通して、いい物の考え方を持ったプロの選手を作っていく。

目的の達成と次の立派な選手を育成していくという職責がリーダーにある。これが日常の中でしっかり訓練し教えておかなければいかん考え方ですよ。

そうすると、監督が作戦を誤ったり、用兵で失敗して〝しまった！〟と思っとるのに、選手が働いてくれて監督の失敗を消して勝ちにつなげてくれる。そういう試合がたくさん出てくるんですよ。

厳しさこそ率先垂範の姿

――今（一九八六年）の巨人軍はどうでしょうか。

まだ力がないんですね。総合力がない。第一、牽引者がいないでしょう。山本浩二（広島カープ）のような牽引者がね。実力がなきゃ牽引者にはなれません。「さあ、いこうじゃないか」というときに大事なところでちゃんと打つとか、みんなが打てないときに打ってみせるとか、俺についてこいといって活路を開くような牽引者がいない。その差ですよ。

――人材がいないということですか。

結局そうなります。松本にしても肩も弱く成績も良くないが代わりの選手がいない。篠塚は腰が悪くても出さざるを得ない。原でもね、手首が悪くても出なけりゃ代わりがいないでしょう。だからああいうケガ（今季出場は絶望）につながってしまう。

それともう一つ、ピンチヒッターの選手がいない。代打成功率は一割ちょっとでしょう。これじゃ勝てないですよ。層が薄いんです。選手の。

――ああ、なるほどね。

巨人軍が今ここまで頑張ってるというのは投手が一応揃ってますから投手の力でここまで来てるわけです。

だから、攻撃力をどうやってつけていくかですね。ただたんに、いい球を打つということだけじゃなく、打てないときにどうやって塁に出るかということ、苦手のピッチャーに対してどういう攻めをしながら得点につなげていくか。そういうものが必要ですよ。

それともう一つは、プロ意識ですね。一人一人が野球のプロとしての意識をしっかりしたものにしていくことです。

――王監督が厳しい顔をしすぎるという声

もありますが。

そんなことはない。厳しくなきゃ、どうしますか。勝つか負けるかという勝負をやってる大将が。勝負は勝つか負けるかわからんわけですから、厳しい気持ちがなきゃ、駄目です。厳しい顔をするのは当然ですよ。

プロ野球は食わないかんということでやっていくわけですから、ヘラヘラしとって勝てるわけがない。あれでいいんですよ。率先垂範、後ろ姿で率いるわけですから。

——王監督の課題というと？

今年、なんとかして勝ったという実績を残せれば彼はどんどん大きく成長して大監督になっていくでしょう。実績がないとね、いいものをもっていてもなかなかみんなが評価しないですから。王は一生懸命やってますし、いい監督の器じゃないかと思います。

天才とは努力する能力のある人

——勝負は調子のいい時は勢いもありますが、負けがこんでくるとやることなすことが裏目に出るといわれますが、その点はいかがですか。
勝つときの勢いもあれば負けるときの勢いもあるわけで、負けてるときにどうやって早く歯止めをかけるかですね。そのためにはまずチームワークを確立することです。一人じゃどうにもならんわけだから、みなが力を寄せ合って戦うことですね。あるいは傑出したプレーヤーをつくっておくと、その選手が大事なところでホームラン打って負けそうな試合を一気に引っくり返して勝つこともある。一人一人の選手をしっかりつくっておくからこういうことができるんです。
あるいは人がやらんような奇手・奇略をもちいてやる奇想天外な作戦でも用兵でも監督がもっとるというようなことですね。こういうものは勉強しておかないと身につかないわけですが、それも必要ですね。いずれにしても、技術と気力です。心技両面にわたる力でそれに歯止めをかけることです。五連敗するところを三連敗で止めておけばそれだけ大きいし、その分だけプラスになるわけですから。
——そのためにも日頃から努力して修練をし鍛えておかなければいけませんね。

そうです。王とか長島とかは確かに素質もあったし、天才といってもいいでしょう。しかし、天才といっても努力しなければ〝ただの人〟なんですよ。天才とは、いってみれば「努力する能力のある人」だと思う。人はみな努力していると思っているし、人一倍努力していると思ってるかもしれない。しかし私にいわせれば、それは嘘ですよ。努力に際限などないし、努力していると思っている間は、本当の努力をしとらんのですよ。努力しているという意識が消え、唯一心になって初めて努力しているといえるんです。

——頭で思っているうちは駄目だと。

八百六十八本というホームランは、王の天稟《てんぴん》からのみ生まれたのではない。よく〝血と汗の結晶〟などというけれども、そんな言葉すら色あせて見えるほどの努力から生まれた人ですよ。王といえども、初めは三振王といわれたし、一本足打法に開眼してからも、相手投手に微妙にタイミングを狂わされ、スランプに陥ったこともしばしばあるんです。そのたびに王は苦しみ、もがき、そして、もちまえの負けん気と努力ではい上がり、新境地を切り拓いてきたわけですよ。その結果が〝世界の王〟として結実しとるんですから。

——王さんが素振りで、下宿の畳が何枚も何枚もボロボロになったという話を聞いています。

王は若い時から一途なところ、ひたむきなところがあった。球史に残る数々の記録を樹立した背景には、筆舌に尽くし難い努力の軌跡があったんですよ。十数年前だったと思うが、王が「このごろようやくボールのカーブの縫い目が見えるようになりました」といっていた。実にうれしかったね。長島の場合も同じようなもんですよ。

選手との一体感こそチームワーク

——今の若い人にはどういう修練が必要でしょうか。

本当のチームワークをしっかり身につけることだね。自分が打っていい成績を残し、たくさん給料をもらって人生を楽しく生きればいいぐらいの考えじゃ、いい選手にはなれんですよ。もう少しね、プロとしての自覚を持ちチームワークに徹してプレーしなきゃ駄目ですよ。それと同時に、自分が自信を持てるだけのプロとしての技術をどんなに苦しくても身につけていく、体得していくという姿勢でやっていくことが大事じゃないかな。

——そのためには何が必要ですか。

勉強せないかんですよ。苦労してね、そういう精神面の勉強をせないかんのじゃないかな。それがためには、いい師匠について修業する。自分の人生の羅針盤というか人生の師というんですかね。立派な師匠を捜すことが大事です。

私なんかも、そういう面では本当に幸せでしたね。野球の面では正力松太郎《しょうりきまつたろう》さんという立派な師匠がいたし、正力さんから紹介されて、当時日本一の禅師といわれた梶浦逸外老師について参禅し、いろんな修行

をさせてもらったんですから。

――老師には「背中で率いる監督になれ」といわれたわけですね。

その他、ほとんど監督学としてはいろんなことを教わりました。チームワークの基本になることでも、自分たちは一人で生きているんではない、今日一日自分が生きておられるのは、自分以外の森羅万象すべての恩恵をいただいて今日一日生かされているんだということですね。これなんかは非常に大きな示唆を与えてくれました。チームワークづくりの根本になっていますけどね、これは。

正力松太郎：［1885〜1969］実業家・政治家。富山生まれ。大正13年虎ノ門事件の責任を取り、警視庁警務部長を辞任。同年読売新聞の社長に。昭和9年プロ野球球団巨人軍の前身に当たる大日本東京野球倶楽部を発足。同27年日本テレビ設立。

梶浦逸外：［1896〜1981］僧。愛知県生まれ。臨済学院専門学校（現・花園大）校長を経て昭和19年岐阜県正眼寺住職、44年妙心寺派管長。正眼短大を創立。禅の海外普及に努めた。

――なるほど。

それから、人間、一生懸命やれば一応は固まってくるんですが、それにこり固まってはいけないということです。たとえば水でいうと、氷になってしまっとる、と。氷のままでは、純粋ではあるけれども、お茶にして飲むこともできないし、顔を洗うこともできない。だから、さらに修練して氷をもう一度融《と》かして水にしなければならない。水になれば、四角い所でも丸い所でも三角やでこぼこの所でも自在に入っていける。そして何事にも融合していくことができるんだ、と。

――水こそ忍の姿ですね。

水五訓というのがあるが、水は障害にあって、障害にあえばあうほど勢力を増していくわけですね。

だから「あなたは大変な修練を積んできたことはよくわかる。しかし、まだ氷と同じだ。これから修行して水になるように、世の中万般にわたって浸透していく水のようになっていきなさい」というようなことをいわれたわけです。

ですから、そのものになり切るということ、徹底するということ。監督なら監督、選手なら選手になり切って、それに徹底すれば、自分と選手、自分とチームというような対立した形じゃなくて自分がチームの中に入ってしまう。監督がチームと一体になっていけば、自分の思う通りにチームが動いていくんです。それがまた、後ろ姿で引っ張っていくことになるんです。

人間、死ぬまで努力

――一生懸命やったって成果がないなら無意味だという考えは誤りだと川上さんは常々いわれていますね。

私は練習が好運を招くと信じていたから、どんなスランプのときでも頑張り続けることができたんです。一生懸命にやるとか努力するということは、よい成果を生み出す母体なんですよ。「天は自ら助くる者を助く」なんです。棚からボタモチが落ちてくるわけないですよ。自分で能動的にどんどんやっとるうちに、はっと気がついたときには「いい結果になったな、いい成績につながったな」ということになるんです。

自分で一生懸命やらなきゃ駄目ですね。苦しいときでも、自分でなんとかしようという意気込みが必要なんです。

幸運を呼び込むのは、自分が夢中になってプレーに打ち込み、没入して初めて手中にできるものなんですよ。腹の底から自分の力をとことん絞り出すことが大事ですね。よく、自分は運が悪いと泣き言をいう人もいますが、それはやり方が足らんから運がないんですよ。私は監督時代にもミーティングなんかで機会あるごとに選手にいったもんです。

「運が悪かったと考えるだけでは、人間はちっとも進歩しない。ほんとうに運をよくしようと思ったら、とことん努力すべきだ。何もかも忘れて野球に没入すれば、かならず運に恵まれるようになる。それが進歩というものだ。運が悪かったんじゃない、努力が足りなかったんだと考えれば、必ずプラスにつながっていく」

と。「運」という字は、「運ぶ」という意味があるくらいだから、運は努力することによってもたらされると解釈すべきじゃないかな。

――そう思います。

禅の言葉の中に、

〝浜までは海女《あま》も蓑《みの》着る時雨《しぐれ》かな〟

という俳句があるんです。海女はどうせ海にもぐるわけだから濡れることはわかっとるんですけどね、浜に行って水に入るまでは雨に濡れないように蓑を着ていくという句です。

人間、生まれたら必ず死ぬことはわかっているんですけれども、死ぬからどうでもいいというような生き方ではいけないんです。やはり、人間、生きてる間は、死ぬまでは一生懸命に生きていくことが大事だということを教えているわけですね。

だから、運が悪いと思う人は、少なくとも運がいいという人の三倍ぐらいは一生懸命にやってみれば、その人と同じぐらいの運には恵まれると思いますね。それも忍です。どのようなことでも、より大きく飛躍するためには忍は欠かせないものですね。

浜までは海女も蓑着る時雨かな：江戸時代中期の俳人・滝瓢水の俳句。

川上哲治（かわかみ・てつはる）

大正9年生まれ。昭和13年熊本工業学校卒後、同年読売巨人軍入団。14年初の首位打者。33年に引退するまで打点王4回、首位打者5回、本塁打王2回。35年から49年まで巨人軍監督。40年から48年まで日本シリーズ9連覇を含め、リーグ優勝、日本シリーズ優勝各11回など輝かしい球歴を残す。

「創業者魂」を語る

小島直記
作家
Kojima Naoki

懐の深さ

小島　実業界をウォッチングしていて、なんといっても魅力を感じるのは創業者ですね。バイタリティがあってエネルギッシュで、サラリーマン経営者と比べると個性が歴然としている。男の魅力がある。こちらの書きたい意欲をそそらずにはいないものがありますね。

城山　そうですね。人並みでない活力がある。ある意味では、アクの強さですね。それと創業者には合理的判断を飛び越える部分があるでしょう。創業者は枠をはみだし、枠を壊して創造していく人です。その際に発揮される、長所も短所も含めた人間味。そこになんともいえない魅力があって、こちらの創造欲をそそらずにはいない。

小島　創業者というのは、トータルすると、やはり立派ですよ。

城山　本田宗一郎さんに、あなたがやってきたことは究極のところ、なになのか、とうかがったことがあるんです。するとお答えは、絶えず洪水を起こしてきたことだ、

創業者というのはサラリーマン経営者とは違った独特の味わいを持っている。彼ら創業者に共通しているものは何か。また、その魅力はどこから来るのか。伝記文学の世界で、多くの創業者たちと格闘してきた二人の作家が語る。

城山三郎
作家
Shiroyama Saburo

ということでした。

小島　洪水ね。

城山　ある時期、資本金の何倍もの投資をして、欧米の一級の機械を、設備した。欧米に追いつき追い越すのが、日本の課題だったころです。しかし、その機械設備を仕様書どおりに使っていては、追いつくことはできても、追い抜くことはできない。で、仕様書以上の使い方をする。すると、当然壊れるわけです。そこで壊れないように改善する。こうして機械がもつ十の機能を十五にして使うことを可能にした。技術力が飛躍的に向上した。資本金の何倍も投資することも洪水なら、そうして設備した機械に仕様書以上の機能をもたせる使い方をするのも洪水です。合理的に判断したら、こういうことは出てこない。

小島　その合理的判断を飛び越えるもの、それが、つまりは創業者魂でしょう。ま、ひと口に創業者魂といってしまえば簡単だが、そのなかには賭けの要素もあれば、使命感もある。

城山　洪水には肥沃《ひよく》な土壌をもたらすとい

うプラス面もあるわけだが、半面には洪水の被害をもたらすというマイナス面も大きいので、マイナス面だけに捉われやすい。そういう人は事業を起こしても、あまり伸びませんね。そうではなく、マイナス面も十分に承知している。そのマイナス面の痛みを引きずりながら、それでも洪水を起こすことに賭けていく。そういう視野の広さ、懐の深さが創業者といわれる人にはあって、それが人間的な魅力になっていますね。本田宗一郎さんにはそれがある。

小島　創業者といえば、私はブリヂストンの石橋正二郎《しょうじろう》さんについて話さずにはいられない。

城山　小島さんは石橋さんの身近で働かれたわけでしょう。

小島　そうです。私はこういう人間ですから、人を見る目は意地が悪くて、シビアなんです。その私が石橋さんについては、そばで長年観察しながら、観察すればするほど、敬服せざるを得なかった。ほんとうに第一級の立派な人です。

城山　石橋さんに敬服するポイントはなんですか。

小島　やはり城山さんがおっしゃった視野の広さ、懐の深さですね。言い換えれば、ものの本質がわかるということでしょう。私はご存じのとおり、囲碁狂いでしてね。碁さえ打っていればご機嫌という男なんです。だが、石橋さんは碁は嫌いなんです。時間の無駄遣いで、あんなもののどこがおもしろいんだ、というわけです。そこで私がいったんです。碁の神髄は結局二つのポイントに尽きると。

城山　私は碁は知りません。碁の神髄とは

石橋正二郎：［1889〜1976］実業家。福岡県生まれ。ブリヂストンタイヤの創業者。昭和6年ブリヂストンタイヤを創立、当時極めて困難視されていた自動車用タイヤの国産化に成功した。

なんですか。

小島　碁とは結局、とった地所の広さ狭さを争うゲームなんですね。で、早く自分の地所を獲得しようと、石をおく。だが、こういうのはザル碁なんです。碁の強い人はまず厚みをつくるように石をおいていく。その石をおいたときは、地所とりに結びつくとは思えない。だが、あとになると、その厚みが生きてくるんですな。結局、目先の地所とりに汲々とする石の置き方よりも、広い地所を獲得している。これが碁のポイントの一つです。

もう一つは、碁では振り替わりというのがある。碁は自分が一手打てば、相手が一手打つというように、一手一手交代ですからね。自分が相手の地所をとれば、必ず相手に自分の地所をとられるんです。そのとりっこをやっているうちに強い人は振り替わりということをやる。ここでは損したが、別のところで勝つ。あるいはむしろ、ザル碁党が一生懸命取ろうとしているところをわざと取らせて、実は広い地所を取るという、振り替わりの精神がある。

これが碁というものの一番奥のように思うから、そこがおもしろいと話したら、石橋さんは「うん」とうなずかれた。

城山　ああ、そうですか。

小島　つまりね、学歴にこだわったり、肩書きにこだわったりするのはザル碁の世界です。本当に力のある人は地位とか月給とかを考えないで、仕事という一つの厚みに生きて来られた方だと思う。そういう人生の姿が碁にはあるんです。

振り替わりというのは、人生にパーフェクト・ゲームはない、ということですよ。地所はとったら必ずとられるんです。一方的な勝ちというのはあり得ない。これこそまさに人生でしょう。碁のもつそういう本質を、全然、碁、将棋をおやりにならない石橋さんが直ちにわかってくださった。やっぱり、この方は深いなあ、と思いました。
　創業者にはそういう心の奥深いものを見つめておられる方が多いんじゃないですか。

創業者の度胸

小島　商売というのはあくまでビジネスですが、それだけじゃいかん、ソロバン勘定に乗らないソロバンがあるんだということを深く体得した人が、私は創業者じゃないかと思います。
城山　小さなソロバンを捨てて、大きなソロバンをはじくということですね。
　しかし、人生にパーフェクト・ゲームはない、というのはいい言葉だな。
小島　ところが苦労してない人、いわゆる二代目、三代目というような人たちは、そこがよくおわかりにならないで、もうやらずぶったくりのパーフェクト主義を部下に押しつける。創業者は苦労しておられるから、人生にパーフェクト・ゲームはないということを知っているんですね。その差があるように思いますね。
城山　別の言い方をすれば、それは捨てることを知っているということでしょう。人生にパーフェクト・ゲームはないんだ、ということを知っていれば、負けることを恐れなくなる。度胸がついてくる。そういえば、創業者というのは、みんな度胸がありますね。
小島　度胸があるから、洪水を起こすこともできるわけだ。
城山　大倉財閥を創業した大倉喜八郎《きはちろう》。彼は戊辰戦争で官軍に武器を売り込み、大儲けをしたわけだが、このとき、彰義隊《しょうぎたい》に連れていかれて、将軍家のお膝元でこれまで商売をしてきながら、官軍に武器を売ると

小島直記（こじま・なおき）
大正8年福岡県八女市生まれ。昭和18年東大経済学部卒業。ブリヂストンタイヤに勤務の傍ら著述に従事。のち作家活動に入る。

大倉喜八郎：［1838～1928］実業家。越後国（新潟県）生まれ、幕末江戸で鉄砲店を開業。明治6年大倉組商会を設立。軍需品調達の御用商人として巨富を積み、大倉財閥を形成。

はなにごとだ、と責められる。

小島　そうそう。そのとき、私はあきんどでございます、と答えるんだね。この、あきんどということばがいいよ。武士の論理に対して、町人の論理で対抗するわけだ。あきんどは金さえ払ってくれれば、だれにでも商品を売るのだと。東照権現さまから扶持をいただいてご恩を受けた武士には武士の論理があるだろうが、町人にはそれとは違う論理があるというわけだ。

城山　それを殺気立った彰義隊に囲まれていったというのが、すごい度胸です。創業者の土性骨といったものを感じる。もっとも、相手が江戸文化にみがかれた彰義隊だったから、大倉喜八郎の言い分は理解されたが、もし相手が官軍だったら、殺されていたかもしれない。

小島　官軍にも教養のあるのもいただろうが、それはわかりませんね。しかし、創業者というのは、そういう場面を必ずくぐってきていますね。そして、どのような場合にも商人としての論理だけは貫いている。

城山　私が前に書いた呂宋助左衛門もそうです。ルソン壺がはいる。秀吉が欲しがっているのはわかる。しかし、いくら権力者だからといって、特別に差しあげたりはしない。競売をやって、みんなと同じ条件で落札させている。欲しかったら、それだけの金を払えば売るという商人の基本は、どんな権力者に対しても崩さない。

そういう筋を通すというのは、創業者の一つの特徴でしょうね。その代わり、非常にリスクは大きい。そのリスクに耐えるだけの度胸を持ってなくちゃいけない。

先見性と人材育成

城山　この間、ブリヂストン元社長の柴本重理さんから聞いたんですが、石橋さんは夏の間、二か月間も軽井沢の別荘に籠もって、会社を留守にしているんですね。

小島　そうそう。

城山　夏が終わったら社員に読ませようというわけで、自分の考えをまとめたりしている。そういう地道な勉強ぶりは、さすがだと思いますね。大体、創業者が二か月近くも会社をあけるってことは、かなり不安ですよ。これやっぱり一つの度胸だと思うし、しかも二か月間会社をあけることが、人材育成にもなっているわけです。

小島　会社を離れることは、仕事を休むことではないんだ。そのときは二か月軽井沢に籠もることが、石橋さんの仕事のテーマなんだな。立派な創業者を見ていると、仕事のディモニッシュが取りついている感じで、仕事からまったく離れることはできない、という感じがする。ものごとへのコンセントレーションはそれはすごいものだ。

私などはそばについていて、これはかなわんという気持ちになることがしばしばだった。その集中力にはごまかしがないんだ。

一度、石橋さんが七十二歳のときに、フランスにお供をしたことがあるんです。石橋コレクションの展覧会が向こうで開かれたときです。パリに着くとすぐ、パーティです。いい加減くたびれているし、立っていると足が痛くなってくる。こちらはちょっとひと目を避けて、どこかに腰をおろしたい気分です。だが、石橋さんは立ちっぱなしで客の応対をして、全然休もうとしない。コレクションのオーナーとしてのプライドをもって、毅然と立って応対をつづける。七十二歳ですよ。あの絶対に逃げようとしない、あくまでもごまかしのない真面目な態度にはほんとうにまいったと思いましたね。

城山　そういうディモニッシュとしかいいようがないバイタリティは、多くの創業者に共通のものですね。

小島　で、ただあきれるばかりの体力だけかというと、そうではない。情熱的ではあるんだが、決して情には流されない。頭のなかでものごとに対する計数的把握が、きちっとできている。それがないと、事業を興すことはできませんね。

　石橋さんは十七歳でお父さんの仕立物屋を継ぐんですが、注文に応じて一品一品作っているのは不合理でかなわんと考えるんですね。製品は一つにして、それを大量につくったほうがいいと。そこから石橋さんは事業を展開していくわけです。これはまさに計数的把握です。また、丁稚《でっち》に給料を払っている。当時は丁稚は無給というのが相場ですよ。仕事を覚えさせてもらうのだから、食べて住むところを与えられれば十分という考え方です。それに給料を出した。これはお父さんに叱られるんですが、石橋さんとしては給料を出すことで、働く動機づけにしようとしているわけです。

　まあ、小さな仕立物屋からあれだけの大財閥を作るんですから、余程、運もよかったんでしょうが、運を招きよせたんですよ。振り替わりの精神でね。

城山　つまりそれが、大きなソロバンをはじけるということでしょう。大きなソロバンのために賭けができ洪水が起こせる。

人材を持てるか育てられるか

小島　また、創業者は苦労をしているでしょう。しかも身についた苦労をしている。すると人間、謙虚になるんです。石橋さんもそうでした。

　私は石橋さんの原稿を代筆したんだが、ついね、こちらの薄っぺらな教養をひけらかしたくなるんです。若げのいたりでね。たとえば、エジプト紀行の原稿だったとすると、ついツタンカーメンについて知っていることを、ならべたてる。石橋さんは、そういう原稿をすごく嫌いましたね。自分の虚像を与えることを徹底的に嫌った。そういう石橋さんの気質が飲み込めると、こちらも石橋さんの話をざっと聞いただけで、意図にそった原稿が書けるようになる。すると、今度は徹底的に信用して任せてくれるんです。小島の原稿なら間違いはないと、目もとおさずに判を押すんです。そこまで信用されると、こっちもいい加減な気持ちでは書けない。真剣にならざるを得ない。石橋さんは仕事のすべての面でそうだった。もの書きというのは意地汚いもので、裸の王様を見ようとしているわけです。石橋さんはそういう文学的な視点に堪える人でもあったという点で、見事でしたね。

城山　それが人材を育てることにもなるんですね。立派な創業者のもとからは、決まって人材が輩出しているが、それはそういうことでしょう。
　もっといえば、創業者として成功するための一つの条件は人材を持てるか育てられるか、ということでしょうね。
小島　そうです。勇将のもとに弱卒なしという言葉は本当じゃないですか。
　それと、こういうこともあると思いますよ。苦労している創業者は、人間をレッテルで見ようとしない。だから、かえって人材が見える。謙虚だから、形にとらわれない。カッコをつけようとしない。それで相手の厚みが逆にわかるんですね。学歴とかの形にとらわれていると、かえって人材が掘り起こせなくなってしまう。いまのサラリーマン経営者はその過ちを犯している人が多いんじゃないですか。
城山　それはありますね。本田宗一郎さんなんかも謙虚です。社名にホンダと自分の姓をつけたことを、いまだに後悔していられるのは、謙虚さの表れです。また、自分は社長ではなかった、と思っておられる。自分はせいぜい技術部長で、社長の役割をほんとうに果たしたのは、藤沢だと。それもポーズではない。心からそう思っているんですね。だから、それをいうときの本田さんの口調はサラリとしていて、嫌味がない。
小島　身についた苦労をしているから、人の痛みがわかる。だから、謙虚にもなれる。そこで人がよく見える。また、そういう人のもとには人材が蜜を慕う蟻のように集まってくるものですよ。身についた苦労をしている創業者は、人間の痛み、孤独を知っている。それが逆に人間的な温かさになって、人材を引きつけることにもなるんです。
城山　石橋さんが丁稚に給料を出したような先見性にも、それはつながりますね。
　三井物産の水上達三さんにこういう話をうかがったんです。戦後の財閥解体で、三千人の社員が三十人になってしまった。あの人は三井物産の創業者ではないが、そういう状況になれば、これはもう創業者と同

水上達三：［1903〜1989］経営者。山梨県生まれ。三井物産に入社し、北京支店長代理で敗戦を迎え。昭和22年の財閥解体により設立された第一物産の常務となる。34年大合同で再建された三井物産の副社長、36年社長、44年会長。

城山三郎（しろやま・さぶろう）
昭和2年愛知県生まれ。27年東京商大卒業。34年『総会屋錦城』にて第40回直木賞。同50年『落日燃ゆ』にて第9回吉川英治文学賞を受賞。

じですよ。さて、そうなったときに、これからどうやっていくかを、水上さんは考えた。こういう場合、まず考えるのは規模の拡大というのが普通です。規模を昔日《せきじつ》の取引高にまでいかにしてもっていくかを、普通は考える。しかし、水上さんはそう考えなかった。規模は小さくてもいい。まず内部を充実させ、それを基礎に将来の発展に結びつけていけばいい。商社の場合、内部の充実といえば、人材の養成以外にはない。で、水上さんは社長の第一の仕事としてバラエティに富んだ人材を集めている。テニスの加茂選手なども入れたり……。

そんな余裕はないが、やはりバラエティのある人材を持っているほうが、会社に刺激を与えるし、厚みができるということです。こういうところは、成功する創業者とそうでない人との違いですね。

まず、人材に注目した先見性が、その後の物産の発展の基礎になっている。

小島 人材をどれだけ出したかが、ある意味では創業者の評価だともいえますね。

テーマを持った経営者

小島 話はいささか脱線しますが、さっき出た大倉喜八郎。あれは八十七歳で愛人に子どもを生ませているんですね。小林勇が蝸牛庵《かぎゅうあん》訪問記というのを書いているんです。蝸牛庵というのは幸田露伴《こうだろはん》の住まいのことです。その訪問記のなかに書いてあるんだが、蝸牛庵の近くに向島の大倉喜八郎の別荘があるんですね。そこに出入りしている妙齢の美人の腹がだんだん出てきた。で、近所の人があそこの主人は老人だから、あの種はどこかほかで仕込んできたものだろう、自作ではあるまい。小作だろう、とうわさしてた。ところが、生まれた子が大倉さんそっくりで、まぎれもなく大倉喜八郎の種だとわかって、露伴はびっくりするんですね。

城山 そりゃ露伴でなくともびっくりしますよ。八十七歳でねえ。

小島 創業者にはこれに類した話が多いですね。なかには大げさに伝説化されたものもないではないが、ま、おおむね強いといえる。これも創業者としての資格の一つかもしれない。

城山 なんといってもバイタリティがあってエネルギッシュでないと、事業は興せませんからね。その一つの表れとして、そういうことが出てくるのでしょう。

渋沢栄一さんだって、お妾の家に人が呼びにきたら「渋沢ごときはここにいるはずがございません」っていったといいますが、それくらいになればからっとしていて、いいですね。

小島 創業者というのは、そういうことに関しても、ふっきれてるとこがありますね。うじうじしていない。人間はそんなに満点の聖人君子なんか、いるはずないんですからね。露悪趣味は嫌ですが、そういうことを隠そうとしない人のほうを私は評価しますね。

城山 そういえば、この間、野村証券の田淵節也《せつや》さんと話をしてましてね、これは亡くなった伊藤肇《はじめ》さんの悪い影響ですが、彼はよく本物、偽物ということをいったでしょう。で、ぼくもついね、「あの人は本物でしょうかね」といったら、田淵さんが、「城山さんね、どっか本物のとこがあればいいんじゃないの」と、彼がいった。

小島　あぁ、いいねえ（笑）。

城山　そら、そうだなぁと思ってね。何か頭をガツンとやられた思いでした。

小島　そういえば、あれは何の席だったか、伊藤肇君が安岡正篤《まさひろ》先生からうかがった話をいろいろしているときにね、田淵さんが「伊藤君のいった話で非常に感銘深かったのは、清規《しんぎ》、陋規《ろうき》という言葉だ」と。「確かに、泥棒の仁義というものがいるんだ。中国との商売なんかではとくにそれがいる。あんまり聖人君子みたいなことをいってたらどうにもならんことがある」ということをいって、伊藤君の話から陋規を取り上げてほめられたとき、この人は偉いなと思いました。

それから、これはある経営者から聞いたんですが、丸紅の専務だった伊藤宏さんが、「田淵さんという人は自分が丸紅の専務のときもいまみたいに裁判の被告になってるときも、一つも人間に差別をつけない。本当に偉い人です」と述懐したといいます。普通、政界財界というところは、相手が現職を退いて利用価値なしとみると、鼻もひっかけない人が多いですね。その辺に田淵さんの偉さがあるように思いますね。あの人はもう地位とか財産とか、そういうことを考えておられないですよ。人間の一番大事なところ、国の運命、そういうことをみてますね。

あの人はサラリーマン経営者ですがやはり、一種の創業者ですよ。すぐれた経営者ってのはサラリーマンであっても、創業者的な面があるんですね。要するに、自分のテーマを持っておられるんです。

城山　ああ、自分のテーマをね。

小島　サラリーマン経営者が続いては、企業は衰弱します。つくられ、築かれたものを、おとなしく受け継いでいるだけでは、だめになる。間に中興の祖とでもいうか、企業を揺さぶり、活性化する経営者が出てこないといけません。ある意味では、形が

伊藤肇：［1926〜1980］経済評論家。愛知県生まれ。「中部経済新聞」記者、「財界」副主幹を経て評論活動に専心する。安岡正篤師の東洋学を学び、財界人物論で知られた。

渋沢栄一：［1840〜1931］実業家。埼玉県生まれ。一橋家に仕えて幕臣となり、パリ万国博覧会幕府使節団に加わって渡欧。維新後、大蔵省官吏を経て第一国立銀行を設立。各種の会社の設立に参画し、実業界の指導的役割を果たした。

定まっているだけに、創業より大変だともいえる。

そういうときに、田淵さんのようなテーマを持った経営者がそれを成し遂げていくんだと思います。

城山　同感です。

評価あれこれ

城山　話は前後しますが創業者列伝なら、渋沢栄一を落とすことはできませんね。渋沢栄一にはこういうエピソードがあるんです。関東大震災のときですね。民衆があちこちで打ち壊しをはじめるわけです。渋沢の屋敷のまわりにも民衆が集まりだして、騒然とした雰囲気に包まれる。家族や使用人は浮き足立って、早く逃げようという。そのとき渋沢栄一は、老人はこういうとき泥をかぶるためにいるのだから、と玄関に椅子を据えて泰然自若としていたというんですね。もし襲われるなら俺が襲われる。お前たちこそ逃げろという気概は立派だなぁと思いますね。

それと、私は『雄気堂々』という作品で、武州の片田舎から出たごく平凡な一人の若者が、なんであんな大きな人間になったかという秘密を探ろうとして書いたわけですね。
その秘密は、ごく簡単なことで三つのことを「魔」という言葉がつくぐらいにやった、ということです。それが渋沢の成長過程をみていくとわかったんですね。
一つは「吸収魔」といっていいほど、吸収・勉強してやまない人間であった。第二に、「建白魔《けんぱく》」といってよいほど建白し、立案し、企画してやまない人間だった。第三に、「結合魔」といってよいほど、人材発掘にかけて、友情において、人を結びつけてやまない男だったということです。

小島　あぁ、いい言葉ですね。創業者にはディモニッシュな面がありますよ。無茶苦茶に打ち込むところがある。サラリーマンにはないな。こんなことはボーナスに入ってないとかね。

城山　普通の人はなかなか、その「魔」っていうところまでやれないんですね。どうしても途中でやめてしまう。さっきの碁の話じゃないけど、小さな地所をとろうとか、小さなソロバンをはじこうとかしちゃいます。

　ところが、渋沢さんに限らずね、創業者にはこの三つの「魔」というのは共通した要素です。

小島　その点はまったく、同感です。

　ただ、渋沢栄一に対する私の見方は、城山さんとはちょっと違う。日本に株式会社を導入した評論家としては評価するが、経営者としては私は否定的なんです。

城山　ほう。どういう点でしょう。

小島　それは今度出す本に評価しない理由を書いています。

　たとえば、王子製紙がにっちもさっちもいかなくなったとき、大川平三郎にどうしていいかわからない、と愚痴をこぼしているんですね。こんなのは経営者の態度ではありませんよ。大川平三郎はのちに製紙事業で成功して大川財閥をつくるわけだが、彼は渋沢栄一夫人の姉の子どもで、渋沢の家に書生で住み込み、製紙会社の工員になる。そのときの月給が五円です。大川はそのなかから四円を家に送金し、一円で古本を買って、英語の勉強をする。そういう青年に渋沢は三千円つくれ、と命じたりしている。話のもっていきようによっては、これは人材育成のために課したものといった美談になりかねないが、月給五円の青年に三千円つくれというのは、酷《こく》という以外のなにものでもありませんよ。そういう無茶なところが、渋沢栄一にはある。

　また、こういう話もあるんです。鈴木藤《とう》三郎《さぶろう》。これは製糖業を起こし、業界の主導者となったが、のちに失脚した男です。彼は渋沢栄一のところに行って、一緒に組んで製糖会社をやろう、と提案するんです。だが、渋沢はほかに関西の人間と組んで製糖会社をやろうとしていたところだったんですね。で、断るわけだが、その理由が、学歴のない者とは組めない、ということだったんですね。ま、渋沢としてはとっさに思いついた口実だったのかもしれない。しかし、そこで学歴をもちだすような嫌なところが、渋沢にはある。鈴木藤三郎はそのことをすごく恨んでいます。学歴のことをいったのが許せないと。

　これは鈴木藤三郎が伝記にはっきり書いていますよ。

好きな人物

小島　城山さんは渋沢の美点をみている。私は欠点をみている。二人の見解をアウフヘーベンしたところにほんとの渋沢像があるのかもしれないが、どちらかといえば、

鈴木藤三郎：［1855～1913］実業家。静岡県生まれ。菓子商をいとなみ、氷砂糖の製法を開発。明治22年鈴木製糖部を設立。28年日本精製糖を創立し技師長、のち社長。

私の好みではないんですね、渋沢は。ただ、これだけは指摘しておきたい。渋沢栄一と安田善次郎のもとからは人材が育っていないでしょう。創業者としては格落ちのゆえんです。

城山　しかし、亡くなった永野さんに至るまで、渋沢さんの弟子と称している財界人は多いでしょう。

小島　そういってますけどね、実際くわしく見てみれば、渋沢の系譜を引いている人はいませんね。福沢桃介《ももすけ》ね。彼に財界人物我観という著作があるんですが、そのなかで彼は渋沢栄一については一言半句も触れていないんです。見事に無視している。これは見識だと思った。

城山　小島さんは福沢桃介を創業者として評価するわけですか。

小島　いやいや、彼は二流の経営者でしかないと思います。松永安左ェ門がいろいろかばったり、引き立てたりしているが、松永さんの足元にもおよばない。

城山　しかし、おもしろい人物ではありますね。

小島　同感です。おもしろい。リアリストでね。そのリアリストぶりが大真面目だから、破天荒になってしまう。評価はしないが、好きな人物です。

城山　福沢桃介となれば、貞奴だが、貞奴が岐阜に建立したお寺があるでしょう。

福沢桃介：［1868～1938］実業家。埼玉県生まれ。福沢諭吉の娘婿。相場師として名と財をなし、電力事業に力を注ぐ。大阪送電（のちに大同電力と改称）などを設立し、木曾川で大規模な水力発電を開発した。

松永安左ェ門：［1875～1971］実業家。長崎県生まれ。福沢諭吉の女婿桃介との共同事業を振出しに実業界に入り、福博電気軌道会社を興して以来、北九州で電灯電力・ガス事業を経営。のち名古屋に進出し、大正11年東邦電力を設立、五大電力の一つに発展させた。第2次大戦後も電力再編成などに活躍し、「電力の鬼」といわれた。

貞奴：川上貞奴［1871～1946］女優。東京都生まれ。夫の音次郎に協力して新派の発展に尽力。

小島　立派なものですね。貞奴というのは、よほど金があったんだな。

城山　桃介が株の売買について、いろいろ情報を教えたりしているのでしょう。

小島　桃介と貞奴の間で株の売買をやっていたというからね。旦那と妾が株を売ったり買ったりしているというんだから傑作だ(笑)。いかにも桃介らしい。

　話がそれましたが福沢桃介がおもしろくて好きだ、というのと同じ理由で、私は岩崎弥太郎《やたろう》も好きですね。岩崎弥太郎は世間から誤解されていますね。たとえば彼が死んだときの新聞に載った死亡記事です。一つはね、すっくと立ち上がって、東洋男児ここにあり、と叫んで死んだ、というんです(笑)。もう一つの新聞記事は、家族を枕元に呼び寄せて、いままで、自分で仕えてくれた人たちを大事にしてくれと、待遇のことを頼んで死んだというんです。こういう、まったく違う記事が出るところに、岩崎弥太郎への誤解は如実《にょじつ》ですよ。彼がどんなに立派な創業者であったかは、彼にどういう人間がついていったかをみなきゃいかんでしょうね。相当の侍がついていっていますよ。川田小一郎は、岩崎さんからみんなの前で殴られても、ついていっています。それが後に、日銀の総裁になる人です。そういうことで、男としての魅力があったんだと思います。

益田孝の肉眼の鋭さ

小島　松永安左ェ門については、いままた、伝記を書きおろしているところなんです。

城山　小島さんは前にも松永安左ェ門については、書かれているんじゃありませんか。

岩崎弥太郎：[1835〜1885]三菱財閥の創設者。土佐(高知県)生まれ。地下浪人の家に生まれ、同藩の吉田東洋や後藤象二郎、坂本竜馬の知遇を得る。同藩の経済官僚を経て海運業を営んだ(三菱会社)。大久保利通、大隈重信と結び、政府の手厚い保護を受けて海運業における独占を確立した。

小島　すでに三度書いています。今度が四度目。しかし、群盲象を撫でるで、あれほどの人物になると、結局一部分しか書けないということになるんですね。今度こそ全体像をとらえるつもりだが、さてどうなりますか。前も全体像を書くつもりが、結局は部分しか書けていなかったんだから。

城山　大きな人物というのは、どうしてもそうなりますね。

小島　自分の背の低さでしかわからないですからね。それでも挑戦したくなる。魅力ある人物というのは、そういうものです。

城山　ほかに大きな創業者としては、どういう人物をあげられますか。

小島　やはり益田孝などは落とせませんね。三井の団琢磨《だんたくま》が暗殺されますね。益田孝がそのあとに起用するのが、中上川彦次郎の娘婿、池田成彬《しげあき》なんです。中上川彦次郎というのは、かつて益田さんが三井で一番煮え湯を飲まされたライバルですよ。だが、そういう私情をこえて、池田さんを、すぱっと起用する。サラリーマン経営者にはできないことですよ。八十を過ぎた人の、その肉眼の鋭さに、ぼくは感銘します。

　しかも、その頃、三井合名の中には池田さんより先輩がたくさんいるわけです。そういう人を飛び越しての抜擢ですが、ひと言もね、他の人に文句をいわせないだけの迫力があるんだな。偉いですなぁ。お茶ばかりやってたけど、押さえるとこは、ちゃんと押さえてるんです。

創業者の条件

城山　私はいま創業者で一番興味があるというか、一番おもしろいと思っているのは、本田宗一郎さんですね。で、その本田さんと話をしたときに、伸びるベンチャーの経営者というのはどういうタイプかと聞いたことがあるんです。

　まず一つは、前へ前へと進む意欲があること。二つは、人の意見を素直に聴くことができること。三つは権限委譲が行われているかどうか。四つが、よきパートナーを持っていること。そういうものを持っている人は伸びるといったんですね。

　私もそうだと思いますね。それは全部本田さんがやったことですしね。創業というと、革新性とか創造性とか、なにか派手なものを考えがちだが、そうではなく、大変地道なものなんだと思います。創業というと、形のないところに形を作り出すわけだから、最初は混とんとした状態にあるのが普通です。それに、創業というからには一人ではできない。数の多少はあっても、何人かの人間が集まって何かをやるわけです。だから、混とんとしたなかでそれをやる。リーダーにはある程度のカリスマ性がないと、うまく引っ張っていけない。しかし、このカリスマ性というのは、神がかったものなどではなく、地道なものだと思うんで

益田孝：［1848〜1938］実業家。佐渡国（新潟県）生まれ。大蔵省を経て、三井物産設立とともに、同社総轄に就任、三井財閥発展の基礎を築いた。また、茶人、美術品収集家として知られる。

団琢磨：［1858〜1932］実業家。福岡県生まれ。三井財閥の最高指導者。三池鉱山の経営にあたり三井財閥の巨大な収入源へと育成した。のち三井合名会社理事長。血盟団事件で暗殺された。

す。先にあげた四項目を着実にこなしていること。これがカリスマ性になるんだと思うんです。

小島 同感ですね。

城山 それと、会社はいつも創業時の状態ではないわけです。変わっていく。それに応じて創業者も変わっていかなければ、会社は伸びていかない。多くの経営者がこの変化の点で、失敗していますね。本田さんはこの変身を見事にやってのけられた例だと思う。本田さんも創業時はカリスマだった。強烈なカリスマだったから、みんなついてきたんです。だが、ある時期から、脱カリスマを試みられて、それに成功している。いまの本田さんはホンダにとってカリスマでもなんでもなくなっている。これは見事だというほかはない。戦後の創業者では、本田さんは松下幸之助さんと並んで双璧だと思うが、脱カリスマという点では、松下さんは本田さんに一歩譲る感じがする。その証拠に、松下さんは重い存在になったが、本田さんは実に軽やかでしょう。本田さんがカリスマから脱し、創業時に強力に引っ張ってきた本田さんのカリスマ性から解き放たれることで、ホンダは大きく伸びた。

小島 その通りです。

城山 『奇跡の会社』を書いた渡辺栄二さんの意見ですが、創業者の条件は企画力、決断力、行動力、それに統率力だと。なかでも前の三つが最初のうちは大事でしょう。それで、会社がある程度軌道に乗ってくると、だんだん前の三つから、統率力のほうにウエイトが移って、それが大事になっていく。極端にいえば、大企業の経営者は前の三つはなくても統率力だけ持ってればいい。

じゃ、その統率力とは何かということになると、これは中曾根さんの意見でもあるのだが、一つは先見性といいますか、大局をつかむ力。それからもう一つは懐の深さだと思います。そういうものを持たないと創業者としては大成しないというのが、結論です。

小島 城山さんのいわれたことが、創業者の根幹ですね。それに修飾的につけ加えれば、碁でいう振り替わりの精神、これが必要だということですね。人生にはパーフェクト・ゲームはないんだということです。皮を切らせて肉を切る。肉を切らせて骨を切る。この精神でいかないと、創業などできるものではありません。

体験的集中力論

ひとつの目標を達成した喜びが自信と集中力を生む

古橋廣之進
財団法人 日本水泳連盟副会長
Furuhashi Hironoshin

勝負の一瞬にどれだけ自分の全精神を注ぎ込むことができるか。そのための能力を集中力と呼ぶ。この能力は全くの偶然で生まれてくるのではなく、一人の人間のいままでの経験や蓄積があって、初めてモノを言う。集中力におけるその構造と集中力を高めるための訓練法を、「フジヤマのトビウオ」の異名を取る古橋廣之進氏に聞く。

目標が集中力の第一歩

——水泳を始められたのは、いつごろからですか。

小学四年生です。ぼくは小学三年まではは分校に通っておりましてね。分校だからプールなんてなかった。そのころは、おやじから相撲取りになれといわれまして、もちろん冗談だったのでしょうが、ぼくはそのつもりになっていた。そのころ、本校にプールができたわけです。そのプール開きを見にいったら、おやじが今度は水泳選手にならんかという。で、そのつもりになって四年生で本校に移ると、すぐ水泳部に入ったんです。担任の先生がまた、水泳が好きだったという影響もありましたね。泳ぎに専念するようになったのは、それからです。

——以来、水泳ひと筋。

そうですね。この年齢まで生きてきたのだから、泳ぎしかやらなかったというわけではないが、少なくとも若いころは水泳以外のことは頭になかった。そしていまも水泳にかかわっている。また、泳ぎでつちかったものが、ぼくの生き方の支えになっている。そういう意味では、水泳ひと筋と

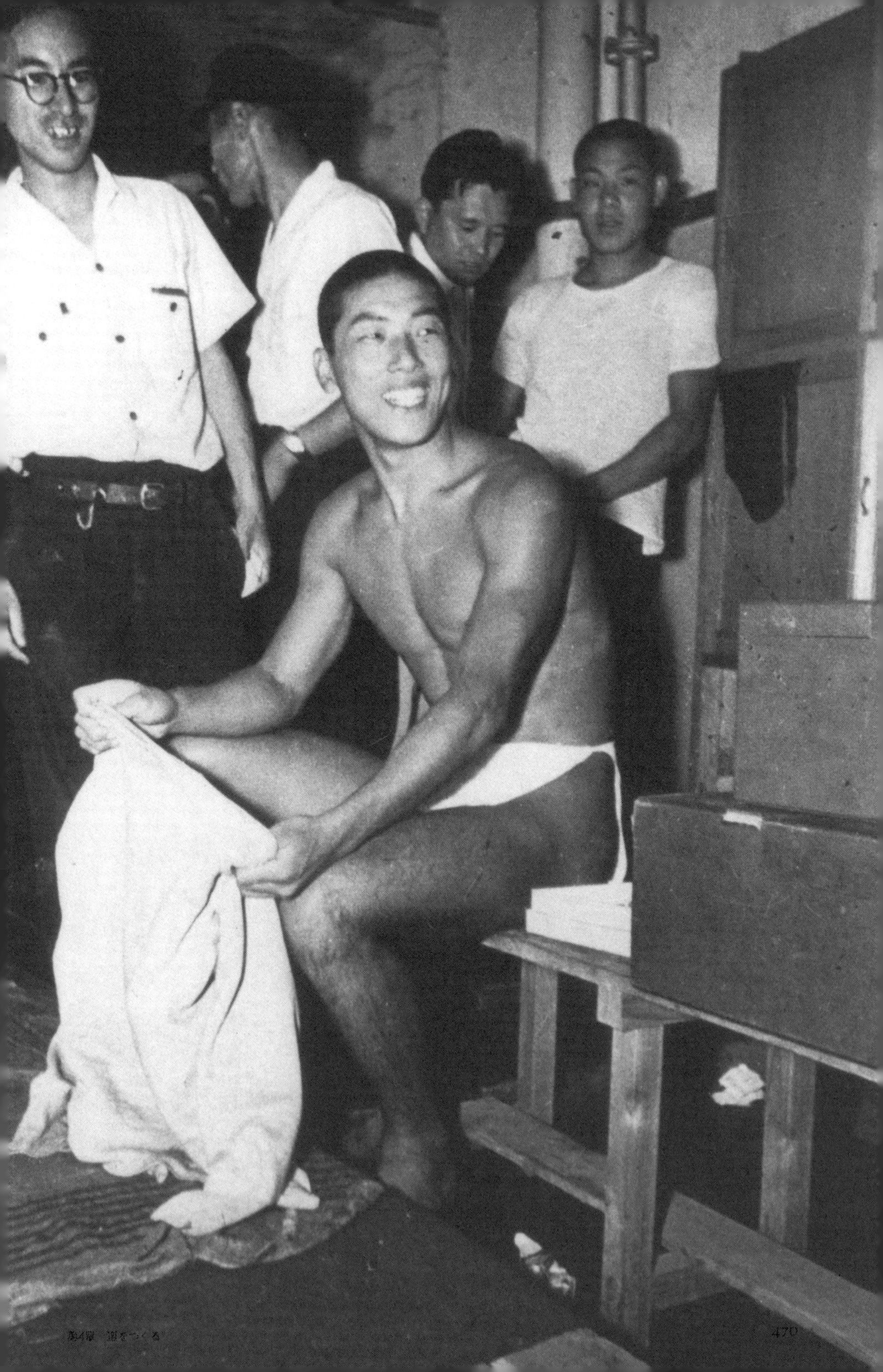

いえるでしょう。

――そういうわき目もふらぬ生き方というのは、どこから出てきたものなのでしょう?

ひとつは生まれつきの性分なのかも知れません。だが、訓練で身につけたものが大きいですね。

――訓練?

そう。水泳なんてスポーツでは単純きわまりないものなんです。練習といえば、狭いプールを行ったり来たりするだけなんだから。人間は本来、陸上で生活する動物です。それが水に入って動き回ろうというんだから、スピードも出ない。同じ百メートルを行くのでも、走るのより何倍も時間がかかる。単調で苦しいだけです。いろんなことを考えたら、アホらしくなってしまいますよ。泳ぐこと以外は何も考えない。ただひたすらに泳ぐ。その反復が一点に集中していく力を身につけさせたんだと思いますね。

――その集中力が凡人にはなかなかむずかしい。

そんなことはない。目標さえしっかり持ったら、誰だってひとつのことに集中していくことはできるはずです。

――目標?

そう。目標管理をきちんとすることが、集中力をつける第一歩だと思いますよ。何かに集中するというと、ほかのことは目に入らない、馬車馬みたいなイメージを描きがちですが、それは逆ですね。広い視野を持って、目標は何なのか、どこにあるのかを、まずきちんと見定める。

――広い視野ですね。

それが大切だと思いますよ。そうでない、目先のことしか考えないで目標を立てると、自信が持てない。この目標でよかったのかな、とぐらついていては、とても集中していくことはできません。広い視野に裏づけられた目標を持ったら、それを信じて疑わないことです。

――きちんとした目標を持つと、そこに到達するには何をしなければならないかがはっきりしてくる、というわけですね。

同時に何をしてはいけないかもわかる。へんなたとえですが、家を建てようという目標を持つ。そうしたら、建築資金をためるにはどうすればいいか、何をして何をしたらいけないか、計画が立つはずです。禁酒禁煙をしてその分を貯金に回すとか、家計のこの部分は無駄だからやめようとか、はっきりする。それをひとつひとつ実行していくと、実行しなかったときとの差が明確に違ってくるわけですね。

自分で考えてやる

――その目標の立て方がむずかしいですね。とても実現不可能な目標では挫折感を味わうだけの結果になってしまうでしょうし。

水泳の場合の目標は記録ということになりますね。だが、泳ぎ始めたばかりの人がいきなり世界記録を目標にしても、どうしようもない。しかし、最終目標はあくまでも世界記録を目標に置くべきです。そこに到達する段階ごとに目標を立て、それをひとつひとつ克服していく。それが結果として、世界記録に到達し、乗り越えていくことにつながるんです。

――というと?

まず現在の自分の力がある。その力と近い記録、仲間の中の最高記録でもいいし、大会記録でもいいし、県の記録でもいい。そこに到達するにはどうすればいいのか、何をしなければならないのかを考え、それをやる。そうやって段階を踏んでいくことが、世界記録につながる。常に最高の目標を見つめながら、身近な目標を段階を踏んで克服していくということですね。

――古橋さんには失礼ですが、現在(一九八一年)の日本の水泳界は世界のレベルからはるかに置き去りにされていますね。ということは……。

集中してやるべきことをやっていないからです。

――なぜでしょう?

ぼくらがやっていたころとは、社会的な状況が違ってきている。とはいえるでしょう。なんといっても豊かになって、恵まれ過ぎるほど恵まれている。

――ハングリー精神に欠けている?

そうですね。だが、たとえばアメリカも豊かで、恵まれた国ですよね。だが、アメリカの若者は貪欲《どんよく》に記録に挑戦してきている。ハングリー精神というのは、何も物質的に貧しいからつちかわれるというものではないのです。

アメリカの一流の水泳選手はほとんど経済的には恵まれた環境に育った若者たちですよ。精神的にハングリーであるということとは、そういうこととは無関係だという証明でしょう。

――にもかかわらず、日本の選手たちはハングリー精神に欠けている。なぜでしょう。

自分というものを持っていない。生きることの充実感、何かを達成したときの感動、そういうものが希薄になっている、という感じが強くします。そこらへんに、集中力をなくしている根本的な原因がありそうですね。

――具体的にいうと?

いまの若者は、これをやれと指示されると、大変従順ですね。いわれたとおりにやる。だが、それだけです。なんのためにやるのか、なんて全然考えない。だから、いわれたことをやったら、それでおしまいです。泳ぎの訓練の基本は、泳ぎ込むことです。

ぼくらのころはコーチも監督もいなかった。全部自分で考えてやらなければならなかった。いまの記録を十秒ちぢめるにはどうしたらいいか。いま毎日一万五千メートル泳いでいる。それなら二万メートル泳いでみよう。自分で考えてやるんです。二万メートル泳ぐには、朝四時半に起きて泳いで、授業のあとでまた泳いで、夜もさらに泳がなければ消化できない。日大時代はそういう毎日に連続でした。

自分の頭で考えて、日課を決めて、泳ぐ。自分で考えてやったことだから、記録がちぢまり、目標を達成したときの喜びは大きい。その喜びが支えになって、次の目標に向かって努力していける。

――だが、いまの選手は自分で考えてやってない。

そう。いわれたとおりに動くだけ。これでは喜びなど感じられるはずがない。すると、練習もただつらく苦しいものにしか感じられなくなるのは、当然です。

ぼくらが泳いでいたころは、終戦直後で、食べるものもない時代だった。二万メートルを毎日泳ぐのは、体力的にもすごくつらかった。それに耐えられたのは、目標を克服したときの喜びを知っていたからです。他人にいわれて動いているのではだめですね。自分で考えてやるのでなければ、集中なんてできっこありません。

人間がやれるのはひとつだけ

――ひとつのことに集中していくには、やはり体力と精神力が基盤にないと、むずかしいのではないでしょうか。

集中力を支える体力と精神力は、これまで述べたことと、同じことですよ。苦しさに耐えて泳ぎ込む。その結果が記録となって現れる。その喜びが次の目標に向かっての努力にかり立てる。体力や精神力はそういう反復の中からつちかわれるものなんですね。またそれ以外に体力や精神力をつちかうものはありません。やる。自分で考えてやる。理屈じゃないんです。

――ただがむしゃらに、ということですか。

自分で考えて、といったでしょう。ぼくはね、左手の中指の第一関節から先がないんです。戦時中、軍需工場に学徒動員されましてね。旋盤でなくしてしまったんです。これは泳ぎには不利です。水をかくと、そこからもれるんですから。これを水がもれないようにするにはどうすればいいか、腕の動きや足の動きでどう補えるか、自分で考えて工夫しました。考えるんです。考えてやることが、心、技、体と三拍子揃《そろ》った集中力をつける唯一の方法ですね。

――話は少しそれますが、日本の水泳陣が世界のトップクラスに入っていく可能性はありますか。

ないわけがないでしょう。いま、百メートル自由型の世界記録は四十九秒ですね。日本記録は五十三秒。四秒の開きがある。これをちぢめるにはどうすればいいか。一年間でまず二秒ちぢめる。次の一年間で一秒。そのまた次の一年間で〇・五秒。こういうふうに目標を立て、そのためにどうすればいいかを考えるんです。

アメリカの選手は一日二万五千メートルを泳いでいるとします。同じことをやっていては追いつけません。三万メートル泳ぐんです。三万メートル泳ぐには何時に起きて、一日のスケジュールをどうすればいいかがわかる。それをやるんです。三万メー

トル泳げば記録がちぢまることははっきりしているんですから、それをやればいい。

――こういってはなんですが、古橋さんの時代は楽しみが少なかった。いってみれば、泳ぐこと以外にこれといった楽しみがなかった。だから水泳に集中できた。しかし、いまはそうではない。いろいろな楽しみがある。そういう誘惑を断ち切って泳ぎだけに集中するというのは、なかなかできないことではないでしょうか。

いろいろな楽しみがいっぱいある。確かにそうでしょうね。しかし、ひとりの人間が、いろいろやれるわけではない。一時にやれるのは、世の中がいくら変わっても、ひとつしかないんですね。ながら族というのがありますね。ラジオを聞きながら勉強する。テレビを見ながら本を読む。じゃ、ラジオを十分に楽しみ、勉強も十分にできたのか、テレビに熱中しながら読書の醍醐《だいご》味《み》も十分に味わったのかというと、そうじゃない。どちらも中途半端でしょう。喜びや感動も薄い。それでは生きている充実感が薄くなるのは当然です。

いろいろな楽しみが増えたとはいっても、それは自分がやることの選択の幅が広がったというだけのことです。ひとりの人間が集中できるのは、そんなに多くはない。むしろ、たったひとつだといった方が正確です。その意味では今も昔も同じことなんですね。水泳とは限りません。なんでもいい。自分がこれだと思うものを選びとったら、その目標に向かって、徹底的に集中していく。充実感や感動を自分のものにするには、それ以外にはないということです。

――あれもこれもと目移りしていては、薄っぺらな人生になる……。

そうだと思います。大きな目標を踏まえて、そこに到達するひとつひとつのことに集中していく。それが結果としては大きな差になるということです。

自信のなさが雑念を呼ぶ

――日本の水泳選手は、どうもここ一番の大試合に弱いような気がするのですが。

そのとおりです。世界記録や日本記録といわなくとも、いざというときに自己のベストさえ出せないことが多い。

――どうしてでしょう?

これも集中力の欠如というしかありませんね。

――なぜここ一番に集中力を発揮できないのか。

やるべきことを練習でやっていないから、自信が持てないんです。で、スタートはうまくいくか、ターンはどうだろう、ペース配分は、とあれこれ考えてしまうんです。雑念は自信のなさの現れです。

――古橋さんの場合はどうでした?

ぼくも緊張したし、武者ぶるいもしましたよ。でも、決して後ろ向きの緊張ではなかった。やるだけのことはやった。あとはただ、泳ぐだけ。力を出し切ろうという緊張感ですね。だからスタート台に立ったときは、むしろ頭の中は空っぽ。何も考えていませんでしたね。

　ただ、前へ前へということだけしかなかった。そこに集中していましたね。ゴールインすると、記録が十秒も二十秒もちぢまっている。自分の力に対する感動といいますかね、そういうものがワーッとわいてきて、それが次の目標につながっていく。そういうことの繰り返しでしたね。

――自信が集中力をつけるということですね。

　やるべきことはすべてやったと自分で納得していれば、結果は考えなくなるものです。十分な努力をしなかった、し残したことがある、そういうときに限って、前の記録を上回れるだろうかとかなんとか、いろいろと結果が気になるものです。そしてレースに集中できない。余計なことが気になってくる。

――コンディションが悪いとかなんとか……。

　そうそう。いまはプールの設備はよくなっていますから、あまりそういうことはありませんが、それでも北欧で泳ぐときは、水温十五～六度などというプールもないではない。反対にインドなどに行くと、三十五～六度などというケースもある。やることをやっていない、自信がないと、そういうことをいいわけの種にしたくなるものです。

――水温が高過ぎたから、あるいは低過ぎたから、ベストが出せなかったというふうに……。

　そうなんです。自信がないと、泳ぐ前からそれが気になって、無意識にでも、これはベストが出せないな、と思ってしまっている。

――古橋さんは、そういうことはありましたか。

　なかったですね。ぼくらのころは、水温の調節装置なんかなかったですからね。冬はプールにはっている氷を割って練習したし、温泉プールのお湯で練習したこともある。いろいろな条件の中で泳ぎ込んでいるから、コンディションなど気にしたことはなかった。泳ぐことだけに集中できましたね。

――やるべきことをやっておく、というのが、集中力をつちかううえでどんなに大切か、わかります。

　与えられ過ぎるというのは、集中力を削《そ》ぐことでもあるようですね。

　ぼくのころは監督もコーチもいなかったし、水泳の理論書、指導書といったものもなかった。腕のかき方ひとつ、自分で考え、工夫しなければならなかった。だが、いまは本も出回っているし、コーチは手取り足取りです。

――それが自主性を奪っている？

　そのようです。自分で考えないから、腕のひとかきにも集中していない。いわれたとおりに、ただやっているというだけの練習になってしまっている。だから、練習をしていても集中していない。中身の薄い、質の低い練習になっている。また与え過ぎは、防衛体力も弱めている。

――防衛体力？

いい換えれば、耐える力ということです。食事をしない。その空腹に耐える。徹夜した。その眠気に耐える。そういう力がなくなっている。体を動かす行動体力と同時に、防衛体力、耐える力、がまんする力がないと、集中力は保持できません。

――確かにがまんがないと、集中はできませんね。

人間は怠けようという性向が、本来的にあるのかも知れませんね。どうしても楽な方に走ろうとする。いい条件を与えられていると、そこにもたれてしまおうとする。その意味で、物質的に恵まれた現代は、何もかも貧しかったぼくらの時代よりは、集中力をつけにくい、不幸な時代なのかも知れません。

集中しがいのある時代

――集中力をつけるのが困難な現代となると、なんだか悲観的になってしまいます。

そんなことはありません。そういう時代だからこそ、集中力をつければ結果は際立ったものになりますよ。その意味ではやりがいのある時代だと思いますね。

――やりにくいときだからこそ、やった結果は大きい。

そうそう。あれこれと気を奪われることが多いし、たいていの人がひとつのことに集中できなくなっている。その中でひとつのことに集中して努力すれば、効果はより大きいものになりますよ。

――そのためには……？

再三いっているように、広い視野を持って目標を立て、段階を踏んで、ひとつひとつ集中して努力していく。それがすべてですね。集中力こそ現代のポイントだといっても、いい過ぎではありません。そう思いますよ。

――どうもありがとうございました。

古橋廣之進（ふるはし・ひろのしん）
昭和3年、静岡県生まれ、敗戦時のロサンゼルス全米水泳選手権大会で400、800、1500メートルで世界新記録で優勝。「フジヤマのトビウオ」として有名。

かくて
トヨタ生産方式を
伝承してきた

Hayashi Nanpachi

林 南八

トヨタ自動車元技監

世界に誇る日本の自動車メーカー・トヨタ自動車。その技術職の最高ポストといわれる技監を11年務めたのが林南八氏、76歳である。トヨタ生産方式の生みの親・大野耐一氏らの薫陶を受け、技と魂を伝承すると共に、後進の育成に尽力してきた。戦争の真っ只中に体重1600グラムの超未熟児で生まれた林氏は、そこからいかにして自らの運命を創り上げ、仕事を発展させてきたのか。波瀾万丈な半生に迫る。

「鍛える」という文化が消えつつある

——林さんは半世紀以上の長きにわたって、トヨタ一筋の道を歩んでこられましたね。

僕は昭和四十一（一九六六）年にトヨタ自動車に入社しまして、トヨタ生産方式（TPS）の生みの親で改善の鬼と呼ばれた大野耐一《おおのたいいち》さんや、その右腕の鈴村喜久男《すずむらきくお》さん、社長会長を歴任した張富士夫《ちょうふじお》さん、元副会長の池渕浩介《いけぶちこうすけ》さんの薫陶《くんとう》を受けながらトヨタ生産方式の構築に携《たずさ》わり、生産現場の改善に一貫して取り組んできました。

あの時代は何しろ黒船（アメリカの大手自動車メーカー）が来るから何とか競争力をつけようと必死だったでしょ。働き方改革なんて関係なかった。家のことは一切やらず、とにかく仕事に没頭する日々を過ごしてたんです。その分女房にはだいぶ負担をかけたので、反省すると共に三人の子供を立派に育ててくれて感謝しています。

——技術職の最高ポストといわれる技監《ぎかん》を十一年務め、後進の育成に力を注がれたと伺っています。

五年前（二〇一四年）に七十一歳で技監を退任して顧問やアドバイザーを務めたんですけど、去年の暮れでそれも卒業しました。思い残すことはいっぱいあるし、会社がやってることに対して批判的な意見を言う人もいますが、僕は現体制が気に食わん

トヨタ生産方式：第1章・張富士夫氏の記事を参照。

技監：技師・技官の総監督をする役職。

なんてことは一つもない。やっぱりトヨタを愛してるからね。
　章男《あきお》さん（豊田章男社長）をはじめ、友《とも》山茂樹《やましげき》（副社長）や朝倉正司《あさくらまさし》（執行役員TPS本部本部長）、二之夕裕美《にのゆひろよし》（生産企画本部副本部長）、尾上恭吾《おのうえきょうご》（TPS本部生産・物流領域領域長）など、僕が徹底的にしごいた後輩たちが僕を凌駕《りょうが》しつつあるから安心しています。

――豊田章男社長も林さんが育てられたのですか？

　僕が製造課長の時、入社二年目の彼を一年預かることになりました。昭和六十（一九八五）年のことです。豊田章一郎《しょういちろう》社長（当時）のご子息とはいえ、特別扱いしてダメにしてはいけないと思ってね。「うんと叱られたことはあるか」
って聞くと「ありません」と。「そうか。それは不幸なことだ。この一年間、幸せにしてやるから覚悟しておけ」と言うと、「よろしくお願いします」と返事した。実際、全《まった》く弱音を吐かなかったんです。大したもんですよ。
　数年後、彼はトヨタ生産方式を本格的に勉強したいと僕に志願してきて、地獄のような特訓で課題を与えて追い込みました。結局、僕が十年掛かって習得したことをたった二年で身につけたんです。「あの時のしごきはきつかった。ただ、若い時にああいう訓練は必要だ」と後年言ってるのを聞いて、ホッとしたことを覚えています。
　去年の暮れに開いてくれた送別会で、章男さんは体調を壊して出席できなかったけれども、ビデオメッセージをわざわざ送ってくれてね。あれは嬉しかったなぁ。

――林さんの技と魂がしっかりと受け継がれているのですね。

　うん。脈々と繋《つな》がっておる。ただ、いま心配なのはパワハラだとかセクハラだとか言って、「鍛える」という文化が消えちゃってることですね。

――確かにそういう風潮が蔓延《まんえん》してきています。

　僕が大野さんや鈴村さんから指導を受けてた当時は、いじめかと思っとった（笑）。だけど、いまにして思うと鍛えてくれたなと。先生というのは日頃接してる時に慕《した》われるんじゃなくて、去った後に尊敬されるのが一番いい先生なんだと思います。

――去った後に尊敬される。それには優しいだけではダメだと。

　相手に対する真心というか、愛というか、育ってほしいって切なる思いがあるからこそ、厳しくするわけ。でも、いまは親も教師も上司もそれをやらないでしょ。この先、日本はどうなっちゃうのかなと危惧《きぐ》しています。

厳しく叱る父と優しく褒める母

――きょうは林さんの人格形成の原点につ

豊田章男：［1956〜］実業家。愛知県生まれ。トヨタ自動車の創業者・豊田喜一郎の孫。

いてもぜひお聴きしたいのですが、どういう家庭で幼少期を過ごされたのか教えてください。

僕は昭和十八（一九四三）年に四人きょうだいの三番目、体重千六百グラムの超未熟児で生まれてね。いまみたいに保育器なんてないし、戦時中で貧しかったので、一歳くらいの時に疎開先で猩紅熱《しょうこうねつ》に罹《かか》ってしまった。三十九度の高熱が十日ほど続いたそうですが、しぶとく生き延びたんです。

――一命を取り留められた。

親父《おやじ》は陸軍士官学校と陸軍大学校を出て、若くして大佐になり、最終的には大本営の参謀を務めた生粋《きっすい》の軍人です。英中独の三か国語が堪能《たんのう》だったので戦後しばらくはＧＨＱで働き、公職追放で一時無職になったものの、縁あって自動車部品メーカーの創業に関与し、見事成功を収めた。私生活はとにかく厳しくてね。僕は体が弱かったからそれほどでもなかったけど、兄に対しては僕以上に厳しかった。

ある時、小学校の北村昭典先生が物差しで生徒のお尻を叩《たた》いて痣《あざ》になったというんで、父兄が大騒ぎしたわけ。先生や父兄が集まってる席で、親父は「戦争で負けたから大きなことは言わんけれども、かたわにならん程度ならビシビシやってくれ」とだけ言って、帰っちゃった（笑）。

――気骨のある方ですね。

あとは、喧嘩《けんか》で負けて帰ってくると、「やり返してこい」って言って、家に入れてくれない（笑）。

小学校の近くに大きな防空壕があって、そこを遊び場にしておったら、ある時、隣の小学校の一年上の連中に占領された。取り返しに行くんだけど、負けちゃうわけ。で、僕は２Ｂ弾という爆竹を束にして、防空壕に投げ込んだ。

中にいた連中はみんな鼓膜をやられて、後日親が呼び出されてね。そこで親父は何と言ったか。「聞くところによると相手は一年上らしいじゃないか。この地形からしてこの作戦は素晴らしい」って（笑）。誰も何も言い返せんかった。

――一方で、お母様はどんな人柄の方でしたか？

お袋《ふくろ》は水戸藩の大老の末裔《まつえい》で、えらい美人でね。それはともかく本当に苦労したと思います。食糧難の時代に、親父はＧＨＱに捕まってるわけでしょ。聞いた話だと、嫁入り道具を売って生活費を賄《まかな》いながら、女手一つで三人（当時）の子供を養ってくれた。まぁ優しいお袋でしたね。何しろ、親父は厳しく叱る、お袋は優しく褒《ほ》める。

――安岡正篤《まさひろ》師の言葉に「父は子供の敬《けい》の的《まと》、母は愛の座《ざ》」とありますが、まさにそのような役割を果たされていたのでしょうね。

そうそう、その通り。最近は母親が高学歴化して、加えて少子化でしょ。子供に向かって「ああしろ、こうしろ」「いつまでやってるの、バカじゃないの」って言ってるから、子供が自信を持たない。「豚もおだてりゃ木に登る」でね、やっぱり褒める人と叱る人がそれぞれいないとダメですね。

名前に込められた思い

——「南八」というのは珍しい名前だと思いますけど、その由来は何ですか？

唐の時代に南霽雲《なんせいうん》という名将がいまして、彼は南家の八番目の子供だったことから俗称を南八と言うんです。唐を代表する文《ぶん》人《じん》・韓愈《かんゆ》がその南八を称える漢詩を書いておって、そこから取ったと。

名将・南八にあやかると共に、日本が南の方角に末広がりに繁栄していく要の男となれ、との願いを込めて、親父が名づけてくれたと聞いています。

——お父様の深い思いが伝わってきます。

小さい頃は変わった名前で嫌だったけど、中学校に進学した折、名前の謂《いわ》れを解説してくれてね。その時、親父が韓愈の漢詩と一緒に明治天皇の御製《ぎょせい》を筆で墨書《ぼくしょ》して渡してくれたことも、印象に残っています。

「おほぞらに そびえて見ゆる たかねにも 登ればのぼる 道はありけり」

大空に高く聳《そび》え立っている険しい嶺々《みねみね》であっても、登っていけば自然と登り得る道はあるように、どんな試練や逆境が降りかかってきても、一歩一歩前に進んでいけば必ず道は開けていく。その当時はよう分からんかったけど、いま人生を振り返ると、つくづくその通りだなと実感します。

剣道を通じて学んだ無心の境地

——学校の先生からはどのような影響を受けましたか？

一人は先ほど言った小学校の北村昭典先生です。それから僕は中学生の時、最初は陸上部に入ってね。百メートル走で東京都のベスト6に残るくらい足が速かったんです。二年生の時、GHQの武道禁止令が解除されると、剣道七段で社会科の大木邦明先生に誘われて、小柄で喧嘩が弱かった僕は強くなりたいという不純な動機で剣道部に切り替えた。

これがまた厳しい先生で、いろんな技を教えてくれるんですけど、できるようになるまで何度も繰り返す。小手《こて》返し小手とか最初はうまくできんもんだから、バーンと打たれる。防具をつけてるにも拘《かかわ》らず、腫《は》れ上がるくらい真っ青になってね。そうやって稽古《けいこ》し続けるうちに、無意識にパッとできるようになっていったんです。

——ああ、無意識に。

「打とうとも 我は思わず 打たじとも 我は思わん 神妙《しんみょう》の剣」

これは剣道の極意を説いた有名な古歌です。美空ひばりの「柔《やわら》」の歌詞にも「勝つと思うな 思えば負けよ」とありますが、いついかなる時も無心で立ち向かっていくという姿勢は、後にトヨタに入り、困難な仕事に直面した時にも生きてきましたね。剣道を通じて学んだことは僕の人生に大きな影響を与えてくれたと思います。

ただ、中学高校と剣道に打ち込み過ぎて、勉強のほうがちょっと手薄になりましてね。

韓愈：［768〜824］中国、唐の文学者・思想家。唐宋八家の一人。柳宗元とともに古文の復興を唱え、韓柳と並称される。

大学受験では志望校に届かなかった。浪人しようと思ったら、親父に「戦死した友人の子息にはそんな甘い考えは許されん。大学に行きたいなら、いまからでも間に合うところを受けろ」と一喝されたんです。

――限りある人生の時間を浪費してはならないと。

それで二次募集のあった武蔵工業大学（現・東京都市大学）を受けて合格しました。大木先生のもとに通って剣道を続けながら、大学ではピストンリング（自動車エンジンに使われる部品の一種）研究の大家として知られる古濱庄一《ふるはましょういち》教授の研究室に入ったんです。

エンジンの研究に励んでおったので、働くなら自動車会社がいいと思い、トヨタを受けたわけです。

仕事の本質を叩き込まれた新人時代

――入社後はいかがでしたか？

同期は確か百八十人くらいだったと思いますが、最初の三か月は研修があって、終わると各部署に配属される。配属希望を書面で申請することになっていて、僕は第一志望エンジン設計、第二志望エンジン設計、第三志望エンジン設計と書いたんです。行きたくないところも書いて出せというんで、そこは製造現場と書いたら、実際に配属されたのは元町工場機械部技術員室、つまり製造現場だった。

配属が決まった日に行われた新入社員歓迎会（一番左が林氏）

――意に沿わない部署に配属されたと。

最初の三日間はね、不貞腐《ふてくさ》れておった（笑）。

――では、三日で気持ちを切り替えられた？

いや、切り替えたというか、いつまでも不貞腐れてサボってるわけにいかんし、もうやるしかないって状況だったんです。

――とはいえ、辞めてしまう人もいたのではありませんか？

いっぱいいました。

――林さんがそこで踏みとどまることができたのはなぜでしょう？

負けて帰ってくると親父に叱られたから。その負けん気でしょうね。いま振り返ると、行きたくなかった製造現場に配属されたのはラッキーだったと思います。

——ああ、ラッキーだった。

島和雄さんという当時の係長をはじめ、職場の上司は大野耐一さんや鈴村喜久男さんの薫陶を受けた人たちで、最初にそういう厳しい上司についたことによって、どこへ行っても現場を動かせる技が身についたと感謝しています。

島さんは指示もしないし、教えてもくれない。僕が「何をすればいいですか」って聞いても、「そんなこと自分で考えろ」「仕事は自分で探せ」って言われるだけ。

それでひとまず工場の現場に出てみると、クランクシャフト（エンジンの構成部品の一つ）の油穴を開けるドリルがすぐに折れる。これを何とかしろと言われてね。現場の職人に「どのくらいで折れたか表に書いてください」と言ったら、「おまえが数えりゃいいじゃないか」と怒られた。

で、自分で数えてると、折れるまでにいろんな現象が見えてくるわけ。ドリルを研磨する専門部署に行って、「こういうふうに削ってください」と依頼すると、「おまえ、工学部出たんだろう。研磨機の使い方くらいは分かるな。機械貸してやる」って。

——自分でやれと。

ええ。僕が学生の時に実習で使ったのは簡易なやつで、会社の研磨機はレバーがいっぱいあって複雑だった。あの手この手でいじるんですが、間違えるとガリガリって音が出る。すると今度は「おまえ、機械を壊す気か。やってやるから代われ」と。僕が「いや、自分でやれって言われたからやります」と言うと、「機械を壊されたら困る。頼むからやらしてくれ」と。「だったら最初からそう言えばいいじゃないですか」って（笑）。

そんなやりとりを繰り返すうちに面白いやつが入ってきたと思ってもらえたのか、現場の職人とも仲良くなったんです。

何をするにも自分でやる。そのおかげで考える癖が身についたし、分からんことは専門書を読み漁《あさ》ったり別の部署の詳しい人に聞いたりしてね。現地現物《げんちげんぶつ》、自分で確認しなければ物事の本質は見えないってことを叩き込まれました。

根気強く観察すれば知恵が出る

——厳しい二人の師匠、大野耐一さんと鈴村喜久男さんから学ばれたことは何ですか？

まず鈴村さんとのエピソードで忘れられないのは、入社五年目の時のことです。トヨタ生産方式の柱の一つに、「異常があったら止まる、止める」というのがあるんですが、乗用車の組み立てを行うベルトコンベヤーで、一か所頻繁《ひんぱん》に止まってしまう繋ぎ目があった。

鈴村さんがチョークで床に丸を描いて、「林はここに立って見とれ」と。何を見ればいいのかよく分からんまま半日立たされた。鈴村さんが昼頃に来て、「何か分かったか」と聞かれたので、「分かりません」と答えたら、「おまえな、節穴の開いた五寸板を拾ってこい！」と。

えらい剣幕で怒鳴るもんだから板を探し

に行こうとしたら、「たわけ！　何も見抜けんやつは節穴の開いた板と一緒だ。しかし、おまえには給料がつく。そのおまえの代わりに板立てとけ」と。

――容赦《ようしゃ》のない言葉ですね。

「くそぉー」と思って、そこからまた観察し、夕方に「こういうことですか」と尋ねると、「分かってるならなぜやらない。晩のうちに直せ」とまた怒られた。

それで深夜二時頃まで一所懸命やってたら設備保全の人が来て、「仮眠室で寝てこい。あとはこっちでやるから心配するな」と助けてくれた。

鈴村さんはよく、「目で見るな、足で見よ。頭で考えるな、手で考えよ」と言っていましたが、現場に行き、自らの手で触って確認すると共に、問題が起きたら「なぜ？」を五回繰り返して真の原因を探すことの大事さ、そして根気強く観察すれば知恵が出ることを、身を以て学ぶことができました。

短所を見るより長所を取り入れよ

大野さんに関しては、入社七年目にホンダの鈴鹿製作所を見に行った時、僕は常々トヨタで習っている教えを正しいと考え、ホンダの悪いところを書いて出したら、大野さんに激怒されたんです。「悪いところはあるに決まっとる。せっかく見に行ったのに、なぜいいところを見てこなかったんだ。出張費を返せ」と。

――長所を取り入れるほうが大事だという

ことですね。

なるほど、その通りだと反省して、大野さんのご機嫌が直った時に、「ホンダは乗用車の組み立てラインを四十秒タクトで回しています。四十秒だと仕事が一つ増えるとオーバーしますし、一つ減らすと手持ち無《ぶ》沙汰《さた》になってしまいます。コンベヤーのスピードの最適値はどう考えればいいですか」と尋ねたら、これがまた怖い顔になってね（笑）。

「最適値？　何をバカなこと言っとるんだ。最適や限界というのは前提条件を固定した時に決まる。君たちは前提条件を覆《くつがえ》すために採用されてるんだ。くだらん質問をするな」

この言葉は非常にインパクトがあったし、勉強になりました。

大野耐一
［1912～1990］中国大連生まれ。昭和7年豊田紡織入社。18年トヨタ自動車工業（現トヨタ自動車）に移り、50年副社長。生産効率化の「かんばん方式」（部品納入の管理方式）の生みの親として知られる。

部下に考えさせると同時に自らも一緒に考える

それから、大野さんや鈴村さんにはいろんな現場に連れて行かれて、何も言わないまま置き去りにされることがしょっちゅうありました。急なもんだから、財布も着替えも持ってない。それで薄暗くなってきて、「私の上司、どこに行きましたか」と聞くと、

「とっくに帰ったよ」って（笑）。

――それは驚きますね（笑）。

放り込まれる現場はトヨタの取引先が多かったけど、中にはトヨタと全く関係ない会社もあって、「宿はとってあるから心配せんといてくれ。あんたの上司に頼まれたから居てもいいけど、邪魔するなよ」と。これが現場の人との最初の会話です。

何しろ会社の看板や役職で物が言えない。毎日通って、一緒に汗をかいて、コミュニケーションを取って、周りをその気にさせて、仲間にしないことには前に進まないわけ。それが訓練なんだね。

――どれくらいの期間に及ぶのですか？

現場によりますが、一番長かったのは一年半。「黒字になったら帰ってこい」ですから。

――黒字になるまで帰れない。

昔、大野さんから宿題をもらって悪戦苦闘してね。「何でできんか分かるか」って聞かれたことがあるんです。答えようがないですよね。まぁでも何か適当に答えたら、大野さんがひと言、「できるまでやらんからだ」。

――できるまでやり続けろと。

例えば、納期にはまだ余裕があって、八分目まで進んでるのに、大野さんや鈴村さんは、「いつまでモタモタやってるんだ。バカたれが」って、これが第一声。一方、張さんは二日目くらいに「おお、ここまでできたか。ありがとう」。

アプローチの仕方は違うけど、やっておけ、放っておけで丸投げするんじゃなくて、課題を与えた瞬間から自分も考えてる。だから現場を見に来るんです。

――部下に考えさせるのみならず、上司自らも一緒に考える。

大野さんも鈴村さんも張さんもちゃんとアイデアを持ってるんだけど、具体的にああしろ、こうしろとは敢《あ》えて言わない。ヒントだけ教えてくれる。そうやって考えることのできる人間をつくってくれました。

――素晴らしいリーダーですね。

一般的には、上司も社長から結果を求められるから、早く結果を出そうとするあまり、手取り足取り部下に教えてしまうケースが多い。それじゃあいつまで経っても部下が育たないんです。

「どうしたらいいんですか」って聞かれた時に、分かってても手段や方法を答えないで、「自分で考えろ」と。これはある程度の訓練を積めばできるようになる。

ところが、課題を与えた瞬間から自分も考える。これは難しい。謙虚さがなきゃできません。

――謙虚さに加えて、部下の可能性を心から信じる力がないとできないのでしょうね。

そうそう。どんな人間でも皆考える力はある。考えさせてないだけなんです。

だから、よく「最近の若い者は指示待ち族ばかりでいかん」「考えるやつがいない」って愚痴《ぐち》をこぼしてる上司がいますけど、それは部下に考えさせないで、すぐ答えを教えている自分の責任だと自覚しなきゃダメだと思います。

まぁいまはパワハラだとかうるさい時代なので、指導する側が相手の目をちゃんと見て、追い詰め方を調整しないと辞めちゃう人もいますからね。そこの加減はこれからどんどん必要になってきます。

リーダーの条件と部下の心得

——林さんはこれまで数多くの人を育ててこられたと思いますが、伸びる人と途中で止まってしまう人の差はどこにあると感じられていますか？

素質はみんないいものを持ってるんです。ダメな人間っていうのは絶対にいない。ただ、幼少の頃からどんな人に囲まれてきたか、どこでどういう体験を積んできたかっていうのは大事でね。会社においては上司との出逢いが明暗を分けます。いま話してきたようなことを弁《わきま》えて、部下をその気にさせるいい上司に恵まれた人は伸びていく。

そういう意味で、ある時大野さんから教わったリーダーの心得は強烈に心に残っています。

——どのような心得ですか？

僕が課長になった時、ちょうど大野さんのカバン持ち兼ボディーガードでご自宅まで車で迎えに行ったことがあります。助手席に座っていたんですが、「林君、遠慮せんでええ。後ろに来い」と。

それで後部座席に並ぶと、「今度課長になったんだな」と。「ありがとうございます」と言うと、「課長になることがありがたいかどうか、わしはよう知らんけど、課長というのは管理職だな。君は管理とは何と心得る？」と。

禅問答のようですが、汗をかきながら思いつくことを述べたら、「君の言ったことはな、管理とは言わん。そういうくだらんことは監視と言うんだ。そんなことをやらんでも、皆が同じ方向に自発的に走っていくように仕向けることが管理なんだ」と。

で、最後に「分かるか」と聞かれたので、「分かりました」って答えたら、「ふざけたことを言うな。分かったかどうかはおまえの行動を見て、わしが決める。分かったか！」「分かりました」「まだ分かっとらん！」って（笑）。最後は「やってみます」と答えて、ようやく「うん」と言ってもらいました。

——監視するのではなく、一人ひとりをその気にさせ、組織のベクトルを揃《そろ》えていくことが大事だと。

ええ。でも、自分がダメだと思い込んじゃってる人を導くのはなかなか大変です。そういう人には小さな成功体験を一つずつ積ませるしかありません。

最近は人財育成などと言って、どこの企業も人事が張り切ってますけど、教育なんかやったって人は育たない。知識は一人が百人、千人に対して教育できる。でも、意識はマンツーマンで教えるしかないんです。

大野さんが「知識を与える前に意識を植えつけろ」とよく言ってたように、知識を先に教えると、「あっ、それ知ってます」と頭でっかちな人間になっちゃう。反対に意識をまず植えつけてから知識を教えると、どんどん仕事ができるようになっていくんです。

その一方で、上司の指導をどう受け止めるかという部下の心構えも重要だと思います。やっぱり受け手の姿勢として求められるのは「なにくそ魂」ですね。「なにくそ、負けてたまるか」って気持ちを持つようになると伸びる。最終的に、自分の芽は自分で開かなきゃいけないんです。

——ああ、自分の芽は自分で開かなくてはいけない。まさに「命《めい》は吾《われ》より作《な》す」に通じる教えです。

「命は吾より作す」という言葉はもっと立派なことを成し遂げた人の台詞《せりふ》でね。僕はまだそこまでの心境に至ってない。駆け出しだから。

——これまでの林さんの歩みを振り返ると、いろいろな方との出逢いを生かし、その教えを吸収して、自ら運命を切り開いていかれた人生ではないかと感じるのですが、いかがでしょうか？

傍《はた》から見るとそういうふうに言ってくれる人もおるけど、自分で「俺も命を吾より作したな」と満足したら終わりだと思います。上には上がいますからね。

まだまだ完璧《かんぺき》じゃないし、毎回毎回が勝負だと思って、これからも体力の続く限り、日本のものづくりを支える人財の育成に邁《まい》進《しん》していきたいなと。まぁ天寿を全《まっと》うした瞬間に、命を作したと感じられる人生を送りたいですね。

命は吾より作す：運命は自分がつくる、の意。

林 南八（はやし・なんぱち）

昭和18年東京生まれ。41年武蔵工業大学（現・東京都市大学）工学部機械工学科卒業後、トヨタ自動車工業（現・トヨタ自動車）入社。生産調査部長、理事などを経て、平成13年技監に就任。21～23年取締役。23年技監に再任。26年顧問。その後、アドバイザーを務め、30年12月に引退し、中部インダストリアル・エンジニアリング協会会長を務める。

人から人へ組織から組織へ
いかに感動の火を灯していくか
感動が組織のバイタリティを生む

新井正明
住友生命保険名誉会長
Arai Masaaki

リーダーの条件

新井　きょうは「感動」というのがテーマのようですが、私は昭和五十五年の二月十八日の日経新聞に、鈴木さんが「社長の条件」というのを書かれていた、これに大変、感動しまして、いまでも手帳にメモして、ときどき使わせてもらっています。

鈴木　ああ、そうですか。それは恐れ入ります。それはどういう……。

新井　鈴木さんがその晩年に仕えられた森矗昶《のぶてる》さんについて触れた文章です。

鈴木　ああ、わかりました。

新井　そのときの新聞コピーをここに持ってきましたので、ちょっと読みますとね。

「社員の胸に永遠に生き続ける強烈な感動を与えることのできる社長は、どう考えても社長の理想像だと断言したい。

　全役員、全社員の力を惜しみなく発揮させる雰囲気を作れるかどうか。そのことが

森矗昶：［1884～1941］昭和電工など森コンツェルンの創設者。千葉県生まれ。衆議院議員として政界にも進出。

職業のジャンルは問わない。優れたリーダーは人々の心に大きな感動の火を灯していく達人である、という点で共通した要素を持っている。そして、その感動の火が個人を発憤させ、組織に活力を吹き込んでいく。感動にはまた、人間の心を洗う、清涼剤としての効能もある。感動のない民族は滅ぶといったのは古来の賢者である。同様に、感動のない組織は腐敗し、自らの向上発展に感激、感動を持たない個人もまた、枯渇していくことは論を俟たない。人から人へ、組織から組織へ、いかに感動の火を灯していくか。二人の名経営者に学ぶ。

鈴木治雄

昭和電工会長

Suzuki Haruo

社長に要求される条件ではあるまいか」

　これは実にいいですね。私はいままで社長の条件として、こういうことを書かれたのをみたことがないですよ。私はこの言葉に大変、感激しました。果たして自分がどれだけ感動を与えてるかどうかわかりませんがね（笑）。

　これは大変、私の心に響く言葉です。

鈴木　日経新聞に、『トップの群像』という欄があるんです。そこで、現役の社長さん方が「社長の条件」を語っているんですが、各社の社長がどういうことを条件として考えているか、一年間に亘って、調べてもらったことがあるんです。すると、一番が「健康」です。それと同じくらい多いのが「リーダーシップ」です。

　まあ、「健康」が第一にあげられたというのは、確かに、健康でなきゃ、激職である社長さんにはなれませんからね。病気じゃ駄目だという意味では必要な条件ではあるけれども、じゃあ、健康であればいいというなら体の強い人を社長にすりゃいいってことになるんですね（笑）。だから、必要な条件ではあるけれども、十分な条件ではないんじゃないかと私は思ったわけです。

それから、リーダーシップというのは、よく政治の世界でも〝総理のリーダーシップを発揮しろ〟とか、いろんなところで使われますが、これは一番上の位置にいる人は当然リーダーなんだから、リーダーシップを持てということとは、ある意味では、「社長であれ」ということと同じようなことだと思いますが、そういう条件をあげてる社長さんが一番多かったわけです。

その次には、「先見性」。現在のように企業環境が激しく変化する時代ですから、非常に重要なんですが、それから「洞察力」という表現でいっている方もある。もう一つは、「決断力」。あと、「人事の公平」ということをいってる方もありますが、だいたいこういうことでしたね。

新井　すべて大切なことですね。

鈴木　非常に重要なことですね。ただ、私は自分の体験からいうと、社長の条件というよりは、社長の理想像としては私ども昭和電工の創立者、森矗昶《のぶてる》という人を考えています。

人間の倍増をせよ

鈴木　森矗昶さんはもう、本当に凄い人で、四六時中燃えるような使命感で動いていた方です。私が、社長になった時に「不《ふ》撓《とう》不《ふ》屈《くつ》」という額を森さんの娘さんの安西満江さんからいただいたんですけれども、本当に不撓不屈の人でした。

私はご存じのように会社が大変困難な時期に社長になったものですから、いろんな苦しい中で常に私を鼓舞してくれたのは、亡き森さんの書かれた「不撓不屈」の四文字だったわけです。

森さんは、仕事をどんどん発展させなくちゃいけないのはもちろんだけれども、人間だってしょっちゅう発展しなきゃいけない。人間が発展するのに別にお金がかかるわけじゃない。本人の努力次第だというんです。とにかく会うごとに、倍になっていくぐらいの人格形成を心掛けろといわれましたね。

新井　凄いですね、人間の倍増というのは(笑)。

鈴木　とにかく、会うたびに「随分この人は進歩したな」とか「成長したな」とかを感じさせるように変貌していかなければならないというわけですよ。

新井　ほう。

鈴木　私の部屋には、森さんの書かれた細川頼之の、

「人生五十功《こう》無きを愧《は》づ」

の掛け軸があるんです。森さんはわずか五十六歳で亡くなったわけですが、十七歳で独立、水産会社や電気会社を設立したり三十代で衆議院議員になったりしたあと、硫安生産に成功し、三年後には日本で初めてアルミニウムの国産化を始めたり、国産化技術による肥料工業や電力事業など、多くの偉大な事業をやりました。

新井　国産アルミニウムの生産に成功されたのは昭和九年でしたかね。

鈴木　そうです。当時はあんなものできるわけないというのが常識的な見方だったんでしょう。「あんなことやっても失敗するに

決まってる」といった財界の有名な方もあったようですが、そういった周囲の見方をくつがえして成功させたわけです。
　そういう人ですから、人使いが荒いというか、自分がそういう仕事に燃えているものですから、従業員も自分と同じような気持ちで働いていなければ気がすまない。ですからもう「バカヤロー」といって激しく叱咤するわけです。
　私は昭和十四年に昭和電工に入ったんですけれども、森社長に「バカヤロー」といわれないような者は一人前じゃないという、そういう神話がありましてね、私が入った時にも、森さんは「君もどしどし叱るよ」といわれました。しかし、とうとう、あまり怒られないですみましたから、一人前じゃないのかもしれませんが（笑）。

新井　叱ることがないほど優秀だったんでしょう（笑）。

鈴木　まだ、バカヤローならいいんですよ。もっと凄いのは「国賊だ」というわけです。

新井　国賊という言い方はね、今の若い人なんかにはわからんでしょうね。

鈴木　当時としては、国賊といわれたら、バカヤローどころの話じゃないですからね。なんというか、侮辱というか、そういう一番ひどい言い方をしてましたね。
　それでも、森さんが亡くなった日に森さんの自宅に伺ったらね、日頃バカだなんだって怒られていた部長同士が抱擁《ほうよう》して泣いているわけです。そういう人だった。

この人と働けるなら……

鈴木　若干余談になりますけど、私はそういう関係にあったもんですから、結婚のと

鈴木治雄（すずき・はるお）
大正2年神奈川県生まれ。昭和11年東京大学卒業。野村（合名）、野村証券を経て同14年昭和電工入社。常務、専務、副社長を経て同46年社長、同56年会長に就任。

き仲人をしてもらったわけです。その結婚式の日は森さん、風邪をひかれて大変高熱でした。四十度ちかくはあったと思いますが、森さんは大変だってことは一言もいわない。一月十七日でしたのに「ホカホカして気持ちがいい」っていいましてね。

新井　皆に心配させまいとした……。

鈴木　それで、いよいよ仲人の挨拶になったら「新郎は今日以降、家庭のことは一切忘れて会社と国家のために働け」と……。

新井　ほう。

鈴木　来ていた奥さん連中はもう非難ごうごうでね（笑）、あんなひどい仲人はいない、と（笑）。

それが森さんの最後の姿になったわけですが、その後いろいろ考えてみると、これは非常に真理をいってるんじゃないかと思いました。つまり、男の場合、会社の方がうまくいかなきゃ家庭の幸せもないということじゃないか。男にとって仕事が充実していなくてはマイホームなんて考えられないんじゃないかということですね。

新井　まったくね。

鈴木　ですからね、未だに森さんが毎日生きてるようなものですね、私にとって……。

新井　ああそうですか。

鈴木　強烈な印象ですね。だから何か難しい問題があると森さんだったらどういう決断をするだろうかという気持ちが必ず起こってきます。

新井　いつだったか鈴木さんに森さんはどうしてそんな強烈な感動を与えたのか、お聞きした時に、「愛情でしょう」と最初にい

新井正明（あらい・まさあき）
大正元年群馬県生まれ。昭和12年東京大学卒業。同年住友生命保険入社。常務、専務を経て同41年社長、同54年会長、同61年名誉会長に就任。

われましたね。それも私には大変印象的なことでした。どんなに厳しくても、その裏には愛情があるから、そこに感動が生まれるんでしょうね。

鈴木　ええ。怒られた人はそりゃ震え上がるような思いなんだけれども、その裏に物凄い愛情があるから、人使いが荒いとか暴君だとはだれも感じませんでしたね。私もよく、悪口いわれたりしますけど、問題はその背後に愛情があっていっているのならいいけどね、妬みとかなんか悪意でいってるのは困りますね。

新井　どんなふうにうまいことといっても、本当に愛情があっていっているのかどうかはわかりますからね。

鈴木　わかります。

新井　私は、兵隊から帰ってきた時には片足になってましたから、しばらくは他の人と同じようには仕事ができませんでした。入社して九か月で兵隊に行ったわけですから、会社に復帰しても満足に仕事ができず、女子の職員に教わったり、先輩に教わったりという状態が二、三年は続きました。

鈴木　そうでしたか。

新井　そのときには、同期の連中より月給の上がりが少なくて、ボーナスも少なかった。当然なんですけどね、これは（笑）。

　で、私が人事課長で芦田泰三という人事部長に仕えたとき、私の履歴台帳を見ましてね、「お前は随分月給が悪かったんだな」といって、そのあと、「その当時の上司は人を見る目がなかったな」といってくれたんですよ。

鈴木　ほう。泣かせる言葉ですね。

新井　そうなんです。これ、ちょっとね、殺し文句です。そうすると、芦田泰三部長はどっか、私のいいところを認めてくれてるんだなと、励みになりました。後に芦田さんは社長になられて、そのときに私が総務部長になったんですが、まあ、この人と働くなら一生懸命働こうという喜びを感じましたね。

　だから、鈴木さんのこの一文を拝見してね、確かにうちの前の社長は、私の心に永遠に消えない感動を与えたと思った。

鈴木　ああ、いい話ですね。

新井　ですから、そういう人と働きますとね、いまのお話のように家庭をかえりみるなんてことはまず考えないでね、会社で働く喜びを感じますね。

社長退任で涙を流す

鈴木　先ほどの森さんの話になりますが、森さんが社長を辞めるときに社員に挨拶したんです。自分は辞めていくにあたって、諸君にあれもいおう、これもいおうと思ったけれども、今、胸がいっぱいだ。つくづく考えてみると、自分は仕事が大事で、国のためにと強く感じていたから君たちに非常に激しく怒った、と。しかしよく考えてみると、企業というのはそういう使命感だけでなく、やはり利益を十分に上げて社員に安心感を与え、そして休養するべきときは休養させるようにするのが本当の経営者じゃないかというふうに反省している、と。そういう点で君たちに謝りたいような気分だってことをいわれました。

新井　ほう。それは何年ごろのことですか。

鈴木　昭和十五年のことです。
　そのころ私の父が味の素の社長だったんですが、森さんの後に社長になることになった。それを、その時に聞きましてね、森さんという人は非常に頭の切り替えがパッ、パッとできる人でして、本心からそう思っていたのかどうかわかりませんが、森さんが自分の後を継ぐ社長に対する配慮もあったと思うんですね。私の父は、味の素の創業者として、いうにいえない大変な苦労をしたんですが、味の素がある程度成功してから後は非常に堅実経営だった。だから、新しい鈴木忠治さんのような社長こそ本当の経営者だ。自分はただひた走りに危ないところを渡って生きてきてガンガンいってたってことが本当に良い経営者かどうか今になってみると問題だってことをいわれたわけです。それでね、聞いてる社員が非常に感動しました。

新井　やはり、新たなものを創り出していくということは大変なことですから、一方では社員のことについて考えていても、今はそういうものを表面に出さないで信念にもとづいてやっていくという気持ちが強烈にあったわけでしょうね。

鈴木　そうかもしれません。社員を怒るというのは、要するに自分と同じ考え方でやれということなんですね。自分はすべてを忘れて仕事にフルに打ちこんでいる。だから社員も、能力とか経験とかの制約はあるにしても、やはりフルに精一杯働けという気持ちがあったと思いますね。

新井　そういうことでしょうね。それで日頃、社員に対する配慮を口に出すことは少なかったから、辞めるときにそういうことをいわれたんでしょう。

社員が食えないのは社長の責任

新井　結局、森さんと出会ったということが鈴木さんの人生の大きな要因になったわけですね。私の場合も、今日までくるのに芦田泰三さんをはじめ、何人かの人に出会ったってことがあとあとまで響いてきましたね。
　芦田泰三さんの前の社長は、加納純一さん、今国鉄の問題で活躍されている亀井正夫さん（住友電工会長）の奥さんのお父さんなんですが、この人が社長になった時、私は人事課長だったんですけどね。今でも忘れませんが、昭和二十二年五月に子供が生まれました。その前年には労働組合の初代委員長になりまして、翌年に芦田人事部長の下で人事課長になっていたわけですが、子供は生まれたけれど当時は食べるものがないんですよ。

鈴木　昭和二十二年といえば、戦後の混乱がまだ続いていて、一番大変な時代でしたね。

新井　それで、産婦に食べさせる食べ物を親戚のところへ調達に行ったわけです。そして帰ってみると子供が死んでたんです。もともと体内にいるうちから栄養失調だったんですが……。

鈴木　そうでしたか。

新井　そのときに社長がわざわざ見舞いに来てくださいましてね、「課長が食えないほど困窮しているというのは社長の責任だ」とおっしゃいました。当時はみんな苦しいんですよ。ヤミをやらないで死んだ裁判官があったりした時代ですから。だから、これは社長の責任じゃないですよ。にもかかわらず、社長がそういうことをいってくれた。嬉しかったですね。感激しましたね。

鈴木　そうでしょうね。

新井　その時は私は社長になると思ってもみなかったんですが、それから十九年たって四十一年に社長になったときに三者総繁栄という方針を打ち出したのはこのときの加納社長の言葉があったからです。

まず、会社をよりよく、大きくしようじゃないか、それからお客さんを大事にしようじゃないか、それから従業員の給料を一流のものにしようじゃないか、ということです。つまり、会社と契約者と従業員の三者がともに繁栄しようということですが、これは社長になって、これからどういう方針でやろうかなってときに、加納社長にいわれたことが思い出されたからです。いまでも、それは間違っていないと思っています。

結局、子供が死んだときに社長からポツリといわれた、そういうたった一つのことが終生忘れられない感動を与えるんですね。

鈴木　その通りですね。

逆境を喜べといわれた

鈴木　私もね、森さんからだけでなく、他の方からいわれたことにも、ずいぶん感動的な言葉がありました。一、二お話ししますと、私は昭和二十年、終戦の年に昭和電工の常務になったんですが、公職追放に会いましてね。

新井　ああ、そうでしたか。

鈴木　それでね、昭和電工の建物に入っちゃいけないし、選挙に出ることももちろんできないし、小学校の先生になるなんてこともできない。だから事実上、職業を封ぜられたってことですね。

新井　厳しかったですからね。

鈴木　その頃、伊藤忠の創業者である伊藤忠兵衛さん、この方には私が学校出てから、ずっと可愛がられていたので、伊藤忠兵衛さんに会ったんです。そのときに伊藤さんは、自分が紡績をやってて一番パニックの時は、借入金の合計と資産の合計を差し引きすると二十億円とか二十五億のマイナスだっていってました。昭和二十二年頃の金ですが、今でいえば五千億円ぐらいでしょうかね。ところが、一番順調なときは、逆にそれと同じくらいの正味資産があった。だけどね、鈴木君、一番マイナスの多いときと財産が増えたときと、一日に食べる物は似たようなもんだ、と。

新井　なるほど（笑）。

鈴木　一日で食べる物は限られてる。お金があるからいろいろ食べるわけじゃないし、贅沢してもたかがしれてる。また貧乏になっても大差はない。だから最後のところは心配しないでやりなさいよっていわれたんです。それはたんに論理的な話じゃなくて、ご自身の体験から出てきた話ですからね、非常に私は感銘しました。感動しました。

それともう一つは、今から十五年ぐらい前ですが、私が昭和電工の社長になったときには、例の阿賀野川事件や公害問題で毎日のように新聞、雑誌で攻撃されてたんです。その時に、富国生命の社長だった小林中さんね、あの方はうちの大株主だったし、いろいろ親しくしていただいていましたから、小林さんのところに挨拶に行った。そしたら「君はいい時に社長になった」っていう。

新井　ほう。そうですか。

鈴木　だいたいの人は「気の毒だね、大変なときに社長になったね」っていう人がほとんどなんですが。それで、「社長なんか順調なときになったってろくなことはない。一番悪いときになれば、それより悪くなることはない。必ず良くなるんだからね。君はいいときに社長になった。幸せだよ」と。

これも凄い激励でしたね。その他にもいろんなこと聞きましたけれども、小林さんという人もやはりスケールの大きな方でした。

だから、そういう感動的な瞬間というのは随分ありますね。そういうのは忘れ難い。

新井　そうですね。

鈴木　で、それが普通の人とは違う切り方でね。しかも自分の長い体験から出てますからね。小林さんも帝人事件にひっかかって随分苦しい時があったんだと思いますが、そういうひどい時というのは、なんていうか陰の極みたいなものだということなんでしょうね。

新井　その陰が極になって、陽に転ずるということをその人たちは体験的に知ってるということでしょう。

鈴木　だから、むしろ大吉みたいに人が羨むような非常にいい時期に責任ある立場につくことは、場合によると不幸だ、と。一番上に立つと下り気味になってることがあるんだよということで、激励してくれたんだと思います。

豪胆と細かい気配り

鈴木　しかし、偉い人でした。うちの前の社長が亡くなったときにね、追悼の座談会をやったんですが、司会をやったジャーナリストが「安西さんという人は豪胆な人ですか、細心な人ですか」と質問したら、小林さんが、偉い人ってのは豪胆だけでは駄目なんで、細心だけでも駄目なんだ。両方持ってなきゃ駄目なんだ。君、そういうのは愚問だよ、とおっしゃった。

確かに、世の中に名を成した人ってのは非常に豪胆だけれども、人並み以上に細かい気配りもありますものね。

新井　それはその通りでしょうね。

私が入社したときの、うちの社で一番偉い人は北沢敬二郎専務、後に大丸の社長、会長になった人ですが、この方なんかも、豪放らしいところもあるが、細かい気配りのある人でした。

私がケガをして陸軍病院に入ってる時にわざわざ大阪から見舞いに来てくれましてね、当時は社長がいなかったものですから専務がトップでした。私は専務におじぎはしたことあったが、入社早々でしたから話したことなんてありません。それが、専務さんがわざわざ、海のものとも山のものともわからない、入社して九か月の男のところへ見舞いに来てくれましてね、「君は遅く出勤して早く帰ってよろしい」と。これは私としては大変な感激でした。
　後に私が四十一年に五十三歳で社長になった時に、大丸の会長室に北沢さんにご挨拶に行った。「あの時、専務が遅く出勤してよろしいといわれて、私はもちろん遅く出勤するようなことはありませんでしたけれども、あの一言が私にとって大変励ましになりました」っていったらね、「ほかにも何かいったろう」っていうんです。

鈴木　それは何ですか。

新井　大隈重信も永井柳太郎も中野正剛《せいごう》も、重光葵《まもる》もみな片足だということです。そういったら、「覚えてるならいいけれども、君は五十三だ。若くないよ。俺が住友生命行った時は四十六だった」なんてお小言くれましたけどね、少なくとも当時の専務がそういう見舞いに来て下さったというのが私にとっては励みでしたね。
　とうてい勤まるまいと思ったのに、今日まで何とか曲がりなりにもこれたというのは、あの時、北沢さんの励ましがあったからだと思います。

鈴木　やはり、気配りと同時に愛情があるんですね。

新井　そういうことですね。だから北沢さんには随分、みな叱られて、北沢さんのことをみんな怖い怖いっていったけれども、心の中にそういうものがあるから見舞いに来てくれたんですね。

鈴木　結局、優れたリーダーというのは若い連中を励ますのが上手なんです。そういう点では、土光《どこう》さんね。土光さんが経団連の会長の時に私、委員長を一つやってたんですが、とにかくお会いするたびに、「もう君たち若い者がやらなきゃ駄目だ」としょっちゅういわれる。その言葉にはそうだなあ、と説得する力がある。
　それから先ほどの森さんなんかはもっとすごいですよ。今の会社ではありえないことですが、私、新入社員のぺえぺえでしたけど重役室に呼ばれていきました。するとそうそうたる顔ぶれの重役が皆並んでるわけです。それで森社長が私に向かって「君、ここにいるのは皆、ダラ幹の重役だ」。それで、「メザシみたいに頭だけこう並んでるけど、ちっとも働かん。君たち若い者が、やらなきゃ駄目なんだ」と。「そう思うだろう。ダラ幹だろう？」っていうんですよ。
　若い社員に向かってダラ幹だろうってあいづちを求められたって、そうですっていうわけにはいきません。

大隈重信：［1838～1922］政治家。佐賀藩士。明治31年最初の政党内閣を組織。大正3年再び首相となり、第一次大戦への参戦を決定。東京専門学校（早稲田大学の前身）の創立者。

永井柳太郎：［1881～1944］政治家。早稲田大学教授。石川県生まれ。雑誌「新日本」主筆。憲政会から代議士となり、のち立憲民政党。拓相・逓相・鉄道相を歴任した。

中野正剛：［1886～1943］政治家。福岡県生まれ。新聞記者を経て衆議院議員となり、憲政会・立憲民政党に所属。東方会を組織し、民間での全体主義運動を推進。「戦時宰相論」で東条英機首相を批判、さらに内閣打倒を策して逮捕され、釈放直後自殺。

重光葵：［1887～1957］外交官・政治家。大分県生まれ。外務省に入り、ソ連・英国・中国各大使を歴任。東条内閣の外相。極東国際軍事裁判で禁錮7年の判決を受けたが、追放解除後、改進党総裁・鳩山内閣外相となった。

土光さん：土光敏夫［1896～1988］実業家。岡山県生まれ。経営難に陥った石川島重工業や東京芝浦電気（現東芝）などの社長を歴任、再建を成功させた。昭和49年経団連会長に就任。昭和56年には第二次臨時行政調査会（土光臨調）会長となり、行政改革に取り組んだ。

新井　いえませんね（笑）。

鈴木　黙ってるわけですけど、重役さんたちは、また森社長のあれが始まったっていうような聞こえないふりしてました。要するに、若い連中を鼓舞するためにそういうことをやるんですよ。

新井　私の会社でもね、今では社外の重役がおりますけど、最初の頃は社外重役がいませんでした。それで社長に少し社外重役を入れられたらどうですかといったら「うちにはいいのがたくさんいるんだからその必要はないな」なんていわれましたね。そんなふうにいわれると、なんかこっちがほめられている感じになってね。意欲が出てきますね。

鈴木　やはりそういうことが大事なことじゃないでしょうか。

働いても疲れない会社に

新井　ところで、鈴木さんから『古典に学ぶ』という本をいただきましたが、あれを拝見して驚きました。非常に幅広く勉強されている。とくに若い頃から感動したところは全部ノートされていたというのは大変なことです。

鈴木　それは、おもしろいからノートしたんで、苦労してやったわけではないんです。ただヒルティが、良い本を厳選して毎日継続して読めばその国での、一流の教養人になれると説いています。その言葉に発奮してプランをたてて、継続的に読書してきたことは事実です。

新井　読書家の鈴木さんを前に僭越ですが、人間は、人からも感動を受けますが、書物からも、感動を受け、心を洗われたり、勇気を与えられたりすることがあり、それが読書の喜びですね。

鈴木　ええ。

新井　鈴木さんの場合とくに、印象に残っている言葉といいますと……。

鈴木　私は公害問題で非常に苦労したし、ちょうど当社でやってる商品が構造不況業種ということで、大変辛かったわけですが、ギリシャのエピクテトスという哲人がいて、人生は劇だ、ドラマだ、と。人生の作者は神様で、我々は役を振り付けられた役者みたいなものだから、その役については文句をいうなというのです。要するに、我々人間の側でできることは、その役を一番一生懸命に演ずることだというわけです。

新井　なるほど。

鈴木　たしかに、歌舞伎なんかみてますと、たとえば殿様の役がありますね、腰元を大勢つれて威張って出てくるような殿様の役というのは割合に楽なんですね。だから役者としてもあまりいい役者はやっていません。ところが、舞台正面のところに縄で結わえられていじめられたりして一番気の毒な辛い役というのは、一番いい役者がやっているんですね。

　ですから、ひどい役を振り付けられたということはある意味では、いいというか感謝すべき事なんです。問題は、その役を振られた時にそれを一番よく演ずるかどうかだというのがエピクテトスの考えなんです。

ヒルティ：カール・ヒルティ［1833〜1909］スイスの法学者・哲学者。キリスト教の立場から「幸福論」「眠られぬ夜のために」など、宗教的、倫理的著作を多く残した。

人生はドラマだとすれば、そのひどい境遇でやらなければならないとしてもそれは文句をいうべきことではない。

それで、ひどい役をやった役者というのは舞台が終わると風呂に入り、白粉をおとして、そして別に卑屈にならずに世の中と付き合う。翌日はまた舞台の上ではひどい役をやる。そういう気持ちでやった方がいいんじゃないかと私は考えましたよ。それが大変心の救いみたいなものになりました。

新井　いいお話です。

鈴木　何が起こるかわからないが、何が起こってもあわてふためかないで、そういう役が自分のところへきたんだから、精一杯やればそれでいいんじゃないかということです。

こういうことを教えられるというのは、まあ、古典の一つのありがたさですね。

心の支えになった古典

鈴木　新井さんも中国の古典に相当造詣が深いとうかがっています。

新井　たいして深くもないですが、私はね、昭和十四年八月二十日、ノモンハンで砲撃を受けましてね、八月二十七日に右足を切断しました。で、こういう身体になっちゃったもんですから、これからどういう具合に生きていったらいいかなと考えました。そんなことからね、たくさんは読まないですが、中国の古典などを読むようになったわけです。

戦争がだんだん激しくなって空襲なんかが多くなった頃には『孟子』を読んでました。というのは孟子を読むと、不思議と元気づけられるわけです。有名な「千万人といえども吾往《われゆ》かん」とか、あるいは、「天の、将《まさ》に大任をこの人に降さんとするや、必ずその心志を苦しめ、その筋骨を労せしめ……」というような言葉に勇気が出てくるんですね。

鈴木　なるほど。

新井　それと、組合の委員長として会社側と議論するときに孟子の弁論術、対話術というのがずいぶんと役に立ちました。それで、ますます熱心に読む（笑）。

また人事課長、部長で組合と交渉するとき、嘘をいうとか信用ならんとかいわれることがあるわけです。これだけ誠実にやってるつもりなのに、なぜわかってくれないのかと思いますわね。そういうときに、『論語』の中の、

「人の己れを知らざることを患《うれ》えず、人を知らざることを患う」

「子いわく、位《くらい》なきことを患えず、立つ所以《ゆえん》を患う。己を知ることなきを患えず、知らるべきことを為すを求む」

というような言葉に、心の拠り所をみつけたりしました。要するに、自分がこれだけ一生懸命やってるのに上の人が知ってくれないようなことがあっても、思い煩っちゃいかんぞ、と。〝位なきを患えず、立つ所以を患う〟――つまり、それだけの実力があるかどうかを考えなさいよ、と。それで、〝知らるべきことをなさむ〟――知られるような実際の仕事をしなさいよ、というわけです。

鈴木　そういう言葉を口ずさんで励みにされた。

新井　ええ。ここで大事なのは、下の人は上の人が知ってくれなくても、それを思い煩っちゃいけないが、上に立つ人はね、下の人にそういう悩みをもたしてはいけないと思うんですね。それが上に立つ者の役目だと思います。

鈴木　下の人にとっては上の人に知ってもらうかどうかということは大変、大きなことですからね。

浜口雄幸の『随感録』

新井　「一言《いちげん》よく人を生かす」と亡くなった伊藤肇さんがよくいわれてましたが、まさにその通りだと思いますね。もう一つだけ、例をあげますと、ライオン宰相といわれた浜口雄幸《おさち》さん。

鈴木　ええ。

新井　東京駅で狙撃されたときに、「男の本懐だ」ということをいわれたそうですが、この人がその後の闘病生活の中で書かれた『随感録』という本がある。私はこの本に非常な感銘を受けました。ちょっとその一節を紹介しますとね。

「余の性格上の欠点は一々、ここにいわぬけれども多々あったのである。これらのことは親兄弟にも知れぬように、ほとんど血の出るごとき大努力をなして、自分自身これが矯正に努めた」

「余は生来、極めて平凡な人間である。ただ幸いにして余は余自身のまことに平凡であることをよく承知しておった。平凡な人間が平凡なことをしておったのでは、この世において平凡以下のことしかなし得ぬことはきわめて明白である。修養と努力とは、自覚したる平凡人の全生活であらねばならぬ。……ともかく余の今日あるは、この努力のお蔭であると信ずる」

　これを読んで、私は、あの浜口さんも非社交的で内気だったのを、血の滲むような努力をしたのか、総理大臣でもそうなのかと、私自身も内気で非社交的だっただけにね、大変、啓発されたのです。

　そしたら、東海銀行の会長の三宅重光さんもね、この『随感録』を読んで発憤させられたということを新聞に書いていました。あの方は、城山三郎さんの小説『男子の本懐』に出てくる井上準之助さんのお嬢さんがあの人の奥さんです。

鈴木　ああ、そうですか。

新井　ですから、一つの書物によって啓発された方が少なくとも三宅さんと私とね、二人はいるということです。

いくら働いても疲れない会社

新井　話は前後しますが、カール・ヒルティの『幸福論』の中に、仕事の上手なやり方についてこういうことが書かれています。

「人間、生まれつき仕事の好きな人間なんていない。誰でも怠けたいと思うものだ。それを押さえて仕事につかせるには二つの動機がいる。一つは生活のためにやらなきゃならないということ。いま一つは、世の中のためになる仕事をこの人とやると、やりがいがあるということ」

　これは確かにそうで、仕事っていうのはつまらない上司と仕事したら疲れますが、感動を与えてくれるような上司と一緒だといくら仕事しても疲れない。それこそ、家庭も忘れて仕事に打ち込んでいくようになるんですね。

鈴木 やはり上役にいい人がいたら幸せですね。上役に恵まれるってことが一番、サラリーマンにとって生きがいの大きな要素になる。しかし、このごろは、「私は入社以来、上の人に怒られたことがない」という人が増えてるんですね。あまり文句をいわないんでしょうかね、上の人が……。

新井 そうらしいですね。だから鈴木さんが書かれてる「全役員、全社員の力を惜しみなく発揮させる雰囲気をつくるかどうか。そのことが社長に要求される条件ではあるまいか」っていうことですね。

まあ会社に入ったら、ある程度の能力もいりますが、大事なことはその上の人がどれだけ部下の能力を発揮させることができるかということでしょう。

鈴木 その通りですね。

新井 私自身でいえば、芦田泰三という人に出会ったのがありがたかったということ。その芦田さんの下で働いててそれほど疲れも感じないで、まあともかく一生懸命に働いたわけです。

だから、私は社長時代に、ある新聞社の人に、どういう会社にしたいかっていわれたときに、もちろん具体的な方針としてはいろいろあるけれども、ひと言でいえば、「いくら働いても疲れない会社にしたい」ということをいいました。

鈴木 理想ですね。

新井 もちろんこれ、働けば当然疲れますよ。しかし、疲れないというのはそれぞれの組織の長が部下に対して愛情をもってるということでしょうね。ときには厳しくしたりするが、そこで働くことが楽しいという雰囲気をつくっていくことじゃないでしょうか。

鈴木 同感です。結局、人間の仕事も、人生もそうなんですが、計らざる起伏があるわけですね。それをくぐり抜けたり、道を変えたりするのに、やはり、感動というのは手がかりになるということじゃないでしょうか。

私も七十を過ぎましたが、過去を振り返ったときに結局、感動だけが残っています……。

新井 ああ、そうですね。あとは忘れてしまっても、感動だけは残っていますね。それだけに、感動を覚えない人は気の毒だなあと思いますね。

私は組織の長たる者はたえず自らの人生、仕事に感動を持ち、その感動を部下に伝心していく。そういうことでなきゃいかんと思います。

じゃ、上に立った人がどうやったら感動を与えられるか、それはそれぞれの環境によりますから、これという教科書みたいなものがあるわけではない。

ただ、全役員、全社員に才能を発揮させるような感動を与える、永遠に強烈な感動を与えるということがあれば、つまり、私が芦田社長に仕えてちっとも疲れなかった、疲れないどころじゃなく、喜びを感じた。こういう人間関係があると、会社も組織もいきいきと活性化しますし、結果として業績も発展していくんじゃないでしょうか。

デザインの力で新時代を切り開く

佐藤可士和

クリエイティブディレクター

Sato Kashiwa

ユニクロのグローバルブランド戦略、カップヌードルミュージアムのトータルプロデュース、ホンダ「N」シリーズの広告キャンペーンなど、社会や時代の本質を見抜き、数々のヒット商品や企業のブランディングを手掛けるクリエイティブディレクター・佐藤可士和氏。既存の広告やデザインの概念を超越し、世の中に新たな価値を創造発信し続けている。2012年、東京・渋谷のオフィスを訪ね、そのクリエイティブワークの神髄に迫った。

働く環境をデザインする

——こちらの部屋に入って驚きました。オフィスとは思えないほど、シンプルで整然とした空間ですね。

ここを初めて訪れる方は、大概驚かれます。でも部屋が雑然としていたり、いろいろなものが目に入ってくると、それが気になって何かと集中しづらいですよね。

きょうは取材ですが、普段はここでクライアントと打ち合わせをしたり、プレゼンテーションをしたりしています。僕にとって打ち合わせとは、ただ決まったことを確認したりすることではありません。その場で議論して何かをつくり出すことなので、この部屋は重要なクリエイションの場なんです。

だからこそ、周りが気にならず、打ち合わせに集中できる環境をつくることが大切になってきます。

——まず環境を整えることが大事であると。

ここ最近、オフィスデザインが企業の経営戦略の一環として注目を集めているのですが、僕がチーフクリエイティブディレクターとして関わっている楽天グループもその一つです。二〇〇七年に新社屋「楽天タワー」を開設するにあたって、オフィス全体のデザインを依頼されました。

「社員が生活空間のように快適に過ごせるオフィスをつくりたい」という三木谷浩史《みきたにひろし》社長の思いを受け、様々な場所に木を使用し、温《ぬく》もりのある快適な空間を演出しました。また、サッと集まって打ち合わせができるよう、小さなミーティングスペースを所々に設けたことで、瞬発力のある動線が生まれました。これはスピード感が命ともいえるIT企業にとって効果的かつ機能的な空間だといえます。

　これらはほんの一例ですが、働く環境をデザインすることによって社員の意識や働き方を変え、より高いパフォーマンスを発揮することができるのだと考えています。

人生を決定づけた衝撃の三時間

——クリエイターの道に進まれたきっかけはなんだったのですか。

　父親が建築家だった影響もあって、幼い頃から絵を描くのは得意だったんです。高校二年の時、文系か理系かを選択しないといけなかったのですが、大学で勉強する内容にどれも興味を持つことができませんでした。熱中できないことを勉強して、なんとなく大学へ行き、なんとなくサラリーマンになるのは嫌だなと。

　その時に美術大学という選択肢もあることに気づいて、試しに美大受験のためのデッサン講習会に参加しました。そこで初めてプロの道具を使って、本格的に絵を描いたんですが、三時間の講習が僕には三十分くらいに感じられて。まさに雷に打たれたような衝撃でしたね。こんなに楽しいことが世の中にあるのか。これが受験勉強なんて最高じゃんって（笑）。もうその瞬間に、美大に行って、クリエイターになろうと決めました。

――僅《わず》か三時間で将来のビジョンが定まったのですね。

大学では膨大な課題をすべて完璧にこなしながら、自主的に作品をつくって個展を開くなど、とにかくエネルギッシュに活動していました。そんな時、ある授業で、当時博報堂に勤めていた大貫卓也さんというアートディレクターの存在を知ったんです。「としまえん」や「ラフォーレ原宿」などインパクトのある作品を次々に出し、広告業界にその名を轟《とどろ》かせていた大貫さんに憧《あこが》れて、博報堂を就職先に選びました。

本質を突き詰めていけば答えは必ず見えてくる

入社後、大貫さんは独立してしまわれたんですが、幸運なことに大貫さんと一緒にサントリーの仕事をする機会に恵まれました。大貫さんの作品は街中でたくさん見ていましたが、一体何をどう考えたら、こういうアイデアが出るのか凄《すご》く知りたかったんです。

それで最初の打ち合わせの時に、僕は張り切っていろいろなアイデアを持っていきました。ところが、「いや、まだそういう段階じゃないから」と言って、大貫さんは全然アイデアを見てくれませんでした。

そして、「ウイスキーとは何か」「ウイスキーを飲む喜び」「ウイスキーがいままで培ってきた文化」といったことを何日もかけて話し合っていったんです。

――広告のアイデアではなく？

ええ。それまで僕は、そういう本質的なことに向かわず、どんな表現をつくればインパクトがあるのかという表層的な見せ方ばかりを考えていました。アプローチの仕方がまるっきり逆だったんです。やり方が間違っていたというか、甘いというか、とにかく全然レベルが違うなと思って、物凄く衝撃を受けましたね。

その後も三年くらい一緒に仕事をさせていただいて、商品の本質を見抜くためのアプローチをとことん教えていただきました。

そして、大貫さんから学んだことを初めて実践したのが一九九六年、ホンダステップワゴンのCMをつくった三十一歳の時でした。

――詳しくお聞かせください。

やはりその時も、まず徹底的に車について話し合いました。

当時はミニバンブームの走りで、それまで家族の車と言えばセダンだったんですけど、それがミニバンに移行する頃だったんです。

そこで家族にとっての新しい車とはなんだろう、この車が持っている本質的な価値はなんだろうということを突き詰めていきました。

ステップワゴンは、休日に活躍させたいファミリーカー。そのため、子供と一緒に遊びに行く楽しさに狙いを絞り込み、そこをとことん強調することにしました。話し

大貫卓也：［1958～］デザイナー・アートディレクター。東京都生まれ。としまえん、日清食品カップヌードル、ラフォーレ原宿、新潮文庫Yonda?、ペプシコーラPepsiman、資生堂TSUBAKI、SoftBankなど、多くのブランドコミュニケーションを行う。

合いの末に生まれたキャッチコピーは「こどもといっしょにどこいこう」。子供のお絵描きのような手描きのロゴや動物の絵を鏤《ちりば》め、まるで絵本の世界に飛び込んだかのような広告に仕上げたのです。

——恐竜と出会ったり、宇宙に出かけていったりするストーリーは、車のCMとは思えないインパクトがありました。

冒険に出かけるようなワクワク感がダイレクトに伝わったからでしょうか、毎月数百万台も売れるほど大きな反響を呼び、ミニバンカテゴリーで売り上げナンバーワンにも輝きました。

当時、車の写真を前面に出さない自動車広告なんて業界の常識ではあり得なかったんです。でも、固定観念に囚《とら》われず、本質を突き詰めていけば、答えは必ず見えてくるということを確信しました。

目指すは打率十割 すべてホームラン

一九九〇年代半ばまでは、ステップワゴンのように、CMを打ったらドーンと売れる手応えがありましたが、一九九八年頃からインターネットや携帯電話の普及に伴い、マス広告だけでは効果が出にくい傾向になっていきました。

ところが、様々なクライアントと仕事をしていく中で、殆《ほとん》どの企業が広告は皆に注目されるものだ、自分たちの商品は皆が関心を持っているはずだ、という前提で物事を進めていることに僕は疑問を感じるようになりました。

この商品をヒットさせるためには、そもそものコンセプトとターゲットが合っているのかとか、パッケージやネーミングを変えたほうがいいのではないかといった根源の部分にはまったく触れず、細かい点ばかり議論している。

——ああ、本質的な問題に目を向けていないと。

そうです。もっと問題の本質的なところから携わることができれば、デザインの力で解決できることがたくさんあるのではないかと思い、十一年勤めた博報堂を退職し、三十五歳の時に「サムライ」を立ち上げました。

独立後、最初に手掛けたのは、SMAP《スマップ》のアルバムのジャケットや広告、コンサートグッズなどのトータルデザインでした。SMAPの仕事では、渋谷の路上パーキングの車すべてにオリジナルカバーをかけたり、『Drink! Smap!』というアルバムと同じ名前の飲料を販売するなど、大胆な仕掛けを展開しました。

通常の広告とは違う手法で、街全体を一つのメディアとして捉えたことで話題を呼び、その様子がテレビや新聞にも大きく取り上げられてPR効果も絶大でした。

——広告の既成概念を打ち破られたのですね。

その後も、携帯電話のデザイン、発泡酒の商品開発、幼稚園や病院のプロデュース、TSUTAYA TOKYO ROPPONGIの空間ディレクションなど、既存の枠組みに囚われず、クリエイティブの力で新しい価値を

世の中に提示できるような仕事に挑戦していきました。
いまは全部で三十くらいのプロジェクトが動いていますが、最近は企業の価値をいかに高めるかという、企業のトータルブランディングも大きな割合を占めています。先ほどの楽天もそうですし、あとはユニクロやセブン-イレブンなどが代表的なところですね。

——他の誰もが考えつかないような斬新なアイデアをどうやって生み出しているのですか。

一つは「イメージを持ち続ける」ことですね。全然知らない分野の仕事を依頼されることも多いので、「アイデアが尽きることはありませんか」と、よく質問を受けるんですが、アイデアは自分が無理矢理ひねり出すものではなく、答えは常に相手の中にあると思っています。たとえ初めて経験することであっても、対象と真剣に対峙《たいじ》すれば必ず答えは見つかると信じているのです。
それと僕はいつも、打率十割、すべてホームランにしようと思ってやっています。何人ものクライアントを抱えていると、つい目の前のクライアントを大勢いる中の一人と捉えがちですが、それは違います。クライアントにとっては一回、一回が真剣勝負で、社運を賭《か》けて臨んでいるわけですから、失敗なんて許されないですよ。

デザインとはソリューションである

——ヒット商品を生む秘訣のようなものはありますか。

商品の本質を見抜くことが肝要です。本質を見抜くとはある表層だけではなく、いろいろな角度から物事を観察し、立体的に理解するということです。そのためのアプローチは様々ありますが、中でも僕が最も重要だと思うのは、「前提を疑う」ということです。

——前提を疑う、ですか。

これは僕のクリエイティブワークの原点ともいえるフランスの美術家、マルセル・デュシャンから学んだことです。

二十世紀初頭、皆が一所懸命絵を描いて、次は何派だとか言って競っている時に、デュシャンはその辺に売っている男性用の小便器にサインをして、それに「泉」というタイトルをつけて、美術展に出したんです。

キャンバスの中にどんな絵を描くのかということが問われていた時代に、いや、そもそも絵を描く必要があるのかと。見る人にインパクトを与えるために、敢えて便器という鑑賞するものとは程遠いものを提示して、アートの本質とは何かをズバッと示した。つまり、そういう行為自体が作品であると。

——まさに前提を覆《くつがえ》したのですね。

そうです。ただ、必ずしも前提を否定することが目的ではありません。一度疑ってみたけど、やはり正しかったということも十分あり得るでしょう。大事なのは、「そもそも、これでいいのか？」と、その前提が正しいかどうかを一度検証してみることです。

過去の慣習や常識にばかり囚われていては、絶対にそれ以上のアイデアは出てきませんから。

——前提を疑わなければ、よいアイデアは生まれないと。

はい。あと一つ挙げるとすれば、「人の話を聞く」ことが本質を見抜く要諦《ようてい》だといえます。

相手の言わんとする本意をきちんと聞き出す。僕はそれを問診《もんしん》と言っていますが、プロジェクトを推進していく際はこの問診に多くの時間を割いています。じっくり悩みを聞きながら、相手の抱えている問題を洗い出し、取り組むべき課題を見つけていくのです。

——問診するにあたって、何か心掛けていることはありますか。

自分が常にニュートラルでいること、それが重要です。邪念が入るとダメですね。

人間なので好き、嫌いとか気性の合う、合わないは当然あるじゃないですか。ただ、合わない人の言っていることでも正しければ、その意見に従うべきですし、仲のいい人でも間違っていれば「違いますよね」と言うべきでしょう。

感情のままに行動するのではなく、必要かどうかを判断の拠《よ》り所《どころ》とする。いつも本質だけを見ていようと思っていれば、判断を間違えることはありません。

——本質だけを見ていくことが要《かなめ》になるのですね。

マルセル・デュシャン：［1887〜1968］フランスの美術家。近代美術の視覚優先のあり方を批判した絵画・オブジェで、20世紀美術に最も影響を与えた芸術家ともいわれる。

本質を掴《つか》んで何か見える形にする、あるいは感じられる形にして、社会に提示することが僕の仕事ですからね。

デザインとは一つのソリューション、解決の方法だと思うんです。デザインというと、一般的には表層的な形や美しさをつくることだと思われがちですが、クライアントの言葉にならない熱い思いやビジョンを引き出し、最適な形に具現化して、世の中に伝えていくことだと考えています。デザインの力を使って、多くの人の日常が少しでもよりよい方向に変わっていく一端を担いたい。それを実現するためにも社会や時代の本質を見抜き、世の中に新しい価値を提示し続けていきたいと思っています。

佐藤可士和（さとう・かしわ）
昭和40年東京都生まれ。平成元年多摩美術大学グラフィックデザイン科卒。博報堂を経て、12年「サムライ」設立。国立新美術館のシンボルマークデザイン、ユニクロ、セブン-イレブン、楽天グループ、今治タオルのクリエイティブディレクション、幼稚園や病院のプロデュースなど、企業や組織の本質を掴み、その存在を際立たせるコミュニケーション戦略とデザイン力で注目を集める。東京ADCグランプリ、毎日デザイン賞ほか多数受賞。

遊戯三昧の世界

書を楽しみ、命を楽しむ

相田みつを
書家
Aida Mitsuo

「いま　ここ　自分」

行徳　相田先生とはもう二十年近くのお付き合いですが、先生のお宅におうかがいして帰る時の時間というのはみんなで大笑いしながら帰るから、時間があっという間に過ぎてしまうんです。先生に会うと楽しいんですね。それは先生が、まさに道を楽しみ生を楽しんでいられる方だからだと思います。

相田　いや、私は行徳《ぎょうとく》先生とお目にかかると、いつでも感じるのは、お釈迦さまが初めて悟りを開いて、自分の悟りの内容を初めて説法する時の場面です。

　お釈迦さまはガンジス川の一支流にある菩提樹の木の下でお悟りを開くんですが、そのときに、かつての五人の仲間がいたんですね。彼らは鹿野苑《ろくやおん》といって、二百五十キロ離れたところにいたんですが、説法の対象として、その五人の仲間のところへ歩いていくんです。

鹿野苑：中インドの波羅奈国にあった林園。釈迦が悟りを開いてのち初めて説法し、五人の比丘を導いた場所。

観音経には「遊」という字が3回出てくる。観音さまは遊びながら、楽しみながら人を救う。それが本当の在り方だ――「書家」「詩人」として、多くの人たちに深い感動を与えている相田みつを氏と、同氏と20年来の交遊という行徳哲男氏が語る「楽」の本質。

Gyotoku Tetsuo

行徳哲男

日本BE研究所所長

その時に仲間は快く迎えないんですね。というのは、彼らは身体をいじめつけて大変な苦行をする。お釈迦さまはそれは意味はないというので、離れるわけですから、脱落者として快く思っていないわけです。だから、ゴータマ（お釈迦さまの元の名前）が来たが、正式な作法で迎えないようにと、打ち合わせをするんです。しかし、実際、来るとね、そのお釈迦さまの品格に打たれて、結局、正しい作法で迎えるんです。

行徳　ええ。

相田　しかし、そうして迎えてもお釈迦さまの話を聞く気にはならない。その時にね、お釈迦さまが、「それならば、君たちは、君たちと一緒にいたときの自分の顔が、こんなに輝いていたことをみたことはあるか」と、こう聞くんですよ。この輝きをみろ、と。それで初めて五人のかつての修行仲間が納得して、お釈迦さまの話を聞き始めたという逸話が残っているんですね。それを初転法輪《しょてんぼうりん》というんです。それをね、行徳先生とお会いするといつも思い出すんです。行徳先生はいつでも輝いていますから。

私は、今度、ある人から頼まれた本の題を『いま　ここ　自分』としたんですが、「いま」「ここ」「自分」。これしか、命は与えられていないわけですね。

過去の命はない、明日は来てみないとわからない。「ここ」が充実しない限り、一生、充実しないんですよ。「ここ」を中途半端に生きると一生が中途半端なんです。「ここ」で愚痴や泣き言をいっていると、一生、愚痴や泣き言の連続。「いま」「ここ」「自分」が輝いていれば、一生、輝いている。

これが、私はお釈迦さまの説かれた仏教だと思うんです。そして、それを実践しているのが、行徳先生だと思います。そういう点が波長が合うんですね。

弔辞が初対面の出会い

行徳　人というのは、自分のうつしだと思うんですね。だから、相田先生にそういっていただけるというのは、相田先生、自ら、やっぱり、輝いておられるからです。

実は、おととしのことでしたか、萬屋錦《よろずやきん》之助《のすけ》さんから、私のとこに電話が掛かってきて、「お願いがある。美空ひばりさんを元気づけてほしい。そのためには、どうしても相田先生の書がほしい」というので、すぐに相田先生にお願いをして送っていただいたんですが、その書が、美空ひばりさんのあの大変な難病といわれた、いままたちょっとお悪いようですが、病気を克服されるきっかけになったんです。それを美空さん自身が、テレビで話しておられた。相田先生の書でどれだけ勇気づけられたか、と。

相田先生の書とか語りは、実にさりげない。しかし、さりげなさの中に人の心を射《さ》すというか、瞬間的にエネルギーを噴出させるというか、そんなものがあるように思いますね。

それで、この間、俳優の大坂志郎さんが亡くなられた時にも弔辞《ちょうじ》を読まれたという……。

相田　ええ。あれも不思議な縁ですね。大

相田みつを（あいだ・みつを）
大正13年栃木県足利市生まれ。昭和17年栃木県立足利中学校卒業、同年秋、曹洞宗の禅僧・武井哲應老師に出会う。以来、武井老師を"人生の師"として仰ぎ、在家のまま師事して仏法を学ぶ。

萬屋錦之助：［1932〜1997］俳優。東京都生まれ。父は歌舞伎俳優の三世中村時蔵。歌舞伎界から映画界に転身。主演した「笛吹童子」がヒットしてスターに。

坂志郎さんは、私と一面識もないんですけど、ある時、ハイヤーに乗ったら、その運転手の方から私の本を紹介されて、大変、感動してくれて、NHKで、私の書いた『にんげんだもの』の中の詩を朗読してくれたんです。そしたら、大変な反響で、投書が山のように来たそうです。

で、いつかお目にかかれるだろうと思っていたら、大河ドラマ『春日局《かすがのつぼね》』の稲葉一徹の役を最後に亡くなられたんです。その時、私は講演先にいたんですが、電話がありまして、遺族の方から、ぜひ、弔辞を読んでもらいたい、と。それで、私は葬儀の日に弔辞を読みに行ったんです。それが初対面になっちゃったんです。

行徳 ほう。

相田 ですから、初対面が弔辞なんですよ。そういう不思議な出会いもあるんですね。

行徳 ああ、そうですね。

弱さをさらけだす勇気

行徳 私は「玄妙即凡」という言葉が大好きなんです。玄というのは深みとか重み、妙というのは妙《たえ》なるもの、それは即ち凡、一番当たり前のことなんだという考えですが、ほんとに、先生のお話とか書かれたものは一番当たり前のことをいっておられる。その当たり前のことが、いまは一番難しくなってますね。

相田 私は弱いですからね。ほんとに弱い。学歴もなければ教養もない。人一倍、臆病で気の弱い人間が、人間として生きるためには、一体、何を求めたらいいかというのが、私の根底だったんです。

まず、学歴のない者がどこかに勤め社会的な肩書き・地位を求めても、手に入らない。金を追いかけても、こすからい商人のようにはなれないだろう。だから、手に入らないものは求めない。その代わり、精神の自由だけ、いただこう、と。それは若いときから、はっきり決めちゃったんですよ。それには、やはり、真実の教え、ね。何か、これにさえ、すがっていれば間違いないという本当のものを求めたんです。それが師匠、武井哲應《てつおう》老師との出会いになったんです。

行徳 武井老師というのは、先生の禅の師匠ですね。

相田 そうです。もう亡くなりましたが、私にとってはいい師匠でした。世間的に有名でも何でもない、どこかの管長とか、そんな世に出ることは一切、ない。だから、老師にとって、私は意に沿わない俗弟子だったと思います。私はもう、自己顕示欲むきだしですからね。私はどんどん世の中に出たくてしようがないほうでしたからね。そうしなければ食えないから。

私はね、いま振り返ると、随分ずうずうしいことをしたと思うのは、私がまだ三十七、八歳のときですが、地方新聞の主催で宇都宮のデパートで、書の展覧会をやったんです。その時に、略歴を百字以内で書けという。作品の目録に印刷するためです。それで、私は、自分を一番よくみせたいのが略歴だ、すると自分は何が一番欲しいのかと自問自答してね、ずばり、こういうことを書いたんです。

「自慢できる肩書き何もなし。ただし、作品

行徳哲男（ぎょうとく・てつお）
昭和8年福岡県生まれ。35年成蹊大学卒業、46年日本BE研究所設立、行動科学、禅、感受性訓練などを融合した訓練により、感性を取り戻す研修を行い、1万人以上の体験者を送り出している。

は高く売りたい。それで米を買うのだから。これ、だれか買ってくれ」

行徳　ええ（笑）。

相田　そしたら、新聞社から問い合わせがあって、「これ、本当に印刷していいんですか」というから、いいですよといいましたが、展覧会をやったら、私の作品だけに人がいっぱい集まりました。

行徳　私が、先生を大好きなのは、そこなんです。つまり、自分の弱さとか醜さをさらけだされること。これ以上の勇気はないと思うんです。人間というのは本当の弱さを知ったときにしか、強くはなれないと思うんです。先生は自分の弱さをむきだしにされる。

　先生の書が、多くの人に感動を与えるのはそこだと思うんです。

「相田みつをの世界」への出発

行徳　先生が、ああいう詩でもなければ書でもない、一種、独特の道を切り開かれたきっかけは、どういうことからですか。

相田　私は中学の四年生のときに、兄貴が二人兵隊に行って戦死したんですよ。それで、大変なショックを受けた。

　その当時、私は陸軍士官学校を希望していたんですが、ところが、いま考えると命拾いですが、教練の配属将校が代わりましてね。それまでは非常にウマが合う、相性のいい配属将校にかわいがられていたわけですが、代わりの配属将校はなんと嫌なやつかと思ってね。それで、こっちが思えば、向こうも、そう思うんですね。途端にいじめられたんですよ。理由もなく。こてんぱんにいじめられて、教練不合格という点を取った。

　そうすると、公立の大学の受験資格がなくなる。士官学校はいうまでもない。私の家は私立の大学に行けるほど生活が豊かじゃありませんからね。で、途方にくれた。そのときに、さっきいった、私の一生の師匠となる武井老師に出会うんです。

　私が学校を終わったと同時に、絵筆を持つか、書の筆を持つか、どちらかだと思っていたんですが、結局、書を選んだんです。それを選んでいながら、絶えず、悔いがあったんです。おれは書家には向かないな、と。

行徳 ああ、そうですか。

相田 一番のきっかけは何かというと、当時、私はもう本当にくそまじめなものを書いていたんです。いわゆるお習字並みのね。で、昭和十九年の十二月、私の親しい小学校の同級生が結核で死ぬんですね。戦争中ですから、葬式といっても本当に身内だけ。祭壇といったって、ちゃぶ台に白い布を置いて、その上に木の位牌があるだけで、何にもない。

そこに、ゲートルを巻いて座ってた。そのときに、歌がすうっとできたんです。

「ゲートルを　巻きしままにて　座りたり
一字読み得ぬ　戒名の前」

もう一つは、

「母のみに　育てられたる　思ほえばあはれ
短かき　君が一世や」

この友人は、母一人子一人ですからね。そういう歌を十九歳のときに作った。そうしたら、その母親が、「あんた字がうまいんだから、息子の供養のために色紙に書いてくれ」といわれた。

私は当時、書をやってたから、鼻高々なんですよ。ちょうど、拳闘を習い始めた人が、人とけんかしてみたりするのと同じ心理なんです。得々と引き受けて家に帰ってきて、書き始めたら、片仮名あり、漢字あり、平仮名ありでね、何とも調和しないんですね。それが、私のヒントなんです。

行徳 なるほど。

相田 最初の壁にぶつかったのは、昭和十九年。どうやって書いていいか、見当もつかない。それで、田舎のごく平凡な習字の先生のところへ相談に行ったらね、こういうものは題材にすること自体が間違っていると、一蹴されちゃった。

ところが、私の感性、この感情は何とも納得しない。そんなばかなことがあるか、と。それで、その後、私はたまたま、あの有名な『土佐日記』を読んだんです。その一番最初の言葉に、私は強烈なショックを受けたんです。

自分の言葉、自分の書をかく

相田 「男もすなる日記というものを女もしてみんとてすなり」。これが『土佐日記』の最初の言葉なんですよ。要するに、男が書くという日記というものを女の私が書くんですよ、という出だしです。

というのは、紀貫之《きのつらゆき》は、当時の主流派じゃなく、四国土佐へ左遷されたお公家さまで、どっちかというと冷や飯を食ったほうです。その人が、五十いく日間の船旅を仮名で書いたのが、『土佐日記』です。

当時は、男が仮名を書くというのは、女《おんな》手《で》として卑しめられた時代です。だから、私は女なんだよということで、名前を伏せて書いた。だけど、内容をみれば、貫之だというのは、はっきりわかる。それが図らずも、日記文学の筆頭になり、一方、貫之の仮名というのは書道史で、これも代表な

『土佐日記』：平安中期の日記文学。紀貫之作。任地の土佐を船出して都に帰るまでの55日間の出来事を、作者を女性に仮託して仮名書きで記したもの。

んです。

行徳　ええ。

相田　そのとき、私は考えたんですよ。貫之はその当時の生活の言葉でね、しかも自分のスタイルで、一方に仮名を残し、一方に文学を残した。大変なレジスタンス、抵抗精神にあふれて、これを書いたんじゃないか、と。

　それが、私のヒントになったんです。それならば、自分は現状に生き、戦争中だから、ゲートルを巻いているが、それにふさわしいスタイルを書いていいんじゃないか、と。それが、私の学問的な裏付けなんです。

行徳　ああ、なるほど。

相田　で、中国の古典で、誰でも習うのが王義之《おうぎし》の書なんですよ。例えば、王義之の草書体で有名な「十七帖《じゅうしちじょう》」というのがある。それは、読むとね、要するに、王義之の日常生活を書いた手紙文なんです。内孫が何人になった、外孫が何人になって、いま、

紀貫之：平安前期の歌人、歌学者。三十六歌仙の一人。醍醐天皇の勅命で『古今和歌集』撰進の中心となり、仮名序を執筆。『土佐日記』は仮名文日記文学の先駆とされる。

けっこう、ゆとりが出て毎日が楽しい、というようなことが書いてあるのが、図らずも、古典なんですよ。
　古典が全部、そういうものだ、というわけじゃないが、当時の生活の言葉を書いたものが、伝統になっているんですね。私は、伝統というのは形だけをそっくり守っていく、そういう受け止め方もあると思うんですよ。この形だけは絶対、崩さない、というね。
　しかし、一方で、その時代時代を一所懸命に生きた人の足跡が、私は伝統だと思うんです。
　だから、いまの自分は貫之でもなければ王羲之でもない。あくまでも気の弱い、毛並みの悪い男だが、いま、ここに筆を持っているのは相田みつを以外の何者でもない。それならば、おれの書を書いていいんじゃないか。おれの言葉を書いていいんじゃないか。

行徳　それが原点ですね。

相田　ええ。しかし、それをね、当時のいろんな有名な書家に相談したんです。しかし、誰も理解してくれない、昭和十九年ですからね。ところが、さっと理解してくれたのが、私の師匠の武井老師ですよ。

行徳　ああ、そうですか。

相田　禅の世界では、そんなのは当たり前のことだ、と。禅の世界では師匠と弟子との約束がある。一番配慮しなくちゃならんことは、師匠は言葉そっくりに弟子にまねをさせないことだ。弟子が師匠のそっくりまねをするようだったら、ひっぱたけ。なぜかというと、師匠と弟子は命が別だ。同じことをやるんだったら、別の生命として生まれてくる必要はない。
　精神は受け継いでも創造的に生きるのは個々別々だ、同じことをそっくりやっても師匠は喜びもしないし印可もしない。あくまでも、自分の生命を生きるんだ、と。それで、引き込まれたんです。

行徳　いまのお話を聞いてて、やっと、先生の書の姿みたいなものの理由がわかったような気がします。

なりきれば苦しみを忘れる

行徳　この間、お聞きしたら、「いま　ここ　自分」という字を書くのに夜中の二時、三時まで、百何十枚も書かれたとか。

王羲之：中国、晋代の書家。琅邪（山東省）の人。楷、行、草三体の書体を芸術的完成の域にまで高め、「書聖」といわれ、子の王献之と共に「二王」と呼ばれる。

「十七帖」：中国の法帖。東晋の王羲之が草書で書いた手紙を集めた法帖。

相田　あのね、人にみせるんでもなければ、何でもない。自分が納得できないんです。自分の感情が治まらないで、これでもか、これでもかと書くんです。うんうん、うなりながらね。嘘や偽りや湿り気があったら、充実したものは書けないですからね。

行徳　そうですね。

相田　いま、泣き言をいっている自分、からからと笑っている自分、しょげ返っている自分、いろいろな自分があるでしょう。私がいま書くのはね、最高に燃焼している自分でないとね。だから、書きまくるんです。自分自身をわき立たせる。それでないと書けない。

行徳　それが非常につらいけれども、また楽しいという……（笑）。

相田　それがね、なりきる世界だからです。なりきれば、苦しみを忘れるんですよ。

行徳　「対象と一つになりきったときに、心自ら歓喜す」という教えが、ありますね。なりきったときに、歓喜がわき上がってくる。

相田　そうですよ、まったく。本腰を入れてやったときというのは、実に気持ちがいいです。

行徳　だから、先生の字には相田先生自身が乗り移っておられるわけでしょう。声にも相があるといいますが、私は先生の字に相がはっきり出ていると思います。

字と筆と相田先生のすべてが一つになる。中国の教えに「全即一」、すべてが即ち一つの世界というのがありますが、一つになったときにエネルギーが起爆しますから。

実は、筑波大学に川辺という教授がおいでになりましてね、原子物理学の世界的学者なんです。

この方はエネルギーの権威でもあるわけですが、その先生が、「アメリカの人口は世界の人口の四％で、それが四十％のエネルギーを使う。日本の人口が二％で、六％のエネルギーを使っている。つまり二つの国ですでに四十六％のエネルギーを使ってしまう。いま、中国は荒れていますが、もし中国の十億の人口の人たちが、日本と同じエネルギーを使い始めたら、二十一世紀の前半に、完全に人類の資源は枯渇するそうです。
　だから、人類はまず生き残っていけないということです。ところが、その川辺教授いわく、「たった一つだけ、まだ手つかずのエネルギーがある。そのエネルギーとは何か。それが心頭滅却すれば火もまた涼しの世界だ」、と。

相田　なるほど、科学者がね。

行徳　核融合の世界的権威がそういうんです。
　実際、一つの字に全身全霊を打ち込まれているから、先生の額なんか、ピカピカ光ってます。

相田　いつでも、何かに飢えてるんでしょう。

行徳　それがいいんです。やっぱり、満ち足りたときには、人間はときめきとか、うずきとか感動を失いますね。紀野一義《きのかずよし》先生が相田先生にお送りになった言葉だそうですが、「人間ぬくぬくとし始めると、ろくな仕事はせん。追いつめられると、竜が玉を吐くように命を吐く」。その通りだと思います。

現代の詩偈を作る

相田　私はね、書家としても詩人としても決して世間に通用する人間じゃない。そのことを自分がよく知っているんですよ。
　ただ、私がこういうものを書くようになった一つの動機は、長いこと、本格派の禅僧についてきましたからね。丸三十年間、『正法眼蔵《しょうぼうげんぞう》』の講義を三百何十回、聴きました。一回も休んだことがない。幸いに、そういう仏縁があって、一方で私は筆を持っていますのでね。
　そのときに気づいたのは、仏教の教えというのは、もとは全部、梵語ですからね。つまりサンスクリット、要するにインドの言葉です。それが中国に来て、漢訳されて、日本に入ってくるわけです。で、仏の教えというのはほとんど漢文で書かれてあるのを短いものに直すときに、詩偈《しげ》といって、漢詩の形になるんですよ。

『正法眼蔵』：鎌倉時代の法語集。道元の主著。95巻。1231～1253年成立。宗門の規則・行儀・坐禅弁道など520編からなる、曹洞宗の根本聖典。

　例えば、「道取一尺は行取一寸に如かず」という言葉がある。どういうことかというと、十のことを口でいうよりも、その十分の一の一寸のことを一つでもいいから実行したほうがいいということです。これは仏さまの教えですが、ただ、一般の人には説明を聞かないとわからない。

行徳　そうですね。

相田　それで、私はもう本当に自己顕示欲が強いから、自分にわかんないものは人にもわかんないだろう、自分にわかるものを書けば、人にもわかるだろうと思って、それで、たまたま、私は書をやっているから、現代版の偈を作ること。それが、私に与えられた一つの使命だと思って、始めたんですよ。

行徳　なるほど。

相田　だから、根底にはいつでも、仏教があるんですね、バックボーンに。それを自分の言葉に直す。そうすれば、多少、この世の中に生きていて、世の中のお役にも立つんじゃないかなと思って……。このわがまま、手前勝手な人間が、少しは世の中の

史跡八幡山古墳群
昭和三十七年五月十五日建設

役に立つんじゃないかという思いがあって、現代版の偈を創るために書いているんです。

だからね、子供みたいな字だとか字の上手、下手なんていうのは、いくらいわれても痛くもかゆくもない。それはその通りでございます、と。そういう上手、下手の評価は相対分別ですからね、まったく、意識にないんです。

ただ、自分の言葉を、自分のスタイルで、ひたすら、書けばいいと思うだけです。

戦死した二人の兄の教え

相田　少し個人的な話をさせていただきますと、さっき、私には二人の戦死した兄がいるという話をしましたがね。

行徳　ええ。

相田　小さい時には、「あんちゃん、あんちゃん」と呼んでいたんですね。ですから、五十年近く昔に亡くした仏さまですけど、仏壇に向かうときは「あんちゃんなあ」と呼んで、戒名なんて呼んだことない。そのほうが心が通うんです。

その一人のあんちゃんが、幼いときに、私の手を引いて、よく原っぱへ紙芝居をみに連れて行ってくれたんです。その紙芝居をみるのに、貧しくて当時、一銭のお金がないんですよ。後ろのほうで気兼ねな思いをしながら、みてたんですが、ある時、そのあんちゃんが、襟首をつかまれてね。「このガキは毎日毎日ふてえガキだ」といわれて、みんなの前でピーンとほっぺたを叩かれるんですね。そのときに泣き出せば、それで終わったんですね。

あんちゃん、泣かなかった。なぜかというと、後ろにね、弟の私がいるから、くうっと渾身《こんしん》の力で私のほうをみている。泣かないものだから、おじさんが「なんて強情なガキだ」というんで、反対のほっぺたを叩かれて、ほっぺたが両方、真っ赤になりました。その時の印象は、おじさんの手が大きくて野球のグローブのような印象がありましたね。私は背筋がゾクゾクして震え上がったのを、いまだに覚えています。

やがて、その紙芝居のおじさんから解放されて、あんちゃんは一滴も涙を流さないんですよ。で、棒切れを拾いましてね。いまから考えると、秋のことでした。まんじゅしゃげの花がいっぱいに咲いているのを、全部、折っちゃいました。何ともやりきれない思いで、私はあんちゃんの後ろをとぼとぼとついていった経験がある。

行徳　……。

相田　このあんちゃんが、小学校を終えるとすぐ、私の家はおやじが日本刺しゅうをやっていたので、その跡取りになって、そのあんちゃんの働きによって、私が旧制の中学校にやってもらったんです。

で、私が旧制中学の四年生のときにそのあんちゃんは兵隊に行くわけですが、あるとき、裸電球を真ん中において、夜なべで刺しゅうしてた。私はちゃぶ台の古いのを置いて勉強していたんですね。

その時に、あんちゃんが、「みつをなあ、お前も来年は五年生だな。五年生というと、最上級学生だな。最上級生になると、下級生を殴る、という話を、おれは聞いたが、お前だけは下級生を殴るような、そういう上級生にならないでくれ」「無抵抗な者をい

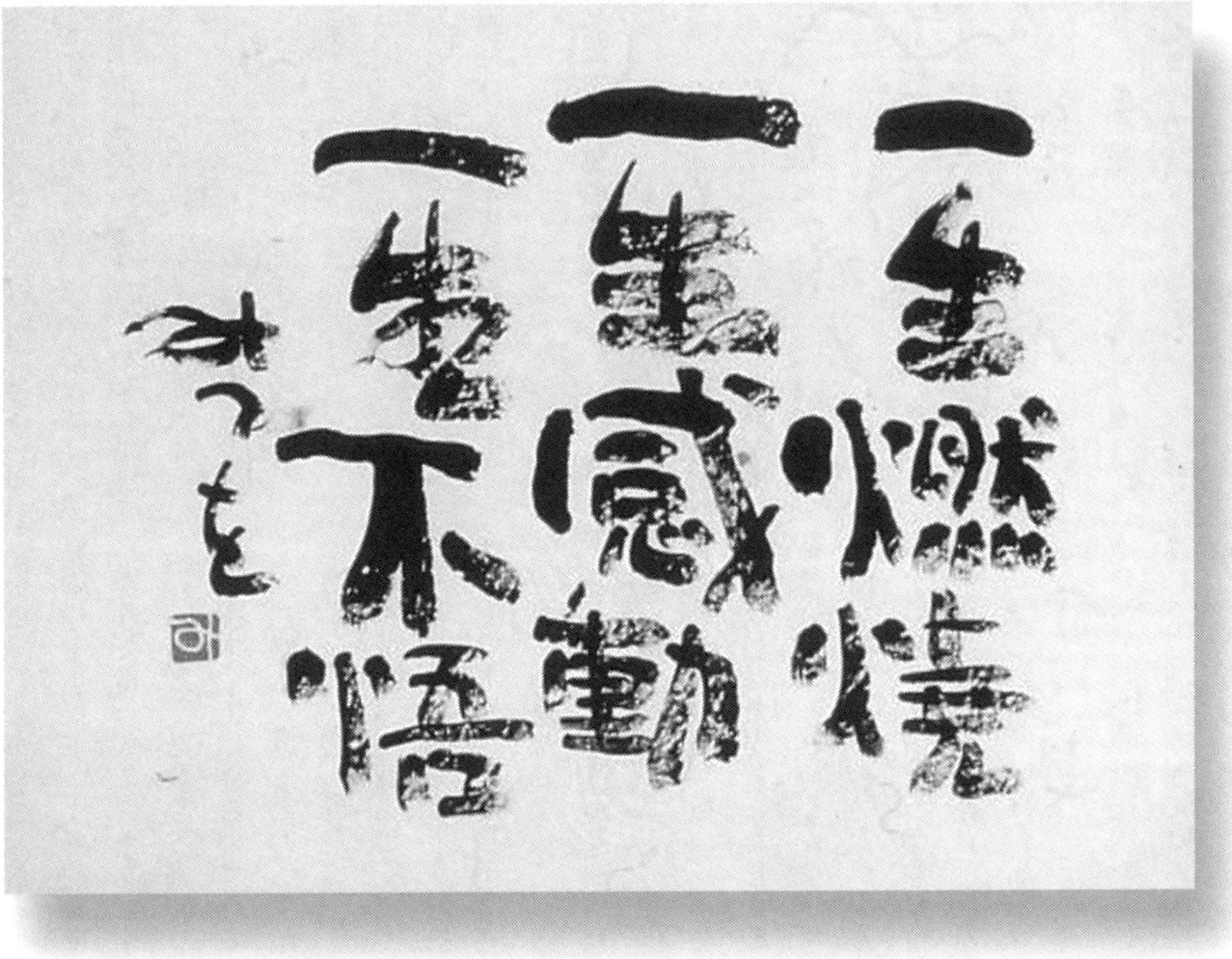

相田みつを氏の書

じめる人間なんていうのは、人間として最低のクズだぞ」ということを、針を運びながらね、懇々というんですよ。

「ああ、紙芝居のおじさんに叩かれたという心の傷が深ーいところにあって、それから出てくるんだろうな」と、私はピンピンわかったんですね。

あんちゃんの喜ぶ生き方

相田　それで、その後に刺しゅうの手を止めて、私の足先を指差してね。「お前の足な、足袋に穴っぽがあいてるけれども、ボロな足袋をはいてることは、一向に恥ずかしいことはないぞ」と。「そのボロな足袋をはいていることによって、心が貧しくなることが恥ずかしいんだ、その足袋の穴から、いつでもお天道さまをみてろ」と。

　これは、私のあんちゃん、偉かったなと思うんですね。

行徳　ほんとですね。

相田　で「いつでも心は貴族のような心を持っていてくれ」。三つ目に、「貧しても鈍

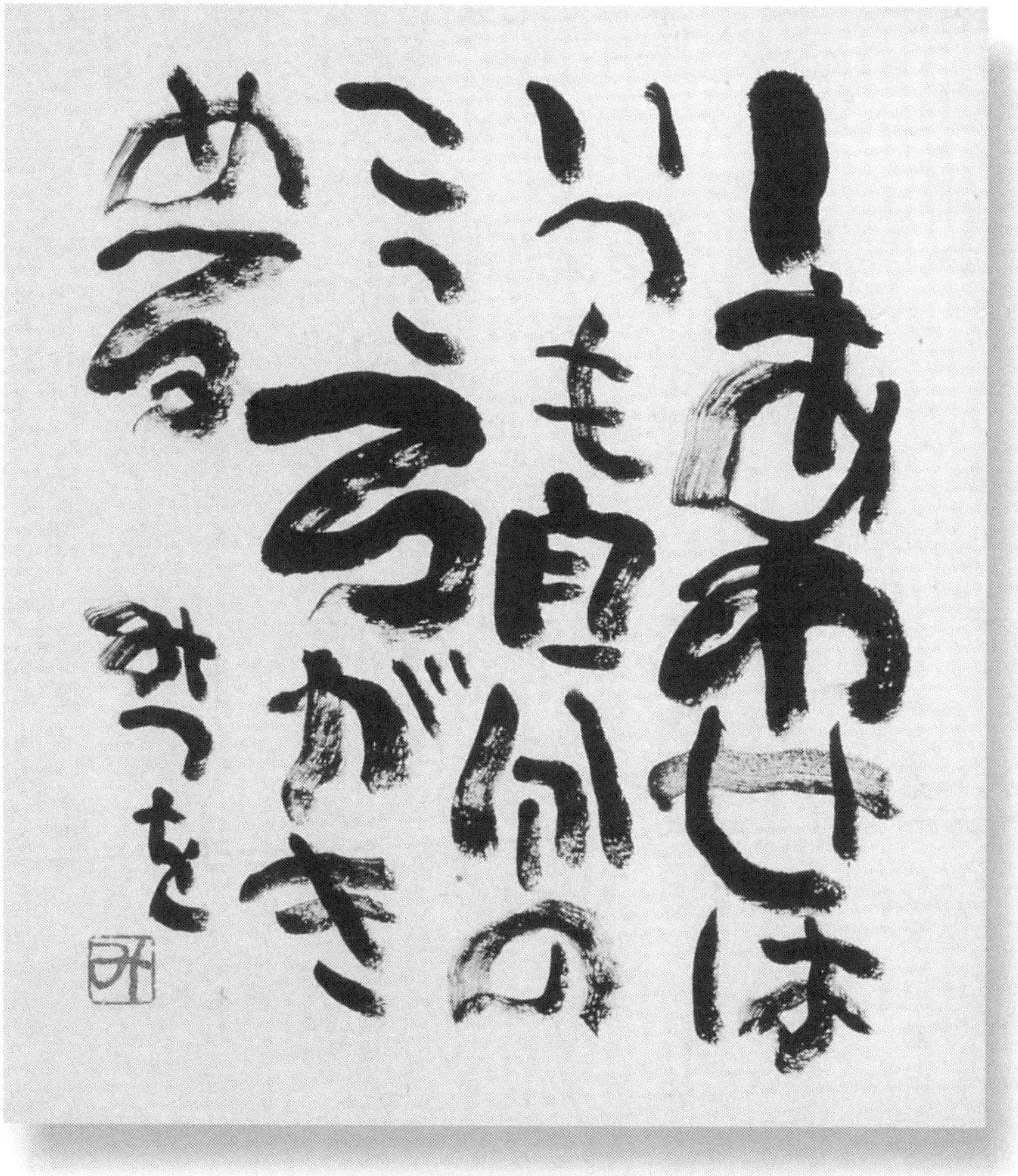
しあわせは
いつも自分の
こころがきめる
みつを

するな」。この言葉の意味を当時、私はわかりませんでしたが、「どんなに貧しくても、卑しい根性を持つな」ということですね。

行徳　その三つのことを教わった。

相田　ええ。そして、もう一人のあんちゃんは、こういうことをいいました。「同じ男として生きる以上は、自分の心のどん底が納得する生き方をしろよ」と。「自分が納得する人生なら、どんなことがあっても愚痴や弱音を吐くなよ」。

そういうことをいって、二人とも戦地に行って帰ってきませんでした。

で、その紙芝居のあんちゃんが北京の憲兵隊に入るんですが、ある日、私あてに、内緒の手紙がくるんですよ。冒頭に「見たら、すぐに燃《もや》せ」と書いてある。何かというと、「いま反日運動が激しい。そういう反日分子は北京大学の学生が圧倒的に多いが、それを部下が連れてくる。調書を一行か二行書いて、書き方いかんでは翌日は銃剣で刺し殺して、みんな死刑だ。おれにはこれができない」と書いてある。

「彼らを殺せば嘆く両親がいるんだ、兄弟がいるんだ、自分の弟を殺すようで、とてもできないから、最大の方法として無罪釈放の調書で、みんな逃してやるんだ」と。そういう内容の手紙がきましてね。それから半年くらい経って、戦死の手紙がくるんですよ。

　私にできることは、この二人のあんちゃんの一番喜ぶ生き方は何だろう。これが、私にとっての課題になったんですよ。あんちゃんたちの喜ぶ生き方を私がしなかったら、もう浮かばれないっていう思いがね、小さい時からあったんですね。

行徳　なるほど……。

相田　それが、師匠との出会いをさせてくれたと思うんです。配属将校に憎まれたのも逆縁の菩薩なんですね。それで、士官学校に行く資格を取られちゃって、命が助かったわけですから。

良寛のときめき

行徳　そういう意味では先生の作品はお兄さんとの合作のようなものですね。

相田　本当にそうです。

行徳　「一生燃焼、一生感動、一生不悟」というような名詩偈が生まれてきた背景がよくわかりました。

相田　いくら頑張ったってね、悟れないと思うんですよ。親鸞だってね、有名な『教行信証』（信の巻）という本の中で、自分はよくよくわかった。念仏さえ唱えていけば、ちゃんと浄土の世界へ連れていかれるというが、そういうほうを自分が喜ばない。私はどちらかというと、愛欲の海におぼれ、名利を追いかけてる自分のほうが、どうも自分らしい。恥ずかしくてしょうがないということをね、いってますよ。

　いわんや、相田みつをがね、美人をみてフラフラするのはしようがないですよ。私は坊さんでもなきゃ悟ってもいないですから。

行徳　だから、先生よくお話しをする、良寛と貞信尼という尼さんの話。

　良寛は晩年、貞信尼という尼さんに恋焦がれますね。「いついつと待ちにし人は来たりけり……」と、もう指を数えて待つんですから。ちょうど、子供が遠足の前の日に、眠れないのと同じです。そして、実際に貞信尼が来たら、ものもいえない。で、しばしの逢瀬《おうせ》を楽しんで、貞信尼が去っていくときに、背中に祈る、あの祈りが素晴らしいんですよ。峠に栗の木があって、その木の栗の実が落ちて、そのとげが、どうか尼さんの足に刺さらんでくれと祈るんですから。

相田　行きも帰りも惑々なんですよ。

行徳　それが素晴らしい。

相田　だから、人間はいつも、惑々ときめいてないと生きていたってしようがないん

良寛：［1758〜1831］江戸後期の曹洞宗の僧・歌人。越後の人。諸国を行脚し、生涯寺を持たず、故郷の国上山の五合庵に隠棲して独自の枯淡な境地を和歌・書・漢詩に表現した。

親鸞：［1173〜1262］鎌倉初期の僧。浄土真宗の開祖。京都生まれ。門下に真仏・性信・唯円など。著書に「教行信証」のほか「浄土和讃」「愚禿鈔」など。

『教行信証』：鎌倉前期の仏教書。親鸞撰。6巻。広く経典や解釈論の中から念仏往生の要文を抜粋・編集し、浄土真宗の教義を組織体系化した書。

ですよ。

行徳　だからね、ときめきは生の実証ですよ。ときめいている時は生きている証ですよ。だから、その人間が何にどれだけときめいていたかによってしか、その人間がどう生きたかの価値は測れないと思うんです。

相田　その通りです。良寛なんか、あんな清潔な人が、貞信尼に恋い焦がれて、それで帰るときは、どうか、あの暗い峠道で、栗いがに刺さんないようにと祈りをこめる。これが本当の人間ですね、悟りもへちまもない。そのときはそんな言葉すらもなくなっちゃう。本当の天真爛漫な自然の姿です。

観音さまの仕事は遊び

相田　きょうのテーマの「道を楽しむ」ということでいえば、観音さまの仕事は全部、遊びなんです。観音経を調べてみると、遊ぶという字が三回出てきます。

「遊於娑婆世界」――この娑婆世界に遊ぶ。

　どういうことかというと、観音さまというのは、人の世の悲しみや苦しみに耐え抜いた人のことですよ、その観音さまが人を救う。しかも、観音さまにとっては、それが遊びだというわけです。遊びだから損得計算がない。救うことが、遊び。悲壮感もない。楽しいからやってる。苦しんでいる人と、一緒に遊んでいると、その相手が救われてしまう。おれはお前を救ってやってるんだという意識は、何もない。ただ、遊んでいる。良寛と子供との関係と同じです。

　だから、その遊びということが、いかに重要な意義があるか。観音さまの仕事は、同時に遊びです。つまり、楽しんで、人を救い上げてるんです。だから、「遊戯三昧」なんていうのは、そこからくるわけですね。

　もう、気負ってね、悲壮感を漂わせていたら、くたびれてしようがないですよ。楽しくない。本当の仕事はね、楽しんで、そこに遊びがないといけませんね。ちょうど、ハンドルの遊びみたいなもんです。あれがなかったら、危なくてスピードを出せない。

行徳　やっぱり、階段の踊り場もそうです。踊り場がなかったら危なくてしようがないし、息が切れますよ。

　大体、現代人てのは、真剣さと深刻さを混同してしまっている。だから、深刻になってることが、真剣に生きてることだと錯覚してしまっています。眉間に縦じわを入れてやってるから、真剣だ、と。ところが、本当の真剣さというのは軽さだそうですね。で、明るさだそうですよ。やっぱり、名僧といわれてる方は、深刻な顔をして歩いておられませんね。足取りは軽いしね。

　いつか、お話しした、藤本敏夫さんね。彼の青春は全学連の委員長として、それこそ権力に立ち向かったわけです。そのとき、恐らく、彼は正しいか間違いかで、立ち向かったんだと思うんです。しかし、その彼がいまは、昔は正しいか正しくないかで、ものをみたけど、そういう青春は、ある意味で虚《むな》しかったといってる。いま、自分にとって大切なのは、正しいか正しくないかじゃない、一番大切なのは楽しいか、楽しくないかだというんです。

藤本敏夫：［1944～2002］社会運動家、自然農法家。兵庫県生まれ。大地を守る会初代会長。

相田　その通りですね。

それは仏教の専門用語ですが、「軽安《きょうあん》」という言葉があります。肩が凝らない。肩のしこりが全部取れちゃって、胸のつかえが取れちゃって、安らかなんです。何のこだわりもなく、さわやかで、心が軽いんですよ。そういうのを「軽安」という。坐禅とか、本当の一つのことになりきった行をした人のみに与えられる安らぎだそうですね。

あのね、私のような者は、自由業ですから、一日、昼寝してたって、かまわないんですよ。ところが、その日、真剣になる時間が少なくて、だらだら生きてきてしまうと、非常に後ろめたいですよ。そういうことが二日も三日も続くと、アトリエの空気がよどんじゃう。それは、私だけにわかる。非常にもう、慚愧《ざんき》に堪えない、恥ずかしい思いですね。

ところが、一所懸命生きてる時っていうのは、その日が終わると、夜の二時までやってても、軽安なんです。今日一日生かしてもらったというね、それは本人にしかわからない安らぎです。究極的な安らぎというのは、軽安なんです。肩に力がないんですよ。

行徳　だから、深刻になってるときが一番真剣に生きてない証拠ですね、私はそう思います。深刻になったときは一番、人間、真剣じゃないですね。真剣さというのは明るさだと思うんですよ。

相田　そう、明るさ。で、周りが明るくならないとね。

現状を大肯定する

相田　この間、ある女流の随筆家の講演会が足利であったんです。市内の小さな新聞に二行広告が出ただけですが、私はその名前に強烈な印象があったから、行ったんです。

というのは、青山俊董《しゅんどう》さんという、私が尊敬している尼さんの書かれた『美しき人へ』という本の帯の文章を書いたのが、その人なんです。その帯の短い文章に、私は打たれたんです。なんと、うまい表現だと思って。それで、その江原通子という名前を覚えていた。

行徳　ええ。

相田　そうしたら、最後に、その人が、「私は四十二歳になるせがれを最近交通事故で亡くして、ぼうぜんとした」というんですね。「居ても立っても居られない」と。当たり前ですね、たった一人の息子さんを亡くしたというんですから。旦那さんは、おなかに子供がいるときに、兵隊に行って、そのまま死んでしまって、お姑さんと一人息子を抱えて、今日までやってきて、ある日、突然、子供に先立たれて、ぼうぜんとしていた。

と、そこへ、自分の菩提寺から一冊の『禅の友』が送られてきた。で、それを何気なしに開いたら、小さな観音さまの写真があって、

「どうして、こんなに静かなの。悲しみに耐えた人だから」

と書いてあった。で、その解説に、

「みずのたたえのふかければ、おもてにさわぐなみもなし。人のなげきもふかければ、

おもてぞ、いよいよしずかなる」

という、高村光太郎賞をとった、高橋元吉という人の詩が書いてあった。これを読んで、私は翻然と目覚めて、自分が立ち直った、という話をされたんです。

あとで、質問ありますかというので、私は、「自分のことで恐縮ですが、この文章を書いたのは私です」といって名乗りをあげたんです。

だから、本当に不思議な出会いですね。感動が結びつけるんですね。

行徳　そうですね。

相田　結局、人間はいかに感動するか、ですね。それによって、命の方向が変わってきますね。

行徳　まったく同感です。だから、感動なき民族はまぎれもなく滅びていく。逆にいえば、感動とか楽しみというのは、ある意味で、感性の極致だと思います。

相田　美しい女性をみて、きれいだなあという思いがなくなったら、男でもなければ、人間でもなくなってしまいます。

だから、道を楽しんで生きなきゃ、ね。道を楽しむというのは命を楽しむことですよ。私は本当の生きざまというのは、生きてることが楽しいことだと思うんですね。

現状を大肯定する。あるがままに受け入れて、いまの自分の現状を最高に生きる。最高に楽しむ。それがいいと思うんです。道は厳しいんですよ。厳しいから楽しいんです。

人に学び、自分を追い込み、緊張感の中で仕事をする

牛尾治朗
ウシオ電機会長
Ushio Jiro

安藤忠雄
建築家
Ando Tadao

類まれな創造力とバイタリティーで、日本の枠を超え、世界を舞台に目覚ましい活躍を続ける建築家・安藤忠雄氏。学歴もなく、人脈もなく、文字通り己の腕一つで切り開いてきた氏の道のりは、仕事とは何か、人生とは何かを教えて余りある。安藤氏と親交の深い牛尾氏とともに、仕事と人生について語り合っていただいた。

建築は人の知恵を集める仕事

牛尾　私は結構人間関係が広いんだけれども、安藤さんのようにグローバルに活躍している人で、ここまで自然でいられる人は珍しいですね。とても貴重な人だと思っています。日本人というのは経歴だとか肩書だとか、そんなことばかりが前に出てくるんですが、安藤さんにはそういうところはなくて、とても自由に生き抜いている。だから、仕事も順調なことばかりじゃないとよくおっしゃるけれども、全然苦労知らずのように見える。

安藤　苦労ばっかりですよ（笑）。

牛尾　この間（二〇〇三年）、東京ステーションギャラリーで最近の作品の展覧会がありましたが、初日に行ってみたらすごい人でしたね。人垣の中をかき分けてご案内いただいたんだけど。

安藤　そうでしたね。あの時は能天気に総理大臣から森ビルの森稔社長まで、要職に就いている人に全部案内状を出したら、全員来てくださいましてね。手紙を出した

こっちのほうがビックリしました（笑）。

牛尾　またあなたはサラサラと簡単に手紙を書くんだね。その文章といい字といい、実に味わいのあるもので、あれをもらうと誰でも行くと思いますよ。

安藤　あの時、実は天皇皇后両陛下にも、「向かいでやっていますから」とお手紙を書いておったんです。そうしたら皇后陛下が来られましてね。一時間ぐらいご案内したんです。その後僕がデザインした別の展覧会が予定されていたものだから、能天気に「またいかがですか」ってお誘いしたら、また来られたんですよ。たまたまその日は、僕は九州に行っていたのでご案内はできなかったんですが。

牛尾　皇后陛下が来られてご案内しないっていうのは珍しいね（笑）。

安藤　代わりに美術館の方々に案内していただいたんですけれどもね。まぁ、そういう能天気がいいんじゃないですか（笑）。

牛尾　とにかく安藤さんは、存在そのものが教訓的だから、一緒にいると学ぶことが多いんです。だからきょうは設計のことも含めて、安藤さんの生き方についていろいろお話しを伺いたいと思っています。

安藤　僕は牛尾さんとも以前からお付き合いをいただいていますが、偉い方とお話をしながらいろんなことを学んでいます。僕は設計の仕事をしていますが、設計というのは基本的に、過去の歴史的な遺産から現代まで、いろんな人たちの知恵を集める役なんですね。よく独創的な仕事だといわれますが、独創的というよりは、いろんな人たちの知恵をうまく読み取っていく仕事だと僕は思うんです。いろんな人たちの話を聞きながら、これはおもしろいなと取り入れて創《つく》り上げていく。人の意見を聞きながら自分の意見にしていくというのが大事なのではないかというのが僕の考えなんです。

牛尾　なるほど。

安藤　もっとも、せっかくのいい話も、聞きっ放しでは生きてきませんけれどもね。

牛尾治朗（うしお・じろう）

昭和6年兵庫県生まれ。28年東京大学法学部卒業、東京銀行（現東京三菱銀行）入行。32年カリフォルニア大学大学院政治学修了。39年ウシオ電機設立、社長に就任。54年会長。平成7年経済同友会代表幹事。12年DDI（現KDDI）会長。13年内閣府経済財政諮問会議議員。

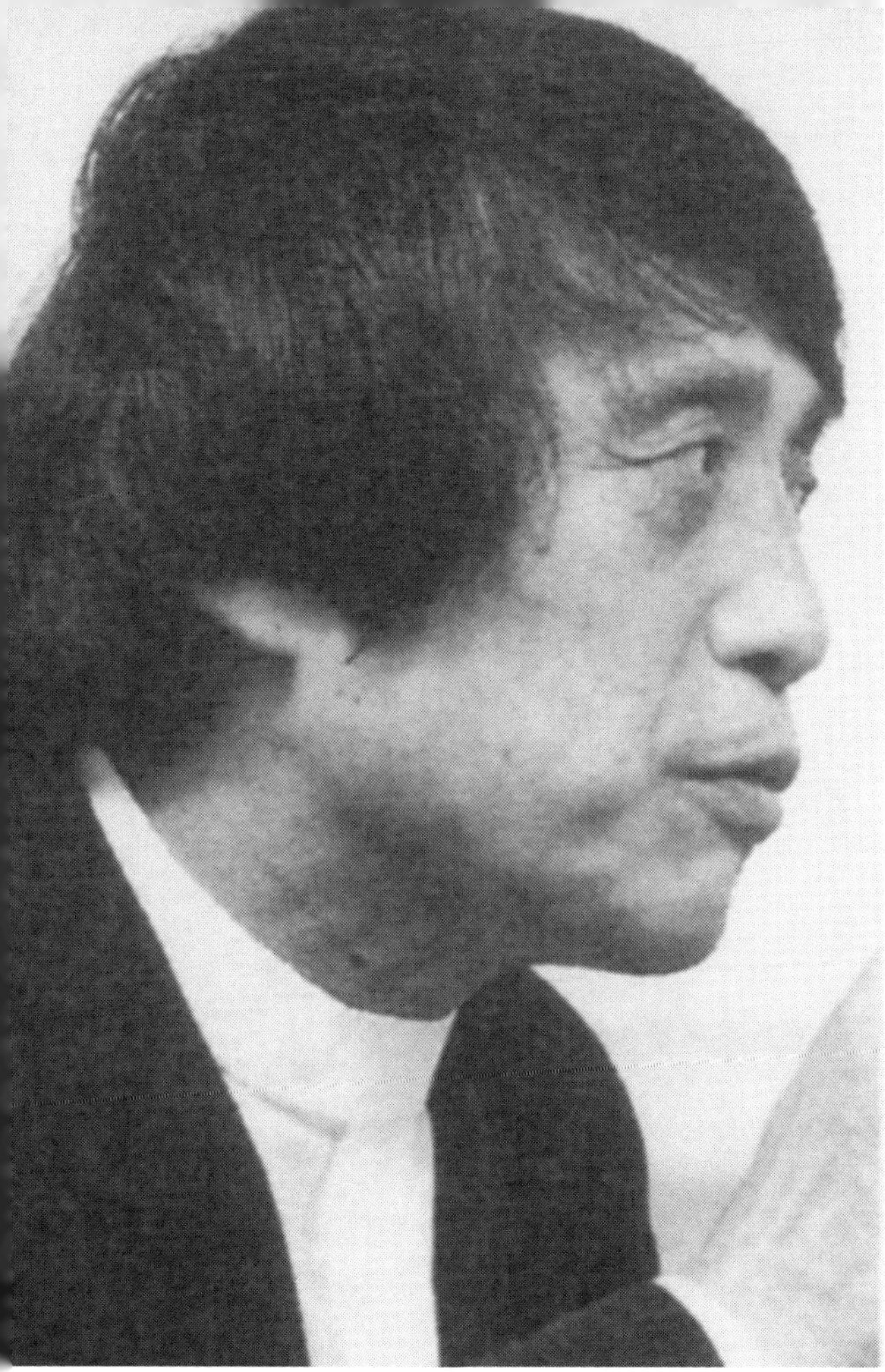

緊張感の中でこそいいものができる

牛尾　安藤さんの設計というのは視点が創造的というかユニークというか、コロンブスの卵みたいなところもあるんだけれども、とにかくみんなが考えないような工夫が終始ありますね。

例えば、京都の木屋町の高瀬川が流れているところにあなたのつくったビルがあるけれど、他のビルとの一番の違いは水面までの距離が本当に近いんですよね。

安藤　はい。水面から二十センチぐらいのところまで下りられるようになっています。

牛尾　私はあそこが好きでね、酒席の後でそこでお茶を飲んでると、すぐそばに水を感じて、何とも言えないいい気分になるんですね。

作家の椎名誠さんが、東京湾を見るならカヌーで見ろ。カヌーの目線で見ると全然景色が違うって言っていますが、あなたのビルもそれだけ水面に近いから、景色が全然違って見えるんだね。昔はきっとああいう目線で景色を見ていたんでしょうね。

安藤　そうでしょうね。

牛尾　淡路島につくったお寺は、蓮の池の下にあるでしょう。

安藤　真言宗本福寺の水御堂ですね。

牛尾　西方浄土を表現するために、西側の窓から光が入ってきて、仏様を後ろから照らす設計になっていますね。仏像が正面から光を受けるお寺は多いんですが、安藤さんのは水に潜って、しかも後ろから光が射《さ》してくる。ちょっと極楽浄土みたいな感じがするんですね。本当に素晴らしいお寺で

椎名誠：［1944〜］小説家。東京都生まれ。『本の雑誌』を創刊、編集長を務めた。

すが、あれはいったいどうやって発想したんですか？

安藤　鎌倉時代に重源《ちょうげん》というお坊さんがいましてね、東大寺の南大門と東大寺をつくり替えた人なんですけども、この人はあちこちでお寺をつくっていましてね。小野に浄土寺というのがあって、そこは西日が入ってくると中の部屋がパーッと明るくなるんですね。それを見たのが始まりでした。それから、池の蓮の上に浮いた水御堂というのがいろんなところにあるでしょう。それが池の中に入ったらどうかということも、いろいろ考えているうちに思いついたんです。

　真言宗本福寺水御堂は、三洋電機の井植《いうえ》敏《さとし》会長が檀家《だんか》代表で、設計に入る前に、世界中に誇れるようなお寺をつくってくださいと言われましてね。アイデアが固まったところで檀家さんたちに、直径四十メートルの蓮池をつくってその中に寺を入れるとお話ししたら、全員反対したんですよ。水が上から漏ってきたらどうするんやと。

牛尾　前例のない試みですからね（笑）。

安藤　しかし、大徳寺の立花大亀大僧正という、当時九十一歳ぐらいの有名なお坊さんがいらして、仏教の原典にも蓮池の中に入るという話があるから、あなたのアイデアは理に適《かな》っている。自分も冥土《めいど》に行くまでに見たいと言ってくださって、檀家さんたちもようやく賛成してくださったんです。

　蓮池の中に寺をつくって壊れないためには、やっぱり最高の技術でつくらなければいかんわけで、絶対に割れないように構造体の中にピアノ線を入れて、それをジャッキで引っ張り、圧縮力が生じるように設計したんですね。

牛尾　ほう。

安藤　ギリギリの状態までいくといろいろ考えるんです。絶対に失敗してはならない、失敗しないためにはどうするかということを徹底的に考えてつくったので、阪神淡路大震災の時も、震源地から数百メートルだったんですけど、割れずに仏像も動かず

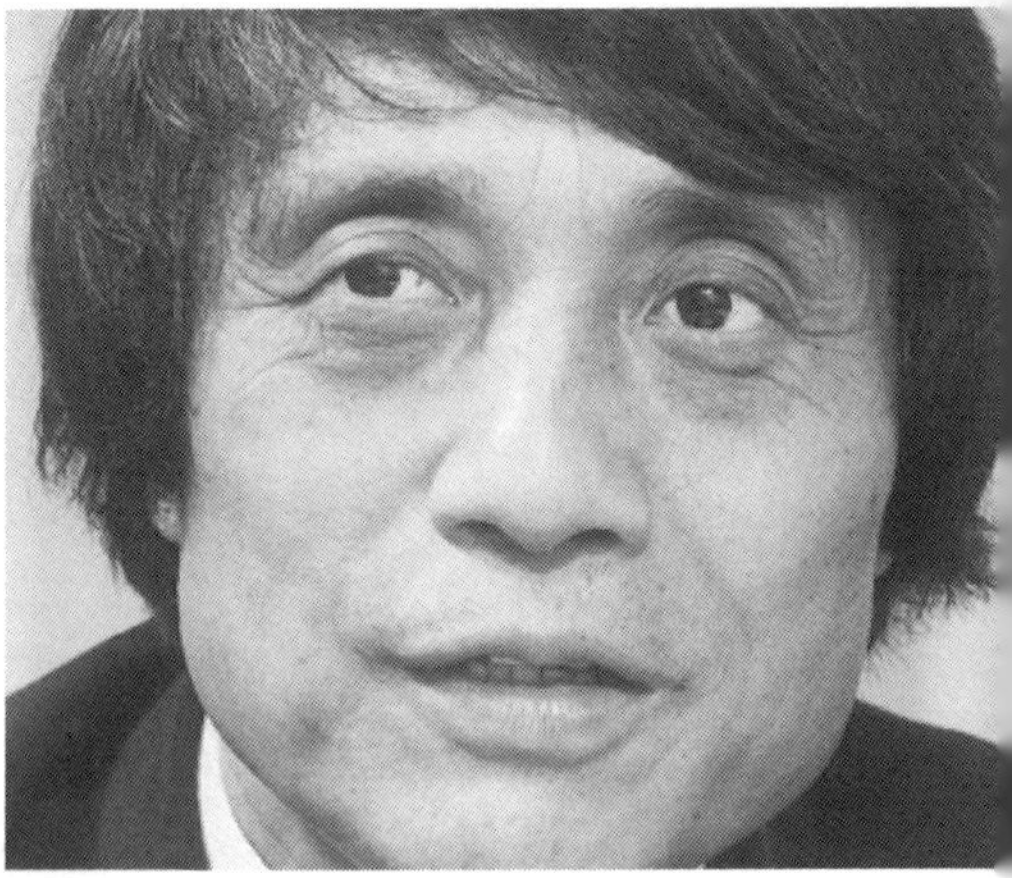

安藤忠雄（あんどう・ただお）
昭和16年大阪府生まれ。独学で建築を学び、26歳の時に大阪市公園競技設計一等入選。44年大阪に事務所開設。54年「住吉の長屋」で日本建築学会賞を受賞。平成3年ニューヨーク近代美術館で日本人初の個展を開催。エール大学、コロンビア大学、ハーバード大学各客員教授歴任。9～15年東京大学教授を経て、同名誉教授。

に済んだんです。これはやっぱり、新しいこと、難しいことにチャレンジして緊張感があったからだと思うんです。

いまの日本がなぜ低迷しているかというと、問題が起こらないように起こらないにやっているから、逆に問題が起こっているんだと思うんですよ。新しいことをしないで安全策ばかりとってきたことで、緊張感がなくなったことが大きな原因だと思うんです。

いろいろな人の思いを形に

安藤　ですから僕は、いつも新しいことに挑戦するんだと思ってやっていますが、きょうは同潤会《どうじゅんかい》青山アパートの地鎮祭《じちんさい》だったんですね。

牛尾　日本で一番古い集合住宅ですから、建て替えが決まってから大変話題になっていますね。

安藤　もともと関東大震災の後に、耐久性の強い安心して住める集合住宅をつくろうということで建てられたんですね。

建て替えに際しては、世界に誇れる街並みをつくってほしいと国土交通省の扇さんから言われましてね。サントノーレとかリージェントストリートとか、世界には素晴らしい街並みがたくさんあるから、日本も表参道が世界に誇れる街並みにならないかんという志で取り組んでいるんです。

いろんな人たちと打ち合わせをしながら、明治神宮までのあの欅《けやき》並木の風景を残すためにはどうするかということを考えてきました。そのために、欅並木よりも建物が高くならないように、地上は六階建てにして、地下を三十メートルにして、二百台の車が入るパーキングを納めるようにするんです。

これは幅が狭いですからなかなか難しい技術なんですが、日本人はこういうギリギリの技術というのは得意ですから、これは大林組がやるんですけども、多分問題も起こらないでつくってくれるだろうと思うんです。

その中で森ビルの森社長さんが、外が坂道だから、中も全部スロープにしたらどうかというアイデアを出したんです。

牛尾　なるほどね。

安藤　僕は最初反対したんです。スロープにすると、中の店に段がつきますから難しいと思ったんです。しかし、いろいろ検討したら、やっぱり外の坂道と同じ勾配《こうばい》が中までつながっているというのは非常におもしろいですよね。それでそのアイデアを取り入れることにしたんです。

表参道ヒルズ外観〈上〉と建物内部〈下〉（写真＝時事通信フォト）

人の意見を取り入れて、お互いにキャッチボールしながらつくるといいものができます。ですから、自分たちだけで設計できるものじゃないというのを常々意識しながらやっています。

同潤会の組合の人たちは、これまで八十年間あの建物を守ってこられましたから、せめてこれから八十年間、あの建物があってよかったというようなものをつくってほしいとおっしゃっています。われわれはその志も受けて走っているわけですね。

いろいろな人たちの思いと自分たちの思いがうまくぶつかっていけば、本当にいいものができると思うんです。

日本は豊かさの哲学を身につけよ

牛尾　だけど安藤さんの制作力はすごいですね。年にいくつぐらい手掛けているんですか？

安藤　いや、そんなに数はこなしていません。一つひとつの仕事に問題意識を持って、これが卒業作品だという思いで頑張っています。頑張るからやっぱり現場主義というか、いつも自分で現場に足を運んで皆と一緒につくっていくんです。

牛尾　やっぱり現場主義というのは大切ですね。私はいつも、日本の企業には三つの強みがあると言っているのです。一つは現場主義、二つ目が完璧《かんぺき》主義、三つ目が日本民族の持っている集団主義。この三つがある限り日本の製造業は不滅なんですよ。

完璧主義というのは行き過ぎるくらい徹底していて、日本の新幹線なんか、時報と同時に発車しますしね。もう数秒狂っただけでも気になるわけで、その完璧主義が三十九年間の無事故につながっているんですよ。日本人ぐらい完璧主義な国はありませんね。

だから式典とかイベントをやると、当事者は完璧主義に十秒刻みにシナリオを書くから、終わった瞬間に緊張がほどけて皆抱き合って泣くんですよね。こんな先進国は日本だけです。しかしそれがやっぱり日本の競争力の根源なんですね。完璧主義が現場で、集団で行われているというのはすごいですね。

安藤　だから日本民族はなかなか捨てたものじゃないんですが、ただ、いまの日本人は豊かさの中でものを考えなくなりましたね。一人ひとりが考えて意見を言い合わない。もうちょっとお互いにぶつかり合って前に進めていけば、一人ひとりの能力はあるんだから、きっといまの低迷を抜け出せると思うんですけれどもね。

だけど、日本人は子どもの頃から徹底的に一流大学を目指して詰め込み教育をしますから、その間に個性がなくなっていかざるを得ない。

牛尾　昔は、それぞれの子どもが自分の人生を自分で決めて、職人になったり専門家になったりいろんな経路があってそれを選んだのですが、豊かになってからみんな一斉に大学を目指すようになったんですね。

これは日本だけでなくアジア全体に言えるんですが、貧しさの中の哲学、清貧の論理はあるけれども、豊かさの中の哲学と論理がないんですね。

安藤　おっしゃる通りですね。

牛尾　つまり日本の退廃は、一人当たりGNPが一万ドルを超えてから始まったと私は思います。要するに、豊かさに慣れていなかったんです。

その点、ヨーロッパの人が豊かになると寄付して社会に還元するというのは、そういうお手本がたくさんあって、豊かさの中で立派であることに伝統的に慣れているんですよ。

ところが、リッチに生きて立派であるというのは、日本人は戸惑うんですね。だから、二十一世紀の日本の最大の課題は、豊かさの中でのリーダーシップでしょうね。

安藤　なるほど。

牛尾　建築家も芸術家も、成功して豊かになってから本当にいい作品が出せるかどうかというのが最後の勝負になるでしょう。日本の芸術家の多くは、晩年に評価されてお金が入り出すと作品が堕落していくんです。

安藤さんにはそうなってほしくないんです。豊かになって、なおかつこれまでの安藤さんを超える仕事をしてほしい。それをやれる貴重な人だと思って、私はあなたのことを非常に興味深く見守っているんですよ。

勝った時にいかに学ぶか

安藤　いやいや、僕は高校を卒業してから悪戦苦闘の人生で、あまり成功した試しがないんです。建築をやりたいという気持ちは早くからあって、地元の大阪には京都大学とか大阪大学に建築学科があったんですが、家庭の経済的な事情と自分の学力の両方の理由で行けなくて、自力で勉強せざるを得ませんでした。

そういう自分がここまでやってこられたのは、どの仕事も卒業作品だという気持ちだけは忘れずに取り組んできたこと。うまくいかなくても、次を目指していけるだけの体力と精神力さえあればいいと思って、絶えずそれを養いながらやってきたことが大きいと思っています。

牛尾　非常に印象に残っているのは、あなたが設計した先ほどのお寺を見に、三洋電機の井植会長たちと一緒に淡路島へ行く機会がありました。その際、いろんなことを話している時に、あなたがちょうど京都駅の設計コンペに参加しているといって、デッサンを見せてくれましたね。これが山みたいに木がたくさん生えていて、素晴らしい設計だったんだけど、設計コンペでは負けたんですね。そしてその後のコンペでも何度か負けたそうだけれども、あなたは負けた時に、なぜ負けたかということを徹底的に分析して次に生かしているそうですね。自分がなぜ負けたか、相手のどういうところがよかったかというのを分析して、努力してそれを自分のものにしていると。そういうところはすごく素晴らしいと思うんです。

安藤　コンペには日本はもちろん、パリやニューヨークやロンドンでもよく参加するんですけど、美術館なんかの公共建築はほとんどコンクール・コンペなんですね。ですから大体二百人くらいの参加者の中からすから大体二百人くらいの参加者の中から経歴や実績で十人くらいに絞って、その人たちに絵や模型を作らせて競うわけですが、まぁよく負けるんです。

けれども、負けてから相手の作ったものを研究すると、やっぱり相手のほうがわれわれ以上にいろんなことを考えていることに気づくわけです。相手に比べたらやっぱり努力も足らん、創造力も足らん、次はこの部分はこういうふうにうまくやらなければいかんなと。そういうふうに、いろんなことに気づいて少し実力がつくけれども、次のコンペでもまた負ける。また少し実力がついて、それでもまた負ける。だけどやっていくうちにいろんなことを覚えて、そのうちに勝つわけです。

ところが、勝つと当然相手の研究はしないですね。これはまずい。勝った時にも相手のことを研究すればもっといいわけですけれども。

牛尾　なるほど、負けた相手の作品も研究しろと。

安藤　そうです。だけど大体しない。勝っても負けても、相手を研究して自分たちのまずかったところを集めていくと、次の機会にもっと役立つんです。

この十数年、日本は世界から駄目だ、駄目だと言われ続けていますね。しかし、一九八〇年代に欧米の講演会に行った時に向こうの人は、日本の企業のあり方も、社会のあり方も、そして教育のあり方も、全部素晴らしい。そして、いかに日本に学ぶかが一番大きな課題なんだ、と言っていたんです。

その結果、日本と欧米の立場は逆転しました。それでこの十数年は、アメリカでもヨーロッパでも、日本はどうなっているのか、いつ立ち上がるのかと。いまの日本は、企業のあり方がまずい、教育はもうまったくまずい、何もかもまずいと言われているんです。

牛尾　おっしゃる通りです。

常にギリギリの状態に身を置く

安藤　でも、そうは言われながらも、実は日本人はそれほどレベルの低い民族ではないと僕は思っているんですね。

一九九五年の阪神・淡路大震災の日に、僕はちょうどロンドンにいたんです。次の日に日本に帰ってきて被災地を見た時に、これはもう復旧も復興もとんでもないと思いました。

ところが、半年くらいの間に倒れた高速道路は起こし、新幹線は走らせ、倒壊した建物もある程度整理ができて、日常生活にはほとんど問題がないくらいまで回復させました。この姿を見て、日本人はやっぱりいざとなったらすごいなと実感しました。緊張感を持ち、企業と行政と民間人が垣根を越えて力を合わせると、すごい力を発揮する。ギリギリの状態まで追い込まれて本気を出したら、日本人はやっぱり立ち直るんだなと思ったんです

ですから、世界中から大変だと言われながら日本がなかなか立ち直れないのは、まだ結構余裕があるからだと思うんですね。余裕があるから緊張感も出ないんです。

牛尾　なるほど、おっしゃる通りです。

安藤　僕自身も、最初からチームは小さい、学歴はない、社会的ネットワークもないという状態からスタートしましたから、とにかく自分の力だけでやるしかなかった。そのためには、負けても決して諦めないように、精神的に頑丈でなければならないし、体力もできたら三十代のままで七十五歳くらいまで仕事ができるように鍛えておかなければいかんと。その気持ちでずっとやってきましたから、負け戦もそれほど気にならずにきたんです。ですから、日本人はもっとギリギリの状態に置かれているほうがいいと思うんです。

牛尾　同感ですね。

安藤　その点、日本の経営者はものすごく闘っているんですが、学生はぬるま湯の中を泳いでいますから、彼らにはもう少し、この国は大変なんだぞということを言ってもらったほうがいい、と思いますね。

牛尾　安藤さんは、この春まで東京大学の教授をやっておられましたね。大変人気のある講義だったようですが、何年やりましたか?

安藤　六年やりました。僕は大学で勉強ができなかったから、教えるというつもりで

はなしに、学生たちと一緒に勉強したいと思って引き受けたんです。だから、学生と同じ目線で授業をやった分だけ学生から不満も出ませんでした。ただ、東京と大阪という距離が問題で、その移動時間の分だけ大学にいられたらもっとよかったと思いますね。

牛尾　東大の学生の印象はいかがでしたか?

安藤　東大に限らず、いまの若い人は、昔の人より七歳ぐらい幼稚だといわれています。二十七歳ぐらいになってようやく、二十歳、三十歳になってやっと大学卒業ぐらいだと。それだけ世の中が豊かになっているし、親が過保護にやっているからなかなか精神的に大人になれないんですけれども、その点僕は、自分で生きていかなければならないというギリギリの状況で一つひとつ建築の仕事をしてきましたから、おのずと鍛えられました。

牛尾　そういえばあなたは、十九歳の時に大学四年分の勉強を一年で終えてやろうと、一年間一切外に出ないで勉強されたそうですね。

安藤　ええ。毎朝九時から次の日の朝四時まで机に向かいました。当時四当五落という言葉がありましてね。睡眠四時間で頑張ったらいい大学に受かるけれども、五時間寝たら通らないという意味なんです。その時僕は、京都大学と大阪大学の建築学科の本を買ってきて、自分も四時間しか寝ないぞと決めて、四月一日から翌年の三月末まで一年間、外に出ずに月月火水木金金で勉強した。

　それをやったからといって、別に大学卒業の資格が得られるわけじゃありませんが、自分なりに、建築というのはこんなに難しいものかということが分かりましたし、ずっと勉強し続けなければいかんということも実感できましたから、収穫は大きかったと思うんです。

　その間に、建築やインテリアデザインやグラフィックデザインといった、表現に関わる通信教育を全部受けてスタートしたんですが、学歴もネットワークもない自分を、社会は誰も相手にしてくれないわけですね。だけど大阪というのはおもしろいところで、そういう人間でも、ものすごく元気で頑張っている人には、時々チャンスをくださる人たちがいたんです。これが、自分が大阪で頑張ることのできた原点なんですね。

　いまはあちこちで仕事をやっていますが、大阪から離れたくないのは、やっぱりそういう人たちによって自分が育てていただいたという思いがあるからなんです。せめて大阪から通える間は通い続けて仕事をしたい、そういう人間もいていいと思うんです。

人はリーダーの生命力についてくる

牛尾　三十五歳までは猛烈に勉強すべきだという持論も、そういう若い日の体験から出てきたんですね。

安藤　はい。やっぱり平均年齢も延びて、心掛けさえあれば七十五歳まで働けるわけです。だから、自分の人生を考えるためには、三十五歳まで死に物狂いで勉強しなければいかんと思うんですよ。中途半端にやっても駄目ですね。吸収できるのは三十五歳くらいまでと考えて自分を追い込んでいかないと、本物の力にならないと思うんです。だけど日本の人たちは大学を卒業したら勉強しないんですね。

牛尾　東大でそういう話をしたら、学生はどんな反応をしますか？

安藤　一、二割はいい反応をしますよ。やっぱり二割くらいはものすごく優秀ですから。真ん中はまあまあ中庸といったところで、後ろの二割は大変ですね。及第点ギリギリなんです。

　で、上の二割はよくもこんなに賢いやつがいるなと思うくらい優秀なんですが、今度は生きる力のほうが欠落していますね。生命力が足らない。

牛尾　豊かな環境に恵まれて生きてきたからでしょうね。

安藤　そうなんです。リーダーは知力と生命力ですけれども、人はその生命力のほうについてくるわけでしょう。目標に向かっていく勢いみたいなものに、よし賭けてみようと思ってついていくわけです。だけど、少し刺激を与えてそういう要素を足せば、いいリーダーになる可能性のある学生はたくさんいますよ。

牛尾　なるほど。

安藤　ところがいまは親がね、三十歳ぐらいの息子に、「あんたそんなに残業多いの。そんなところはもう辞めたらどう」と言うそうなんです。

　三十にもなってそんなに簡単に辞めてどうしますか。日本の社会がまずかったのは、フリーターがいいと言い過ぎたんですよ。だけど本当は十年間くらい徹底的に上から叩かれて、それでも一所懸命に自分を磨いて立ち上がってくるぐらいの生命力が必要です。そこから自分を考えていかなければいけないんじゃないでしょうか。

牛尾　歌舞伎《かぶき》の世界では求道と言いますが、道を求め、求道を尽くした極めの後に、初めて個性を出せるんです。まず、伝統的に

でき上がった素晴らしい形を訓練によって身につけて、それから個性を発揮しなければいけない。そういうことをしないで初めから個性を出すといっても、それは個性じゃなく、放縦に過ぎないんですね。
安藤　おっしゃる通りです。まず徹底的に形をつくらなければいかんですね。だから、そんなに合わないなら辞めてゆっくりしたら、なんて言う親はまずいですよ。

フランク・ロイド・ライトに触発されて

牛尾　安藤さんは、高校二年の時に、帝国ホテルと東京駅を見て感動して建築家を志したそうだけど、高校生ぐらいで建築物を見て感動するという感性はすごいですね。
安藤　中学二年生の時に家の増築をやって、その時に大工さんを手伝ったのがおもしろかったんです。だから最初は、大工になってもいいと思いました。だけど、設計に関する幾つかの本に出合ったり、フランク・ロイド・ライトという建築家の存在を知る中で、設計というおもしろい仕事があるというのが分かったのがよかったですね。

フランク・ロイド・ライト：［1867～1959］米国の建築家。環境と一体化した有機的建築を提唱し、現代建築に多大な影響を与える。東京の帝国ホテル、兵庫の山邑邸など日本にも作品を残した。

独立して事務所を開設した頃の安藤氏

牛尾　フランク・ロイド・ライトというのは、帝国ホテルをつくったアメリカの有名な建築家ですね。
安藤　ええ。彼が帝国ホテルをつくったのは一九二三年で、オープンした九月一日に関東大震災が起きているんですよ。オープンを予定していたのは十二時で、その直前の十一時五十八分に起きたんです。しかし、帝国ホテルは被害がほとんどありませんでした。それまでは、地震のないアメリカの建築家が地震大国の日本でできるのかという批判的な声も多かったんですね。
それがまったく問題がなかったのは、彼に緊張感があったからだと僕は思うんです。
牛尾　緊張感ね。
安藤　そうです。地震のない国の建築家が地震のある国で仕事をするという、ものすごい緊張感があったと思うんですよ。だから、いろいろなことを考えて手を尽くした結果、建物がフワーッと池の上に浮いてるような構造にしたんですね。だから揺れをうまく吸収できたんです。これは日本人には決して出てこない発想だったと思うんです。

　個人でも企業でも、成功すると周りからもてはやされて、そのうちに自分が何をやっているのか分からなくなってくる場合もあります。そうなってしまうともういい仕事はできなくなります。常に緊張感を持って全力疾走してると、そういうことは少ないと思うんですね。

　このことは僕の個人的な体験にも当てはまります。やっぱり経済的にも貧しかったから、ともかく自分の力で働いて食えるようにならないと、生きていけないんだという切羽詰まった状況に置かれていました。これが今日を築く上では非常に大きかった。ギリギリの状況の中で、一つひとつ建築をつくっていったということが大きかったですね。

勇気を持って挑戦した人の仕事を見よ

牛尾　途中で別の道に行こうということは考えませんでしたか？

安藤　あまり考えませんでしたね。建築でやっていけるようになるまでは、いろんな小さい仕事をたくさんやって凌《しの》いできました。いずれもインテリアデザイン、建築デザインといった、建築に関連するものばかりです。

丹下建三氏設計の国立代々木競技場（写真＝時事通信フォト）

　そうした中で大きかったのは、一九六四年に東京オリンピックを見に上京した時に、丹下健三さんのつくった代々木の体育館を見たことです。あれはまさしく二十世紀を代表する建築なんですが、実際に自分の目で見た時、あぁこういうことが可能なんだと感動しました。
　あの体育館は、天井を二重に吊《つ》ってあるんですね。二重に吊る構造というのは、構造技術的に非常に難しくて世界にないんですよ。実際に自分で見ても、こんなことをやれるかとビックリするぐらいに難しいんです。
　私には師がいませんけれども、師というのは何も人間ばかりではないんですね。先人のつくった建物からもいくらでも学ぶことができる。丹下先生のつくられた代々木の体育館もそうですが、やっぱり勇気を持って挑戦した人たちの仕事をしっかり見

丹下健三：［1913〜2005］建築家、東大教授。大阪府生まれ。第二次大戦後の日本建築界の代表者の一人。広島平和記念資料館・国立代々木競技場体育館・東京都庁舎などを設計。

るということは非常に勉強になりますね。あの時も、体育館を見ながら丹下先生という人を心の中で師と仰ぎ、ああいう志の見える建築をつくりたいと私は心に誓ったんです。

　そして、その時に自分の人生の時間との勝負だ、諦めている暇はない。負けて泣いている暇はないんだということを考えて、その気持ちでずっとやっていくようにしたんです。そうすると、結構あっけらかんと明るくいきますね。それで牛尾さんにも、他の懇意にしていただいている経営者の皆さんにも、おまえ、明るいなって言われるんだけれども（笑）。

　だけど明るくいくということは大事でしてね。建築は、設計する僕よりも施主のほうが不安なんですよ。建てて会社が傾かんか、家を建てたけどローンは返せるだろうか、使いにくくて家族が文句を言うのではないか、というようなことも含めましてね。

　だから、その不安な施主の前で設計者まで不安な顔をしておったらどないすんねんと。自信がなくても、とにかく全力投球でやっていったらそれなりの顔になるだろう、と思ってやってきたわけですね。だから修業時代からきょうまでずっと、僕は全力投球でやってきたわけです。

牛尾　なるほど。

安藤　だけど何でもうまくいっているわけではありません。コンペもまぁ一勝五敗ぐらいの感じだと思うんですが、負けるとやっぱり勉強しますから、われわれにとっては非常にメリットがある。それにまず何よりもコンペしようというたら気合が入りますよね。

牛尾　だから指名入札もあるけど、やっぱりコンペには参加するわけですね。普通、ある程度の地位を確立すれば、コンペで負けるとみっともないから出ないようにする人が多いですけれどもね。

安藤　そうですね。でも逆に、戦いに行かないほうがプライドがないんじゃないですか。戦いに行かなければ、負けもないけど勝ちもない。それでも名が売れていればある程度仕事は来るんですが、それでは緊張

感のない仕事になるから決していい仕事にはならないと思います。

時速百五十キロで全力疾走せよ

牛尾　いままでのお話を伺っていると、「中途半端にやっても駄目だ、必死に全力疾走しろ」というのが、あなたが貫いてきた仕事観ですね。

安藤　ええ。車の運転でもそうですが、ノロノロ運転していたら眠くなってぶつかりますけど、時速百五十キロで走っていれば居眠り運転なんかしないでしょう。これは大企業でも、二十五人ほどの私の事務所でも同じで、リーダーは目標を明確にして、それに向けて可能な限り全力疾走していれば、緊張感があるからそんなに失敗しないと思うんです。やっぱり居眠りができるような中途半端な走り方では駄目です。

時速六十キロ程度では油断が生まれます。百二十キロとか百五十キロとかの、どう見てもスピードオーバーであるという速度で走るべきです。ぶつかったら終わる、と周りは忠告するかもしれませんが、突出するから必死な姿が見えます。よい仕事をするぞ、責任ある仕事をするぞ、と決心して本気で前を行くリーダーにこそ人はついていくものです。特に若い人には、本気で仕事をするとはどういうことかを体感するためにも、全力疾走するリーダーになれと僕は言いたいですね。

牛尾　先ほど三十代の体力を七十代まで維持して仕事を続けていきたいとおっしゃっていましたが、何かご自分で心掛けていることはあるんですか。

安藤　精神面ではやっぱり常に学び続けるということと、肉体的にはやっぱり頑丈でなかったらいかんですから、一日四十五分はいつも運動してますよ。ラジオ体操みたいなものですけど、毎日それをやりながら、どんなことがあっても頑張ると自分に言い聞かせているんです。

牛尾　あなたは昔、ボクシングもやっていたから、体力には自信があるでしょう。

安藤　ええ、高校時代にやったんですけどね、十数回プロで試合をしたんですよ。始めた理由は単純で、喧嘩《けんか》してお金がもらえる。これ、いいなと。何しろ当時四千円もくれましたからね。

牛尾　当時の四千円というのは大きいですね。それですぐプロと試合できたのは、素質があったんですね。

安藤　素質はありましたね。ですけど同じ頃ファイティング原田という人がいて、練習に来たのを見ると、もうまったく違うんですね。惚《ほ》れ惚《ぼ》れしまして、これはあかんと思いました。それですぐボクシングはやめました。

牛尾　それでも、格闘技を知っているっていうのはものすごく大きいと思いますよ。経営はもう完全に一対一の格闘技ですよ、きれい事で競争力なんて維持できません。最後は本当に決闘のつもりでやらないとね。

設計のコンペもそうだと思います。設計したものをつくり上げる時に困難にぶつかって、それを乗り越えるというのはやっぱり格闘技みたいなところがあるでしょう。あなたの個性的な創造力というのは、やっぱり格闘技の要素が大きいと思います。

だから私は、何事も闘争本能というのは大事だと思いますね。権力を誇示するための闘争心じゃなく、自分の誇りに向かっての闘争心というものがね。

安藤　いま日本人にはそこがないですね。闘争本能を子どもの頃から養わずに協調心ばかり教えてきますから。

出合った仕事をいいものにしていく

牛尾　私は、安藤さんと違って自分の能力がはっきり分からないままに家業を継いで経営の道に入りましたから、最初は経営っていうのはいやな仕事だなと思っていました。けれどもある段階から、やっぱり多くの従業員が自分のもとに集まってくれていることを実感して、自分の仕事を天職と考えてやろうと決意してから仕事が楽しくなってきました。人間というのはそういうふうに、自分の仕事を天職と考えるようになる瞬間があるんですね。

安藤　僕は天職ということをあまり意識したことはありませんが、自分なりに納得できる仕事ができて、前進していければいいなと思いますね。そのことを通じて、やっぱり自分自身が生きているという、自分の存在を示していける仕事をやりたいと思っています。

牛尾　安藤さんはきっと仕事を楽しんでいると思いますよ。

安藤　そうですね、やっぱり仕事っておもしろいですね。頭の中にボウッと浮かんだイメージが、仕事を通してだんだん形をとってくる。そのことを通して、自分の存在を表現していきたいと思いますね。

牛尾　やっぱり楽しまなければいい仕事はできませんね。日本人は厳しい仕事でも、TQC（総合的品質管理）運動とか集団運動で皆で競い合って賞をもらうとか、皆で一緒に成功を分かち合うとか、そういう楽しむ仕組みをつくりますしね。そういう意味でやっぱり仕事は、最終的には楽しめるようにならないと駄目だと思いますね。

お話を伺っていると、安藤さんは出合いというものを積極的に生かしていくのが上手な人ですよ。いろんな経験をプラスに生かすんです。そういう意味であなたの人生は、宝探しの人生だと思うんです。

安藤　確かにそれは当たっているかもしれませんね。皆さんから、うまく宝を探していい仕事ばかり来ますねと言われますが、目の前に宝があっても探せない人もいます。だから、出合った仕事をいい仕事にしていかなければいかんと思うんですね。

牛尾　そうそう、まったくその通り。

安藤　結構たくさん仕事は来るんです。だけど考えてみたら、三十代の終わりに日本建築学会賞をもらった「住吉の長屋」というのは、延べ床面積たかだか二十坪くらいの家ですよ。普通はそんな小さな家はやらないですね。ですが、そういう小さな仕事でもいい仕事に仕立てていく努力が要ると思うんです。

牛尾　あれは有名な建築ですね。あのような仕事に精魂を傾けるという精神が必要なんですね。

だから辛い時、困難な時でも、ペシミスティック（悲観的）に見ないでポジティブに見る。そういう姿勢で仕事にも人生にも臨むことが、一番大事なことでしょうね。

第5章

逆境を越える

壁が立ちはだかった時に、人が辿る道は二つに分かれる。一つは壁に敢然と挑み、なんとしても乗り越えていこうとする道。もう一つは壁に圧倒され、萎縮し、逃避する道である。人は、壁に苦しみ、悩み、傷つき、苦悶し、格闘する中で、人間を本物に鍛え上げていく。

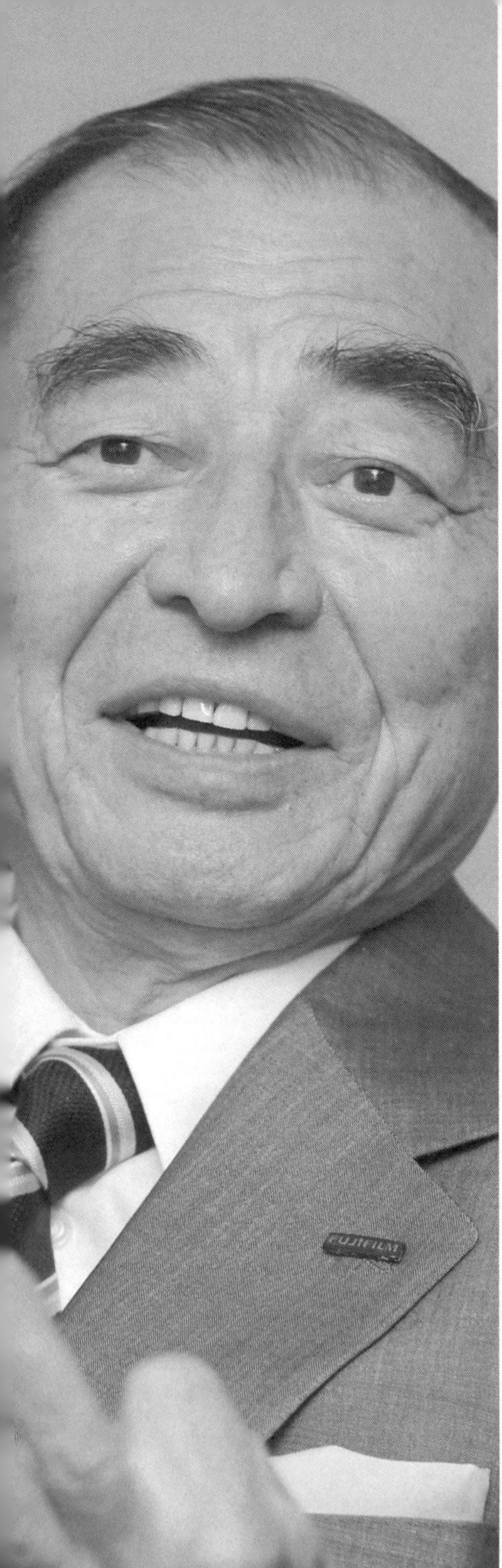
FUJIFILM

ピンチの中にチャンスあり

かつて経営の神様・松下幸之助は、「いまほど大変時代はない」と言った。半世紀が経ついまも、大変な時代であることに変わりはない。厳しい環境下で経営者はいかに道をひらいてゆくべきか。アサヒビール躍進の原動力となった福地茂雄氏と、デジタル化の激流を乗り切る大改革を実現した古森重隆氏。一途一心に邁進してきたお二人に、経営やリーダーのあり方について語り合っていただいた。

福地茂雄
アサヒビール相談役
Fukuchi Shigeo

古森重隆
富士フイルム社長・CEO
Komori Shigetaka

アメリカで実感した日本企業の優位性

福地　古森さんと初めてお会いしたのは一九八七年、ちょうど私どもがスーパードライを出した年でした。日本から選抜された優良企業が、アメリカの優良企業を訪問して意見交換をするという企画で、富士フイルムさんとアサヒビールも選ばれ、お互いに担当者としてツアーに参加したのでしたね。

古森　二週間ほどかけてセントポールから、ニューヨーク、ニュージャージー、フロリダ、セントルイス、アトランタと、向こうの主要都市をほとんど回りましたね。アメリカを代表する企業を訪問してディスカッションするというツアーで、得るものも大きかった。

福地さんとはホテルで相部屋だったこともあって特に懇意にしていただきました。スーパードライを出されたばかりの御社は日の出の勢いでしたから、その時営業部長を務めておられた福地さんはとにかく元気がありましたね。

福地　世界ナンバーワンのバドワイザーまでバドドライという商品を出したくらいでしたから、確かに相当なインパクトがありました。

古森　あの時、福地さんはおっしゃっていましたね、人間にはカミソリと鉈《なた》の両方が備わっていなくてはいけないんだと。

福地　よく覚えておられますな（笑）。その話はいまでもよくするんですよ。会社には確かにもの凄《すご》く頭の切れる人がいます。しかし切れすぎて自分の指を切ってしまうことだってある。

古森　それに切れる人はすぐ刃こぼれして、本当に硬いものは切れないんですね。

福地　そうなんです。ですからやはり、リーダーには切れ味鋭いカミソリと、本当に硬いものの切れる鉈の両方の要素が必要です。

古森　福地さんのお話も含めて、ツアーでご一緒した皆さんとの交流の中で、いろいろと心に染み入るお話を伺えたのは収穫でした。

それから、強烈だったのは日本企業とアメリカ企業の違いでした。向こうの強さはどこで、日本の強さはどこか。これは非常に勉強になりましたね。そして日本企業はもう勝ったと私は思いました。

　日本では戦後の高度成長期にたくさんの大卒が企業に採用されました。つまり高等教育を受けた人材が各部門に配属されたわけです。これは現場のトップが会社の様々な問題について部下と情報を共有し、しっかりと意見をすり合わせて意思決定できる環境をもたらし、集団のチームワークを存分に発揮することができたんですね。

　逆にアメリカは、一人のリーダーによって組織を動かしています。例えば工場長が紙にミッションを書いて「君のところはこうやれ」と部下に渡す。みんなで意見を出し合うなんてことはなくて、命令社会なわけですね。優れたリーダーがいればそれでいいけれども、世の中そんなに優れた人はいません。これはもう絶対日本企業のほうが強いと確信しましたよ。

福地　ちょうどジャパン・アズ・ナンバーワンという言葉とともに、日本的経営が絶賛された時代でもありましたね。

古森　だからプラザ合意が生まれたんですよ。時期は少し前でしたが、あれは結局、日本が強すぎてかなわんから円高にしてハンディを設けてくれということでしょう。日本はそれをまともに受け止めたために、後から経済で苦しむことになったわけです。

　当社もマーケットの近くで生産を行うという考え方もあり、いまは半分以上海外で生産しています。生産の海外移転が過度に進めば、当然国内の生産が減るから国の税収も減り、経済は停滞してくる。政治の貧困がもたらした悲劇ですよ。中国や韓国は日本の失敗を見ているから、アメリカが何と言おうと人民元やウォンを上げないんです。

真のリーダーシップを発揮せよ

プラザ合意：1985年、日本・米国・英国・フランス・西ドイツ五か国蔵相中央銀行総裁会議における合意事項。各国の協調介入によってドル高是正を図ることなどが合意された。

福地　おっしゃるように、いま（二〇一二年）の日本経済は非常に厳しいし、またもの凄く変化が激しいですよね。そういう時に風任せ、潮《しお》任せで進んでいたのではどこの港に船が着くか分からない。ですからいまはとりわけ中長期の視点に立つこと、先を見ることが大事になってきます。自分の会社をどこの港に着けようかという目標を定めて、計画通りに進んでいるかをきっちり検証していかなければならない。

当社もスーパードライを出した時代は中期計画なんてそんなに必要ありませんでした。あの頃は経済がずっと右肩上がりでしたから、毎年の年次計画を達成さえすれば大体ハッピーな方向に進んだんです。中期計画に力を入れるようになったのは、その後の代からです。

中長期でものを見ることの大切さは国にも言えることですが、いま何よりも不安なのは、国がいったいどっちの方向に進んでいくのか一向に見えない点です。

古森　まったくです。いつの時代も大変であることに変わりはありませんが、そうした中でもいまの課題は何か、どちらに舵《かじ》を切っていくべきか、明確な方針を打ち出すことが一番大事です。いまの日本の混乱は、国の課題がもう一つ明確になっていないことと、仮に明確になっても、それを思い切ってやろうとすると既得権を握った人間の反対に遭うことです。

福地茂雄（ふくち・しげお）
昭和9年福岡県生まれ。32年長崎大学経済学部卒業後、アサヒビール入社。京都支店長、営業部長、取締役大阪支店長、常務、専務、副社長を経て平成11年社長に就任。14年会長。18年相談役。20年第19代日本放送協会会長。

時代が大きく変わっている時ですから、国も会社も個人も、いろんなものを変えなければ取り残されます。しかしそこには既得権があって必ず抵抗を受ける。その時にリーダーは、この変革は国のためにどうしてもやらなければいけないことを皆に説得し、導いていかなければならない。本当にやらなければならないことをやるために人を引っ張っていく。リーダーシップというのはそういうことだと思うんです。

福地　大事なことは、総論と各論を使い分けないことでしょうね。変えるということに反対する人はいないけれども、どこをどう変えるかとなると、省益、庁益が頭をもたげてくる。各論を云々《うんぬん》し出すから本音と建前にズレが出てくる。本音と建前を使い分けたら人はついてこないでしょうね。

古森　ですからいまの問題は、打つべき手が分からないというよりは、打つべき手にあまりにも既得権が絡んでいてそれを捌《さば》ききれないところです。つまりリーダーシップが発揮されていないということだと思うんです。

福地　痛みを伴わない策はないと思うんです。それを説得できるリーダーシップも必要ですし、国民もここまできたら痛みを伴う覚悟をしなくてはなりません。

古森　ただその時に、痛みをみんなで分かち合わないといけない。歪《ゆが》みを残したまま、これまで負担の大きかった人にまでさらに負担を強いるような改革であってはならないと思うんです。戦後のいろんな歪みを一度キチッと整理して、体制をしっかり立て

古森重隆（こもり・しげたか）
昭和14年長崎県生まれ。38年東京大学経済学部卒業、富士写真フイルム入社。平成7年取締役、8年富士フイルムヨーロッパ社長を経て、12年社長に就任。19年日本放送協会経営委員会委員長。

直すことが大切でしょうね。それを断固としてやるリーダーが出てこないのが心許《こころもと》ない。

百の判断をしたら
百間違えないつもりでやる

古森　リーダーシップについて、福地さんが社長時代に特に腐心されたことは何ですか。

福地　いまのオリンパスの問題を見ていますと、何も手を打たなければアサヒビールも同じような状況に陥る危険性はあったと思います。

私が社長になったのは、あと二年で二十世紀が終わる一九九九年でした。そこで私は、二十一世紀に素晴らしいスタートを切るために、みんなで血を出そうと全社に訴えたんです。

アサヒビールは上場以来、その時までまだ赤字を出したことがありませんでした。ですから赤字決算をすることには極めて勇気がいりました。しかし、ここでなんとしても負の遺産を解消しておく必要があると考えて、二〇〇〇年は赤字決算にしたのです。同時に本業以外は全部手放そうということで、ゴルフ場とかホテル用の土地とか、そういった資産を皆片付けました。

そのおかげで二〇〇一年には発泡酒の参入もし、業績が急回復して業界ナンバーワンになることができました。その後も毎年増益を続けていますから、アサヒビールの歴史の中で赤字を出したのは二〇〇〇年の決算時だけなんです。おそらく百年ほどしたら、この時の社長は誰だということになるでしょうが（笑）、誰かがどこかでやらなければならないことでした。相当危機感を持って臨んだことで、あれをやり遂げたことが一つの節目だったかなぁ。

古森さんが社長に就任された時も、相当危機感があったのではないですか。

古森　そうですね。社長になったのは二〇〇〇年ですが、ちょうどその時が写真需要のピークで、直後にデジタルテクノロジーの激流が押し寄せてきました。レコードがあっという間にCDに置き換わったように、カメラのデジタル化が一気に進んだんです。

当時カラーフィルムや印画紙等の写真事業の収益が全体の約六十％を占めていましたから、それが毎年二十五％、三十％と減っていって、二〇〇五年には赤字に転落しました。それは例えて言えば、アサヒビールさんでメインのビールの売り上げが毎年三割減っていくようなものですから、大変な状況でした。

福地　それでどうされたのですか。

古森　やらなければならないことはハッキリしていました。

一つは、世界中で膨れあがった写真フィルムの生産設備や販売組織をいかに縮小するか。同時に新しい成長事業を何にするか、既に手掛けているものもありましたから、もっと投資を強化して育てていかなければならない。

もう一つは、グループ会社はそれぞれ非常に優れた技術を持っているんですが、経営がバラバラでシナジー（相乗効果）があまり出ていませんでした。これの連携をもっと強化し、シナジーを出すことでした。

まぁ誰が考えてもそこに集約されると思いますが、問題はどうやるかです。さっきも話に出たように、何をやるかは分かっても、では現実にどうやるか。リーダーシップが一番問われるところです。

相当思い切った構造改革をやろうというんですから、反対もたくさん出てくるし、また新規分野もどこに投資するかで意見も割れます。そこで会社の経営資源を全部洗い出し、市場を徹底分析して、ここぞという分野を定めて投資したんです。

例えば液晶用の材料、インクジェット、化粧品、医療機器、医薬品といった分野です。自前でやっていては機を逸《いっ》するので、積極的にM&Aを働きかけ、インクジェットプリンターのヘッドで世界一の会社を買収しました。医療のITシステムの会社や製薬会社など、合わせて三十社近くを買い、この十年間で六千億円くらい投資しました。

福地　何を捨て、どんな新しい事業に取り組むか、選択と集中というのは非常に難しいですね。

古森　そこを読まなければいけないんですね。何が当たるのか、読みに読んで決める。決めたらやる。経営者として、百の判断をしたら百間違えないつもりで私はやっています。絶対間違えないぞと。

そのためにはいろいろ情報も必要ですが、それが全揃《そろ》うまで待っていては機を逸してしまう。不完全な情報から本質を見極めなければならないから確かに難しい。私も一つ、二つは間違えました。会社の存続に関わるような問題ではありませんでしたが、その程度で済んだのは、やはり百決めたら百間違えないという気魄《きはく》と精魂《せいこん》を込めてやっているからです。

そうやって毎日仕事をしていると、もう本当にヘトヘトになりますよ。社長になんかなるもんじゃないなというのが実感ですね（笑）。

福地　まったくです（笑）。

古森　しかし社長になったからにはそういう姿勢で臨まなければなりません。間違えるのが人間だと言っているようでは経営は務まらない。昔の侍なら間違えたら腹を切らなきゃいけないわけで、それくらい決死の覚悟でやらなければならないと思います。

だから組織のナンバー1とナンバー2の一番の違いは責任の重さです。ナンバー2も相応の責任は負っていますが、まだ竹刀《しない》の勝負だと思います。間違えてもまだ自分の後には社長がいるという思いがどこかにある。

しかしナンバー1が間違えたら会社が傾いてしまう。その差はとてつもなく大きいですよ。だからナンバー1である経営者は、いつもヒリヒリするような緊張感、恐怖感の中で真剣勝負をしているわけです。

福地　私も実感しています。責任の重さ、背負う荷物の重さがまるで違う。

古森　気魄も違いますよね。使命感も責任感も違う。まぁそうならざるを得ないわけですが。やっぱりナンバー1とナンバー2以下の意識の差は拭《ぬぐ》いきれません。

何を捨てるかを決断する

福地　そういうナンバー1の決断で一番辛いのは、捨てる勇気ですよ。

何かをやりたいという提案はいろんな部門から上がってきますよね。それを全部よっしゃ、よっしゃと受け入れるのは経営ではない。「戦略とは捨てることなり」という言葉もありますが、何を捨てるかという決断をしなければ人もお金もついていかない。

古森　精魂込めて決断しようとしても、迷うことはあります。どっちに行ってもよさそうだ、あるいはどっちもはっきりした優位性が見えないという時。そういう時は自分の選んだ道を成功させればいいんです。先を読む、判断を間違えない、そして決定をする、決定したら成功させる。社長業とは簡単に言えばそういうことです。

福地　それに経営者の時間も二十四時間以上ないわけですからね。

以前、評論家の堺屋太一さんとお話しした時に、あの方も大変忙しい方だけれども、一日を三つくらいに分けてやりくりしているとおっしゃっていました。例えば本を読んだり人の話を聞いたりするインプットに八時間、講演したり執筆したりするアウトプットに八時間、それから食事したり睡眠をとったりする生活の時間というのが八時間という具合にです。そうすると八時間の中でそれぞれ何ができるかということになりますよね。

だから、経営者には時間管理をどうするかということも非常に問われると思います。そのためにも何かを捨てなければ時間は生まれてこないのです。

古森　何を捨てるかを決断するとも言い換えられますね。

ともかく改革に際してはそういう難しい決断をいくつも下してきました。随分抵抗も受けましたし、また大きな投資をしても本当に当たるかどうか分からない。しかしそこはとことん読んで皆を説得する。そっちに行かなければ会社は生き残っていけない。変化を嫌がってそのまま自然死するか、痛みは伴うけれどいまチェンジして生き返るか、どっちを取るんだと。そうやって引っ張っていくのがリーダーシップでしょう。

おかげさまで二〇〇七年度には売り上げ、利益とも史上最高になりました。その後のリーマン・ショックや震災など、熾烈《しれつ》を極める経済環境の中でも揺るがない経営基盤を築くことができました。これも変革に対応できるだけの優れた技術力がグループにあったおかげです。

価値観を共有することの大切

福地　私は改革に取り組む際、企業の中の常識は必ずしも世間一般には通用しないと言うんです。

ビールというのは麦芽《ばくが》が三分の二以上入っているのが常識でした。ところがそのうちに税制の隙間《すきま》を突いて、麦芽がそれ以下でも発泡酒と呼ぶならいいということになり、さらには麦芽を使わない新ジャンルというものまでつくれるようになった。いずれも事実上の扱いはビールと一緒です。そういう変化に対応できなければ取り残されていきますね。

そういう意味で私は、古森さんが改革の中で、富士ゼロックスなどのグループ企業との連結経営を強化したことも大きいと思います。

古森　富士ゼロックスは一九六二年にアメリカのゼロックスと合弁でつくった会社で、五十対五十の資本比率で経営していました。二〇〇一年に向こうの株を二十五％買って子会社にしたんです。元々非常にいい会社だったんですがコスト体質は必ずしも強くなかった。そして二〇〇六年に持株会社制に移行し、富士フイルムホールディングスの下にぶら下がる体制としました。研究開発や生産性を強化し、コストを下げ、ここ数年で会社の体質が非常に強くなりました。

同時に富士フイルムの技術を富士ゼロックスで活用したり、富士ゼロックスの機械を富士フイルムで販売したりして協力関係を密にしていきました。両者がきちんとスクラムを組んでシナジーを出していくことが一つのキーだと考えたのです。

福地　まずは価値観や理念の共有ですよね。

小さな例で申し上げますと、アサヒビールの会長の時に、グループの職員からメールがきましてね。「うちの会社は顧客満足、お客様目線という理念を掲げているのに、お客様からの声をお寄せいただく電話がフリーダイヤルではありません。おかしいと思います」と訴えてきたんです。

それに対して、本社が掲げる合理化目標を達成するためには、フリーダイヤルに費用をかけることはできないという反論もある。

しかしこれはどちらを取るかという二者択一の問題ではありません。お客様の声を聞くというのはグループの一つの理念であり最優先課題です。ですから私はフリーダイヤルを導入しました。そういう理念を全体で共有することが大事なのです。

最近は私どものグループの商品も、どの会社の商品か分かりにくいものが増えています。例えばノンアルコールビールはビールじゃないけれどもアサヒビールで売っている。いまはそういう商品がたくさんあってボーダーレスの時代になっているから、なおさらグループ経営というものが大事になってくるし、その前提としてしっかりと価値観を共有しておかなければなりません。

厳しい上司の下でこそ人は伸びる

古森　経営では人材の育成も重要です。ただ、人間は基本的に自分で育つものであって、こっちが手取り足取り教えて育てるというのは現実的ではありません。自分で這《は》い上がってくる人間が一番いいんですが、かといってそれをただ待っているわけにもいかない。

福地さんはどういう点に留意してこられましたか。

福地　いろんな切り口があると思いますが、私が心掛けていることの一つに、出る杭《くい》は打つな、出たがる杭は打てというのがあります。

ラグビーの日本代表の人たちから聞いたんですが、メンバー十五人全員の足の速さが百メートル十三秒だったら、そのチームは絶対十三秒より速くならない。しかし、その中に十一秒の選手が一人入ったら、全体は十一秒にはならなくても確実に十三秒より速くなるそうです。
その意味で、会社にもスタープレーヤーが必要だと思います。そういう人がいると、その部署全体を底上げする力になるんです。もちろん、人が見ている前だけいいところを見せようとするスタンドプレーヤー、つまり出たがる杭はダメだけれども、出る杭は引き上げなければいけないと思います。

古森　やっぱり適材適所ですね。福地さんのおっしゃるように、能力のある者にはそれなりの場を与えることが大事です。攻めの人間か、守りの人間か、営業向きか、業務向きか、適材適所で役割を果たさせることが非常に大事です。
もう一つはスパルタ教育です。生やさしいことを言っていてはダメです。部下に役割を与え、やらせてみて、よかった時は「ここがよかった」、悪かった時は「ここが悪かった」と必ず評価してやらなければならない。厳しく評価してフィードバックしてやることが大事だと思います。

福地　そこで大事なことは、褒《ほ》めることと叱《しか》ることの区別をしっかりしなければならないということですね。
かつて東芝府中のラグビー部が全国優勝した時、冨岡鉄平というキャプテンと一緒に食事をしたことがあるんです。彼はチームを統率するために、褒めることを心掛けていますと言っていました。人の悪いところはすぐ目につくけれども、よいところはなかなか分からない。それを探して褒めることが日本一になった大きな要因だと。
しかし褒めるというのはなかなか難しい。しょうもないことを褒めたらバカにされますしね。

古森　難しいですよね、褒めるっていうのは。そこで満足してしまうんですよね。
私はアメリカンフットボールが好きなんですが、テレビ等で見ていると優しい監督のチームはみんな弱いですね。やっぱり厳しそうな監督のチームが強い。アメフトは一種の格闘技ですから余計にそういう傾向が強いんでしょうが、やっぱり経営者もアマちゃんじゃダメですね。

福地　確かにその通りです。

古森　自分の経験から言いましても、厳しい上司の下にいた時が一番伸びました。自分の力を認めてくれる上司の下でも伸びますが、やっぱり一番伸びたのは厳しい上司の下でしたね。ですからスパルタ教育が一番だと私は思います。
もちろん褒めるところはちゃんと褒めなければならない。しかし部下のことを真剣に考えればこそ叱るんです。厳しいんですよ。逆に叱らない上司というのは無責任です。部下を本気で思うがゆえにガンガン向かってくる上司というのは、言われて腹は立っても納得させられますね。

立場が人をつくる

福地　私はずっと営業畑を歩んできたんですが、私の営業の基礎になっているのは、集合研修で学んだことではありません。ブラザーといって、マンツーマンで指導に当たってくれた配属先の先輩から学んだことでした。一緒にお得意先を走り回って挨拶の仕方から、敷居のまたぎ方、酒の飲み方まで全部教わりました。

新人の時に「今晩ついてこい」と言われて向かった料飲店様でビールを注がれる。ゴクゴク飲んでいたら、ポンと脚を蹴《け》られる。「もう行くぞ」と。「飲みに来たんじゃない、挨拶に来たんだ」と（笑）。

古森 そういう類の経験は誰もがしているし、そういう生きた教えこそ身につくんですよね。

福地 「惚《ほ》れられるより惚れよ」という営業哲学も、そういう中で叩き込まれました。

私が入社した頃は恵まれていて、特に大阪ではビール会社といえばアサヒビールというくらい浸透していたんです。けれどもその勲章を持って回ったらダメだと。アサヒビールという看板を抜きにしてもお客様から信頼され、求められるような人間になれ。そのためにはお客様から好かれようと思ったらダメだ。こっちから好きになることだと。

古森 いい教訓ですね。

福地 そういう大切なことを叩き込んでくれたのがブラザーでした。ですから新人の頃にマンツーマンで仕事の基本から、技術的なことからものの考え方からキッチリと教える体制をつくることは非常に大切だと思います。

それから、人間は着るものに応じて太くなるものですね。立場が人をつくるんです。だから課長になれば課長らしくなってくるし、支店長になれば支店長らしくなるし、社長になれば社長らしくなってくる。小さい服を着ていたらいつまでも大きくなりません。一度大きめの服を着せてみたら、結構服に合わせた人間ができてくるものです。自分の息子やよく知っている人間に対する時ほど、あいつはまだ若いと躊躇《ちゅうちょ》しがちですが、チャンスを与えることが大事です。

古森 おっしゃる通りです。

福地 初めて課長になった時に支店長から、「君はどういう考え方で部下指導をするんだ」と聞かれたので、「自分のできないことは部下に求めません。できることは徹底して求めます」と答えたら、「君は落第だ。上に立つ者は自分ができないことでも部下に求めなければならないものだ」と言われました。まぁその通りですよね。

支店長を務めていた時代にも五、六回落第させられました。社長になってからも、「君なんか社長にするんじゃなかった」と。もう何回落第したか分からない（笑）。

戦う心を取り戻せ

古森 私は一人の人間として一番影響を受けたのは父母だと思います。私は九州で育ったのですが、その頃の男の子っていうのは家庭でいろんな教育を受けましたよね。嘘《うそ》をつくな、約束は守れ、弱い者いじめはするな、逃げるな、そういうことを徹底して叩き込まれました。特に九州というところは卑怯《ひきょう》な振る舞いを最も嫌う。そういう教えがやっぱり自分の原点としてあって、ビジネスのベースにもなっています。

福地 私も人間形成の上で一番影響を受けたのは母親でした。

いま企業が果たすべき社会的責任、CSRということが盛んに言われていますが、考えてみれば、昔は家庭で教わったことばかりです。例えばコンプライアンスって言ったら、嘘つきは泥棒のはじまりということ。情報開示は、隠し事をしたらダメだということ。環境問題で思い至るのは、水道の水を止めなさい、紙は裏表使いなさいといった教えです。私はいまだに短くなった鉛筆にキャップをはめて使うんですが、それもやっぱり母親からものを大事にしなさいと言われてきたことが生きているわけです。

そういうことを家庭でちゃんと教えられなくなって、会社で教えなければならない時代になったんです。

古森　父親と母親で多少違うところがありましてね。私は父親には戦うことを教えられました。上級生にいじめられて泣いて帰ったりすると、ぶん殴られたものです。もう一回やってこいと（笑）。

最近はそういう父親はいないでしょうが、やっぱり男っていうのは戦わなきゃダメです。

いまはそういう生物的な原則からちょっと離れているんじゃないでしょうか。いい子で、行儀がよくて、真面目《まじめ》だけれども、日本の若者はもっと戦わなくてはいけませんね。義のため、正しいことのために戦わないと。

会社でも、若い社員にはもっとゴツゴツぶつかってきてほしい。私はどうしてもこれがやりたいんですとか言って。そういう野性味が足りないような気がします。

私が会社に入った頃は、上役の言うことなんか屁《へ》とも思わない者が何人もいましたよ。いまはもう礼儀正しいいい子ちゃんばかりで、もっとバイタリティが欲しい。争いを恐れない心、立ち向かう心が必要です。いまのままでは国の行く末が心配です。

「君はそのために何をしたか？」

古森　人材育成論に戻りますが、私もいろんな上司に仕えましたけれども、特に印象に残っているのは、営業マン時代に社長に直訴した時のことです。何かの会合で当時の社長と言葉を交わす機会がありましてね、「フィルムをもうちょっと改良すべきです。工場や研究所にはっぱをかけていただけませんか」

と言ったんです。そうしたら、

「それは私も言おう。けれども君はそのために何をしたか？　どうしたら現場が思うように動いてくれるか、君も考えて動いてみなさい」

と言われてはっと気がつきました。あぁそうだ。何でも人頼みではなく、まず自分でなんとかしなくてはいけないんだと。要するに、人のせいにしないということです。以来、会社で自分に問題が降りかかってきた時は、誰かが悪いのではなく、自分がそれを解決する努力をしないのが悪いんだと考えるようになりました。

これはもの凄く大事なことです。それを一所懸命実行してきた結果、社長になったと言えるかもしれませんね。

福地　私はたまに家内から、「あなたってストレスないの？」って聞かれるんですよ。「バカ言え。俺だってストレスはある」と（笑）。

古森　ビールを飲んで忘れるんじゃないですか（笑）。

福地　それもありますね（笑）。

結局人間というのは、生きている間はストレスから逃れられない。だったら、いかにストレスを持ち越さないかが大事になってきます。

考えてみれば、四十年前のあの問題が未解決だとか、三十五年前のあの問題が未解決だっていうのは滅多にないんです。いつか片付いている。人間が起こした問題というのは、何らかの形で必ず解決する、破れない壁はないんです。

だから私は自分の机の上に、

「いますぐには解決できない。

一人では解決できない。

いままで通りでは解決できない」

と書いた紙を貼《は》って、たとえ難しい問題に直面しても、必ず解決するはずだと信じて取り組んできました。そう思っているとストレスも持ち越さなくなるんです。

何事にも誠実であれ

古森　いまのお話にも通じると思いますが、一番大事なことはやはり自分にも人にも誠実に向き合うことじゃないでしょうか。仕事にも、会社にも、人に対しても、すべてのことに真正面から取り組む。そういう誠実な心が大事だと思います。

福地　一番の根本ですね。

古森　少し前ですが、出張先で現地の従業員と一緒に飲んでいた時に、三十代の若い社員が私に聞いてきたんです。自分の生活と会社の仕事をどう両立していいか分からない。どれだけ会社にエネルギーを注げばいいんでしょうと。私はその時こう言いました。

「とにかく半年間全力で会社のために働いてみなさい。そこで初めてどうバランスを取ればいいかが分かるから」

しばらくして彼は、分かったような気がします、と言ってくれましたけれどね。

誠実というのはそういうことにも通じると思います。やはり一途一心、一所懸命何かに取り組んでいかないと何も学べないし、自分も成長できないんです。

私自身の経験に照らして言えば、やはりいつも会社のことを考えて行動する人間は伸びると思います。

会社のために一途一心、一所懸命頑張ることが自分の成長にも繋がるし、それを人はちゃんと見ているんです。あぁあいつは会社のためにいつも一所懸命やっている男だと。私にそういう信頼を抱いてくれた人が何かの形で返してくれる。情けは人のためならずといいますが、会社のためにベストを尽くしたら、自分にも返ってくるんです。

私はそう信じて、若い頃から、自分は会社に貢献しているか、中途半端な仕事をしていないか、いつも己に問いかけていました。上司との衝突も辞さなかった私が社長にまでなったのは、私がいつも会社のことを思ってやっていることをみんなが認めてくれたからだと思います。そういう生き方っていうのはいいですよ、実に気持ちいいものです（笑）。

福地　素晴らしい心掛けですね。

古森　もちろん社長になる、ならないが重要なのではありません。自分の思う通りの人生を生きたかどうか、自分自身を実現できたかどうか、そこが一番大事です。それが人生の本当の勝者なんです。

福地　徳川三百年の鎖国から覚めて、明治、大正、昭和の初めにかけて日本の国力はもの凄く伸びましたよね。あれはやっぱり隣の中国などを見ていて、このままでは列強の植民地になってしまうという強い危機感があったからです。あの時期の日本人の努力というのは大変なもので、まさに一途一心だったと思うんです。

いまはその勤勉さや努力を、どこかへ置き忘れているような気がしてなりません。これをもう一度取り戻さなければならない。いまのままでは国の力がますます弱くなっていきます。実際、いろんな分野で中国や韓国に追い越されてきている。何かを成していこうという執着心というか、そういうものが失われている感じがします。だから一途一心という姿勢がいまもの凄く大事だと思うんですよ。

古森　同感です。このままでは国が危ないと思いますね。政治も混迷を極めてなかなか優れたリーダーシップが発揮されない。国の課題、方向性が明確にならない。解決できない。国民も活力とか、闘争心、向上心を失って弱体化している。八〇年代に成功した代償でしょう。みんながハングリーでなくなって、これでいいんだと思っているんじゃないでしょうか。

だから、日本を追い上げてくるアジアの国々、アグレッシブにいろんなことを仕掛けてくる西洋諸国に対抗していくためにも、もう一回明治開国の精神を取り戻して、新しい二十一世紀の日本を創っていかなければなりません。ピンチの中にチャンスありです。いまの日本人には攻めの気持ちが必要だと私は思います。国がなくなったら会社もないことを忘れてはなりません。

福地　あのタイタニック号の進水式で船主が「この船は沈まない」と言ったところ、船を造った技術者は、「沈みます。鉄で出来ているんですから」と言ったそうです。いまは「うちに限って」と思っている日本人がほとんどではないでしょうか。日本という国は潰れないと信じ切っていると思いますよ。

古森　私はよく三つの向きが大事だと言うんです。前向き、外向き、上向き。いまの日本はどれも逆で、後ろ向き、内向き、下向きになって自信を失っている。国も会社も、この三つの向きを変えて、いま一度奮起しなければなりませんね。

成功への光へと歩み続けて

こうして未来をひらいてきた

地場イタリアン「アル・ケッチァーノ」オーナーシェフ

奥田政行

Okuda Masayuki

生まれたところを有名にしたい

笠原　お久しぶりです。きょうは山形から東京に入られたんですか。

奥田　いや、プロデュース店のある三重から来ました。いま山形の庄内《しょうない》に本店を含む三店舗と、銀座店、福島の復興のために出店した店舗の計五つの直営店をやっていまして、その他にレシピを提供したりしているプロデュース店が七店舗あります。八店舗目を超えたところから一週間の動きがランダムになりまして（笑）、訳が分からなくなりつつあります。

笠原　僕も昨年（二〇一四年）、恵比寿の本店が十周年を迎え、一昨年には名古屋に、昨年は本店から少し離れたところに三店舗目を出店しました。

僕が奥田さんの山形のお店を訪ねた時は、まだ本店を出して間もなくの頃でしたが、よく十年持ったなというのがいまの実感です。

奥田　庄内の小さな店に都会の料理人が来てくれたと喜んでおもてなしさせていただ

いま料理界にはたくさんの若手実力派が存在する。日本料理には、毎月1日で翌月分の予約が埋まる「賛否両論」の店主・笠原将弘氏。イタリアンには山形の庄内に全国からその味を求めて訪問者がやまない「アル・ケッチァーノ」のオーナーシェフ・奥田政行氏。ジャンルは違えど、同世代で切磋琢磨し続けるお二人に、当代きっての人気店をつくりあげた成功の要諦をお話しいただいた。

笠原将弘

日本料理「賛否両論」店主

Kasahara Masahiro

いたのですが、その後、笠原さんは大ブレイクされて、本もたくさん出されていますし、「賛否両論」さんは毎月一日で翌月の店の予約が埋まってしまうほどの人気店になられました。

そういうことで私が笠原さんのお店を訪問できたのがつい数年前でしたが、動きやすいように動線を工夫されていたり、ああ、いろんな知恵を使ってやっているなと伝わってきましたね。

笠原　僕は東京の武蔵小山の出身で、両親はそこで「とり将」という小さな焼き鳥屋をやっていました。二人とも他界した後に店を継いで、そこそこの繁盛店にさせてもらったのですが、やっぱり同じ東京でも恵比寿や青山のレストラン激戦区とは注目度も客層も全然違います。

野球選手がメジャーリーグで活躍した後に凱旋《がいせん》帰国するように、僕も激戦区に挑戦して、成功した後にもう一度愛する武蔵小山に帰れば地元を有名にできるかなという思いがあって、「賛否両論」を出店したところがあるんです。

だから、初めて奥田さんの店を訪ねた時、正直、ここに全国からお客さんを呼んでいるってすごいなと。奥田さんは自分の生まれたところを有名にして本当に羨《うらや》ましいというか、憧《あこが》れがありますね。

奥田　おかげさまで昨年の十二月には、鶴岡市がユネスコの食文化都市にも認定されました。

私は自分の仕事を通じて庄内を元気にしたい、奥田家を助けてくれた鶴岡に恩返しをしたいという思いがありますから、その志の一つを果たせたかなという思いはありますね。

二十一歳で背負った一億三千万円の借金問題

笠原　奥田さんもお父さんがお店をやられていたんですよね。

奥田　はい。うちは新潟県と山形県の県境でドライブインを営んでいて、父は料理長兼社長でした。いまから五十年前には既に二十四時間営業を始めていて、あらゆる観光バスからトラックから自家用車までが停まり、大繁盛していたんです。交通の便がいいというより、料理がおいしくて、秋田県、山形県、新潟県では「ドライブイン日本海」と言えばよく知られた存在でした。

二十四時間営業ですから、小学生の頃から手伝いに入ってカツ丼をつくったりして、親父の背中を見て育ちました。すごいなと思う半面、だからこそ料理の世界は苦しいものだと分かっていたので、高校卒業する時、本当はコンピュータプログラマーになろうと思っていたんです。

ところが、進路志望を学校に出す直前にテレビで『天才シェフ三國清三《きよみ》』という番組を観てしまいまして。

笠原　四谷の「オテル・ドゥ・ミクニ」のオーナーシェフの三國清三さんですね。

奥田　料理人でもここまで世界に行けるんだと思って、就職志望用紙を先生に出す直前に自分の中で何かが起こって（笑）、コン

奥田政行（おくだ・まさゆき）
昭和44年山形県生まれ。高校卒業後、東京で7年間修業し、26歳で鶴岡ワシントンホテル料理長就任。平成12年地場イタリアン「アル・ケッチァーノ」を鶴岡市にオープン。16年より山形県庄内総合支庁「食の都庄内」親善大使。農水省料理マスターズ、イタリア・スローフード協会国際本部主催「テッラ・マードレ2006」で「世界の料理人1000人」に選出されたほか、スイス・ダボス会議にて「Japan Night2012」料理責任監修を務めるなど、世界的評価を受けている。

ピュータ会社からレストランに書き換えました。

そうして卒業後は東京に出て修業していたのですが、まさかまさか、二十一歳の時に父親が悪徳コンサルタントに騙《だま》されて、一気に一億三千万円の借金を背負うことになったんです。

笠原　え、一億三千万円……。

奥田　はい。一度山形に戻り、父と債権者回りをしたり、ヤクザに頭を下げたり、裁判所に行ったり、人生の修羅場みたいなものを見て回りました。それまでは「おやじさん、おやじさん」と慕ってくれていた業者さんが「おやじ、金返せ！」に変わって、「困っている人がいたら助けなさい」と言っていた父も「人は信じるな」となってしまった。

ただ、鶴岡の債権者のお一人が八百万円をチャラにしてくれて、顔が見えないようにとパチンコ店の両替所でうちの父を働かせてくれたんですよ。そういうこともあって、私には鶴岡に恩返しがしたい、食で元気にしたいという思いがあるんです。

また、父の中にはもう一度再起したいという思いがあって、時間があれば空き物件を探していました。しかし体を壊し、それも叶《かな》いませんでした。だからいま私は、料理人として格好よかった頃の父の夢の続きを生きているんだと思っています。それが私の料理人としての原点ですね。

やりたいことが百なら
やりたくないことを三百やる

笠原　うちも両親が店にいたので、必然的に僕も店で過ごす時間が多くて、出入りする人たちから「おまえは跡取りだな」みたいなことを言われて育ちました。だから、いつかは親父の跡を継ぐのかな、みたいな思いはあったんです。

ただ、母は「大学ぐらい出なさい」と言っていたので、中学の頃はそんなことも考えていたのですが、その母は僕が高校一

笠原将弘（かさはら・まさひろ）
昭和47年東京都生まれ。高校卒業後、「正月屋吉兆」で9年間修業し、実家の焼き鳥屋「とり将」を継ぐ。平成16年恵比寿に「賛否両論」を開店し、毎月1日で翌月の予約が埋まる人気店に成長させた。テレビや雑誌の料理コーナー、イベント等で活躍し、日本料理の魅力を広めるために尽力している。

年の時にがんで亡くなってしまいました。そうなると、勉強なんかする気もなくなって、高校時代は毎日遊び狂っていたんです。

で、いよいよリアルに進路を決める段階になって、たまたまテレビでパティシエのワールドカップみたいなドキュメンタリー番組をやっていたんですね。

当時はサッカーも毎度ワールドカップは予選落ち、野球もメジャーリーグでそこまで活躍している人もいなくて、日本人って世界に通用しないんだと思っていました。ところが、強かったんですよ、その日の丸をつけたパティシエの日本代表チームが。

自分も手に職をつけて、世界で戦えるような料理人になろうと思って、父に話しましたら、「じゃあ、日本料理の修業をしてこい」と。

それで東京の吉兆に入社しましたが、僕以外の同期はみんな調理師学校を出ていて、ズブの素人は自分だけ。だけど一か月くらい仕事をしたら、全然問題ないなと思いました（笑）。

奥田　私も高卒ですぐに現場に入りました

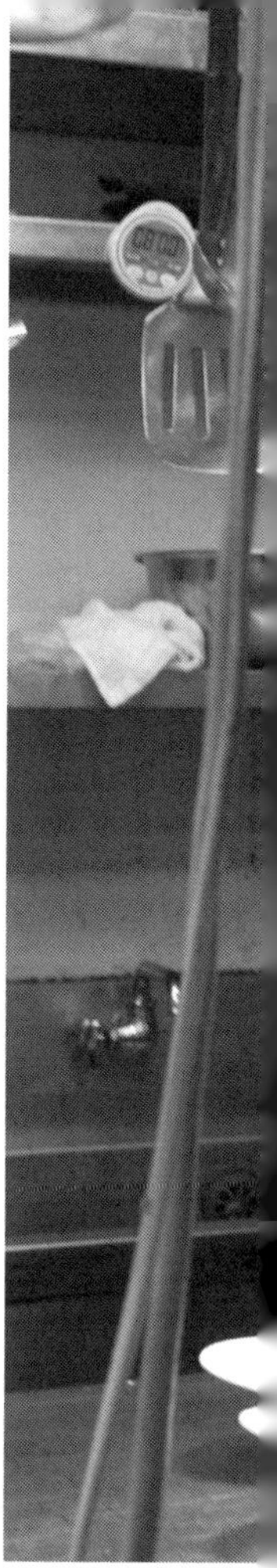

から、調理師学校卒には負けないぞ、と思っていました。

笠原　もちろん、最初は僕だけ何もできませんから、大きな声で返事をすること、掃除や鍋磨きをさせたら笠原が一番綺麗《きれい》だぞ、と言われることを意識しました。

　あと、買い物とか得意だったんですよ。小さい頃からおつかいを頼まれてきましたが、うちの親父は無駄や効率が悪いのをすごく嫌って、「商店街をこういう順番で行けば一回で済むだろう」とか、うるさかったんですよ（笑）。

　だから修業時代もそういうことを意識して、買い物に行っても最初に重いものを買うと大変だから、このルートで回ると一番効率がいいなとか、品切れの時はどの店に同じ物が置いてあるかを覚えておく。あとは、帰る前に電話を入れて「これから帰りますが、追加はありますか？」と確認する。そうすると、先輩に「あいつ、気が利くな」と思われるじゃないですか。

奥田　私も全《まった》く同じで、休憩時間に鍋磨きを終わらせておくとか、ゴミ捨てに行ったら一番早く帰ってくるとか、まずは先輩から頼りにされる後輩になろうと思いました。頼りになれば、先輩がそばに置いておきたくなりますから。

笠原　「これやっておけよ」と言われた仕事を、先輩が思う倍のスピードで終わらせると、「じゃあ、これもやるか？」となりますよね。あるいは、大量の弁当の注文が入っているとか、明らかにいつもとは仕事量が違う日があるじゃないですか。これは先輩たちだけじゃ間に合わないなっていう、そのチャンスに気づけるかどうか。

奥田　そうそう。そういう時は前の晩から戦闘態勢で、絶対に朝早く行って、先輩が来る前に素材の下処理を終わらせておくと。

笠原　そういう準備をしておけば、目が回るくらい忙しい時に「手伝わせてもらえますか」と申し出たら、先輩もやらせてくれますよ。

　ただ、その時に「笠原だったらやらせてもいいかな」と思われる仕事ぶりを、常日頃から心掛けておくことですね。中にはおいしい仕事だけやりたがる奴もいるんですよ。そうすると「おまえ、そんなことよりあそこの掃除ができてねえよ」と怒られるわけです。

奥田　私はいつも「やりたいことの数値が百だとすると、やりたくないこと、人が嫌がることを三百やる」と自分に言い聞かせています。そうすると、いつの間にかやりたいことを実現するためのスタートラインに立てる。これは修業時代からの実感です。

シェフの写真を胸に入れて仕事をする

奥田　先ほど父の借金の話をさせていただ

きましたが、当時私は二十一歳でしたから、自分にはまだ奥田家を幸せにするだけの実力がないことは分かっていました。だから、もう一度東京に行かせてくださいと両親にお願いして、再び上京し、新宿の高級レストランへ修業に入りました。

　で、その店のシェフが大変ストイックな人で（笑）、食器に指紋がついていたり、水槽に魚の鱗《うろこ》が一枚ついているだけでボッコボコに殴られて、毎日二十発以上はみんな殴られていました。

笠原　僕も修業中はよく叩かれましたが、そこまでじゃなかったかも（笑）。

奥田　シェフが出勤してきた時、ドアノブが早く回るか、ゆっくり回るか。最初の一歩が大きいか、小さいか。そしてパッと顔を見て、きょうはコーヒーにするか紅茶にするか、それともカモミールを温めにするか、熱めにしてミントを入れるかと判断しなきゃいけない。それでシェフが着替え終わったら、私が淹れたドリンクを飲みながら、メニューを書くんです。

　で、ランチタイムで忙しくなってくると暴れ始めるわけです（笑）。殴られて「何できょうこんなに追われているか分かるか！」と言われるから、「いえ……」「きょう、おまえが出したものは俺の気持ちと違ったからだ！」と。

　毎日がそんな調子で、味を見てもらうだけで「違う！」と殴られる。だからある時私もいたずらをして、前の日にＯＫをもらったソースをそのまま翌日に味見をしてもらったんです。そうしたら「違う！」と言うので、なんだ、シェフも感覚でやっているだけなんだと思って「これ昨日ＯＫもらったのと同じやつです」と言ったら、「バカ野郎、昨日は晴れてきょうは雨だ」。

　ああ、この人はただムチャクチャ言っているだけじゃなくて、すごいことを言っているのかもしれないと感じるようになって、そこから、ちょっとこのシェフについていってみようかなという気持ちになりました。

　ただ、人間そういう状況に追い込まれると、シェフが新宿駅に降り立った瞬間、分かるようになるんですよ。「あ、来た」って（笑）。出勤時間が違っても分かる。もう絶対に嫌いにならないように毎日シェフの写真を胸ポケットに入れて仕事していました。

笠原　吉兆の料理長も厳しい人で、昨日ときょう言うことが違うのは当たり前、「俺を信じるな」って言われました。

　で、いまでも心に残っていて、僕もいまうちのスタッフによく言うのは「やることないなら仕事しておけ」と。それに続く言葉が「暇だと余計なことをする」。

　大体一年目なんて休みの日は疲れて寝ちゃったりとか、先輩はパチンコなんかに行って安い給料を無駄に使っちゃう。料理長はそういうのを嫌って、「やることないなら、俺が銀座店に電話入れてやるから手伝いに行って来い」と。そのほうが賄《まかな》いも食べられるし、お小遣い程度だけれどお金ももらえるし、他店の仕事も見て勉強になる。いいことずくめだろうと言うわけです。

奥田　確かにそうですね。

笠原　料理長がそう言うので僕もよく休みの日に他の吉兆を手伝いに行きましたが、ああ、デパートのテナントとホテルの宴会

ではやり方が違うなとか、やっぱり勉強になりました。

当時は僕も、昨日まで遊び狂っていた高卒のガキでしたからね、たぶん生意気だったと思います。挨拶の仕方や口の利き方、何かあったらお礼状を書くとか、社会人のあり方は全部その方に教わったようなもので、本当に二人目の親父みたいな人でした。

奥田　うちのシェフはいまだに香港のホテルで現役ですよ。かなりベテランと言えるお年なんですが、料理人になられた息子さんがミシュランで一つ星を取られたのに触発されて、「おまえと息子には負けたくない。二つ星を取るまでは日本に帰らない」と言っていて、ああ、いまだにストイックなままなんだなと嬉しく思いました。

うちの親父はすごかったんだ

笠原　そのお店で修業された後、山形に帰られたんですか。

奥田　はい。そこの店はバブル期に夜の客単価八万~十万円の店で、チャンピオン牛やブランドの魚たち、燕《つばめ》の巣、生トリュフなどすごい食材を全国、世界から仕入れていたのですが、そこにポツ、ポツと庄内の食材が入ってきていたんです。そこに庄内の可能性を感じました。

　また、人生を逆算して考えると、鶴岡に恩返しするにはここで帰らないと成し遂げられないんじゃないかと思い、二十五歳で帰郷して、地元のホテルや農家レストランで働きました。

　いずれも繁盛させたのですが、親父がだいぶ年を取ってきたので、元気なうちにオーナーシェフになった姿を見せたいと思い、二〇〇〇年、三十一歳の時に地元庄内の食材を使った地場イタリアン「アル・ケッチァーノ」をオープンしました。

　ただ、父と兄が昔の借金をまだ引き摺《ず》っていて、サラ金の限度額も満額で借りていましたから、どうにかかき集められた資金は百五十万円。ポルターガイスト現象があって、いままで入った店舗はすべて失敗しているという訳あり物件を十万円で借りて（笑）、そこからスタートしました。

笠原　僕は二十八歳の時に、今度は父親ががんで倒れました。一人っ子だったので修業を辞めて実家に帰ることを決意したのですが、進行も早くて、戻る前に父は亡くなってしまいました。

　両親がやってきた店を自分一人でやっていく。もちろん不幸なストーリーですが、発想を変えて、俺は二十八歳でオーナーシェフになったんだと、無理矢理そう思うことにしたんです。

　半年間くらいは同級生も面白がって来てくれたし、親父の頃からの常連さんも応援の意味で足を運んでくれました。でも、親父と話すのを楽しみにしてきた人たちはやっぱり僕じゃ物足りなくて足が遠のいていくし、同級生たちもそんなに金がないから安い居酒屋チェーンのほうが安上がりです。

　気がつけば「あれ、最近うち暇だな」って。閑古鳥《かんこどり》が鳴くってこのことなんだろうなっていうような状態になったんですよ。そうなると余った食材をどう使い回そうかなとか考えるんですよね。

奥田　あぁ、分かるなぁ（笑）。

笠原　焼き鳥の串を打って

も残れば全部外して、甘辛く煮込む。刺し身用に買った魚も、南蛮漬けにして日持ちさせる。そうなると、お客さんが来ない↓売れ残る↓材料が悪くなり、捨てる↓儲けがない↓いい材料が仕入れられないという、完全な負のスパイラルになっちゃうんですよ。

　その時初めて、料理っていうのは食べてくれる人がいないとこんなにも切ないんだなと思い知りました。そして、親父はこの一本数百円という焼き鳥で俺を育ててくれたんだ、親父はすごかったんだと改めて思いましたね。

奥田　そういう時代はどのくらい続いたんですか。

笠原　そこから一年くらい続きました。借金をするまではいかなかったものの材料が思うようには仕入れられないから、メニューの黒板が埋まらないんですよ。大きな空きスペースができるので、誤魔化《ごまか》すために「きょうは夫婦ゲンカしました」とか「築地に行ったら定休日でした」と日記みたいな一言を書くようにしたんです。

　また、時間だけはたくさんあったので、焼き鳥の他は安い野菜を使って手の込んだ料理をつくったり、いろんな料理の本を研究してフレンチをつくったり。

　そういうメニューを黒板に書いていったら、気になった人がいたんでしょうね、ちらほら新しいお客さんが入ってくるようになりました。いかにも頑固おやじがやっていそうな古い焼き鳥屋だけど若いお兄ちゃんがやっていて、シャレたレストランで出てくるような料理も格安で出してくれる。そのギャップがよかったんだと思います。一度きてくれた人が、次は別な友達を連れてきたり、会社の同僚たちを連れて来てくれるようになって、三年目には気づいたら連日お客さんで埋まるようになっていました。

　そうすると、今度はローカルテレビや雑誌の取材も続くようになって、プラスのスパイラルに入っていきました。

命懸けだとすごい料理ができる

奥田　うちもメニュー表をつくるお金はなかったので、同じく黒板なんですよ。しかも、日本中でオンリーワンの店を目指したのでアラカルト百種類に挑戦したんです。当然、お金がないから材料は山から野草を取ってきてハーブの代わりにしたり、各農家を巡って分けていただいたり。
笠原　直取引ということですか。
奥田　いや、当時はいまよりずっと農協の縛りがきつかったので、直接買うことはできませんでした。
　そこで日本酒が好きなお父さんのところには日本酒を持っていき、野菜をお裾分《すそわ》けしてもらう。お肉が好きなところには米沢牛を持っていく。もらった野菜で使いきれない分は漁港に持っていくと、魚に化《ば》ける。みんな最初は怪訝《けげん》な顔をしていましたが、次第に奥田さんは宝物を持ってくると言われるようになって、毎回仕入れに行くと車いっぱいになっていました。
　ワインも在庫を持てませんでしたから、休日に近くの酒屋を確認に行って、リストに載せておき、注文が入ると若い子に買いに行かせるんです。ただし、酒屋が二十時に閉まるから、「ワインのオーダーは七時四十五分まで」と書いておきました（笑）。
笠原　オープン当初からスタッフの方がいたんですね。
奥田　無謀にも四十三席から始めることになり、調理師学校を出たばかりの子とスタートです。
　だから、毎日が事件ですよね。冷製パスタの水分をよーくタオルで絞ってよこせと言ったら、雑巾《ぞうきん》を絞るみたいにぎゅーっとよく絞ってパスタがちぎれていたり、朝から人数分だけ焼いていたパンがオーブンから炭となって出てきたり。そういう中でアラカルトを百種類やっているともうハチャメチャで、私、二回くらい調理場で死にかけています。
笠原　ははは（笑）。それでもアラカルトの路線は変更しなかったんですね？

奥田　やっぱり食通の人が、煮る、焼く、蒸す、揚げる、ロースト、ムニエルというすべての調理法が入っている黒板を見ると、「ここのシェフ、やるな」と思われますから、料理人の意地として書いておくわけです。ただ、オーダーが入ると一瞬調理場が凍りつく自爆メニューというのがあるじゃないですか。
笠原　あります、あります（笑）。
奥田　で、ある日気づいたんです。そういう大変なメニューは読みづらい字で書いて、出したいメニューは綺麗な字で書く。これが功を奏したので、アラカルトは全部ご

ちゃごちゃに書いて、その下に「シェフお任せでおつくりします　三千円、四千円、五千円」と書いて、なるべくそちらに誘導するようにしました。
そのうちに、「日本のハーブを使いこなす男がいる」と雑誌が特集を組んでくれて、野草料理をいっぱい紹介したら、取材が続いて、全国に知られるようになっていったんです。
だから、さっきの笠原さんの話と同じで、ギャップですよね。古いお化け屋敷みたいな店に入ったら、いままで見たこともない料理を出す天才がいると。でも、本当は天才でも何でもない。舞台裏では命懸けでやっているから、料理本にない料理が次々誕生するんです。鍋が焦《こ》げて慌《あわ》てて水を入れたら、あれ、うまいじゃないかと。必死になっていると、失敗したはずが、偶然に偶然が重なって、すごい料理が誕生したりするんです。

日本人に自分の国の料理を食べてもらいたい

笠原　僕としては「息子が継いだらダメになって潰《つぶ》した」って言われるのが一番嫌でしたから、「とり将」を地元で繁盛させることができたのは一つの親孝行というか、供養になったと思っています。
大好きな地元で楽しくやっていけばいいかなとも思ったのですが、同世代の料理人仲間が独立し始めた時期に、父の親友から「君のお父さんはね、息子には銀座とか青山とか、そういうところで店をやらせたい、と言っていたんだよ」という話を聞いたんですね。
親父がそんなふうに思っていてくれたのなら、地元を出て、自分がどこまで通用するのか試したいという気になって十年前にいまの店をオープンしたのです。
奥田　そこから笠原さんの「賛否両論伝説」が始まったわけですね。
笠原　たまたま恵比寿で見つけた物件が「和食のみOK」という条件だったので、そこにも運命を感じました。これで僕が中華やフレンチの料理人だったらできなかったわけだし。
吉兆で修業している時から、本当に日本料理って奥深いなと感じるようになったのですが、一方で「敷居《しきい》が高い」とか言われて、日本人が一番行きづらい店が日本料理店ですよね。本来自分の国の料理だから一番食べなきゃいけないのに、いまの若い人はよっぽどイタリアンやフレンチのほうをたくさん食べています。

奥田　私も外国のフェアなどに呼ばれて現地の料理人を使って料理をする機会がありますが、まずは和食を食べさせないとダメですね、動いてくれない。なぜ自分の国の料理ができなくて他の国のイタリアンができるんだっていうことです。

だから海外に行ったら、まずは魚をパッとおろしてお寿司を握って、ああ、日本の国の料理人なんだなと認めてもらって、初めて料理がつくることができます。イタリアンの料理人である前に日本人なので、ちゃんとできるとは言えませんが、ある程度和食がきちんとつくれないと世界では通用しません。

笠原　若い子が女の子とデートで行く店として、一番選択されないのは残念ながら和食です。夜、少しいいところに行こうと思ったら平気でコース一万円とか一万五千円とかかかるし、それにお酒なんか飲んで、相手の分も払おうと思ったら、一体いくら持っていけばいいのか不安ですよね。

だからいまの店をつくる時は、同世代が自分のポケットマネーで結婚記念日に奥さんにご馳走するとか、頑張った部下に奢《おご》ってやるとか、そういう使い方ができる日本料理の店にしようと決めました。メニューはロスを抑え、価格を抑えるためにワンコース、それでディズニーランドのパスポートと同じくらいの価格設定にすることができました。ディズニーは頑張れば高校生でも自分の小遣いで払えますからね。

奥田　笠原さんはお店だけでなく、いろんなメディアでも本当は難しい料理を簡単に説明されていて、日本料理への間口を広げているんだと思うんです。そこは本当に見習いたいなと思っています。

笠原　そうですね。日本料理を日本人にもっと身近に感じてほしいし、もっとその魅力を知ってもらって、食べてほしい。それがいまの私の志です。

シェフに可愛がられない人は客商売に向かない

奥田　私は「賛否両論」っていう名前もいいと思うんですよ。

笠原　ありがとうございます。こんな店名あったら嫌だよねっていうのをいくつか考えて（笑）、そこから選びました。要するに先ほどのギャップですよね。これが「割烹笠原」だったら、たぶんダメだったと思います。

奥田　うちの店も絶賛する人と否定的な人、賛否両論あっていいと思っているんです。何もないよりは賛否両論あったほうが絶対にいい。繁盛している店は必ず賛否両論あると思います。

笠原　僕も万人に好かれなくてもいい、自分の料理とやり方を認めてくれる人が来てくれれば、という思いも店名に込めています。

奥田　世に出てくるシェフは、自分が思い込んだら世の中のいろんな批判に一喜一憂せず、とにかくやってみて形にする人が多いと思いますね。そしてゼロから一を生み出す創造力があって、さらに八十から百（完成形）にするまでが早い。そこがプロとアマチュアの違いだと思うんです。

笠原　いま日本中に星の数ほど飲食店があって、それなりに払えば、そこまでまずい店ってないと思うんです。その中で僕がモットーにしていることは、働いている人たちが楽しそうにしていること。子供の頃も、楽しそうにしているグループに「交ぜて」って人が集まるじゃないですか。それはスタッフにいつも言っています。

　それと、やっぱりこの仕事って人を喜ばせたり、驚かすのが好きなことが基本ですから、例えば誕生日のお祝いに使いたいというお客さんがいて、ただ毎回ケーキにローソク立てるだけの人よりは、「こんなことをしたらもっと喜びますよね」と考える人のほうが向いています。

奥田　確かに、人様に尽くして尽くして尽くし切って成り立つ職業ですから、いつも私は面接の時に言うんです。「せめてその店のシェフに尽くして可愛がられるようじゃなければ、客商売をしてもうまくいかないよ」って。

　シェフに可愛がられるということは、チャンスが大きくなるんですよ。海外出張にも連れていくし、そうすれば世界の三ツ星レストランに一緒に行って私に奢ってもらえるわけだし（笑）。要するに可愛がられる人のもとに運やツキが巡ってきて、経験値が増えていくんです。

笠原　同感ですね。気に入られるっていうのは、別に媚《こ》びるとか、そういうことじゃないんですよね。一つの才能なのかな。料理の腕があっても、「何でそういう口の利き方をするかな」ってイラッとさせる奴もいますから（笑）。

奥田　大体二十五歳までに一通りできるようになって、そこから壊れながら大きくなっていく子と、例えば「これ以上お客さんを入れたら回らなくなります」とか、壊れないように自分を守っている子とでは成長が違ってきます。

　それと、こちらが「おまえ、よくそこまでやったねぇ」ということが何回か続くと、この子に経験を積ませてやりたいと思いますよね。せめてその店のトップにそう思われなければ、将来たくさんの人を幸せにはできないですよ。

俺は四人分働こう

笠原　二店舗目となる名古屋店を任せた料理長は、仕事はきちんとやる責任感の強い奴だったんですが、少し年が若すぎるかなと悩んでいたんです。でも、いつもは寡黙な彼が「料理長は自分じゃダメですか」と自ら言ってきた熱い思いに賭けたところはあるんですよね。技術的には未熟でも、まだまだこれから伸びるだろうと。案の定、料理長にしてからぐんと成長しました。

奥田　二通りいますよね。料理長にするとボンと成長する子と、プレッシャーで萎縮《いしゅく》してしまう子と。

笠原　やっぱり、この名古屋の店はどうしても成功したいと思っていましたからね……。

実は二店目を出さないかというお話しは結構前からいろんなところからいただいていて、すべて断っていました。三年前に亡くなった妻が「あんたは騙されやすいから、二号店とか絶対出さないほうがいい」って言っていたので。

でも、この名古屋の話だけは初めて「やってみたら!」と言ってくれていたんですよね。オープンした店舗を見ることなく亡くなりましたが、そういう意味ではカミさんの弔《とむら》い合戦のような思いで出店したんです。

奥田　……奥様のお話しをお聞きした時は驚きました。まだお若かったですよね……。

笠原　三十代の後半でした。父も、母も、そして今度はカミさんまでがんで亡くすなんて、時々言いようもない憤りが湧いてくることがあります。何で自分ばっかり大切な人がいなくなっちゃうんだろうと思う時もあるけど、そこで僕が悲しんで立ち止まっても、子供たちやスタッフはもちろん、両親もカミさんも喜ばない。だから、歩き続けるしかないんですよね。

奥田　私もずーっと八方塞《ふさ》がりで、二十一歳で背負った借金問題のカタがついたのはつい数か月前です。督促状は来るわ、本やテレビに出れば借金取りは来るわ、一方で私は山形県の親善大使をやっていました。

お金もなくてね、妻と育ち盛りの子供二人の四人家族で、一日の食費を七百円という生活を十四年間も続けました。

八方塞がりの時は何をやってもダメなんです。こっち行ってもダメ、あっち行ってもダメ。それでも、私が庄内の食材に可能性を感じていたように、遠くに小さな光が一点見える。もうそうしたら、そこに真っ直ぐ向かって進んでいく。途中でいろんな誹謗《ひぼう》中傷にも遭いますよ。私も庄内の野菜を何とかしようと海外に売り込みに行った時も、売名行為だと散々叩かれました。それでも心折れずに光に向かって進み続けると、同じ志を持っている人が現れて仲間になる。そうして最後の最後にその小さな光が開いていって、暗闇が全部光に変わる、事態が好転していくということを何度か経験しています。

笠原さんもそうですけど、世の中で成功していると言われる人って、ずっと光の中を歩んでいるんじゃなくて、何度暗闇が訪れても歩みを止めず、光を目指し続けた人なんじゃないかと思います。

笠原　両親が亡くなって、僕は自分の人生と合わせて「三人分働こう」と思って生きてきました。今度はカミさんの分も合わせて「四人分」ですが、ありがたいことに、四人分仕事をしてもまだ足りないくらい仕事が来ます。

三人ともまだ若かったし、もっと働きたかっただろうなって思うんですよ。僕は、働きたいのに働けない、仕事がなくて暇だっていうのが人生一番辛《つら》いと思う。だから仕事をさせてもらえることは、本当にありがたいです。

お店もスタッフも増えて、成功したみたいに言う人もいますが、僕はまだ四十二歳で日本料理の世界では若手ですから、もっと腕を上げて天国の両親やカミさんに一流

の料理人だと認めてもらえるように鍛えなければと思います。
奥田　私は目指すところに四つのステージがあって、「アル・ケッチァーノ」を危機的状況から繁盛店にすることと、食で庄内を元気にするということは、ユネスコにも指定されましたので、あらかた軌道に乗ったと思っています。
　次は生産者の所得を上げて後継者問題を解決すること。これも私の周りでは九十％できています。
　そしてこれからは日本の在来種の野菜の味を復活させ、世界無形文化遺産の和食を昔の味でも再現できるように、いま生産者の方と一緒に取り組んでいるんです。
笠原　それ、面白いですね。またぜひ見に行かせてください。
奥田　ぜひぜひ。この取り組みは私一代で終わるものではなくて次世代にも引き継いでやっていく大きな目標です。遠くに見える小さな光を信じて歩み続けていきたいと思います。

Saizeriya

最悪の時こそ最高である

正垣泰彦
サイゼリヤ会長
Shougaki Yasuhiko

国内外に1500店舗を超え、年間来客数は2億人を上回るカジュアルイタリアンレストラン「サイゼリヤ」。来年（2022年）で開業55年の節目を迎える。創業者の正垣泰彦氏は大学4年生の時、千葉県市川市に17坪・38席の洋食屋をオープンし、そこから幾度もの危機を乗り越え、今日の発展を築き上げた。サイゼリヤと共に生きてきた半世紀を振り返りつつ、その原点にある母親の教え、体験を通して摑んだ成功の法則、リーダーの心得などについて伺った。死中に活を求め、道を切り拓いてきた人物に学ぶものは多い。

満足した瞬間から衰退が始まる

——コロナ禍《か》で外食産業は苦境に立たされていますが、サイゼリヤは今期の通期予想によると前期比で業績が回復する見通しで、健闘されていますね（二〇二一年十月十三日決算発表＝売上高千二百六十五億円、経常利益三十四億円）。

コロナ禍って確かに営業時間が短くなったり売り上げが下がったり、いろんなことが起こるでしょう。だけど、創業期に何をやってもお客さんが全《まった》く来なかった時のほうが、よっぽど経営は大変でした。その頃に比べたら大した苦境ではないと思っています。

一つ意識してきたのは、資産と人財を蓄積すること。創業間もない頃、この会社を将来どうしていくかって自分で考えた時、小さいなりに、資産と人財を集めていればどんな危機が来ても乗り越えられると思って、資産と人財を蓄積することをずっと目標にしてきました。その積み重ねがあったからこそ、堀埜《ほりの》社長体制の下、テイクアウトや宅配サービスを新たに導入したり、

様々な感染対策を打ち出すことができています。

——将来の危機を見据えて備えを怠《おこた》らなかったと。

うまくいかない、思い通りにならない、それが人生ですよね。つまり失敗することが前提にあるわけです。失敗して失敗して失敗すると、最後は成功に漕《こ》ぎ着く。人間ってうまくいくとダメになっちゃうんですよ。エントロピーの法則（物事は放っておくと無秩序な状態に向かい、自発的に元に戻ることはない）と同じで、これでいいと満足したところから進歩はなくなってしまう。

大学で物理の勉強をやっていたんですけど、量子力学によれば、この世に存在するすべてのものはエネルギーでできています。エネルギーって何かというと、中心がなくてみんなと繋《つな》がって、よりよい調和に向かって永遠に変化し続けている。ただこれだけなんです。「俺はすごいだろう」なんて有頂天《うちょうてん》になると自分中心になっちゃう。こういう人はエネルギーの法則に反するから落ちぶれていく。

同様に、自分の店の料理をおいしいと思った瞬間から衰退が始まってしまう、とよく言うんです。常にこれ以上のものはないと思って料理をつくってお客さんに提供する。だけど、その直後からは、もっとおいしいものは出せないかと考えて創意工夫する。その繰り返しです。

——道の追求に終わりはない。

例えば、一日の販売数約七万食を誇る人気ナンバーワン商品の「ミラノ風ドリア」は、少なくとも年に十回以上、一九八三年の発売からこれまでに千回を超える改良を続けています。

乗り越えられない困難は来ない

——このような困難な時代にリーダーとして求められることは何だとお考えですか？

なぜ困難が起きるかというと、そこには必ず原因があります。多くの人はその原因を人のせい、世の中のせい、あるいはコロナのせいにするんですけど、実際には自分にあるんです。失敗の理由を他に押しつけていては一歩も前に進めない。原因は自分の中にある。そう考えることが最も建設的だと思います。

普通は自分を変えるってなかなかできません。ただ、うまくいかない原因が自分にあると腹落ちすれば、自分の考え方を変えなければならない。困難な状況に直面すると苦しいですよね。でも、苦しい時にしか本当に自分を変えることはできないんです。

だから、困難や辛苦《しんく》の時は自分を変えるチャンス。周りの人をより幸せにできる、会社を大きく成長発展させるチャンス。いままで自分が考えてやってきたことの結果として、困難な現象が起きていると捉《とら》えたほうがいいんです。

そうやって捉えると、何が起きるか。いいことも悪いことも人生で起こることはすべて最高、常に最高だって思える。最悪の時こそ実は最高なんです。

——最悪の時こそ最高である。

そして、乗り越えられない困難は来ない。自分を変えることによって必ず目の前の困難は乗り越えられる。これはいままでの自分の経験の中で実感し、かつ信じていることです。

「火事に遭ったあの店はおまえにとって最高の場所」

——正垣会長がサイゼリヤを開店してから、来年（二〇二二年）で五十五年の節目になります。長年一筋の道を歩み来て、いまどんなご心境ですか？

一九六七年、大学在学中の二十一歳の時に千葉県市川市で洋食屋を始めたわけですけど、当初は食べ物屋なんてやりたいとも何とも思わなかった（笑）。たまたまアルバイトをしていた飲食店のコック長から、「おまえ、食べ物屋をやってみないか。向いてるぞ」と言われたのがきっかけです。サイゼリヤと共に生きてきた半世紀を振り返ると、これはエネルギーの仕業《しわざ》だなと思っています。

——エネルギーの仕業？

エネルギーがよりよい調和のためにこういう環境をつくってくれたんだなと。好きとか嫌いとかは関係なくて、好きでも嫌いでも、いまやっていることが最高なんです。いまある環境も、共に働いてくれているスタッフたちも、日常に起こる様々な現象も、すべて最高なんです。これ以上のものはない。そう思えるかどうか。

よく若い人が「自分の好きなことをやりたい」とかって言いますけど、それは自分中心に考えているだけだから、うまくいかない。皆に喜んでもらいたいとか困っている人を幸せにしてあげたいとか世の中を変えたいとか、自分の利益じゃなくて誰かの役に立つことを優先して考えると、結果はよくなるんです。

かく言う私も店を始めたばかりの頃は欲の塊《かたまり》ですから、楽をしてお金をたくさん儲《もう》けたいと思っていました（笑）。しかし、来る日も来る日もとにかくお客さんが全然入らない。一日の来店客が六人だけということもありました。

当時の店は二階にあって、一階には八百《やお》屋《や》さんとアサリ屋さんが入っていました。狭くて見えにくい階段を上がっていかなきゃいけないのに、階段の入り口に荷物が置いてあるから飛び越えたりどかしたりしないと通れない。深夜に店を開ければ集客できるだろうと営業時間を朝四時まで延ばしたところ、ならず者のたまり場になっただけ。挙句《あげく》の果てには客同士の喧嘩《けんか》で石油ストーブが倒れ、店は燃えてしまったんです。開店から一年九か月後のことでした。

――弱り目に祟《たた》り目ですね。

立地は悪いし、ならず者しか来ないし、火事にはなるし……こんな店でいくらおいしいものを出してもお客さんは絶対に来ないと思っていました。店を辞めることも考えましたし、再開するにしても別の場所でやろうと。

ところが、ある時おふくろにこう言われたんです。「火事に遭ったあの店はおまえにとって最高の場所だから、辞めちゃダメ。八百屋もアサリ屋も、せっかくおまえのためにそこにあるんだから、逃げちゃダメ。もう一度同じところで頑張りなさい」って。

創業間もない20代半ば頃の正垣氏（写真右）

――火事に遭った店が最高の場所だと。

お客さんが来ないことを立地のせいにしないで、お客さんが来てくれるようにひたむきに努力することが大切なんだと、おふくろは教えてくれました。だから、立地が悪いのもならず者しか来ないのも火事になったのも、すべてエネルギーの仕業で、より幸せになるようにやってくれていたことに気づかされたんですね。

いかにして行列店へと生まれ変わったのか

――考え方が百八十度転換した。

再起に当たって、まず洋食屋からイタリア料理店に変更しました。なぜイタリア料理だったかというと、一つは商店街の中にイタリア料理の店がなかったから。同じジャンルの店を出すと相手に悪いでしょう。もう一つは、ヨーロッパ各地を視察した際に、料理やワインの組み合わせが豊富で、楽しく食べるために順序や食べ方が決まっていて、健康にもよく、家庭料理のように毎日食べても飽きない。こんな素晴らしい料理は他にないと感動したんです。

　これを日本に広めよう、みんなに食べさせてあげたいと思って始めたんですけど、それでもお客さんは全然来ない。あまりにも埒《らち》が明かないものだから、自分の考え方が間違っていると思って、全部逆に受け止めることにしたんです。つまり、立地は最高、お客さんも最高、料理は安くておいしいものを出しているんじゃなくて、高くてまずいものを出しているって。

――お客さんが来ない原因を自分に求めたのですね。

　そこから毎朝四時に誰よりも早く市場へ出掛け、高価で良質な食材を買ってきて、自分の給料を取らないでとにかく安く料理を提供しました。

――身銭を切ってお客さんのために尽くされた。

　安くていいものっていうのは自分たちの犠牲によってしか出せないんですよ。それで最終的には七割引きにしたんです。そうしたら行列ができるようになって、一日二十人だった来店客が一挙に六百~八百人になりました。僅《わず》か十七坪、三十八席の店ですから、とても一店舗では賄《まかな》いきれなくなって、店舗数を増やしていったんです。それがチェーン展開の始まりでしたね。

　また、せっかく八百屋さんとアサリ屋さんが下にいるんだから、そこの食材を使ってお客さんが喜ぶ商品をつくろうと。最初は「どうせ潰《つぶ》れるから」と思ったようで売ってくれなかったんですけど、何度も頼み込んで食材を仕入れ、野菜サラダとアサリのボンゴレをつくって安く提供したらトップ商品になった。そうすると、何が起きたかって言ったら、「この二階の店に行くとおいしいぞ」って自然と客引きをしてくれるようになったんです。

――意地悪な相手が協力者に変わったのですね。

　狭くて見えにくい階段も、お客さんが並ぶ時に雨に濡れなくて済むということで、最高の場所に変わりました。

　三店舗になった頃にセントラルキッチンをつくり、下準備を済ませた食材を各店舗に自分で運んでいたんですが、せっかくの食材の質が劣化してしまうことに気づきました。運搬する間の「温度」「湿度」「経過時間」「振動」の四つが影響を与えることが分かり、最初は大手食品メーカーに掛け合って委託し、次第にそのメーカーの技術者をスカウトしてきて指導してもらいながら、自社の仕組みを構築していったんです。
　周りにあるものは、自分がよりよくなるために存在しているわけですから、嫌なことも含めて全部活かせばいい。死中活ありですよ。

——マイナスの条件をも活かす。

　その経験が食材の生産から加工、運搬、貯蔵、商品開発までを一貫して手掛ける製造直販体制へと繋がっていきました。まだまだ道半ばですが、全国五か所とオーストラリアに工場を構え、福島県で百万坪ものサイゼリヤ農場を運営するなど、自分たちの責任で全部やることによって品質と経費をコントロールし、より安くおいしい料理をお客さんに提供できる。なおかつ、スタッフの平均賃金も高めることができる。そうすればフードサービス業の真の産業化に貢献できると考えています。

すべて自分の責任と捉えた母親の姿を見て育つ

——こうして振り返ると、お母様のひと言は実に大きな転機になりましたね。

　おふくろじゃなかったら、火事の後にやれとか八百屋さんが自分たちのためにあるんだとか、そんなことは言わなかったと思いますし、おふくろが言うから受け入れられた。他の人に言われても「何を言うんだ」って聞く耳を持たなかったでしょう。
　うちの親父は外で愛人をつくってその女性との間に次々と子供をもうけていましたが、おふくろはその子供たちも引き取って、一所懸命に愛情を注いで、自分が産んだ子供と同じようにすごく大事に育てたんです。

——ああ、分け隔《へだ》てなく。容易にできることではありません。

　おふくろは、親父が外で愛人をつくってくるのは自分が悪いんだと思っていました。
「お父さんが悪いわけじゃない。私がいけないから、相手の女性にも申し訳ない」なんていうことを本気で話す人でした。普通は人のせいにするでしょう。この男は信じられない、いい加減だって。おふくろは違う。自分が至らないから、お父さんを苦労させているんだと。
　そういう家庭で育ってきましたから、お

種から開発したレタスを自社農場で栽培する

セントラルキッチン：料理店チェーンや集団給食などのために、一か所で集中的に調理する方式。また、その設備。

ふくろの言葉には重みがありました。あんな場所でやったら絶対に潰れますよね。だけど、おふくろの助言があって続けたでしょう。それがいまでは国内千八十九店舗、海外四百二十八店舗、合わせて千五百十七店舗になっているんですから、人生って面白いですよ。

サイゼリヤの看板商品「ミラノ風ドリア」

「自分の目の前に起こる出来事はよいことも悪いことも全部、自分のためにある」

これは子供の頃からおふくろに繰り返し言われていた言葉です。本当にその通りだなと、いましみじみと感じています。

「人のため、正しく、仲良く」基本理念に込めた思い

――お店が繁盛してチェーン展開するようになった頃は、働き詰めで休みは一年に一回しかなかったと伺っています。

ええ。なぜそれだけ頑張れたかと言えば、楽しいからです。お客さんに喜んでもらうために安くていいものを提供し、お客さんが食べに来てくれて、スタッフに給料を払える。それが純粋に楽しかったんですね。

儲けてやろうと思っていた頃は苦しんでいましたが、お客さんが全く来ない状態が続くと、お客さんが来てくれただけですごく嬉しいんです。そういう中で、自分のためじゃなくて、俺はお客さんに喜んでもらうために、役に立つために店をやっているんだということが見えてきました。それで「人のため、正しく、仲良く」という基本理念をつくったんです。

――「人のため、正しく、仲良く」を理念に掲げられている。

「人のため」とは、お客さんに喜んでいただくためということです。お客さんに喜んでもらえているかをどうやって計るのかといえば、お客さんの数が増えることだと捉え、客数を増やすことを最優先にしようと。

「正しく」とは、正しい考え方で仕事をするということ。自分本位に物事を考えるのではなく、自分も含めて皆がより幸せになることを考えて、物事を〝ありのまま〟に見る。店で起きるあらゆる現象を可能な限り数値や客観的なデータに置き換えて因果関係を探り、よりよい料理やサービスの提供を目指して改善し続けるんです。

「仲良く」とは、共に働く仲間の強みや得意分野に目を向け、スタッフ一人ひとりを

公正に評価し、皆の心を一つにして頑張ろうということです。

うまくいかない時、苦しい時はこの理念に立ち返って、自分たちの考え方ややり方が間違っていることを反省し改めていくことで、一つひとつ乗り越えてきました。

——その中でも特に大きな試練は何でしたか？

いっぱいあるんですけど、一つはやっぱり百店舗に到達した一九九四年に潰れそうになったことです。あるテレビ番組で一時間にわたってサイゼリヤが大々的に紹介されました。ありがたい話ではあるものの、その反響で各店の客数が二〜三倍に急増して現場のオペレーションが対応できなくなってしまったんです。お客さんを一時間ほど待たせてしまったり、まずい料理を出してしまったり、苦情が殺到しました。

それによって、テレビの反響が収まると、ブーム前より客数が二〜三割も減る店が続出しました。その頃、大卒の新入社員を大量に採用し始めたことも重なり、業績が低迷してしまったんです。

そこで「人のため、正しく、仲良く」という基本理念に基づいてメニューを大幅にリニューアルしました。当時まだ日本ではあまり知られていなかったプロシュートやペペロンチーノといった料理を投入したんです。

本当に安くておいしいものを出せば、「サイゼリヤの料理はおいしい」「よかったよ」って家族や友達に言うでしょう。勧められた人が食べに行って、また「おいしい」って誰かに伝える。そうすれば、「あんな店、二度と行かないぞ」と思ったお客さんもいずれ再来店してくれるはずだと。

実際、メニューを変更してオペレーションを整えてしばらくすると、離れていたお客さんが戻ってきて、今度は反対にブーム前より二～三割ほど客数を伸ばすことができました。それ以降、宣伝はしない、宣伝費をかけないというのがポリシーになっています。

――理念に立ち返ったことで道が開けていったのですね。

苦しい時に基本理念に立ち返る。そうすれば結果が出ます。ただ、結果が出て有頂天になるとまたすぐダメになっちゃう。その連続です。人間は何のために生きているかと言ったら、一つは人の役に立つためであり、もう一つは反省するため。ピンチの時が反省する絶好のチャンスなんです。

フランチャイズを一切やらない理由

他にも例えば、初めて海外に出店した時も最初はうまくいきませんでした。

――二〇〇三年にまず中国に進出されていますね。

そもそもチェーン展開している企業の多くがフランチャイズを取り入れている中で、うちは海外も含めてすべての店舗を直営しています。当時、中国に独資（出資の百%が外国企業）でやっている店舗はなかったものの、貧富の差が激しい中国で、お金のない人たちがおいしいものを食べて幸せな気持ちになれるような店をつくろうと思って、上海《シャンハイ》に海外一号店を出したんです。

シンガポールの店舗。海外でも高い人気を誇る

ところが、お客さんが全然来ない。月の売り上げが店舗の賃料よりも低かった。周りの人が「中国は安いとお客さん来ないですよ。安い店はいくらでもあるから高くすれば来ます」と助言してくれたんですけど、エネルギーの法則とは違うなと。やっぱり自分の信じる道を貫こうと思ってさらに安くしました。すると面白いことに、お客さんがドーッと来るようになって人気に火がついたんです。

そこから上海、広州、北京に次々と出店し、台湾、香港《ホンコン》、シンガポールにも進出して四百二十八店舗となり、いまや売り上げの四割を海外が占めています。

――僅か二十年足らずでそれだけの規模に。

結局、創業期の一号店と同じで、こっちが安くておいしいと思って出していた料理は、中国のお客さんにしてみれば高くてまずかった。だから、そこを変えていったということです。

――フランチャイズを一切やらないのはどういう理由ですか?

フランチャイズで出せばいいのにってよく言われます。確かにフランチャイズでやれば、立地のいい場所は簡単に見つかるんですよ。だけど、フランチャイジー（加盟店）は楽をしてお金儲けしたいから、商品の値段を高くしろって言ってきます。そうすると、自分たちの目指す店づくりができない、理念を実現できない。そういう信念があるからです。

仕事とは心を磨く修業の場

――これまで経営トップとして心掛けてきたことは何ですか?

人間なら誰でも幸せになりたいと思いますよね。じゃあ本当の幸せとは何かっていうと、それはお金を儲けることでも、地位や名誉を得ることでもなくて、人のために役に立つこと、目の前の人や周りの人と一緒に喜び合えることなんですよ。

あくまでも会社や仕事というのはそれを実現するための道具であり、会社や仕事とは心を磨く修業の場。それを社員に教えることが経営者の一番の役目だと思って、事あるごとに「人のため、正しく、仲良く」という基本理念を伝えてきました。

この基本理念を実行できているとリーダーシップが身につくんですよ。リーダーシップとは何かって言ったら、部下や周囲の人から助けてもらえること、この人のために頑張りたいと思われる状態を指します。言い換えれば、途中で成長が止まってしまう人とは自分中心で物事を考えている人です。

とはいえ、基本理念を実践するのは難しい。だから、日々反省することが大切なんです。人間って反省の階段を上がっていくと幸せになれるんですよ。私は朝起きたらまず反省する時間を取るようにしています。基本理念と自分の言動を照らし合わせて、実行できているかを振り返るんです。なぜ朝かというと、呆《ぼ》けているから（笑）。私利私欲が入らない、静かに考えられる時間が必要ですね。

――いまも自分の心と向き合い、反省の日々を過ごされている。

静かに考えていると、息を吸って吐いていることに意識が向くようになって、なんで空気ってあるんだろう、呼吸ができることって有り難いなという思いが湧《わ》き上がってくる。そうすると、酸素があって呼吸ができないと生きていくことができないにも拘《かかわ》らず、普段そのことに感謝していない自分に気づかされるんですね。

いままで感じなかったことを感じられるようになり、いままで聞こえなかったことが聞こえるようになり、いままで見えなかったことが見えるようになる。そうやって自分が正しいことをやっているかどうかを考えています。

繰り返しになりますけど、人間っていうのは自分を変えることが一番難しい。自分

中心に考えているから、すべて人のせいにしちゃうわけです。だから、本当に苦しい時、まさに死中にいる時こそ、自分を変えるチャンス。自分のあり方、考え方が間違っていたと分かれば、自分を変え、活路を見出すことができるんです。

――まさに「死中活あり」を体験の中で掴まれたのが、正垣会長の人生ではなかったでしょうか。

そうですね。失敗や挫折、艱難辛苦《かんなんしんく》を経験しない限り、物事の本質は分からない。死中の時は否定的に考えるのではなく、「いまは苦しいけれども、これまでにない魅力あるものをつくろう」「お客さんが来ないのは、以前よりもっとお客さんが来る店に変えるために起こっているんだ」と前向きに物事を考える。いまの状態は自分にとって最高の状態だと捉える。そういう心構えで努力していけば必ず花が咲きますよ。

私は自分の身に起こるすべての出来事を常に最高だと思って生きてきましたし、これからもそうあり続けたいと思います。最悪の時こそ最高なんです。

正垣泰彦（しょうがき・やすひこ）

昭和21年兵庫県生まれ。42年東京理科大学4年次に、レストラン「サイゼリヤ」を千葉県市川市に開業。43年同大学卒業後、イタリア料理店として再オープン。48年マリアーヌ商会（現・サイゼリヤ）を設立、社長就任。平成12年東証一部上場を果たす。21年より現職。27年グループ年間来客数2億人を突破。令和元年7月国内外1,500店舗を達成。同年11月旭日中綬章受章。

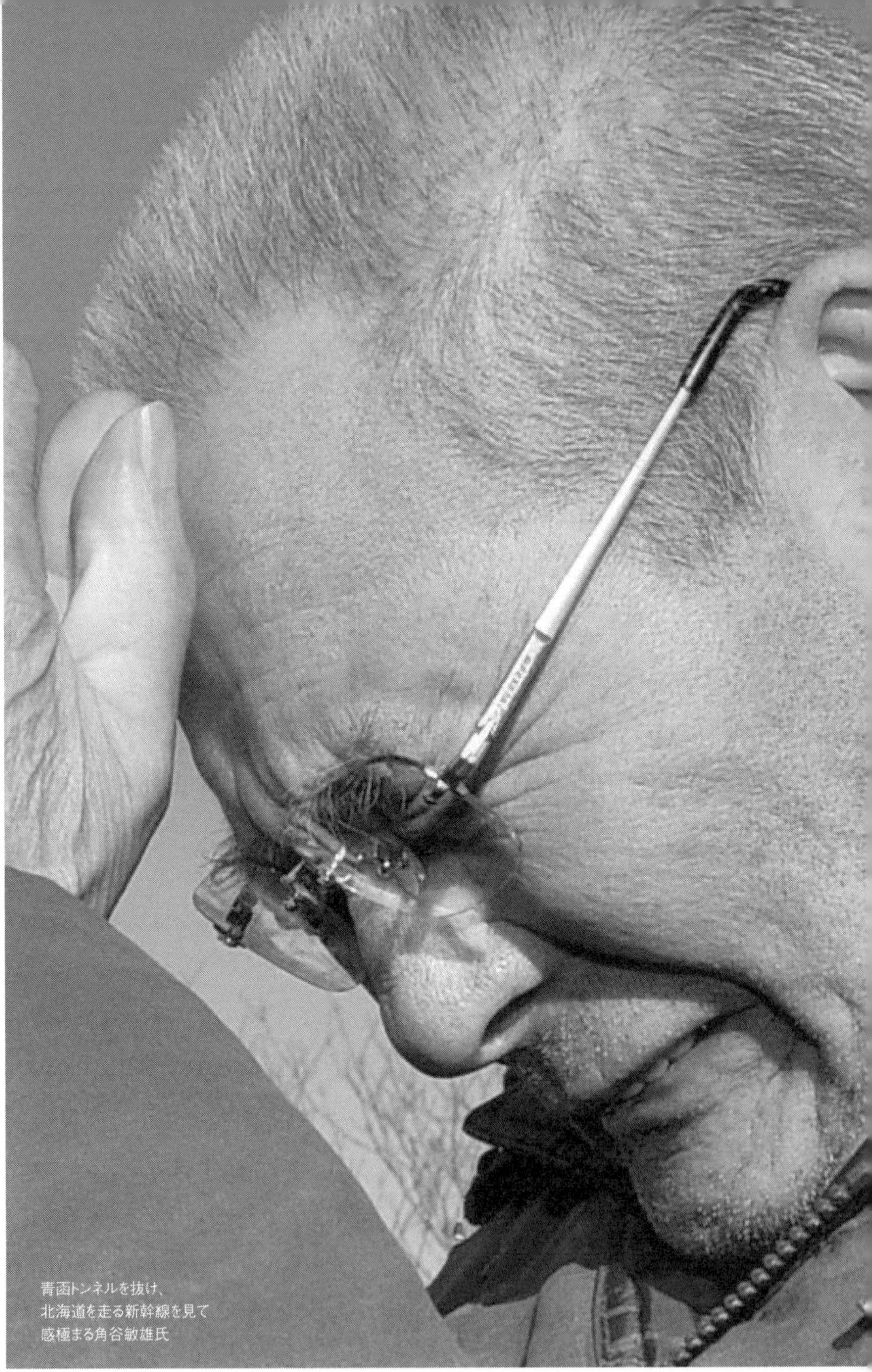

青函トンネルを抜け、
北海道を走る新幹線を見て
感極まる角谷敏雄氏

命懸けで闘わなければ物事は貫けない

青函トンネル元トンネルマン
角谷敏雄
Kadoya Toshio

津軽海峡の海底約100メートルの地中を穿ち、構想から40余年の歳月をかけて完成した全長53、85キロメートルを誇る日本最長の海底トンネル、青函トンネル。2016年3月には、青函トンネルを通る北海道新幹線が開業し、大きな話題を呼んだ。気温40度近く、湿度90％超という過酷な作業環境にも屈することなく、掘削工事を闘い抜いた元トンネルマンの角谷敏雄氏に、その壮絶な実体験と青函トンネルへの思いを語っていただいた。

夢にまで見た北海道新幹線開業

——今年（二〇一六年）の三月二十六日、角谷《かどや》さんもトンネルマンとして掘削《くっさく》に携わられた「青函《せいかん》トンネル」を通る北海道新幹線が開業しました。

ええ。青函トンネルに携わった人間としては、まさか本当に新幹線が通る日を迎えられるとは思いませんでしたね。青函トンネルそのものが完成したのは昭和六十二年で、在来線や貨物線はすぐ走ったんです。ただ、そこから新幹線が通るまでが長かった。

私たちは、「新幹線を北海道に迎えよう！」と夢見て青函トンネルを掘ってきました。しかし、当時の同僚、仲間、そういう人たちは開通を待つ間に一人、二人と亡くなっちゃって、もう年月が経ち過ぎた。トンネルが完成した時に皆で肩を叩き合って騒いだけれど、夢が叶《かな》ったいま、ほとんど私一人になっちゃったんですよ。

――多くの方が新幹線開業を見届けられずに亡くなられた。

だから、三月二十六日にこの近くにある青函トンネルの北海道側の出口で、初めて新幹線を迎えた時には、言葉では言い表せない感無量であったね。私一人ではなくて、命懸けで掘ったたくさんの人たちの夢が叶ったんだなと。

漁師からトンネルマンに

――角谷さんはどのような経緯で青函トンネルの掘削作業に携わるようになったのですか。

もともと私は地元福島町で漁師をしていました。ところが近海ではだんだんと魚が獲れなくなってきましてね。カムチャツカ、ベーリング海といった遠方でサケやマスを獲ってくる北洋漁業に切り替えていったんです。

当時の北洋漁業は一度漁に出てしまうと、途中で台風に遭おうが、病気をしようが、最低三か月は帰ってこられません。亡くなれば船員皆で手を合わせて、重しをつけた四角い箱に亡骸《なきがら》を入れ、水葬する、そういう時代でした。

――苛酷な環境ですね。

ええ。ですから二十八歳で結婚をして、特に子供を授かってからは、三か月も海の上にいるのが堪《こた》えるようになってきたんです。そのような時でした、青函トンネルの事業が始まったのは。

実は青函トンネルは戦前から構想されていました。それが昭和二十九年九月、私が十九歳の時に、本州と北海道を結ぶ連絡船「洞爺丸《とうやまる》」が台風で転覆して千人以上が亡くなるという日本の海難史上最悪の事故が起こりまして、「やっぱり海の上は危険だ。海底トンネルを掘ろう！」という声が高まっていった。そこからは早かったですね、福島町にも調査員やらが乗り込んできて、事故から十年後に掘削作業が始まったんです。

――それで漁師を辞めて、青函トンネルで働き始めたと。

そうですね。ただ、当時は陸に仕事があるのなら海に出なくていい、トンネル内に入らなくても済む楽な仕事があるだろうといった軽い気持ちでした。それで昭和三十九年の十一月に事務所まで履歴書を持っていき、面接をしてもらって、翌一月から掘削現場で働くことになりました。

――それがトンネルマンとしてのスタートになった。

ええ。最初は資材を運んだり、資材の雪

を払ったり、雑役ばかりでした。ところが三週間ほど経った時に、「ちょっと来て」と事務所に呼ばれ、トンネル内で作業をするよう言われたんです。
　まだ少ししか掘り進んでいない頃でしたが、トンネルの中では元国鉄のトンネルマンたちが意気揚々と作業をしていました。私は元漁師で右も左も分かりませんから、彼らに怒られながらも「はい」と返事をして、とにかく仕事を覚えようと努力しました。

青函トンネル
津軽海峡を横断し、本州と北海道を結ぶ53.85キロの長大海底鉄道トンネル。昭和29年、台風による青函連絡船洞爺丸沈没という世界的な大海難事故を契機として建設が促進された。難工事の連続だったが、昭和58年に先進導坑、昭和60年に本坑が貫通し、昭和63年に津軽海峡線として開業。平成28年3月には、北海道新幹線（新青森・新函館北斗間）が開業し、青函トンネルはその一部となった。平成28年（2016）にスイスのゴッタルドベーストンネル（全長57.1キロ）が開通するまで、世界最長の鉄道トンネルだった。

　ところが、二、三か月経った頃から、辞める人が目立ち始めました。おそらく国の直轄事業のため、作業の割には賃金が安かったことが原因だろうと思います。私も「君も辞めるんだろう？」と周囲からいつも言われていました。

——角谷さんはなぜ辞めずに続けられたのでしょうか。

　私も悩んではいたのですが、ある日、現場監督に呼ばれて次のように言われたんです。
「角谷君、君も辞めるのか？　履歴書を見たら、元漁師で船の船長も経験しているじゃないか。これから海の下を掘るようになったら水との闘いになるだろう。角谷君は水と闘ってきた人だ。私は角谷君に期待を掛けたいと思う」
　現場監督からそこまで言っていただいて、私は辞めるのを考え直したんです。それがなければいまの私はなかったと思います。

——まさに角谷さんの人生を決めたひと言でしたね。

　ええ。それから、この現場監督は、「トンネルはこういうものだぞ」という具合に、私に仕事を一所懸命教えてくれました。

想像を絶する苛酷な作業

——具体的にはどのような仕事を担当されたのでしょうか。

　私が担当になったのは、地質調査や施工技術の開発のために、実際に列車などを走

角谷氏が指揮を執った角谷班のメンバー（中央で腕を組んでいるのが角谷氏）

らせる「本坑」に先立って掘られる「先進《せんしん》導坑《どうこう》」で、岩盤に穴を開けてダイナマイトを差し込み、爆破しては掘り進んでいく「切羽《きりは》」という部署に配属されました。爆破しては掘り、崩れてこないように周囲を補強して、また爆破しては掘り進む。その繰り返しですよ。

――常に命の危険と隣り合わせの仕事ですね。

ええ。それで二年ほどかけて、地上から海の下まで斜めに掘り進んでいく「斜坑」を掘り終わると、今度は津軽海峡の下を本州側に向かって真っすぐ水平に掘り進んでいく「水平坑」の掘削に入りました。その時から、スイス製の掘削機が導入されたんですね。

それが掘るどころか、掘削機だと岩盤が軟らかいところでは岩盤が崩れ落ちてきて怪我人が続出しました。何度か日本のメーカーによって改良が加えられたのですが、それでも地盤が軟らかいところでは、地面に掘削機が沈んでしまうんです。結局、三

作業の指示をする角谷氏（右端）

先進坑道8000メートル到達記念に。前列中央が角谷氏

台くらいはパーになったでしょうか。

専門家からすれば、掘削機を使えば七年ほどで掘ってしまえるというのですが、実際の海の底はそんな甘い環境じゃなかった。

——トンネル内での作業はどのような環境なのでしょうか。

あぁ、環境は酷《ひど》いというもんじゃない。湿度は九十%くらいで、気温は三十五度くらい。三十五度はまだよいほうで、四十度近くになってくると、暑くて立ったまま動けなくなります。汗はだらだら流れ、長靴の中からはジャブジャブ汗水が出てくる。だからといって休めないし、だからといって動けない、立ったままです。

それで、坑内は外と違って空気が独特なんですよ。蒸してね、トンネルの中の様々な粉塵《ふんじん》やらが入り交じった臭《にお》い。だんだん掘削が進んでいくと、今度は気圧変化で耳がキーンとなってきます。

まずは塩、梅干し。それから錠剤の疲労回復剤。やはり人間はそういうものを舐《な》めたり、齧《かじ》ったりすれば気休めになってね、いくらかでも体が動くようになってくる。まぁ、午前中だけで音《ね》を上げる作業員もたくさんいましたね。

当初国鉄のトンネルマンたちが各作業班の指揮者を務めていたのですが、その多くが塵肺《じんぱい》になったりして働き続けることができなくなりました。そういう事情もあって、私は四年目くらいに意外と早く作業班の指揮者になることができたんですよ。

——まさに極限状況です。角谷さんはよく耐えられましたね。

私だけではなくて皆それぞれ偉かったですよ。ただ、体力というより、忍耐力の差です。私は船で厳しい体験をしていましたので、「これくらいでへばっていてどうする」という調子でね、忍耐力が体を支えてくれました。

そういう部分を役所の方も買ってくれた

1985年3月10日、青函トンネルの本坑が貫通し喜び合う工事関係者

のだと思います。「角谷君をリーダーにして引っ張ってもらわないと掘削が進まないじゃないか」と。特に水平坑の掘削では、海水があちこちからドーッと出てきて赤い土砂が流れ込んでくる。その水の恐怖に耐えられる人でないとだめなんですね。

私はトンネルを掘っていくのは〝自然との闘い〟だと言ってきました。自然も生きていて、人間が黙っていれば、自然もまた黙っている。でも私たちが地面を掘っていくと自然も負けずに押し返してくる、水が出てくるんです。

――自然との闘いですか。

ええ。私たちはトンネルを〝山〟と呼ぶのですが、山が怒り出したら山鳴りがする。気持ちの悪い独特な音がするんですよ。

――詳しくお教えください。

水平坑では海の下を掘り進むので、水圧に圧され、トンネルが金盥《かなだらい》を叩いたようなバリバリバリッという音を立てることがあるんです。それがトンネルの奥の方から聞こえてくる。すると私たちは「山鳴りだ。来るぞ！」と、緊急用の丸太《まるた》でトンネルが崩れないように周囲を支えます。それでも第二、第三の山鳴りが聞こえてくると、丸太なんかマッチ棒を折るより簡単なものです。もう逃げるしかありません。そして、状況が落ち着いたらまた掘り始める。

その自然との〝命懸け〟の闘いを繰り返しながら、少しずつ少しずつ掘り進んでいくんですね。

大切な仲間との別れ

――そのような命懸けの作業の中で、多くの方が犠牲になったとお聞きしています。

そうですね。「角谷君なら掘れる」と、私によくしてくれた現場監督は、掘削が始まって約四年後に作業中の事故で亡くなりました。その時は悲嘆に暮れましたが、ここから私のトンネルマンとしての意識が変わったように思います。「絶対に何事があっても貫いてみせる」と、より一層仕事に打ち込むようになったんです。

また、私よりも年齢は上で作業現場も違ったのですが、同じ頃入社して、ともに汗を流し、肩を叩いて冗談を言い合っていたYさんも、資材を運んだりする列車の下敷きになって亡くなった。

それから、掘削作業もだいぶ進んだ昭和五十年代、皆から可愛がられていた青年のA君も、作業機械に挟まれるという悲惨な事故で亡くなりました。

――……。

A君は角谷班で一年ほど働いた後、別の班に移動していたのですが、ある日私のもとを突然訪ねて来たんですよ。写真を出して「俺、結婚したよ」って。それで私が、「もう一人じゃないんだから、頑張れよ！」とばんばん肩を叩いたら、彼も「はいっ！」と返事をしてくれました。翌年には子供の写真も見せに来てね。

その年のことでした。夜、私が自宅で休んでいた時に、現場から連絡を受ける直通の電話機が鳴ったんです。これが鳴るとたいていよいことはありません。それで「A君が大怪我をした」と。

私はすぐに搬送された病院に駆けつけたのですが、既に息を引き取った後でした。子供を連れた奥さんが、A君に泣き縋《すが》る姿はいまも忘れることはできません。

命懸けで闘うからこそ物事は貫ける

――そういう悲しい犠牲の上に、青函トンネルは完成したのですね。

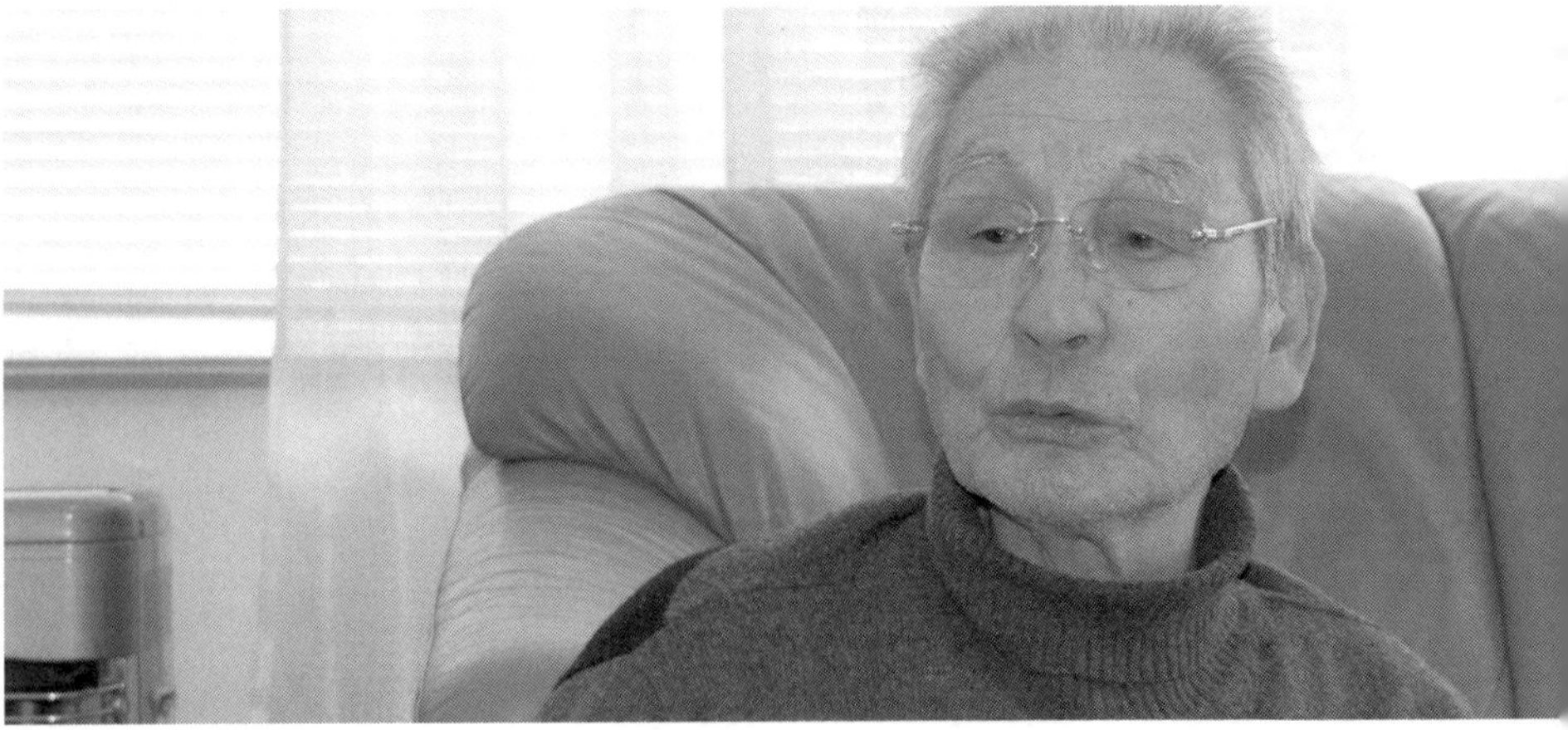

ええ。先進導坑貫通は昭和五十八年一月。いよいよ青森側の先進導坑と繋《つな》がる（貫通する）という日、最後の爆破を任されたのは私たち角谷班でした。その日、私は水風呂で身を清め、新しい作業着でトンネルへ向かいました。胸ポケットには亡くなった同僚三人の写真を入れてね。

最後は、当時の中曾根首相が首相官邸から電話回線を通じてスイッチを押すと、私たちが設置した発破装置が爆発するという仕組みになっていました。失敗は許されませんので、とても緊張しましたが、中曾根首相がスイッチを押すと爆音とともに壁が崩れ、無事貫通させることができました。

その後、先進導坑の後から掘り進めてきた「本坑」も、昭和六十年に全貫通し、昭和六十二年十一月に青函トンネルは完成しました。掘削開始から、二十余年の歳月が流れていました。

――気の遠くなるような年月です。青函トンネルが完成した時はどのようなお気持ちでしたか。

当然嬉しさはありましたが、その一方で非常に複雑な感情も込み上げてきましたね。何十年と掘ってきて、その途中で友は失う、怪我人も出る、障碍《しょうがい》が残った人もいる。悲しい、苦しい、もう酷いというものじゃない。人間ここまで苦しまないといけないのかと思うくらい苦しみました。

結局作業中の事故で亡くなった人は、北海道側、青森側の作業員合わせて三十四人に上ります。

また、青函トンネルが完成したことで、北海道と本州を繋ぐ主要な輸送手段だった連絡船が廃止になり、多くの方が職を追われました。もちろん青函トンネルで働いていた人も同様です。新幹線が開業し、注目を集める青函トンネルですが、そのような現実の上に完成したということだけは忘れないでほしいと願っています。

今回は「闘魂」というテーマだそうですが、まさに「闘魂」という二文字がなければ、青函トンネルは絶対に貫けませんでした。

海の下を掘っていくというのは、自然との闘い、はっきり言って命懸けですよ。自然と人間、どちらが勝つか、負けるか。だから一時も気が休まる時がない、毎日が命懸けの闘いの連続でした。

そして、そのような闘いに勝って物事をやり遂げるには、まず忍耐力、それから絶対に弱音を吐かないこと。冷静であること。自分の中で弱音を吐いたら負けです。


――絶対に弱音を吐かない。


ええ。青函トンネル完成後は、各地のトンネルで働き、引退しました。現在は福島町の青函トンネル記念館でボランティアガイドを務めています。

これからも、数字や記録ではなく、私がこの体で体験した青函トンネルの真実、そして、新幹線開業の夢を見ることなく亡くなった仲間たちの願いを、次世代に語り伝えていきたいと思います。

角谷敏雄（かどや・としお）
昭和10年北海道生まれ。40年日本鉄道建設公団に就職し、青函トンネルのトンネルマンとして地質等を調べる「先進導坑」の掘削に携わる。62年の青函トンネル完成後は、各地のトンネルで勤務。その後、出身地の福島町にある青函トンネル記念館でボランティアガイドを務める。

我が生を貫く

昭和49年、〝最後の日本兵〟がルバング島から帰還した。小野田寛郎元陸軍少尉である。終戦から30年もの間、任務解除の命令が届かなかったために、島で戦いを続けてきた小野田氏の存在は、平和と高度経済

小野田寛郎

元陸軍少尉

財団法人 小野田自然塾理事長

Onoda Hiroo

終戦を信じなかったルバングでの三十年

大塚　小野田さんとはきょうが初対面ですが、姿勢のいいのに驚きました。お見えになられた時のお姿がピシッとされていて……。ルバング島から初めて日本に戻ってこられた時の「小野田少尉」を思い出しました。

　ルバング島からお戻りになられて、もう何年になられますか。

小野田　一九七四年の三月ですから、三十四年がたちました。

大塚　あの時は、戦後三十年も過ぎていながら、一人の日本兵がまだ終戦を知らずにルバングの密林で戦争を続けていたというので、日本中が大騒ぎでした。帰国された時も、疲れた様子もまったく見せずに敬礼され、その姿がサムライのようだと、当時の日本人は驚愕《きょうがく》とともにものすごく感動し

ルバング島：フィリピンの中部、ミンドロ島の北西沖の南シナ海に浮かび、長さ三十キロ、幅十キロの本島は四つの大きな島と数多くの小島からなるルバング諸島の最大の島。

撮影＝倉田貴志

成長に沸いていた当時の日本社会に大きな衝撃を与えた。一方、輸送船が二度撃沈され漂流、九死に一生を得て、苦学の末に日本考古学界の重鎮となった大塚初重明治大学名誉教授。生死の瀬戸際を生き抜いてきたお二人が語り合う、我が生と不撓不屈の精神。

大塚初重

明治大学名誉教授

Otsuka Hatsushige

ました。

小野田　ありがとうございます。

大塚　私自身、まさか小野田さんとお会いできるとは思ってもみませんでしたが、今回対談のお話をいただいて、ぜひお聞きしたいと思ったことがあるんです。

　私は海軍にいまして、昭和二十年の八月十五日は上海《シャンハイ》で迎えたんですよ。その日は上官の命令で、褌《ふんどし》から軍服から、持っている中で一番新しいものを身に着け、営庭《えいてい》に整列して玉音《ぎょくおん》放送を聞きました。雑音が多くてよく分からなかったのですが、「朕《ちん》一人はどうあろうとも」とか「忍び難きを忍び、耐え難きを耐え」とか、どうもこれはあまり景気のいい話じゃないぞと。

　そのうち周りの兵が「負けたらしい」と言い出した。私は下士官でしたから「馬鹿《ばか》言えっ！」と言ったのですが、心の中では「これで助かるのかな、日本に帰っておふくろに会えるのかな」という思いが、さっと過《よぎ》りました。

小野田　うちの次兄は南シナで相当暴れて、主計《しゅけい》という立場でもありましたから、その

ままいったら戦犯でした。

　ところが司令官から「貴様ら若い者は帰れ！　罪は俺だけでたくさんだ」と言われたら、人間は弱いもので、ほっとしたと言うんです。昨日までは死ななきゃ務まらないと考えていたが、「あ、俺は死なんで済むのか」と、それまでの決意が夢のような気になったと言っていました。それが人間なんでしょうね。本能的に生きるように生まれてきているんです。

大塚　小野田さん自身は戦争が終わっていたと知った時、どういう心境になられましたか。それをお聞きしようと思っていたのです。

小野田　僕は三十年遅れで任務解除命令を受けて終戦を迎えましたが、最初に感じたのは、早く分かっていたら仲間を死なせずに済んだということです。

　ご存じかもしれませんが、僕は陸軍の中

主計：旧陸海軍で、会計・給与などを司った武官。
中野学校：陸軍の秘密戦（情報収集・防諜・謀略など）の要員を育成するための学校。

野学校で教育を受け、ルバング島にゲリラ戦の実地指導と諜報《ちょうほう》員を兼ねて派遣されました。当初、他に二百五十人くらいの日本兵がいましたが、戦闘で約二百人が亡くなり、終戦後四十三人が日本へ帰ったはずです。知らずに島に残ったのは我々の部隊四人だけでした。
　一人は五年後に脱走して、九年目に下士官が亡くなりました。それから十七年後に最後の一人が亡くなり、一年半は僕一人でおりました。
　僕は将校という立場でしたが、亡くなった二人とも召集兵ですから、戦争だから駆り出されてきたわけです。すでに戦争が終わっていたのに死なせてしまったことは、自分としては心の負担でした。
大塚　小野田さんは玉音放送は聞かれなかったのですか。
小野田　聞いていません。ただ終戦の詔書《しょうしょ》は捜索隊が撒《ま》いてくれましたけどね。その文面に「万世のために太平を開かん」と、三国干渉で遼東《リャオトン》半島を返還した時の詔書と同じ言葉が入っていたので、ああ、これは焼き直しだなと思いました。
大塚　ああ、自分たちをおびき寄せるための敵の策略だと思って終戦を信じなかった。
小野田　はい。
大塚　戦後すぐの浅草や上野は戦災孤児が何百人もいましたし、敗戦後は日本人も随分苦労しましたが、小野田さんのルバングでの三十年の生活は想像を絶します。
小野田　僕はシベリア抑留のほうが気の毒だったと思いますね。やっぱり自由を束縛されていますから。僕は最終的には殺すも殺されるも勝手で、我が天下と思って威張っていたから気分的には楽でしたよ（笑）。

助かりたいなんとか生きたい

大塚　小野田さんが行かれた陸軍の中野学

三国干渉：明治28年（1895）、日清戦争の講和条約（下関条約）締結後、ロシア・フランス・ドイツの三国が日本に干渉を加え、条約で日本が得た遼東半島を清国に返還させた事件。
シベリア抑留：第二次世界大戦で対日参戦したソ連が、投降した50万以上の日本軍兵士をシベリア・中央アジアに送り、強制労働に従事させたこと。

校といえば、諜報や防諜《ぼうちょう》など、秘密戦に関する教育や訓練を主としていたわけですが、自ら志願して入られたのですか。

小野田　中野学校は現役兵の中から選抜でした。だから辞退しようと思えば辞退できます。敵の中に飛び込んでいって、どこで死ぬか分からない縁の下の力持ちの任務ですから、こんなことは強制したって無理です。一番大切なのはその人間に覚悟があるかどうか。

だから中野学校では国体学の教育に重点を置きました。日本がどういう国柄なのかを教え、その上で現在の国情から、この国難に対し誰が先頭に立たなければいけないのかを考える。結局、若い者しかいないわけです。だから命も名誉も金も、そんなものはかなぐり捨てて国のために戦おうと。それがまた自分の家族を守ることになると思っていました。

「やれ」と言われたからやるという受け身ではなく、「俺がやる」と自ら志願し、その中で選ばれし者の誇りもありました。

大塚　小野田さんは大正十一年生まれで、私は十五年です。四つ違いですからお分かりになると思うのですが、我々が小学生の時代は「神武《じんむ》、綏靖《すいぜい》、安寧《あんねい》……」と百二十四代を教えられ、それを暗誦《あんしょう》してから授業が始まっていました。

だから私は神武天皇がひらいた神国日本は不滅である、最後には絶対勝つと教えられてきたし、そう信じていました。

ところが海軍に入り、昭和二十年に上海へ向かう途中、わずか十日の間に、私の乗った船が二度も潜水艦に撃沈させられたんです。

漂流しながら燃え上がる船を見て、俺の教わった歴史って何だったんだろうという疑問が湧《わ》いてきました。もしも命があって再び日本に戻るとしたら、伝説や神話ではない、事実に基づいた歴史を勉強し、それを子どもたちに教えたいと思いましたね。

小野田　乗っていた船が二度も撃沈されたのですか。

小野田寛郎（おのだ・ひろお）

大正11年和歌山県生まれ。旧制南海中学卒業後、貿易会社に就職、中国へ。17年入隊。陸軍中野学校でゲリラ戦の特殊訓練を受け、19年フィリピンのルバング島に遊撃指揮、残置諜者として派遣される。終戦を信じずジャングルを盾に戦い続け、49年、30年ぶりに帰還した。翌50年4月ブラジルに渡り、牧場を経営。現地の初代日本人会会長も務める。59年自然塾開設、後に（財）小野田自然塾設立。平成16年ブラジル空軍より民間最高勲章メリット・サントス・ドゥモンを授与される。同年ブラジル国南マットグロッソ州名誉州民。17年藍綬褒章受章。

大塚　ええ。あの日の出来事は忘れたことはないです。

昭和二十年、私は御茶ノ水の海軍気象部で気象観測をやっていました。三月十日に東京大空襲があって一晩に十万人が亡くなりました。我々は十一日から死体の片付けに駆り出されました。見渡す限り、焼け野が原に黒焦げの死体の山……。その死体を大八車《だいはちぐるま》に乗せながら、これはちょっと日本に勝ち目はないんじゃないかと思った。

その直後に上海への移動を命じられ、三月末頃に佐世保湾を発《た》ちました。途中韓国の済州島沖で錨《いかり》を下ろしていた時、ドッカーンときて、その瞬間に船が燃え上がりました。

小野田　じゃあ停泊中にやられたのですか。

大塚　はい。我々の船は門司《もじ》港で三十六発の魚雷を積んでいました。そこへ米潜の魚雷が当たって爆発したものだから、六千トンくらいの船の半分が飛んでしまって、沈みながら燃えていたんです。

私は後部船倉にいましたが、垂れ下がってきたワイヤーロープに飛びつき、必死で甲板に登っていこうとしました。そうしたら他の連中の手がいくつも私の足をつかんでくる。もう芥川龍之介の『蜘蛛《くも》の糸』の世界です。

私はね……、生きるためにその人たちを蹴《け》落としたんですよ……。助かりたい、なんとか生きたいという思いで無我夢中でした。後から考えれば人殺しをしてしまったわけです。

小野田　……自分に余力があれば人も助けられます。まずは自分が基本です。震災でも何でもそうでしょう。それは無理のない話だと思います。

大塚　海軍に入ってわずか一、二年の若造で下士官でしたが、自分が助かりたいばかりに人を燃えている船底へ蹴落としたダメな軍人だったと、後から自分で自分を随分責めました。

私も八十二歳になりましたが、あの出来事は一生忘れることはできません。しかし、

大塚初重（おおつか・はつしげ）
大正15年東京都生まれ。昭和20年海軍在籍中、輸送船が二度撃沈され漂流、九死に一生を得る。復員後は働きながら明治大学の夜間部に学び、32年同大学大学院文学研究科史学専攻博士課程修了。日本考古学界の第一人者として、登呂遺跡や綿貫観音山古墳をはじめ、多くの発掘を手がける。平成9年退任、名誉教授に。日本考古学協会会長、文化庁文化財保護審議会専門委員、日本学術会議会員等、公職を多数歴任。平成17年瑞宝中綬章受章。
（撮影＝倉田貴志）

その後の人生の時々にあの日の出来事が蘇《よみがえ》ってきて、つらい時、苦しい時、いろいろなことがありましたが、それは随分支えになりました。犠牲になった命に報いるために、自分はやらねばと覚悟を決めて生きてきました。

肉親も神様もなかった

大塚　小野田さんがルバングに行かれたのは昭和二十年ですか。

小野田　正確には十九年の十二月三十一日です。

　ルバング島は、フィリピンのマニラ湾の出入り口にあって、マニラを母港とした米軍艦船、航空機の状況が一目で分かる島でしたから、戦略として敵の日本上陸もあり得るという想定の上での派遣でした。要するに日本に上陸された後の反撃を支援する布石《ふせき》でした。結局、米国の弱点は厭戦《えんせん》・反戦ですから、その世論が起こるまで引き延ばせば、条件をつけた戦争の終結ができるだろうと考えて、陸軍ではもう一度中国大陸で頑張るんだと言っていました。

　だから僕は仲間が大陸で戦っていると思っていた。「戦争が終わった、終わった」と僕らに盛んに宣伝してくるのは日本に上陸され占領された証拠で、親や兄弟を名乗る人も出てきましたが、占領されたところにいる人たちですから、僕にとっては味方じゃないわけです。

大塚　小野田さんがお書きになったものを拝見したら、途中から意識の上では肉親を断ち切ったとありましたね。

小野田　極端に言えば、神様もいませんでした。よく願をかけるといいますが、僕は神様に「お願いします」と言ったことはないです。ただ、元旦に一区切りで「一年間ありがとうございました」と手を合わせました。「今年も」とはお願いしませんでした。生死の確信が持てない毎日を送って、なんとか一年生きてきた。見えないところで護《まも》られているという意味だったのです。

大塚　食べ物っていうと、島ではどんなものを召し上がっていたんですか。

小野田　例えば、牛肉ですね。住民が放牧している牛を年に六～七頭捕っていた計算になります。それを解体して、四十～四十五キロくらいの肉の塊を背負って山奥へ行き、徹夜で火を燃《も》して温燻製《くんせい》にして保存していました。

　それから青いバナナを野菜の代わりに食べていました。皮ごと厚さ三ミリくらいの輪切りにして、それに椰子《やし》の実を搾《しぼ》ったココナッツミルクを混ぜて煮るんです。青いバナナは煮ても渋いから、それをごまかすためにミルクを混ぜるのですが、決しておいしいものではないですね。

　とにかく島にあるもので、日本で食べた経験のあるもの。しかも自分たちの消化吸収能力に応じたものを摂《と》るしかないし、相当量のエネルギーが必要ですから否応《いやおう》なしに肉に重点を置きました。バナナやなんかではとてもじゃないけど体力を維持できません。

大塚　そういうギリギリの環境の中での生き延びる術も、中野学校で教わったりするんですか。

小野田　いや、具体的にはないですね。中野学校では、いままであったことは敵も研究して知っているから、とにかく次から次に自分の頭で考えろと。その場その場で新しく考えることを教わりました。
また、教官から「貴様たちは誰のことも信用してはいけない。俺のことも信用してはいけない。自分の判断だけを信用しろ」と教わりました。だから自分がこれが正しいと思ったら、それに従うのみです。間違えたら自分の命にも関わるわけですが、それは完全に自己責任です。そういう精神を教わったことは、ルバングでの三十年の生活で役立ったと思います。

頭を働かさなければ健康でいられない

大塚　私はてっきり小野田さんはルバングで外部の情報はまったくなかったのかと思っていましたが、お書きになったものを読むと、トランジスタラジオで北京放送をお聞きになったりして、いろいろな情報を得ていたんですね。ご自身で針をつくって木の繊維で服を縫《ぬ》ったりするというのも驚きました。
我々からするとどれをとっても「すごい」の一言に尽きるのですが、小野田さんがルバングの生活で一番つらかったことはどんなことでした？
小野田　雨ですね。島の人間に見つかるわけにはいきませんから、一つの場所に屋根のある小屋をつくって滞在することはできません。上手に移動していることが一番安全なんです。常に敵と付かず離れずしていると、相手の行動がよく分かります。だから山奥とか洞窟《どうくつ》の奥とかに逃げ込んだらダメなんですよ。相手のことが分からなくなる。
大塚　はぁ、なるほど。いつも転々としていなくてはいけない。だから雨をしのぐようなものをつくれないんですね。
小野田　はい。雨が降ったら、体を横たわすわけにもいかないから、じっと座っているしかないんです。夕立とかの通り雨でもダメです。十分間で濡《ぬ》れて十分間で乾けばいいのですが、半日は乾きません。陽が差してきたからといって、脱いで干すわけにいかないんです。着替えも持っていないし、服なんて干したら「ここにいます」と看板を出しているようなものですから。結局自分の体温で乾くのを待つしかないのです。
大塚　それで風邪をひいて寝込むなんてことはできませんね。
小野田　三十年間で発熱は二回でした。それは仲間が負傷して、介護疲れでちょっと出しただけです。
熱が出たところで、医者も薬もないですから、まずは健康でいることが大事です。そして健康でいるには頭をよく働かせなければダメです。自分の頭で自分の体をコントロールする。健康でないと思考さえ狂って、消極的になったりします。
島を歩いていると、何年も前の遺体に会うこともあるんです。それを埋めながら、「早く死んだほうが楽ですね」と仲間に言われ、本当にそうだなと思ったこともあります。
獣のような生活をして、あと何年したらケリがつくか保証もないですし、肉体的にもそういつまでも戦い続けるわけにもいかない。いずれはこの島で死なきゃいけないと覚悟しているので、ついつい目の前のことに振り回され、「それなら早く死んだほうが……」と思ってしまう。結局頭が働かなくなると、目標とか目的意識が希薄になるんです。

　だから、仲間と喧嘩《けんか》をするのも、頭が働かずに正しい状況判断ができない時でした。

右に行くか、左に行くか。そっちへ行ったら敵の待ち伏せに遭うから嫌だと言う。しまいには、「隊長は俺たちを敵がいるところへ連れて行くのか、そんな敵の回し者みたいな奴《やつ》は生かしておけない」と言って銃を持ち出します。

「馬鹿、早まるな。やめろ」と言えばいいんですけど、こちらもついつり出されて銃を構えてしまう。しまったと思って、「じゃ命があったらまた会おう」と言って回れ右して、僕は自分が行こうと思っていた道を行くのですが、背中を見せるわけだから、そこで撃たれたら死んでいました。だから僕らの場合は議論をするにも命がけでした。

　いずれにしても、頭がしっかり働かなくなると正しい状況判断ができなくなる。だから大塚先生が生死の瀬戸際で人を蹴落としてしまったというのは、無理のない話な

写真＝時事通信フォト（P606、612）

んです。

大陸では仲間が頑張っている

大塚　しかし、最終的にはそのお仲間にも先立たれお一人になられましたよね。たった一人の戦いはまた別のつらさがあったでしょう。

小野田　よく孤独感はなかったかと聞かれましたが、僕は孤独なんていうことはないと思っていました。二十二歳で島に入りましたが、持っている知識がそもそもいろいろな人から授かったものです。すでに大きな恩恵があって生きているのだから、決して一人で生きているわけではないのです。

一人になったからといって昔を懐かしんでは、かえって気がめいるだけですから、一人の利点、それを考えればいいんです。一人のほうがこういう利点があるんだと、それをフルに発揮するように考えていれば、昔を懐かしんでいる暇もなかったです。

大塚　ルバング島での厳しい日々の中で、何が小野田さんの支えになりましたか。やっぱり使命感ですか。

小野田　もちろんそうです。軍人だからまずは命令です。命令というと受け身の印象があるけれども、我々は「俺がやらなければ誰がやる」という教育を受けていますから、使命感といってもいいでしょうね。完遂できなければ己の名折れだという考えがありました。また、そういう任務遂行の目的意識が常にあれば、いろいろな知恵が出るものです。

大塚　ルバングに小野田さんを捜しに行った冒険家の鈴木紀夫さんにも、上官の命令がないから帰れないとおっしゃったんですものね。

小野田　鈴木君が「小野田さん、この島で果てるつもりですか」と言うから、「いや、命令がないから」と言ったんです。それで初めて命令の未達に気づき、私の上司にあたる谷口少佐を連れてきてくれたんです。

あの島での三十年間、常に任務の遂行が頭の中にありましたが、その傍《かたわ》らではいつも仲間のことを思っていました。大陸では仲間たちが頑張っている！　だから俺も頑張る！　それが支えだったと思います。

二千年前の祖先の息吹を感じて

小野田　ルバングの話ばかりになってしまいましたね（笑）。ここからは大塚先生が日本に戻ってから考古学と出合われたお話を聞かせてください。

大塚　先ほど、一度目に米軍に撃沈された時の話をしましたが、その後漂流する私を済州島の島民が助けてくれました。

そして十日後に再び門司港から上海に向けて出発した船も撃沈されましたが、再び奇跡的に命拾いをし、そして敗戦を迎えました。子どもの頃から神国日本は不滅であると習ってきましたが、とうとう負けてしまった。神話や伝説ではない、真の建国の歴史を一度ちゃんと勉強したいと思いまして、復員後に明治大学の地理歴史学科に入りました。

といっても、私は母がいましたので昼間は当時の商工省の特許標準局で働いて、夜学に入ったんです。時間割をいただいたら、そこに考古学という科目があった。初めて聞きに行ったのが後藤守一《しゅいち》先生の「三種の神器の考古学的検討」という講義で、これが衝撃的だったんです。

小野田　どんな内容ですか？

大塚　ヤマトタケルが使ったとされる伝説の剣を「草薙《くさなぎ》の剣《つるぎ》」といいますが、それは名古屋の熱田神宮にずっと秘蔵されていたんですね。ところが、絶対に見てはいけないというタブーを破って、江戸時代の終わりか明治の初めあたりに神官が蓋《ふた》を開けてみると、それは青黒く鈍く光っていたという記録が残っている。

　鉄でできている剣なら錆《さ》びているはずですが、青黒く光っていたということは、青銅の可能性がある。青銅の剣であれば北九州から出土する銅剣とか銅矛《どうほこ》といった、弥生時代の青銅の剣ではあるまいかと。ということは、大和朝廷は九州出身の人の可能性もある、とこのような講義でした。

　うわ、考古学っておもしろいなと。発掘して、出てきた事実に基づいて歴史を考える学問だから、嘘《うそ》は言えません。これこそ自分が目指す道だと思ったんです。

小野田　その授業がきっかけで考古学の道へ。

大塚　その後、私は昭和二十二年から登呂《とろ》遺跡の発掘に参加しているんですよ。まだ明治大学の学生でしたが、二十五年まで毎年夏に六十日間くらいフィールドワークに行ったんです。

　ただ、昼間は商工省に勤めていたから、そんなに長期間休むわけにいかないでしょう。困りましてね。知り合いの医者に相談したら、「強度の神経衰弱のため転地療養を要す」と偽《にせ》の診断書を書いてくれました（笑）。商工省の人に「大塚君、どこに療養に行くんだ？」と聞かれ、「あの……、静岡のほうです」なんて答えて、随分苦労して行った覚えがあります。

小野田　そうでしたか（笑）。

大塚　そうして初めて登呂遺跡のフィールドワークに参加したわけですが、まずスコップで五十〜六十センチの土を撥《は》ねて、移植ゴテで掘っていくと、弥生時代の住居の木杭がそのまま残っているんです。弥生時代といったら二千年前です。感動しましたねぇ。

　当時は占領下にありましたから、今後日本はどうなるか分からない。でも、こうしてちょっと土を掘ると、二千年前の先祖の残した遺構《いこう》が腐らないで残っている。つまり二千年前の日本人の息吹が感じられるわけです。そのことに胸が熱くなりました。

　それと、その時、忘れられない出来事があったんですよ。土を掘っていたら、偉い先生が「おい、君は何という名前だね？」と聞くんです。「明治大学の大塚です」と言うと、「大塚君は体が小さい割にいい腰をしとるな」と言われたんです。

小野田　その道の大家《たいか》に褒められた。

大塚　そうなんです。実は私、終戦後に半年近く上海で捕虜生活を送っているんです。八月から十二月まで来る日も来る日も防空壕を壊したりモッコを担いだり、かなり肉体労働をしました。だから背は低くて体は小さかったけれども、土を掘るとか、モッコを担ぐとか、そういうことは得意だったんですよ。

上海の捕虜生活のおかげで日本の考古学の大家の先生から「君はいい腰をしとるな」と認められた。人生、どこで何が役立つか分かりません。俺でも合格なんだと思ったら「よぉし、俺は考古学をやるぞ」と、どんどんのめり込んでいきました。

雑音の聞こえない場所で生きたい

小野田　僕は昭和四十九年に日本に帰国して、半年後に次兄のいるブラジルへ移住し、牧場を開拓しました。ただ、兄は水先案内はしてくれましたが、牧場の開拓は自分でやったんです。

　陰で「約千二百ヘクタールの牧場なんて、小野田ものぼせたことを言っている」「でかいことを言って生意気だ」などと言っている人がいたのも知っています。僕は日本に帰ってきて、そんなふうにあれこれ言われることが一番嫌でした。マスコミの人はそれが商売かもしれないけど、こっちはえらい迷惑。だから人の声が聞こえないように、地球の裏側のブラジルで、しかも森の中で牧場をやろうと思った。いるのはヒョウとノブタとシカくらいですから。

大塚　しかし約千二百ヘクタールもの牧場を開拓するには、大変でしたでしょう。

小野田　開拓まで七年かかりました。ブラジルでは五百ヘクタール、千頭以上の牛を飼わないと牧場主と認めてくれないんです。うちの牧場は一時は千八百頭いましたが、最近の異常気象で牧草が荒れてしまったりして、いまは千四百頭くらいに減らしました。

　約千二百ヘクタールといったら成田空港と同じくらいの広さで、「何の経験もない素人《しろうと》ができるはずがない」とも言われましたが、僕に言わせればルバング島は二百平方キロメートルですからね。二十分の一でしょう。たいしたことないですよ。

大塚　体で感覚をつかまれていたと。

小野田　それにルバングもブラジルも気候と天候は共通点があったし、自然放牧での牛の動き方や生活状態を知っていましたから、自分の中ではある程度「できる」という確信がありました。ただ漠然と始めたわけではないんです。

　開拓から十年たって、牧場経営も軌道に乗り出した頃、邦字新聞で「金属バット事件」を知り、非常にショックを受けました。

大塚　ああ、裕福な家庭の予備校生が両親を金属バットで殺害した事件ですね。

小野田　経済的に豊かになった日本で、子どもたちが何かに追い詰められ、歪《ゆが》んでしまっているという感を強く持ちました。残りの人生の中で日本の子どもたちの役に立てることがあるのではないかと考え、五十九年に第一回の野外キャンプ「自然塾」を富士山麓《さんろく》で開催しました。先人は「自然は最高の教師」と教えています。子どもたちが自然と向き合うことで、その厳しさや素晴らしさを体験すると同時に、人間の本質に目覚め、自己を見つめ、目的を持ち、逞《たくま》しく生きてほしいと願ってのことでした。

　その後、「財団法人小野田自然塾」設立、平成三年には専用のキャンプ地を福島県に設け、毎年夏休みを中心に野外活動の指導をしてきました。

大塚　どのくらいの子どもたちが参加され

町枝夫人と小野田氏。1977年、コロンビアにて

るんですか。

小野田　これまでに延べ二万人ほどの子どもたちが参加してくれましたが、最近は親子参加型のキャンプを開催しています。子どもだけでなく、彼らを育てる親にも野外の実地体験をしてもらい、いろいろなことを学んでもらいたいと思っているのです。

君たち、一人で生きられる？

大塚　金属バットの少年のように、日本の若者の心の歪みが年々エスカレートしていっていることは私も感じます。毎日のように青少年が関わる凶悪犯罪が報道されていますが、そこまでいかなくても「これはどうなんだろう」と日本の将来を心配してしまうような場面に度々出合います。

例えば、私はもう定年になりましたが、時々用事があって大学に行くでしょう。そうすると学生たちが五、六人廊下でたむろしていて、私が歩いていっても道を譲らないですよ。こっちが避けて壁際を歩かなくちゃいけない。

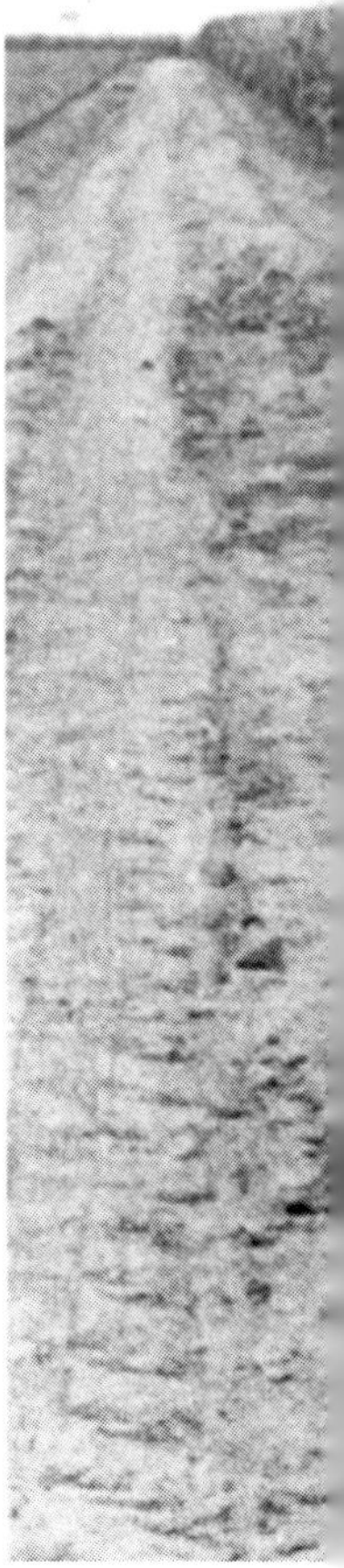

私は東京の浅草育ちなんですけれども、五つか六つの頃に父親が亡くなりました。母は父が間もなく息を引き取るという直前に家の者に千疋屋《せんびきや》のアイスクリームを買ってこさせたんです。だから私の中ではアイスクリームはいよいよあの世に行く時に食べるものだと長らく思っていましたが、この頃じゃ女子中高生が電車の中で携帯電話でメールを打ちながらペロペロとしゃぶっている。

まあ、古きものがすべていいというわけではないですが、人間としての生き方があると思うんですよ。日本人の美徳がどんどん失われていっているなと思います。

小野田さんは時々ブラジルからお戻りになられて、この日本社会をどうお感じになるか、それもお聞きしたいと思っていました。

小野田　僕は日本が戦争に負けて、戦前のものをすべて放棄したことから、いまの日本の混乱は始まっていると思います。

米国の占領政策で自由と権利ばかり刷り込まれ、結局個人主義ではなく利己主義になってしまった。利己主義だから他人は全然認めないんです。自分の邪魔をする奴は親でも何でも抹殺《まっさつ》する。集団とか国とか、自分の自由を束縛するものはすべて悪だと思っているんです。ひどいものです。

だから僕は自然塾に来た子どもたちに聞くんです。「君たち、一人で生きられる?」と。一人で生きられるかどうかを考えたら、自ずとどう行動すればいいか分かると思います。

大塚　遺跡の発掘をする時は、少なくとも二〜三週間、場合によっては二〜三か月山の中に入って共同生活をします。学生も十人とか十五人とか連れて行くのですが、出発の前に「先生、相部屋ですか?」と聞いてくる（笑）。文部科学省の研究開発費で行くんだから六畳に四人くらいで寝泊まりするのが当たり前。だけど子どもの頃から一人部屋をあてがわれて、お風呂も皆と一緒に入りたくない。こういう日本の社会になってしまったら、一旦、非常事態に陥《おちい》ったら崩壊してしまうんじゃないかと思います。

食糧自給率三十九%といいますが、もし海外からの輸入がストップしたら、我々高齢者や小野田さんなんかが最後まで生き残って、若者がどんどん先に死んでいくんじゃないですか。

小野田　この前、外国の記事に原宿を歩いている若者の写真が載っていて「世界で最も豊かで、哀れな若者たち」とキャプションが付いていると聞きましたが、僕から見ても、本当にこの人たちは何かあったら生きていけるのかなと心配になりますね。

強くなければ優しくなれない

大塚　だけどせめてもの救いは、発掘の合宿に参加すると、「相部屋ですか？」と言っていた学生たちの目の色が変わることです。

発掘の現場では深く穴を掘ることもあって、壁が崩れたりしたら命に関わりますから、「〇〇君」なんて呼んでいる場合じゃなくて「おい、〇〇ーっ！　危ないぞ、どけ！！」って呼び捨てです。

そうやって現場の秩序を保って、発掘という共通の目標に向かって泥まみれになりながら共同生活していると、夏休みが終わって大学に戻る頃には、学生の目の輝きが違いますね。

だから我慢しながらも一つの目標に向かって共同生活を送るという教育が、いま必要なんじゃないかと思います。

小野田　小野田自然塾も今年で二十四年になりますが、見ず知らずの子どもが自然の中でキャンプをするというので、最初は特に友達ができるかを皆さん心配されます。

我々もそのことは特に注意して班編成を行いますが、三日もすれば昔の子どもと同じように、泥んこになりながら遊び回っています。

だから、要は育て方だと思います。大体人間も生まれた時は動物と一緒です。小さい時から是《ぜ》は是、非は非としてちゃんと教え込まないと。人間も子どものうちは動物だということを親もちゃんと理解しなければなりませんね。

大塚　私は子どもの時に小指にお灸《きゅう》をすえられましたよ。

小野田　親自身が自由主義とか個人主義を履き違えて、叱《しか》られたこともない子どもが多いです。また子どもの数が少ないでしょう。どうしても甘やかすんですね。だから若い人たちは自分でやることを知らない。全部親がやってくれると思っています。

大塚　そういう子どもたちが自然塾に来た時は、小野田さんはどんなことをお話しになりますか。

小野田　子どもたちに「先生、何か書いて」と言われた時は、「泣くな、負けるな」と書くんです。

「泣くな」というのは、君たちはもう赤ん坊じゃないんだよ。ちゃんと言葉を知っているんだから、ワンワン泣いて人にねだって助けてもらうなんていうことはしちゃいけないよと。

「負けるな」というのは、人と争って負けるなという意味ではありません。寒いな、眠いな、学校に行きたくないな……。そういう弱い自分に負けちゃいけないんだよ、と教えます。

もう一つ、「自分が強くならないと人に優しくできないよ」ということも言いますね。友達が裸で寒さに震えている時、自分の上着が脱げる？　脱げば自分が寒くなるけど、脱いで貸してあげて初めて優しいといえるんだよ。「寒さに震えてかわいそうだな」と思うだけだったら、指を差して笑っている野次馬と一緒だよと。そう言うと子どもたちは分かってくれます。

大塚　大事なのはそういうことを大人がきちっと教えていくということですね。

小野田　自然塾の敷地には「不撓不屈《ふとうふくつ》」と

書かれた石碑があります。僕は日本の子どもたちには、一度目標を持ってことに立ち向かったら、簡単に諦《あきら》めない、執念深く、しぶとく、くじけずに頑張ってほしい。そして誇りを持って、優しい日本人であってほしい。

その願いを込めて、不撓不屈の文字を刻みました。それは僕自身が貫いてきた人生の信条であり、座右の銘でもあります。

大塚　「不撓不屈」という言葉は戦中にかなり使われていましたが、この頃は聞かなくなりましたね。きょう小野田さんとお話しして、久しぶりに懐かしくこの言葉を思い出しました。

私も考古学をやっていて、発掘もそうだし、一つの事実の解明に向かっていく時、目標を達成する最後の最後までめげないで続ける姿勢で取り組んできました。

もう一度、現代の日本でもこの不撓不屈という言葉をかみ締めてみてもいいんじゃないかと思います。

小野田　同感です。

大塚　そういう意味でも、きょう不撓不屈のテーマで小野田さんと対談できたことを嬉《うれ》しく思います。

いま私は八十二歳ですが、心臓に四本のステント（血管、気管、食道など、人体の管状の部分を内部から広げる医療機器）が入っているんですよ。だけどまだまだやらねばと思っています。

二度の撃沈によって本当は死んでもおかしくなかったのに、生かしてもらったこの命。そして多くの人の犠牲によって生かされたこの命、最後まで考古学の道を求めて燃焼したいです。それが私の不撓不屈だと思っています。

小野田　僕も生きている限り、誇りを持って日本のために、そして子どもたちのために役に立ちたいですね。どんなに年齢を重ねても、その気持ちに変わりはありません。

逆境の日々もエネルギーを投入していれば道はおのずから開ける

平岩外四
東京電力社長

Hiraiwa Gaishi

読書の世界は中学生のときに

小島　私は平岩さんとは『不如会』で、初めてお会いしたんですが、あるとき、二人きりでお話をする機会がありましてね、平岩さんが、古書展に古書を買いに行って、いい本を手に入れた喜びを話して下さったんですが、私はその話に、たいへん感銘深いものがありました。確か、朝一番に、おいでになったんでしたよね。

平岩　ええ。そういうときがありましたですね。もう最近はやりませんけれど（笑）。

小島　私はあの話を聞いて、非常に楽しい思いをしました（笑）。

平岩　最近はどの古書展をみても同じ類型のものしか出ないですが当時、ときどき、これはという本が出たりしましたからね。そうすると、そういう自分が欲しいと思う、めぼしい本を人に買われない前にですね、早く行って手に入れる。この喜びというのは、少年時代に『少年倶楽部』を買いに行って、手にしたときのような……（笑）。

小島　よくわかります（笑）。

逆境のない人生は、あるまい。誰しも、長い人生の中で一度や二度、苦境に見舞われた経験があろう。そしてその苦境を乗り越えていくことで、人は節をつけていくのだが、苦境の重圧にひしがれてしまう人生もある。ならば、いかにして苦境を脱するか。二人の話にその極意を探る。

小島直記

作家

Kojima Naoki

そのあとで、個別的な作品の話に入っていったんですが、プロスペル・メリメのものなど、いや実にたくさんの作品を深く読んでいらっしゃるのに、敬服致しました。きょうは、その辺の話から、お聞きしたいと思います（笑）。やはり、小さいときから本はお好きだったんですか。

平岩　一番最初は、やっぱり、中学のときですね。

中学の英語の先生が、遠藤先生といいましてね、旧制山形高校の前に、大きな本屋を持っている。その御曹子でしたが、東大の英文科を出て赴任してこられた。そういう先生たちの感化というものはありましてね。それで、興味を持ち出して、おふくろにねだりまして、漱石全集を買ってもらいました。

小島　ほう、中学一年生で漱石全集というのはたいしたもんです。

平岩　一番最初はやはり、『坊ちゃん』ぐらいですね。最終は『明暗』で終わりましたけれども、一番好きな作品は『それから』なんかがいいですね。

小島　しかし、お話をうかがっていると、本とか教養とかを大事になさる家風だったんですね。

平岩　あの時分は、本というのはまだまだ道楽だ、あんまり読んじゃいけないといっていた時代だったですからね（笑）。

古書を古読せず

小島　そうすると漱石から入られて高校時代は……。

平岩　われわれの時代はもう教養というのは決まっていましたからね。『三太郎の日記』とか『出家とその弟子』、『善の研究』、それから和辻哲郎さんのものとか。

小島　とくに感銘なすった本は？

平岩　高等学校の先生に、フッセルの研究者がおられましてね、フッセルの現象学というのが割に……。

小島　ほう。

平岩　それと、中河与一《よいち》の『天の夕顔』。横光《よこみつ》利《り》一《いち》も一生懸命に読みましたですね。

小島　その当時、読まれたものを読み返されることもありますか。

平岩　はい。例えば、『暗夜行路』みたいなものですね。これは高等学校時代に出て、出たときに読んで半分くらいしかわからなかった。それをまた大学へ入ってから読んで少しわかってきて、それから社会に出て読んで余計わかってきたとか、そういうふうに同じ物を何回も読んでみたりしたことはありますね。

小島　私、平岩さんを好きなのはね、個別的な文学作品の論評ができるということなんですよ（笑）。財界の人では珍しい。そして、いまなお、のべつ、本を読まれている。これは大変なものです。文学青年の本格版といいますかね（笑）。

平岩　私が本を読むのは、やっぱり好きだからなんでしょうね。

小島　お話をうかがっていると、私なんかも読書傾向は平岩社長の跡を追ってきたようですが、しかし、文学青年でおられて、迷いはありませんでしたか、作品を書こうとか。

平岩　いや、当節は思ったんですよね。文学部へ行こうと思ったことがありましたね（笑）。

小島　結局、やめて、法学部に行かれて社長になられたけど、依然として、読書の世界は必要だと、生活にウェイトを置いておられる。

平岩　結局、われわれの体験している世界なんか、要するに知れたもんですよね。ところが活字の中の世界というのは無限の広がりを持っているわけだし、自分の持っていない世界というのがいくらでも、出てくるわけですよ。

　まあ、私は心の平静なとき、重いとき、それぞれ自分の置かれた状況に応じて読んだ本から、深い感動を受けましたし、また、自分の知らなかった世界を知り、自分とは異なる人生観、世界観、処世観を教えられましたね。

小島　治山治水事業に生涯を捧げた金原明善翁なんかは「このときはこうすればよかったものをなぜああしたか？　おれならば、こうすると古人相手に相撲をとる」というような読書の仕方をしていますね。彼の"古書を古読せず、雑書を雑読せず"という言葉はなかなか味のある言葉だと思いますが、平岩さんの読書もまさにそれですね。

自分の古典を持て

小島　しかし、ご多忙なスケジュールの中で、よく読書されると思います。

平岩　それはもう、いつでも随時、ね(笑)。私は小さな家に住んでいますけど、うちの中はもう、とにかく、手の届くところにはちゃんと本があるようになっています(笑)。

小島　いいですね。構えておられない。装飾物として、本をお読みになっているわけじゃないですしね。そういうふうに、生涯、読書をされてきて、ビジネスマンの読書、かくありたしというのはありますか。

平岩　伊藤整さんですか、明治以来の文学の系統づけをやりましたよね。要するに明治の時代から、硯友社時代、自然主義時代、白樺時代、新感覚派時代、ロマン派時代とか、いろいろある中で、そういうものを系統立てて、作品を読んでいくということは、一つ意義のあることじゃないかなと思っているんですがね。それで、その中で、自分の好きな作家というのが自ずから、決まってくるんだろうと思う。そしてその作家についてはうんと深く入っていって読んでいくというやり方が一番いま考えてみるといいような気がします。

小島　いまはなにかベストセラーとか、世評を聞いて、それを読むという方が多くなりましたですね。

平岩　そうですね。

小島　でも平岩さんのおっしゃるように、本当に根からずっとたどってきて、自分の好みを作り、それを掘り下げていくということ、これが人間形成ということだと思いますね。

平岩　そういう意味では、古い中では結局、鷗外《おうがい》と漱石《そうせき》と露伴《ろはん》という、この三人に絞り

平岩外四(ひらいわ・がいし)
大正3年生まれ。昭和14年東大法学部法律学科卒業、同年東京電灯入社。同17年関東配電、同26年東京電力に引継入社。同43年取締役、同51年社長。

込まれてしまうような気がしますね。

小島　同感です。しかし、その三人の中では露伴が一番読まれていないんじゃないでしょうか。

平岩　そうでしょうね。これはみんな共通してますが、漢字のものすごい素養がないと、露伴の作品は読めませんね。

小島　『運命』は読んでいる人が非常に少ないですね。

平岩　あれは難しいけれど、いい作品ですね。

小島　本当にいい作品です。私は若い人に、自分の古典を持てといってますが、平岩さんの古典といいますと？

平岩　いろいろあると思いますが、ギボンの『ローマ帝国衰亡史』、オルテガの『大衆の反逆』。それから、中国のいろいろな作品とか。

小島　古典というと、定型に入れて考えがちですが、自分の古典というのは自分にしか解答はないですよね。

特定の本を取りあげて、「言志四録」なら、「言志四録」を古典だとし、それを読むということも一つの方法ですし、さっき平岩さんがおっしゃったように、志賀直哉をいろんな時期に読んでこられて、その都度、わかったという、それも古典ですよね。だから、非常に広々とした裾野が広がっているわけですよ。

平岩　そうですね。

作品の価値はエネルギーの量

小島　結局、これ読めば点数があがるとか、女の口説き方がうまくなるだろうとか、要するに現実的効用をうんぬんするんじゃない。

平岩　だから、ハウツーじゃないんですね。

小島　絶対にハウツーではないんですな。それ読んだから課長になるのが早かったということは絶対にないわけですからね。なんか、最近のサラリーマンの読書というのは、そういう即効性を求める傾向が非常に強い。

平岩　即効性というのは書くほうも即効性

小島直記（こじま・なおき）
大正8年福岡県八女市生まれ。昭和18年、東大経済学部卒。経済人などの伝記小説で知られる。

で書いていますからね。これが一番問題だと思います。

私、ときどきいってるんですが、要するにエネルギーがそこに注入されてなければですね、その作品の重みというんでしょうか、価値がないと思うんですよ。だから、エネルギーをいかに注入するかということ、これが私は価値を生み出す。価値の重みをつけるもんだと思います。

小島　私もその通りだと思います。

平岩　私、これは仕事も同じだと思いますね。仕事も只々、でき得る限りのエネルギーを投入するように心がけていれば、どんな仕事でも、いかなるところでも、道は自ずから、開けると思います。

小島　ああ、いいことをいってくださった。

私、平岩さんとお会いしたあとに感ずるのは、余情残心ということなんです。お茶はやれないですが、余情残心というのは、こういうことであろうかと思うんですね。で、その理由を考えましたが、第一は人柄のよさ。少しも威張られない。威張らないということを演技してやる人がいるが、そういうのはわれわれ、わかるんです。そうじゃなく自然に「実るほど頭を垂れる稲穂かな」という人間的充実を感じる。そういう人柄の魅力がある。それから、本ですよ。本に対する愛情というか、本との結びつきということが深いでしょ。

平岩　いまの余情残心じゃないですが、井伊直弼が茶道について書いている本があるんです。庶子としてその一生を部屋住みに終わる宿命にあった。あの人はまさか、大老になるとは思わなくて、それで大老になって、ああいう運命になっていく。そういうことは関係ないかもしれないけど、その本の中に独坐観念という一項目があるんです。

小島　独坐観念ですか。

平岩　平凡社の東洋文庫の日本の茶書の中に入っていますが、確か茶湯一会集と記憶していますが、そこに、お客を送って、お客もきょうのことをいろいろ考えながら、帰っていく。自分は一人茶室へ残って、きょうのことを振り返りながら、お茶会を持った名残りを惜しんで、座っている。そういう気持ちを表現している一項目があるんです。つまり、一期一会の気持ちだと思うんですけど、それが井伊直弼だから、余計、ぴんと来るような気がしましてね、最近読んだ中では印象に残っています。

小島　やっぱり、いま現代人というのは、残心を持っていないですからね。

平岩　残心を持つ余裕がない時代ですね。

経営自体が逆境との戦い

小島　ところで、私は人間というのは大小を問わず、いろんな苦境を切り抜けていくうちに自覚し、発奮し、努力して自己改造をなしとげていくと思いますが、平岩さんの場合、そういう逆境というのは……。

平岩　私は、常に逆境だと思ってましたね。

小島　ああ、なるほど。

平岩　逆境というのは、要するに経営自体が、すでに逆境との戦いだと思うんです。自分が権力をどうして行使していくかということじゃなしに、経営の中で、問題点をどう解決していくかということ。それが逆境だと私は思っています。

小島　ちゃらんぽらんにやれば、これは簡単でしょうけど、これを真剣に考えたら、毎日が地獄でしょうね。

平岩　そうですね。だから、社長というのはいい仕事じゃないと思いますね。

しかし、苦しいときはやはり、本を開きますね。

例えば、小島先生がお書きになっている先人の生きざまの軌跡みたいなもの、その人がこういうときにどういう態度をとったとか、そういう文章が、ぱっと自分の気持ちの中に入ってきて、それが自分を鼓舞してくれることがありますよ。

小島　いや、だから、平岩さんのような達人に読まれるというのは、こわいです。私はわかっていて書いているのではなくて、こういうことであろうと信じて書いているわけです。それを達人の目で評価していただく。これはわれわれ、物書きの冥利です。

しかし、実際、私自身、そういう大達人の生涯を考えると、仕事の励みになります。

平岩　それはひとつの支えになりますね。

私が社長に就任したとき、安岡正篤《まさひろ》先生が書いてくださいましたのは、

「冷に耐え、苦に耐え、煩に耐え、閑に耐え、激せず、躁がず、競わず、随わず、もって大事をなすべし」

という言葉です。

小島　王陽明の言葉ですね。

平岩　はい。社長に就任した頃は、そういうことを一生懸命、繰り返しながら、自分を持ちこたえてきたような感じがしますよね。

松永耳庵の心得

小島　逆境といえば、私の好きな松永安左ヱ門翁は、「大病、投獄、浪人」といった試練を経てこない男は経営者として、大成しないといっています。

平岩　実際、あの方は投獄されたり追放されたり、逆境の人ですよね。

小島　一番の苦境は、公益事業委員会をやめたときでしょうね。吉田茂が松永を葬れといって、公益委が解散した。あのとき、耳庵翁は七十八歳です。誰がみても、功なり名とげた、というにふさわしい業績をあげてきたし、その年齢です。普通の人なら、そういう評価の下に、もう役目を終えた人になってしまうところですよ。それがあの人は不死鳥のようによみがえる。それで、九十七歳で亡くなるまで現役で通したんですからね。

やっぱり、利害だけが行動の原理となっていたら、やめさせられたときにガクリとし、それでやせ枯れていったと思います。ああいう逆境をはねかえしたのは、やはり、理想でしょうね。「国造り、人造り」という理想だったろうと思います。

平岩　そうでしょうね。

小島　話は元に戻りますが、経営者としてではなく、長い人生を振り返られての節目という点では、どうですか。

平岩　一つは軍隊ですね。私は下士官で帰ってきましたが、その六年半の軍隊生活というのはなんだったんだろうと、いまでも、ときどき、考えますね。しかし、自分を自然のままに置くことができるような心境になったというのは、軍隊のひとつの収穫だったと思っています。

というのは、ほとんど全員、われわれの仲間は死んじゃったわけですよね。私は数名生き残った中に入っていた。これはまったく、偶然なんですよ。

経営と信仰

平岩　いろいろな危険な目に遭いました。例えば、前後の船、みんなやられちゃって、自分が乗った船だけが助かったという目に何回も遭っていますしね。とにかく、百七名ぐらいいて、帰ってきたのが七名ぐらいですから。

小島　ほう。

平岩　生き残れたのは自分の意志ではないですね。だから、やっぱり、自然の摂理というんでしょうかね。

小島　そういうものをお感じになる？

平岩　ええ。あの経営をやっていると、だんだん信仰というんでしょうかね、宗教的になってくるんですよね。そうなっていく自分の気持ちというのはそういう軍隊のときの経験があるのかもわかりません。

自然の摂理を人間的な感覚でとらえたときに、信仰になってくる。それを体系づけると宗教だと思っていますけどね。だんだん、経営していくうちに自分自身は非常に求道的というんですか、求道的に一生懸命、自己完成しようという気持ちがある。求心的な部分です。

それから一方では、遠心的な面、経営者としてどんどんつきあいも広がっていくし、接する人も、仕事も多くなっていく。そういう遠心的な部分と求心的な部分の両方が経営者の中にあると思うんです。

小島　なるほど。

平岩　それで、自分自身はどんどん求心的になっていくような気がします。いまは、信仰と経営というのは、これから、なんかある程度、一緒になっていくんじゃないかという感じがします。あるいは、信仰をもたない経営というのはあり得ないのかな、という気持ちを持つようになってきています（笑）。

小島　やはり、すぐれた経営者というのは、みんな、一種の宗教哲学というか、非合理なものに対する信仰を持っておられますね。伊庭貞剛（住友総理事）なんて人も、そうです。

私は本にも書きましたが、あの人は意思決定に関して、味のあることをいってます。つまり、普通は〝熟慮断行〟といいますが、重大事についてはこれだけでは足りない、といっています。

意思決定の法則

小島　〝熟慮〟はむろん必要だが、しかし、熟慮していよいよ断行する前に、彼は神仏にその断行の可否を取捨せられたい、と祈念したんですね。そして、すべての思量を断ち、熟慮して得た考えも捨ててしまって、念頭になにものもとどめない機会を待ち、胸中がさながら明鏡止水のようになったとき、ふたたび元に戻って、事の当否を慎重に考えたといいます。で、いよいよこれが最善の策であるという確信をつかみ、それがいささかもゆるがないと知って、初めて敢然と実行に踏み切った。

平岩　つまり、「熟慮、祈年、放下、断行」ですね。

小島　ええ。伊庭流意思決定の方法ですね（笑）。

平岩　その話はよく分かりますね。「海舟余話」の中でしたか、勝海舟が、こんなふうなことをいってます。

〝事いまだ成らず小心翼々。事、まさに成らんとす、大胆不敵。事すでに成る。油断大敵〟

ある意思決定をするまでの過程というのは本当に、ああでもない、こうでもない、ああか、こうか、というのを非常に小心翼々に迷いますね。だから、その間は、本当に弱い、迷った状態というのがずっと続く。そして、そのうちに、自然に固まってくるような感じがある。

それで、いまだ、と思うと、一切を忘れて走る。これはもう走らざるを得ない。それを失したら、永久にそのことは成らなくなっちゃいますから。それで、やっちゃったあとで、油断したら、やっぱり、あと足を救われちゃいます。

だから、迷いから決断へ入るまでの過程を分析すると、そういうことなんでしょうね。

「逃げない」男が伸びる

小島　話は前後しますが、私は平岩さんの軍隊の話を初めてうかがったんですが、それを総合した印象は、強運のお方である。運の強い人であるということです。

山本権兵衛さんが、日露戦争のとき、連合艦隊司令長官に、東郷平八郎を起用した理由は、東郷は非常に運のいい男だ、運の強い男だということです。それを思い出しました。東京電力はいい社長を持ったと思います（笑）。

やはり、部下の方でも運のいい人と悪い人というのはあるでしょう。

平岩　これは、ありますね。仕事はできるけれども、運が悪くて、自然に変なポストへ変なポストへと移っていく人っていうの

はいますよね。

小島　それは結局……。

平岩　うーん、運としかいいようがない人もいますが、ただ、伸びる人というのはやっぱり、わかります。

小島　わかりますか。

平岩　伸びる人というのは、それはもう、大体、逃げないですね、仕事を。

小島　なるほど。

平岩　だから、私は幹部には、絶対に仕事を逃げちゃいけない、ということをいっています。責任を取らなきゃいけないときに、ふわあっとかわすのがいるんですよね。そういう人は、だめですね。

それから、新入社員なんかみてますと、最近、若い人がセールスポイントとか、盛んに売り込むわけですよね。しかし、そのセールスポイントが本物であるかというのは、きわめて疑問です。そんなことよりも、プロになろうというときに大切なのは、プロの基本動作です。スポーツにしろ、なんにしろ、基本というのはまず、とことん仕込ませるわけですよね。それを平気でやっ

ていける人のほうが大切だから、若い人には、とにかく、基本を徹底的に仕込め、といってます。

小島　やはり、すぐれた経営者の方たちがおっしゃることは、表現はいずれも個性的ですが、共通したものがあるということを感じますね。

では、逆に、リーダーの条件とはなんでしょうか。

タフになる条件

平岩　いろいろありますね。一番、集約していいますとね、頑健な肉体と強靭な精神力ということになっちゃうんです、結局は。もう、究極はそこへ帰着しちゃいます。

小島　深い言葉だと思います。受け取る人の能力によって、どうでも深みがつくし、わからん人はわからんですよ。ありふれた言葉と受け止める人は、それだけの考えだ、ということだと思いますね。

まあ、平岩さんの座右銘、「タフでなければ生きていけない、やさしくなければ生きていく資格がない」というチャンドラーの言葉は、亡くなった伊藤肇さんの宣伝で、大分、有名になりましたけどね（笑）。

平岩　あんなことといったんで、事業家じゃないんじゃないかといわれたりしました（笑）。

しかし、好きな言葉です。それに、やっぱり、公益事業というのは相手の立場を考えないと、経営は成り立っていかないし、それに社長というのはこれはもう、よほどタフでないとつとまらない。

小島　で、先ほどの言葉でいえば、「逃げない」ということがタフになるということでしょうね。まあ、先天的なものもあるでしょうけど。

平岩　先天的なものというのは確かにあるでしょうけど、大体、同じものだと思いますよね。

結局、その日その日、修練をさせられ、そういう立場に立たされ、そしてそういうことを通りこして、ひとつずつ、タフさを得ていくということなんでしょうね。

六対四で勝て

小島　その通りだと思います。で、タフというようなことを意識したりしているうちは、まだ、タフじゃないんじゃないでしょうか。

平岩　それはそうなんでしょうね。本当はタフじゃないわけなんですから、人間なんてものは（笑）。

小島　だから、木鶏でなくてはいかんですね。タフというのが、猛々しい相手が逃走するような闘鶏をタフだと考えていることがあるかもしれないが、それはまだ、木鶏に至らざるものです。本当のタフというのは俺が強いぞということがないはずですからね。

で、そのためには、平岩さんがおっしゃったように、その場、その場を逃げないということじゃないですかね。

平岩　私がトップになって、とくに感じましたのは、十対〇みたいな勝ち方をしてはいけないということです。企業も人生も絶対負けてはだめですが、六対四で勝つことです。そのためには、ねばり強く諦めないで、いかに自分のエネルギーの量を注入するかだと思います。

どんな仕事であれ、その第一人者になることを心がけ、エネルギーを積み重ねることで、おのずから道は開けると思います。

第6章

人を育てる

自己を掘り下げて磨く——求心性。その求心性によって体得した心境や世界を周囲に及ぼし、自分のレベルまで引き上げようとする。それが遠心性である。求心性と遠心性を併せ備えた人こそが、組織を発展させ、人を育てることができる。

師弟感奮興起物語

「世界の王」はこうしてつくられた

荒川博氏24歳、王貞治氏14歳——。球界に燦然と輝く868本のホームラン世界記録は、この二人の師弟の出会いから始まった。いまや伝説となった「荒川道場」にて、両氏が二人三脚で行った特訓とはいかなるものだったのか?運命的な出会いから55年の時を経て、初めて実現した対談を紹介する。

福岡ソフトバンクホークス球団会長
王 貞治
Oh Sadaharu

日本ティーボール協会副会長
荒川 博
Arakawa Hiroshi

王貞治を成功に導いたもの

王　荒川さんとは五十年以上のお付き合いになりますが、こういう形での対談は初めてのことですね。

荒川　うん、だから恥ずかしくってね、私は。いま（二〇〇九年）はもう、弟子のほうがこんなに偉くなっちゃったんだから。その偉くなっちゃった弟子をなんて呼んだらいいのか戸惑っている（笑）。十四歳の時からずっと「おまえ」「王」できたからね。

王　いや、昔のとおりでいいですよ。

荒川　それじゃ、自然体で……（笑）。

王　思えば僕が中学二年の時、草野球の試合に出ていたのを目に留めていただいたのが、荒川さんとの初めての出会いでしたね。

荒川　そう、忘れもしないね。昭和二十九年十一月二十三日の、午後二時頃だ。当時二十四歳だった私は毎日オリオンズ（現・

毎日オリオンズ：かつて東京都荒川区を本拠地として、昭和25年から32年まで存続していたプロ野球チーム。毎日大映オリオンズ、東京オリオンズを経て、現在千葉ロッテマリーンズ。

千葉ロッテマリーンズ）の選手だったけれど、その頃のプロ野球には秋季練習なんてなかったから、暇を持て余して近所の隅田公園へ出掛けていった。そしたらそこに凄《すご》いピッチャーがいたんだ。
　ところがその子は左で投げているにもかかわらず、打つ時になると、なぜか右で打つんだよ。で、初めは黙って見てたんだよね。一打席目三塁ゴロ、二打席目ショートフライ。覚えてる？

王　いや、全然覚えてませんね（笑）。

荒川　それで三回目の打席に立った時にね。「ちょっと待って、坊や。君は何で右で打ってるの？　本当は左利きなんだろう？　次の打席は左で打ってごらん」と声を掛けたら、「はい」って素直に言ったんだよ。
　これがすべてのきっかけだな。普通、それまで左で打ったこともない子が、試合中にいきなりそんなことを言われたら、「できない」って言うのが当たり前だよ。ところが次の打席で左ボックスに入ったその坊やは、いきなり二塁打をかっ飛ばした。

王　それは覚えてますね（笑）。

荒川 博（あらかわ・ひろし）
昭和5年東京都生まれ。早稲田実業高等学校から早稲田大学商学部へ進学。28年毎日オリオンズ（現・千葉ロッテマリーンズ）入団。現役時代は左の巧打者として活躍する。36年引退後、翌年から45年まで読売ジャイアンツ打撃コーチ。王貞治、長嶋茂雄、広岡達朗、榎本喜八などに打撃指導を行ったことで知られる。49年ヤクルト監督就任。51年退任。平成11年日本ティーボール協会副会長。荒川野球塾塾長などを務める。

荒川　右中間真っ二つ、ビックリするくらいのいい当たり。私はその時に、あ、この子を、母校の早稲田実業に入れようと思った。そうすれば絶対に甲子園で全国制覇ができるって。それで試合が終わるまで待って、早実に入るよう勧めたんだ。

王　ところが僕の家では野球を専門的にやることには反対だったんです。父は僕ら兄弟が学校を出たら、中国に帰って国のために働くようにと、兄を医者に、僕をエンジニアにしようと考えていました。僕も親の言うとおりにしなきゃいけないと思っていたものですから、荒川さんに声を掛けていただいた時も即答はできなかったんです。

荒川　私はともかくも早実へすっ飛んでいってこういう選手を見つけたから、二年後には何が何でも入れてくれと頼み込んだ。ところが翌週に少年の家に行くと、お父さんからけんもほろろに断られてしまった。「うちの子には野球なんかやらせない。両国

高校へやって東大に行かせるんだ」って。いや、これは頭がいいんだなと思ったね。

でも私はそこで諦《あきら》めなかった。人生には「もし」ということがある。もし落っこちた時はどうすんだ、と。そこで近所の知り合いのオヤジに「もしあそこの家の子が受験に落ちた時には、俺のところへ知らせてくれ」と頼んでおいた。そしたら結果的に志望校を落ちて、早実へ入ることになったんだな。

王　はい。あの時もし志望校に受かっていたらそのまま進学していたと思います。いま振り返ってみると人生の凄い分かれ道でしたね。

荒川　私もあの時、執念深く頼みに行ってよかったわけだ。なんといってもこれだけの逸材だからね。

王　僕にとっても、プロ野球選手から声を掛けられたことは物凄く大きなものがありました。自分が考えていた以上に、野球の腕を高く評価してもらえたことが凄く嬉《うれ》しかったですね。本当にありがたい出会いでした。

荒川　しかし、それにしてもあの時、左で打てと言われて「はい」って答えた素直さね。これが王の一番のいいところであって、それが今日の成功をもたらしたんだよ。この「はい」が。

だから私はいつも「習い方がうまい人とは、習う素直さがある人だ」と言うんだよ。これがもう第一条件なんだよね。王はその後も、私に口答えしたことは一回もない。

王　こちらは教わる側ですからね。プロに入ってからの荒川さんとの練習でも、結局僕のほうは無に等しいわけですから、教えていただける以上はすべてを受け入れる、という気持ちで取り組みました。だから、とにかく教えられたとおりにやる、ということがスタートでしたね。

努力の「度合い」が違った

王　僕が早実で全国制覇し、ドラフト一位でジャイアンツに入団したのは昭和三十三年秋のことです。一年目の成績はさっぱりでしたが、二年目は打率二割七分のホームラン十七本。三年目もそれを少し下回りましたが、プロ野球選手としてはそこそこの成績でした。その三年間、自分としてはそれなりに練習をしていたつもりだったんですが、荒川さんと出会ってから、いままでの練習は何もしてこなかったのに等しいと気がつきました。

荒川　いまでこそ、王は「努力の人」だなんて言われているけれど、それは後にそうなっただけのことであってね。遊んで、遊んで、遊びまくって、監督の川上哲治さんが手がつけられずに「荒川、頼む」ということで、私がコーチに呼ばれたんだから。何しろ三年間銀座通いを欠かしたことがない、といわれたほどだった。実際にその遊びっぷりを耳にした私は「おまえ、それだけ遊んでてこの成績だったら大したものだ」と言ったことがある（笑）。

王　結局、自分が思うように打てなかったから、遊びに走っていたわけです。仕事がうまくいかないと、つまらないじゃないですか。仕事が楽しいと思える人は、そういう所へ行ってもちゃんとけじめがつけられるのでしょうね。
　そうやって荒川さんとのマン・ツー・マンでの練習が始まったんですが、他の選手は例えばキャンプでの練習が終われば、その後、十分か二十分程度しかスイングをしません。でも荒川さんとの練習は、夜十一時頃から始まって、少なくとも一時間。長ければ二時間、三時間にも及ぶというものでした。

荒川　下手すりゃ朝までやった。

王　いずれにしても、逃れられない立場にあったわけです、僕は（笑）。そしてそれがよかったんです。結局、そこまでやらなきゃダメなんだ、ということを教わったんですね。生半可な練習をやっただけじゃ身につかない。何事も鍛錬することが大切だ、と。

荒川　だから私は言うんだよ。毎日百本バットを振っている。これも練習だ、努力だ。俺は三百本振ってる、自分は五百本振ってる……、でも千本振ってる人から見たらね、三百本も、五百本も、みんな怠け者だよ、と。

王 貞治（おう・さだはる）
昭和15年東京都生まれ。34年早稲田実業高等学校卒業後、読売ジャイアンツに入団。48、49年三冠王。52年通算本塁打756本の世界記録を達成し、初の国民栄誉賞を受賞。55年通算本塁打868本の世界記録を最後に現役生活を終える。59～63年読売巨人軍監督。平成7年福岡ダイエーホークス（現・福岡ソフトバンクホークス）監督就任。20年退任後、福岡ソフトバンクホークス球団会長。

だから「度合い」の違いなんだ。百本や二百本程度のスイングをするくらいで、「努力だ」なんて恥ずかしいから言うなって。
　もっとも私の練習は、時間や本数には関係ない。何時間でも、何本でも、できるまでやる。私が「これでいい」と納得のいくまでは、振って振って振りまくらせた。だって、相手がいつ極意を掴《つか》んでくれるかは分からないんだから。

王　それでも最初のうちは、なかなか効果が出ませんでした。だけど、何でもそうじゃないですかね。目に見えてその成果が表れるようになるには、相当の量をこなさなければいけない。でも大部分の人が途中で諦めてしまうんです。これだけやってもできないから、じゃあ方法を変えちゃおうとか、やってきた練習をやめちゃうとか。
　もうひと踏ん張りして効果が表れてくれば、これでいいんだと確信が持てて、自然と身が入ってくるものなんです。けれども自分一人だけでやっていたら、なかなかそこまでいくことはできません。そこを僕は、荒川さんとの出会いによって乗り越えることができた。

荒川　しかしいま考えると、私も随分教え方が下手だったなと思うね。王を教えて半年以上は本当に効果が出なかったから。いま野球塾で子供たちに野球を教えていて、「毎日練習に来りゃ、毎日うまくならなきゃいけないんだよ」と言うんだけど、王と一緒にやっている時は、私もまだ三十一歳だったし、やっぱり苦労したね。なぜうまくならないんだろう、って。

人間離れした練習

王　十月から指導を受けて結果が出始めたのは翌年の七月からですから、まる八か月。その間にも、そこそこの結果は出るんですよ。けれども求めているものがそういうレベルじゃなかったですからね。

荒川　全然違ったね、求めているものが。ただ、私は王に特別なことをしたわけじゃなく、〝努力の仕方〟を教えただけなんだ。ただ闇雲にバットを振ったってうまくなりゃしない。間違った振り方でいくら練習したって意味がない。その、うまくなる方法、要するに、努力の仕方を教えただけなんだ。

それを王は実に丁寧にやってくれた。いいかげんじゃなかったんだ。努力の仕方が違った、他の人とは。こちらが言ったとおりのことをやってくれた。逆に言えば、私が間違ったことを教えれば、王は使い物にならなくなっていたということだ。

王　そのとおりです。僕も選手引退後は人を教える立場になりましたが、その時に、

教えるということの難しさを実感しました。やっぱりちゃんとしたことを教えなきゃ、間違った方向へ育ってしまうわけですから。教える側の人間は、よほど重くその責任を受け止めていなければいけませんね。生半可な気持ちじゃ務まりません。教わる側よりも、教える側のほうが命懸けじゃなきゃダメですね。

荒川　私は二十六歳から合氣道の創始者である植芝盛平先生や、居合の名人と呼ばれた羽賀準一先生の元に稽古《けいこ》に通い、「氣」の使い方や、日本刀を使ってバッティングの絞りの技術を教えてもらったりした。

　そうやって日本一の先生方に習っていたから自信を持って教えることができたんだけれど、それでも効果が出ない。だから慌てたんだよ。効果が見えてこなければ、王がついてこなくなってしまうと。

王　僕もここでダメなら後がない、と死に物狂いでした。荒川さんは、ただバットを振るだけでは効果が出ないからと、合氣道の寒稽古に連れていってくださったり、居合抜きで真剣を使って藁《わら》を斬《き》る練習など、いろいろな角度から僕のバッティングの研究をしてくださいました。

　それで少しずつ効果が出るようになってきて、このまま続ければよくなっていくという確信が得られるようになっていったんです。荒川さんの指導を受けたプロ入り四年目の年、僕はいきなり三十八本のホームランを打ってホームラン王と打点王の二冠に輝きました。

荒川　一方、私のほうは習うことが多過ぎてね。野球選手は寝なくちゃうまくならん、なんてよく言われるけれど、それでうまくなるならいくらでも寝るよ。私は自分の寝る時間を縮めてでも、朝六時に起きて道場へ通ったね。当時は他のコーチ陣から「おまえ、バカか。合氣道や居合を習って、なんで野球がうまくなるんだ？」って、変人扱いされてたけど（笑）。

王　僕が荒川さんと練習をするうえで凄く運がよかったと思うのは、荒川さんご夫妻にお子さんがおられなかったということです。

　まず試合前に荒川さんの家に行って素振りをする。その後、球場入りしてチーム練習。試合後は車で一緒に荒川さんの家に帰り、また素振りをして、深夜に夜食をご馳《ち》走《そう》になって自宅へと帰る。翌朝、また荒川さんの家に行って素振り、そして球場へ、という生活。

　これはもし荒川さんにお子さんがおられたら、できなかったことだと思うんです。奥様も全面的に力を注いでくださって、荒川さんを支え、僕のことも非常に励ましてくださった。そうやって、すべてを私に懸けてくださったようなところが荒川さんにはあるんです。

荒川　私の女房が大の野球好きだったことがありがたかったな。その頃、女房がおもしろいことを言ってたんだけどさ。我々の練習は毎日夜中の二時、三時頃まで続く。女房は終わるのを下で待っている。そうすると、ドーン！　ドーン！　と、ひと振り

植芝盛平：［1883〜1969］合気道の創始者。和歌山県出身。大正8年大本教の出口王仁三郎に出会い、修行道場植芝塾を開く。のち柳生新陰流や起倒流柔術などの長所も取り入れ、「合気武道」を創始。昭和19年「合気道」と改称。

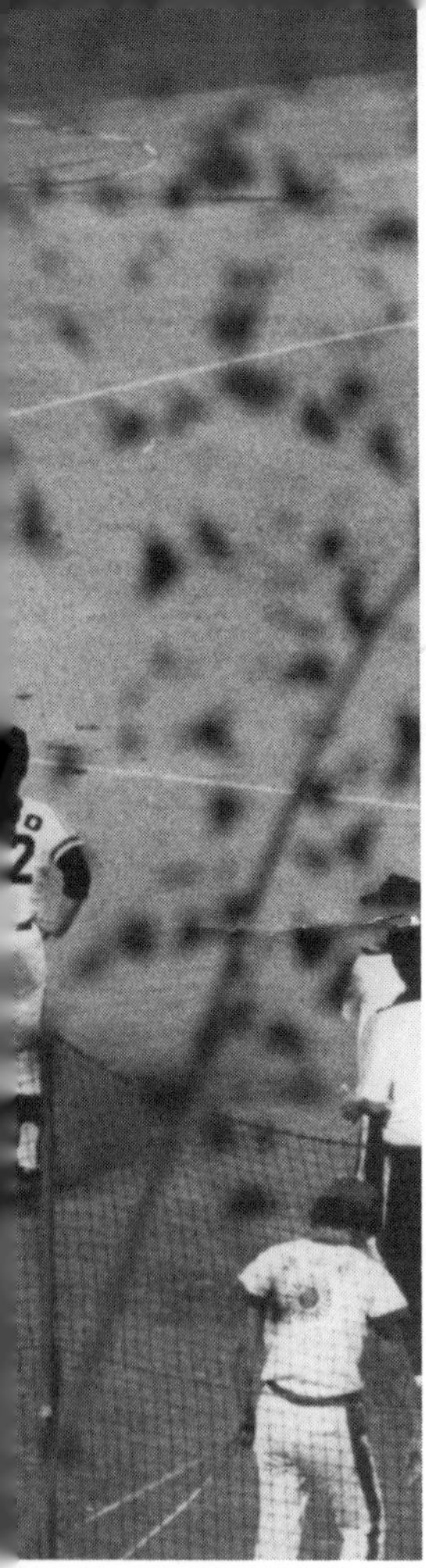

ごとに畳を踏む音がして、その音だけで、あぁ、もうそろそろ終わりだな、というのが分かるようになってきたっていうんだよ（笑）。それに合わせてご飯の支度をしてたって。

王　当時は随分ご迷惑をおかけしたでしょうね（笑）。とにかく荒川さんの練習は、何時で終わるっていうのが決まっていませんでしたから。僕はもう、言われるがまま。荒川さんの目から見れば、僕には素質があったのだろうと思います。けれど荒川さんがいいかげんに教えていれば、僕もそれ相応の選手にしか育たなかった。

荒川さんはご自身の稽古にも励み、自らを高めていかれながら、そのすべてを僕に伝えてくださった。そんな中で、二人でそれこそ、人間離れした練習をしました。普通の人はあの練習についてこられなかったと思います。

荒川　本当に、王だからできたんだよ。いまでも私が思うのは、王のような選手は二度とつくれないということ。誰もこれほどまでにはやってくれないし、そもそも二人が同じチームにいなくちゃダメなんだ。練習も一緒にやる。試合も一緒に行く。家に帰ってきたらまた一緒に練習する。こういう関係は普通はあり得ないものね。

王　だから僕は凄く運がよかったと思うんです。

荒川　いや、私も運がよかったよ。

ベーブ・ルースの記録を抜くのは おまえしかいない

王　僕はうまくなりたいから一所懸命練習する。荒川さんは「うまくなりたいなら俺の言うことを聞け」と言われる。そういう点で、お互いの気持ちが一致していたのでしょうね。あの頃はただただ、うまくなりたいという一心でした。

荒川　しかしどんなに優れた選手でも、本人にやる気がなければ練習なんてする気にはなれない。だから、私は巨人のコーチとして王との二度目の出会いをした時にこう言ったんだ。

「おまえ、川上さんが言ってたよ。王には長嶋ほどの……いや、長嶋以上の素質があるって。だから努力しさえすれば、必ず三冠王が取れる。目標は三冠王だ」

でもそう言った後で、何かまだ目標が小さいような気がしてね。

「俺はベーブ・ルースの記録を抜くのはおまえしかいないと思っている。二人でホームランの世界記録をつくろうな」

と言った。そしてその日から、私は日記を書き始めたんだ。日記なんか書いたことのない男がね。こいつが三冠王、いや、ベーブ・ルースの記録を抜くまで書いてやろう、って。

王　その目標達成のために、すべてを懸けてくださったわけですね。

僕が荒川さんから学んだのは、技術を教えるだけじゃダメだということです。教える側の人間には、その選手のやる気を引き出すための言葉の使い方、話術といったものが絶対に必要なんですよ。もっとも僕には、ベーブ・ルースの記録だ何だと言われても、チンプンカンプンでした（笑）。自分とはまったく別の世界の話ですから。

けれども振り返ってみると、そうやって僕の気持ちを折に触れて奮起させるようなことを言ってくださったことが、しばしばあったわけです。

僕自身が荒川さんとずっと練習を続けてこられたのは、やっぱりそういうメリハリの利いた言葉というかな、荒川さんが掛けてくださった言葉が凄く心に残っていたからだろうと思うんです。

時にはひどいクサされ方をして、「冗談じゃねえよ」って思うこともありました。けれども冷静に自分を見つめ返してみて、もっと頑張らなきゃいかんな、という気持ちにもさせられるわけです。やっぱり練習って非常に単調なものですから、絶えずモチベーションを高めておく工夫が必要なんですね。

僕は多分、他の人に教わっていたらいまの自分にはなれなかっただろうし、荒川さんもきっと僕とじゃなければ、こういう選手を育てることはできなかっただろうと思います。

荒川　そうだな。私はいまでも随分、子供たちを教えているけれどね、やっぱり王のような弟子はいないよ。気が合うというのか、気が分かってくれるというのかな、とにかくこっちが思うように動いてくれたからね。

荒川コーチへの絶対的な信頼

荒川　しかしそんな王にも、さっき話したような、怠けていた時代があったというのがいいんだよ。いまの子供や青年たちにも励みになるだろう？「いままでのことはいいんだよ。気持ちを入れ替えて、これから始めりゃいいんだ」と。これが一番大切なことなんだな。まぁ、王の場合は皆の期待が大きかっただけに、余計に言われちゃったんだろう。

王　自分なりには練習しているつもりだったんですが、先ほども荒川さんが言われたように、やっているレベルの問題ですよね。それが、荒川さんの指導を受けて鍛錬することの大切さや必要性が分かってくれば、いままでやっていた練習の、五倍も十倍もの量をやるようになるわけです。

大部分の人は、入団当初に僕がしていた類《たぐい》の練習で終わっているんでしょうね。周りの人も同じような練習をしていますから、皆、こんなものでいいんだと思ってしまうんでしょう。

荒川　一般の選手はグラウンドで練習したら、うんと練習したと考えて、それでいいと思ってしまう。だから自分自身の練習がないんだよ。グラウンドでやるのはチームの練習なのに、勘違いしているわけだ。

王　僕が素振りのし過ぎで荒川さんの家の畳を破ってしまったことも、数え切れないくらいでしたね。

荒川　あぁ。毎日一枚ずつ破かれた（笑）。あんまり破かれるから畳屋へ行って、柔道場用の、目がグッと引き詰めてあるものにしてもらって……。

王　それでもダメでしたね。

荒川　うん、六枚ある畳を表裏使い回しても、十二日間で全部ダメになる。そこで硬い畳に替えてみたら、今度は右足の小指が裂けて血が出てきた。その時に「小指の一本ぐらい取れたって、ホームラン王が取れりゃいいだろう」なんてバカなことも言ったな（笑）。

何しろ、並の成績しか残していない選手を捕まえて、ベーブ・ルースの記録を抜こうっていうんだからね、これはもうバカみたいな願いだよ。でもそれが、十何年後かにできちゃったんだから。

王　本当はホームランというのは、プロであれば年間何本かは打てるものなんですよね。特に根拠もなく、バットを振ったらたまたまホームランになっちゃったということは、実は誰にでもあるんです。けれども僕は荒川さんから、「打つべくして打つ」ということの素晴らしさを教えていただきました。

だからピッチャーの手元を離れてボールが近づいてくるうちに、これはいただき！と思いながら打って、ホームランになった時が何度もありました。こういう体験は、おそらくほとんどの選手はしていないでしょうね。

とにかく僕は不器用でしたから、練習に練習を重ねて覚えるしかなかったんですね。逆に不器用だったから、とことんまで練習をやれてよかったと思っています。

荒川　あんまり器用じゃなかったね。だからよかった。他のことができなかったのがよかったんだ。

王　反復練習するしかなかったですからね。

荒川　伸びる選手は心掛けが違うんだよ。大リーグのイチロー選手だって、午後六時から試合が始まるのに、昼の二時にはグラウンドへ出ると聞いている。

王　彼とはWBCの第一回大会で一緒になりましたが、私がチームの選手たちとグラウンド入りすると、必ず先に来て練習をしていましたね。やっぱり、人の見ていないところで努力しているんです。

僕は荒川さんから指導を受けた二十一歳から三十歳までの約十年間、とにかく荒川

WBC：ワールドベースボールクラシックの略称。国際野球連盟公認の野球の世界一決定戦。2006年の第一回大会では王貞治氏が代表監督を務め、日本が優勝。

さんの言われることは絶対間違っていないという信念を持って取り組みました。それがなければ、とてもあの厳しい練習は続けられなかったと思います。人に物事を教わるに当たっては、それが最前提なのだと思いますね。

スランプ脱出には練習あるのみ

王　その荒川さんがコーチを退任された翌年の昭和四十六年には、僕はかつてないスランプに陥りました。

荒川さんがおられた頃は、悪いところがあるとすぐに直してもらえましたが、今度は自分で解決策を見つけるしかない。しかしスランプを抜け出すのもまた、練習する以外に道はないんです。試合の中で迷いが出てくるわけですから、練習してその迷いを取り払うしかありません。

荒川　そうだね、努力以外にはないよ。だから私はいつも「努力に勝るものなし」って言うんだ。けれども間違った努力をしていたら、これはどうしようもないからな。だからやっぱり「本物から習え」っていう

ことなんだな。

王　そうですね。本物から習って、最初はその形をきちっと受け入れ、ある程度のところから自分のものになって変化していくわけですね。だから、荒川さんも僕と同じように、選手時代は足を上げて打たれていたと聞いています。

荒川　ただやっぱり違うよな、タイミングの取り方が。あの一本足は王にしかできないよ。王の場合は最初、二本足ではタイミングが取れなかった。さっき、不器用だと言ったけれど、手と足と心とが三位一体になっていなかったんだ。

初めは歩きながらバットを振らせたこともある。走りながらバットを振らせたこともある。一本足打法は、そういう練習方法から発想していったんだけれど、足をいったん固定して一つの「間」をつくらないと、バットは力いっぱい振れないんだ。

王　要するに僕は窮屈なバッティングしかできなかったんです。その時に荒川さんが言われたのが、ピッチャーが足を上げたらおまえも上げろ、ピッチャーの足が下りたら足を下ろせということでした。

もちろん三振も大いにしましたよ。だけど、いままでどうしてもつくれなかったボールとの「距離感」がそれによって掴めたことで、いままで二、三十打席に一本しか出なかったホームランが、十打席に一本ぐらいの割合で出るようになったんです。

荒川　結局ね、私が合氣道の植芝先生から教えてもらったのは、力の出し方、使い方なんだ。私はやっぱり武道というのは、スポーツの源だと思う。力の出し方、使い方によってすべてが決まるんだ。私はそれを先生から習って、習ったことをそのまま王に教えた。本人が習うと自分なりの解釈をして、その分、習得が遅くなってしまうから。

王　それまでの野球選手の感覚では、バッティングとは「ボールをひっぱたく」というものでした。けれども、刀で物を斬る動作の練習をさせてもらってからは、「ボールをバットで斬る」という感じで打つようになりました。そうすると手がこねず、無駄な力が取り払われて、ホームランの出る確率がぐっと上がっていったんです。

荒川　バットだと、振り回すという感じが出ちゃうんだよ。刀は一直線。だから無駄がないんだ。

プロは絶対にミスをしてはいけない

王　そういえばホームランを打ち始めた頃、「王シフト」という守備態勢を敷かれたこともありました。打席に入ると、相手チームの野手が六人も右半分に寄っていたのには驚きましたね。

荒川　左に打たせてフォームを崩させようとしたんだね。

王　そうですね。けれども僕は、率を打つことが目標ではなかったですからね。来た球を強く打って、なおかつスタンドに入れることが自分本来の打ち方だと思っていましたから。

荒川　物の考え方がそもそも違うんだよ、我々は。何百人守ったたって、球がその上を行きゃいいんだから（笑）。

王　何人守っていようが、真芯《ましん》で打てば野手の間を抜ける、角度がつけばスタンドへ行く、ということで、シフトを敷かれたことはあまり問題ではありませんでしたね。むしろあのシフトは、何があっても自分がよりよい打球を打てばいいんだと、もう一段階、僕の気持ちを高めさせてくれました。

荒川　そうだ、相手は関係ないよ。

王　僕の現役時代には、一球一球が文字どおりの真剣勝負で、絶対にミスは許されない、と思いながら打席に立っていました。

よく「人間だからミスはするもんだよ」と言う人がいますが、初めからそう思ってやる人は、必ずミスをするんです。基本的にプロというのは、ミスをしてはいけないんですよ。プロは自分のことを、人間だなんて思っちゃいけないんです。

百回やっても、千回やっても絶対俺はちゃんとできる、という強い気持ちを持って臨んで、初めてプロと言えるんです。相手もこちらを打ち取ろうとしているわけですから、最終的に悪い結果が出ることはあります。でも、やる前からそれを受け入れちゃダメだということですよね。

荒川　初めからミスが許されたら、これはもう、人間として堕落してしまうよ。職業によっては、そのミス一つで破産に至る場合もあるんだから。

王　真剣で斬り合いの勝負をしていた昔の武士が「時にはミスもある」なんて思っていたら、自らの命に関わってしまう。だから彼らは、絶対にそういう思いは持っていなかったはずです。時代は違えど、命懸けの勝負をしているかどうかですよ。

選手の向上心を目覚めさせよ

王　ところで荒川さんは長年、野球選手の指導に携わってこられましたが、伸びる人と伸びない人の差はどこにあると思われますか?

荒川　それはやっぱり、相手のほうがバカになってくれないとダメだね。言葉は悪いかもしれないけど、そのぐらい無心になって、無我夢中でついてきてくれる人は、必ず伸びる。

王　おっしゃるとおりです。我々教わる側からしたら、その人のことを信じて、やる。信じてついていく。だから教える側は、相手に「信じさせる」ということが大切でしょうね。その人の言うことを聞いていたら、絶対打てるようになる、と思えるようにすることが。その関係性ができていないと、やっぱり練習って辛《つら》いんです。そんなにすぐ変化が出るわけじゃないですから。本当に長い間、よい状態でお互いの関係を保つためには、そういう信じ合えるものがなければダメですね。

荒川　だから教える人間というのはね、ある意味では弟子に尊敬されるぐらいの努力をしてないといかん。それぐらいの努力をしないと誰もついてきてくれやしないよ。

王　学校の先生だって、生徒より常に勉強していないと教えられないと思うんです。それと野球選手のような場合は、荒川さんの教え方も、他の人と僕を教えるのとでは同じではなかったはずですよ。

荒川　全部同じフォームじゃないから、一人ひとり全部違って当たり前なんだよ。百人百様だから。

王　教える側は、まずそれを見抜くことですね。人間の顔が皆違うように、その人の持っている素質もみんな違う。荒川さんはいまでもずっと野球の指導をされていますが、そうやって子供たちの能力を見極めて、どういう方向に伸ばしていけばいいかということを、常に考えながら教えておられるのだと思います。

荒川　ただ、この子は伸びる、と思う子でもね。どこまで続くかなぁと思うんだ。ちょっとうまくなってきたと思ったら、途中でやめちゃったり。特にいまの子は学校の勉強で忙しいから。

王　しかし、そこをなんとか乗り越えていってほしいですね。

僕も長年監督を務めてきましたが、荒川さんが最初に僕をご覧になった時と同じように、ぱっと見た時に、伸びるか伸びないかというのは分かるものです。

伸びる選手は能力が高くて体が頑丈な人。それからやはり、向上心が強い人ですね。もし能力がありそうな選手であれば、向上心を目覚めさせることが先決です。

だからさっきの荒川さんの言葉のように、「おまえの力はこんなものじゃない。タイトル争いができるような能力があるんだぞ」と言って、目覚めさせたりすることが必要なのだと思います。

荒川さんからは「言葉を使う」という指導の方法を教えていただいたから、僕も選手たちの心を鼓舞《こぶ》するような言葉を伝えてきました。そうやって本人のやる気を引き出すことが、指導者にとっての大切な役割だと思います。

川上哲治さんから届いた電報

荒川　やる気を引き出すという点では、私がジャイアンツのコーチに着任して二十一歳の王を指導することになった時にこんな条件を出した。

「きょうから酒と煙草をやめろ。彼女がいりゃ、彼女も捨てて、バカ一筋になって三年間打ち込め」

プロの世界だから様々な誘惑があるだろう。でも若いんだから、三年や五年の間は我慢しろ、と言ったんだ。私ができるか？と尋ねたら、王は迷いもせず、「はい」と答えた。そこでまた「はい」って言ったところが凄いんだよ。十四歳の時とおんなじだった。七年後の、二十一歳の時に。

だから珍しいんだよ、王みたいなのは。これはやっぱり、お父さんのおかげ、お母さんのおかげだと思うよ。

王　荒川さんは、うまく鞭《むち》を使ったり、飴《あめ》を使ったりしながら僕の心を奮起させてくださった。まさに「感奮興起《かんぷんこうき》」という言葉のとおり、何かに深く感じ入って奮い立ったり、自分自身が物凄く興《きょう》に乗ったりすることによって、物事は動いていくものだと思うのです。

もちろん荒川さんから叱《しか》られることもありましたよ。でも、できないことを要求されるわけじゃない。「さっきのやつをもう一回やれ」とか「さっきはできたじゃないか」と声を掛けられることで発奮させてもらっているわけですね。

荒川さんは、教えるということに関しては、本当に奇人、変人といわれる範疇《はんちゅう》に入る人だと思います。でもそれぐらいでなきゃ、教える側の名人にはなれないでしょう。そういう人に出会えたことは、僕にとっては本当に、ラッキーなんてものじゃなくて、人生のすべて、といってもいいくらいのありがたいものでした。

荒川　出会いといえば、私たちには忘れてはいけない人がいる。私が三十一歳の時、監督の川上さんからコーチにと招かれて、しばらくした時に、あ、俺はこの人の下で働いたら、幸せがくると思ったんだ。

王　へえ、それはまたなぜですか。

荒川　いや、何か分からないけれど、そんな感じがしたね。だから素直になれたんだよ。私は、よその監督の下にいた時には素直になれなかった。心の中で批判ばかりして、ちっとも尊敬できなかった。それが川上さんの下へ入った時には、素直にこの人の言うことを聞いたら、俺は絶対に幸せになれる、と感じたんだ。

王　荒川さんにそんなふうに感じさせたのは凄いですね。

荒川　王は鳴り物入りでプロに入った男だからね。「打撃の神様」といわれた川上さんが、王に一からバッティングを教えるにはコーチをつける以外にないと決意し、その人物が自分だったのだと思った時、私は奮い立ったんだ。

だから王貞治は私一人でつくったんじゃない。川上さんという人が、王と二度目のいい出会いをさせてくれた。その川上さんの引きがなければ、今日の私もなかったし、王貞治もなかったんじゃないかと思っている。

昭和五十二年九月三日、王が世界新となる七百五十六本目のホームランを打った。その時に川上さんから電報が届いて、「世界一おめでとう。日本で一番喜んでいるのはおまえだと思う」

と書いてあった。

王のお父さん、お母さんよりも、おまえが一番喜んでいる——。川上さんはそういうふうに感じて電報をくださった。一通だけだよ、私のところに電報が来たのは。私はすぐ川上さんの所へ電話をしてね。「あの時、拾ってもらってありがとうございました」と、電話越しに深々と頭を下げた。人間の出会いっていうのは、本当に不思議で、ありがたいものだと思うね。

王　あぁ、そんなことがありましたか。きょうは荒川さんのお話を伺えて、改めて気持ちを奮い立たせてもらったような思いです。どうもありがとうございました。

荒川　いやいや、私のほうこそ、世界一の弟子と巡り合えて、本当に幸せに感じているよ。

鍛練は心を高め深め人生を教える

京都市スポーツ政策監
山口良治
Yamaguchi Yoshiharu

ユニフォームに憧れて

山口　こうして間近にお会いするのは初めてですが、きょうはご遠路からありがとうございます。稲尾さんはずっと福岡ですか。
稲尾　ええ、西鉄以来ずっと在住していまして、もう四十六年かな（二〇〇二年）。あっという間ですね。
山口　鉄腕はまだ健在で。
稲尾　いや、もう衰えました。それこそ鍛練していないと駄目です。
山口　きょうは最初に、稲尾さんと野球の出合いについてお話しいただきたいんですが、僕も小さいころはプロ野球を目指して野球をしていました。僕らの子どものころはスポーツというと野球でしたね、特に田舎は。
稲尾　そうですね。私は生まれは別府なんですが、当時としては珍しく、あの小さな町に社会人野球チームが二つもあったんです。星野組と植良組という会社で、競い合っていました。
それが昭和二十四年に、星野組が都市対

後先も損得も考えずに、野球に、ラグビーに燃焼し尽くした青春の日々。西鉄ライオンズで鉄腕と呼ばれた稲尾和久氏と、ラグビー全日本代表の名キッカーだった山口良治氏。野球こそ、またラグビーこそ人生の縮図という両氏に、鍛練を通して学んだ人生の真実をお話しいただいた。

稲尾和久

プロ野球解説者

Inao Kazuhisa

抗野球で全国優勝したんですね。後にプロ野球に入って火の玉投手なんていわれた荒巻淳さんという左ピッチャー。それから当時監督でファーストをやっていた西本幸雄さん。西鉄ライオンズ時代に五番を打っていた関口清治さん、この人が四番打者。そういうそうそうたるメンバーで全国優勝した。

　彼らが東京から優勝旗を持って別府に帰ってきまして、優勝パレードをするわけです。そのときに見た選手のユニフォーム姿の格好良さに憧《あこが》れたのが、野球の始まりです。

山口　それは小学校のときですか。

稲尾　小学校六年生でした。同級生連中も憧れまして、それで野球を始めました。しかし野球には道具が要る。みんな貧乏な時代でしたから道具を買うお金がない。それで手作りしました。まずボール。松の木に登ってまだ青い松の実を芯《しん》にしまして、周りを綿で巻く。おふくろに内緒で家の布団の綿を抜いてくるんです。それで巻いて、最後はぼろ布をかぶせて、糸でぐるぐる巻きにして丸くしました。バットは竹藪《たけやぶ》に入って青竹を切って作りました。

山口　ああ、青竹でね。

稲尾　中学校に進むと野球部がありました。グローブは学校へ行けばあるものだと思ったら、学校も貧乏でグローブなんかない。だから入部できる条件はグローブを持っていることです。持っていない者はほかの部へ行けと言われました。

山口　それでどうしたんですか。

稲尾　よく見ると、監督の横になんとキャッチャーミットが一個あるわけです。「監督さん、このミットは誰のですか」と聞いた。「おー、これはな、学校のじゃ」と言うんですよ。キャッチャーミットはほかの野球のグローブよりも早く傷むので、個人のものだとかわいそうだから、学校のだと。それで「私、キャッチャーなんです」と言って、なんとか入部しました。だからスタートはキャッチャーなんですよ。

毎晩口説いて高校進学を果たす

山口良治（やまぐち・よしはる）
昭和18年福井県生まれ。40年日本体育大学卒業後、岐阜県立長良高校、同県立岐阜工業高校教諭を経て、42年京都市教育委員会に勤務。その間、日本代表選手として9年にわたって選ばれ、キャップは13個。49年伏見工業高校へ体育教師として赴任。50年ラグビー部監督に就任。56年に全国大会初優勝。無名だった同部を全国有数の強豪校に育て上げ、テレビドラマ『スクール・ウォーズ』のモデルにもなった。平成13年京都市スポーツ政策監。

稲尾　中学を卒業して、本来ならおやじの跡を継いで漁師になるはずだったんです。ところが上の学校へ行って野球をやりたい。しかしおやじは「漁師に学問はいらん」と。そこである晩、「どうしても俺がおやじの跡を継がなければいかんのか」と言ったんです。おやじは「当たり前じゃないか。おまえの下にはおらん」と。

　僕は末っ子なんですよ。そこで屁《へ》理屈を考えまして「わかった。跡を継ぐ。しかしこれからの漁師は釣り方を研究しなければ食っていけない。そのためには上の学校へ行って勉強する必要がある」などと言いまして、おやじを口説き始めた。

　そのころの生活というと、学校が終わると家にも寄らずにおやじが待っている港へ行き、船の中で弁当を食って、おやじが夜釣りをしている間は寝ている。朝方四時ごろに起きて朝釣りの手伝いをして、六時ごろ家に帰って朝ご飯を食べて学校に行くんです。

だいたいこれが一年のうち二百四、五十日くらい。春から秋にかけてです。だから毎晩ずっとおやじと一緒です。それでしつこく口説いたら、とうとうおやじも根負けしたんでしょう。「三年待ってやる」と言ってくれた。

それが最初の僕の人生の転機だったですね。当時のおやじの権威は絶対だったから、駄目だと言われたら今日はなかった。

山口　漁師と百姓の違いはあっても、僕も同じような体験をしましたよ。

稲尾　そうやって高等学校へ行って、最初はキャッチャーの補欠でした。夏の予選が終わって、秋の大会に向けて一、二年生の練習が始まった夏休みの初日に、突然監督が全員にピッチングをさせたんです。僕はキャッチャーだったから一番最後に投げた。そうしたら監督が「いま投げたおまえたちのなかで稲尾の球が一番速かった」と言うんです。そして「きょうからピッチャーをやれ」と。この一言ですね。

山口　その一言でピッチャー稲尾が誕生したわけだ。

捨てられなかった野球への夢

稲尾　ところで山口さんも野球をしていたということですが、なぜラグビーを始めたのですか。

山口　昔、阪神にヒゲ辻っていたでしょう。僕は福井県出身なんですが、あの辻さんが敦賀《つるが》高校のキャッチャーをしていたので、僕は敦賀へ行ってあの人のマスクをかぶるんだって決めていたんです。僕もキャッチャーをしていたから。ところがおやじが絶対に敦賀高校は駄目だ、普通科へ行け、と言うものだから、野球部があるところだったらどこでもいいやと思って若狭《わかさ》高校を受験するんですよ。

しかし若狭高校は僕が受験した年に若狭農林高校という新しい学校になってしまった。校庭の野球場を見て、「よっしゃ、ここで野球の練習するのや」と思って胸膨らませて受験したのに、入ってみたら野球部がない学校になっていたんですよ。これはもうめちゃくちゃショックでしたね。

稲尾　それはショックでしょう。

山口　ふてくされましてね。野球ができないんだったら、高校なんかもうやめようと思いながら、仕方なく通ってたんですが、そこで初めて楕円《だえん》形のボールを見るんです。ボールは丸いものだと思っているじゃないですか。ラグビーという言葉は聞いて知っていましたが、ボールを見るのは初めてで、グラウンドに転がっているのを見て、本当にびっくりしましたね。ドキドキしました。「なんでこんな形をしているんだろう、誰が考えたんだろう」と思いながらも、やろうとは思わなかったんですが、無理やりに先輩に「一年生来い」と呼ばれて「おまえ、ラグビーやれ」って言われるんですよ。全然やる気がなかったのに、一緒の村から行ったやつが先に「入ります」って言って、放っといてくれればいいのに、「一緒にやろう」と誘われて、気が弱いもので断りきれずに始めたんです。

ラグビーとの出合いというのはそんなものでした。足が遅かったから走るのが一番

嫌いなのに走らされました。野球をやっていたときも、走るのがいやでキャッチャーをしていたくらい走るのが嫌いでした。しかしいま思うと、足の遅い私がラグビーと出合って日本代表選手にまでなれたというのも、これはもう本当に、可能性というのは出合いによって開かれるんだなあという気がしますね。

稲尾　素質はあったんでしょうね。

山口　いや、全然なかったでしょう。日本代表になれるとか、おまえだったら名キッカーになれるぞとか、そんなこと誰も言ってくれなかったです。

稲尾　ラグビーで頭角を現したのは、大学に入ってからですか。

山口　そうですね。同じやるんだったら強いところへ行きたいと思って、日本大学へ行きました。そこは地獄とも知らずにね。稲尾さんのように、いきなりプロも大変だったでしょうけれども、大学でのしごきも大変でしたよ。ようどつかれましたわ、先輩から。

稲尾　そうですか。

山口　大学二年のときに日体大へ編入して、綿井永寿という監督に呼ばれました。それまで野球のことが頭を離れなかったんですが、「きさまの一番好きなものは何だ、言ってみろ」と言われて、野球や、野球や、と思っていたのに、怖くて「ラグビーです」と言った。いまでも忘れませんわ。それからですね。吹っ切れたというか。

無駄が臨機応変さをつくっていく

山口　しかし、練習は逃げ出したいくらいハードでした。ラグビーでランパスというのがあるんです。ゴールからゴールまでダッシュで走るんですが、あまり効果があるとも思えないのに、昔はあればっかりやっていました。夏の合宿は北海道でやったんですが、午前中は朝からそればっかり。十五本とか、二十本とか決めてくれたら、あと何本頑張ろうとか思えますけど、延々と続く。

　そんなときに、来んでもいいのに卒業した先輩がたくさん来て、ちょっと膝《ひざ》をついて休もうとしていると、「ほら、顔上げんかい」とか「ジョッグせんかい」とか言うんですよ。ジョッグというのはゆっくり走ることなんですが、ダッシュの後のジョッグは大変でした。昔は水を飲ませてもらえなかったし。

稲尾　無知というか、変に誤解しているというか。

山口　鍛えるということは、どれだけ我慢さすかということでしたからね。カラカラになって、一人倒れたんです。そのときに水を頭からばーっとかけてもらっているのを見て、本当にうらやましかったですね。ああして倒れさえしたら水をかけてもらえるんだったら、俺も倒れようと思った。

稲尾　昔の練習は、知識も豊富じゃないから練習のなかでものすごく無駄が多い。無駄が多いけど、実はその無駄がものすごく生きるんです。

山口　そう思いますね。

稲尾　合理的とか、科学的トレーニングなんていうのは、見かけはいいですけれども、ここ、というときに何の足しにもならない。

　僕も高校のときに経験があります。ピッチング練習をしているときに突然監督が来て、「おい、ピッチングやめ、ランニング」と言う。「ポールからポールまで十回」とか言って、ばーっと走らされて、フーフー言ってると「おい、次、百球」と言って投げさせる。「こんなこと試合にないですよ」

と言ったら、「バカ、おまえがツーアウトで打席で三塁打を打つだろう。三塁にいて、次がポンと一球でアウトになったらチェンジや。すぐまたピッチングをやらないかん。これはその練習や」なんてことを言う。そんなこと何回あるかわかりませんよ。こんな無駄なことはない。だけど、そういうことをやったということが精神的なバックボーンになっていくんです。

山口　野球に限らず、そういうことが言えますね。

稲尾　スポーツに共通しているのは、何が起こるかわからないところにおもしろさがあって、そこに、臨機応変さが要求されるんですが、やはり土台になるものがないと、そういうことに対応できないわけです。だから合理性だとかは何の足しにもならない。無駄が臨機応変さをつくっていくんです。

生きる力は気の持ち方にある

山口　無駄が大事というのはその通りですね。さっきの話の続きですが、俺も倒れさえしたらここから逃れられるという気持ちで、本当にもう倒れようと思った。でも倒れようと思って決めたところへ行っても足が止まらずに、ゴールまで駆け込んでしまったわけです。

もうあかん、もう走れん、もうやめようと座り込もうと思ったときに、たまたまパッと一番いやな先輩の顔が見えたんです。嫌いな先輩が苦しそうに喘《あえ》いでいる。それを見て嬉しくなって、あれ？　と思ったら周りのみんなが見えてきた。みんな苦しそうにしているんです。そうしたら、僕よりでかくて、デブで、足の遅いやつがいるじゃないですか。そいつが走っている姿を見たら、しんどそうやなと思った。俺よりしんどそうだと。

それを見たときに、ああ、みんな同じことをやっているんだ、俺だけいやな練習をやっているんじゃない、あいつらのほうが俺よりもっと大変なんだとわかったときに、俺はもっと頑張れると思ったんです。そうしてちょっと気持ちを変えただけなんだけど、四軍から三軍、二軍、とうとうその合宿の終わりには一軍に抜擢《ばってき》されていました。

稲尾　最初は四軍だったんですか。

山口　四軍でした。その夏合宿で一軍に抜擢されてからは、ずっとレギュラーのユニフォームを脱ぐことはなかった。だから、人間は弱いちっぽけなものだと思うんですが、苦しいときは自分だけだと思ってしまう。そうじゃなくて、自分よりあいつのほうが条件が悪いのに頑張っているんだと思えると、不思議な力が湧いてくる。あの気づきは、まさしく生きる力じゃないかと思います。

もう駄目だ、もう走れないと決めるのは監督でも先生でもなくて、自分なんですね。僕ももう駄目だと思った。でも、ちょっと気持ちを変えただけで力が湧いてきて、レギュラーになれて、頑張り続けることができて、いまがあるんです。まさしく生きる力というのは気の持ち方にあると思います。

稲尾　僕も若いころ、限界に挑戦せいとよく言われました。限界というのは、自分が思っている限界が限界じゃないんですね。限界を超えたところに限界がある。

例えば百メートル十回走れというでしょう。十回走って、そこから何回走れるかなんですよ。十回走って限界で、そこでやめるやつはそこが限界なんです。技術も限界、体力も限界、精神も限界なんです。ところが山口さんが言ったように、十回終わったあと何回走れるかというのは、あいつより俺は何回多く走るか、なんです。それで本当の限界が来て、バタッと倒れて、もう足が立たないという状態になる。

山口　人間の意識のなかで考えている間は、全部限界も自分で決めているわけですからね。

手動練習機と呼ばれて

山口　稲尾さんは高校のときにプロにスカウトされたんですね。

稲尾　ええ。田舎でプロに誘われるなんていったら新聞に出るんですよ。有名人になってしまう。そうすると周囲のおじさんたちが「あんたの息子は親孝行だ」ということをおやじに言うわけ。おやじは跡取りがいなくなってしまうから苦い顔で聞いているんですが、そのうち周囲があんまりわーわー言うものだから、だんだんその気になったんでしょうか。最後には「よし、また三年待ってやる。三年たってものにならなかったら帰ってこい」なんて言いまして。それで西鉄に行くことになった。

　契約金は五十万円。月給が三万五千円。当時の高卒の初任給がだいたい六千円でしたから、約六倍です。卓袱台《ちゃぶだい》に積まれた五十万円の現金、そのころはまだ一万円札がなかったので、千円札の分厚い札束でしたが、それを見て、おふくろは失神したんです。

山口　失神されたんですか。

稲尾　ええ、自分では大分県ではまあまあ速い球だとは思ってましたが、甲子園も出られなかったから、このレベルでは、と思ってました。でもその金を見て、わしはすごい選手や、と思いましたね。何しろお

稲尾和久（いなお・かずひさ）
昭和12年大分県生まれ。31年別府緑ヶ丘高校卒業後、西鉄ライオンズ入団。入団直後から大車輪の活躍で21勝を挙げ、新人王に輝く。32年最高殊勲選手、最優秀投手など投手部門のタイトルを総ナメにするとともに20連勝の日本記録を樹立。36年140試合中78試合に登板し、42勝を挙げる。45年に西鉄ライオンズ監督に就任。52年中日ドラゴンズ投手コーチ、59年ロッテオリオンズ監督。平成5年野球殿堂入り。

ふくろが失神するような大金なんだから。

でもキャンプに入ってみるとバッティングピッチャーです。当時はいまのようにマシンがないですから、バッターが練習するために投げる手動練習機といわれました。一週間ぐらいたって、頭に来ましたね。なんで俺は毎日毎日バッティングピッチャーばっかりなんだ、と。ノルマは一時間なんですが、それを終えてブルペンに行っても、誰もピッチングを見てくれないんですよ。

それで俺を引っ張ってきたスカウトに、こんな大金を払った選手をこんなにおろそかにしやがって、と言おうかと思った。でもその前に、ちょっと待てよと考えた。同期に入ったやつがいるんです。小倉高校の畑というピッチャー。これは甲子園では準決勝まで行って、ハワイ遠征に選抜された選手です。同じく群馬県の桐生高校出身の田辺というキャッチャー。こいつも甲子園へ行ってハワイに行ってる。

少なくとも俺よりは契約金も給料も多いだろうとは思ってた。どれくらい多いのかを聞いてから、スカウトに文句を言おうと

思って聞き出したんです。なかなか言いませんでしたけどね。畑は契約金八百万で、月給は十五万。田辺は契約金五百万で、月給十万でした。うそかと思ったんです。自分の四、五倍くらいかなとは思ってましたけど。

そのとき、ああ、プロ野球の世界は、五十万、三万五千円の選手は練習機なんだ、と思った。畑はちゃんとブルペンで練習できるんです。田辺もちゃんとバッティング練習できるんですよ。私だけはバッティングピッチャーで、それで終わりなんです。ブルペンへ行っても誰もいないんです。受けてくれる人がおらんから、投げようがないんですよ。

それでふと気がついたことがあるんです。わしはプロに入って頑張って、一軍で投げるピッチャーになろうと思って意気込んで入った。それなのに練習ができない。当時、強打者の豊田泰光さんなんか「おい、練習機」と言って、名前も覚えてくれない。誰も私のことなんか眼中にないわけですよ。しかし、ここで練習できることがないだろうかと考えたんです。そうしたら、ある、コントロールの練習ができると思った。

漁師の世界で植え付けられた環境に順応する能力

稲尾　バッターというのは贅沢《ぜいたく》なもので、二球もボールが続くと「ストライク投げてこんかい」と怒る。ところが五球もストライクだと「バカたれ、たまにはボールを投げろ」と言う。なんでかというと、「打ち疲れるじゃねえか」というわけです。

一番喜ばれるパターンは、三つストライク、一つボールなんです。つまり、四球に一球、俺の練習ができる。真ん中に三球投げたら、一球はアウトコース低め。次の三球の後はインコース低め。次はアウトコース高めで、その次はインコース高め。一時間に四百八十球投げて、そのうちの四分の一だから、百二十球、コントロールの練習ができるということに気がついたんです。しかも当時の強打者相手に練習できるんですから、こんな贅沢なことはない。

僕は高校のときは、球威はあったけれども、ノーコンピッチャーだった。それがプロへ入って一年目から、当時、解説でおられた小西得郎さんあたりから、針の穴をも通すコントロールの持ち主とか言われた。その土台が、二月のあのキャンプにあったんです。

それからもう一つは畑というピッチャーの存在です。畑がブルペンで投げているところを見に行ったら、速い。何年たってもこいつより速い球は投げられんと思った。だけどこいつを追い越さないと俺は一軍になれないという思いがあって、それで畑に勝つものは何か、と考えた。よし、じゃあコントロールで勝とうというのがあったんです。いいライバルの存在が、バッティングピッチャーでもできる練習という発想につながっていったんだと思うんですよ。

山口　普通だったらふてくされてしまうところを、人に言われてやらされるんじゃなくて、自分でそういうことに気づいていく、この辺の差なんでしょうね。すごい感性を持っておられたと思いますね。

稲尾　そういうふうに発想の転換ができたのは、子どものころの体験からだと思います。漁師という世界で、環境に順応する能力を植え付けられたと思うんです。漁師というのは自然に逆らったら命を落とすんです。自然が与えてくれた環境に則《のっと》って、順応して生計を立てさせてもらう、これが漁師の基本なんですね。

山口　要するに、その場その場の環境のなかで最大の結果を出すために何をするか、ということですね。

稲尾　そう。それを、環境がこうでなければやらんぞ、とか、こうでなければ俺はできないよ、とかいうのは、それは環境に順応する能力がないんでしょうね。

人間、最後はバカになり切った者が勝つ

山口　環境に順応するのと同時に自分のなかに気を持たないと駄目ですね。

稲尾　ああ、気ね。

山口　そう、日本一の選手になりたいとか、

全国大会で優勝するとか、思い描かないことには実現しない。僕はラグビーは怖い先輩に入れと言われて始めたんですが、同じやるんだったら日本一の選手になりたいと思った。それでもっとラグビーを知りたいと思って買った本の表紙の裏に、「俺は日本一の選手になる！　ラグビーに命をかける男！」と書きました。

　さっき稲尾さんもライバルの話をされましたが、俺はあいつには負けたくないとか、絶対に見ておれという負けじ魂。こういうものが必要ですね。

　だから、スポーツは楽しくやるもんだ、なんていうけど、練習なんか楽しいわけがないですよ。

稲尾　楽しいわけないよね。楽しいなと思うのは勝ったときでしょう。勝ったときにもっと勝ちたいと思う。そのためにはもっと苦しむ。苦しめば苦しむほど喜びも倍加する。そういうことですよね。だから最近の若いオリンピックの選手なんかが、楽しんできました、なんて言うのはちょっと違うね。

山口　自分の金で行って楽しかったというのならいいけど、国の税金を使って行っててね、「いやー私は楽しみましたから、これでいいです」なんて言うのは、ふざけるなと言いたいね。許せませんよ。

　稲尾さんの場合はプロですから、頑張った分だけ評価される。ラグビーの場合は金がもらえるわけじゃない。しかも身長二メートル、体重百キロのやつが猛然と走ってくるのに、タックルしに行くのに一つ間違ったら頭を打って死ぬかもわからない。たとえ金がもらえても、金のためには命は捨てられませんよ。

　みんなから期待されている。多くの仲間のなかから選手になったという誇りですね。それが選手を、チームを強くします。

稲尾　金は背中からついてくるものですね。一年戦って何勝したかで給料が決まるのであって、なんぼもらえるから何勝するんじゃない。それが最近は先にもらおうとして、それで満足して、もうこのへんでやめて後は来年のために取っておこうといって、決して無理をしない。僕のころは一年一年が真剣勝負だった。だからバカみたいに四十二勝して……。

山口　やっぱり自分を守るということが、自分を弱くさせますね。僕なんかも後先考えずにとことん突っ走ってきました。

稲尾　人間、最後はバカになり切った者が勝ちますよ。野球バカという言葉がありますが、なり切れるかどうかです。人の上をいく技術、体力を身につけようと思ったら、バカになることです。そうでなかったら修羅場で踏ん張る気力なんか得られませんよ。

思い出のために帰るか　これからの人生に懸けるか

稲尾　ところで、山口さんの人生の師というと、どなたになりますか。

山口　いい先生にはたくさん恵まれました。なかでも全日本の大西鐵《てつ》之《の》祐《すけ》監督から受けた薫陶は大きかったですね。一九七一年のイングランド戦は最も印象に残っています。

　試合前日のミーティングのとき、白髪の監督が日本代表のジャージーを自分の前にずらっと並べて塩を盛り、目をつぶって正座していました。後ろの黒板には「対イングランド戦必勝の心構え」と書いてあり、「一、日本ラグビーの新しい歴史の創造者たれ」「一、一発必倒捨て身のタックル」と二つ書いて、微動だにしない。

全員が揃《そろ》うとやおら目を開けて、鋭い目でジロッとにらみつけ、試合の意義などを言われた後、最後に「よし、それじゃあ座り直せ」と言うわけです。

「背筋を伸ばせ、目をつぶれ」と言う。それが長かった。ゲームの場面がばーっと出てきて、すごく長く感じるんですよ。そして「よし、目を開けろ」と言う。「それじゃあ、いまからジャージーを配る」と言って、盛ってあった塩をつかんで気合いもろともまくんです。選手みんなに気合いが入りましてね。その晩はほとんど眠れない。

試合直前のロッカールームなんか、動物園の猛獣の檻《おり》のようでした。ロッカーにガーンと頭をぶつけているやつ、壁を蹴《け》飛ばしているやつ、そんななかに大西監督が入ってきて、「よし集まれ、日本のラグビーのためにおまえたちの命をくれ」と言う。水盃《みずさかずき》が用意されていて、「死んでこいっ」と言って送り出されました。

激闘の八十分間のなかで、怖いとか、痛いとかいう個人的感情は何も残ってない。気がついたら終わっていた。一瞬だったんです。結局六対三の惜敗だったんですが、人間をあそこまで追いつめたら、すさまじい力になるんだということを体験しました。

稲尾　それはいい出会いですね。僕の場合は西鉄に入団したときの監督、三原脩《おさむ》さんが、一番影響を受けた人ですね。いろいろと思い出はありますが、入団一年目のバッティングピッチャーをやっているとき、オープン戦の最中に高校の卒業式があったんです。学校から、特別に表彰するから帰ってこいと言われまして。

で、三原さんに言ったんです。そうしたら「そうか、帰りたいだろうな」って言うんですよ。「帰りたいです」って言ってね。一月に自主トレに出て以来帰っていませんでしたから。そうしたらボソーッと「君はだんだん良くなってるよ。だから、人生の思い出のために帰るか、これからの人生に懸けるか、好きにしていい」って言うんですね。

そう言われて、やっぱり帰れなかったですね。それで開幕から一軍に入れたんだけれども、あそこで三日なり四日なり帰っていたら、デビューは遅かったと思います。

山口　厳しい選択をされましたね。

稲尾　「バカヤロー、帰るな」なんて言わないんですよ。要するに自分で決めろと。

九年目の挫折が教えてくれたこと

山口　十八歳でそういう選択を、自分でで

大西鉄之祐：[1916〜1995]ラグビー指導者。奈良県出身。早大在学中にラグビーを始め、全国制覇に貢献。東芝に入社後、昭和15年から終戦まで兵役につき、戦後は早稲田大学体育局に勤務。41〜47年日本代表チームの初代監督となり、日本ラグビーを国際舞台に引き上げた。

三原脩：[1911〜1984]プロ野球選手・監督。香川県出身。昭和9年大日本東京野球倶楽部(巨人の前身)と契約し、プロ野球選手の第1号となる。引退後、巨人の監督に就任し戦後初優勝。のち西鉄(西武の前身)を3年連続日本一、大洋(横浜ＤｅＮＡの前身)を初の日本一に導くなど球界随一の知将と評され、「三原魔術、三原マジック」といわれた。

きたんだからただ者じゃない。入団三年目で「神様、仏様、稲尾様」と言われるわけだ。

稲尾　いや、田舎の青年が知らないうちに大スターになって、祭り上げられていくんですから、何をやってもできると錯覚していました。そんな思い上がった気持ちを覚まさせてくれたのが、九年目の肩の故障でしたね。

　六試合登板して、ゼロ勝二敗。肩を痛めて休んで治療する。ああ、もう良くなったとまた投げたら、また故障です。七月のオールスターに上がったり下がったりで、そのころから当然マスコミが非常に冷たくなって、「堕《お》ちた偶像」なんて書かれました。ファンはどんどんいなくなって、悶々《もんもん》とした一年間でした。

　あらゆる治療を試みましたが効果がなくて、野球をやめようかとも考えましたが、翌年の元旦にやっぱり野球しかない、もう一遍やろうと気持ちを決めたんです。しかし投げると肩は痛い。そこでふっと思いついて、知り合いの鉄工所で野球の球と同じ大きさの鉄の球を作ってもらったんです。滑らないように縫い目もつけて。それを二月中旬くらいまで毎日投げた。

山口　荒療治ですね。

稲尾　まさに荒療治でした。素人の恐ろしさで、鉄の球を投げる痛さを頭に叩き込んだら、野球のボールを投げる痛さなんか感じなくなるだろうと思ったんです。そうしたら不思議なことに、二月十五日に鉄の球を投げたときには痛かった肩が、十六日に野球のボールを投げたら全然痛くないんですよ。往年の球威はなかったですが、一晩でころっと痛みが消えていた。

　どういう理屈かはいまもってわからないんですが、そういうことがありました。しかしいま考えるとあの一年間は自分にとって良かったと思います。人の痛みがわかるようになりましたから。

山口　それは何歳のときですか。

稲尾　二十七歳のときですね。取り巻きのファンもいなくなりましたが、「稲尾さん、稲尾さん」と言っていたファンがいなくなり、代わりに辛口のファンがいることがわかりました。この連中は「稲尾さん」なんて言わないんですよ。「おまえに賭《か》けてるんだぞ」とか、叱咤《しった》激励なんです。こういう人たちのほうがありがたかったですね。

山口　人情の機微を知ったわけですね。

稲尾　そうですね。

自分に矢印を向ける勇気が一番大事なもの

山口　僕の場合は稲尾さんのような故障はありませんでしたが、三十一歳まで日本代表でいて、最後のころの遠征では山口のキックが外れて負けたという試合がいっぱいありまして、舌をかんで死のうかと思うぐらい責任を感じました。

　それで教師になって伏見工業高校に行くんですが、日本代表の名選手が先生になって来てくれるんですから、ラグビー部の連中はみんな大喜びで私を待ち受けてくれて

神様、仏様、稲尾様：昭和33年の日本シリーズでチームが3連敗した後、4連投4連勝という快投で西鉄ライオンズを日本一に導き、「神様、仏様、稲尾様」と称賛された。

いるだろうと思って行ったのに、「何が全日本や、関係あらへん」という連中で、これはもう貧乏くじ引いたなと思いましたね。学校のなかをバイクが走り回る、先生に暴力を振るうというひどい学校だったんですよ。

　しかしそういう学校に行って、こいつら問題を起こしても注意もしてもらえないで、きっと寂しいだろうなと思ったんです。俺がこの学校でしなければいけないことは、俺たちの学校、俺たちの母校、俺たちの恩師といった誇りを植え付けてやることだと思った。それには自分にできるのは、自分が青春を懸けてきたラグビーしかないと。

　そういう思いでラグビー部の監督になるんですが、ぼろ負けした花園との最初の試合で生徒に教えられるんですよ。百十二対ゼロで負けるんですが、途中までは「何をやっているんだ、タックルいかんか」とか、「何びびってる、同じ高校生やろう」とか言ってどやしつけていたんですが、生徒は「何わめいているんだ」という感じで生徒と私の間に通い合うものはなかったんです。

稲尾　一体感がなかった。

山口　ええ。もう放って帰ろうかとも思った。何もしてやれないもどかしさのなかで、花園の選手が弱い伏見相手にトライするたびに巻き起こる拍手や歓声が嘲笑《ちょうしょう》に聞こえてきたんですよ。「ざまーみやがれ山口」という。悔しくて涙が出て、その涙が私に何を教えてくれたかというと、初めて、こいつらどんな気持ちで試合をやっているんだろう、めちゃくちゃやられて悔しいだろうな、と思えた。そのときに、俺はこいつらにいままで何をしてやったろうかという気持ちが湧いてきた。

　偉そうに「何してる、ちゃんとやらんかい」と冷たい言葉を言うだけだった。その言葉の裏には、俺は全日本選手だったんだ、俺は監督だ、俺は教師だという気持ちがあって、よく考えたら何もしてやっていないことに気づいたんです。そんな自分に気づいたとき、本当に涙で謝ってました。「すまん、俺は偉そうにばかり言って、何もしてやっていなかった」と。あの気づきが、僕は指導者の原点だと思います。やっぱり自分に矢印を向ける勇気が一番大事なものだと思うんです。

稲尾　団体競技では、指導者の思いに大きなウェートがかかっていますね。私もそのことでものすごく怒られたことがあるんです。昭和四十五年に西鉄の監督になったんですが、黒い霧事件の絡みで監督になったものですから、チーム内ががたがたの状態でした。それで当然最下位。

　シーズンが終わった後に、毎年恒例で巨人とオープン戦をやっていたんですが、そのときに巨人の監督の川上哲治さんと会食の機会がありまして、川上さんに格好いいことを言ったんですよ。

「自分は監督としての資質があるかどうかわからない。しかし自分は西鉄ライオンズに入って、西鉄で育って、今日までになった。こういう事件の後始末でなった監督ですが、これはもう恩返しのつもりでやります。いまは野球をやれる正常な状態じゃない。なんとか正常に野球ができるところまで監督をやって、そうなったときには誰でも資質のある人と、いつでも交代してもいい」と。

川上さんに褒められるかと思ったら、「バカ野郎、おまえがそんな気持ちで正常な野球ができるチームになれるか。監督が日本一の監督になるんだという思いがないのに、選手が育つか」って、顔を真っ赤にして怒られました。これでパッと目が覚めましたね。

山口　その通りですね。こいつらを日本一にしてやりたいと心底思わなかったら、なれないですね。伏見工業は五年かかって、花園に勝つんですよ。そして翌年には全国一になりました。

稲尾　それはすごいですね。弱小チームを短期間によくそこまでのチームにされましたね。

きょうのテーマの「鍛練する」ということで締めくくりますとね、私たちは、技術を得るために鍛練するんだけれども、それをすることによって、心の鍛練になるんですね。そしてそのことを通じて人生を学ぶ……。

山口　そうですね。ただ、短い時間では学べませんね。

稲尾　本当です。どれだけ汗を流すか、どれだけ涙を流すか、というところに尽きるような気がしますね。

山口　同感です。

法隆寺金堂の図面で、小川氏に飛鳥建築規矩の指導をする西岡常一棟梁

師から学んだ精神を裏切らない仕事をする

小川三夫
鵤工舎舎主
Ogawa Mitsuo

高校の修学旅行で法隆寺五重塔を見て宮大工を志し、「法隆寺の鬼」「最後の宮大工棟梁」と称された西岡常一棟梁に弟子入り。師匠と寝食をともにしながら一つひとつ仕事を覚えていった。そこで学んだ物づくりの精神を引き継いで「鵤工舎」を設立。いま恩師のやり方にならって若い工人を育成する宮大工・小川三夫氏に、亡き西岡棟梁への思いを語っていただいた。

技術ではなく精神を教える

――こちらの鵤《いかるが》工舎では若い方が一所懸命、木と向き合っていらっしゃいますね。来る者は拒まずともお聞きしていますけれども。

いやあ、そう言うても年間に二、三百人来ますからね。拒まないということはないですわな。実際はその中の三人ぐらいしか入れません。仕事の量もあるし、みんなで宿舎に寝泊まりですからベッドが空いてなかったら入れられません。ただし、辞めて帰る人は止めませんよ。

――小川棟梁《とうりょう》が西岡常一《つねかず》棟梁を最初に訪ねた時は「仕事がないから弟子は取らない」と言われたそうですね。

まだ普通の民家もそれほど建ってない頃でしたからな。お寺どころではない。自分の生活で精いっぱいですよ。経済の成長に合わせて、自分たちの仕事も増えてきた感じですな。

――仕事のやり方は変わりましたか。

そんな世界ではないですよ。昔のものをそのまま真似《まね》るだけ。法隆寺は、千三百年も立ってるんですから。それを学ぶだけで

法隆寺：奈良県生駒郡斑鳩町にある聖徳宗の総本山。南都七大寺の一。もと法相宗。推古天皇15年（607）年に聖徳太子が斑鳩宮のそばに建立したと伝えられる。現存する世界最古の木造建築。

も精いっぱいですよ。
　みんな伝統の引き継ぎだとかいうけども、そんなものじゃないですよ。大事なのは、後世の人のために嘘《うそ》偽りのないものをつくること。そのために、ただただ精いっぱいやる。一所懸命やったものなら、それが本物だと思うんです。

――すると若い人に伝えるのは技術よりも姿勢ということになりますか。

　技術なんてひとっつも教えない。西岡棟梁だって俺にひとっつも教えてくれなかったですよ。ただ、一緒に生活してたから、いろんなことを学べた。うちだって一緒に生活をしていて、みんなで学んでるわけですよ。

――ともに生活する中から自分で何かを掴《つか》んでいくと。

　手取り足取り教えたら、それ以上のものはできないからな。でも、一所懸命自分で考えてものにしたら、技術にとらわれずにもっと大きな仕事ができるようになるんです。東大寺の大仏殿なんて、つくれるかどうか誰にも分からなかったでしょう。でも、つくりたいという一心で実現させた。それが物づくりの精神というものですよ。

西岡常一（にしおか・つねかず）
［1908～1995］宮大工。法隆寺累代棟梁の家に生まれる。数百年に一度という法隆寺の全伽藍解体大修理の棟梁を務め、奈良の名刹・薬師寺の金堂および西塔を1300年前の様式で再建させた。「法隆寺の鬼」「最後の宮大工棟梁」と称される。

――その精神を教えているのですね。

　それを教えなくては駄目なんです。技術なんて教えなくても、一緒にやっていれば自然と覚える。学べる環境さえつくってやれば自分から進んで覚えていきます。教えてやるのは親切なようでいて身につきませんな。

――一緒に暮らして一緒に仕事をしているだけですか。

　そうです。俺はなんにも言いません。仕事の段取りだけやって、あとはもう現場でみんながどんどんやってくれてますわな。

素直に学ぶ、これが一番大切

――西岡棟梁に弟子入りした時、カンナの削り屑《くず》を見せられて、それを窓に貼《は》っておいたという話がありますね。

棟梁が手本を示してくれたのはそのカンナ屑一枚でしたな。カンナで木を一枚すーっと切ってくれて「カンナ屑はこういうものだ」と見せてくれた。それをもらって窓に貼って、そういうカンナ屑が出るまで、砥《と》いでは削り、砥いでは削り、練習するわけですわね。

——一枚のカンナ屑から師匠の意図を汲《く》み取っていかれたわけですね。

そうでなくちゃあかんわな。自分が棟梁のところに行った時は、まず最初に「納屋の掃除をしなさい」と言われた。それで納屋に上がってみたら、そこには法輪寺の引きかけの図面がありました。それと西岡棟梁の道具がな。「納屋の掃除をせえ」ということは「それを見てもよろしい」という意味でしょう。「あぁ、これで弟子入りを認められたんだ」と思いましたよ。それで次に「これから一年間は、テレビ、ラジオ、新聞に一切目をくれてはいけない。物づくりだけをしなさい」と言われた。何も分からないんだから「はい、そうですか」と。抵抗しようとも思いませんでしたな。

——それが学ぶということなのですね。

素直に素直に触れてないとな。見て真似をするんだったら素直な気持ちでなくちゃ真似できませんからね。批判の目があったら学べません。うちの弟子なんかでも、素直じゃないと本当の技術が入っていかないですね。ちょっと知識があったとか中途半端な勉強をしてきてると素直に聞けねえから、往々にして間違いが起こる。

——半端な知識が邪魔になる。

知識があっても素直に物に触れることができる子は立派ですよ。でも、なかなかいないな。いまは学校でも時間がないから深く教えないわけでしょ。ちょっとした知識だけ持たせて世の中に出してしまう。だから、素直に物に触れることができない子が多いですよね。そういう子は素直になるまで怒り倒さなければ駄目なんですわ。こっちも大変、向こうも大変ですよ。

——素直に触れるとは、例えば……。

法輪寺の仕事をやった時に、こんなことがあった。大きな扉板の寸法を測って真ん中を切れと言ったら、簡単に切るやつと、測っても測っても切れないやつがおる。どっちがいいか分かりませんよ。しかし、なかなか切れなかったのは、二千年の木の命が分かったんでしょうな。物としか思ってなければサッと切れるわけだ。感性があるかないかでしょう。物の価値が自然に分かる子と、分かんないのとがいる。

——ああ、鵤工舎では機械をなるべく使わないそうですが、そこに気づくという意味もあるんですね。

大きな丸鋸《まるのこ》で挽《ひ》いてしまったら何も分からないから。ある程度になったらそれでいいですよ。しかし最初から機械に頼って

カンナ：材木の表面を削ってなめらかにする大工道具。

納屋：物置小屋。

法輪寺：斑鳩の北方・三井の地に位置することから「三井寺」とも呼ばれる、飛鳥時代創建の古刹。

やってたら、木の命を感じ取ることができない。手でやるのは辛いですよ。でも見習いのうちはそれをさせなくちゃ駄目なんだな。

執念で物をつくれば必ず不満が残るもの

――その法輪寺の三重塔を手掛けたのは弟子入りしてから何年後ですか。

五年ぐらい。西岡棟梁が薬師寺に本格的に掛かるようになって法輪寺へ行けないから、「おまえが代わりに行ってこい」てなもんだな。

――もう手順は身につけておられた？

やりながら勉強していったんですな。身についてはいない。それだけの大仕事の経験はなかったですから。

――延べ二千五百人工《にんく》もの職人を使っての大事業でしたが、不安はありませんでしたか。

不安があったらやんねえわ。「毎日少しずつコツコツやればできあがるだろう」というぐらいにしか思ってません。どうやって建てていくのか分からないけれど「自分だったらこうやるなあ」と、どんどんやっていったわけですわな。

――奈良時代の職工が大仏殿に取り組んだのと同じですね。

そうそう。自分が思うには、現場で物を組み上げるのも大変かもしれないけれども、山から木を伐《き》り出して現場まで運ぶことができたんなら塔をつくったのも同じだ、と。木を伐り出して長い距離を運ぶ時に相当な知恵が働いてるわけだから、それを刻んで組み上げるぐらいそんな難しいことではない。そんな気がしますね。

――西岡棟梁は任せっ放しですか。

大体ね。まあ、たまに見に来るよな。でも「棟梁、きょう来てるんだな、何か話し合いがあるんだな」と思うぐらい。俺らはそんな話し合いには出ないからね。

――塔が完成した時はどうでした？

その時はまだ素屋根に覆われて全体は見えないわけ。それを一番上から外していくんだけど、三重の屋根がものすごく反《そ》って見えたんですよ。「あぁ失敗しちゃった」と真っ青になった。家に帰ってから「これで腹切らなくちゃなんねえのかな」と考えましたよ。でも、次の朝に見たら、すーっときれいな線になってるんだな。気になってるところだけが誇張されて見えたんじゃないですかね。その時だけだな、ビックリしたのは。

だから、できあがったからって嬉《うれ》しいってことはない。心配だけですよ。素屋根を取ってしまえばもう何もできませんから、そこからは諦《あきら》めというか、これで終わりだと。一日でも長く生きてくれという気持ち

薬師寺：奈良市にある法相宗の大本山。南都七大寺の一。天武天皇が皇后の病気平癒を祈願し、天皇没後の文武天皇2（698）年藤原京に完成。平城遷都に伴い、現在の地に移転。たびたび火災などで諸堂を失ったが、昭和51（1976）年に金堂、昭和55（1980）年に西塔が再建された。

しかない。

──そちらに考えがいくんですね。

そんなもんじゃないですか。だから俺は料理人はいいなと思うんだ。料理は食べて「おいしい」で終わりでしょ。次はまた違うものを作るんだから。俺らはまずいと思ったらずーっとだからな。でもまあ、次はまずいところがないようにしようとするから、だんだんいい仕事になっていくんでしょうな。

だから工作技術で物をつくったら駄目だということだ。執念の物づくりをしなくちゃ駄目。そうすれば必ずできあがった時に不満が残る。その不満が新たなやる気を起こすんだからな。

──真剣にやればやるほど不満が残る。

残りますわ。ただし、それに気づくかどうかは個人差がある。言葉で伝えられないから難しいんですよ。しかし長いことやっていて思うには、日常生活が厳しければ厳しいほど、執念の物づくりに気づくね。だ

寝食をともにし、修業に励む鵤工舎の工人たち

から日常生活を厳しくするほうがいいと俺は思う。

段取りのよさと思いやりが決め手になる

――この仕事は何百年かあとの補修作業まで考えておられるわけですね。

西岡棟梁が昭和の時代に法隆寺を建てた古代工人の気持ちを読み取って復元作業したように、いつか「平成の大工さんはこういう思いでつくったんだな」と読み取ってくれるようなものを残しておかなければな。解体修理した時、みんな見られちまうんですから。「あぁ、すごい仕事してる。俺たちも真似しよう」と言われなくちゃ。物をつくるというのはそういうことと違いますか。

――「鵤工舎」を設立したのは、物づくりの精神を持った職人を育てたいというお考えもあったのでしょうね。

弟子入りした時、「この仕事をしても駄目だ。嫁さんももらえねえぞ。食えねえぞ」

と棟梁に言われたんですよ。でもね、食えねえんだったら食える宮大工になってやろうと思ったもん。それは俺が銀行屋の息子だからかもしんねえけど（笑）。儲からなくても、せめて食えなくちゃあかん。こんだけの大仕事をしてるんだからね。それで日本全国どこのお寺の仕事でも請けることにしたんです。

――独立したいと棟梁に話した時は、何か言われましたか。

なんにも。棟梁と一緒にいて飛鳥、白鳳《はくほう》の古い古代建築を勉強したけども、まだ鎌倉、室町といっぱいある。それも勉強してみたいから薬師寺を辞めさせてくださいと言ったら、「やってみなさい」とだけ。

それで一人じゃできないからね。すぐに弟子を二人ほど取らなくちゃならなかった。それがだんだん増えてきて、いまは三十人。

――寝床を並べて食事も一緒にされる。

そうそう。新しく入ってきた子が食事当番。初めは何を作っていいか分かんないようなのばっかしです。うちは飯作りの時間を三十分しかやらないんですよ。でも三十分で十二、三人分の食事は作れないから、前日に下ごしらえをしておかなくちゃならない。

夕飯が七時に終わったら後片づけして、八時頃から買い物に行って、帰ってきてから下ごしらえをする。それが十一時ぐらいまでに終わると、砥ぎものの練習ができるんだけど、十二時を過ぎると練習できない。だから、頭を使わなくちゃ、やっていけません。

飯を作らせると段取りのよしあしと思いやりが分かる。掃除をさせると性格や仕事に向かう姿勢が分かる。それを一年も見ていれば、いい大工になるかどうか、みんな分かりますわ。

西岡棟梁の姿勢を受け継ぐことが恩返し

――いま西岡棟梁に対して思うことはありますか。

「西岡棟梁をどう思いますか」ってよく聞かれるんだけど、何もないんだよ。棟梁とぴったし同じになっているから。「法隆寺には鬼がおる」といわれるぐらい怖い人だったけども、そう思うのは棟梁から離れているからなんだよ。ぴたーっと寄り添ってしまえば一つも怖いことはない。だから俺は怖いと思ったことねえもん。

――一心同体になっていたんですね。

そうだよ。棟梁はね、現場にいるだけで職人みんなが安心して仕事ができた。いざという時に責任を取ってくれる人だったからな。こちらの個人的な思いとかなんとかで計れる器の人ではなかったような気がするね。

ただ、自分の実の親父と棟梁と年が同じなんですよ。だから、親父が移ったような感じはあった。片一方は銀行屋、片一方は職人だったからおもしろかったといえばおもしろかったな。うちの親父は俺がこの仕事に入る時に、「おまえの考えは川を遡《さかのぼ》るようなものだ。川を遡るということは苦しいだけで景色は変わらん。それよりも船に乗って下る気はねえか。下れば苦しくないし、たくさんの景色を見られる」と言った。同じようなことを西岡棟梁も言ってました。「俺は川の流れにあらがって一本杭《くい》を打った。それでいい」とね。

――別の立場で言われたんですね。

きっと棟梁も世の中に流されそうになることがいっぱいあったんだろうな。でも、そこで踏み止まったという感じだな。だから最後の宮大工棟梁なんだ。「俺だって宮大工棟梁だ」と言う人はいっぱいいるけども、あんだけの人はいない。技術を持ってる人はいるだろうけども、魂が違うね。

――その魂を受け継いで誠実に仕事をやらなくては、ということですね。

笑われないような仕事だけはしておかないといけねえ。下手な時もありますよ。間違う時もあります。しかし「いまはこれ」と思って、信じて一所懸命やっていく。手を抜くというようなことはなしでね。

――それが西岡棟梁への恩返しでもあり、感謝であるともいえますね。

そういうことになるわな。俺がそんなふうにやってなかったら、うちの弟子につまんねえことがうつるでしょ。「そんなことしねえで早いことやって手抜いとけ」と言ったらば、それで終わりになっちゃうから。それじゃいけないんです。西岡棟梁の姿勢を見ているから、同じようにしなくちゃいけないと思う。

だから、うちは請け負っても下には出しません。下請けもしません。全責任を負って設計から何から全部やる。それだったら安心できるでしょ。

西岡棟梁という人に育てられたんだから、裏切らないように心掛けなくちゃいけませんわな。俺がそういうふうな気持ちでいなかったら、弟子が俺のことをなんと思うか。ね、そうでしょう。棟梁の教えてくれた精神を残していく、それが俺の責任ですよ。

小川三夫（おがわ・みつお）
昭和22年栃木県生まれ。41年栃木県立氏家高等学校を卒業後、西岡常一棟梁の門を叩くが断られる。飯山の仏壇屋、日御碕神社、酒垂神社で修業をしたあと、22歳で西岡棟梁唯一の内弟子となる。法輪寺三重塔、薬師寺金堂、同西塔の再建に副棟梁として活躍。52年、徒弟制を基にした寺社建築専門の建設会社鵤工舎を設立。

強い将・敗軍の将

組織を強くするリーダーの条件

財団法人 日本バレーボール協会 専務理事
松平康隆
Matsudaira Yasutaka

勝ち負けは原因がある

松平　広岡さんには恐縮ですが、最近のプロ野球、特にセ・リーグはさっぱり面白くありませんな。
広岡　いや、恐縮なさることはありませんよ。私も同感ですから（笑）。
松平　広岡さん、ひとつ監督に復帰して、面白くしてくださいよ（笑）。
広岡　いやいや、もうそのファイトはありません。
松平　何をおっしゃる。――それはともかく、どうしてこんなに面白くなくなったんでしょうな。
広岡　偶然に頼って勝負をしているからでしょう。野球に限らず、バレーでもそうでしょうが、勝つには勝つだけの、負けるには負けるだけの、ちゃんとした理由があるわけですよ。
松平　そうです、そうです。
広岡　その原因分析がきちっとできていない。なりゆきや偶然でしか勝負をとらえていない。だから、勝負がその場限りのもの

時の流れの中で、次々に新しい将が生まれ、人々はその人となりに引きずられて歴史を刻んできた。この古くて新しいテーマは、語り尽くされることがない。バレーボール、プロ野球、それぞれの世界において名将と呼ばれる二人が語り合う将の資格、条件とは――。

広岡達朗

野球評論家

Hirooka Tatsurou

になってしまっているんです。そこに野球を面白くなくしている原因があるんでしょうね。

松平　偶然や運不運だけで勝負をとらえる傾向、確かにありますな。テレビのプロ野球を見ていると、選手インタビューがありますでしょう。〝ついていたんです〟などという答えが、実に多い。確かにスポーツにはつきというものはありますよ。しかし、つきは強さにつながってこない。

広岡　たとえば、野球の攻撃は単純なんです。まず走者を先の塁に進めようとするのが第一です。そのためにはバントで送るのか、盗塁か、ヒット・エンド・ランか、これぐらいしかないわけです。守る側は相手がどの攻撃を選択してくるかを考え、それに備えて防ごうとする。攻める側は相手の予測したものをはずし、備えを突き破ろうとする。そのせめぎ合いが、野球の醍醐味《だいごみ》なんですね。

松平　バレーもまったく同じですよ。

広岡　それを怠けて、偶然にまかせているんです。巨人は今年（一九八一年）はダントツですが、ダントツに強くなったわけじゃないです。どのチームも五分に戦える力をもっている。ただ怠けて、負けた原因をきちっと分析し、その対策を講じてないから、いいようにやられているんです。

松平　ほかのチームは怠けていますか。

広岡　そうです。一度やった間違いを何度も繰り返している。原因を分析していないんです。怠けている証拠ですよ。

松平　これはやはり、広岡さんに復帰してもらわないと、面白くなりそうもありませんね（笑）

勝つことに貪欲であれ

広岡　勝とうとしなければ、それでもいいいんでしょうがね。観客はいっぱい入っているんですから。

松平　プロだから経営的にペイすれば、勝敗は二の次という考え、これは確かにあるでしょうね。

広岡　しかし、私は巨人で現役のときに勝つための野球というものが身にしみついていますからね。それでは満足できんのです。それに、強くなって勝てば、もっとお客はくるかも知れんのです。リーダーたるもの、ペイしてるからいいと現状に満足したら、真の勝利者にはなれませんよ。

松平　プロとアマの違いはあっても、バレー界にも同じ状況があるんです。以前はバレーなどマイナーもいいところで、観客などほとんどなかった。

広岡　バレーなんか女のやるものみたいな意識がありましたものね。

松平　そうです。それが大古、森田、横田とそろって、だんだん強くなり、（ミュンヘン）オリンピックの金メダルで、実力も人気もひとつの頂点に達した。その後、男子バレーの力は落ちたわけですが、人気はそのまま続いたんですね。すると、多くの人がバレーを見て楽しんでるんだし、ママさんバレーも普及したし、そんなに無理して金メダルにこだわることないじゃないか、という考えが出てくるんです。

広岡　そうなると、頭打ちになる。

松平康隆（まつだいら・やすたか）
昭和5年東京都生まれ。慶應義塾大学卒業。日本鋼管（現・JFEホールディングス）入社後、ソ連に留学。全日本男子チームのコーチとして39年東京五輪で銅メダル。40年監督となり、多彩なコンビ攻撃を編み出し、43年メキシコ五輪で銀、47年ミュンヘン五輪で金メダル。54年日本バレーボール協会専務理事。

松平　そうそう。そこで満足したらおしまい、より強くなろうとしなければ勝てないし、普及も人気もそこで止まってしまう。

広岡　何ごとでも勝負は、強いところが勝つんです。将たる者、強くなることに貪欲《どんよく》でなければ、将の資格はありませんね。将が現状に満足してしまっているか、強くなることに貪欲か、この意識の違いが、チームや組織の力には大きく影響しますね。

松平　それが決定的ですよ。

広岡　私がお世話になったヤクルトというチームは、これがフロントから選手まで、およそ欲のないチームでしてね（笑）。強くなり勝つためには、当然の原理原則、セオリーがあるわけです。そのセオリーをきちんとやれるようになるには、練習しかない。

松平　おっしゃる通りです。

広岡　セオリーがやれるようになるまでには、当然、練習はきびしいものになる。ところが、ヤクルトというチームは、そんなことまでしたくないというんですね。

松平　ほほう。

広岡　巨人で勝つことだけを徹底して教えられた私には、これは驚きでした。そんなことをするぐらいなら、勝たなくともいい、といっているわけですから。

松平　それを、勝つことに貪欲な現状に満足しない広岡さんが将になって、強いチームに作り替えたわけだ。

広岡　しかし、ヤクルトでは私がいい勉強をさせてもらいました。もし巨人でコーチになり、そのまま監督になったら、いまの私はなかったでしょう。違う場所にいったら、途方に暮れてしまいましたね。勝つために当然のことが、当然のこととして通用しないチームにぶつかったからこそ、いろいろ考え、テクニックを身につけることができたわけですから。

松平　これまでの話で、強い将、ダメな将のいろいろな条件が出てきましたね。まず、現状に満足していてはダメ、貪欲でなければならないということがひとつ。それから、先ほど広岡さんがいわれた、強くなるため、勝つための原理原則、セオリーということ。これをきちっと持っていないと、強い将にはなれない。

広岡　それが基本でしょう。それがないと勝因敗因の分析もできないし、次の段階のためにいま何をしなければならないかも見えない。従って同じ間違いを繰り返し、偶然に頼ったゲームしかできなくなってしまう。今年のセ・リーグがそれです（笑）。

松平　勝負に対する貪欲さでは、こういうこともあります。私は金メダル狂みたいに金メダル、金メダルといっていますが、ドン尻だろうと二位だろうと、一位に負けたという点では同じなんです。金メダルでなければ勝ったことにならない。勝つことにそれぐらいシビアになれなければ、決して強い将にはなれない。銅メダルがとれそうだなどと喜んでいたら、オリンピックで、六位入賞もできませんよ。

広岡　今年のセ・リーグがそれです。巨人の優勝はもう決定です。残りの五チームは負けたんです。それをしっかりと認識すべきです。ところが、五弱で二位はどこか、なんていってる。将たるものは、情けないと思わなきゃいけません（笑）。

根気が作り出す強さ

松平　勝つためのセオリーがある。そのセオリーをきちんとやれば、チームは強くなっていく。当然のことなんです。当然のことを当然のこととしてやるのが強い将です。だから、強い将というのは、見ていては面白いものじゃないでしょうね。

広岡　そうだと思います。見ていて面白い、ドラマチックだというのは、弱さの現れであることが多いですね。

松平　だから、悲劇の武将なんてのは小説の主人公にはなりやすい（笑）。徳川家康などは強い将の典型でしょうが、これは狸おやじなどといわれて、あまり好感は持たれない。弱点があって敗れた武将よりは、はた目には面白くないんですね。

広岡　世間から面白く見られるようになったら、将たる者、警戒し自戒した方がいいということでしょう。

松平　もっとも徳川家康も最近は小説の主人公になり、さまざまな形で取り上げられるようになりましたね。それは面白いからというより、人間が複雑だからですよ。そこが関心の対象になっている。強い将というのは、確かに複雑性を備えていなければなりません。将は単細胞ではダメなんです。

広岡　作戦を考え、決定する。バントでいくか盗塁でいくかヒット・エンド・ランでいくか、方法は単純でも、そのどれを選択するかは、局面をあらゆる角度から見る視点が必要です。そういう視点を持つのは、単細胞ではちょっとね（笑）。

松平　信長にしろ秀吉にしろ家康にしろ、ほととぎすの句などで単純化して考えがちだが、そんなことはない。それぞれに切り口によって、いろいろな面を見せる。人間が複雑なんです。広岡さんだって、つきあっていったら、へぇ、こんな面があったのかと、思いがけないような面を見せると思うんだな。へぇ、こんな面がというものをいっぱい持っていることが、強い将としての資格といえますね。

広岡　それから怠け者ではダメだというのも、強い将の条件につけ加えてください。

松平　それそれ。つけ加えるなんてもんじゃない。肝心要の点ですよ。

広岡　ゲームで実際プレーをするのは監督ではなく選手なわけです。だから、選手を鍛えて、監督の意図どおりに動けるようにするのが、強くなる基本なんです。鍛えるには根気しかない。怠け者では根気しかない。怠け者では根気など持てませんからね。

松平　私は全日本チームを鍛えるとき、これをやらなくちゃ金メダルは取れないんだ、といい続けたんです。すると〝これをやったら必ず金メダルが取れるのか〟などと、選手が反論するわけなんだな。大古、森田、横田、あの連中にもそういう段階のときがあったんです。〝馬鹿いっちゃいけない。勝負に必ず勝てるなんてあるものか。だが、この練習をしなかったら、金メダルが取れないことは確かだ〟といったんですけれどもね。でも何年かするうちに黙っていても連中はやるようになった。それをわからせたのは理屈じゃない。ただただ根気でしたね。

広岡　私は昔は怠け者だったと思いますよ。広島カープのコーチをしていたとき、これはダメだとしか思えない選手がいたんです。こっちに食いついてきて熱心に練習はするんですが、とにかくダメとしか思えない。で、そのころカープの監督だった根本（陸夫）さんにいったんです。あれは見込みないって。

松平　いま、西武の監督の根本さんですね。

広岡　ええ。そしたら根本さんは、まあ、がまんして教えてくれ、というわけです。二年間教えました。そしたら急にうまくなったんです。あの経験は感動的でした。根気は人間を変えることができるんだと、あのとき教えられましたね。ダメだと投げようとしたのは、私が怠け者だったからなんです。

松平　体の怠け者も将の資格はないが、頭の怠け者も困りますね。セ・リーグ五弱の将はそれかも知れませんよ（笑）。

広岡　私が（一九七八年の）日本シリーズを戦ったとき、第一戦の先発投手はほんとに考えました。まずエースは松岡だが、彼は緊張に弱い。その点からいえば、図太さが取り柄の安田だが、これも不安がある。コーチと相談しても結論が出ず、一晩寝ずに考えた。安田先発と決めたのは翌朝です。あれは考えることを怠けなくてよかったなあ、とあとで思いました。

松平　似た経験は私にもあります。オリンピックでいよいよ金メダル・マッチになったとき、前の晩、考え抜きましたね。東独がこう出てきたらどうするか。こうなった場面はどうか。あらゆる局面を想定して、対策を考えた。結局、これは頭の中でゲームのリハーサルをしたことになりましたね。だから、実際のゲームでは、どんな局面になっても、あわてることも迷うこともなかった。

広岡　手抜きをしたら、将はおしまいです。

松平　ことバレーに関しては、私は怠け者じゃないと自慢できるかも知れませんね。私は結局、十二年間、全日本の監督、コーチをやったんですからね。根気ひと筋ですよ。

広岡達朗（ひろおか・たつろう）
昭和7年広島県生まれ。早稲田大学卒業。昭和29年巨人軍に入団。41年引退後、45年広島東洋カープのコーチに就任したのを機に指導者として手腕を発揮。ヤクルトスワローズ（現・東京ヤクルトスワローズ）のコーチを務めていた51年のシーズン途中から監督としてチームを率い、53年に球団史上初のリーグ優勝を果たすと、日本シリーズも制して日本一となった。

広岡　十二年間とは、ほんものの根気ですよ。

松平　それも私は陽性だったからでしょう。陽性でなければ、十二年間もやっていられませんよ。選手もついてこないでしょう。

広岡　陽性、明るさ、将にとっては大切なことですね。でも、ただ性格的に陽性だというだけでは、将は務まりませんよ。他から学ぶ謙虚さはもちろん必要だが、自分のセオリーに確信を持ち、その上に立った明るさでなければ。松平さんはそういう自信に支えられた明るさを備えていられたんだと思いますよ。

部下に迎合する将はだめ

松平　ダメな将とは強い将の裏返しということになるわけですが、いろいろないい方ができると思うけれども、つまりはこういうことになりませんか。部下に迎合する将はダメな将だ、と。

広岡　まさにその通りです。私にはこういう経験があるんです。少し長くなりますが、いいですか。

松平　どうぞどうぞ。

広岡　荒川（博）さんがシーズン途中でヤクルトの監督をやめられて、私が急に代理監督として指揮を執ることになったときです。

松平　そうでしたね。そういうことがありました。

広岡　その第一戦は勝ったんです。監督が代わって勝ったから、なんとなく新鮮な気分になって、ベンチはウキウキです。そうしたらコーチが、すごくチームはいいムードだから、これを持続するために、選手の管理は自分たちに任せてくれというんです。何をいうか、と思いましたね。

松平　そうですよ。選手管理は監督の仕事。コーチは監督の意向にそってその指示を受けて具体的に管理していけばいいんだ。

広岡　それが組織というものですよ。だが、そのときは私は外様で味方がいなかった。何をいうかといったら、総スカンを食って浮き上がりかねない状態です。一時ダメ監督になる覚悟を決めて、コーチの申し出を受け入れました。

松平　それは勇気の要ることですね。

広岡　ええ。確かにチームのムードはいい。ベンチは和気あいあいです。しかし、そんなものはほんとのチームの和じゃない。コーチのやってることは管理でもなんでもない。選手たちが望むことを受け入れているだけ。まさに迎合そのものだ。

松平　仲良しごっこやってたんじゃ勝てるわけない。

広岡　その通り、連戦連敗ですよ。仲良くするために野球やってるんじゃなく、勝つために野球をやってるんですからね。まるで会社が赤字を出しながら、社員が楽しくやってるようなもんです（笑）。そういう会社は、すぐ崩れますよ。企業は利益を出してこそ、ほんとうにまとまれるものでしょう。野球も同じで、負け続けているとギクシャクしてくるのは当然です。

松平　勝つためのチームワークなんですからね。また勝つことによってチームワークは生まれるものです。それは企業もスポーツも同じ。だから、きびしい体制と方針と実践からしか、真のチームワークは生まれない。仲良しごっことは違うんだ。

広岡　私もそう思います。コーチたちも誤りに気づいたろうと思って、私が選手管理にのりだすことにした。ところがコーチたちはわかっていないんですね。反省の言葉が全然聞かれない。それどころか、選手にはコーチを通さず、監督が直接指示してくれ、などとまったく組織と役割をわきまえないことをいいだすんです。

松平　それはどうしてです？

広岡　要するに、これまでは選手に顔を向けていたのに、裏切って監督に顔を向けた、と思われたくないからですよ。

松平　サラリーマン根性なんだな。部下への迎合はサラリーマン根性といい換えることができる。それでは将としても将の補佐役としても失格だ。

広岡　ヤクルトというチームを根本から叩き直さなければ、と本気で思ったのは、そのときからでしたね。

いたずらに将は動くな

松平　ところでそのチームの叩き直しですが、どうやって広岡さんの考え方とやり方を浸透させていかれました？

広岡　外側からは、先ほど松平さんがいわれたきびしい体制と方針を私がかっちりと固め、実践を要求していく——これを妥協せずにやる以外にはなかったですね。内側からの意識変革も根気だけです。

松平　私と同じですね。一朝一夕にはならないです。根気よく、妥協せず——将が組織を強化していく要諦《ようてい》は、それにつきますね。だが、その時期が将の一番つらい時期だ。将が孤独感をおぼえるのも、その時期でね。

広岡　ほんとに孤独ですね。それに耐えられなくなると、つい妥協に走りたくなる。将の落とし穴です。

松平　それに耐えて自分を鼓舞していくには、勝つ喜びというか、勝つ味を大切にしていくしかありませんね。

広岡　ほんとに勝つ喜びが支えですね。

松平　私はテクニックとしては、刺激を与えるようにしました。より強い相手とぶつからせるんです。ソ連やブルガリアなどの外国チームとどんどん試合させたのは、そのためです。

広岡　私もですよ。アメリカのユマにキャンプしたのがそれです。大リーグの肩は強い、足は速いというすごい連中を目のあたりに見せるのは、何よりの刺激でした。そういうすごい連中が、基本プレーを反復し、忠実にやってるんですからね。これを見るのは、どんな理屈よりも雄弁ですよ。

松平　そうですね。

広岡　もっとも、球団にアメリカにキャンプさせてくれといったら、最初はアメリカには優勝したら、ご褒美にいかしてやるといわれて、ズッコケましたけどね。ご褒美よりも前に強くすることを考えなければならないのに、のんきなものでしたよ（笑）。

松平　しかし、その時期をくぐりぬけると、こっちがいわなくともチームはぐんぐん変わりますね。進んで練習もするようになる。

広岡　ヤクルトも最後はすごく練習するようになりましたよ。もう、やめたらどうだといっても、食いついてくるようになった。

松平　そうなったら、勝つ基本はできてくる。そこから先は、いよいよ将がコマをどう動かすかにかかってくる。

広岡　しかし、そこから先は、将はあまりすることがないと思うんですよ。最後のゴールをにらんで、コマをどう配置するかだけじゃないでしょうか。

松平　それで思い出したのは、広岡さんのヤクルトと上田（利治）さんの阪急が戦った日本シリーズです。あのとき、私は、ずうっとベンチの広岡さんを見てたんですよ。松岡投手が投げていたんですね。

広岡　よくおぼえていらっしゃる。（笑）。

松平　あなたは、ベンチの奥でじっと腕組みをして見ていただけだった。私も同じなんです。これで金メダルが決まるという決勝戦の最後のツメにきたときは、私も何もすることがなかった。鍛えたコマを配置し終わったら、それであとはコマの戦いぶりを見守るというのが、勝ちを握る将の姿なのかも知れませんね。

広岡　コマの配置については、あの広島と近鉄の日本シリーズ（一九七九年）で感じたことがあるんです。私は西本（幸雄）さんの勝負に賭ける情熱と執念はすごく尊敬しているのですが、あの日本シリーズのコマの配置には疑問を感じたんです。

松平　やはりそうですか。私も野球は素人ですが、西本さんはせっかちなんじゃないかと思いました。最終的な勝ちを忘れて、目先にとらわれてしまうような……。

広岡　そうなんです。日本シリーズは七戦して四勝すれば勝ちなんです。何も四連勝してしまう必要はないんで、七戦の中で四勝するように考えればいいわけです。四連勝できる持ちゴマがあれば結構ですが、そんなチームはめったにありゃしないんですから。

松平　トーナメントなら一敗もできないんだから、そういう戦い方をしなければならないが、日本シリーズは三敗しても負けじゃない。三敗してもいいから四勝するように持ちゴマを配置すればいい……。

広岡　そうです。あのとき近鉄には井本、鈴木という勝利をにぎる確率の高い投手が二枚いた。これを第一戦、第二戦に配置したら、あとは休ませるのが勝つことなんです。休養十分で第六戦、第七戦にもってくる。第三戦から第五戦まではあとの投手でつなぎ、ここで一勝でもできれば儲けもの、というのが、あのシリーズでは四勝するためのコマの配置ではなかったでしょうか。

松平　ところが西本さんは、第六戦まで待たずにエースを注ぎ込んできた。

広岡　七戦全部を考えたコマの配置をしないで、西本さんが出てきたとき、広島が勝つな、と思いましたね（結果は広島の四勝三敗）。

松平　つまり将たる者は、全体を見回し、最高と思えるコマを配置し終えたら、いたずらに動いちゃいかんということだ。

広岡　組織の動かし方、部下の使い方とはそういうものじゃないでしょうかね。コマを配置し終えたら、いたずらに動かず、じっと見守っているのも将の任務だ、と思うんです。

松平　私も西本さんは名将だと思うけれど、最後のツメで将が動いてはならないときに、つい動いてしまう。そこに日本シリーズには勝てない原因があるのかも知れないなあ。

負け試合は宝庫だ

広岡　もっともそれは、コマが自分の思いどおりにどうにか動けるところまで鍛えた、という段階になっていえることです。そこまでいかない段階、弱卒を率いる将は、そんなことはいっていられない。相手の弱点を狙って、将も動かなければならない。

松平　奇襲戦法というか、相手の弱点を集中的に攻撃する一角突破戦法ですね。全日本男子がまだ弱かったころ、私もやりました。ソ連にどうしても勝てない。相手が速攻などの小手先戦法に弱いと見て、それを連発する。でも一角戦法は、選手がソ連にも勝てるんだという意識を持ったら、すぐにやめました。あれは弱将の戦法です。

広岡　一角戦法は一度ぐらいは勝てるかも知れないが、二度、三度とは勝てない。

松平　そうです、そうです。

広岡　強くなるための一過程の意味しかない。それよりは、負けた試合を大事にしていく方が、強い将になるにはずうっと大事。

松平　負け試合は強くなるための宝庫ですよ。

広岡　一番最初にもどってしまいますが、勝つには勝つだけの、負けるには負けるだけの、原因がある。それをしっかり押さえれば、次にはどうすればいいか、そのためにはどう鍛えればいいかが見えてくる。それをやれば、強くなれるんです。負けた試合の方が、やるべきこと、やらなければならないことが、より多くつかめるんです。勝ってワアーッ、負けてクソッ、それだけで終わっては、内容のない勝ちであり、内容のない負けになってしまうだけです。真の強さにつながってこない。

松平　女子バレーの監督で、バレーにすごい情熱をもっている男がいたんです。私も注目してた。しかし、試合後の様子を見て、これはダメだと思いました。勝つと手放しで喜ぶ。負けると選手にクドクドと愚痴るんです。将は愚痴ってはいけません。

広岡　愚痴るなら、黙って選手に、愚痴ってる内容、つまりできなかったことを、次はできるようにやらせればいいんです。

松平　その男はとうとう優勝できずに終わりました。

広岡　当然でしょう。愚痴って勝てるなら世話はない。

松平　広岡さんは現役時代、監督の指示がすべて納得できましたか。

広岡　いや、おかしな作戦だなあ、と思ったことは再三です。

松平　で、どうしました？

広岡　指示どおりにやりました。

松平　どうして？

広岡　私の現役時代といえば。巨人ですからね。勝つことに集中しているのはよくわかる。何をやるにもただ勝つため、それだけのためなのだ、ということは信じられるわけです。

　だから、作戦は納得できないが、やるしかない、やろう、と。

松平　そこですよね。それは一種の信頼だ。勝つという一点でどれだけ部下を信頼させられるか。そこが勝つ将と負ける将の分かれ目でしょうね。

広岡　勝つための組織を率いる将は、それがポイントではないでしょうか。

兵を使い捨てにしない

松平　広岡さんはたくさんの監督を見てきたわけですが、どなたか、尊敬できる監督はいますか。

広岡　さあ……(笑)。それぞれ一長一短ありましてね。私の現役のころは三原マジックなどといわれて、三原脩《おさむ》さんが輝いていましたが……。

松平　西鉄ライオンズ、強かったですからねえ。

広岡　しかし、勝つためのマジックなんてないんですよ。勝つための当然のことをやる以外に、勝つ方法はないんです。その当然のことを、何かありそうに、いわくありげに出すテクニックを心得ていたんですね。だから、相手がまどわされたんです。その意味では名監督のひとりには違いありませんが……。

松平　しかし、問題がある……。

広岡　ええ。三原さんの問題は選手を使いつぶしにしたことです。たとえば、稲尾(和久)はもっと投げられたと思うのですが、三原さんの酷使が投手寿命をちぢめましたね。兵をつぶして勝ちを取る将は、強い将とはいえないと思うんです。

松平　一将功成って万骨枯るでは、兵がついてこない。

広岡　私は選手にいうんです。おれのいうとおりやれば、長く選手生活が続けられるぞって。いうだけではありません。私は選手寿命を長くすることを前提にして、チームの組み立てを考えたんです。

松平　あっ、それはいいことですね。部下を使い捨てにしない。その上で勝ちを取る。そういう考え方、やり方をする将には、兵はついていきますよ。それは兵の将に対する信頼、将の兵に対する統率力の基本につながってくる。

広岡　いるんですよ。この選手は一年働けばあとは捨てていい、という考え方ややり方でチームを組み立てる監督が。選手も馬鹿じゃないかぎり、自分の使われ方を見れば、監督がどう考えているかはわかります。一年限りとわかっていて、思う存分働けるわけがないですよ。

松平　プロにとっては選手寿命の長短はメシにかかわってくるんだから、より重要だ。

広岡　だからこそ、私は選手にきびしく接するんです。その点、手本にするのは、亡くなった藤本定義さんですね。あの人は投手のローテーションは絶対崩さなかった。これは大変なことなんです。エースを二日前に投げさせた。今日無理すれば投げられないことはない。いま目の前の試合に投入すれば、必ず勝てる。リリーフにエースを送り出したい誘惑は大変なものです。それを我慢して、ローテーションを崩さない。この大変なことを、あの人はきちっとやってのけましたからね。

松平　将とは違うが、私は孫子にいろいろなことを教えられましたね。特に孫子のいう〝死地〟には大いに学びました。こうする以外に勝つ道はない、ほかに脱け道はない、という場所に、選手を立たせる。そこにどうやって選手を追い込んでいくかが、私の十二年間の監督生活の大部分だった、といってもいいほどです。

広岡　なるほど、死地ね。選手たちをそういう場所に立たせることができたら、強さは盤石のものになりますよ。

将よりすぐれている兵を

松平　しかし不思議ですね。服装にしろ振る舞いにしろ言葉遣いにしろ、強くなってくると、きちっとしてきますね。

広岡　プロ野球では、やはり巨人が一番きちっとしてる。

松平　強くなると服装などがきちっとしてくるのか、服装がきちっとすると強くなるのか、これは鶏と卵みたいなものでしょうが、深い関係がありますね。大古や横田や森田も、強くなるのと、そういうのがきちっとしてくるのと、比例していました。

広岡　強くなるということは、すべての面で緊張感が持続することです。その現れでしょう。

松平　あるんですよね。名はいわないが、私たちが練習にバスで通うコースに、あるプロ野球チームが泊まる旅館があったんです。球場に行くバスを待ってるんでしょうね。みんなで道端に立っている。それが車道と歩道の段差に腰かけたりして、実にだらしない格好。それがあるときから、全体がシャンとした感じになった。チームの成績が上昇したのと一致してるんです。最近はあまりパッとしないから、またぞろだらしない格好にもどっていると思うけど（笑）。

広岡　将は勝つことだけではなく、そういう面も指導できなければなりませんね。それが勝ちにつながるんだから。そのためには、将自身がきちっとした人間でなければ。

松平　巨人の藤田（元司）監督。あの人は実にきちっとしている。巨人はもともときちっとしたチームだが、今年強いのは、きちっとしてるあの人が監督になったこともあると思うな（笑）。

広岡　外見ばかりでなく、理論もきちっとしていなければなりません。将は理想的な条件を与えられるわけではないんです。プロ野球のいまの状況では、ひとつのチームをあずかって、優勝できるチームに育てるのに許される時間は、せいぜい二年か三年でしょう。

松平　ほんとは五年は欲しいところだが、そんな悠長なことをいっていたら首が飛ぶ（笑）。

広岡　その時間的条件のなかで目標を達成するには、チームを勝つためのものに鍛え、組織し、配置するきちっとした理論が、絶対なければ、将たり得ませんよ。

松平　しかし、私は吉田松陰をうらやましいと思うんですよ。松陰は将ではありませんが、弟子たちを自分よりすぐれていると思って教えたわけでしょう。その弟子たちは明治維新で大活躍した。部下を自分よりすぐれていると信じられて鍛えられたら、将としての冥利につきるでしょうね。

広岡　ああ、そういう将なら、いうことないですね（笑）。

第7章

学び続ける

一流の人はいくつになっても変化成長する。四十、五十で人生が分かったように言う人は、すでに心がマンネリになっている証拠である。真に道を求める人は、命ある限り学び続け、変化成長していく。仕事力の追究に終わりはない。

常に前進、常に挑戦

福島孝徳
デューク大学教授

Fukushima Takanori

脳外科の進歩に尽くしてきた盟友

福島　佐野先生とお会いしてからもう三十年以上になりますか。その当時は戸山高校（東京都）の同窓だとは知らなかったんですが、まぁ仲良くさせていただいて（笑）。

佐野　そうですね。僕が先生の二年後輩で。

福島　佐野先生とは脳外科における最先端のライバルであり、友であり、日本の脳外科の進歩に一緒に尽くしてきたなという思いがありますね。お互いに高め合ってきたプロフェッショナル・ハート・フレンドとでも言いますか。

佐野　先生が欧米留学を経て、帰国されたのが一九七八年でしょう。僕が藤田（保健衛生大学）に移ったのが七六年で、ちょうど講師になりたての頃でしたが、その頃の先生は凄《すご》くカッコよかったんですよ。

福島　あんまり喋《しゃべ》るから「マシンガン福島」なんて言われてましたけどね（笑）。あの頃、

デューク大学：米国、ノースカロライナ州ダラムにあるメソジスト教会系の私立大学。1830年代に設立されたブラウンズ学舎が起源とされる。

「神の手を持つ男」といわれる二人のスーパードクターがいる――。福島孝徳氏と佐野公俊氏。日本の近代脳神経外科の黎明期から第一線に立ち続け、斯界の発展に尽力してきたお二人に、限りない前進に懸ける思いと患者さんのため一筋に歩んできた道のりを語り合っていただいた。

佐野公俊

総合新川橋病院副院長

Sano Hirotoshi

私は三十五、六歳で、最盛期の時分ですよ。

私が思うに日本の医科大学の最大の欠点は、旧態依然たる封建制と医局独裁制と閉鎖性ですね。だから大学の一つの医局に教授が一人しかいない。欧米や韓国なら必ず五、六人の教授がいるんですよ。その点、藤田は佐野先生の功績で、ちゃんと複数の教授がいる。

佐野　藤田は新設大学だったからよかったんですよ。僕が二〇〇四年に主任教授になった時、研究や教育分野では日本で一番になれないけれど、臨床ならトップになれると考えて、脳外科に私を含めて五人の教授をつくったんです。

するとと学内の勢力から「脳外科ばかり教授を増やして、もうちょっとバランスを考えてください」と横槍《よこやり》が入った。私も頭にきて、「あなた方はバランス、バランスと言うけれど、仮に一人が年間二百の手術をやれば、五人で千じゃないか。それに手術をやれば収益が一番上がる。もしバランスを取れと言うんだったら、なぜ高いほうにバランスを取ろうとしないのか」と言いました。

　全員から冷たい視線を感じましたが（笑）、藤田は私学だったから理事長がそれを認めてくれて、どんどんやらせてもらえたからいま（二〇一二年）では年間千二百の手術症例数ですよ。

福島　日本の医大の中では断トツで日本一でしょう。

　佐野先生のいま一つの特徴を申し上げますとね。日本の医大の教授選は、もう一から十まで基礎研究と学術論文なんですよ。ですから教授になりたい人は、臨床をやらずに研究と論文の一本槍でいく。だからいざ教授になった時、臨床をやってないから危ないんですよ。でも先生は、研究の学術論文がほとんどないんじゃないの？

佐野　そう、臨床論文しかない。

福島　ですよね。いわゆるアカデミックな学術論文なしに教授になったのは全国でも彼ぐらいじゃないかなぁ。私も過去二百ぐらいの論文を書いたんですが、そのたび怪文書が出回ったりして、結局教授になれなかったですからね。

佐野　しかし臨床をやりながら、それだけの数の論文を書いていることが凄いですね。

福島　まぁ、いろいろなことをやっているんですけれども。出る杭《くい》は打たれると言いますが、福島は出過ぎたから抜かれちゃったんだと人からはよく言われます（笑）。

　でも私はアメリカへ行ってよかったと思っています。日本にいたら日本の福島で終わっていたけれど、向こうへ行ったおかげで世界の福島になれましたから。もちろんその分、必死に努力もしました。

　最初の頃は自分の部屋に日の丸掲げて軍艦マーチをかけて、俺は絶対アメリカ人には負けないぞって、毎日言い聞かせてましたからね。

　だいたい二年で全米トップになり、ペンシルバニア医大に倍の年俸で引き抜かれた後、五十五歳の時に天下のデューク大学が「ぜひ私たちを教えてくれ」と私のところに来たんです。

　それからもう十二年が経《た》ち、いまは年に数回日本に帰るだけですが、本当によくやらせてもらって感謝しています。

福島孝徳（ふくしま・たかのり）
昭和17年東京都生まれ。43年東京大学医学部卒業後、同大学医学部附属病院脳神経外科臨床・研究助手。ドイツのベルリン自由大学、Steglitz病院脳神経外科研究フェロー、米国メイヨー・クリニック脳神経外科臨床・研究フェローを経て、53年東京大学医学部附属病院脳神経外科。55年三井記念病院脳神経外科部長。平成3年南カルフォルニア大学医療センター脳神経外科教授。ペンシルバニア医科大学アルゲニー総合病院脳神経外科教授などを歴任。10年カロライナ頭蓋底手術センター所長およびデューク大学脳外科教授。

マイクロサージェリーの創始者になろう

福島　私の高校時分はグレていた盛りでしたが、先生は模範生だったからすんなり外科医になられたんでしょう？

佐野　いやいや、模範生じゃなかったですけどね（笑）。

僕の家は母が医者の家系で、子供の頃から「医者になれ、医者になれ」と洗脳されてきたわけです。それと親父が時計屋を営んでいて、修理に使うピンセットなどがいつも手の届くところにあったから、物心のついた頃からそういうものを使って指を使う訓練をしていたように思います。自分でも手先が器用だという思いがあって、医者になるなら外科が向いていると考えたのが始まりですね。

福島　外科にもいろいろありますが、なぜ脳外科を選ばれたんですか？

マイクロサージェリー：脳神経外科で拡大鏡で見ながら、数ミリ以下の微細組織を切開、縫合する微小手術。脳血管や脳神経の病気の治療に用いる。

佐野　脳外科医というといまでこそ重きを置かれる感じがありますが、先生もご承知のように当時は「脳の手術なんかしたら死んでしまう」と言われた時代で、内科医の叔父からも強く反対されました。

鼓室形成：鼓室形成術のこと。中耳に発生した問題を外科的に取り除き、鼓膜と内耳の間にある空所とその機能を修復する手術。

でもいまからは違う、と。僕は大学で病院実習をした時に、耳鼻科の鼓室《こしつ》形成などで用いられていた手術用顕微鏡を見て、これを脳外科の手術に持ち込んでやろう、自分が日本のマイクロサージェリー（顕微鏡手術）の創始者になろうと思って脳外科に入ったんですね。

それで研修医時代、軽自動車と同じくら

いの値段がしたハンディマイクロスコープを月賦《げっぷ》で購入し、操作に慣れるため、毎日三十分ほど顕微鏡下で手を動かす練習をしたり、利き手でない左手で食事をするなどの訓練を続けました。

まもなく勤務先の病院にも顕微鏡が導入されて他の先生方もやろうとされるんですが、顕微鏡下では思うように手が動かせない。

一方、僕は前もってトレーニングをしていたから非常に正確にやれるわけです。皆も「うめぇもんだな」ということで、脳外科に入って一年後には顕微鏡手術に関するほとんどを自分がやらせてもらえるようになったんです。

福島　先んずれば人を制す、ですね。

佐野　当時、脳外科でやっていたのは血だらけの手術で、止血が難しいと先輩は言うんですが、顕微鏡を使えばそもそも血が出ないから話が全然違うんですよね。血を出してから止めるのではなしに、出さないでやる。そんなわけでとにかく数を重ねていくことで、技術が飛躍的に伸びていったんです。

ヤクザになるのか医者になるのか決めろ

佐野　福島先生のお父様は明治神宮の神官をしておられましたよね。

福島　はい。父は明治神宮の神官、名誉宮司《ぐうじ》として九十歳まで奉職していました。

父にとっては神宮がすべてで、どこにも連れていってくれないし、何も買ってくれない。「世のため人のために尽くしなさい」と言うだけで、私はその反発から悪ガキとして育ち、中学、高校と非常にグレていました。

ある日、居所が分からなくなった放蕩《ほうとう》息子を探し回った揚げ句、母は開業医をしていた叔父を連れて私の住んでいた部屋に乗り込んできたんです。叔父は「このまま不良を続けてヤクザになるのか。改心して医者になるのか。この場で決めろ」と迫ってきました。その時、私は苦し紛れに「医者になります」と答えたんですが、もし母があそこで私を連れ戻して監視されながらの受験勉強をし、東大に入っていなかったら、いま頃新宿でバーテンダーなどをしていたでしょうね。

佐野　グレても、勉強して東大に入るんだから凄いですよね。

福島　ただ東大に入っても一、二年の頃はまだジャズバンドなんかを組んで遊んでいたんですが、四年生頃から、これは本格的に勉強しないと人間を診られる医者にはなれない、と一所懸命勉強しました。

医局に入って最初は移植手術をやりたかったんですが、日本はまだまだ黎明《れいめい》期で研究が進んでおらず、心臓外科はどうかと見学に行くと、患者さんはバタバタ亡くなるし、封建制が非常に強くて、これはやっていられないと。

結局同級生に脳外科を勧められたんですが、そこで日本の近代脳神経外科の開祖である佐野圭司教授と出会い、本気で脳外科をやる気になったんです。そして医者になってこれまでの所業を反省し、自分の一生を患者さんと脳外科のために尽くすと決めたんですね。

佐野　佐野教授には私もご生前、いろいろとお世話になりましたが、本当に素晴らしい先生でした。

福島　ただ実際に病院で仕事を始めてみると、学生の時に実地臨床は一切教わっていませんから、注射一つすらできない。これでは患者さんを診られないというので、段ボールに着替えを詰め込んで自宅に帰るのは月一回にし、一週間八日勤務の勢いで学びました。病院には二十四時間住み込みのような生活でしたね。

佐野　当時から凄かったんだ（笑）。

福島　それと私は若い時から、二、三日でも暇があれば、どんどん欧米に出掛けて名のある施設を見学して回ったんです。すると東大でやっていることとは全然違う。これは絶対に留学しなきゃダメだという思いに駆られ、三十歳の時にドイツへ二年、その後アメリカへ三年間留学したんです。

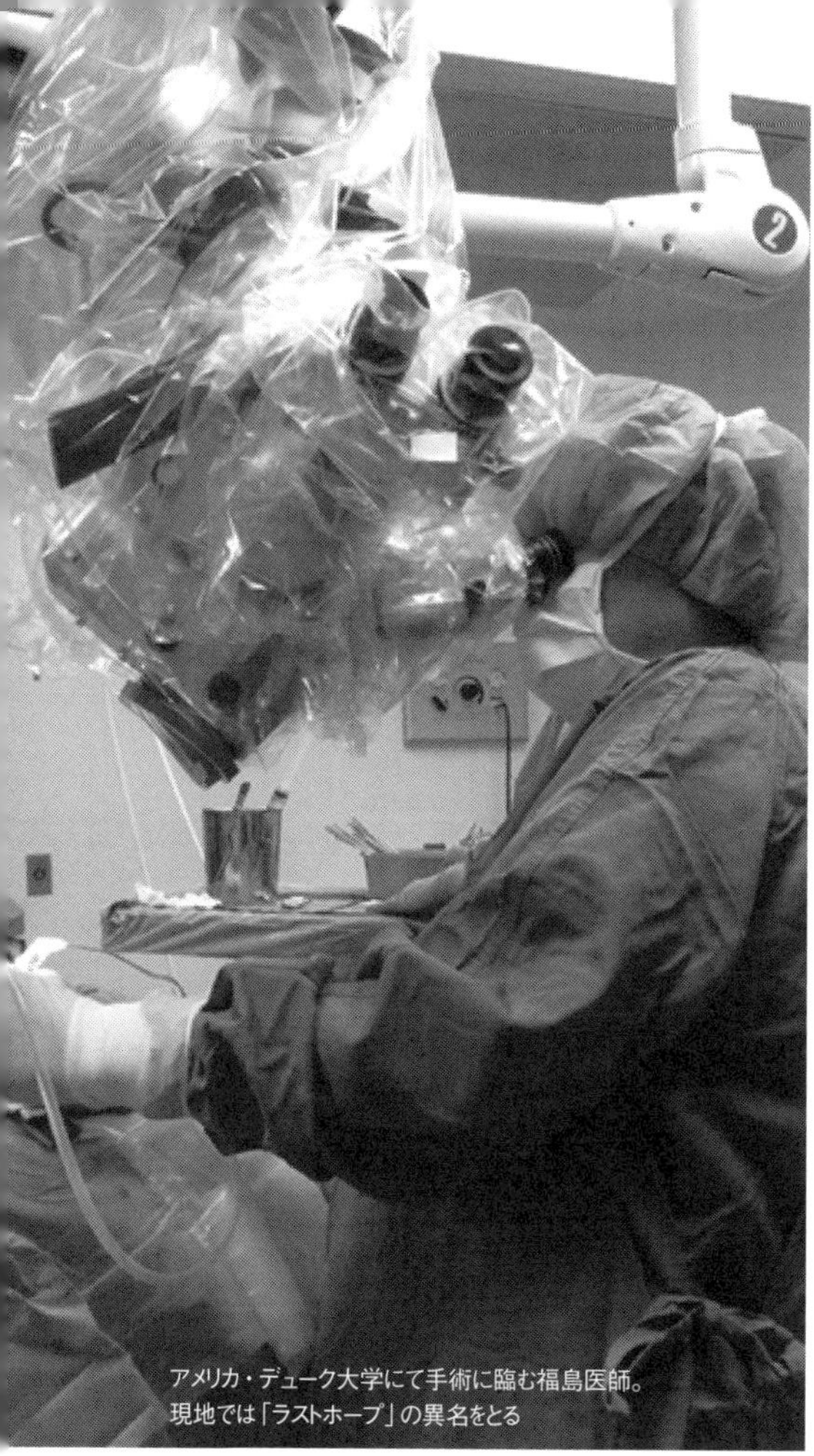

アメリカ・デューク大学にて手術に臨む福島医師。
現地では「ラストホープ」の異名をとる

脳外科の道具は日進月歩

佐野　僕のほうは最初から外科医になろうと思ったんですが、なかでも脳が一番合理的で面白いと感じたんですよ。心臓外科もいいと思ったけど、心臓は四人いないとできないですよね。脳外科はメインの部分は基本的に一人でできる。

福島　そこなんですよ。脳は外科系の中で個人戦の要素が最も強い。脳外科は必然的に一人勝負、術者一人で運命がすべて決まります。だからほかの外科がバスケットボールのような団体戦だとすれば、脳外科はゴルフとよく似ている。

　日本にはいま八千人の脳外科医がいてアメリカの約二倍のマンパワーがある。だけども実働は三千人ぐらいじゃないかな。要するに、週一や月一ゴルフじゃダメなんですよ。それじゃ全然うまくならない。私は毎日二人から四人やっているから敵《かな》うわけがありません。

佐野　僕も週四日は手術だものね。

福島　佐野先生も私も、他の人には真似《まね》できないようなテクニックがあって、日々臨床を重ねている。その上で、これがないと、という自分で開発した特別な手術器具が数え切れないほどある。

佐野　特に福島先生の開発した吸引管は素晴らしいですね。それまで使っていた道具がバカみたいに思えるほど。

福島　だけど大学病院なんかへ行くと、いまでも一九五〇年代頃の器具を使っているようなところがたくさんあるんですよ。

佐野　上の人がそういうことを知らないところでは古い道具でやるのが当たり前だと思っているんですね。私の場合も、鋏《はさみ》でも何でも、工夫して手に馴染《なじ》ませるような道具がつくってあって、いいと思ったものは福島先生のところから取り入れたものも随分あるし。そういう意味では道具にこだわらない人で上手い人ってあまりいないんですよ。

福島　昔は「弘法筆《こうぼう》を選ばず」で、達人はどんな道具をも使いこなすといわれたんですが、ハイテクで超緻密《ちみつ》なマイクロサージェリーの世界では、道具がないとできない。

　プロゴルファーがなぜ十四本のクラブを使うかといえば、ないと勝てないからですよ。私も吸引管だけで三十本くらい使うかな。脳外科における道具の進歩はもう日進月歩で、毎年毎年凄いのが出てくるんですが、まずは自分がその時代の進歩についていくということ。常に前進、常に改革ですね。

　そしてどこまでいっても、これでベストというのはないんですよ。必ず明日に、来月に、半年後に、来年に、いまよりもいい技術があるので、できればその道具を自分で開発して、でなければ他の人の進歩をすぐに取り入れる。

　でも私は先輩方から随分怒られたんです。三十五歳で、欧米の進んだ知識を満載して帰ってきて東大でバンバンそれを始めたら「伝統ある東大方式を次から次へと崩す不遜《ふそん》

佐野公俊（さの・ひろとし）
昭和20年東京都生まれ。45年慶應義塾大学医学部卒業。46年慶應義塾大学医学部脳神経外科入局。51年藤田保健衛生大学赴任。同救命救急センター長、藤田保健衛生大学医学部脳神経外科主任教授などを歴任し、平成22年同大学名誉教授、同大学医学部脳神経外科客員教授。総合新川橋病院副院長、脳神経外科顧問就任。日本脳神経外科学会監事、世界脳神経外科連盟脳血管障害部門委員長など要職多数。12年、13年、クリッピング手術数でギネスブックにも登録された。

吸引管：モータの回転によって陰圧をつくって、手術時の出血などを吸い取る医療用の吸引装置。

な輩《やから》だ」と。

佐野　伝統があるというのは、ある意味で古いということですからね。それに我われが入った頃の手術はまだ肉眼でしたから。それが顕微鏡手術に取って代わったという点では、伝統はもう全部ゼロにしなきゃダメなんです。

頭蓋底手術数で世界一

福島　第一、あの頃欧米へ行くと、患者のポジションから消毒の布の掛け方、開頭の仕方まで何もかも違うんです。ですから帰国して数年間は特に凄かったですね。次から次へとやりたいことのアイデアが湧いて、もう寝る間も惜しくてね。寸暇《すんか》を惜《お》しんで進歩進歩進歩、改革、前進、とにかくもの凄い勢いでやってきました。

　ただ、東大では先輩との軋轢《あつれき》があまりに強いので、恩師の佐野教授が「君は民間に出て自由にやりなさい」と声を掛けてくださり、三井記念病院の脳神経外科部長に推薦してくださった。最初は病院側から「三十七歳じゃ部長にはなれません」と断られたんですが、佐野教授が「間違いのない人ですから」と病院長に言ってくださった。そして私は年間百例だった脳外科の手術数を二百、二百を三百と年間百ずつ増やしていき、最盛期には六百まで増やしました。

　でも病院だけでは飽き足らず、勤務を終えた夜や土日には北から南まで全国十五病院を回り、年間九百以上の手術をこなしました。

佐野　一人で九百ですか。とても人間業とは思えない（笑）。

福島　先生のご専門である動脈瘤《りゅう》手術も大変な数でしょう？

佐野　現在で約三千四百です。

福島　私の頭蓋底《ずがいてい》手術は八千五百で世界記録です。

佐野　おそらくこの先も、誰も超えられないね。

福島　だから、よそ様には負けない猛訓練をして、高い技術がある。さらに誰も使っていない特別な道具があって、一般の脳外科医から比べると信じられないほどの臨床経験がある。皆さん方が一つ手術をする間に私は百も二百もやるんだから、せめていい道具を使いなさいと言ってるんですけどね。

佐野　それと、我われが積み上げてきた知識を覚えなさいと。そこから出発すれば、また抜けるかもしれないけど、最初から始めたのであればおそらく無理ですね。

福島　結局のところ、どんな職業でも成功するのに一番必要なのは、努力なんですよ。一に努力、二に努力、三に努力、すべて努力で、努力がもう九十%じゃないでしょうか。五回やって覚えられないなら十回、十回でダメなら二十回やりなさいというぐらい、努力が一番大事ですね。

　才能も少しは必要ですが、その才能に向いたことをやらないと成功しませんから、

頭蓋底手術：頭蓋底の骨を削って治療を行う手術法の一つ。高度な知識と技術と経験を要する。

動脈瘤：動脈壁の局部が部分的にこぶ状に拡張したもの。先天的に動脈の構造に欠陥があったり、梅毒や外傷などが原因でできる。

それを導く先生、コーチが必要なんです。さらにもう一つ加えれば、運ですかね。

　ですからとにかく休むなと。土日も使いなさいと。世界中に私ぐらい働いている人はいないと思いますよ。

　今回の帰国だって、アメリカから飛んできて朝、羽田に着くとそのまま高知へ行って手術をし、移動して千葉で手術、次に那《な》覇《は》の耳鼻科の学会に行って、そこから上海で四日間手術をしてまた帰ってきて、大阪、福岡……、その後もずうっと全国を回ってきて、きょうも福島から新幹線で東京へ。この取材が終わったら夜中の飛行機で渡米してロサンゼルスに着いて、それからノースカロライナに行ってそのまま外来をやるんです。

　とにかく人生は短いから、ほんのちょっとでも無駄にしたくない。自分の人生の貴重な時間を、一秒たりとも無駄がないように使い、患者さんを助けていきたい。全世界どこへ行っても患者さんに喜んでもらえるから、一時も休んでられない、寝てられないというのが私の思いなんですね。

欧米人を驚愕させた鍵穴手術

佐野　先生の確立された鍵穴《かぎあな》手術も、そういう努力の集積から編み出されたものですか？

福島　あれは三十年近く前のことですが、頭蓋を大きく開いても、手術では結局僅《わず》かしか使っていないんですよ。病気の進行や部位に合わせて必要最小の穴だけを開けて行うのが鍵穴手術で、一ミリでも穴が小さいと患者さんの負担を軽くするだろうと考えたんです。

　だから当初私が開けていた穴は五百円玉サイズでしたが、とにかく極めつきに小さなものをと研鑽《けんさん》を重ね、やがて十円玉となり、一円玉となり、ついにはそれより小さい十セントになって、アメリカではダイムサージェリー（ダイム＝十セント硬貨）と呼ばれました。

　佐野先生も私も血の出ない、緻密で、芸術的な手術という点では本当に一致していますよね。

佐野　はい。脳の内部に入っていく腫瘍《しゅよう》は例外ですが、くも膜だけならまったく出血がないから、そこを綺麗《きれい》に分けてやれば、一滴の血も出ないし、パイポーラ（止血器）を使う必要もないわけです。そういう手術をすれば、非常に丁寧で綺麗に済ませられる。結局自分が患者になった時にやってほしい手術を患者さんにしてあげるということでしょう。

　私が開発したクリッピング手術による無血手術も基本的にはそういう発想から生まれたもので、必要のないものは傷つけない、必要のないものは切らない、脳を元のままにして戻す。余分な痛みは与えずに、動脈瘤のところだけを止めて帰ってくるというものです。

福島　結局、脳外科の手術は止血と出血の闘いなんですよ。脳の組織、頭蓋骨はとにかく血が出る。私が東大に入った頃は、ナイアガラショックといわれたくらい血みど

クリッピング手術：くも膜下出血の開頭手術でよく行われる治療法。クリップと呼ばれる特殊な器具を使用して、出血を防ぎながら実施。

ろの手術をしていました。ですから無血手術というのは私たちの時代に仕上げたかな。私たち日本人のやってる緻密な手術は、欧米の人には想像できないらしくて、実際の手術の写真やビデオを見せると本当に驚嘆してくれるんです。

佐野　ビデオを見せると「おまえ、それ死んだ人をやってるんじゃないだろうな。一滴も血が出ないじゃないか」なんて言われたり（笑）。

福島　やっぱり欧米の人はそこまで緻密にできないんですね。それから欧米人は同時に足が使えない。ペダルは助手か看護師が踏む。また手術中には喋れなくなるんです。

　一方、私は両手両足が自在に動く上、手術中に喋りまくるらしいんですよ（笑）。日本人とは脳の構造が違うのかな。

佐野　僕の場合も喋りますね。ここがこうだから次はどこへいくということを全部説明しながらやりますから。その上、顕微鏡を覗《のぞ》き込みながら「そんなところで動くんじゃない！」と助手を怒鳴ったりすると驚かれるんですが、本当に集中していると、周りの人間のことも全部見えてるんですよね。プロというのは自分の仕事に専心しながらも、かつ周りに注意が払えないとダメだと思うんです。

術前、術中術後の心得

福島　顕微鏡手術ではアームレストでしっかり腕を固定して行うのがスタンダードなんですが、私は一切使わない。最近は丸椅《い》子《す》を使うこともありますが、基本のスタイルはとにかく立って、できれば片足のフリーハンドでやる。三井記念病院にいた頃は、片足爪先立ちでやれと若い医師に言いながら特訓してきました。欧米から有名な教授が来た時に、私の手術を見て「バレエだ」とか「おぉ、フラミンゴ・サージェリー！」とか言って驚いてましたよ（笑）。

　私はとにかく吸引管の持ち方一つにしてもうるさい。それじゃダメだ、こうしなさいと。もう手取り足取りで、毎日手術を通じて若い人を教えてるんですよ。

佐野　やっぱりプロになってくると、鋏の動かし方、表向き、裏向き、そういうことも凄く気になる。それを無造作にやっている人は上手くならないから、やっぱりちゃんと教えなきゃいけない。

福島　脳外科の手術はやっぱり目と指なんですよ。外科や整形はハンドワークやアームワークと言われますが、脳外科はフィンガーサージェリーなんです。でも本当は指先、つまりフィンガーチップの動きができるようになると、真のマイクロサージョンになるわけで、それを私は教えるんです。

佐野　繊細な道具を繊細に扱えるようでないといけませんね。

福島　それから術中の心得で言うと、これはやはり集中力ですね。自分の持てる知識といままでの経験を総動員して、即決で判断しなければいけない。困難にぶつかった時、直ちにそれを克服する判断力と技術、その二つを働かせるのが集中力です。

　とにかく一番心得るのは患者さんに最大限の手術結果を与えることで、私の信条は「手術一発全治」、つまり一回の手術で全治させたいと。その半面、ここで引かないと合併症が出るという越えてはいけない一線、その判断ができるかどうか。そこが達人と一般の脳外科医との差じゃないですか。

　ですから私のやっていることは、日本の一般の脳外科の先生には理解できないかもしれません。それぐらい究極の手術、生きるか死ぬか、麻痺《まひ》になるかならないか、目が見えなくなるかどうかという極限の手術が多いです。佐野先生は動脈瘤が専門ですから、まさに生死を分ける手術ばかりでしょう。

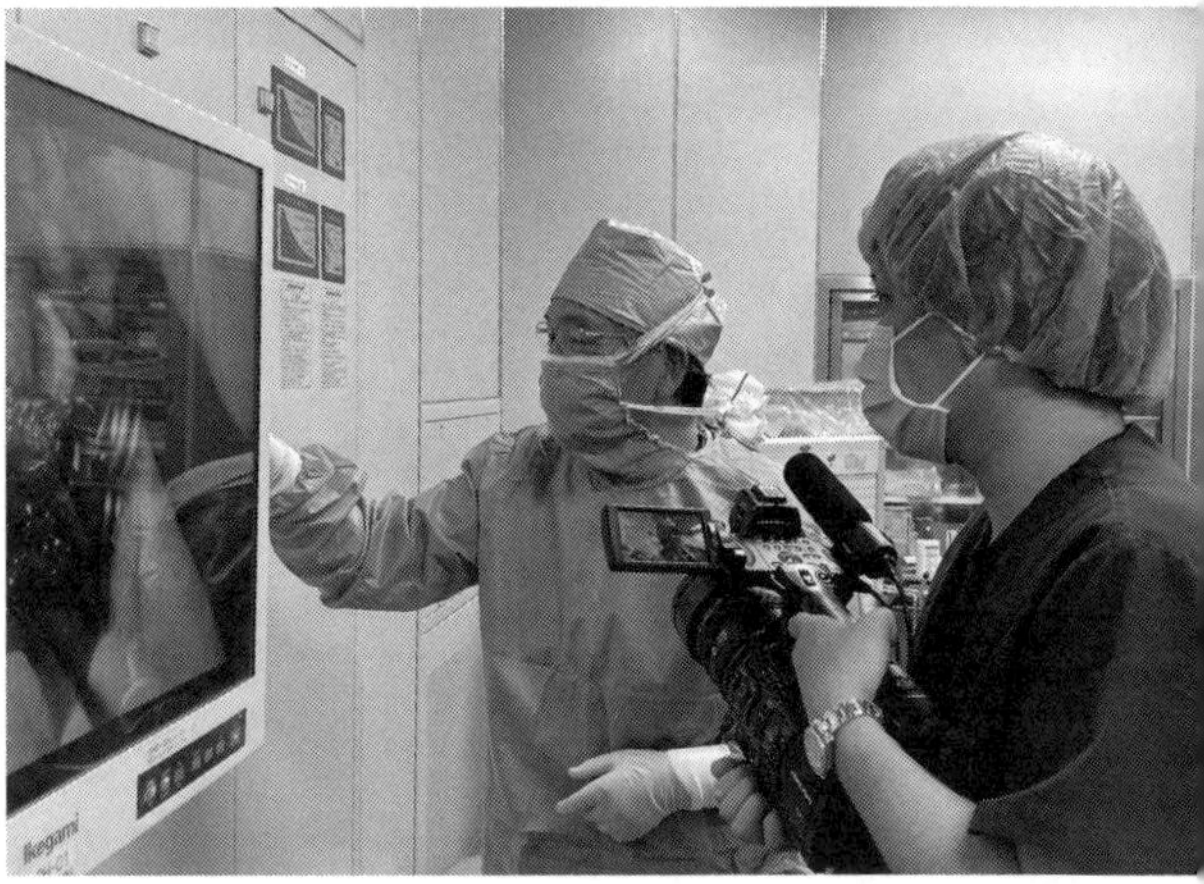

佐野　やはり毎日がそうですね。

　僕の場合は術前に、どんなに易《やさ》しい症例でもちゃんと絵を描いて、チェックポイントを頭の中に置いた上で手術に臨むことにしています。いま一番いいのは術前に三次元CTが撮れることですね。それで頭の中の裏を見たり、表を見たり、手術する時のアプローチをあらかじめ器械で動かして把握する。

　するとその時に、どういう血管が邪魔をしてどんな格好になるかが想像できるんですが、その図が頭にイメージされない限り、私は手術には入らないんです。

　そうやって術前のイメージを頭の中に入れて、あとはそのとおりにやるというのが、僕の場合はコツですね。若い脳外科医も、少なくともそこまでは自分たちでやらなきゃいけないと思うんです。

もう一つ若い人に言いたいのは、術後に自分の手術のビデオを普通のスピードで見ること。それを見直さないと、自分はもっとうまいと思い込んでいる人が多いんです。客観的に自分の手術を見て、何をもたもたやっているんだとか、あそこは無駄だったといった部分をちゃんと次の時に省いて必要なことだけをやっていくようにもう一回必ず見直す。

そしてかついろんな上手い人の手術を見る。大したことないなと思っている人でも、いいところをいっぱい持っているからそれを少しずつ取り入れていけば、自分なりのものをつくっていくこともできるかもしれません。

修羅場で試される究極のコントロール

福島　ただ、実際の手術はなかなか術前のイメージ通りに運ばないことも多いですよね。

佐野　はい。その瞬間は確かに修羅場ですが、そこでパニックになってしまっては何もできなくなる。慌てずじっと腰を落ち着けて見てみれば、こうすればなんとかなるんじゃないかというイメージがある程度浮かんでくるから、その危ない箇所を一時遮断するなどして一度形をつくり直し、最小限のリスクで抑える。そのパターンの蓄積がどれだけきちっと備わっているかが、ベテランと中堅の人との差になってくるんでしょうね。

福島　確かに年間数回ありますね。これほど多くの手術を経験していても、コントロールできなくなるような異常事態というのが。動脈瘤が大破裂してクリップするつもりができなくなるとか、対処困難な場面に陥ることが時々あります。それをいかに耐えて、上手くよいほうへと持っていくか。例えるなら、飛行機のキャプテンが乱気流に巻き込まれて危ないという局面でそれをいかに上手く立て直すかという究極のコントロール、リカバリーのようなものでしょうか。

佐野　まさにそんな感じですね。私がよく浮かべるのはF1レースの世界です。例えばポルシェという車は、車体の後ろが重いんですよね。だから直線を猛スピードで走っていってグンとブレーキを踏むと、車体のお尻が浮くので、前に重心がかかったところでハンドルを切る。すると浮き上がった尻の部分を振って瞬間的に曲がる。しかしそうやって、ハンドルを切ったままだとスピンしてしまう。

そのため、すぐに逆ハンドルを当てながらアクセルを思い切ってドーンッ！と踏むと、今度は重心が後ろに移って真っすぐ進むんですね。これが一番速い回り方なんですが、そんなの口でいくら言ってもできないことで、そこでアクセルを踏み込める勇気も相当な経験を積んでこないと出てこないものなんですよ。

同じことを普通のドライバーがやればコーナーに激突してしまうんですが、少しずつ慣らして経験していけばできるようになってくる。そういうものだと思うんです。我われの場合もそういう局面で、体がパッと自然に動くようになってきているんですよね。

福島　まぁ、それもやっぱり努力かな。長年の、本当にたくさんの経験に基づく即座の判断というものがありますから。

私、ピッツバーグにいた頃は、救急患者や重症のくも膜下出血、デューク大学に来てからはほとんどが頭蓋底腫瘍なんですが、デューク大学に十二年間いて死亡診断書を書いたことがないんですね。患者さんを寝たきりにさせたこともない。訴訟大国アメリカで、二十年間来る日も来る日も危ない手術をやっていて一回も訴えられたことがない。それが私の誇りかな。

日本人よ、かつての勤勉性を取り戻せ

福島　私が考える名医・良医の条件は、一に技術、二に知識、三に判断力なんです。まず技術がなければダメで、その技術を上手く采配《さいはい》する知識もなければダメ。またその判断が正しいということ。

佐野　それと医者は人を扱っているから、心がないとダメですね。

福島　そうですね。いくら凄いお医者さんでも、ハートが悪かったら付き合えない。私は患者さんと接する上では、常に愛情を持って、親切、誠実、丁寧をモットーにやってきました。

佐野　やっぱりね、上から目線はダメですよ。同じ人間なんだから。特に、病で苦しんでいるその時はどんな人でも気持ちが弱っていますから、こちらもよくよく言動には気をつけなければならない。

そして正しい判断。いまは何でもインフォームドコンセントといって、「この症状の時にはこういう治療法があります。ご自身で選んでください。その代わり責任を負うのはあなたです」なんてやりとりをしているようですが、こんなものは医者じゃない。

どういう治療法があるかを全部説明した上で、それぞれこれだけのリスクがあるけれど、あなたにとってはこれが最善で、かなり高い確率で上手くいくと思いますよと教えてあげるのが本当の医者で、いまの医者はその責任から逃げていると思うんです。

普通の人が医療の細かなことまで分かりっこないんだから、僕はちゃんと教えてあげる。ただし上から目線ではなく同等に。僕の場合は携帯電話の番号も公開していますから、患者さんから時々電話がかかってくるんですね。だからといって別にどうということはなく、それにもちゃんと応じる。

福島　アメリカ人は絶対に自分の携帯電話は教えません。病院を出たら完全にプライベートで、患者さんにはタッチしない。でも私も患者さんに渡す名刺には、二十四時間繋《つな》がる携帯番号が書いてある。

佐野　そこがやっぱり日本人なんでしょうね。

福島　二十四時間患者さんのことを考える。そこが欧米人と違うところかな。

ただこれは私がいまアメリカにいて非常に怒っていることなんですが、最近の日本人は休み過ぎなんですよ。私は朝から晩まで仕事で、一週間に八日働く男といわれていますが、土日祝日絶対に休まない。夏休

み、クリスマス休暇は一切取らない。ハロウィーンもサンクスギビング（感謝祭）も絶対に休まない。

休むというのは罪悪なんです。自分たちの大切な人生の時間をどれだけ無駄にしてるんだと。私は全生涯を患者さんと脳外科のために尽くすと決めた男なので、一日、一秒たりとも無駄にはできない。

かつての日本人は欧米で勤勉な人種と勇名を馳《は》せたのに、その欧米人から日本人は働き過ぎだといわれて土日を完全休暇にしてしまった。私の考えから言えば、あり得ないことですよ。ヨーロッパ人は休むため、遊ぶために働いているからそもそもの考えが違うんです。私が三井記念病院にいた時も、二十四時間患者さんのために働きなさいと皆に言ってきましたから。

一年三百六十五日あるうち土日を休んだら百四日休みで、その上、日本は国民の祝日が世界一多い。

佐野　どんどん増やしてるものね。

福島　ざっと数えてみたら十五日もある。土日と合わせれば年間約百二十日休みで、一年のうち三分の一は遊んでいるんです。アメリカにはナショナルホリデーは六日しかない。つくりもつくったりだ。かつての勤勉な日本人は一体どこへ行ったんだと言いたい。

私は一日四、五時間の睡眠時間で、一週間八日働きます。昔は月月火水木金金といわれましたが、私の場合は月月火水木木金金（笑）。大抵の場合は過労死ではなく、ストレス死なんです。

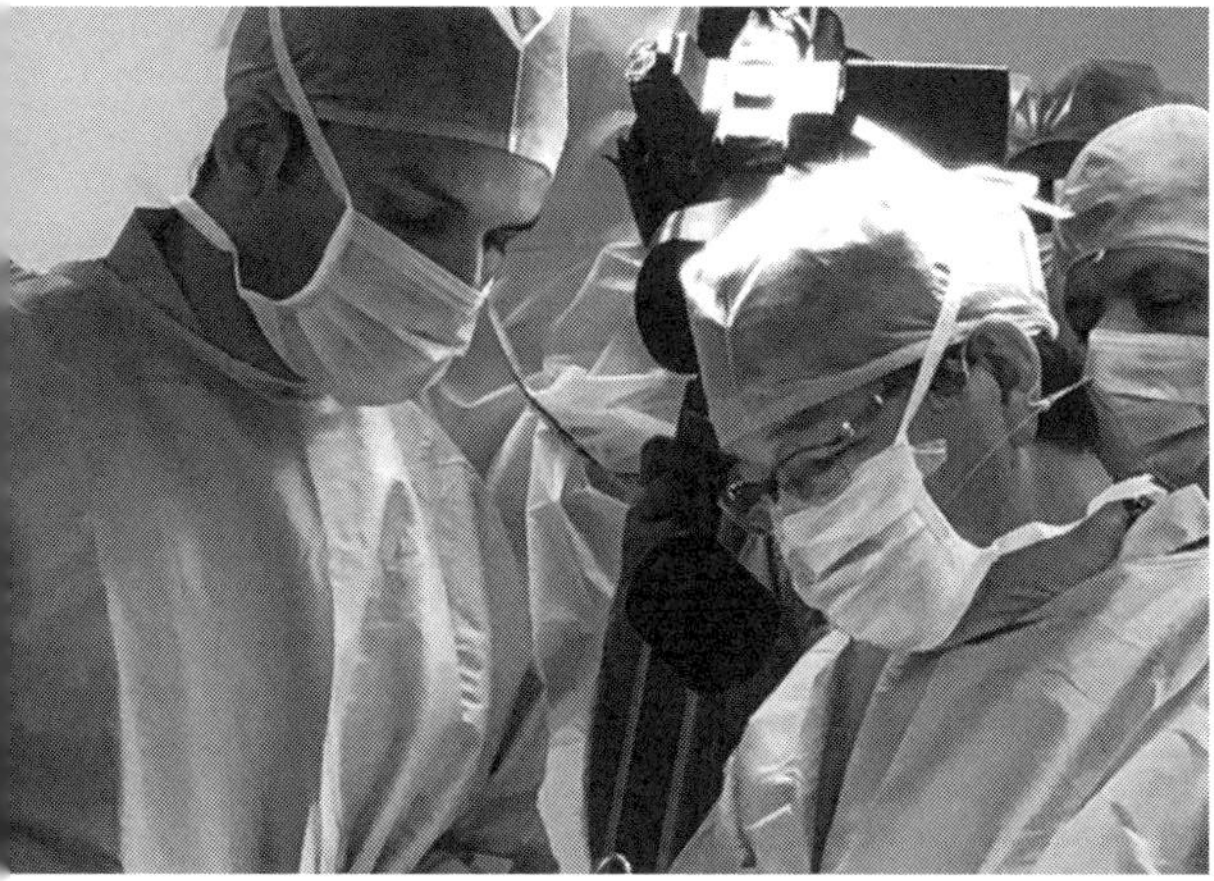

時代よりさらに先へ進んでこそ前進

佐野　しかし先生はいま六十九歳でしょう。一体どこからそんなバイタリティが生まれてくるんですか？

福島　私を突き動かすものは、チャレンジですよ。よそで治らない難しい症例を私が仕上げて治すんだと。で、やっぱり一番嬉しいのは患者さんの感謝の言葉と涙ですね。福島先生ありがとうございます。治ってよかったです、という言葉と手紙、これが本当にハートにきますね。だから私は頑張っているということかな。

佐野　僕の場合は最近、天命だという感じがしますね。頭蓋底腫瘍や動脈瘤の手術はこういう格好でやるんだというものが我われの代である程度できたので、それを次の世代にきちんと伝えるために頑張ると。

そのために福島先生は世界中、僕は日本

©脳神経外科医 福島孝徳 公式サイト

の中でいろいろな所に行くんだけれど、そういう綺麗で正確な手術の仕方を日本中に広めることが自分にとっての天命じゃないかと思うんです。

福島 私も自分の後を継ぐ四番バッターが出てくれれば、コーチ業になってもいいんですがね。よく言われます。「福島先生、疲れませんか」と。疲れてる暇はないんです。いまやらなきゃいけないことがたくさんあるので、疲れてる暇もない。寝てる暇もない。

とにかく自分の持てる力を出し尽くして次世代の四番バッターをつくり、それができたらスローダウンするつもりですが、いまはそうできない。佐野先生も同じ気持ちだと思うんです。自分の培ってきた技術と知識、豊富な経験を持って、「常に前進、常に改革」を目指して歩んでいくのが本当のプロフェッショナルだと思うんです。

佐野 おっしゃるとおりです。それに加えてプロは、やはり自分自身をある程度、〝他人の目〟で見られなくちゃダメだと思うんですね。自分を他人の目で冷静に見ることができて、手術であれば、この患者さんには何が一番いいのかということをきちんと正確に伝えられる。そして術前に言ったことを、言ったとおりに同じ形でできる。さらにそれをもう一回見直すことで、必要のないことを改めて、より自分を磨くことができる。

世の中は常に少しずつ進歩していますから、その中でいかに最先端を走っていても、ある時点で止まると、ふと気づいた時にはずっと後ろになってしまっている。だから現状維持は言うまでもなく後退で、たとえ前進していても、世の中の流れと同じスピードでは停滞。世の中の流れよりも自分がさらに進んでいって、初めて前進と言えるのだと思います。

努力をする者にのみ神の啓示がある

佐野　藤田の元総長である藤田啓介先生は「努力をする者にのみ神の啓示がある」とおっしゃいました。人は自分の生まれてきた使命を知るために、神の啓示を受ける。自分が信念を持って努力し続ける時、独創的な閃《ひらめ》きが生まれるのかもしれません。それが神の啓示であり、藤田の理念である「独創一理」ではないかと思うんです。

福島　なるほど、独創一理ですか。私もこれだけ多くの手術を経験してきても、時々ふっと怖くなることがある。きょうは大丈夫かなとか。きょうこそはまずくいくんじゃないかなとか。そういう不安が、夜でも朝でも常にあるんです。そんな時、私は明治神宮の生まれなので、自分には神宮の神様がついていると。私、間違ったことやってませんよね、助けてくださいって。やっぱり、神様に祈りながらやっているかな……。

人は私のことを「神の手を持つ男」なんて言いますが、本当は神様に助けられて生きている男なんです。「神のように病気を治す男」ではなく、神様に祈りながら必死で病気と闘っている男なんですね。

佐野　神様が見捨てたら我われ人間なんかとてもダメですね。世の中には運の悪い人がいて、道を歩けば溝に落っこちる。そこから這《は》い出たと思ったら、今度は車にぶつかるような人っているでしょう。そういう運に入ったら、もう何をやったってダメだと思うんです。

僕はきっと、神様が常に味方をしてくれるようなことをきちっとやっていれば、そんなふうにはならないんじゃないかなと思うんですね。そういう意味では、病気には全身全霊で対処して、誠心誠意を持って患者さんに手を尽くす。弛《たゆ》まぬ前進を続ける。それが神様が見放さないでいてくれる最大のポイントじゃないでしょうか。

誰かを裏切ったり、人には分からないからいいかげんに済ませておこうなんてことをやれば、人は見ていなくても神様は見ている。そして最後の審判は人ではなく、神様が下す。だから閻魔《えんま》大王の前で胸を張っていたいというのが、私の最後の望みですね。

福島　私も、これだけ一所懸命やっていれば絶対に助けてくれるな、絶対に大丈夫だと思って手術に入るんですよ。私たちの仕事は本当に人の命が懸かっている、壮烈な闘いです。

物事にはこれで極めたと思っても、必ずその上がある。進歩は現状を否定するところから始まります。人生にもideal（最高）という状態はありません。だからこそ我われは常に改革、常に挑戦の気概を持ち、無限の前進にかけていかなければならないんじゃないですか。

藤田啓介：［1925〜1995］医師、教育者。岡山県生まれ。学校法人藤田学園を設立し、医療界の人材育成に当たった。

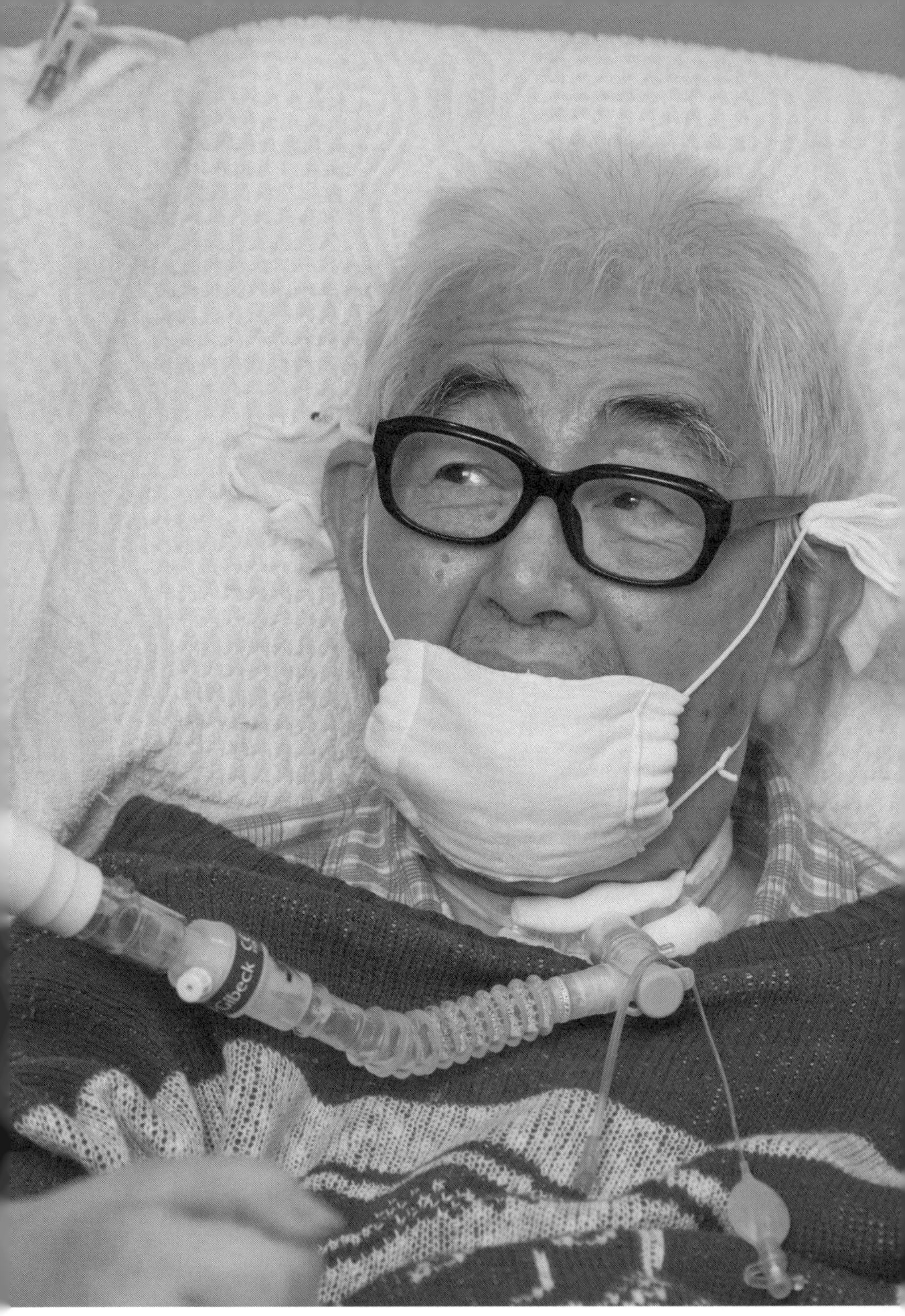
Gibeck

筋萎縮性の病が発症して三年
それでも私は生きることを諦めない

我が闘魂は尽きず

篠沢秀夫
学習院大学名誉教授
Shinozawa Hideo

人気番組『クイズダービー』の〝教授〟として一世を風靡した篠沢秀夫氏。負けても負けても泰然と笑い続けるその姿を記憶に留める方も多いことだろう。氏は現在、不治の病・ALSに侵されて声を失い、動くこともままならない。病魔と闘う日々の中でもなお精力的に執筆活動を行い、前進を続ける氏の歩みの原点を振り返っていただいた。

ALSを発症して

この病気の兆候が表れたのは、平成二十年の春頃と記憶しています。舌がもつれて次第に発音が不明瞭《ふめいりょう》になり、原因が分からないまま検査を繰り返していました。そして翌年の一月に東大病院に検査入院した時、筋萎縮性側索硬化症《きんいしゅくせいそくさくこうかしょう》（ALS）という初耳の病名を宣告されたのです。

ALSは、筋肉を動かすための神経が麻《ま》痺《ひ》し、手足が痺《しび》れるなどして体が徐々に動かなくなる病気です。毎年十万人に一人が発病するといわれていますが、原因も治療法も不明の難病とされています。

私の場合は早い段階から呼吸機能に障害が出ていました。自力での呼吸が困難になる前に、手術で人工呼吸器を付けました。喉《のど》を切開して取り付けたチューブから、空気を送り込むのです。さらに食べ物が気管に入ってしまう誤嚥《ごえん》を防ぐため、気管と食道を分離する手術を受け、完全に声を出すことができなくなりました。

現在は自宅でのベッド暮らしです。熱や痛みはありません。ただ口がきけないため、ジェスチャーで理解してもらえないことは筆談で伝えます。

ALSの確定診断が下された時、二十四時間の介護が必要と言われました。食事はほとんど胃ろうで取っています。腹に小さい穴を開け、胃に通した管から液体の栄養

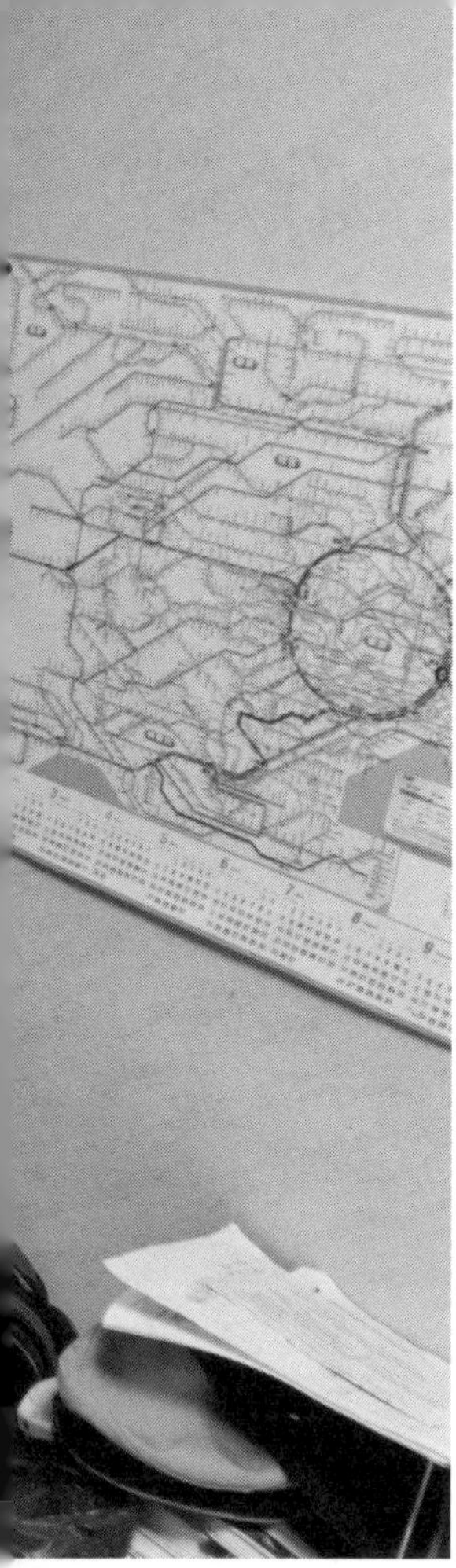

物を注ぎ込むのです。また痰《たん》を自力で吐き出せないので、夜中でも痰吸引の処置をしてもらわなくてはいけません。

初めは家内が夜通し側《そば》について守ってくれていましたが、ありがたいことに社会保障制度が発達し、訪問介護士やナースさんが次々と来てくれるようになりました。いまは夜勤ヘルパーさんを保障で頼み、家内も夜は休めるようになって安心です。

病名を告げられた時はショックでしたが、すぐに心を切り替えました。入院中、窓外の空を見つめる日々を送りながら、情報のない時代に身の回りだけを見聞《けんぶん》して生きていた古代人のことを思ったのです。明日を憂《うれ》えるのではなく、過去を嘆《なげ》くのでもなく、いまある環境だけを見つめる古代の心——それを「新古代主義」、フランス語で「ネオアルカイスム」と名づけました。

病気になったことを悔やんでいたら、心は沈みます。いまある姿を楽しみながら前進を続けよう。そして少し前進した人生の中で得た気づきを、同じ日本人に伝えよう。そう覚悟を決めて、毎日夕方の二時間は、入院中に習ったパソコンで、自著の執筆やフランス文学の翻訳をしています。人差し指が少しもつれているので、主に親指を使います。この執筆活動が、生きる支えとなっています。

前の人の倒れた所から前進する

振り返ってみれば、昭和二十年の夏、六年生で終戦を迎えた当時の心が、私の歩みの原点となっています。「戦う小国民」の教育を徹底的に叩き込まれ、少年飛行兵を志願する十二歳の軍国少年でした。「死んでも戦う日本の兵」という歌の文句を聞きながら、「そういうものなんだ、日本の兵は。よし、オレも戦うぞ」と子供ながらに奮起しました。

敗戦直後は「日本はアメリカの物量に負けたのであり、精神においては負けていない」という言論が溢《あふ》れ、そうかと心が燃え上がりました。

ところが進駐軍《しんちゅうぐん》が入ってくると、新聞は「鬼畜米英《きちくべいえい》」から一転、「陽気なアメリカの兵隊さん」と論調を変え、以後の言論は「日本的」を批判するのが主流となったのです。

多感な思春期の少年にとって、この世論の変化は衝撃的でした。これでは精神においても負けだと痛感し、自分が日本の精神

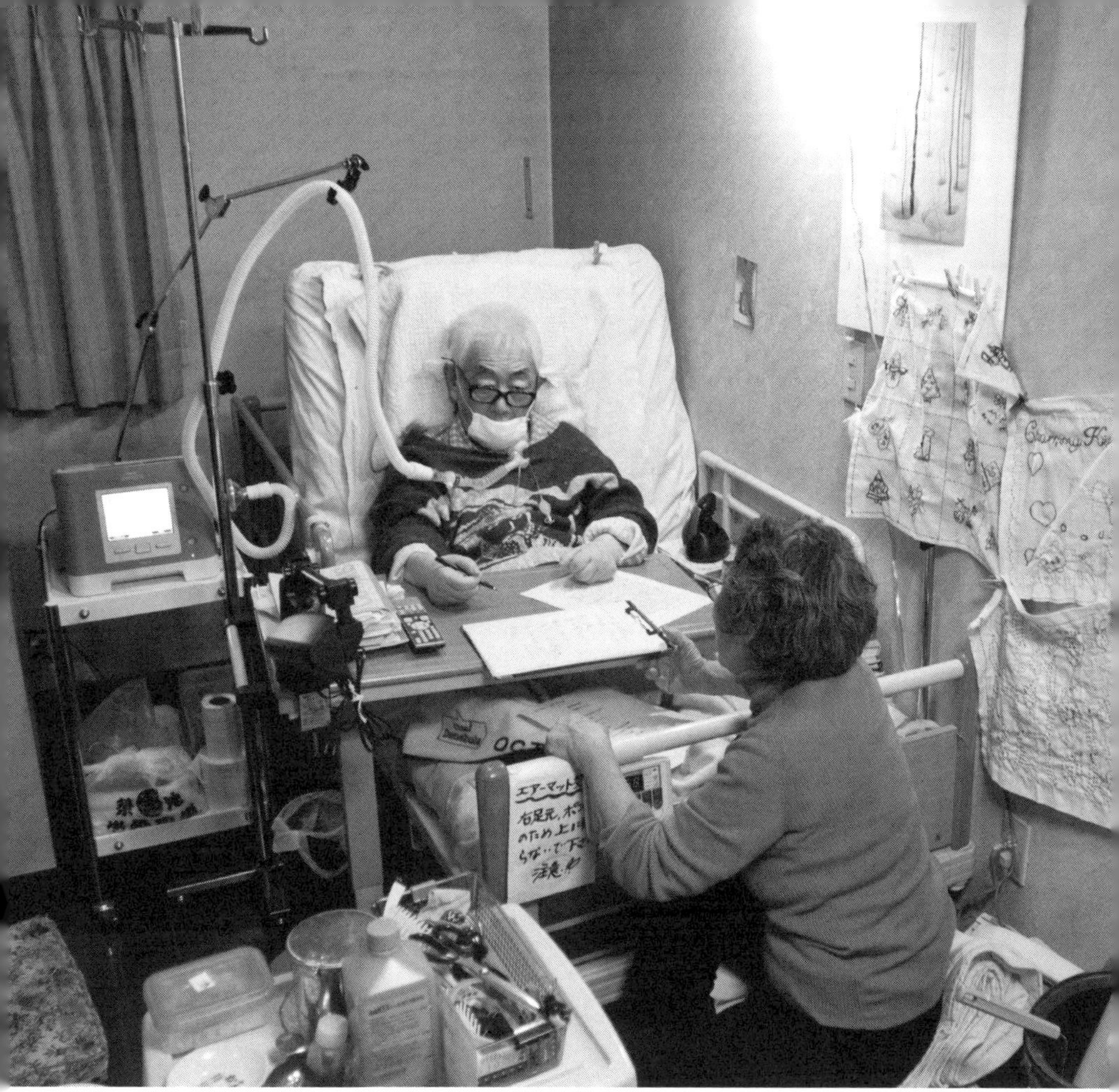

を再建しなければと一念発起《いちねんほっき》したのです。そのためにはまず、敵国について学ばなければなりません。翌年入学した都立一中で英語の勉強に没頭する中で、その来歴について驚くべき事実を知りました。

現在の英国王家の先祖、十一世紀にイングランドを征服したノルマンディ公爵とその周りの貴族は、古代フランス語しか話さなかったのです。それが現住民のゲルマン語と混ざってできたのが英語で、いまも英語の単語の四割以上はフランス語が起源です。この歴史を知った私は、「英語では西洋の精神文化は分からない、フランス語をやろう」と決意しました。

中学三年からは放課後に、アテネ・フランセという大正時代からあるフランス語学校に通いつめました。嫌いな数学の勉強は一切やめ、授業では一番前に座って、天才少年詩人ランボーの詩をフランス語で読む毎日です。ランボーの「前の人の倒れた所

ランボー：アルチュール・ランボー［1854～1891］フランス象徴派の代表的詩人。早熟な天才で、詩作は15歳からの数年間だけだったが、近代詩に大きな影響を与えた。

から前進しよう」との言葉に奮《ふる》い立ち、孤立しても自分の決めた道を貫き通しました。

人生は戦いである

中学からフランス研究を志した私は、大学と大学院を通じてフランス文学を学び、仏政府給費留学試験を受けてパリ大学への留学が決まりました。大学院修了後すぐに結婚した妻の宏子とともに、新婚旅行のように訪れた初めてのフランス。二十代の後半を過ごしたパリでの生活はしかし、振り返るのも辛いものとなったのです。

昭和三十七年の夏、休暇を利用してローマに行く旅路でのことでした。ブルゴーニュ地方の入り口、サンスの町を抜けたところで、私の運転していた車が事故を起こしたのです。

同乗していた妻は即死でした。

事故の原因については語ることができません。ショックによる逆行性健忘症《ぎゃっこうせいけんぼうしょう》というらしく、現場の遙《はる》か手前を走っている記憶しかないのです。私は腸が破裂して開腹手術を受け、一か月の入院の後、ただちに留学生活を打ち切って日本に帰国しました。事故の衝撃はあまりにも大きく、数年間はこのことについて話題にすることすらできませんでした。

帰国して三年後に結婚したのが、いまの妻の礼子です。礼子は私のことを「辛い目に遭ったのに、朗《ほが》らかで偉いと思った」と言い、宏子との間に生まれた四歳の息子の玄《げん》を引き取って育ててくれました。

礼子と結婚してからの十年間は、新妻を愛し、玄を護《まも》り、二人の息子をもうけ、自分の生活の土台を築くことに中心がありました。それが宏子の死を乗り越えることになったのです。

玄はすらりとした美しい少年に育ちました。昭和五十年、十五歳の誕生日を十月に控えた玄は、バスケットボール部の合宿で九十九里浜に向かいました。八月の海は波が高いと思い、出立前に「海には入るなよ」と注意しました。それが最後の別れとなるとは想像もせずに。

「ちょっとだけ」と先生にせがんで海に入った生徒たち全員が高波にのまれ、玄だけ行方不明となってしまった——その報《しら》せを受けて現場に駆けつけると、土地の人が火のついた線香の束を砂浜に何本も立てていました。「お父さん、どうぞ」と差し出された一本を受け取ることはできませんでした。まだ希望を失いたくなかったのです。

数日待機した後、玄の遺体はやっと九十九里浜の波打ち際に上がりました。波音の響く古寺で夜を明かし、玄の棺桶《かんおけ》の蓋《ふた》の上で死亡証明書に記入しながら、あたかも戦争の前線にいるような気がしてなりませんでした。戦場においては、戦死者数を調べ、生存者数を確認し、前進すると聞きます。「人生は戦いだ」との凄《すさ》まじいまでの実感が

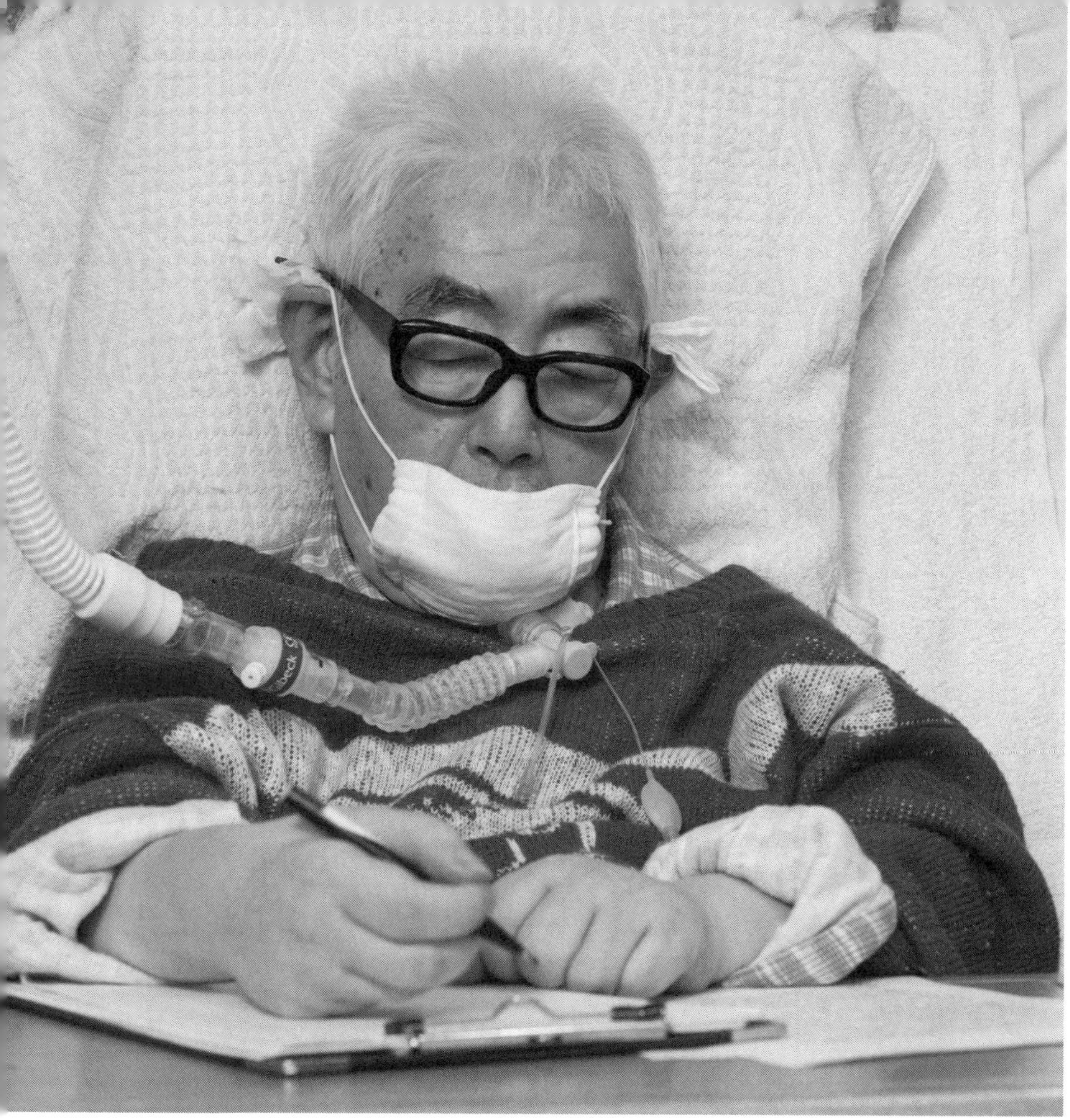

押し寄せました。
玄の死について、十年間は個人的な場でも触れることができませんでした。それが、自分が六十を越える頃からは、語ることが供養と感じられるようになりました。「昨日の敵は今日の友」。それまで戦ってきた悲しみを、友とできるようになったのです。口にしないでこらえていた内心の声が次々と文字になり、やがてそれは一篇の詩となりました。

白い波

誰《た》そ彼《がれ》に　波は沖を横へ走る／白い手を振りかざして横へ走る／海が飲み込んだ我が子は／白い波と化して遠く沖を走る

村人よ　浜辺の砂に線香を立てるな／息子はあそこに遠く横に走る／今　帰ったよ　面白かった／そう言って我が子は帰ってくるのだ
（中略）

星霜《せいそう》移り四半世紀　死児の齢《よわい》を数うれば／その子を失いたるときの我に遠からず／目に映る空　耳に聞く風は　誰が見　聞く／肌の上を滑る手の如く時間は確実に流れる

負けても笑っていればよい

玄が亡くなった翌年、気分を引き立ててくれることがありました。私にとって初めての女の子が誕生したのです。玄が奇跡的に生まれ変わったようで、新しい生命が日々に生きる力を与えてくれました。

長女が生まれて湧《わ》き立っていた昭和五十一年の十二月、知り合いから「『クイズダービー』に出てくれ」との依頼がありました。五人の解答者を競馬の馬に見立て、誰が正解するかを当てるクイズ番組です。

それまでは視聴率十五%前後を推移していた番組が、私がレギュラー出演した十一年間は、年間平均視聴率三十%の「お化け番組」に育ちました。私は正解が少なく、勝率が低い。けれども大学教授が当たらないというのが面白くて人気なのだと言われました。

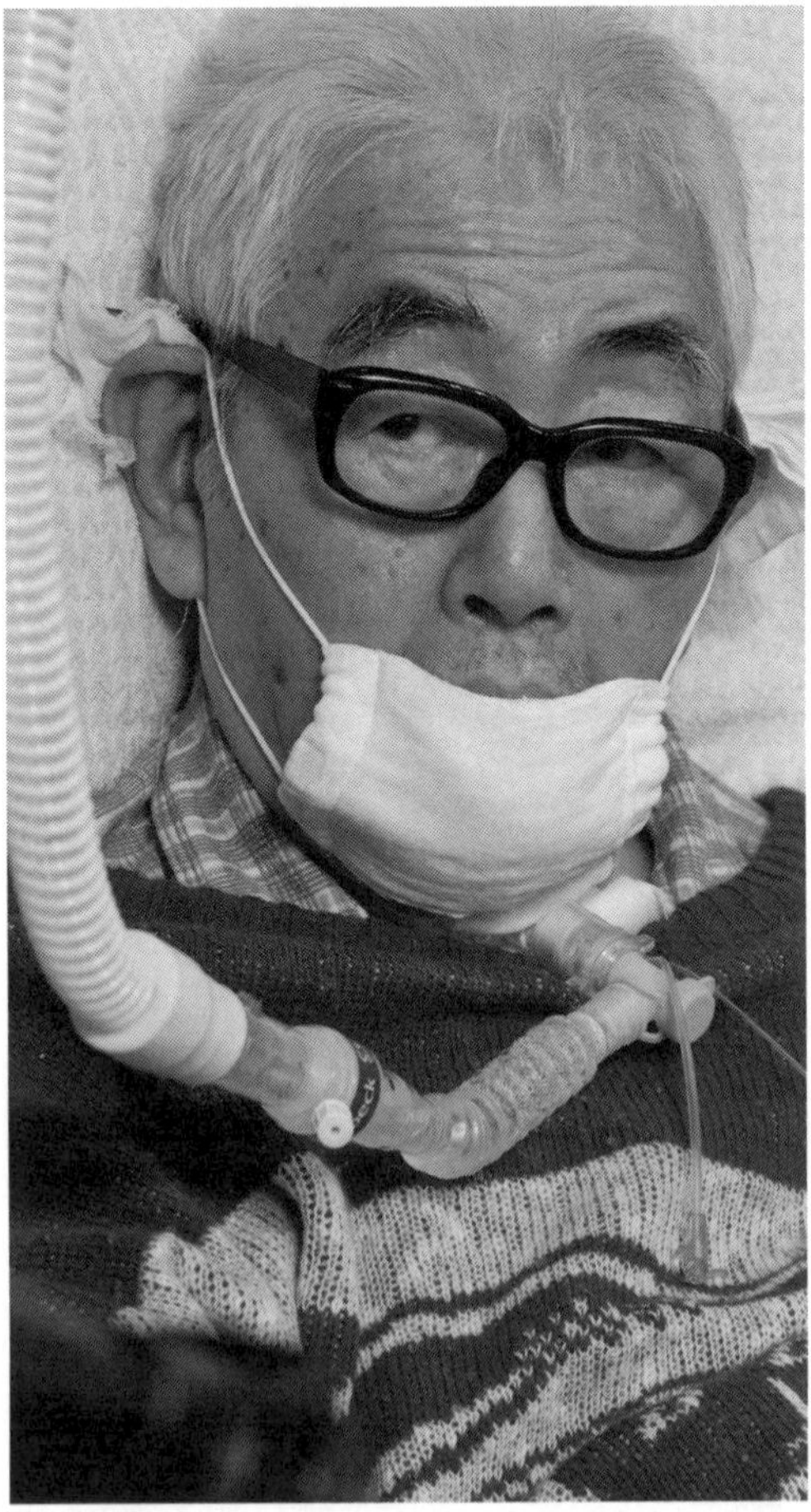

実は出演を打診された時、番組のプロデューサーに「先生が当たらないような問題を出しますので、よろしくお願いします」と言われ、かえって出演への意欲が高まったのです。

クイズと学問は違います。クイズという場では分野を問わず、細々としたことを尋ねてきます。けれども知識とは構造的に考える手がかりにすぎません。入学試験や資格試験などの三択問題は、細かい知識を暗記するのが勉強という恐ろしい誤解を生み、何でも知っていなくてはいけないという強迫観念を社会に蔓延《まんえん》させました。この学問

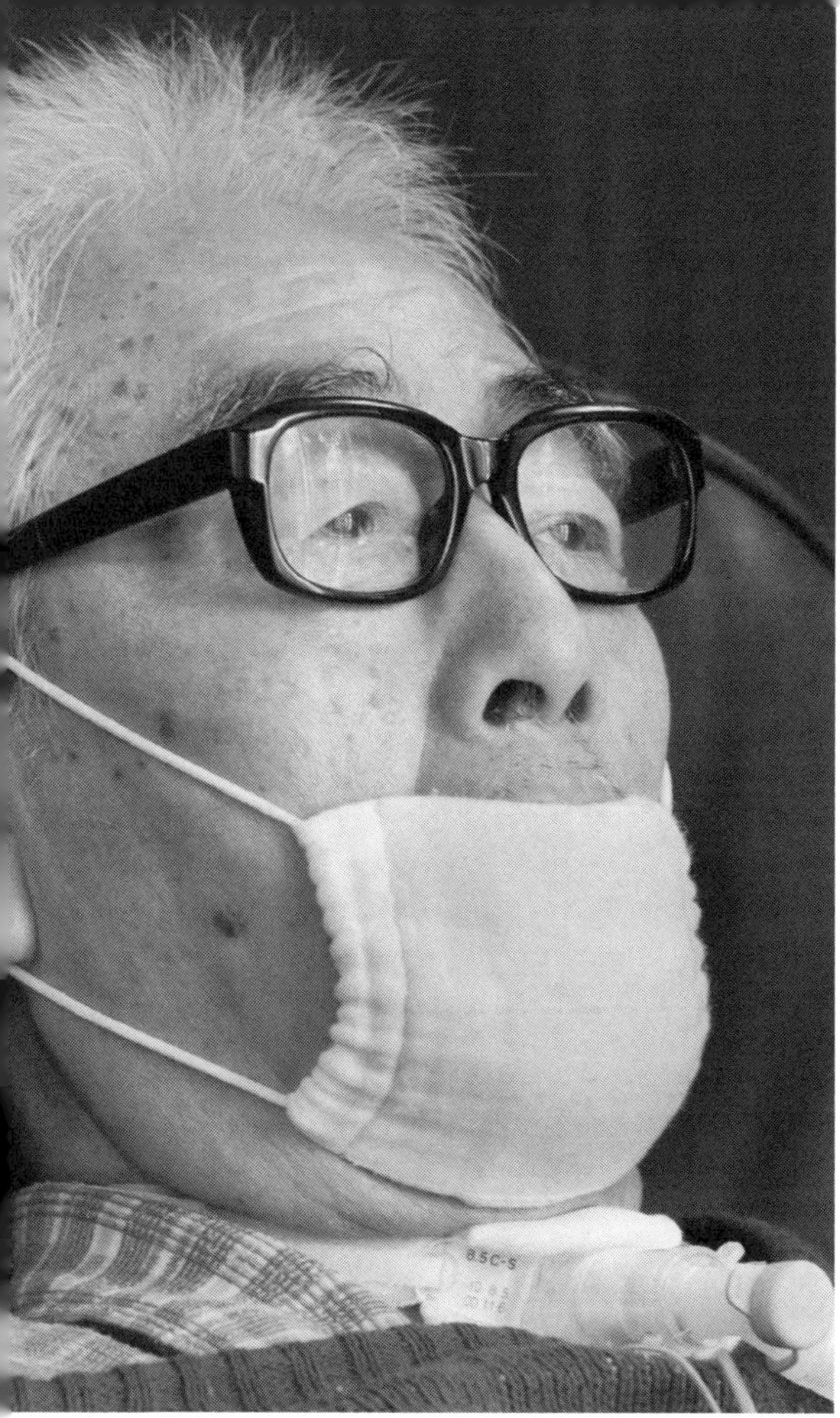

とクイズとの混同から脱却してこそ、あるべき知性の姿となると示したかったのです。

もう一つ、私には番組出演を通して発信したいことがありました。「不得手《ふえて》なことはできなくとも笑っていればいい！」。このメッセージを全国の視聴者、とりわけ若い青少年男子に伝えたかったのです。

大学で教鞭《きょうべん》を執《と》りながら、男子学生が年々男っぽくなくなっていることを危惧《きぐ》していました。ここにいる自分を認めてほしがる。格好を気にする。上手くできそうにないことには手を出さない。そんな彼らに対し、「他にできることがあれば、カッコ悪くなることを恐れるな」と、口では言えなくとも、テレビでそのありようを映像化して見せればよいと思いました。

テレビ出演から全国的な知名度が上がり、講演などの依頼が増えると、不思議なことに気づきました。私が呼ばれるのは東北と越後《えちご》の地方都市ばかりなのです。

ある時、東北での地方講演の後の会で、「キョージュが外れても外れてもニコニコ笑ってる、あれがいいんだよなあ」と涙ぐんだ一人に皆が同調するのを見て、はっと思い当たる節がありました。

東北・越後は、一八六八年の戊辰《ぼしん》戦争で列藩同盟を組み、西から攻め入ってきた官軍に敗れた地域です。賊軍《ぞくぐん》の汚名を耐え忍んできた心がいまも残り、負けても笑い続けている私への共感を呼んでいるのではないかと思ったのです。

『クイズダービー』での私の姿が「負けて辛いのに耐えて笑っている」と捉《とら》えられていることは予想外でした。私自身は勝率にはこだわらないという姿勢は保っていまし

戊辰戦争：慶応4（1868）年戊辰の年1月から翌年5月にかけて行われた、新政府軍と旧幕府側とで行われた内戦。鳥羽・伏見の戦い、上野の彰義隊の戦い、会津戦争、箱館戦争などの総称。

たが、クイズの矢が飛んできたその場では問題を真剣に考えており、外れた瞬間にはもう一歩考えれば解けたのにと焦ります。解答が外れることを気にしないから笑っているのではなく、気にしても笑顔でいるのです。

一々他者に認めさせなくても、「いまに見ていろ、オレだって」と目前の屈辱に耐え、人に見えない努力を続ける。自己のアイデンティティを温めて心に保ち、小さな自分を超える一歩を重ねればよい――それこそが、映像を通して私が訴えたかったメッセージでした。

「古代の心」でいまを生きる

話すことができず、動くことも困難になったいま、私は「古代の心」で生きています。

現代は情報が多く、自分と他人とを比べてしまいがちです。子供の育ち方が平均以下と思って殺してしまう母親の話など、目を覆いたくなるニュースが溢れています。

妻・礼子さんと

一方、身の回りしか見えない古代の人は呑気《のんき》だったことでしょう。余計な情報がないので、他と比較して豊かだとか貧しいとか考える必要もありません。

ありのままの自然環境を受け入れて、伸びやかに仲良く生きていたであろう古代人。古代の心では、目に見えることしか分かりません。それでいいのです。現代も全人類の奥底に眠っているこの古代の心で、いまを否定するのではなく、いまを楽しむ。それを提起するのが、ALSの発症後に着想した、新古代主義・ネオアルカイスムです。

「こうならなければよかった」「元気な人が羨《うらや》ましい」などと思うと、心が沈み、体が重くなります。けれども私のいまある姿は、人工呼吸器を付けたことにせよ、自分で選んだ結果です。

他人を思い煩《わずら》うことなく、我が道を行く。そう心に決めて、この一瞬の自分の体に満足すれば、お天気がいいだけでも嬉しいと感じます。声が出せなくても、心の中で好きだったフランス語の詩を吟じ、フランス民謡を歌っていられます。

そして、いましようとすることを決めて、一つ上の目標を定めると、心が躍ります。ベッド暮らしになってからは、毎日二時間は執筆に充《あ》てると決め、既に『ぶるぶる　ブルターニュ大好き』『美しい日本語の響き』『命尽くるとも「古代の心」で難病ALSと闘う』の三冊の本の刊行が実現しました。

昨年（二〇一一年）は『クイズダービー』以来の知人である女優の長山藍子さんから、陽気で社交的な私の妻・礼子を、劇で演じたいとのお申し出がありました。劇の脚本の土台とするべく、夫婦自伝物語『明るいはみ出し』を半年かけて書き上げました。妻との出会いからいままでを楽しく綴《つづ》り、大変な分量になりましたが、既に校正刷りとなり出版は間近です。

現在取り組んでいるのは、フランスの偉大な作家モーリス・ブランショの大長編小説『謎のトマ』の翻訳です。おそらく日本で初めてブランショの小説を卒業論文にした私にとって、彼の処女作である『謎のトマ』の初版本を日本に紹介するのは長年の願いでした。今年は『明るいはみ出し』の上演と、この『謎のトマ』出版の実現に嬉しい期待をかけています。

人生、何事も上手くいくとは限りません。一時の成功も振り返れば大したことではないと気づいたり、失敗して打ちひしがれることもあります。けれども心の苦しみについては、語らないことで耐えるしかありません。

悲しみは口にしないでじっとこらえ、やり直して明るく前へ進めばいいのです。困難に遭うたび、私は自分にそう言い聞かせて乗り越えてきました。

「前進　前進　また前進」はいまも昔も私の行動原理です。しおれそうな心を引き立てるこの考えは、子供の頃聞いた「歩兵の本領」という軍歌が元になっています。

モーリス・ブランショ：［1907～2003］フランスの評論家・小説家。幻想的な作風で知られる。

退《しりぞ》く戦術我知らず
見よや歩兵の操典《そうてん》を
前進前進また前進
肉弾届くところまで

いまある環境を楽しみながら、一つ、また一つ。一歩、また一歩。一日、また一日と、前進を続けていきます。

明るい心で。

篠沢秀夫（しのざわ・ひでお）
昭和8年東京都生まれ。学習院大学、東京大学大学院を経て仏政府留学生試験主席合格。34年から37年、パリ大学留学。明治大学教授を経て、48年学習院大学教授。52年から63年TBS系『クイズダービー』に出演。平成21年、ALS（筋萎縮性側索硬化症）であることが判明。

Blüthner

私の夢、私の人生
——運命のピアノは鳴り響く

フジ子・ヘミング
ピアニスト

Fujiko v. Georgii · Hemming

その演奏会は熱い喝采に包まれる。いま、フジ子・ヘミングさんのピアノがクラシック・ファンといった層を超えて、多くの人々の胸を打たずにおかない。その力はどこから出てくるのか。ピアノと一つになった彼女の生き方が、その問いに答える。

夢を食べて生きてきた

——きょうは演奏を聴かせていただきました。ありがとうございます。

そうですか。こちらこそ聴いていただいてありがとう。

——いろいろな困難がおありになったようですけれども、そのなかで夢を捨てず、夢を追い求めてこられたから、いまのような成功があるのではないでしょうか。

それはちょっと違いますね。

——違いますか。

夢は見てきましたよ。夢の中に生きてきたといったほうがいいかもしれない。でも、その夢は有名になりたいとか認められたいとかいったものじゃ全然ない。昔はそういう気持ちもなくはなかったけど。

リストが「この世の中に耐えられないわれわれは、夢の中で生きている」と言っています。私の夢もそれと同じ。猫を相手にピアノを弾く。こんなに上手に弾ける人が世界にいるかと独りで勝手に思って、天国に行ったら神様が私のために音楽会をやってくれるんだ、と夢の中に入っていく。素晴らしいホール。立錐《りっすい》の余地もない聴衆。私の紡ぎ出す音が響き渡って、喝采《かっさい》がかぶさって——世の中に背を向けて、ファンタジーの世界に浸る。私の夢とはそういうものです。ずうっとそんなふうにして生きてきた。夢を食べて生きてきたんですね。

フジ子・ヘミングさんの母大月投網子さんは、大阪の裕福な家庭に生まれた。東京音楽学校（現東京芸術大学）ピアノ科を卒業後、ヒトラーが政権を掌握する前のベルリンに留学。ロシア系スウェーデン人のジョスタ・ゲオルギ・ヘミングと知り合い結婚、フジ子さんと弟が生まれた。

フジ子さんが五歳のとき、一家は帰国。だが、当時は戦時下。外国人の父には日本は住みよいところではなかったのだろう。程なく家を出てスウェーデンに戻った。父とはそれっきりになった。

——ご両親についてお話しください。

父は貴族の生まれなの。相当なエゴイスで、うわべを飾る人種だったみたい。母と結婚したときは映画会社の広告デザイナーでした。マレーネ・ディートリヒ主演の『上海特急』のポスターはいまでも使われるけど、あれは父の作品なんです。常に新しいものにふらふらして、あまり責任感のない若者だったんでしょうね。

私が覚えている両親といえば、母が金切り声を上げて喧嘩《けんか》している姿ばかり。父からは、仕事が見つかったら必ず呼ぶと言ってきましたが、母は父の女たらしに愛想を尽かしていたから、相手にしませんでしたね。

——以後は会わずじまい？

ええ。父はスウェーデンで建築会社を起こし、成功したみたい。これはずうっと後、私がドイツに行ってからだけど、連絡を取ったことがある。でも、オーストリーにスキーに行くとかなんとかで、会おうとしなかった。お金をせびられると思ったんでしょうね。私にもそれほど会おうとする情熱はなかったし。でもね、不思議なんですよ。ふとイメージが浮かぶでしょ。そのイメージは音ではなく、まず視覚的なものなの。記憶もそう。音より先に色とか形とかがよみがえる。私のこんなところは絵を描いていた父の血なのかな。

恩師クロイツァーとの出会いと別れ

——生活のほうは？

母の実家からの仕送りと母がピアノを教えて暮らしていました。貧乏でしたね。傘が破れても新しいのが買えなくて、継ぎを当ててさしたり、わずかなお小遣いの残りを貯《た》めてノートを買ったり。あのころからお金の心配とはずうっと道連れですよ（笑）。

——ピアノを始められたのは？

覚えていないんだけど、母は五歳からと言っていましたね。私は子どものときから指が太くて丸いの。私がピアノに触ったら、音が違ってたみたい。母はこの子には何かあると思って、ピアノをやらせる気になったようです。

——レッスンはいかがでした？

もうスパルタ式。一回二時間。それを一日に二回も三回もやらされる。容赦は一切なし。

母はね、気性がめっぽう激しいんです。われを忘れると、ヒステリックになって誰かれ構わず怒鳴り散らす。表面だけで物事を判断して、考えてものを言う賢い女ではなかったわね。だけど、これは別の面からいうと、極端すぎるほど単純で純粋な人だったということ。それが母の本質ですね。

母には、駄目だ、なってない、おまえはばかだと言われ続けた。ピアノで褒められたことは一度もない。そりゃそうですよ。母は単純だから、自分のレベルですべてを見る。母のレベルから見たら、駄目なのは当然でしょう。

小学校三年生のとき、つてがあってNHKのラジオに出演し、ショパンの即興曲を弾いたことがあるんです。反響がすごくて、天才少女と絶賛された。でもね、駄目だ、駄目だと言われ続けているでしょ。だから私、どうしても自分のピアノに自信が持てなかった。

――でも、ピアノを続けられた。

母は口では駄目だとは言っても、私には才能があると信じていたから、音楽教育は熱心でした。小学五年生からはクロイツァーのところに行ってレッスンを受けるようになりました。私はクロイツァーから初めて音楽というものを学んだ気がします。

レオニード・クロイツァー。世界的に認められていたロシア系ドイツ人のピアニスト。戦前から東京音楽学校で教えていた。

クロイツァーは「子どもなんて」と最初は見向きもしなかったが、母の懇願でヘミングさんのピアノを聴くと、「すごい。お金なんか要らない。私が教えよう」と態度を一変させた。

――学校のほうは？

青山学院高等部から東京芸大に進みました。それはわが家の家計にとって大変なことだったけど、母は口ではともかく、私の才能は評価していて、どうしても芸大に行かせたかったんだと思う。

――すると、ピアノは順調に進んだ。

それがそうでもないのよ。

――どういうことですか。

クロイツァーは私が下手に弾くと、ツンと横を向いて知らん顔をしている。上手に弾けると、すごいすごいと絶賛してくれる。音楽的にも人間的にも私は全幅の信頼を寄せていました。実際、私のピアノは伸びて、芸大在学中にNHK毎日コンクールに第二位入賞もしたし、文化放送音楽賞も受賞しました。

だけど、胸の中には鬱屈《うっくつ》があって晴れないのね。一つには、十六歳のときに中耳炎をこじらせて、右耳の聴力を失ってしまったことがある。ピアニストとして、これは大きなハンディですよ。私はそれを乗り越えるレッスンをしたから、コンクールに入賞もしたんだけれど、どこかでそれが気持ちを沈み込ませていたんだと思う。

もう一つは私の性格ね。私も母譲りで純粋というか、頑《かたく》なところがあるから、人間関係が苦手なの。クロイツァーと感情のずれが生じて、最後には彼のレッスンから離れてしまった。

ところがね、卒業を間近に控えたころ、彼が亡くなったんです。

胸に穴が開くとはあのことね。最後は気まずくなっていたけど、私は彼を尊敬していたし、支えにしていた。拠《よ》り所をなくして、どうしていいのかわからない。彼のお葬式ではもう泣くことしかできませんでした。

憧れのベルリン
みじめな生活

——それからどうしました？

もうクロイツァーはいない。なんだか日本に自分のいる場所がなくなったような気分になってしまった。そして、ドイツのベルリン国立音楽学校に留学しようと思ったんです。

すると、胸の中が希望でパッと明るくなるような感じでした。もっとも、わが家は相変わらずの貧乏でお金にはキュウキュウ。だけど奨学金もあるというし、行けばなんとかなると。

ところが、留学するまでがもう大変。

ヘミングさんはスウェーデン国籍だった。だが、生まれてから一度も父の国に行ったことがない。そのために当時の規則で、国籍を抹消されてしまっていた。

そこで日本国籍を取ろうとした。ところが、役所はなんのかんのと規則を言い立て、日本国籍を許可しない。無国籍ではパスポートが取れない。宙ぶらりんのままなす術《すべ》がなかった。

そんなときに、ヘミングさんは小さな演奏会を開いた。それをたまたま聴いたのがドイツ大使だった。「あなたのピアノは必ずドイツ人の心に届く」と絶賛。赤十字の難民ということにしてドイツに行けるよう取り計らってくれた。

ヘミングさんは難民パスポートでドイツに渡ったのである。

——いよいよ留学生活ですね。

確かにベルリン音楽学校は、音楽性は素晴らしいものがありましたね。だが、ピアノ科の教授なんか意外に俗物でね。クロイツァーの人間性の足元にも及ばない。嫉《ねた》みや妬《そね》みが渦巻いていて、足の引っ張り合いが猛烈なのにもびっくりしました。

それに母からは月百ドルの送金がありましたが、授業料と家賃を払えば、生活費は何ほども残らない。寒い部屋でジャガイモばかり食べていました。

でもね、音楽学校の生徒はベルリン・フィルの演奏をただで聴くことができるんです。これは素晴らしかった。

あるとき、カラヤンの指揮に接して、魅了されてしまって、ぜひ私のピアノを聴いてほしいと思ったの。で、連絡を取ったら、会って聴いてくれるという。彼の音楽性は掛け値なしに素晴らしい。でもね、お金にうるさいとか用のない人間には冷酷だとか、人間性にとかく風評のある人なの。その酷薄さを感じたのかな、いざ彼の前に出ると、私はとうとうピアノを弾く気になれなかった。

——チャンスを逃してしまった。

いや、あれはあれでよかったと思ってる。あのときはコンディションも悪かったし。人前でピアノを弾くときは万全の準備をしておくべきよ。そうでなければ弾くべきではない。いまもそれは私の信念ね。

——留学を終えたら日本へ帰ろうとは思わなかったのですか。

思わなかったなあ。

好きな人ができて、その相手の都合で住む所を変えるという感じで、ウィーンにも住んだしフランスにも住んだし、ドイツの田舎町も転々とした。どこに行っても難民パスポートがつきまとって差別には慣れっこ。お金がなくて、いつもパンの心配をして、その間に小さな演奏会を開いて、何もないときは猫を相手にピアノを弾き続ける。私はどうも人間が苦手で、人々のなかに交じっているよりは、猫といたほうが気が休まるのね。猫は裏切らないから。

好きな男もそのうち底が見えてきて失恋に終わる。そんなことの繰り返し。みじめといえばみじめかもしれない。

でも、やはり何か充実していた。私のピアノは好きな男ができてのめり込むと、全然駄目になっちゃうの。だけど、一つの恋が終わってそれを乗り越えると、グーンとよくなっている。それが自分でもわかる。

みじめな生活でも充実していたというのは、やはり私にピアノがあったからなのね。

チャンスは去っていった

——有名になりたいとは思わなかったのですか。

まったくなかったわけじゃない。でもね、本気でそう思うなら新聞社も放送局もないような田舎にいては駄目でしょ。ニューヨークかパリ、さもなくば東京に行くのが本当なんだけど、行こうと思っても駄目なのよ。お金がないから。結局、自分は駄目だなと思ってしまうの。

それでも、私のピアノを評価してくれる人はいたわ。音楽学校の三年間を終えた後に師事したピアニストのパウル・バドゥラ・

スコダは、「あなたの持っているものは素晴らしいから、何も教えることはない。ただ一所懸命やればいい」と言ってくれた。名指揮者のブルーノ・マデルナも私のピアノを認めて、ソリスト契約をしてくれた。ピアニストのニキータ・マガロフ、シューラ・チェルカスキーも手放しで褒めてくれた。でもね、彼らは音楽性が高く、人間性が豊かでも、お金がない人ばかり。自分のことで精いっぱいなのね。

　でも、大きなチャンスはあったのよ。


一九七〇年。そのころ、ヘミングさんが住んでいたウィーンでバーンスタインの演奏会があった。曲目はバッハの大作『マタイ受難曲』。ヘミングさんは立ち見席でそれを聴いた。大きな感動だった。

　たまらなくなって、ヘミングさんは楽屋を訪ねた。バーンスタインは快く会ってくれ、彼女のピアノを聴くという。温かみのある人間性に誘われて、彼女は弾いた。終わると、バーンスタインは彼女を抱きしめ、キスして言った。

「君は素晴らしいピアニストだ」

　バーンスタインをはじめ、マガロフ、チェルカスキー、マデルナたちの推薦で、ヘミングさんのリサイタルがウィーンで開かれることになった。ポスターが街に貼り出された。

　ところが、彼女は発熱で倒れてしまった。気がつくと、聞こえていた左耳の聴力も失われていた。まったく音のない世界。彼女はふらつく体で一回だけステージに立った。だが、あとのステージはキャンセルするほかはなかった。

　チャンスは去っていった。

ピアノを弾くことは私にとって生きること

――それでも日本に帰らなかったのですね。

　どういうわけなんでしょうね。帰国のことはチラリとも考えなかった。

　二年間療養して、どうにか左耳の聴力が半分ぐらい回復して、さて、これからどうして生きていこうかと思った。それで音楽教師の資格を取って、ピアノを教えて暮らしていくことにしたの。大した収入にはならないけれど、なんとかやっていけるだろうとね。

　ドイツでは十五年働くと年金がもらえるの。いつかその年金をもらうことが目的みたいになってしまって。

　相変わらずお金はないから、数少ない生徒にピアノを教えて、あとは猫を相手にピアノを弾く生活。毎日毎日ピアノばかり弾いていたわ。

――それがいま、日本で活躍されるための準備になっていたわけですね。

　そう言えば言える。


ヘミングさんが帰国したのは一九九五年。その二年前に母が亡くなっていた。

「いま振り返ると、母はつらいことがいっぱいあったと思う。でも、依怙地《いこじ》にそれを口にしたことはなかった。その意味では、私たち母子はすれ違ったままだったように見える。でも、心の底の底では母の純粋さは私と溶け合っていた。それが最後の最後のところで、私の生きる力を支えてくれていたんだと思う」

帰国したのは、東京・世田谷の下北沢にある母の家を人手に渡したくないためだった。

話があって、母校東京芸大の旧奏楽堂で演奏会を開いた。ヘミングさんのピアノは聴く人の胸を強く打ち、大評判になった。

それを伝え聞いたNHKテレビがヘミングさんの日常生活を撮影、一九九九年末にその生き方をドキュメンタリー番組で放映した。

予想外の反響だった。演奏会依頼が殺到、CDも発売され、ヘミングさんは一気にブレークした。

――これまでを振り返って、ご自分の人生をどのように思われますか。

運命ね、運命。そうとしか言いようがない。

――運命というと？

このインタビューの最初に夢の話が出ましたね。夢というと、なんだかほんわりして、ロマンチックな感じがするでしょ。だけど、もっと厳しいもの、自分と一体になったものを夢というなら、私は確かに夢を持ち続けた。神様はちゃんとそれを見ていてくださって、いま分け前を与えてくれているんだと思う。この神様の思《おぼ》し召し、それが運命ということよ。

――ヘミングさんにとって自分と一体になったもの、夢とはなんですか。

もちろんピアノですよ。食べるものがなくて、猫の餌《えさ》だけは与えて、自分は砂糖水だけを飲んで、それでもピアノはやめなかった。

誰も聴いてくれる人がいなくても、猫しか聴いてくれなくても、私はピアノを弾いて、弾いて、弾いてきた。それはピアノが私そのものだから。ピアノがなければ私はない。そういう意味では、ピアノを私に与えてくれたすべてに感謝のほかはありません。そして、私のピアノを聴いて感動してくれる人がいる。それは私がわかってもらえたことです。こんなありがたいことはありませんね。

夢を持つ、夢を追いかけるなんていうのは、夢と自分との間に距離があるでしょう。そうではなくて、自分と一つになっているものがある。そういうものがあると、運命が巡り巡って、神様は必ず配慮してくれる。そんな気がします。

逆にいうと、自分と一つになっているものがないと、運命もまたそれなりのものでしかなくなってしまう、ということじゃないのかな。そんなふうに思いますね。

――いまヘミングさんは大変なご活躍です。生活は変わりましたか。

本質的には変わりませんね。もっともお金の面では、いま十一匹の猫と一匹の犬がいますが、その餌代に困るようなことはな

くなって、ゆとりが出ました。ドイツではいつもお金の心配がついていたし、日本に帰ってからも、うちの上の階を貸しスタジオにして、そこから入るのが五万〜六万円。それに一回五千円でピアノを教えていたけど、これはあてにならない。月収はせいぜい七万円。それで暮らしていたんです。

それに比べると、いまはお金に困らなくなりました。そんなに私は必要がないから、困っている人のために寄付しています。

私ね、ドイツでこんな経験があるんです。あるとき、ショーウインドーですごく気に入ったセーターを見つけたの。聞けば、四十マルク（当時）だという。食べるのに困っていたけど、たまにはいいかと思って、そのときは持ち合わせがなかったから、明日来るからとっておいてと頼んでお店を出たら、ロマの少年が寄ってきて、お金をくれと言う。その目がとても純粋に澄んでいたものだから、二十マルクあげちゃった。これでは暮らしていけないと思ったけど、お店には買うと約束したんだから、仕方がない。次の日出掛けていきました。すると、前とは違う店員がいて、そのセーターは二十マルクだという。ああ、私が少年に二十マルクあげたのを神様が見ていて、ちゃんと配慮してくれたんだな、と思いましたね。

お金とはそういうもの。困っている人がいて、余っている人がいれば、あげる。それが巡り巡って、必ず自分に返ってくるものですよ。

――最後に、いつまでピアノを弾かれますか。

ピアノというのはね、最後はテクニックじゃない。人間は機械じゃないんだから、間違ったっていいじゃない。それよりも大切なのは魂で弾くことよ。ポンと鍵《けん》を叩くと、私の人格が音になって流れ出していく。私の人間性が貧しかったら、見透かされる。とても怖い。だから、ステージに上がるときはいつも足が震えます。それを乗り越えるには、よほどの体力が要る。だから、家では体操を欠かさないし、演奏会の前には二十分歩きます。それから食事。私はベジタリアンで、最後に肉を食べたのは一九八三年だったかな。ジャガイモはいいですよ。体の中がきれいになる。

こうして万全の準備をして、私は弾く。いつまで弾けるかなんて、知りません。考えません。

何も考えずに弾く。だって、私はピアノで、ピアノは私なんだから。私にとってピアノを弾くことは生きることなんだから。

フジ子・ヘミング
（Fujiko v. Georgii・Hemming）
ドイツ・ベルリン生まれ。5歳で日本に帰国。東京芸術大学ピアノ科卒業。NHK毎日コンクール入賞。文化放送音楽賞受賞。ドイツ・ベルリン国立音楽学校へ留学。その才能を認められるも、ウィーンでのリサイタル直前に病に倒れ聴力を失う。以後、ピアノ教師を続けながら、音楽活動を行う。平成7年帰国。東京芸大旧奏楽堂のリサイタルが反響を呼ぶ。11年CD『奇蹟のカンパネラ』をリリース。日本ゴールドディスク大賞受賞。全国でのコンサート活動を展開。

学び続けるリーダーこそ道をひらく

牛尾治朗
ウシオ電機会長
Ushio Jiro

復元力を引き出せ

數土　大先輩の牛尾さんとは、かねてから一度じっくりお話をしたいと考えていました。きょうはお会いできてとても嬉《うれ》しく思います。

牛尾　私も楽しみにしていました。

お忙しいのでしょうね。鉄鋼の注文が増えていて、今後も雇用を維持すると発表されたのを拝見しましたよ。

數土　不透明な部分は多いですけれどもね。いまは世界恐慌が起きた一九二九年の翌年、一九三〇年と同じところに位置しているんじゃないかと私は見ているんです。一九二九年には株価がドーンと落ちましたが、GDPの伸び率は約六％のマイナスに留まりました。ところがその翌年から二年続けて約十二％のマイナスになってしまいました。

ですからリーマン・ショックから二年たった、この二〇一〇年が境目になります。ただ一九三〇年と違うのは、中国、インド、ブラジルと、急成長を遂げている大国が三つもあるということです。

先行き不透明な時代の転換期に、何を指針に経営し、人生を創造していくか。幅広い交友と豊かな教養に裏打ちされたリーダーシップで財界を牽引する牛尾治朗氏と、少年期より豊富な読書体験を通じて人物を練り上げてきた數土文夫氏に、リーダーが学び続けることの重要性について語り合っていただいた。

數土文夫
JFEホールディングス社長
Sudo Fumio

牛尾　最近はこれにインドネシアと南アフリカも加わりましたしね。

それからあの時と大きく異なるのは、ITによって情報伝達のスピードが飛躍的に高まって、グローバル化に一層拍車がかかったことです。一九九七年の金融ショックでは、タイでバーツが暴落してそれが日本に波及してくるまで四か月かかりました。しかし今度の世界不況は、リーマン・ショックが起きて、わずか三、四日以内に世界中の需要が収縮しました。十二年でそれだけ違うんですね。

數土　おっしゃるとおりです。

牛尾　また今回、中国だけは他国を尻目に二か月くらいで新たな需要が出始めました。独裁国家型の資本主義だから、こういう時は強いですね。薄型のテレビを大量につくって農村に売り出すなどといったことを、二、三週間で決めて実行しています。自動

リーマン・ショック：2008年米国の大手投資銀行・証券会社リーマン・ブラザーズが経営破綻したことと、その副次的な影響により、世界の金融市場と経済が危機に直面した一連の出来事。

車道路にしても、二〇〇八年だけで日本列島に匹敵するくらいの距離をつくってしまいましたし、今年（二〇一〇年）は景気対策でもっとつくるそうですよ。彼らはそういう大がかりな施策を、わずか一週間くらいで決めてどんどん実行しています。

數土　ロシアやブラジルなどもそうですね。

牛尾　しがらみがあって一年たっても物事が決まらない日本とは大きな差がついていきます。しかも日本は、この一番大事な時に政権が交代しましたから、意思決定にこれまで以上に時間がかかっています。四月くらいまではいろんなことが決定できないと思いますから、その分また遅れますね。

數土　そこを私は逆に、日本人が忍耐ということを覚えるには非常にいい機会だと思うんです。

牛尾　そういうふうに取るのであれば、日本はまだ景気の底を打っていませんから、本当の忍耐が試されるのはこれからですね。

　數土さんは終戦の時、おいくつでしたか。

數土　私は昭和十六年生まれですから、まだ四歳でした。

牛尾　私は中学三年生でした。あの時は本当に食べるものはないし、寒くなっても着るものはないし、住まいもないしで本当に貧しかった。そこで進駐軍の大改革が行われた後、日本人はアメリカのような文明社会を目指そうということで、まず吉田政権が軽武装、経済重視という選択をした。その後池田内閣が所得倍増計画を出して、本当にそのとおりになった。まさにどん底から奇跡の復興を遂げたわけです。

　いまの日本もあの時みたいに底を打たないと、本当の意味で回復はしないと思うんです。底まで落ちた時に日本人というのは立派になるんです。

數土　やはりそういう「復元力」を持たせることを考えなければなりませんね。中途半端な緩和策では駄目です。一回倒れないと復元力というのは発揮されませんから。それをいまは、一人でも倒れたら駄目という発想に立っているからおかしくなるんです。

牛尾　明治維新の時は士農工商の階級を崩して、士族階級は九十％失業しましたからね。偉いのはその時のリーダーが欧米に二年間視察に行っていることです。

數土　岩倉使節団ですね。

牛尾　あの時に岩倉具視《ともみ》の書いたものを見ると、向こうで強烈なショックを受けていて、日本は士農工商くらいのことで文句を言っている場合ではないと。どんどん近代化を進めていかなければならないから、日本には特殊事情があるから無理だなどとは、くれぐれも言うまじき候《そうろう》と記してありますね。

數土　日本に帰る途中から、そればかり繰り返していたようですね。

　幸いその時の日本の識字率は相当高くて、それが新しい社会をつくっていく上で大き

所得倍増計画：昭和35（1960）年に池田勇人内閣が掲げた長期経済政策。10年間で国民所得を2倍にすると宣言し、高度経済成長を背景に国民一人当たりの消費支出は10年で2・3倍に拡大。国民所得倍増計画。

岩倉使節団：明治政府が明治4（1871）年に欧米に派遣した使節団。条約改正の準備交渉や海外視察などを使命とし、岩倉具視や大久保利通・伊藤博文・木戸孝允ら107名が約2年間、各国を歴訪した。

な力になったことは確かです。これは日本中に一万五千あったといわれる寺子屋の教育によるものだったというのは、素晴らしいことだと思います。

牛尾　安岡正篤《まさひろ》さんから聞いたんですが、伊藤博文が明治五、六年頃中国を訪問した時、その古典の知識と見識の高さに、向こうの官僚が驚嘆したそうです。日本というのはすごい国だと。

明治維新は、伊藤のような下級武士出身の優れた人材が維新前から頑張って改革に取り組んで、憲法や教育勅語ができるまでに三十年かかっています。戦後も廃墟《はいきょ》の中から社会が安定するまでには、やはりそのくらいかかっている。ですからどん底から改革が完成するまでには、三十年かかるんです。

教育勅語：明治天皇の名のもとに、国民道徳の根源、国民教育の基本理念を示した勅語。昭和23（1948）年、国会でその失効および排除を決議した。

尊敬する人物を同じくして

牛尾　數土さんを最初に紹介してくれたのは、通産省の河野博文さんでしたね。私と同じ東大ヨット部出身の彼から、おもしろい人がいると。お会いしてみたら、數土さんも私も川崎製鉄初代社長の西山彌太郎《やたろう》さんを尊敬していることが分かって、意気投合しましたね。

數土文夫（すど・ふみお）

昭和16年富山県生まれ。39年北海道大学工学部卒業、川崎製鉄入社。常務、副社長を経て、平成13年社長に就任。14年NKKと経営統合し持ち株会社JFEホールディングスを設立し、非常勤取締役に就任。15年JFEホールディングス傘下の事業再編によりJFEスチールを設立、初代社長に就任。17年JFEホールディングス社長。経済同友会副代表幹事。

牛尾治朗（うしお・じろう）
昭和6年兵庫県生まれ。28年東京大学法学部卒業、東京銀行（現・三菱UFJ銀行）入行。31年カリフォルニア大学政治学大学院留学。39年ウシオ電機設立、社長に就任。54年会長。平成7年経済同友会代表幹事。12年DDI（現KDDI）会長。13年内閣府経済財政諮問会議議員。

數土　私が尊敬する人を、牛尾さんも高く評価しておられるので、とても嬉しく思いました。西山さんは、私が川崎製鉄に入社した二年後の昭和四十一年に亡くなりましたが、牛尾さんとはどういうご縁だったのですか。

牛尾　父が神戸の経営者同士で西山さんと仲がよかったので、私が東京銀行の神戸支店に勤務していた時に二回ほどお訪ねしたんです。昭和二十九年、三十年で、当時の川崎製鉄は、工場は大変立派だったけれども、社長室はとても質素でね。西山さんはそれを誇りにしていて「製造業というのは、機械にはお金をかけるけれども、事務所にお金をかける必要はない。人材がおればいいんだ」と。四十分くらいの面会でしたが、そういうことを若い私に真剣にしゃべってくれるんです。本当に魅力的な人でした。

數土　私が入社した昭和三十九年は不景気で、例年二百〜三百人採用する新卒を六十人しか採りませんでした。当時西山さんは七十歳でしたが、我々の間近なところに座ってお孫さんを諭《さと》すように諄々《じゅんじゅん》と語り聞かせてもらった訓辞は、いまも鮮明に記憶に残っています。

牛尾　どんなお話だったのですか。

西山彌太郎：［1893〜1966］経営者。神奈川県生まれ。大正8年川崎造船所（現川崎重工業）入社、25年分離独立した川崎製鉄の社長に就任、時の日銀総裁の反対を押し切って銑鋼一貫体制の千葉製鉄所を建設した。

數土　一つは、会議がある時には必ず五分前に来て、何をしゃべるか、何を聞くか、よく考えた上で参加しなさいと。

二つ目は、スペシャリストというのは最初からはいない。最初は誰でも素人なんだと。いまはいろんな本が出ているから、三か月一所懸命勉強したら、大学で勉強したのと同じくらいの知識を得られてスペシャリストの端くれになれる。だからしっかり勉強しなさい。

三つ目は、新入社員の六十人のうち四十人は技術屋だったんですが、技術屋でも人に会え。人に会って話を聞きなさいと。この三つでした。

牛尾　やっぱり西山さんという人は、戦後に自ら立ち上がった人だから、確固たる経営哲学を持っておられたんですよ。

千葉に工場を造ろうとした時には、当時の金融引き締め策に逆行する巨額投資だというので日銀から大反対されて、時の一万田《いちまだ》総裁から「建設を強行するなら、ぺんぺん草を生やしてやる」とまで言われたんですね。その頃の川崎製鉄というのは業界でも五、六番手ぐらいで、川鉄ごときが千葉に出るなぞ冗談じゃないと。けれどもぺんぺん草は生えなかった。

數土　よくご存じですね。

一万田総裁が相手にしてくれないものだから、西山さんは世界銀行のブラック総裁にかけ合って、二千万ドルの融資を取り付けて千葉製鉄所をつくりました。

すごいと思うのは、西山さんはその時、会社のオーナーでも何でもなかった。大学生の頃から新製鉄所構想を温め、四十代の頃には構想の全体をほぼ固めていたと思います。

そして、川崎重工業から川崎製鉄を分離独立させ、製鉄所の建設を敢然《かんぜん》と実行に移した。決して、川崎重工の社長が主導的役割を果たしたのではないのです。そういう中で千葉に製鉄所を造ったというのだから、恐ろしい人もいたものです。

牛尾　その川崎製鉄が日本鋼管（ＮＫＫ）と合併して、いまや新日鐵と二社体制です。そして西山イズムを受け継いだ數土さんが社長をやっているというのは、本当に嬉しいですね。

枝葉末節でなく、根幹に触れる

數土　影響を受けた人物ということでは、この対談に先立って贈っていただいた牛尾さんのご著書『わが人生に刻む30の言葉』には、安岡正篤先生とのご親交にも触れておられましたね。私も安岡先生の本は若い頃からよく読んできましたが、あれだけの人と直接親交があったというのはすごいことです。

牛尾　祖父の代からの付き合いでしたからね。

數土　安岡先生の本では、人間の心の持ちようや挙措動作《きょそどうさ》、出処進退《しゅっしょしんたい》のあり方といったことが非常によく説かれていて勉強になります。私も含めていまの政治家や経営者は、もう少しそういった人間とは何ぞや、あるいは歴史とは何ぞやといったことを勉強しなければならないことを実感させられます。

牛尾　私が數土さんを、経済同友会の副代表幹事に推薦したのは、技術畑なのにそうした素養をしっかり培っておられることが分かるからです。お生まれは富山だそうですが、そのあたりのお話をきょうは聞かせていただけませんか。

數土　高校教師だった父が大変な読書家で、毎月給料の三分の一は本につぎ込んでいたものですから、家には日本や世界の文学全集から中国古典まで大量の本がありました。富山は雪深くて外で遊べない日も多いので、私は父の本を片っ端から読んだのです。トルストイの『復活』『アンナ・カレーニナ』『戦争と平和』、ドストエフスキーの『罪と罰』、『明治大正文学大全集』から田山花袋《たやまかたい》や島崎藤村《とうそん》、中国古典では『史記』『十八史略《じゅうはっしりゃく》』『資治通鑑《しじつがん》』『論語』『孫子』『宋名臣言行録《そうめいしんげんこうろく》』『貞観政要《じょうがんせいよう》』といったものに中学生の頃から親しんでいたんです。

牛尾　それはいい環境で育たれましたね。

數土　中でも中国古典が好きでしてね。読んでいて分かったのは、『論語』『宋名臣言行録』『貞観政要』は対話を通じて人間とはどうあるべきかを説いている。一方『史記』『十八史略』『資治通鑑』というのは歴史です。もう兄弟を殺していない皇帝なんかいないくらいに血で血を洗うような治乱興亡を活写しています。中国古典はそうした様々な作品を通して、人間とは何か、歴史とは何かということを教えてくれるんですね。

それから、『論語』はまさに発明だと私は思っているんです。

牛尾　『論語』は発明ですか。

數土　はい。「巧言令色鮮し仁《こうげんれいしょくすくなしじん》」とか「朋《とも》あり遠方より来《きた》る、亦《また》楽しからずや」と書かれているけれど、二千五百年も前で遠くの人となかなか接触できない時代に、現代にも通用するそうした真理をどうやって掴《つか》んだのか。これを発明でなくて何と言うのかと。人間の在り方、心の在り方、人間関

トルストイ：レフ・トルストイ：［1828～1910］ロシアの小説家・思想家。人間の良心とキリスト教的愛を背景に、人道主義的文学を樹立。小説「戦争と平和」「アンナ・カレーニナ」「復活」など。

田山花袋：［1871～1930］小説家。群馬県生まれ。「蒲団」「生」などの作品で、自然主義文学の代表作家の一人となる。

島崎藤村：［1872～1943］詩人・小説家。岐阜県生まれ。小説「破戒」によって作家としての地位を確立、自然主義文学の先駆となる。他に「春」「家」「新生」「夜明け前」など。

『史記』：中国の二十四史の一。黄帝から前漢武帝までの二千数百年にわたる通史。前漢の司馬遷撰。本紀12・表10・書8・世家30・列伝70の全130巻。

『十八史略』：中国の歴史読本。元の曽先之撰。史記から新五代史までの17正史に宋史を加えた18史を取捨選択して編纂した入門書。日本では室町末期から江戸時代にかけて盛んに読まれ、明治以後も漢文教科書として用いられた。

『資治通鑑』：中国、宋代の歴史書。294巻。司馬光撰。1084年完成。周の威烈王の前403年から、後周の世宗の959年までの1362年間の君臣の事績を編年体で記したもの。

『論語』：中国の思想書。20編。孔子没後、門人による孔子の言行記録を、儒家の一派が編集したもの。四書の一。

『宋名臣言行録』：中国、宋代の史書。前集10巻、後集14巻。朱熹撰。成立年未詳。北宋・南宋の忠臣義人らの言行を著書や伝記から集録し、世の教えとしようとしたもの。

『貞観政要』：中国、唐の太宗と家臣たちとの政治上の議論を集大成し、分類した書。10巻。唐の呉兢撰。720年以降成立。帝王学・治道の規範の書として歴代の皇帝・政治家の必読書とされ、日本でも天皇や貴族の間で読まれた。

係の在り方の神髄を、よくもあそこまで凝縮して書き残すことができたと思うと、感動を覚えずにはおられないんです。

牛尾　お若い頃からそうした読書体験を積み重ねて、人格を練り上げてこられたわけですね。

數土　最初に興味を持ったのが『三国志』でした。私が小学五年生の時、吉川英治の全集が毎月一巻ずつ刊行され始めたのを父が買ってきましてね。毎晩十二時頃まで読んで枕元《まくらもと》に置いてあるのを、そっと取ってきて明け方まで夢中で読んで、そのまま六キロの道のりを歩いて学校に行ったものです。何十回も読んだものですから、諸葛孔《しょかつこう》明《めい》の「出師表《すいしのひょう》」なんか全文覚えたくらいです。

　吉川英治の小説がなぜおもしろいかと言ったら、人間とは何かというのを書いているからだと思うんです。

牛尾　確かに吉川英治というのはすごい人ですよ。実はその吉川さんが、安岡さんと刎頸《ふんけい》の仲だったんです。

數土　そうらしいですね。

　安岡先生は中国古典の「修己治人《しゅうこちじん》」「経《けい》世済民《せいさいみん》」「応対辞令《おうたいじれい》」を、ご著書を通じて多くの日本人に説かれました。この功績は大変なものだと思います。

牛尾　私が初めて安岡さんとじっくり話をしたのは、就職の前でした。父から相談に行ってこいと言われましてね。

　私は当時、実存主義やアメリカの大衆民主主義に魅了されていて、いつも東洋の古《こ》色蒼然《しょくそうぜん》とした話をしている安岡さんは、戦いに敗れた伝統日本の象徴みたいな印象があって、正直言ってあまり好感を持っていなかったんです。

　その安岡さんを前にして、東京銀行に行こうと思っていることや、父から相談してこいと言われてきたことなどを滔々《とうとう》としゃべったら、安岡さんは私のことをパッと見ましてね。この青年には修己治人なんか言ったってピンと来ないと思ったんでしょう。英語を使ってこうおっしゃったんです。「to do goodを考える前に、to be goodを目指しなさい」と。

　この言葉に私はピタッとはまったんです。

數土　なるほど。

牛尾　東京銀行には自分の弟子が三人いて、人物も非常にいい。そういうところで働けば、「霧の中を行けば、覚えざるに衣湿《ころもしめ》る」で、よい影響を受けて「to be good」が果たせるでしょうといって、東銀の就職に賛成してくれたんです。

數土　その説明は見事ですね。

牛尾　相手を見て、この人間にはこういう言い方がいいなと判断して「to do good」「to be good」という横文字で説くというのは、応対辞令の最たるものですね。

　安岡さんは私に対してはその後も二年く

吉川英治：［1892～1962］小説家。神奈川県生まれ。小学校中退後、種々の職業に従事。「鳴門秘帖」「神州天馬侠」で流行作家となり、「宮本武蔵」によって大衆文学に新しい分野を開拓。他に「新平家物語」「私本太平記」など。

修己治人：自分を修養して徳を積み、世を治めていくこと。儒教の根本思想。

経世済民：世を治め、民の苦しみを救うこと。

応対辞令：いろいろな問題に応じてきびきびと処理し、事に対して自分の考えを適確に表現していくこと。

らい、オルテガがこう言ったとか、ツルゲーネフがどうだとか、西洋の事例を通して私にいろんなことを教えてくれました。ですから安岡さんという人は、中国古典だけじゃない。洋の東西を問わずあらゆることに精通していたんです。

數土　すごい方だったんですね。

牛尾　安岡さんは三島由紀夫にこんなことを言っているんです。あなたは西洋の文化をベースにものを書いているから、枝葉末節にとらわれ過ぎると。東洋の哲学というのは根幹に触れるんです。根幹に触れて納得してから枝葉末節に入らないと安定しないんです、と説いていました。

數土　いいお話ですね。私も含めて、いまの政治家も経営者も、枝葉末節ばかりやって、根幹に触れることをしないのを痛感します。

牛尾　安岡さんという人は、前半生はなかなか正しく理解されなかったけれども、媚《こ》びることなく淡々と自分の学問を深めていきました。しかも誤解を招くから権力とは一切付き合わない。それを貫かれましたよ。いま生きていれば、さぞかし日本をよい方向に導いてくれたに違いありません。

運命を立命に

牛尾　ところで、川崎製鉄にはどういう経緯で入社されたのですか。

數土　うちでは上の四人の兄と弟が全員東大に行ったんですが、私は本ばかり読んで勉強していなかったので、とても東大は無理だと思っていました。それで兄から勧められて、技術屋を目指すことにしたんです。文化系の素養を持って技術屋になったほうが、将来大成するかもしれないぞと、本当にいいアドバイスをしてくれました。

　それで北海道大学に入ったんですが、私の母がまたおもしろくて、帰省するたびに「あなたは大器晩成よ」って繰り返し言って聞かせるんです（笑）。兄や弟に劣等感を持たないようにと気にかけていたんでしょう。『三国志』を読んでいるから、そのくらい気づいているよと内心思いながらも（笑）、心配かけて申し訳ないなと。

　川崎製鉄を勧めてくださったのは、大学四年の時の就職指導主任の先生でした。溶鉱炉の専門家だったんですが、おまえは絶対に川崎製鉄しかないと。そして川鉄でも研究所ではなく現場に行け。そうしたら定年までに課長くらいにはなれるからと。

牛尾　仕事はいかがでしたか。

數土　新人研修が終わると、三交代勤務になりました。一週間ごとに八時間ずつ出勤時間がずれるものですから、毎週欧米に行って時差を体験するようなものです。それが四年半続きましたから、もう見捨てられたと思いましてね。これは自分で一流のエンジニアになるしかないと考えたんです。

　それで仕事から戻ったら、もう一回小中学校の時に読んだ中国古典を読み返しながら、技術論文に挑戦しました。一所懸命努力していたら、いつか自分の時代がくるだろうと思いましてね。技術者として、国際会議の座長を務められるような人材に三十代でなろうと決意したんです。

牛尾　安岡さんは、運命を自ら切りひらいて立命にしなければならない、とよく言っ

ていましたが、まさにそれを実践されたのですね。

數土　立命ですか。その意味では、過酷な三交代勤務の中で私は得がたいものを掴みました。

深夜勤務をする工員の職長というのは、部下が三百人くらいいて、製鉄所長と一緒のようなものなんですが、その工員の職長というのが本当に人格者なんです。技術的にも非常に優れているし、要所を締めて職場の緊張感をしっかりと保持しているし、非常に思いやりがあって気配りができる。これは私の理想のリーダー像の原型になっています。

牛尾　本人の心掛け次第で、会う人は皆師になるわけですね。上役を批判ばかりして、ただ辛《つら》いと思うだけで終わってしまう人がほとんどでしょうけれども。

數土　その現場の職長に人材育成について聞いてみたこともあります。そうしたら、これは西山さんも同じようなことをどこかで書いておられたんですが、人材育成なんて発掘だというわけです。

考えてみたら、『三国志』の曹操《そうそう》だって全部発掘です。要するに、見どころのある若い人がいたらそれを覚えておくと。そして、後で人材が必要になった時にそういう人に声を掛けて集めるわけです。

ですから私も、自分が将来上に立つことを想定して、係長、課長の頃からいろんな部を見て、優秀な人は誰かとチェックしていました。

牛尾　発掘するというのは、人が好きでないとできませんね。最近のサラリーマン経営者というのは、仕事には興味があるけれども、人に興味がないから人が育たないんです。

數土　その点、牛尾さんは本当に人に会うのがお好きだと思うんです。そして相手の特長をすぐ掴まれるんじゃないでしょうか。

私は大学の教養課程の一年半の間に、六十人いる仲間一人ひとりと必ず一時間以上ずつしゃべろうと決めて実践しました。それは会社に入ってからもずっと心掛けてきました。ですからトップは人間好きでなければならないというのはよく分かりますね。

牛尾　數土さんにもう一つ感心するのは、お話の内容が借り物ではなく自前だということです。そうやって人に会ったり、読んだ本をもとにして、自分で考えて正しいと思ったことを話される。そういう本物の人というのがいま少なくなっているのは残念です。

數土　その三交代時代には、人がついていきたくなるのはどういう人かというのも発見しました。

清水次郎長が人心掌握のために、人の見ているところでは子分を怒らなかったといいますが、あれは後から誰かがつくった話だと思うんです。優れたリーダーは、人の見ているところで怒って、見ていないところで褒めていました。

ですから、私は部下の長所を認め、褒めたほうが育つと考えていますが、言うべき時には皆が見ている前でも厳しいことを言います。同じ間違いをしてほしくありませんからね。そしてその後でしっかりフォローするんです。

修羅場を疑似体験する

牛尾　そうやって人間というものを学びながら、論文を書き続けたのですね。

數土　ええ。論文を書く際には研究部門の助けも必要な時があります。それで研究所にしょっちゅう顔を出して仲良くなっておいて、協力が必要な時には一緒に実験をして共著で出しました。自分でテーマを決めて、実験の段取りも全部整えて、一緒にやろうと。

現場にいると、出張なんてないから仕事が単調になりがちです。だからせめて学会に出席したいと考えて一所懸命に論文を書いたんです。三年目に初めてそれを係長に見せたらびっくりしましてね。課長と相談するからちょっと待てと。なかなか許可が下りないので気を揉《も》んでいたら、提出締め切りの一日前に係長から呼ばれましてね。許してやると。だが俺と課長の名前も書いておけと（笑）。

牛尾　アハハ（笑）。そういう組織の中を、自分の持ち味を捨てずにくぐり抜けて生きていくというのはなかなか難しいことです。

數土　いえ、父が薄給の中で七人もの子供を大学にやってくれましたので、学生時代は、食事代も下宿代も全部自分でアルバイトをして賄《まかな》っていました。それに比べたら、給料をもらいながら勉強ができるというのは本当にありがたかった。一所懸命働いて、常に品質の最高記録、コスト減の最高記録に挑戦していました。

加えて、いつも周りを見て、自分があの課長になったら何をやっているだろうと考えていました。部長になったら、千葉製鉄

所の所長になったら、川崎製鉄の社長になったら、新日鐵の社長になったら何をやるだろうと。そういうことを常に考えながら仕事に取り組んでいましたから、とても充実したサラリーマン生活を送ってきたと言えるでしょうね。

牛尾　サラリーマンでありながら自ら学び、自立して仕事に取り組んでいたんですね。だから數土さんは群れをなさないし、自前の考えでいく。

數土　振り返ってみると、やはり早くから中国古典に親しんでいたことが大きかったと思います。

中国の春秋戦国時代の王朝でも、会社の創業者でも、生き残るところのリーダーは将来を展望する能力を持っています。これからどういう環境になっていくだろうかという将来予測と、その中で生き残っていくための「How to do」、そしてそれを実践する敢闘精神、度胸、決断力。こういった要素がリーダーには必要だと私は考えます。

その際に大事だと思うのは、いろんな素晴らしい人によく会っておくことです。そして自分が窮地に陥った時に、これまで接してきた人だったらどうするかと考える。何か困った時には、牛尾さんだったらどういう判断をされるだろうかと。もしどなたにも当てはまらない状況であれば、中国古典に照らしてみるんです。ここで曹操だったらどうするだろうか、劉備《りゅうび》だったら、孫《そん》権《けん》だったらと。そういう時は気宇壮大《きうそうだい》に想像を膨らませていいじゃないですか。

　リーダーは修羅場を体験しなければならないと私は考えますが、古典や歴史書に親しんでいると、そういうふうに疑似体験することができるから強いですね。そうすると心が落ち着いてまた勇気も出てくる。「愚者は体験に学び、賢者は歴史に学ぶ」というのは本当です。

素にありて贅を知る

牛尾　いまおっしゃった将来を展望する能力には、運の要素も非常に大きいと私は思います。自分の描いたイメージどおりに将来をひらいていくという意味で、運を活かしているかどうか、これは非常に重要です。

　自分は運に恵まれないという人はたくさんいるけれども、本当は運というのは誰にも平等に巡ってきているんですよ。その運を掴むか、逃すかという差があるだけでね。ですから素晴らしい人に会っても、その人に惚《ほ》れ込んで勉強する人と、会ってお茶を飲むだけですぐ忘れる人では大きな差がついてくる。みんな同じようにチャンスは訪れているけれども、それを活かしていないだけなんですよ。

數土　確かにそうですね。

牛尾　二十一世紀というのは、そういった心について盛んに議論される世紀になると思うんです。

　そして、日本というのは自然と共生する文明です。戦後アメリカの自然を克服する文明、浪費の文明が入ってきて、一度それで成長はしたけれども、ここへきて環境問題をはじめいろんな問題が出てきました。やはりこの地球上に百五十億人もの人間は生きられるはずがありませんから、これからどんどん縮小均衡に入って、質素な時代になると思うんです。

　質素になれば、心の喜びというものが重視されるようになります。「素《そ》にありて贅《ぜい》を知る」という言葉がありますが、これからの日本はそういうスタンスで道をひらいていくべきだと思います。

數土　素にありて贅を知る。

牛尾　元首相の大平正芳《まさよし》さんがつくった造語なんですが、日本の社会文明の特長というのはこの言葉に尽きると思います。いま、クールジャパンといって日本文化が世界的に評価され、日本に学ぼうというアジアの人が増えているというのは、そこに魅せられているんだと思います。

　それを経済や経営と結びつけるのは簡単ではないけれども、最近日本へくる観光客は、自分の国で売っている製品より二割高くてもメイド・イン・ジャパンを買って帰りたがっています。それは、安心だとか、

大平正芳：［1910〜1980］政治家。香川県生まれ。第一次池田内閣の官房長官を経て各省大臣を歴任。昭和53年自民党総裁、首相。2年後内閣不信任案可決で衆議院を解散、総選挙中に急逝。

静かだとか、何かほのぼのとするというように、製品そのものでなく、日本の文化を買っているわけです。質素な中にも贅の心があって、しかも非常に長持ちをするといった長所が買われている。一時期、日本の洋服は不要なところまで縫ってあるとか、オーバースペックだとか揶揄《やゆ》されたけれども、いまは逆に、そういうふうに隅々まで心配りの利いた商品だからこそ評価されるようになりました。

そのあたりのことを考えていくと、中国も日本から学ぶことによって質の高い成長を実現できるだろうし、アメリカの競争力も日本と組むことによってお互いを利する方向で花ひらく。ですから、日本は自己開発力を追求するよりも、むしろ中国やアメリカに伴走して、彼らとともによくなっていくことが大事だと思います。

數土　お話を伺っていて思い出したのは、昔、安岡正篤先生の本にあった健康についての定義です。安岡先生による健康の定義というのは、欲望を持っていて、しかしその欲望に抑制が利いている人、自制力が働いている人なんだと。私はこれがすごく印象に残っているんです。まず進歩成長しようという欲望がないと駄目なんですね。だけどそれを抑制できなければ健康じゃない。

ですから二十一世紀は、牛尾さんがおっしゃるように質素ということと、もう一つは人間が抑制力、自制力を持てるかどうかが特に重要になってくると思います。

学び続け、きれいに、見事に老いてゆく

牛尾　そうした方向に道を切りひらいていくためにも、我々は学び続けなければなりませんね。

數土　きょうのテーマである「学ぶに如《し》かず」というのは『論語』の衛霊公《えいれいこう》第十五の言葉ですね。これには前段があって「吾《われ》かつて終日食《くら》はず、終夜寝《い》ねず、以《もっ》て思う、益なし」。そして「学ぶに如かず」と続く。ですから孔子は、それだけ学ぶことに対して切実だったわけです。おそらく学ぶという言葉は、『論語』に最もよく出てくる言葉の一つだと思います。とにかく孔子は、繰り返し学べと言っている。

だけど学ぶというのは、独りよがりにやっても駄目で、先人や歴史に学ぶことが大事でしょうし、継続は力であって一夜漬けでは力にならない。そして学ぶ対象はTPOによっても違ってきます。

いまは六十五歳まで働くわけですから、「四十にして惑わず」なんて言っていたら駄目。六十、七十になっても働いて、勉強し続ける気概を持たなければならないと私はよく言うんです。

牛尾　そのためには学んだことをしっかり自分のものにしなければなりませんね。安岡さんから『論語』の「学びて思わざれば即《すなわ》ち罔《くら》し」という言葉について聞かされた時に、なるほどと思ったんです。学ぶだけで思わないから駄目なんだと。知行合一という実践にまで至らないんですね。

數土　人の話を聞いて学ぶ時は、途中で相手に反論することもできますから、深く思うということができにくいとも言えます。

しかし本を読む時は、著者に途中で合いの手を入れられないから、まず受け入れて、後でじっくり思うということになる。それが読書による学びのよさであって、パソコンだとかインターネットではそういう学び方はできません。最近読書をする人が少なくなって、インターネットへ流れているというのは心配です。

牛尾　昔はいい言葉は声に出して読めとも言われていましたね。何度も読んでいると「門前の小僧、習わぬ経を読む」で、その真意が掴めてくる。私も学生時代は漢文の授業で随分読まされました。

數土　寺子屋でやっていた素読と同じですね。当時の子供たちは、外に聞こえるくらい大きな声で読んでいたといいます。

牛尾　伊藤博文が中国の官僚を驚嘆させた教養も、やはり寺子屋式の教育で培われたんですね。声に出すことで自分のものになるんですよ。

日本の教育力がこの二十年ぐらいの間に非常に衰えていますが、それは単にゆとり

知行合一：王陽明が唱えた陽明学の学説。知ることと実行することとは本来二つには分けられない、とすること。

教育のせいばかりではありません。やはり寺子屋教育のようなものを通じて活学というか、生きる哲学を教えていない。そういう環境を与えていないんです。そのために日本人のよさがなくなってきていることは憂慮すべきです。

數土　これから日本が飛躍していくための復元力も身につきませんね。二十一世紀に人類、あるいは日本人が正常になるためには、心の持ちようと復元力を養うための仕組みを、どうやって社会全体が持つかということが非常に問われてくると私は思います。

牛尾　數土さんにはぜひ五十歳以上の人に、そういうことを教える仕組みをつくっていただきたいですね。これまでは会社の中でやっていましたが、いまはもう社会全体がそれを渇望していますから。もう五年か十年すれば、七十五歳まで働かなければならない時代がきますしね。

數土　イギリスはすでにそうなっていますね。六十五歳で引退したけれども、年金の額が小さいからまだ働きたいと。

牛尾　そういう時代に対応するためにも私は、十八歳から七十五歳くらいの間に三回ぐらい、十年単位で勉強できる社会にするといいと考えるんです。特に年を取ってからの学びの機会が求められます。

數土　いまの若い人も甘えていますけれども、七十五歳以上の人も後期高齢者といわれて憤慨するだけでなく、各々が復元力を持って社会に貢献していくことを考えていかなければなりませんね。

牛尾　七十五歳のうちの八十五％が十分に健康だそうですから、決して社会的弱者ではありません。知恵も経験もあるからまだまだいろんなことができるはずです。

学ぶことを通じて、レベルの高い老い方をしていくことが大事です。きれいに、見事に老いていくには、やはり一生学び続けなければなりませんね。

數土　「壮《そう》にして学べば、則《すなわ》ち老いて衰えず。老いて学べば、則ち死して朽《く》ちず」ですよ。

九十歳、我、狂狷の徒として学に遊ばん

白川 静
立命館大学名誉教授
Shirakawa Shizuka

『字統』『字訓』『字通』の字書三部作によって、漢字学の世界に前人未到の金字塔を打ち立てた白川静氏。90歳を過ぎてなお、『白川静著作集』（全12巻）を刊行するなど、氏の学問にかける思いはますます盛んである。著作集の校正を了えられた翌日、晩秋の京都のご自宅を訪ね、氏の学問と人生について伺った。

歳はとらんことにしている

――先生、とても九十歳とはお見受けできないぐらいお元気でいらっしゃいますね。

うん。あんまり歳《とし》とらんことにしとる。

――歳とらんことに……そうですか（笑）。

そうや（笑）

――もう著作集（全十二巻）のほうはできましたか？

もうあと一巻。昨日の朝、ようやく最終校を出したところで、間もなくです。予定よりは一月遅れました。

――一応はこれで、ご自分の世界を完結されたという感じですか。

まあまあですね。輪郭がわかるという程度のものだな。『説文新義』や『金文通釈』など、もういっぺん読み直して書き足したい。あと三十冊ほどある。ちょっと一休みして、用意して、また三十冊。

『**説文新義**』『**金文通釈**』：白川静氏の著作。説文とは、漢字の原義・成立を説明することで、「説文解字」の略。金文とは、鉄器・銅器など金属器に刻まれた文字や文。特に、中国、殷・周時代の青銅器に鋳刻された銘文をいう。

——そうですか。すると完成はいつごろになりますか？

そうね、うまくいけば九十四歳。

——まったく衰えを知らずと言いますか、ますます盛んでございますね。

いやね、これは考え方によるんでな。ぼくはね、大学出たのが三十三だ。普通の人より十年遅い。おまけに戦争で十年損をした。だから二十年引かねばならん。そうするといま九十であっても、実質七十歳ということじゃ。君、七十ならばこんなもんじゃよ（笑）。

——それじゃあ、まだ二十年はやれそうですね（笑）。

大体ね、医術が非常に進歩して修理がきくわけだな。修理をすれば長持ちする。ぼくは普通ならばね、もう目は見えてないんだ。白内障であったからな。『字訓』の校正をしておるときに見えなくなって、手術をした。それでまだ何とか持っておる。

——いまは何か健康法でも？

歩きます。今朝は雨降っとったから出ませんでしたがね。天気がよければ、六時か六時半に家を出て、桂離宮の周りを四十分ほど歩く。それも非常に早足で歩く。

——早足で、ですか。

うん。のっそり歩いとったらあかん。時間も惜しいしな。これからまた、『金文通釈』の書き下ろしを八百枚、原稿を書かんならん。

——まだまだ、気力、体力、心力も要りますね。

そりゃあね、自分では死のうとは思わんがね。お召《め》しがあればな、これはしょうがない。天命じゃからね。まあ、しかし、学校で教えとるときと違うて、職務上の義務というものではないからね。いまは半分遊んどる。何して遊ぼうかなと（笑）。

わからんでもいいから覚えさせよ

——先生はご幼少のころから本はお好きだったんですね。

本は好きであった。ほかに遊ぶこともなかったしな。

——漢字の世界に進まれるようになったきっかけは？

小学校を卒業した後、大阪の広瀬徳蔵先生の法律事務所に住み込みでお世話になっとって、そこで玄関番をしておった。先生は代議士でありながら読書家で、本をたくさん持っておられた。とくに漢籍が多かった。先生が東京へ行っておられると、もうあんまり人は来んし。それで奥さまの許可を得て、先生の本を片っ端から読んだんです。

——そのころに読まれて感銘を受けた本は何ですか？

幸田露伴の『幽秘記』というのがあって、宋、明、清の時代の史実を歴史小説風に書いてあった。その中には多くの詩文もあって、その時代の漢詩文の世界がのぞけるような作品であった。これがぼくには大変面白かった。それで自分も露伴先生のように漢文が原文で読めるようにならんかなと思って、『国訳漢文大成』（八十巻）を片っ端から読んだ。

——漢文はほとんど独学で勉強されたのですか。

そうだ。とにかく「盲蛇《めくらへび》に怖《お》じず」でね。『春秋左氏伝《しゅんじゅうさしでん》』なんかは面白かったから、一所懸命読んだよ。裏に関大に通うておる文学部の学生がおって、『春秋左氏伝』を習っておると。「ここがわからんが」といってぼくに聞きにくる。そんなん、なんべんも読んでおったらすぐにわかるから、教えてあげた。まあ、教科書でその部分だけ読んでもわからんのだよ。

だから、書物というものは全部読まんとあかん。切り読みしたらあかんのです。初めから終わりまでずーっと読むと、初めにわからなんだところが途中でわかる。途中でわからなんだところが終わりでわかるというふうになる。読んでおるうちに、疑問は疑問で心に留めておけば、そのうちにちゃんと解《ほど》いてくれるようになっておるんです。

——よく、暗唱するのがいいといいますが。

暗唱すると、寝とっても、散歩しながらでも考えられる。

——そうすると、暗唱は学問を上達させる

幸田露伴：［1867〜1947］小説家・随筆家・考証家。江戸出身。明治22年「露団々」「風流仏」で名声を確立。尾崎紅葉と並ぶ作家となった。著書に『五重塔』など。

『春秋左氏伝』：中国、春秋三伝の一つで、経書に数えられている。三十巻。孔子の弟子左丘明の著といわれる『春秋』の解釈書。歴史的記事に富み、説話や逸話を多く集め、また、礼制に詳しく国家興亡の理を説く。

ための一つの秘訣《ひけつ》でしょうか？

重要な一つの秘訣です。例えば中国では科挙という試験があった。それを受けなければ役人になれなかった。だから小さいときから家で素読でね、お経を読むように教えたんですよ。小僧さんが、お経を何にも意味もわからずに覚えるのと一緒です。

——昔は日本でも、「四書五経」を小さいうちから覚えさせましたが、そういうのはやはり大事なことなんですね。

わからんでもいい。覚えさせるのが大切なんです。要するに覚えておらんと、考えられんのです。

——意味なんかわからなくてもいいから、覚えてしまえと。

それは文人なり詩人なりが、生涯の精力を費やして作った文章や詩はね、いっぺん読んだからといってわかるはずがない。だからぼくは、「先生、これ難しい」「わからん」と言う生徒に教えるときには、「当たり前じゃ。君は作者に及ばんからである」と（笑）。それは読書百遍というからね。

「百遍ほど読んで、初めて作者に近づきうるのだ。だからとにかく読んで覚えろ」と言って覚えさせた。中学時代に教えた子はもう七十五、六ですが、いまでも「暗唱せよ」と言ったら暗唱します。

——そういうものが、人格形成において大事な骨格になるのでしょうね。

それは大事ですよ。一流の文人が一代の精力を費やして作った文章が、自分の中にある。それをいつでも思い出して、追体験することができる。本を開いて初めて考えるんではない。目をつぶればそれがいつでも出てくる。

——それが本当の学問ですね。

それをやらんといかんのだが、いまは先生のほうができんからな。できんことを生徒に要求しても、それはあかんよ（笑）。

——しかし、難しい古典を十二、三歳から独学でマスターされたとは、先生はもともとそういうすごい素質があったんでしょうね。

いや、そうではないと思う。そんなことはあんまり才の長《た》けた者はやらん。かえってぼくらのように鈍臭《どんくさ》い者がそういうことをやる。

——ご自分では、鈍臭いと？

四書五経：儒教で重要な経典として尊重された書物。四書とは、『大学』『論語』『孟子』『中庸』。五経とは『易経』『詩経』『書経』『礼記』『春秋』。

なんせ大学を三十三で出たんだからな。そうとう鈍臭いわな（笑）。

一日も休んだことはない

――立命館に入られたのは、学者の道を歩もうと決心されたからですか。

いや、免許状もらって中学校の先生になろうと思うとった。学者になるなどまったく考えとらんかった。そもそも家は貧乏であったし、小学校を了《お》えて上級の学校へ進むとは夢にも思わんかった。だが広瀬先生のところから夜学に通っとるうち、一生読書の生活がしたいと思った。それには中学の教師になるのがよい。それで京阪商業を出た後、大阪には文科系の夜学がなかったから、京都の立命館の夜間部に入ることにした。中学の先生になって、書物は好きだから、露伴や鷗外《おうがい》や漱石など、なるべく漢文に関係あるような人の作品を読み、中国の作品をどんどん読んで、中国三千年の詩文の世界を遊び回ってやろうと思うておった。

――しかし、めぐり合わせというか、運命で学者の道を歩むことに……。

それはやっぱり、天命には従わないと仕方がない。ぼくに学者としての才能があったわけではないんだけれども、とうとう文学部の先生にされてしまった。そうなると自分の母校だから、自分なりの学問の旗印を持たねばならん。旗印を掲げて、私の学問はこれだというものがなくては、母校に対して責めを果たすとは言えませんからな。

仕方がない。こうなればこれは天の命ずるところであるから、研究者としてやっていくよりほかにはないと。それでとにかく論文を書きだしてからは、ぼくは一日も休んだことはない。ずーっと、とにかく今日に至るまで。

鷗外：森鷗外［1862～1922］小説家・評論家・翻訳家・軍医。島根県生まれ。陸軍軍医としてドイツに留学。軍医として昇進する一方、文芸に造詣深く、翻訳・評論・創作・文芸誌刊行などの多彩な文学活動を展開。明治文壇の重鎮。著書に『舞姫』『雁』『高瀬舟』など。

――それもすごいことですね。

ぼくは二十年遅れて出発しておるからな。できればもう二十年生きて取り返したいがね。

――先生ならいけそうです。

そうはいかん（笑）。やはりな。

失われた漢文教育を取り返したい

――先生は七十三歳で自由の身となられて、字書三部作を出されるわけですが、それまでの蓄積が一気に花開いたという感じですね。

教室を離れたというだけだ。まあ、でもいろいろとし残したことがあったからな。とにかくぼく自身は、いまの国語政策、とくに漢字政策はひどいと思うておる。日本の文化の伝統、アジア全体の文化の伝統、また将来のことを考えても、心配でならん。

この前も、小学校四年生の女の子から、学校の書き取りの試験で、弁慶の「弁」という字を書いたらペケにされたが、どうしてや、というファックスがきた。上のムと下の廾の右上の部分がちょっと離れとるというんでペケにされたらしい。それで文部省の内閣告示と称する字形表を見ると、ほんまにひっついとる。先生の言う通り。でも普通「弁」という字を書くときに、ムの横画を水平に書いたりはしない。必ず右上に上げるでしょう。そうすれば当然空間が開くんです。しかし、そこがひっついてないと間違いだという。

——それはおかしな話ですね。

　そんなばかばかしい話はいくらでもあるんです。例えば「急」という字は、後ろから人を追って捕まえようとする意の「及」の下に「心」をつけて、そうした心情を表しているんですが、本来なら、四画目の横棒は右側に突き出ていないといかんのです。「急」というように。出とるところは手首なんです。それをいまは切ってしもうとる。こういう調子で、字の成り立ちということに頓着《とんちゃく》せずに、片っ端から一種の装飾文字のようにしてしまった。当用漢字というのはみんなそういう整形手術を受けた文字なんです。

——先生のお立場からすれば困ったものですね。

　こういうことをやると、正しく教えようとするときに教えようがない。

——先生はその小学四年生の女の子にどう答えたのですか？

「あなたは正しい」と（笑）。だけどもその子には相当ショックであったろうなと思いますよ。

——ところで、先生は『字統』（昭和五十九年）、『字訓』（六十二年）、『字通』（平成八年）のいわゆる字書三部作を出され、いずれも大変な労作ですが、なかでも『字通』には相当な時間と労力をかけられたのではないですか。

　『字統』と『字訓』は各々二年、予定通り完成しましたが、『字通』は長くかかった。約八年。あれは、漢文教育がいまは全然ないでしょう。昔ならば『十八史略』で書いてあったとだれでも知っとった話を、いまはだれも知らんのです。だからぼくはあの用例の中に、ぜひとも知っておいてほしいというものを収めたつもりです。それも、ただここにありますというような文例を、上下を切り取ってポンと入れるんじゃなくて、まとまった理解が得られるような長さにして収録した。

　例えば「輕舟《けいしゅう》」という言葉の用例には、

　朝《あした》に辭《じ》す、白帝彩雲の間
　千里の江陵、一日にして還る
　兩岸の猿聲《えんせい》、啼《な》きて盡《つ》きざるに
　輕舟已《すで》に過ぐ、萬重《ばんちょう》の山

という李白の詩を全部入れた。「輕舟」というのが「軽快な船」であるという意味だけでなく、情景の中でいかにその言葉が躍動的に生きているかがわかるように。す

『十八史略』：中国、太古より宋代までの簡略な史書。編年史で、逸話風に書かれている。日本には室町中期に伝来。

べての例文を、ぼくはいちいちそういうことを考えながら書いていった。ぼくは『字通』で、失われた漢文教育を取り返したいと思っていたからね。それがなくては、従来の東洋の文学的な伝統の中に入っていけない。明治の人の文章にしても、彼らは漢詩文に堪能だったから、そういう教養がないと本当の文章が読めないんですよ。表面的にはわかっても、作者の意気込みのようなものは伝わらない。

――しかし、それにしても大変な業績です。日本の文化遺産としても比類のないものだと思います。

あれで賞をくれた。あれを書かなんだら、ぼくは見過ごされておった（笑）。

孔子様とお話ができる

――ところで、先生は『論語』もお好きだと伺っています。

孔子様は時々いい言葉を使うておられる。あの『論語』の中に、孫弟子たちの言葉がたくさんありますがね、孔子の言葉だけは、読んでおると、響きが違う。

――孔子の言葉だけは響きが違う？　先生は孔子の言葉がどれかというのがわかるんですか？

ああ、わかる。これは確かに孔子の言葉だ、これは孔子の言葉を受けて、再伝の弟子ぐらいが書いとる言葉だとか、それはわかる。

――そういえば、先生は「〝狂狷《きょうけん》の徒〟たれ」と言われていますね。

それは孔子様が言ってることに、ぼくが賛同しとるわけです。孔子様はこう言っとる。「人間というものは中庸を得たものが一番よろしい」と。まあ、いわゆる聖人ですわな。しかし、「現実にはそんな中庸の人間がおるものではない」と。

それでは中庸の人の次にどういう人がいいかというと、孔子は「〝狂狷の徒〟がよろしい」と言うておる。「狂者は進みて取る」、進取の気性です。世間を変えるには「狂」がなければならない。そして「狷者は為さざるところあるなり」と。たとえ一億円の金を積まれても、わしは嫌じゃということは断じてせんという、それが「狷」です。いまは、金を見せたら大抵は尻尾《しっぽ》を振ります。それではいかんのでな。とにかく中庸を得ることは難しいが、その次には〝狂狷の徒〟がよろしいと、孔子は言うた。

なかなか孔子という人は面白い人で、やんちゃなところもある。だから孔子を、君子人の塊やなんて思うたら大間違いやね。ぼくは『論語』を読むと、孔子様とお話ができるのや。

――それは楽しいですね。二千五百年の時間を超えて。

「あんた、そうか」と話すわけやな（笑）。

孔子は「自分は芸に遊ぶ」と言ったんです。芸というのは学問ということですわ。技術的なことも含めて六芸《りくげい》といいますけれども。「自分は芸に遊ぶ」という境地が最高であると思うと言うているんです。ぼくもそういう意味では、遊んでおるわけです。

——しかし何かを成し遂げようと思ったら、「狂狷」は必要ですよね。

そうだ。一つの枠ができてしまっておって、これからもう成長できないというのがあるんですよ。そういうときには脱皮しなければならん。この脱皮というのは一種の「狂」的な瞬間ですよ。いまの十七歳はね、脱皮し損ねて、逆の「狂」になるんです。「狂」を負うたまま、そのままで止まってしまうわけや。脱皮できない。

——それは、まさしく不幸ですね。

それは、ぼくは、漢文を教えんからだと思うておる。漢文の世界には、人間のいろいろな生き方がある。西洋の文学が好んで読まれとるが、大体言うたら若者の文学が多い。

一方の漢文は、老成人が世の中を渡っていろいろな体験を積んで、成功もし、失敗もし、失意のうちにあって詩文を作るんです。失意のときこそ、ものが本当に見える。だから漢文を読めば大人になれる。その大人になる学問を教科から外してしまった。それでいまの青年は大人になり損ねておるわけだ。ぼくは若いときに中国の詩文に遊んで、早く脱皮したからな（笑）。

若い人に贈る言葉

——ところで先生は、勲二等瑞宝章を受章後の会見で、若い人に贈る言葉をおっしゃいましたが、大変いい言葉だと思って聞きました。あれは……。

学問には、「志あるを要す、恒《つね》あるを要す、識あるを要す」と。これは中国の有名な曾《そう》国藩《こくはん》という人の家訓にある言葉でな。

六芸：古代中国で卿・士大夫が学ぶべきものとされた教科。礼・楽・射・書・御（=馬術）・数。

――家訓ですか？

　ぼくは非常に的確に言うておると思うて、記憶しておるんでね。

――どういう意味なのかを改めてお尋ねします。

　「志あるを要す」は、例えば人が歩くとき、どちらの方に歩くかという方向を決めずに歩くことは不可能だ。まず、自分はどっちに行こうとしているのかを決めるのが肝心。「恒あるを要す」は、何でも持続せないかんということ。いっぺんやったら事が済んだと思うたらあかんのです。同じことを常に繰り返してやる。ぼくは書物を読むとき、重要なこと、いいなと思うことは書きながら読む。そして読み終わったときに書いた紙を見て復元してみるわけです。それを二、三回やると、ほんまのこと覚える。読んだことを自分の身につけるためには、繰り返さないといかん。そして要約して肝心要のことは頭の中に打ち込んでおく。すると、後でその見出しの部分を打てば、ある程度ぱっと広がって内容が出てくる。これが大事なんです。

　それから「識あるを要す」。価値判断ができなければね。愚にもつかんようなことを一所懸命覚えても何にもならん。知識は断片的では役に立たんのです。一つの面積、できれば立体的、構造的になるのがよろしい。「識あるを要す」というのは単に分別するということではなくて、自分の持っておる過去の知識体系の中に、それをどのように組み込むかということなんです。単なる部分は消えてしまうが、全体の中の部分であれば、忘れることはない。

　曾国藩の言葉を、ぼく流に解釈すればこうなります。

真を保つ

――先生には、何か座右の銘のようなものはございますか？

　座右の銘というわけでもないが、自分の部屋に立命館の恩師の橋本先生（故人）からいただいた「保真（真を保つ）」という書を掛けている。先生がまだ五十代のころの書だと思うが、なかなかいい字で気に入っているのです。

　ところで、この「保真」の「眞」という字は、本来行き倒れという意味を持っておる。上のヒみたいな字ね、これが倒れている人の形で、その下は目がぎょろっとして頭の毛が乱れておる様子。人間の死の中で、一番恐ろしい霊力を持っておるのはこの行き倒れなんです。だからいい加減には扱えんのです。『万葉集』では柿本《かきのもとの》人麻呂《ひとまろ》が、行き倒れを弔う歌をいくつか作っている。しかも長歌で。長歌で弔うというようなことは、王族でなければやらんようなことです。人麻呂は「遊部」というてね、ご祈禱《きとう》やらお祓《はら》いやら、そういうことをやる。あちらこちら巡回しとった人なんです。だからそんなものに出会うと、それを丁重に弔うてね、歌で葬るわけです。

　その行き倒れがなぜ永遠なるもの、真実なるものになるかというと、それの持っている呪力というものが、何世代の後までもその力を発揮する、永遠なる力、永遠なる

存在であるというので、いまの「真」になるわけ。文字の意味としては、極めて弁証法的な展開をしたわけです。この「保真」というのが人生の極意であると思っています。

——「保真」とは現代風に言うとどういうことになるんでしょうか？

自然の力と合致するということやね。真というのは自然の生命力が永遠に貫いておることです。人界では行き倒れのような形で現れるけれども、永遠の生命の一つの姿として、そういうものが現れてくる。そういう力は、自然とともに悠久に働いておるという考え方ですね。

例えば、鶴がなんであんなに長い足を持っとるのか。鶴に限らず、いろいろな動植物はそれぞれの形を持ってますわな。それは、それらにとってその形が一番望ましい形であるはずなんです。初めから神様が「お前はこうなれ」と言うてやったんではなくて、鶏みたいな鳥が、何とか飛べるようになりたいと言うので雉《きじ》みたいに飛んだであろう。雉みたいに飛んだものが、もっと美しくなりたいというんで七面鳥のようになったであろう。これはみんな自分が内に持っておる欲望を、いわば自己貫徹した姿である。人間もそうであるというふうに思うんです。

そういうことを考えると、自然それ自体が、一つの神秘であって宗教である。だからぼくは人間のつくった宗教は信じない。ぼくは無宗教。言うならば自然教。自然と合一するというのが最高の生き方であると思う。自然にならねばいかん。自然になるのには遊ぶのがよろしい（笑）。そういうわけだ。

——いま、ご自身の人生を振り返られて、一番大変だったなと思われるのはいつごろのことですか？

それはやはり戦前戦後の時代。本当に大変だった。小さい子が病気しても手当てもできん。食べ物はないしな。学問的にも東洋という問題を考えておったから、その東洋がズタズタになって、終わってみたら東西の狭間に入って、土足で踏み込まれて……。まあ、いまは気楽なことを言うとるけどな、その時分はそれなりに苦しんでおった。

しかし「なにクソ」という気持ちもあったからな。いくらかはそれが励みにもなった。やっぱり押さえつけられんとな、こっちは上がってこんわね（笑）。

——ある意味では、そういうご苦労をされたのがよかったと。

そうです。これも天命のいたすところ。すべて思《おぼ》し召しのままじゃ。

しかしまあ、いろいろあって面白かった。何もなければ、かまぼこ板みたいなもんじゃがな（笑）。やっぱりいろいろ、山も谷もなければな。

君らもな、ぼくみたいな気持ちでおれば、九十になっても楽しんで遊んでおれる。人生は、苦労をして楽しく生きんとつまらんぞ。

白川 静（しらかわ・しずか）
明治43年福井県生まれ。小学校卒業後大阪の法律事務所で働きながら夜学に通う。昭和10年立命館中学教諭。18年立命館大学法文学部漢文学科卒業。同大学予科教授を経て、29年同大学文学部教授。56年立命館大学名誉教授。

八十になっても、人間の成長はこれからである

平澤 興
京都大学元総長
Hirasawa Ko

平澤興氏。85歳。神経解剖学の権威である。40年間、運動神経の研究に没頭すると同時に、人間の不思議さを追究してきた。滋味あふれる人間学の大家でもある。いま、関西財界人に、心の師と仰がれている京大元総長に聞く。

長寿の人の共通ファクター

——先生は八十五歳とお聞きしていますが、肌の色艶《いろつや》はいいし、非常に若々しいですね。

ああ、そうですか。まあね、退屈したことないんです。とにかく、眠っておるか、そうでなければ物を考えてる。しかも、自由に考えてるわけです。ですから、非常に寂しいとか、そういうことはないですね。いよいよ疲れれば眠って、目が覚めれば何か考えることありますから、退屈もないです。一番、長生きに危険なのはね、退屈をすること。それから、くよくよすることです。

敬老の日なんかになると、いろいろ話が出ますね。全部あれは嘘《うそ》です。

——嘘ですか（笑）。

ご飯をよく噛むとか、酒を飲むとか、それは長生きした人の個人の趣味を書いてるんでね。その人はそう思ってるが、それを真似《まね》したら長生きをできるというものではない。

これは共通のファクターというのは心の安らぎです。楽しみを持つ。あるいは裏からいえば、ストレスをなくすことです。つまらん緊張、心配がない。

もう一つ、酒を飲む人と飲まない人では飲む人のほうが多いです。

——ああ、長生きしてる人は。

ええ。飲む人が六十五％くらい。

しかし、それは余計、飲むんじゃないですよ。本当にちょっとね。どういうことかというと、それで自分も楽しむ。心の安らぎを持つ。それから、ちょっと飲めば薬になる。

この二つは共通です。実際をいうと二つじゃない。一つなんだ。要するに喜びを持つ。安らぎと喜びを持つということですね。

大体、現代人の七十五％は何かに追われるような、縛られてるような感じです。それは一種のストレスで、そういう状態では本当の馬力は出ない。

だから、一生懸命に働くなんていう表現は、本当は素人なんですね。一生懸命なんていうことを考えたのでは、百％は出ない。楽しんでなきゃ。だから、言葉は悪いが、仕事が道楽にならなきゃいけないだろうと思う。

仕事が道楽になれ

私の京大の先生に、足立文太郎先生という方がおられた。血管に関する研究では文字通り世界一の学者です。この先生なんかはまったく仕事を楽しみにしておられた。飲ん兵衛で酒はこの上なく好きだが、酔うてくるほどにいよいよ、学問の話。それが説教じゃない。楽しんで話をしておられるから、その学問の話を聞いているのが、落語を聞いているようなね。聞くときは気

足立文太郎：［1865～1945］人類学者、解剖学者。静岡県出身。血管、筋肉、内臓、皮膚などの軟部組織に関する詳細な研究を行い、特に日本人とヨーロッパ人の人種的差異を明らかにする画期的な業績をあげた。

楽だが、さて、後になってみるというと、ジーンと体に来るですね。
　だから、道楽をしておる先生の弟子というのは有り難いもんでね。楽しい話を聞きながら、身が引き締まるんですね。それはもう、本当に有り難いことだと思う。

――そういえば、〝平澤語録〟に「本当に偉い人は偉そうにはいわぬ」というのがありますね。

　その通りです。年をとると、偉そうにいうようになるが、本当に偉い人は、偉そうにはいわぬ、大体偉そうにいう人は成長が止まっている。例えば、四十、五十は「はなたれ小僧」と見下げたようないい方をするよりも四十、五十は「花ざかり」、六十、七十で「実がついて」、八十、九十は「うれざかり」というような気持ちになることが本当です。
　話が横道にそれたが、この足立文太郎先生の娘さんが、井上靖の奥さんです。作家の井上靖ね。あれ、大学を八年くらいかかった。大体、学校の勉強なんかしませんからね。しかし、先生は一度も勉強せよ、なんていわれたことない。
「お前は必ず日本一になる、そういう男だ」と。ここは偉いと思うんだなぁ。大抵の者はちょっとくらい勉強せいなんていうが、そういうことはいわない。「お前は日本一になる。絶対、日本一になる」。それだけです。

――その辺に、人を育てる秘訣《ひけつ》がある。

　その通りです。それで、ちょっと思い出したが、ノーベル賞ね。ノーベル賞は、京都から出る方が多いとよくいわれますが、いままで六人もらっているんです。そのうち三人、湯川秀樹、朝永振一郎、江崎玲《れ》於《お》奈《な》の物理学の受賞者は京都です。
　これは京都というよりも、京都の三高に物理学の先生で、森総之助という物理学の先生がおったんです。この三人は森先生の教え子です。つまり、ノーベル賞のもとは森総之助なんです。

――その先生が偉かったんですか。

　そう。この人は本当に学問好きな人。のちに、三高の校長になりましたが、これは自分はなりたくないが周囲から推されて、やむなくなった。校長としても偉い人だったが、まぁ、物理学の先生としては本当に学問を愛した人なんですね。
　で、湯川君なんかはいわゆる頭のいい人じゃない。大体、頭がいいとか悪いということは私自身は実際、どういうことなのか

井上 靖：［1907〜1991］小説家。北海道出身。新聞記者から作家となり、新聞小説、歴史小説で新境地を開いた。『闘牛』『天平の甍』『あすなろ物語』など。

湯川秀樹：［1907〜1981］理論物理学者。東京都生まれ。中間子の存在を予言し、坂田昌一・武谷三男らと協力して中間子理論を展開。その後、非局所場の理論、素粒子の統一理論へと発展させた。1949年、日本人最初のノーベル物理学賞を受賞。

朝永振一郎：［1906〜1979］理論物理学者。東京都生まれ。東京教育大学学長。場の量子論において超多時間理論、繰り込み理論を発表。量子電磁力学の発展に寄与し、1965年ノーベル物理学賞受賞。

江崎玲於奈：［1925〜］物理学者。大阪府生まれ。昭和32年エサキダイオードを発明。1973年、半導体の研究でノーベル物理学賞受賞。

よくわかりませんが、湯川君なんかは、やっぱり、大変、頭の働きの遅い人です。

教育とは火をつけること

だから、三日も四日も考えて、「どうも先生のいわれることがわかっているようで、わからん」と質問に行くわけですね。そうすると、怠け者の先生は、「湯川、こんなことまで知らんでいい。わしが教えたところまでわかればそれでいい」とこういわれる。

森先生はそうじゃない。先生は「そうか、湯川、お前はそこまで考えたか。たいしたもんだぞ」と。「それはいま世界の物理学界で問題になってるところだ。そこまで考えるとは偉いなぁ。お前はわしより偉いぞ」と。

答えられんような質問をするわけでそれは答えなきゃいいわけだが、そこまで考えるとはお前というのは偉いなぁ、とそういう態度です。

それは朝永君に対してもそうだし、江崎さんは〃また弟子〃だそうだ。そういうことで、学問に対する本当の教育というか、情熱を教えたわけだね。

——つまり、火をつけたわけですね。

そう、火をつけた。教育とは火をつけることだ。教育とは、火をつけることで、燃やすこと。教えを受けることは燃やされることであり、火をつけられることとです。

これは山下清君なんかもそうです。山下画伯ね。あの人を教えたのは式場隆三郎です。ゴッホを日本に紹介し、ゴッホの絵に感心しとった式場隆三郎が、山下の絵をみて、感動した。日本のゴッホがここにいる、と。彼は本当に感動した。感動した真似じゃない。彼自身がまず燃えたわけです。そして、当時、誰も相手にしない山下清を誉める。

——それが山下画伯誕生のきっかけになった。

ええ。確かにね。教育とは、広い意味の教育とは火をつけることですね。火をつけさえすれば、後は本人がやる。しかし、火

山下清：［1922〜1971］画家。東京都生まれ。養護施設八幡学園で貼り絵を学び、才能を示す。各地を放浪し、制作活動を続けた。「日本のゴッホ」「裸の大将」などと呼ばれる。

式場隆三郎：［1898〜1965］精神医学者。新潟県生まれ。静岡脳病院院長などを経て式場病院をひらく。昭和21年ロマンス社社長となり、「ロマンス」「映画スター」などを発行。ゴッホ研究家、放浪の画家・山下清の後援者としても知られる。

をつけるということはこちらが燃えなくてはできないんだな。こちらが燃えておれば、やっぱり、いつの間にか、火をつけることができる。

愚かさは力なり

――生きるとは燃ゆることなり、というのが先生の信条ですね。

　そうです。生きるということは情熱をもって燃えることだと思います。燃える心を忘れているような生き方は、気の毒な生き方ではないでしょうか。

――〝人を燃やし、喜びを与えていくことが最高の生き方であります〟と先生はいっておられる。

　だろうと思います。しかし、なかなか、こちらの気持ちがそのまま通るというのは、いつでもではないな。やはり、それだけのものがお互いにないとね。

　それと、賢いと燃ゆることができないですね。燃ゆるためには愚かさがいる。愚かさは力です。

――愚かさは力ですか。

　それは、私は四十年間、大学にいて、そう思います。

　だから、優等生もいいけどね。優等生のやり得る仕事は大抵、型が決まっている。本当に世の中に大きな光を与えるのは、必ずしも、いわゆる優等生だけではない。部長とか課長とか、そんなところにさっとなるのは優等生が多いようですが、日本の将来に大きな変化を与えて、自ら進むべき道を断固として守っていくというのは、むしろ優等生でない方に多いくらいです。

　だから、やっぱり、ある意味では愚かさね。損とか得なんていうことは考えないで、一つに行く人でないとね。

――そういえば、器用な人ではだめだといわれてますね。

　あぁ、これは本当にそうです。私の友達の青柳安誠《あおやぎやすまさ》。京大の外科部医で、外科では日本一の人です。この人がいってましたが、仕事は祈りである、と。執刀する瞬間、祈るんですね。最善を尽くすだけじゃ、まだ足らないんで、どうぞ、この手術がうまくいきますようにと、祈る。これはやっぱり、すごいと思います。

　この男が、器用な人では外科の名人になれんといってました。それはね、いろんな外科の方式がある。長い歴史を通ってね。人によっては、血管の走り方が違ったり、神経の走り方が違ったりしてる人がある。そういう場合までも考えて、間違いを起こさないようにというのが、長い伝統の手術だそうです。

　ところが、器用な人がやるとね、目的だけさっとやる。だから、誠に器用にいくが、いくつかの間違いを起こす。何分間で盲腸の手術をしたなんていうのは、これは愚かなことで、そういう医者はもう本当の意味で一人前の医者でないと思う。

　誰がやってもできるようなものにもなお祈りを込めて、百やれば百、絶対に間違いを起こさんという、これが名人だ、と。私はそうだと思います。

新聞、雑誌などをみてると、悪人ばかりのような気がするが、にもかかわらず、世の中が何となしに前へ行ってるのは、案外、世間でいうほどは悪人ばかりでないというか、いい人が案外多いということじゃないかと思ったりします。普通、みえないところで、いいことをしている人は多いですね。だから、社会は有名人に支えられておるよりも、無名のそういう人に支えられておるかもしれませんね。

ベートーベンの声が聞こえた

——話は変わりますが、先生は二十《はたち》のときに神経衰弱になられたんですね。

ええ（笑）。私は第四高等学校を卒業するときは一番で出てる。けど、私はね、それがいかに空《むな》しいものであるかということを感じた。それまでは点数をとることを一生懸命考えてたが、勉強というのは点数を取ることじゃないぞ、とその頃、そういう気持ちになっていた。自分が満足できるような本当の学問をしようと、そういう覚悟をして大学に入ったんです。

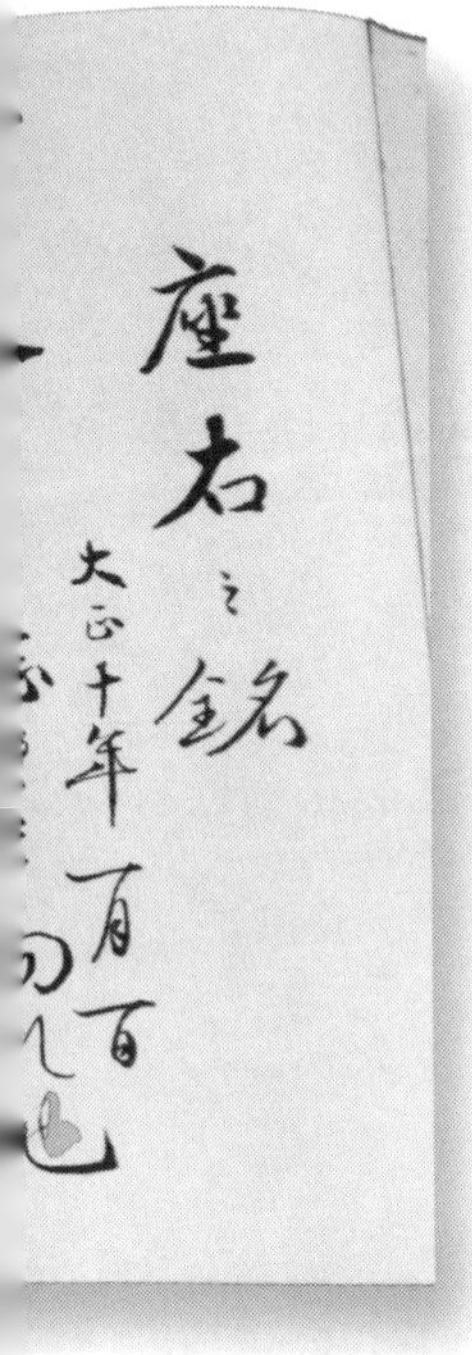

それで、講義を聴く、それから先生がいいといわれた原書の参考書を読む。そして、その両方から改めて自分の考えも入れたノートをまとめる。そういうことをやろうと、私は私に約束して大学に入ったんです。

ところが、学校が始まってみると、朝の八時から、実習のあるときなんかは夜六時くらいまで、その日の講義をまとめるだけで大変でね。とても、自分が自分に約束したことができなくなった。

私はね、人生で一番大事なことの一つは自分を騙《だま》さんということです。自分が自分に約束したことは、絶対に守る。従って、もちろん、それは人に対してもそうだ。まずもって、誠実、真心ですな。その真心の中でも、自分を騙さんということが一番大事だと。

——ところが、それが実際にはできなかったわけですね。

そうできなかった。九月に始まって十月くらいまで講義に出たが、後、講義に出ない。勉強ができない。不眠症だ。完全なノイローゼです。もうそれで大学をやめようか、ついでにこの世にもご免をこうむろうかと思って、休暇は十二月末からですが、十二月にならんうちに、郷里に帰ったわけです。

　私の家では、しかし、私は絶対の信用があってね、今年は早いねぇといったぐらいで、あとはなにも聞かない。この百パーセントの信頼というのは、こわいものです。

　それから、毎日、私はマントを着て雪の中をさ迷って考えておった。そんなある日、一九二〇年の十二月の十二日、雪の野道を歩いていると、ひょっと、ベートーベンの声が聞こえてきた。ドイツ語でね。

――ほう。

「勇気を出せ。たとえ、肉体にいかなる欠点があろうとも、我が魂はこれに打ち勝たねばならない。二十五歳、そうだ、もう、二十五歳になったのだ。今年こそ、男一匹、本物になる覚悟をせねばならぬ」

　ベートーベンも、二十五歳のときに難聴に悩んで、人生を失敬しようと考えたことがあるのです。音楽家でありながら、先天性梅毒で、耳が日ごとに悪くなってね。彼は大いに悩んだわけです。が、結局、彼は踏みとどまる。そして、そのときに、自分に向かって叫んだ言葉が、さっきの言葉です。

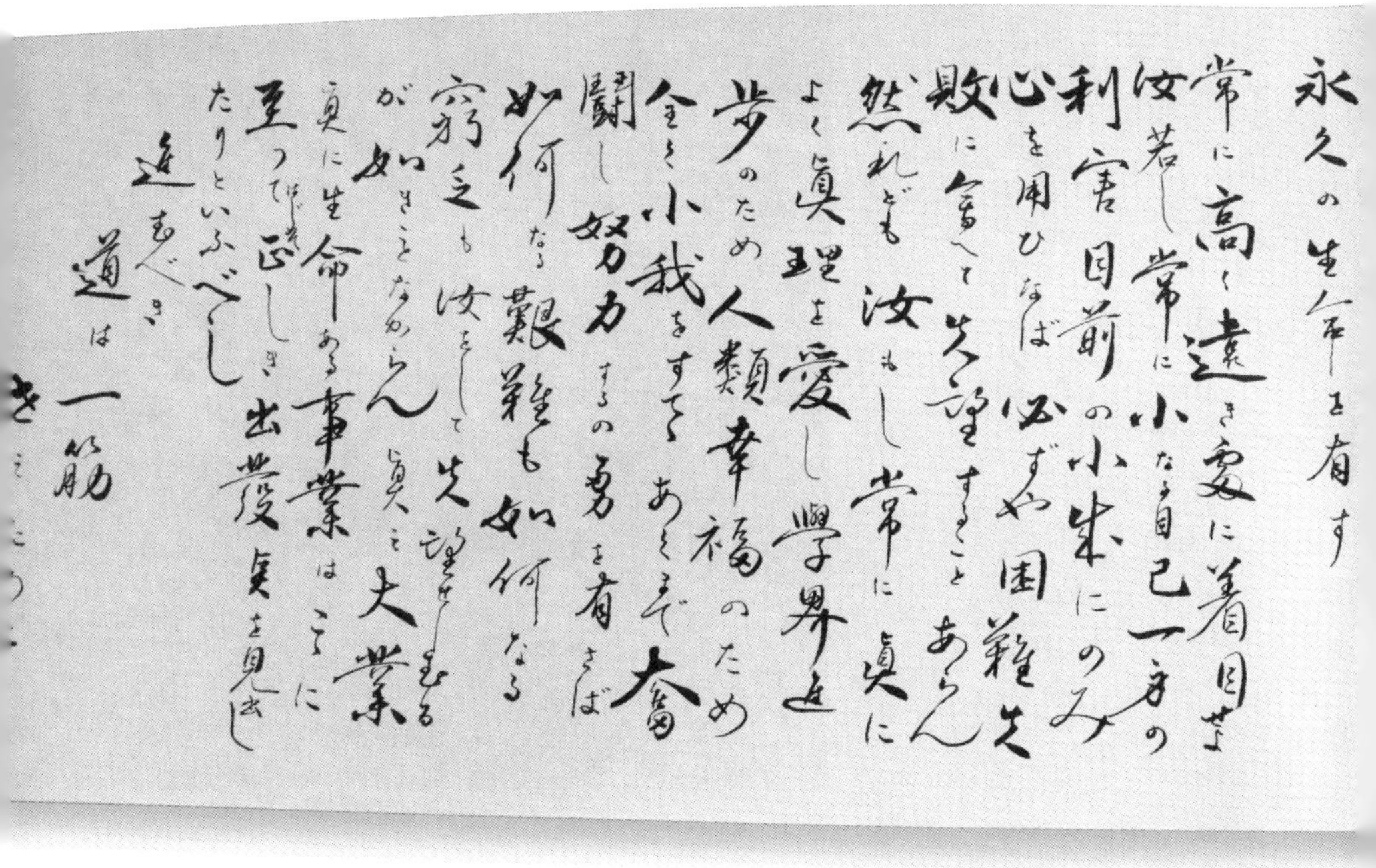

平澤興氏が大正10（1921）年、二十歳の時に墨書した「座右之銘」。「常に人たることを忘るること勿れ　他の凡俗に倣ふの要なし　人格をはなれて人なし　ただ人格のみ永久の生命を有す」で始まる決然たる意志、自身に対する叱咤と激励が記されている。この座右之銘は、元日未明に起床、天地神明を拝して墨書し、元日の祝膳につく前に祖先の霊に供え、その実行を誓ったものといわれる。さらに、氏は長さ1.6メートルにも及ぶ書を手に、京都・八坂神社に参拝し、学問の道に生きることを誓った。

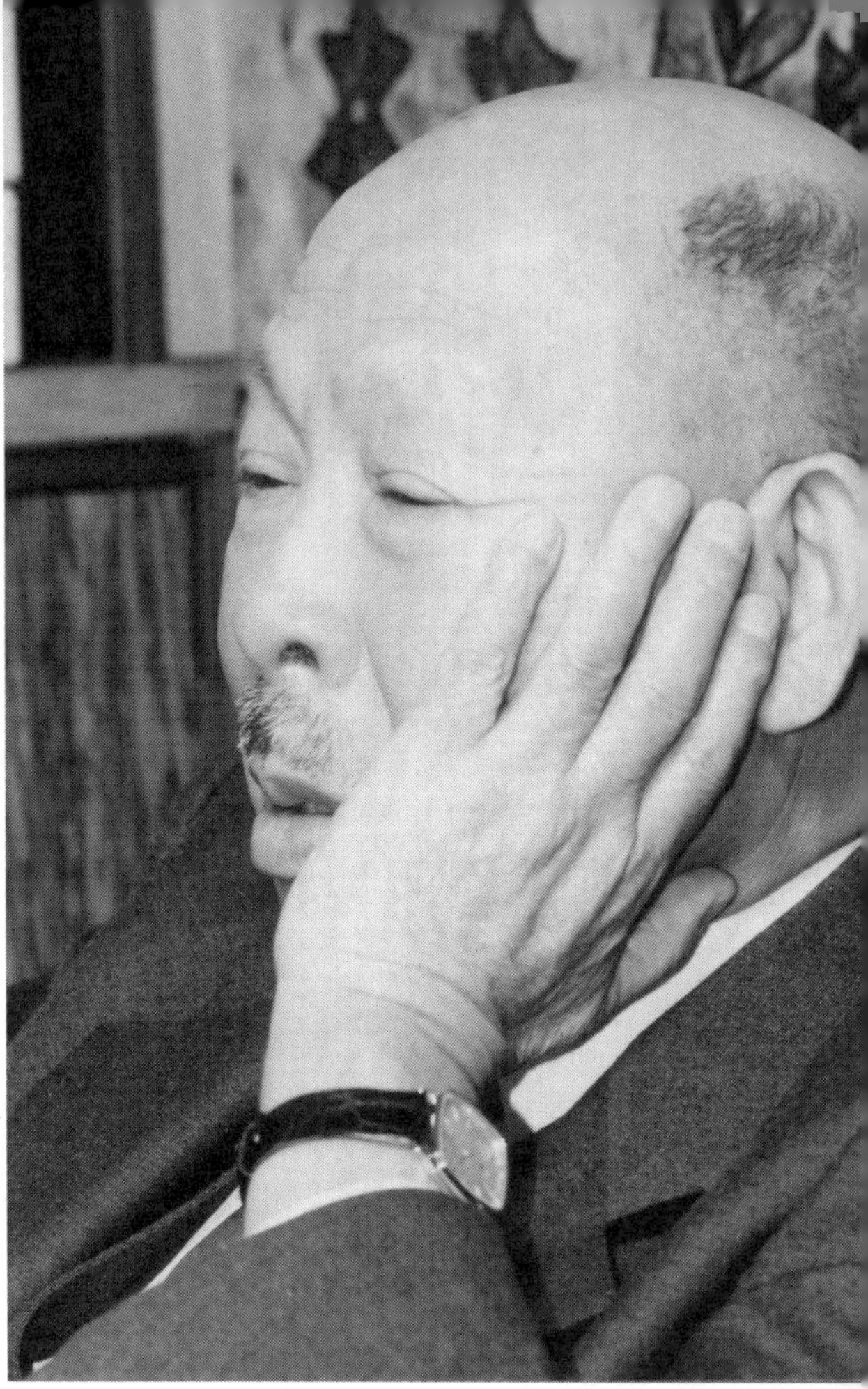

そこで、結局、講義はどうしても出なければならんものにしか出ないで、原書を読んで勉強するということで、毎朝、二時起きを実行、夜は大体九時か十時まで、その日の予定がすむまでやりました。

――ベートーベンの声が聞こえてきたのは、先生がベートーベンの伝記を貪《むさぼ》り読んでいたということがあったからでしょうね。

そう思います。それで、そのとき思ったのは、ベートーベンに限らず、偉人とか巨人というのは、みんな生まれつき違うように思ってるが、そうじゃない、と……。ベートーベンが本当に天才なら、そんなこと迷わんでしょ。迷うところにベートーベンの凡人がある。しかし、その面があればこそ、凡人の私に通じるわけでね。偉人というのは、何もかも偉大だというのではない。偉大さという後ろには平凡さをいかように鍛えるかによって、偉大になるかどうか決まるんですね。

もしベートーベンが本当に偉大で迷わなかったら、ぼくは救われておらんかった。

その言葉がさあっと聞こえてきた。なんというか、私には涙がこぼれるような感動でした。

平凡さをいかに鍛えるか

このベートーベンの言葉が、私に生きる力を与えてくれました。

あの偉大なベートーベンでさえも、そういうことがあった。お前のようなのが、そう考えるのも無理はないわい、と。「あんまり、ばかなことをいうな。ちょっとぐらいやってできんとは何だ、命をかけてやることだ」と思いました。

ベートーベンの偉大さというより、むしろ平凡さが基になったその偉大さが私に響いた。

　本当に偉大だなと思う人には、みな平凡がある。平凡を鍛えあげて、偉大にしてる。そう思うんです。

　偉い人というのは、要するに、生活の中に燃える情熱を持って、自分の持っておる百四十億の大脳皮質の神経細胞を生かした人だ、ということができると思います。

　ただ、このベートーベンの話はね、まだ後日譚《たん》がある。

――といいますと。

　一年の終わりに受けた試験で石川秀造先生が、こんな素晴らしい答案はないと、誉めてくれました。まぁ、あのとき、ボロクソにいわれたら、どうなったか。こんな勉強じゃだめだといわれたら、ちょっと迷っただろうと思う。これは運だ。大学の教授でもね、講義に出ないと、それだけで怒る人もいますからね。

誉めることは難しい

――先生の話をうかがっていると、人を育てる秘訣は批判することより、誉めることにありそうですね。

　そうです。ただ、誉めることがいいと思ってもね、誉め方があるんです。このね、誉め方というのは、やっぱり、鍛えた人でないとだめですね。子どもは叱るより誉めたほうがいいといってるが、大抵の親は誉め方を知らない。誉めねばならんときに叱って、叱らねばならんときに、誉めてる。

――なるほど。

　教育の基本は、第一はあくまで誉めること。第二はできるまでやらせること。第三は、自分も実行すること。

　これは、人間が歩き出すときです。あのときは不思議に早い遅いはあるけれど、この子は頭が悪いからとか、いわないでしょ。この子は肥えてるからとかいって、とにかく、悪口はいわない。誉めながら、です。長くかかってもいいから、そうしてやらせてる。そして親も歩いて実行してますから。

――じゃ、あそこに教育の原点がある。

　原点です。これは本当です。ところが、第一の誉めるということが一番難しい。誉め方があるんですね。

　十日ばかり前に、ある結婚式に出ましてね。それは学位を持ってる人の結婚式でね。仲人が、ある大学の名誉教授です。その教授が、新郎のことを、「非常によくできる方だ。だが、しかし、少し要領が悪いような、堅すぎるようなところがある」といった。欠点という言葉は使わないが、欠点としてあげているんですね。

　私はその場で初めて新郎に会ったんですが、自分の顔をしてるんです。妙なアレのない、落ち着いた自分の顔を持ってる。威張ってもおらないし、おじけてもおらない。いかにも、自然ないい顔。これはいい男だ。同時に、これはちょっと堅すぎるだろうと思っとったら、ちょうど私の思う通りのことをいった。私は長所として、それをみた。紹介者は、欠点として、それをみた。

裏までみえる誉め方

それで、私はね、予定していた話を変えて、実は今日、新郎と初めて会ったが、まず、自分の顔を持っていることはいいことだ、と。それから要領が悪いというようなお話があったが、いかにも、私の若いときのことをいわれているような気がします、と。本当にしたんです。

しかし、私は四十年間、運動神経をやってきたから、笑っておっても、怒っておっても、瞬間、元の表情に戻るから、その人の表情ってのはよくわかる。その点、今日の新郎はいかにも素晴らしい。私は四十年間、運動神経をやってそれからみているんだから、人相見より、もっと確かだ。

要領が悪いかもしらんが、これこそが本物であるということの証拠であって、そこにあなたの魅力を感じた。それはあなたが素晴らしいものを持っているという証拠で

あり、決して賢い人の真似をしたり、要領のよさなんて身につけることはない。あなたの要領の悪さということこそが、あなたの本当の生真面目《きまじめ》な生の姿なんだから、それを成長させなさい。自分というのを欺かないで、それを成長させなさい。あなたの将来は私が保証する……。

　みんな、目を丸くして聞いてましたね。でも、これはお世辞でもなんでもない。私の信念をいってるんだ。いやぁ、親が喜んでくれましたね。

——いい話です。

　これはね、さらにいえば、大学の名誉教授として、弟子を持ちながら、そういうものの見方ではだめだぞ。あんたはそれじゃ、指導はできるけど、弟子を成長させることはできないぞ、と、裏をいうと、そういうことです。

　だから、ただ表をみておるような誉め方はだめだ、と。誉め方も裏までみえるような人でないと、本当に誉めるわけにはいかない。誉めるには、こちらが、それだけの行をしなければならない。愛情だけじゃ、あかん。だから、誉めるなんて、そう簡単なことではない。

　結局、人の欠点が目につく間はまだだめです。それらの欠点が「飾り」にみえれば本物でしょう。

運というもの

　まあ、そういう面で、しみじみと私はいい先生を持ったなぁ、と思います。私の恩師は、私の表面に出ている、要領の悪さとか、不器用さとかそういうものではなくて、その後ろにある、私の情熱と真面目さというものを読んでくれましたから。

　これは有り難いことですよ。これは運ですよ。もっとも、先生を選んだのは私が選んだんだが。

——運というのは？

　運というのはなかなか、ひと言ではね。運には説明のできる運もありますよ。だけど、説明のできない運もありますね。

　しかし、本当によく目の見える人には意地悪をされても、それが意地悪に映らないということがありますね。

　それはね、意地悪をされて、それが意地悪に映るだけでは、成長はできないんだな。意地悪をされたときにも、それでもなおかつ、これもまた人生の修養かと思えるような思い方があればね、運が悪いってことはないわね。

　それを、さらに一般的にいえばね、不幸とか、失敗とか、そういうもので腐っておるようなことだけでは、その人はやっぱり、本物になる資格はないんじゃないか。不幸でも失敗でも、その裏までも読んでね、なお感謝が、できるだけの深さとゆとりを持たなければならない。

　そういう人なら、どういう場合でもやっぱり、有り難いからね。

人間ほど不思議なものはない

——話は戻りますが、先生のご専門は、神経解剖学という分野ですね。

　そう、研究は運動神経です。これを四十

年やった。

簡単にいうとね、随意筋というのは骨についてる普通の筋です。内臓なんかのは、不随意筋。ただ、正確には随意筋とか、随意運動なんてのはない。

——ないんですか。

言葉は使ってるが、ない。つまりね、骨格筋の神経には二種類ある。一つは命令を伝える錐体路《すいたいろ》。もう一つは錐体外路。これは命令された運動を、われわれが知らん間に、まとめる神経です。

例えば、手を上げるという行為一つとっても、多数の筋肉が関係してくる。ある筋肉は伸び、ある筋肉は縮む。そのときに、どの筋肉をどのように動かすかということは、われわれの与《あずか》り知らないことです。

——それを動かしているのが錐体外路ですか。

そうです。従来は、そういう神経があることはわからなかった。錐体外路なんてのはなくて、錐体路だけで、骨格筋の運動をしていると思っていた。

しかし、そうではなく、錐体路と錐体外路が上手に力を合わせて、やっと一つの動作をすることができるのです。もし、錐体外路の方に病気があれば、命令を出しても、運動できない。

——要するに、手を一つ上げることも、実はたいへんなことだということですね。

そうです。みなさんは人間が立つこと、歩くこと。そんなことは当たり前だと思われてるが、決してそうじゃない。このことを完全に説明できる人はまだ世界中に一人もいないのです。私も四十年やって、その不思議中の不思議ということがやっとわかった。

内臓なんかもね、全部、われわれの知らない間に動くんですから。だから生きるというのは、まったく生かされておる。生かされて生きておるが、まだ、人間でも与えられた可能性の全部を使っておらぬ。人間の大脳皮質には百四十億の神経細胞があるが、まだ、それを全部、使った人はない。

というように、大自然はどういうわけか知らんが、必要以上のものを与えておるということです。

だから、そういうことを考えると、まったく生きるということはまずもって、不思議なことです。

——あぁ、そうですね。

われわれの命は一つではない。五十兆という目にみえない細胞的生命の集まりです。その五十兆という生命が調和をとっていればこそ、こうして元気にしていられるのです。

だから、学べば学ぶほど、知れば知るほど、不思議というのが人間の生命でしょうね。それはね、人工衛星とか、あれもたいへんですが、あれは百パーセントわかったことです。ただ、組み合わせが複雑なだけです。われわれのは、ただ一つの呼吸といえども、その仕組みはとても完全には分解できない。その意味では、全宇宙で人間ほど不思議な存在はないでしょう。

——その不思議な命を、われわれはほとんど忘れていますね。

それは、そこにもここにも人間がいるからね。普通の人は数の少ないもの、珍しいものをただ不思議だとか、有り難いというが、それは見方が粗末だからです。いかに、数が多くても、尊いものは尊いのであり、不思議なものは不思議です。

だから、学ぶということは、いよいよ、この人生の修行をして、これを知れば知るほど、不思議が多い。生きるということは生かされておる、ということは間違いないんですね。すると、やっぱり拝んで生きるという気持ちになります。

——あぁ、拝んで。

ええ。ともかく、わからんというほど素晴らしいものに生まれてきた。そういう人生を与えられたということは、これはまた、感謝してもしきれないと思う。そういう意味で、八十になっても九十になっても、百になっても、人間の成長はこれからだと思います。

——ああ、八十になっても人間の成長はこれからですか。

ええ。生きる限り、成長することです。それはあらゆるものに感謝し、手を合わせて拝んでいくことでしょう。

八十五歳、いよいよわからぬ

まぁ、私はちょうど八十五歳になってね、いよいよわからぬということがしみじみとわかってきた。わかったつもりの人はたくさんおられるが、それはまだよく勉強が足らないからじゃないかと、正直のところ、思います。

それとね、私はいま非常に幸せだと思ってるのは、人間に生まれてきたということ。それをしみじみと思います。歴史的に考えると、この地上に最初の生命が生まれたのが三十数億年前。その三十数億年の生物の中で、運よくその一番、頂上に位する人間に生まれてきたということを、一番幸せだと思ってる。

もう一つ喜んでるのは、今日も元気でおれるということです。話をすると阿呆《あほう》みたいなことだが、しかし、一生懸命、いままで勉強して、しみじみと腹の底から喜べるのはこの二つですね。

いまが楽しい、いまが有り難い、いまが喜びである。それが習慣となり、天性となるような生き方こそ最高でしょうし、そういう生き方をしたいと思います。

『生きよう今日も喜んで』
平澤 興・著／致知出版社

平澤 興（ひらさわ・こう）
明治33年新潟県生まれ。大正13年京大医学部を卒業。昭和32年より6年間、京大総長を務めた。解剖学者。とくに、随意運動と不随意運動に関係する錐体路と錐体外路の研究が著名で、この業績により、昭和26年学士院賞を受賞。

わが言葉の人間学

哲学は本来、
生きる力になるべき

森信三
哲学者
Mori Nobuzo/Shinzo

森信三氏、90歳。自ら「隠者」を自認し在野にありながら、国民教育に心魂を注いできた。西田幾多郎門下の秀逸として、西洋哲学を学んだが、ついに西洋の知の哲学にあきたらず、東西の学問を融合した「全一学」——〈真にその人の命に溶け込んで人生を生きる真の力になる哲学〉を提唱する。同氏の威風を慕う門弟は全国に3000人。マスコミにめったに姿をみせない在野の哲人に聞く。

雑事をいかに巧みにさばくか

——先生は三年ほど前に、脳血栓で倒れられたと聞いていますが、見た目には非常にお元気そうですね。

いや、もう手がきかなくなってね、いまはハガキを書くのも不自由な右手でね、書いてる（笑）。

——いまでもお書きになる？

ええ、一日に三枚くらいは書いてるね。

——そういえば、先生はハガキ道というか、「ハガキの活用度いかんで、その人の人生の充実度がわかる」「ハガキ活用の達人たるべし」と、ハガキの活用をすすめられていますね。

たった一枚のハガキで、しかもたった一言の言葉で人を慰めたり、励ましたりできるとしたら、世にこれほど意義のあることも少ないですからね（笑）。

——しかし、普通はなかなか億劫《おっくう》がって書かないですね。

参考までにいいますとね、手紙の返事はその場で片付けるが賢明です。ていねいにと考えて遅れるより、むしろ、拙速《せっそく》を可としたほうがいい。

——なるほど。

それと、人間、億劫がる心を、刻々と切り捨てねば、ね。年をとるほど、それがすさまじくならねば、と思います。

——あぁ、年をとればとるほど。

八十歳を境にして、私が実践面で第一に取り組むことにしたのは、日常生活におけるその挙止動作の〝俊敏さ〟です。

——ほう。

日常の雑事雑用をいかに巧みに要領よくさばいていくか——そうしたところにも、人間の生き方の隠れた呼吸があるということです。

真理は現実の唯中にあり

——さて、そろそろ本題に入りますが、先生は八十歳のときに、西洋哲学と東洋哲学を融合した「全一学」を提唱された。先生の言葉を借りれば、真にその人の命に溶け込んで人生を生きる真の〝力〟になる哲学。簡単にいえば、人間の生き方に関係のない学問はいかんのだ、と。

それをいい続けてきた（笑）。

まぁ、私が生涯を通して求めてきたものは、「人間はいかに生きるべきか」という人生の根本問題です。だから、それが哲学にせよ、宗教にせよ、このいかに生くべきかという人生の根本問題に対して無関係な学問はまったく無縁のものだということです。で、哲学という言葉の代わりに、もっとしっくりとくる言葉はないかと思いましてね、「全一学」と名付けた。

——提唱されたのは八十歳ですが、その目覚めはもっと以前からあったわけですね。

ええ。

——先生は西田幾多郎門下生として京都大学で学んでいたが、かねがね日本の学問の現実遊離性に疑問をいだいてた。それで、三十三歳の頃、『二宮翁夜話』の巻頭の言葉、「まことの道は天地不書の経文を読みて知るべし」によって開眼した、といわれてますね。

そうです。その意味では、尊徳は私にとって〝開眼の師〟です。一代の哲学者西田幾多郎先生に八年も師事しながら、最後のところで尾骶骨《びていこつ》のように残っていた大学的アカデミズムから、完全に解放せられたのは、その「天地不書の経文を読め」の一語によるものだったからです。

つまりね、それまでの私はいわゆる哲学書の中にこそ、絶対の真理はあると考えていたのに、それとは逆に、真理はこの現実の天地人生の唯中に、文字ならぬ事実そのものによって書かれており、しかもそれは刻々時々に展開しつつあることに開眼せしめられたわけです。

西田幾多郎：［1870～1945］哲学者。京都大学教授、名誉教授。石川県生まれ。東洋的思想の地盤の上で西洋哲学を摂取し、「西田哲学」と呼ばれる独自の哲学を築き上げた。その哲学は、近代日本における最初の独創的な哲学と評される。

『二宮翁夜話』：二宮尊徳の門人として尊徳の身の回りに随行していた福住正兄が、尊徳の言葉を書き記したもの。

——真理は現実の唯中にあり、ですか。

そうです。いいかえれば、真理は現実を変革する威力をもつものでなければならぬ、ということです。そしてこの二つが、私の学問論の根本になっているわけです。

新井奥邃の言葉に出合う

——先生は二十三歳のときに、新井奥邃《おうすい》という人の言葉にもたいへん、影響を受けられたんですね。「隠者」への憧憬《どうけい》の念が芽生えたのは、そのためだと……。

ええ。私がまだ広島高師の学生だった頃にね、当時すでに名訳といわれた山川丙三郎さんのダンテの『神曲』岩波文庫にあったがね、その序文に、奥邃先生の語録が四つ、五つ出ていたんです。そのうちで、一つの言葉だけが私にビィーンと一生来たんです。いまでもです。その幽深極まりない深奥な生命のリズムに触れて、「わが国にも一人の〝隠者〟がいる。そしてその名を新井奥邃という」との感激が心の奥底深く刻まれた。

——それは、どういう言葉ですか。

隠路あり、昭々の天に宏遠の道より開く。基督《キリスト》の微妙の戸なり。一息開けて億兆相抱くべし。一息閉じて衆星隕越《いんえつ》を致さん。生命の機は一息に在り。——意なり。

——どういう意味でしょう。

それはいえん（笑）。それがいえんってことが言葉は命だ。これを講義したことは一度もない。

——感ずるものだ、と。

もう感ずるくらいでは足りん言葉だね。命が通るんだね、すうっと。

で、暗唱ができんです。暗唱できたらいいと思うができんな。何度してもできんですな。

だから、私にとっては永遠の、あの世にまで持っていく言葉ですな。

ところが、あなた、よその本屋の悪口になっていかんが、その岩波文庫で、今度、肝腎のその奥邃先生の序文をけずったそうだ。

——先生があえて世に出ようとしなかったのは、奥邃先生の影響ですか。

そうです。私自身はきわめて常識的な人間ですが、隠者への憧憬の念は終始一貫たえたことがない。

——世に出る人はだめですか。

いやいや、そうじゃない。まあ、私のような、ハッタリや色気の多い人間のブレーキには、（世に出ないこと）が最上の選択だということ（笑）。

——すると、必ずしも隠者のみが尊いのではない、と。

あぁ、無論。大いに出る人は出たらいい。

新井奥邃：［1846～1922］仙台藩士、キリスト教思想人。仙台生まれ。自らを「クライストの志願奴隷」と規定した。

言葉は命

——お話をうかがっていますと、一つの言葉との出合いが先生の一生を決定したといえますね。その意味では、言葉というのは大事ですね。

それを真っ先に説いたのは教典ではキリスト。ヨハネ伝にある。初めに言葉ありき、言葉は神なり、といってる。あれは神の内容をいっている。言葉がなければ、神の内容はわからんからね。神の説明は言葉によるしかない。そしたら言葉は神。

——先生の例のように感じる人が感じれば、言葉がその人の命になる。

そうそう、命という言葉のほうがわかりやすいね。神よりも。言葉は、端的に命だね。

道元は、『愛語、よく回天の力あるを知るべきなり』といってる。

これは言葉は命だというよりも、もっと強い。要するに、人を生まれ変わらせる。回天の回というのがね、展開される、おまけにそれが絶対性を持っているということが回天。

——愛語は人を生まれ変わらせる力がある、ということですね。

その通りです。まぁ、道元に限らずね、古来、傑出せる人ほど、言葉の慎みをとくに重視していますね。良寛にも『戒語』があるし、また葛城《かつらぎ》の慈雲尊者は十善法語の十戒中、言葉の戒めが四か条を占めています。

参考までにいいますとね、不妄語《ふもうご》（でたらめをいうな）、不悪口《ふあっく》（人のわるぐちをいうな）、不両舌《ふりょうぜつ》（人を仲たがいにするようなことをいうな）不綺語《ふきご》（お上手ごとをいうな）。

——さきほど生命のリズムといわれたが、先生は『正法眼蔵』なども声を出して読めといわれてますね。

そうです。それは命だから。あれを解釈してもしようがない。朗々と読めば、あの中に流れている命が、少しずつ順にしみこむんだね。

私は三年前に脳血栓で倒れてから手が不自由になったからいまは書かんが、それまでは、本を書くときは『正法眼蔵』を一冊、机において、それで書いてた。その格調なり、リズムを学ぶということです。そのヒントを受けたのは『正法眼蔵』の入門といいますか、西有穆山《にしありぼくざん》という歴史的な大家がいて、この人の講義は講義自身が命だね。それで、そういうことがわかった。

しつけの三原則

——言霊って言葉がありますね。あれはど

道元：鎌倉時代初期の禅僧。日本曹洞宗の開祖。京都生まれ。

良寛：［１７５８～１８３１］江戸時代後期の曹洞宗の僧侶、歌人、漢詩人、書家。新潟県生まれ。

慈雲：［１７１８～１８０５］真言宗の僧侶。雲伝神道もしくは葛城神道の開祖。大坂生まれ。

西有穆山：［１８２１～１９１０］曹洞宗の僧。陸奥国（青森県）生まれ。青森県人初の曹洞宗管長。

ういうふうに解釈されますか。

文字通り、命の根本は魂だ、ということでしょうね。

大体、古代語は単純明快ですな。細工が入らん。いいかえると、論理が入らん。

――逆にいうと、真理ってのは単純なんでしょうね。

そうです。真理ほど単純明白なものはない。ところが、西洋哲学が入ってきていろいろとね……。

――先生の説かれている「しつけの三原則」なども単純ですものね。

その通りです。

一、朝、必ず親に挨拶をする子にすること。

一、親に呼ばれたら必ず、「ハイ」とハッキリ返事のできる子にすること。

一、ハキモノを脱いだら、必ずそろえ、席を立ったら必ずイスを入れる子にすること。

じゃ、このしつけのコツはというと、まず、母親自身が、ご主人に対して朝の挨拶をハッキリするようにし、また、ご主人から呼ばれたら、必ず「ハイ」とはっきりした返事をするように努力することです。

――ああ、母親自身が。

この「ハイ」という一語によって、その人は、「我」を捨てるわけです。つまりそれまでの意地や張りの一切を投げ捨てるわけです。同時に、それによって当の本人はもとより、一家の人びとの雰囲気までが変わりだす。

昔ね、登校拒否の中学生をもって困り抜いたお母さんから相談を受けたんですがね、その解決法はただ一つあるだけで、それは明日からあなたがご主人によく透る声で

「ハイ」と返事をされることですといった。その人はその通りしたんでしょう、その子どもはその後十一日目にはもう登校しだしたとのことでした。

「はい」という言葉を本当にいえたら、非行少年でも徐々に変わってくる。ところが、本当に「はい」がいえる婦人は百人のうち、二、三人じゃないかな。

表現を変えればね、これだけの俸給を得るために、主人がどれほど下げたくない頭を下げ、いいたくないお世辞をいっているか——ということのわかる奥さんにして、初めて真に聡明な母親となるわけです。

——先生の学問の根底の一つに「立腰」というのがありますね。

私の今日あるは立腰というのを貫いてきたおかげですよ。私は十五の少年の頃、縁あって岡田式静坐法の祖岡田虎二郎先生の偉容に接して、その種まきをしてもらったが、以来、九十歳の今日まで、この立腰だけは一貫してつづけてきた。

要するに、朝おきてから夜ねるまでいつも腰骨を立てて曲げない、ということです。これは主体的になるための極秘伝であるばかりでなく、健康法という面からも第一です。

この立腰を子どもに伝えるだけでもたいした財産だと思います。

——「立腰」を徹底していると、文字通り、生きる力が出てくる。

そうです。肩の気張りがとれて全身の力が臍下《せいか》丹田《たんでん》に収まって、ドッシリと落ち着いた人間になれます。腰骨を立て、アゴを引き、つねに下腹の力を抜かぬこと。この三つが同時にやれたら、ある意味では達人の境だ（笑）。

仕事は八十点主義を心がけよ

——先生の学問は「いかに生くべきか」の学問、いわば、実践の哲学ですね。それだけに、この先生の語録集『一日一語』（寺

『森信三一日一語』
寺田一清・編／致知出版社

岡田式静坐法：岡田虎二郎によって創始された修養法。正しい姿勢によって安定した心を生み出し「心の欲するところに従って矩を超えず」の境地を目指す。

田一清・編）の中にも、われわれビジネスマンが読んでもハッとさせられる言葉が多いです。一、二例をあげますと、

〈物事は一応八十点級のできばえでいいから、絶対に期限に遅れないこと。これ世に処する一大要訣と知るべし〉

〈人間は、進歩か退歩かの何《いず》れかであって、その中間はない。現状維持と思うのは、じつは退歩している証拠である〉

〈休息は睡眠以外には不要――という人間になること。すべてはそこから始まるのです〉

その例をひとつ。もう亡くなってるが、昔、京都大学に西田某という歴史家があった。当時、相当有名な人で素質もいい人。その人が学問の方法を間違えたんだね。

――どんなふうに間違えたんです？

それはね、力あるから、西洋の歴史理論をずっとやった。それならそれで思い切って本を出してしまえばよかったんだが、分量は足らんというので出しもせず、結局はどっちつかずのもの一冊。死んで残ったのは一冊だけ。あれ、早く出しておけばいいんだ。

――人間、やるべきときにやらなければだめだということですね。

やるべきときに、ね。時が大事だ。時点が。薄くてもいいから出しておけばよかった。そうすると次から次へと回転していくんです。

――エネルギーというのは出せば出すほど回転していく。

そういうこと。出さなければふんづまり。ふんづまりてことは半分死んでるってこと。

――だから、そこで躊躇《ちゅうちょ》しとどまっちゃいかん、と。

そうです、人がどう思うだろうかなんてね。そこが勇気を要する。

――そういえば、仕事は一気呵成《かせい》にやりぬけといわれてますね。

その通り。一気呵成にやる。直すのはゆっくり直して。どうしても一度中断せねばならない場合は、最低六割は峠を越えておくこと。これが仕事をやり抜く秘訣です。

「大器」の条件

――〈男は無限の前進に賭けるところがなければならぬ〉というのもその通りですね。

男の生き方には、どこか「自己を賭ける」という趣きがないとね。

組織の中におると賭けるということはそう勝手にはできません。なぜかというと、食うことを保証されているからね。だから、人を使う人はある程度部下に賭けさせるということ。そこがすぐれた社長の条件でしょうね。

――賭けると、自分の知らなかった力も出てきますから。

ええ、出てくる。力が出てくる。それから、社長の信頼度を実感しますね。そこに命と命の呼応が生まれる。

――上役の苦心がわかりかけたらたとえ年は若くても、他日ひとかどの人間となるとみてよい、といわれているのも、なかなかおもしろい指摘です。

それはなぜかというと、想像によって、自分の経験の世界の限界を越えとるから。で、それはね、一種の叡智《えいち》の働きですが、叡智ってものは、においをかいで察しをする、ということです。

この叡智の働きというのは学問論としても教育論としても大事なことだ。

ところが、日本は肝心の学問論てものがほとんどみるに堪えるものがない。みな西洋の学者の学問論の翻訳みたいなものばかりでね。自分の体を絞ったものがない。

ついでにいうと、上位者にタテつくことをもって、快とする程度の人間はとうてい「大器」にはなれないと思う。

そりゃ、まだ、みる世界が狭いってこと。親の気持ちさえ、察しがつかんという程度じゃ無理。そりゃ、組織が、人的構成が生きてつかめておらんということです。そういうことがにおいでわかりだすのが三十過ぎ。これをいかにして年齢を遅れんように知らすかということが、幹部の人の苦心のいるところじゃないですか。まあ、教育といえば、それが一番の教育でしょう。

「封書」を四十までに開け

――先生は「人間いかに生きるべきか」をずうっと求めてこられた。先生の言葉に「力」があるのは、言葉がその体験に根づいているからでしょうが、いかに生くべきかの結論は出ましたか。

この世へ送られた、その使命がなんであるかを解かないかん。みなそれぞれ神さまから封書をもらっとる（笑）。

――封書を？　ああ、なるほど。開けないとわからんですね。

そういうこと。開けることを学問だとか、宗教だとか、なんとか名前をつけておるがね。

――言葉との出合いで開ける人もいる。

そうそう。

——なるほど。われわれはこの世へ封書を持って送られてきたんですか。

そうですよ。われわれは自分自身の意志と力によって、この地上に生まれた人は一人もいない。結局、大宇宙というか、壮大無限な宇宙生命によって、この地上にその生を与えられているわけです。ある意味では、神からこの世へ派遣せられたものともいえる。

従って、いかなることが自分に課せられた使命かを突きとめねばならぬ。それがある程度わかりだすのは人生もほぼ二等分線を越える頃のようです。

つまりね、三十五歳を中心とする小十年の間で、遅くとも四十までには、かなり、はっきりとその見当をつけねばならぬといえましょう。

——三十後半から四十くらいでわからなきゃだめだ、と。

ええ、概して、そこでわからんと、あとになってわかるという人は少ない。その頃に、少しはにおいをかいでるかね。とにかく四十前後。だから、四十二の厄年とはよくいった。もっとも偉人は三十八くらいで、大体、目を開いている。中江藤樹先生もそうですし、王陽明でもそうですし、ほとんど三十代後半。その辺で、気づくんですな、人生に。

——すると、先生もやはり四十歳の頃に、自分の使命、天から届いた封書に気づかれたわけですか。

ええ、そうです。

——それで、どういう生き方をしようと？

それはね、満州から帰ったときに書いたものに、

「学者にあらず、宗教家にあらず、はたまた教育者にあらず、ただ、宿縁に導かれて、国民教育者の友として生を終えん」——と。

そこに、私は自分の運命を自覚したんですね。

——先生が、自分の著述の時間を削ってまで、返信のハガキを書き、またいわゆる隠れた、在野の人たちを発掘するというか、目を注がれているのも、その封書のせいですか。

縁のある、つまりね、ご縁というものをかたじけなく思うておるっていうことでしょうな。

——だから、感謝し、大事にする。

そうそう。与えられたものだからね、自分で作り出したものじゃない。自分でやることは与えられたご縁をどこまで、あとを大事にするかということ以外にないですから。

——人はみんな自伝を書くべきだというの

中江藤樹：［１６０８～１６４８］陽明学者。近江国（滋賀県）生まれ。近江聖人と称えられた。

王陽明：［１４７２～１５２９］中国の明代の儒学者、思想家。朱子学を批判的に継承し、読書のみによって理に到達することはできないとして、仕事や日常生活の中での実践を通して心に理をもとめる実践儒学陽明学を起こした。

もおもしろい指摘です。

多くの人はわれわれ程度の人間が自分の伝記など書くのはおこがましいと考えるようですが、二度とないこの世の「生」を恵まれた以上、自分が生涯たどった歩みのあらましを、血を伝えた子孫に書き残す義務がある。

人間を形成する三つの要素

――先生は、人間を形成するのは三つの要素だといわれてますね。一つは血というか、先天的な遺伝的素質、第二は逆境による試練、三番目は師匠運。この三つで人間が決まってくる、と。

そうです。自分を省みてもそうですし、いろいろご縁のあった方々についてみてもまず、そういっていいと思う。

――血というのはいかんともし難いですね。

天与だからね。第二、第三は後天的条件で努力と精進次第で獲得できるが、とはいえ、これとても、天の恩寵《おんちょう》と思わざるを得ない場合が少なくありませんな。

――縁的な要素が強いですね。

ええ。しかし、やはり、

〝縁は求めざるには生ぜず。内に求める心なくんば、たとえその人の前面にありとも、ついに縁を生ずるに到らずと知るべし〟

でね。求める心がないとね。

――血で劣る人はどうすればいいでしょう。

それは、先生を求めればいい。それから生まれといっても直系だけでなしに伯母とか伯父とかね、もうちょっと広げて考えないかん。

しかし、血は人間形成の上では重要な先天的基盤だが、これがすべてを決定づけるわけじゃない。いかに父祖伝来の立派な田畑を受け継いでも、これを手入れし、耕さなければ、いかなる沃土《よくど》もやせ地になり下がってしまうのと同じでね。

だから、天分や素質に心を奪われて嘆くよりも、自己に与えられたものをギリギリまで発揮実現することに全力を尽くすことこそ、より大事ではないでしょうか。

結局、多少能力は劣っていても、真剣な人間のほうが最後の勝利者となるようです。

――あぁ、真剣な人のほうが。

とにかく、人間は自己に与えられたものを十二分に生かして実現することこそ、人間の生き方の根本信条でなければならないと思うのです。

――いい師を持つというのも大事なんですね。

ええ、偉い人は別。われわれごときはそうですね。なぜかというと、立体的になる、真理が。

――ああ、立体的に。

ええ。現実ということでは足らんですね。立体性を持ってくる。人生の現実へ直結してくるんですな。

そこで、いかに生きるかという問題を一般論でなくて、毎日の生活の中でときどき、あぁ、先生だったらどうするだろうかを考

えてみる。これが大事です。

まあ、尊敬する人がなくなったとき、その人の進歩は止まります。尊敬する対象が年とともにはっきりしてくるようでなければ、真の大成は期し難いですね。

――なるほど。しかし、その師の偉さもあまり近くにいると気付かない。

そうです。ちょうど、金剛山の高さは山の中にいるときより、それから遠ざかったほうが偉容を増してくるようなものです。近くにいると欠点のほうが気がつくんです。偉いところがみえなくなってね。もっというと、自分を偉いと自惚《うぬぼ》れるから対抗意識が出るでしょう。

だから、師の偉さがわかるには、ある程度の距離と期間をおくことですね。それと亡くなってからわかる。

言葉、読書、人生

――話は戻りますが、言葉というのは同じことをいっても、それを発する人によって、まるで響きが違ってくるということがありますね。

それは各人、一人一人が自分の全一生を背景にして、言葉を発してますからね。

――ああ、全一生が背景に、根っこになって生えてくるもんだ、と。

そうそう。で、これは背後にではなくて、上下にしたらよくわかる。重さがずっとかかるから。

――私が先生の人となりを知るのも先生の話された言葉によって知るわけですが、その先生の言葉に真実の響きがなければ、誰も感動しないわけです。

そこで書いたものと話したものでは次元が違うということ。書いたものを平面とすれば、話すほうは立体。

だから「書いたものを読んだだけじゃだめ。師匠につかないといかん」という理由もここにある。この場合の師匠というのは個人です。やっぱり、一対一ということを離れては命は伝わらんのですよ。

――しかし、まれには先生と奥邃先生のように、直接出会わなくても、その言葉が命になるような場合もある。

そういうこともあります。それは読書でね。

――読書といえば、先生は〈生命の弾力は、読書を介してその固形化を防ぎ得べし。故《ゆえ》に人は読書を怠らば、心の大根にすが入り初めしものと思うべし〉といってますね。

真の読書というものは、いわばその人がこれまで経験してきた人生体験の内容と、その意味を照らし出し統一する「光」といってもよいでしょう。だから、せっかく、深刻な人生経験をした人でも、もしその人が平生読書をしない人の場合には、その人生体験の意味を十分にかみしめることができないわけです。

――あぁ、言葉に出合わなければね。

読書の中心は結局「自分」というものをつねに内省できる人間になるということで

しょう。だから、私たちは平生読書を怠ることによって、つねに自己に対する内観を深め、それによって真の正しい実践のできる人間になることが、何より肝要です。
いいかえれば、読書、内観、そして実践という三段階はわれわれ人間が進歩し、深められてゆくプロセスといってもよい。

――そうして人間を深めていくことで、いままで気付かなかった言葉にはっと目覚めるようになる。

そうです。それは叡智というか、知恵を身につける道でもある。
結局、われわれが知恵を身につけるには、すぐれた人生の師の言葉を傾聴すると同時に、できるだけ人生の知恵を含んだ生きた書物に接するほかないわけです。しかし、結局は自分自らの人生の苦学というか逆境の試練によって、「血税」ともいうべき授業料をおさめ、「世の中」という生きた学校において、体をしぼって、身につけるより他ないということです。

――体をしぼって。

そうです。
本でも、単に才能だけではない、自殺寸前というギリギリの逆境を突破してみごとに生き抜いた人のもののほうが、はるかに深く心を打つ。
その辺に、言葉が命となる秘訣があるといえるんじゃないでしょうか。

森信三（もり・のぶぞう）

明治29年愛知県生まれ。大正15年京都大学哲学科卒業。昭和13年建国大学教授、同28年神戸大学教授。著書に森信三全集（全25巻）、森信三選集（全8巻）、森信三著作集（全10巻）、続・森信三全集（全8巻）がある。「国民教育の父」といわれ、学校の再建立て直しを頼まれ、86歳まで、全国を講演、行脚した。

あとがき

本書は、人間学を学ぶ月刊誌『致知《ちち》』が創刊四十五周年を迎えたことを記念して出版するものです。

一九七八（昭和五十三）年の創刊当時といえば、日本が高度成長からバブル経済へと、経済大国への道をひた走っていた頃です。

「こんな堅い雑誌は誰にも読まれるわけがない」。

そんな声に囲まれてのスタートでしたが、「いつの時代にも、仕事にも人生にも真剣に生きている人はいる。そういう人たちの心の糧になる雑誌を創ろう」という創刊理念を、今日に至るまで、高め深めていく中で、現在では十一万人を超える方々が発刊を心待ちにしてくださる雑誌へと育ちました。

その『致知』に掲載された一万本以上に及ぶ記事の中から、特に心に残る話を一人一ページずつ抜粋し、三百六十五編を集めて二〇二〇年末に発刊したのが、『1日1話、読めば心が熱くなる365人の仕事の教科書』です。

刊行後、本書は三十万部を超えるベストセラーとなり、読者の方から「感動した」という便りが毎日のように届く中で、「この本の元となった記事の全文をぜひ読んでみたい」という声もたくさん寄せられました。

そこで本年、『致知』が創刊四十五周年を迎えたことを記念し、これまでの記事の中で、ぜひ後世に残しておきたいと考える七十四名の方々の話を収録することにしました。

ここに登場される方々の話には、職業のジャンルや置かれた境遇は違えども、その実体験を通じて掴んだ真実には普遍性があり、あらゆる仕事における問題解決の仕方や思考法が記されていると感じます。その確かな実感をもとに、〝仕事力〟に関する事項を集成した書籍として、『一生学べる仕事力大全』と名付けました。

本書に登場される方々のお話を通読し、胸に浮かんでくる一つの思いがあります。

それは、ここに出てくる人たちは、自らの与えられた環境でいっさいの不平不満を口にせず、その環境の中で主人公として生き、精いっぱいの努力をしていること。

そしてもう一つ、皆さまの姿から見えてくるのは、仕事を面白くするのは、他の誰でもない、自分自身であるということです。

本書の巻頭に掲げさせていただいた通り、陶芸作家の河井寛次郎氏は、

「新しい自分が見たいのだ――仕事する」


という詞句を残されています。本書を通じて仕事をすることの真の喜び、人生を生きることの真の喜びに目覚め、まだ見ぬ新しい自分と出逢うための糧としていただければ、これに優る喜びはありません。

最後に、森信三師の言葉を付記しておきます。


「たとえ時代がいかに推移し展開しようとも、人は自らの職業を天より与えられたわが使命達成の方途として、これに対して自らの全身全霊を捧げるところに、人生の真の幸福は与えられる」


拳々服膺したい言葉です。

なお、本書の出版に際し、掲載を快くご承諾くださった皆さまに心よりお礼を申し上げます。

令和五年十一月

致知出版社代表取締役　藤尾秀昭

初出一覧

第1章　信念を持つ

稲盛和夫（京セラ名誉会長）／２０１８年5月号

張富士夫（トヨタ自動車相談役）／創刊40周年特別記念号

鈴木敏文（セブン＆アイ・ホールディングス名誉顧問）×矢野博丈（大創産業会長）／２０１９年2月号

岩倉信弥（多摩美術大学名誉教授／本田技研工業社長）×柳井　正（ファーストリテイリング会長兼社長）／２０１１年2月号

飯田　亮（セコム会長）／１９９６年10月号

田村　潤（キリンビール元副社長／１００年プランニング代表）／２０２０年3月号

上山博康（旭川赤十字病院第一脳神経外科部長・脳卒中センター長）／２００７年6月号

栗山英樹（侍ジャパントップチーム前監督）×横田南嶺（臨済宗円覚寺派管長）／２０２３年10月号

永守重信（日本電産社長）／１９９０年7月号

第2章　心を高める

渡部昇一（上智大学教授）／１９８１年7月号

尾車浩一（尾車部屋親方）／２０１３年9月号

藤沢秀行（囲碁九段・名誉棋聖）／１９９４年３月号

外尾悦郎（サグラダ・ファミリア主任彫刻家）／２０１２年12月号

国分秀男（東北福祉大学特任教授／元古川商業高校女子バレーボール部監督）／２００５年11月号

塙　昭彦（セブン＆アイ・フードシステムズ社長／前イトーヨーカ堂中国総代表）／２００９年7月号

林　成之（日本大学大学院総合科学研究科教授）／２００９年1月

北尾吉孝（ＳＢＩホールディングスＣＥＯ）×松井秀文（アフラック相談役）／２００７年10月

新井正明（住友生命保険会長／関西師友協会会長）×豊田良平（大阪屋證券常勤監査役／関西師友協会副会長）／１９８５年11月号

伊藤謙介（京セラ相談役）／２０１１年11月号

山下俊彦（松下電器産業相談役）／１９８９年8月

号

第３章　挑戦する

越智直正（タビオ会長）×鳥羽博道（ドトールコーヒー名誉会長）／２０１８年３月号

道場六三郎（銀座ろくさん亭主人）×坂井宏行（ラ・ロシェル店主）／２０１２年４月号

樋口武男（大和ハウス工業会長／ＣＥＯ）／２００７年12月号

鍵山秀三郎（イエローハット創業者／日本を美しくする会相談役）／２０１５年11月号

森岡　毅（刀代表取締役ＣＥＯ）／２０１４年６月号

宇津木妙子（全日本女子ソフトボール監督）×宇津木麗華（日立&ルネサンス高崎女子ソフトボール部監督）／２００３年８月号

広中平祐（ハーバード大学・京都大学教授）×黒川紀章（建築家）／１９８８年７月号

第４章　道をつくる

青木定雄（エムケイ会長）×櫻田　慧（モスフードサービス会長）／１９９３年１月号

葛西敬之（ＪＲ東海名誉会長）／２０２０年３月号

川上哲治（巨人軍元監督）／１９８６年11月号

小島直記（作家）×城山三郎（作家）／１９８６年８月号

古橋廣之進（財団法人 日本水泳連盟副会長）／１９８１年11月号

林　南八（トヨタ自動車元技監）／２０１９年７月号

鈴木治雄（昭和電工会長）×新井正明（住友生命保険名誉会長）／１９８６年12月号

佐藤可士和（クリエイティブディレクター）／２０１２年９月号

相田みつを（書家）×行徳哲男（日本ＢＥ研究所所長）／１９８９年７月号

安藤忠雄（建築家）×牛尾治朗（ウシオ電機会長）／２００３年11月号

第５章　逆境を越える

福地茂雄（アサヒビール相談役）×古森重隆（富士フイルム社長・ＣＥＯ）／２０１２年

２月号

奥田政行（地場イタリアン「アル・ケッチァーノ」オーナーシェフ）×笠原将弘（日本料理「賛否両論」店主）／２０１５年３月号

正垣泰彦（サイゼリヤ会長）／２０２１年12月号

角谷敏雄（青函トンネル元トンネルマン）／２０１６年11月号

小野田寛郎（元陸軍少尉／財団法人 小野田自然塾理事長）×大塚初重（明治大学名誉教授）／２００８年７月号

平岩外四（東京電力社長）×小島直記（作家）／１９８３年１月号

第６章　人を育てる

荒川 博（日本ティーボール協会副会長）×王 貞治（福岡ソフトバンクホークス球団会長）／２００９年８月号

稲尾和久（プロ野球解説者）×山口良治（京都市スポーツ政策監）／２００２年７月号

小川三夫（鵤工舎舎主）／２００６年２月号

松平康隆（［財］日本バレーボール協会専務理事）×広岡達朗（野球評論家）／１９８１年10月号

第７章　学び続ける

福島孝徳（デューク大学教授）×佐野公俊（総合新川橋病院副院長）／２０１２年３月号

篠沢秀夫（学習院大学名誉教授）／２０１２年３月号

フジ子・ヘミング（ピアニスト）／２００２年６月号

牛尾治朗（ウシオ電機会長）×數土文夫（ＪＦＥホールディングス社長）／２０１０年２月号

白川 静（立命館大学名誉教授）／２００１年１月号

平澤 興（京都大学元総長）／１９８５年12月号

森 信三（哲学者）／１９８５年11月号

〈監修者略歴〉

藤尾秀昭（ふじお・ひであき）

昭和53年の創刊以来、月刊誌『致知』の編集に携わる。54年に編集長に就任。平成4年に致知出版社代表取締役社長に就任。現在、代表取締役社長兼主幹。『致知』は「人間学」をテーマに一貫した編集方針を貫いてきた雑誌で、令和5年、創刊45年を迎えた。有名無名を問わず、「一隅を照らす人々」に照準をあてた編集は、オンリーワンの雑誌として注目を集めている。主な著書に『小さな人生論1～5』『小さな修養論1～5』『心に響く小さな5つの物語Ⅰ～Ⅲ』『小さな経営論』『プロの条件』『はじめて読む人のための人間学』『二度とない人生をどう生きるか』『人生の法則』（いずれも致知出版社）などがある。

一生学べる仕事力大全

令和五年十二月二十五日第一刷発行
令和六年 三月 一 日第三刷発行
監修者 藤尾 秀昭
発行者 藤尾 秀昭
発行所 致知出版社
〒150-0001東京都渋谷区神宮前四の二十四の九
TEL（〇三）三七九六―二一一一
印刷・製本 中央精版印刷
落丁・乱丁はお取替え致します。（検印廃止）

ISBN978-4-8009-1294-7 C0034
ホームページ https://www.chichi.co.jp
Eメール books@chichi.co.jp

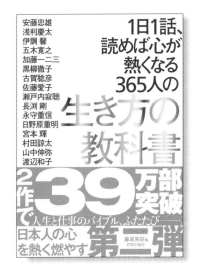